Baedeker

Allianz Reiseführer

Faszination BMW Welt

→ In Kooperation mit der BMW AG

Faszination BMW Welt

Impressum

© 2009, MAIRDUMONT, Ostfildern
Produktmanagerin: Annina Gratzky-Göbel
Text: BMW AG; Guido Huß
Gestaltung: red.sign, Stuttgart

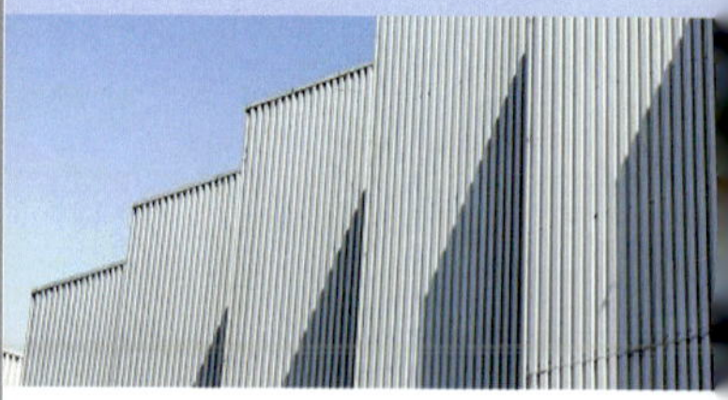

Die BMW Welt

München ist um eine Sehenswürdigkeit reicher – die BMW Welt. Hier, wo seit über 90 Jahren das Herz von BMW schlägt, bietet sie Besuchern eine einzigartige Gelegenheit, die Marke BMW in allen Facetten zu erleben. Die BMW Welt und ihre Nachbarschaft zum Olympiapark machen den Münchner Norden zu einer Attraktion für jede Münchenreise.

In ihrer faszinierenden Architektur mit der scheinbar schwebenden Dachkonstruktion und den vielfältigen Raumperspektiven, die allein schon einen Besuch wert ist, offenbart die BMW Welt den Besuchern eine lebendige Themenvielfalt rund um Mobilität, Technik und Innovation und verknüpft dies geschickt mit Themen wie Lifestyle, Dynamik und Kultur.

Portal zur Marke

Eine Funktion der BMW Welt – für Autokäufer zweifellos die wichtigste – ist die des Auslieferungszentrums. Aber die BMW Welt ist weit mehr, sie ist das Portal zur Marke BMW mit einem vielseitigen Angebot. Im Mittelpunkt stehen die BMW Automobile und Motorräder, die umfassend in der großzügigen Plaza und auf der Galerie vorgestellt werden. Regelmäßig wechselnde Ausstellungen mit informativen Exponaten finden die Besucher im Doppelkegel und im Rahmen der Automobilausstellung. BMW Innovationen und

Die BMW Welt beherbergt die Fahrzeugauslieferung an Kunden und eine Vielzahl an Erlebnisangeboten.

Erlebnisraum für junge Entdecker: der Junior Campus.

Design zum Fühlen, Sehen, Hören und Erleben werden im Technik und Design Atelier präsentiert. Und im Veranstaltungskalender der BMW Welt haben Themen aus Wirtschaft, Politik und Gesellschaft ebenso ihren Platz wie Events der Kunst- und Kulturszene. Selbstverständlich wird den Gästen in Shops und Restaurants auch ein vielfältiges Einkaufserlebnis und gastronomisches Angebot garantiert.

Geführte Touren

Touren durch die BMW Welt gewähren Blicke hinter die Kulissen, die dem Besucher sonst verborgen bleiben. Als Teilnehmer der Tour „Architektur" kann man beispielsweise die Entwicklung dieses zukunftsweisenden Gebäudes von der Ausschreibung des Architektenwettbewerbs bis hin zur Ausführung kleinster Details nachverfolgen.

Junior Campus

Phantasie und Neugierde sind die Basis, um Technik zu verstehen. Für Kinder und Jugendliche im Alter von 7 bis 13 Jahren ist der Junior Campus ein Erlebnisraum, in dem über aktive Beteiligung und Freude Mobilitätswissen vermittelt wird. Dazu gibt es vertiefende Workshops in den Bereichen Campus Labor und Campus Werkstatt – unter Anleitung pädagogisch geschulten Personals.

Der Doppelkegel der BMW Welt – ein architektonisches Highlight Münchens.

i Infopaket

Infos zum vielfältigen Angebot der BMW Welt gibt es im Internet unter www.bmw-welt.com. Reservierungen für die Erlebnisangebote sind täglich von 08.00 bis 22.00 Uhr beim BMW Welt Info Service unter 0180 2 118822 buchbar (6ct/Anruf aus dem Netz der DTAG, ggf. abweichende Preise aus anderen Netzen).

Ein Klassiker im Haus der Technik: Das BMW 327/28 Sport-Coupé.

Das BMW Museum

Seit 2008 präsentiert das BMW Museum seine Unternehmens-, Marken- und Produktionsgeschichte wieder an seinem angestammten Platz in München zwischen BMW Welt, Werk und Hochhaus.

Seit der Eröffnung im Jahr 1973 ist die Museumsschüssel nicht nur Heimat des BMW Museums, sondern auch ein architektonisches Wahrzeichen der Stadt München. Der im Juni 2008 nach konzeptioneller Überarbeitung und Neugestaltung wieder eröffnete Museumskomplex setzt sich zusammen aus dem bisherigen Rundbau – der Schüssel von 1973 – und dem benachbarten Flachbau. Dadurch vergrößerte sich die Ausstellungsfläche von 1000 m² auf 5000 m² und bietet nun über 125 Exponaten Platz. Im Flachbau ist die Dauerausstellung untergebracht, in der Schüssel werden Ausstellungen zu wechselnden Themen gezeigt.

Im Haus der Marke sind Publikumslieblinge wie die BMW Isetta 250 Standard (links) und der BMW 2002 zu sehen.

Ein Blick in die Zukunft: Der BMW H_2R, ein Versuchsfahrzeug mit Wasserstoffantrieb.

Sieben Häuser

Die sieben Ausstellungshäuser im Flachbau des Museums sind durch ein schwerelos wirkendes rund ein Kilometer langes Rampensystem miteinander verbunden und bieten so Raum für die Exponate. Gemäß der neuen Konzeption ist die Ausstellung nach Themen gegliedert: Gestaltung, Technik, Motorsport, Motorrad, Unternehmensgeschichte, Marke und Baureihen. Entwicklungslinien, die in der Vergangenheit beginnen, führen in die Gegenwart und erlauben Ausblicke in die Zukunft. Durch ausgeklügelte Licht- und Soundkonzepte werden die Automobile, Motorräder und Motoren aus neun Jahrzehnten BMW in Szene gesetzt.

Wechselausstellung

In der Museumsschüssel werden wechselnde Ausstellungen gezeigt. Auf fünf Plattformen präsentiert das Museum einen Überblick über BMW Konzeptfahrzeuge, die in dieser Fülle noch nie in der Öffentlichkeit gezeigt wurden. Die Exponate aus dem Zeitraum von 1951 bis 2006 sind wertvolle Unikate und im Hinblick auf Design, Material, Antriebs- und Sicherheitstechnik zukunftsweisende Innovationsträger.

i Infopaket

Öffnungzeiten: Mo geschl., Di – Fr 09.00 18.00 Uhr, Sa, So und feiertags 10.00 – 20 Uhr. Infos zu Preisen, Fristen und zur Buchung gibt es auf www.bmw-welt.com (dort auf „BMW Museum" klicken) oder telefonisch beim BMW Welt Info Service 0180 2 118822 (6ct/Anruf aus dem Netz der DTAG, ggf. abweichende Preise aus anderen Netzen).

Modernste Fertigungsanlagen prägen das Bild in der Fahrzeugmontage.

Im Karosseriebau werden mehr als 640 Einzelteile zu Rohkarosserien verbunden.

Das BMW Werk

Innovative Produktionsprozesse und sorgfältige Handarbeit auf höchstem Qualitätsniveau – im traditionsreichen Stammwerk der BMW AG im Norden Münchens erleben die Besucher die Faszination des modernen Automobilbaus hautnah.

In unmittelbarer Nähe zum BMW Hochhaus, dem „Vierzylinder", dem Museum und der BMW Welt produziert das Unternehmen seit Ende der 1950er-Jahre auf mittlerweile rund 500 000 Quadratmetern Premium-Automobile, aktuell den BMW 3er als Limousine und Touring. Zudem ist im Werk München die Fertigung von BMW Motoren in zahlreichen Varianten von Sechs- bis Zwölfzylinder-Triebwerken angesiedelt. Insgesamt sind im BMW Werk München rund 9000 Mitarbeiter beschäftigt; sie tragen durch ein perfektes Zusammenspiel dazu bei, dass tagtäglich mehr als 900 nach individuellen Kundenwünschen gefertigte Fahrzeuge weltweit ausgeliefert werden.

Die Produktionsmeile

Um den Besuchern bei laufender Fertigung ein einzigartiges Erlebnis zu bieten und sie erstklassig zu betreuen, errichtete die BMW Group im Werk München einen „Produktionsmeile" genannten „Laufsteg". Der barrierefreie Rundgang verläuft größtenteils einige Meter über den

Aus tonnenschweren Stahlrohren werden Teile gefertigt.

eigentlichen Produktionsflächen und vermittelt den Besuchern somit spannende Ein- und Überblicke in den modernen Automobilbau. Zudem ist damit dafür Sorge getragen, dass Logistik und Produktion nicht gestört werden, während kompetente Besucherbetreuer die Gäste sicher durch die Hallen führen.

Die neue BMW Produktionsmeile führt durch insgesamt zwölf Hallen – vom Presswerk über Karosseriebau, Lackiererei, Motorenbau bis hin zur Ausstattungs- und Sitzfertigung sowie Montage. Die Besucher verfolgen, wie aus tonnenschweren Stahlrollen Teile gefertigt, mittels hoch automatisierter Roboteranlagen zu einer Karosserie gefügt und schließlich umwelt- und ressourcenschonend lackiert werden. Sie verfolgen, wie ein Motor entsteht, und schauen schließlich den Fertigungsspezialisten in der Fahrzeugmontage über die Schulter. Einer der Höhepunkte des Rundgangs: die sogenannte „Hochzeit", der Moment, in dem Karosserie und Antriebsstrang miteinander verbunden werden. Ebenfalls beeindruckend sind die zahlreichen Qualitätstests.

Seit der Eröffnung der Produktionsmeile Anfang 2007 sind die Besucherzahlen geradezu explosionsartig angestiegen. Die Nachfrage nach Werkführungen ist so groß, dass insbesondere Gruppen ihren Besuch mitunter sechs Monate im Voraus anmelden sollten. Die Führungen werden in deutscher und englischer Sprache angeboten.

i Infopaket

Infos zu Preisen, Fristen und zur Buchung gibt's auf www.bmw-welt.com (dort auf „BMW Werk München" und dann „Werkführungen" klicken). Buchungen auch telefonisch unter 0180 2 118822 (6ct/Anruf aus dem Netz der DTAG, ggf abweichende Preise aus anderen Netzen).

BMW WELT

- Erlebnis- und Auslieferungszentrum
- Umfassende Präsentation von BMW Automobilen und Motorrädern
- Wechselnde Ausstellungen im Doppelkegel und im Rahmen der Automobilpräsentation auf der Plaza
- BMW Innovationen und Design im Technik und Design Atelier
- Veranstaltungen zu Wirtschaft, Politik, Gesellschaft, Kunst und Kultur
- Geführte Touren gewähren vielfältige Einblicke hinter die Kulissen
- Junior Campus
- Restaurants und Shops

Täglich 09.00 – 18.00 Uhr
Eintritt frei (Preise für einzelne Erlebniselemente wie z. B. die BMW Welt Tour siehe www.bmw-welt.com)

BMW Welt, Am Olympiapark 1, 80809 München, BMW Welt Info Service +49 (0) 180 2 118822*, E-Mail: infowelt@bmw-welt.com

BMW MUSEUM

- 25 Themenschwerpunkte zu Unternehmen, Design, Marke, Motorrad, Motorsport, Baureihen und Technik
- 125 Exponate auf 5000 m^2 Ausstellungsfläche
- Museumsshop
- Café Bar M1
- Besuchsdauer ca. 2 h 30 Minuten

Di – Fr 09.00 – 18.00 Uhr, Sa, So und feiertags 10.00 – 20.00 Uhr, Mo geschlossen
Eintritt: 12 Euro, ermäßigt: 6 Euro, Gruppe ab 5 Personen: 9 Euro p. P., Familienkarte: 24 Euro (2 Erwachsene + 3 Kinder < 18 Jahre)

BMW Museum, Am Olympiapark 2, 80809 München, BMW Welt Info Service +49 (0) 180 2 118822*, E-Mail: infowelt@bmw-welt.com

* 6ct/Anruf aus dem Netz der DTAG, ggf abweichende Preise aus anderen Netzen

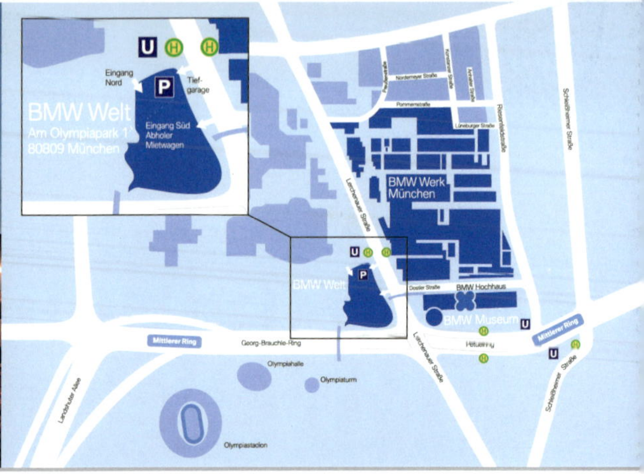

BMW WERK MÜNCHEN

- Neu gestalteter Rundgang durch alle Stationen der BMW Automobilproduktion im Münchner Stammwerk
- Spannende Einblicke in Presswerk, Karosseriebau, Lackiererei, Motorenbau und Montage
- Dauer ca. 2h 30 Minuten, produktionsbedingte Änderungen der Führung möglich

Mo – Fr 08.30 – 19.00 Uhr
Eintritt: 6 Euro, ermäßigt: 3 Euro
Nur nach Voranmeldung im Rahmen einer Führung

BMW Werk München, 80788 München, BMW Welt Info Service +49 (0) 180 2 118822*, E-Mail: infowelt@bmw-welt.com

Preise gültig bis 31.12.2009. Aktuelle Informationen zu Veranstaltungen, Öffnungszeiten und Preisen sowie aktuelle Broschüren zum Download und die Anmeldung für den BMW Welt Newsletter finden Sie unter:

www.bmw-welt.com

Baedeker

Allianz Reiseführer

Faszination BMW Welt

In Kooperation mit der BM[illegible]

Baedeker

Allianz Reiseführer

24.12.11
S Britta

Oberbayern
Bayerisches Alpenvorland

www.baedeker.com

Verlag Karl Baedeker

TOP-REISEZIELE ★ ★

Sehens- und Erlebenswertes gibt es im südlichen Bayern fast ohne Zahl. Für einen Überblick haben wir Berühmtes und weniger Bekanntes – Landschaften und Städte, Naturschönheiten und große Kunst – zusammengestellt.

1 ★★ Lindau
Ein besonders hübscher Winkel ist das Südwesteck Bayerns: Malerische Insel im Bodensee mit traumhafter Umgebung
► **Seite 236**

2 ★★ Oberstdorf
Der bekannteste und beliebteste Urlaubsort des Allgäus mit beeindruckender Bergwelt und hervorragenden Skirevieren
► **Seite 306**

3 ★★ Residenz Kempten
An Prachtentfaltung ließen es die selbstbewussten Fürstäbte nicht fehlen – da konnte die Freie Reichsstadt kaum mithalten.
► **Seite 218**

4 ★★ Schloss Neuschwanstein
Wo Oberbayern und das Allgäu zusammentreffen, stehen die weltberühmten Königsschlösser ► **Seite 334**

5 ★★ Auerberg
Ein bescheidener Buckel auf der Grenze zwischen Schwaben und Bayern mit legendärem Panorama, Wallfahrtskirche und Gasthaus ► **Seite 245**

6 ★★ Wieskirche
Die schönste Rokoko-Kirche Bayerns, Hauptwerk des genialen Wessobrunner Baumeisters Dominikus Zimmermann
► **Seite 348, 350**

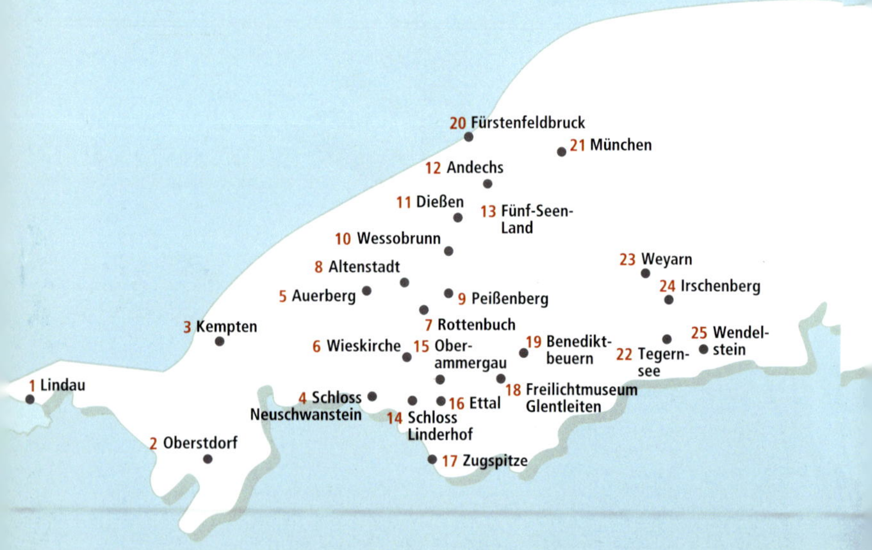

7 ✱✱ Rottenbuch
J. und F. X. Schmuzer, M. Günther und F. X. Schmädl gestalteten die Stiftskirche, ein Juwel des Pfaffenwinkels.
▸ Seite 329

8 ✱✱ Altenstadt
Der bedeutendste romanische Kirchenbau in Oberbayern, nicht weniger eindrucksvoll ist der »Große Gott von Altenstadt«. ▸ Seite 328

9 ✱✱ Peißenberg
Ein fast 200 km umfassendes Panorama eröffnet die »bayerische Rigi«, sehenswert ist aber auch die Gnadenkapelle.
▸ Seite 373

10 ✱✱ Wessobrunn
Alter kultureller Mittelpunkt im Pfaffenwinkel und Ursprung der Wessobrunner Baumeister und Künstler. Das Kloster demonstriert an Ort und Stelle, warum sie so hohes Ansehen genossen.
▸ Seite 374

Trachten und bunte Feste
Beim Musikfest in Reit im Winkl

11 ✱✱ Dießen
Hübsch am Südwestufer gelegener Hauptort des Ammersees, überragt von einer der schönsten Kirchen des Fünf-Seen-Lands
▸ Seite 135

12 ✱✱ Andechs
Der »Heilige Berg« am Ostufer des Ammersees zieht große Pilgerscharen an, sei es zur Wallfahrt oder zur Einkehr in Bräustüberl und Biergarten. ▸ Seite 133

13 ✱✱ Fünf-Seen-Land
Ammersee, Wörthsee, Pilsensee, Weßlinger See und Starnberger See: das große Ausflugsparadies südwestlich von München. Auf dem Programm stehen Baden, Schiffchenfahren, Spaziergänge und Radltouren zu zünftigen Wirtschaften. Kunstfreunde kommen auch nicht zu kurz. ▸ Seite 131, 341

14 ✱✱ Schloss Linderhof
Im stillen Graswang-Tal ließ sich Ludwig II. ein relativ bescheidenes Lustschloss erstellen – in verschwenderischem Rokoko mit einigen Verrücktheiten wie Venusgrotte und Hundinghütte.
▸ Seite 300

Wilparting
Ein Inbegriff voralpiner Szenerie

Benediktbeuern
Prachtvolle Kirchen aus Barock und Rokoko sind aus Bayern nicht wegzudenken.

22 ★★ Tegernsee
Eine Ferienlandschaft für sich, mit renommierten Kurorten, einem See zum Baden und Segeln, aussichtsreichen Bergen zum Wandern und Skifahren ▸ **Seite 352**

23 ★★ Weyarn
Kleiner Ort mit großer Kunst: Die Statuengruppen von Ignaz Günther zählen zum schönsten, was das Rokoko schuf.
▸ **Seite 247**

24 ★★ Irschenberg
Neben der Autobahn eine andere Welt. Eine wunderschöne Szenerie gibt es obendrein. ▸ **Seite 248**

25 ★★ Wendelstein
Eine fantastische Aussicht und schöne Wanderrouten bietet der trutzige Felsberg beim schönen Bayrischzell. Ein Genuss für sich ist die Fahrt mit der Zahnradbahn von Brannenburg aus. ▸ **Seite 152, 169**

26 ★★ Wasserburg am Inn
Die Lage in einer engen Flussschleife ist einzigartig. Das alte Städtchen selbst wartet mit malerischen Laubengängen auf. ▸ **Seite 365**

27 ★★ Chiemsee
Weiter See in sanfthügeligem Land vor den Bergen, zauberhafte Inseln mit altem Kloster und dem »bayerischen Versailles«. ▸ **Seite 175**

28 ★★ Altötting
Wer den ältesten und bedeutendsten Wallfahrtsort des Landes nicht besucht hat, kennt Bayern nicht wirklich.
▸ **Seite 126**

29 ★★ Burghausen
Die alte Stadt an der Salzach-besitzt die größte Burganlage Deutschlands. Aus aller Welt kommen Musiker zur Internationalen Jazzwoche im Frühjahr. ▸ **Seite 170**

30 ★★ Berchtesgaden
Allein die fantastische Umgebung – mit Watzmann, Maria Gern und der Ramsau – würde den Besuch schon rechtfertigen. Für sich ist es ein beliebter Klimakurort mit Solebad. ▸ **Seite 156**

31 ★★ Königssee
Ein echtes Erlebnis ist die Fahrt auf dem See zwischen himmelhoch aufragenden Felswänden zur schönsten Ikone der oberbayerischen Idylle: St. Bartholomä vor den Wänden des Watzmanns.
▸ **Seite 163**

DIE BESTEN BAEDEKER-TIPPS

Aus den Tipps in diesem Band haben wir einige besonders interessante zusammengestellt – erleben Sie das Land zwischen Boden- und Königssee von seiner schönsten Seite.

Berchtesgadener Land
Eine Hochgebirgslandschaft wie aus dem Bilderbuch präsentiert sich hier.

Eine soziale Institution
ist auch der Biergarten zu Füßen des Chinesischen Turms in Münchens Englischem Garten.

Alter Raddampfer auf dem Ammersee
► Seite 131

HINTERGRUND

PRAKTISCHE INFORMATIONEN VON A BIS Z

Bad Tölz bezaubert mit einem besonders reizvollen Stadtbild.
► Seite 146

Für jeden Geschmack gibt es in den Allgäuer und den Bayerischen Alpen die passenden Bergtouren.
► **Seite 108**

TOUREN

Viehscheid in Gunzesried: Ländliche Traditionen werden immer noch großgeschrieben.
► **Seite 339**

REISEZIELE VON A BIS Z

Sommerferien, wie sie sein müssen – zum Beispiel am Starnberger See
▸ **Seite 341**

Das Antiquarium in der Münchner Residenz – der größte und schönste Renaissance-Saal nördlich der Alpen
▸ **Seite 446**

nachdenken • klimabewusst reisen
atmosfair

PREISKATEGORIEN

▶ **Hotels**
2 Personen im Doppelzimmer mit Bad und Frühstück:
Luxus: ab 120 €
Komfortabel: ab 80 €
Günstig: bis 80 €

▶ **Restaurants**
Preise für ein Hauptgericht:
Fein & teuer: ab 25 €
Erschwinglich: ab 15 €
Preiswert: unter 15 €

Hintergrund

PRÄCHTIGE LANDSCHAFTEN,
EINE INTERESSANTE GESCHICHTE,
GROSSE KUNST UND
LEBENDIGE TRADITIONEN:
EIN KLEINES PORTRÄT
DES BAYERISCHEN
SÜDENS

WEN GOTT LIEBT ...

den lässt fallen er in dies Land – was Ludwig Ganghofer über das Berchtesgadener Land sagte, darf für den ganzen Süden Bayerns gelten. Eine wunderbare und abwechslungsreiche Landschaft zwischen idyllisch gelegenen Seen und schroffen Gebirgen, eine für ihre Lebensart berühmte Metropole und fantastische Kunstwerke machen ihn zum beliebtesten Urlaubsziel Deutschlands.

Seit vielen Jahren liegt Bayern in der Gunst der in- und ausländischen Feriengäste an der Spitze. Wobei unter Bayern – nach der in aller Welt verbreiteten vereinfachenden Ansicht – vor allem Oberbayern zu verstehen ist, und selbst dieses nicht ganz, sondern nur der südliche Teil: zwischen dem Bodensee, München, dem Chiemsee und dem Watzmann. (Der Westteil mit Lindau und dem Allgäu, der zu Schwaben gehört, wird dabei großzügig miteinbezogen.) Es lässt sich sogar auf den Tag genau angeben, wann die Geschichte des südlichen Bayerns als Ziel des Pauschaltourismus begann: am Pfingstsonntag des Jahres 1933, als in Ruhpolding ein Urlauberzug aus Berlin ankam. Und ebendort nahm man den Faden 15 Jahre später mit den Sonderzügen der Touropa wieder auf. Den Boden dafür bereiteten im 19. Jh. begüterte Bürger, der Adel inklusive des Münchner Hofs und viele Maler, die die Berge und ihre vermeintlich unverdorbenen Bewohner »entdeckten« und gerne mit der Kutsche in die Sommerfrische fuhren. Einen größeren Aufschwung nahm der Fremdenverkehr dann mit der Eisenbahn; die Hauptstrecken zwischen Lindau und Salzburg waren bis 1860 gebaut, Oberstdorf, Ruhpolding und Berchtesgaden waren etwa dreißig Jahre später angeschlossen.

Zauberhafte Szenerien *Polznkasparhaus mit der Martinskirche in Garmisch*

Ein Paradies ...

»Wenn es auf der Welt ein Fleckchen Erde gibt, das als Abglanz des Paradieses gelten könnte, dann müsste auch immer Bayern genannt werden« – meinte der frühere bayerische Ministerpräsident Edmund Stoiber. Und auch der kühle Hanseat Thomas Mann bezeichnete das Land als »notorisch wundervoll«. Es muss also etwas daran sein an

Land unterm Maibaum
Vom alten Frühlings- und Fruchtbarkeitssymbol zum Zeichen des Bürgerstolzes. In Miesbach, München und anderswo trifft man sich auf dem Markt unterm Maibaum.

Barocker Überschwang
Was wäre Bayern ohne seine prachtvollen Barock- bzw. Rokoko-Gotteshäuser? Selten vereinen sich Natur und Kunst zu einem so selbstverständlichen Bild wie hier. Ein Blick in die Stiftskirche von Rottenbuch.

Winterfreuden
Natürlich sind die bayerischen Alpen ein Wintersportgebiet par excellence. Am Fellhorn bei Oberstdorf und an vielen anderen Plätzen finden sich Pisten für jeden Geschmack.

Gipfelziele

Ob vom höchsten Berg Deutschlands oder von bescheideneren Höhen wie dem Falkenstein bei Pfronten: Atemberaubende Aussichten sind garantiert.

Märchenschlösser

Den Träumen des unsterblichen »Kini« Ludwig II. verdankt Bayern einige der größten Attraktionen. Im abgeschiedenen Graswang-Tal steht sein »französisches Lustschloss« Linderhof.

Lebensfreude, bairisch

Man muss aber nicht unbedingt Mitglied eines Trachtenvereins sein, um das Leben zu genießen, wie beim Waldfest der »Leonhardstoana« in Kreuth.

diesem Landstrich, der auf die Kürze nur in Postkartenmotiven zu beschreiben ist: weißblauer Wölkchenhimmel über sattgrünen Wiesen mit zwiebelturmüberragtem Dorf und gezackten Bergen im Hintergrund; der auf so anrührende Weise verrückte »Kini« Ludwig II. mit seinen ebenso kitschigen wie atemberaubenden Schlössern; Biergartenidylle mit überschäumenden Maßkrügen; gstandene, gamsbartbehütete Mannsbilder in Lederhosen, dazu fesche Madln in prachtvollen Dirndln. Die Möglichkeiten, einen gleichzeitig geruhsamen und aktiven Urlaub zu verbringen, sind vielfältig: relaxen an großen und kleinen Seen, vor herrlichen Bergpanoramen durch Moore und über bucklige Viehweiden wandern, staunen über die verschwenderische Pracht barocker Kirchen und Residenzen, die habhaft-bodenständige Küche in alten Gasthöfen genießen, kuren und kraxeln, und – zur Abwechslung – die große Münchner Welt kennen lernen. Allerdings, das darf nicht übergangen werden, hat die Beliebtheit der Idylle weithin zugesetzt. Längst sind die Fremdenverkehrsorte in die Umgebung hinausgewuchert, sind die Gebirgstäler zersiedelt, der alpine Einheitsstil beherrscht das Bild. Besonders weh tut es, wenn ein noch intaktes altes Haus von einer Beton-Bank-Drogeriemarkt-Apotheke oder einem mehrfach so großen neuzeitlichen Hotelkomplex erdrückt wird.

Metropole München
Die »italienischste« Stadt Deutschlands

... mit seltsamen Bewohnern

Die vielen Besucher, normale Touristen ebenso wie anspruchsvolle Feingeister, ließen bzw. lassen sich von ihrer Wahl nicht dadurch abhalten, dass im Süden Bayerns – wie es Bruno Jonas zusammenfasst – ein »haferlbeschuhtes, immer brünftig-griabiges, jodelndes, wuid umanand bieselndes Naturvolk« hausen soll. Die Tradition, sich mehr oder weniger abfällig über die Bayern und ihr Land zu äußern, ist jahrhundertealt, und die Buchbranche verdient gut an immer neuen Blütenlesen, scharfsinnigen Charakterstudien und geistreichen »Gebrauchsanweisungen« für Bayern. Das kann man alles mit viel Spaß zur Kenntnis nehmen – und vergessen. Es ist Kunde von gestern und hat nur noch Folklore-Wert. Eher verlasse man sich auf die Erkenntnis, dass Bayern in erster Linie kein geografischer Begriff ist, sondern ein Zustand, eine seelische Verfassung, die man gern als »Leben und leben lassen« umschreibt. Vielleicht ist es dies, was jenseits aller Angebote der Tourismuswirtschaft die Anziehungskraft Bayerns ausmacht.

Fakten

Wie sind die Berge und ihr seenreiches Vorland entstanden, das Hauptkapital der beliebtesten Ferienregion Deutschlands? Welche Rolle spielt der Lech in Geschichte und Gegenwart, und wie steht es mit dem Milchvieh und seinen Produkten, die ebenfalls nicht aus dem Süden Bayerns fortzudenken sind? Wissenswertes über Land und Leute, Natur und Wirtschaft.

Natur und Umwelt

Ein Ausflug in die Erdgeschichte

Die Entstehung der Alpen

Wo heute die Alpen liegen, breitete sich einst das Tethysmeer aus, in dem sich in über 200 Mio. Jahren – im Wesentlichen Trias und Kreide – diverse Gesteine ablagerten. Als die Afrikanische Platte sich gegen Ende der Kreidezeit (vor 60 bis 2 Mio. Jahren) nordwärts bewegte, wurden diese Gesteinsschichten in vielfältigster Form zusammengeschoben, emporgehoben, zerbrochen und über weite Entfernungen übereinandergeschoben. Gleichzeitig veränderte die Verwitterung ihre Oberfläche, das abgetragene Material lagerte sich nördlich der Alpen ab und formte die schmale Flyschzone, die selbst noch von der Faltung erfasst wurde, und das große Molassebecken (von lateinisch »molere«, »mahlen«), das etwa bis zur Donau reicht.

Die Eiszeiten

Im Pleistozän (vor 2 Mio. bis 10 000 Jahren) schoben sich, während mehrerer Eiszeiten, große Gletscherströme aus den Alpentälern in die Ebenen, z. T. bis nach Erding nordöstlich von München. In Bayern waren dies v. a. der Iller-Lech-Gletscher, der Loisach-Isar-Gletscher, der Inn- und der Salzachgletscher. Die Eiszeiten gaben auch den Alpen ihre Gestalt. Höhere Gipfel, die aus den Eismassen herausragten, blieben als schroffe Pyramiden (Watzmann, Hochkalter) oder Kämme (Wetterstein) erhalten. Lokale Gletscher hobelten Kare in die Felsflanken, die heute zum Teil Hochseen oder großartige Talschlüsse bilden (z. B. am Obersee beim Königssee). Mächtige Eisströme füllten die Täler noch am Gebirgsrand bis zu 1500 m Höhe aus, etwa das Loisachtal bei Garmisch-Partenkirchen und das Isartal bei Mittenwald. Dadurch entstanden steile Talflanken, über denen heute eine flachere Alpzone liegt. An Schliffspuren wie bei Fischbach im Inntal und bei Inzell ist die Wirkung des Eises noch erkennbar.

Die Alpen

Innerhalb der Nördlichen Kalkalpen sind die bayerischen Alpen ein ca. 260 km langer und 10 – 30 km breiter Streifen, bestehend aus den Allgäuer Alpen zwischen Bodensee und Lech, den Oberbayerischen Alpen östlich des Lechs (mit Wettersteingebirge, Ammergauer Alpen, Karwendel, Bayerischen Voralpen und Chiemgauer Alpen) und den Berchtesgadener Alpen.

Allgäuer Alpen

Nicht zufällig gehört diese Gebirgsgruppe zu den beliebtesten Tourengebieten. Die außergewöhnliche geologische Vielfalt hat ein sehr abwechslungsreiches Landschaftsbild zur Folge und darüber hinaus

← Blick über die Weiden von Schlattan bei Garmisch-Partenkirchen, im Hintergrund die Soiern-Gruppe

Auf dem Gottesackerplateau unter dem Hohen Ifen

eine prachtvolle, vielfältige Flora. Einzigartig im Alpenraum sind die **Grasberge**, auch Steilgrasberge genannt, deren Flanken bis zu 70° geneigt und sehr schwierig zu begehen sind. Sie bestehen aus Lias-Gestein, berühmte Vertreter sind der Schneck (2268 m) und die Höfats (2258 m) südöstlich von Oberstdorf. Als die schönste Molasse-Gebirgskette der ganzen Alpen gilt die **Nagelfluhkette** im westlichen Oberallgäu mit Hochgrat und Stuiben. Die südlich anschließende Gruppe der **Hörner** (Riedberger Horn, 1787 m) mit sanft-runden Formen besteht aus leicht verwitterndem Flysch. Ein ganz anderes Bild bieten die scharfkantig-zerklüfteten **Schrattenkalke** der Kreidezeit: v. a. der Besler und der Hohe Ifen mit dem Gottesackerplateau westlich von Oberstdorf. Diese Karststöcke enthalten Höhlen, darunter die einzige Schauhöhle des Allgäus (Sturmannshöhle bei Obermaiselstein). Ein hochalpines Felsgebirge ist der aus hartem Hauptdolomit bestehende **Allgäuer Hauptkamm** im östlich-südöstlichen Teil, zwischen dem Schrofenpass im Süden und Oberjoch im Norden; die höchsten Gipfel: Großer Krottenkopf (2657 m), Hohes Licht (2651 m), Hochfrottspitze (2648 m), Mädelegabel (2645 m), Biberkopf (2599 m), Trettachspitze (2595 m) und Hochvogel (2593 m).

Bayerische Alpen

In den Oberbayerischen Alpen bildet das älteste und widerstandsfähigste Gestein, der Wettersteinkalk, das Massiv des **Wettersteins** südlich von Garmisch mit dem höchsten Gipfel Deutschlands, der Zugspitze (2964 m). Ihm vorgelagert ist das **Ammergebirge** zwischen dem Lech im Westen und dem Loisachtal im Osten. Als ehemaliges königliches Jagdgebiet sehr waldreich, ist es mit geringen Höhen (Kreuzspitze 2185 m, Säuling 2047 m) ein ideales Wandergebiet, in dem vereinzelte Kalk-und Dolomitfelsen Akzente setzen. Östlich des

Wettersteins folgt der **Karwendel**, der größtenteils zu Österreich gehört; mächtige, brüchige Kalkbänke sorgen für ein wildes Klettergebiet, etwa an den Wänden des Laliderers. Die **Bayerischen Voralpen** zwischen der Loisach im Westen und dem Inn im Osten sind als die »Hausberge« Münchens beliebte Ausflugsziele. Zu ihnen gehören das Estergebirge mit dem Herzogstand (1731 m) und dem Heimgarten (1790 m), die Benediktenwand (1801 m) und das Mangfallgebirge mit dem Wendelstein (1838 m). Hier bewirkte der Wechsel harter und weicher Schichten eine regelmäßige Faltung und die Ausbildung ost-westlich verlaufender Kämme und Täler. Auch die **Chiemgauer Alpen** zwischen dem Inn und dem Zwiesel bei Bad Reichenhall zählen zu den bevorzugten Wochenendzielen der Münchner. Aus den verschiedensten Gesteinen des alpinen Mesozoikums aufgebaut – Buntsandstein, Muschelkalk, Wettersteinkalk, Kössener Mergel, Jurakreide –, bieten sie ein sehr abwechlungsreiches Bild. Kletterer finden v. a. an Kampenwand (1664 m), Hörndlwand (1684 m) und Steinplatte Reviere; höchster Gipfel ist das Sonntagshorn (1961 m) bei Ruhpolding. In den majestätischen **Berchtesgadener Alpen** mit dem Watzmann (2713 m) widerstanden bis 2000 m mächtigen Dachsteinkalke der Faltung, und es blieben große Schollen wie die Reiter Alpe oder der Untersberg erhalten. Die Wasserlöslichkeit des Gesteins brachte bizarre Karstformen mit Karrenfeldern hervor, so v. a. im Steinernen Meer südlich des Königssees.

Höhenstufen

Flora und Fauna der Alpen, ihr Vorkommen und ihre Verbreitung, sind abhängig von den Vegetationszonen. Auf der Alpennordseite unterscheidet man fünf Höhenstufen, deren Grenzen allerdings je nach den kleinklimatischen Verhältnissen variieren:

– die **Hügelstufe** (bis 600 m ü. d. M.) mit Obst- und Gemüseanbau
– die **Bergstufe** bis zur Laubwaldgrenze (1200 m) mit Laubmischwald (Buche, Eiche, Ahorn) und Weidewirtschaft
– die **Untere Alpenstufe** bis zur Baumgrenze (1800 m), gekennzeichnet durch Nadelwald (Fichten, Weißtannen, Föhren)
– die **Obere Alpenstufe** bis zur Schneegrenze (bis 2300 m) mit Sommerweiden, Einzelbäumen (Lärchen, Arven), Legföhren (Latschen) und einer besonders reichhaltigen, prächtigen Blumenflora
– die **Schneestufe** (über 2300 m) mit Schutt- und Geröllhalden, Schneefeldern und Gletschern.

Flora und Fauna

Besonders artenreich ist die **Alpenflora**, die z. T. unter schwierigen Verhältnissen gedeiht. In der kurzen Vegetationszeit kann intensive Sonne über 40 °C erwärmen, nachts kann auch im Sommer Frost auftreten; das Biotop kann wüstenartig oder auch sumpfig-nass sein. Zu den typischen Arten – die meisten stehen unter Naturschutz – zählen v. a. die Alpenrose, die ganze Buschflächen bilden kann, Enziane, Alpenveilchen, Primeln, Türkenbund, Trollblumen, Alpenmohn, Silberdistel und Eisenhut. In der Schneestufe leben hauptsächlich Moose, Flechten und Algen; zu den wenigen Blütenpflanzen

Stachelige Silberdistel

dort gehört das seltene Edelweiß. Auf der Reiter Alpe im Berchtesgadener Nationalpark ist das größte Vorkommen von Arven (Zirbelkiefern) in den deutschen Alpen zu finden. Einige Vertreter der **Tierwelt**: In den höheren Bergregionen sind putzige Murmeltiere zu sehen, die bei Gefahr mit gellendem Pfiff in ihrem Bau verschwinden. Als kühne Flieger zeigen sich die kleinen schwarzen Alpendohlen. Ab und zu sind Steinadler zu entdecken. Meist nur mit dem Fernglas kann man Rotwild sowie Gemsen und Steinböcke beobachten, die leichtfüßig an den Felswänden herumkraxeln. Selten geworden sind Schneehase, Schnee-, Birk- und Auerhuhn sowie der schwarze Alpensalamander. Im Frühsommer 2006 sorgte der Besuch eines Braunbärs im Werdenfelser Land für Aufregung, der bayerische Umweltminister wollte ihn gar abschießen lassen.

Das Vorland

Moränenlandschaften

Die wunderbare Szenerie des Alpenvorlands – mit dem vielfachen Wechsel von Wiesen, Wald, Mooren und Seen gehört dieser Teil Bayerns zu den schönsten Landschaften Deutschlands – ist ein Produkt der eiszeitlichen Gletscher. Das vom Eis transportierte Material lagerte sich an den Rändern der Gletscher als **Seiten- und Endmoränen** ab; heute grasen auf dem wellig-hügeligen Grünland die Milchkühe. Aus Moränenschutt bestehen die **Drumlins**, kleine Hügel, deren längliche Form noch die Fließrichtung des Eises erkennen lässt. Sie treten meist in Feldern auf, so zwischen Ammersee und Starnberger See, im östlichen Chiemgau und im Hinterland von Lindau. Am Ende der Eiszeit blieben **Gletscherseen** zurück, Ammersee und Starnberger See, Chiemsee und Waginger See sind die größten (auch wenn z. T. verlandet). Einige Gletscherseen – Wolfratshausener See, Rosenheimer See, Salzach-See – sind verschwunden; sie wurden durch die Flüsse Isar, Inn und Salzach zum Ausfließen gebracht oder mit Sedimenten verfüllt. Auf den wasserundurchlässigen Seeböden stocken heute noch große Moore, so das Murnauer Moos und die Kendlfilze südlich des Chiemsees. Einige kleine Seen, wie die Osterseen südlich des Starnberger Sees und die Eggstätter Seen nördlich des Chiemsees, sind **Toteisseen**: Sie gehen auf Eisblöcke zurück, die gegen Ende der Eiszeit zurückblieben und langsamer abschmolzen. Über die Ebene ragen sog. Vorberge, der Auerberg und der Peißenberg, die einen herrlichen Ausblick bieten; sie bestehen wie die Nagelfluhkette im Allgäu aus Konglomeraten des Molassemeers. Besonders im Allgäu sind teils riesige Felsblöcke zu sehen, sog. **Findlinge**, die von den Gletschern an ihren heutigen Platz verfrachtet wurden.

Schotterebenen

Die Schmelzwässer der Gletscher transportierten große Mengen Gestein nach Norden und lagerten sie als große Schotterfluren im Vorland ab. Bekannteste und größte ist die **Münchner Schotterebene**, die leicht abfallend von Holzkirchen südlich München bis nach Freising reicht und durch das Isartal unterteilt wird. Noch heute dominieren auf den mageren Böden Fichtenwälder, die im Süden und Osten Münchens einen dichten Waldgürtel bilden. Im Norden, an der Grenze zum Tertiär-Hügelland, bildeten sich aufgrund des zutage tretenden Grundwassers zwischen Dachau und Erding große Moore.

Die Flüsse

Lech

Der Lech, der heute noch recht deutlich die Grenze zwischen den schwäbischen und baierischen Dialekten markiert, entspringt in der Nähe von Lech am Arlberg, tritt bei Füssen in deutsches Gebiet und mündet nach ca. 260 km in die Donau. Sein Name rührt vom lateinischen »Licus« bzw. keltischen »Lik«, was »der Reißende« bedeutet, das glasartig-smaragdgrüne Aussehen seines Wassers von der niedrigen Temperatur und dem hohen Kalkgehalt. Ist der Fluss in Österreich ein ungezähmtes Wildwasser, so wird er in Deutschland bis zur Grenze des Machbaren zur Energiegewinnung genützt; er liefert Strom für 400 000 Haushalte. Allein auf den 100 km zwischen Füssen und Landsberg liegen 15 Kraftwerke. Den Auftakt bildet der Forggensee, Bayerns fünftgrößter See; der Stausee fasst 150 Mio. m³ und wurde 1954 in Betrieb genommen, wobei der Weiler Forggen unter-

Die Jachenau, ein schönes Tal des Isarwinkels – mit Blick auf die Zugspitze

ging. Der Lech-Höhenweg (► S. 109) folgt dem windungsreichen Lauf des Flusses und erschließt eine eindrucksvolle Landschaft.

Isar Die Isar, früher ebenfalls als wilder Fluss bekannt (das keltische Wort »Isara« bedeutet »reißend«), entspringt am Karwendel und mündet nach 295 km (davon gut 260 km in Deutschland) in die Donau. Zwischen Lenggries und Bad Tölz tritt sie ins Alpenvorland, durchfließt das Wolfratshausener Becken und die Münchner Ebene. Sie wurde schon in der ersten Hälfte des 19. Jahrhunderts gezähmt. Nördlich von Mittenwald wird ein großer Teil des Wassers entnommen und zum Walchensee geleitet (Kraftwerkspeicher). Südlich von Lenggries wird der Fluss zum 40 Mio. m³ fassenden Sylvensteinsee gestaut, der dem Hochwasserschutz dient und ein Kraftwerk versorgt. Auch hier versank ein Weiler im Wasser: Fall, der Schauplatz in Ludwig Ganghofers Roman »Der Jäger von Fall«. Zwischen Bad Tölz und Schäftlarn erstreckt sich eine schöne, sehr ursprünglich gebliebene Flusslandschaft mit Kiesbänken, Steilufern und Auwäldern (Pupplinger und Ascholdinger Au). Und auf Münchner Stadtgebiet, auf 14 km Länge, stellen die Isarauen ein höchst beliebtes Naherholungsgebiet: Die Überschwemmungswiesen und Kiesbänke sind ein Dorado zum Sichsonnen, Spazierengehen und Radeln.

Inn Der Inn, der bedeutendste Nebenfluss der oberen Donau, entspringt am Maloja in der Schweiz und mündet nach gut 500 km in die Donau. Bayerisches Gebiet erreicht er hinter Kufstein. Er durchquert zunächst das Rosenheimer Becken; bis zur Einmündung der Salzach, seines längsten Nebenflusses, bei Burghausen bildet er die Westgrenze des Chiemgaus und des Rupertiwinkels. Für 2000 Jahre war der Inn ein wichtiger Transportweg für Personen und Handelsgüter, insbesonder Salz, weshalb sich im Mittelalter bedeutende Städte entwickelten: v. a. Rosenheim, Wasserburg, Mühldorf und Neuötting. Die Verbindung nach Italien lässt das typische, sehr reizvolle Bild dieser Städte erkennen (»Inn-Salzach-Stil«, ►S. 67).

Naturschutzgebiete

Von den 2017 km², die in Bayern als Naturschutzgebiete und Naturparks ausgewiesen sind, liegen 1330 km² in den Alpen bzw. im Vorland, im oberbayerischen Teil 980 km², im schwäbischen 350 km². Allein die alpinen Schutzgebiete – die größten und bedeutendsten sind der Naturpark Berchtesgaden, die Allgäuer Hochalpen und das Ammergebirge – machen etwa 950 km² aus. Der nächstwichtige Typ sind die Moore; hier sind v. a. das Murnauer Moos (23,5 km²), die Kendlmühlfilze südlich des Chiemsees (7,5 km²), die Osterseen und die Eggstätt-Hemhofer Seenplatte zu nennen. Hervorragende Biotope bieten auch die Flüsse: an der Isar Pupplinger und Ascholdinger Au (16,5 km²), am Lech die Litzauer Schleife, die Mündung der Tiroler Achen, Ammerleite und Ammerschlucht, die Innleite bei Marktl. Vo-

Werdenfelser Land bei Wallgau: Geroldsee mit Karwendel

gelfreunde besuchen die Moore, darüber hinaus die Freistätten an Ammersee (Ampermoos und Südufer) und Eggelburger See, am Innstausee bei Attel und an der Salzachmündung. Eine echte Rarität ist der Eibenwald bei Paterzell mit 800-jährigen Bäumen.

Klima

Das Klima unterliegt in Südbayern mehreren Faktoren: der West-Ost-Lage, der Höhe über dem Meer, der Nähe der Alpen oder größerer Seen. Im Westen überwiegt atlantisches, im Osten kontinentales Klima. Begünstigt sind vor allem Lindau am Bodensee, die Chiemseeregion und die Gebiete an Inn und Salzach. Die Nähe der Berge äußert sich im Vorland durch große Temperaturunterschiede zwischen Sommer und Winter sowie Tag und Nacht.

Niederschläge

Die von Nordwesten kommenden atlantischen Luftmassen steigen am Alpenwall an und geben dort ihre Feuchtigkeit ab. Im Jahresdurchschnitt beträgt der Niederschlag in München über 900 mm, am Alpenrand etwa 1200 mm und im Gebirge über 2000 mm. In München fällt der meiste Regen in den Monaten Mai, Juni und Juli.

Schnee

Seit Ende der 1980er-Jahre macht sich die Klimaerwärmung bemerkbar, die milde, schneearme Winter verursacht. Beschneiungsanlagen werden zunehmend installiert, besonders in niedrig gelegenen Bereichen. Als schneesicher kann man inzwischen erst Regionen über 1600 m bezeichnen. Ewiger Schnee liegt nur auf den höchsten Gipfeln, echte Gletscher sind selten (Blaueis am Hochkalter). Manche sonnengeschützte Firnflecken überdauern den Sommer auch in tiefer Lage, so die Eiskapelle beim Königssee (868 m).

Oberbayern Regionaltypische Klimastationen

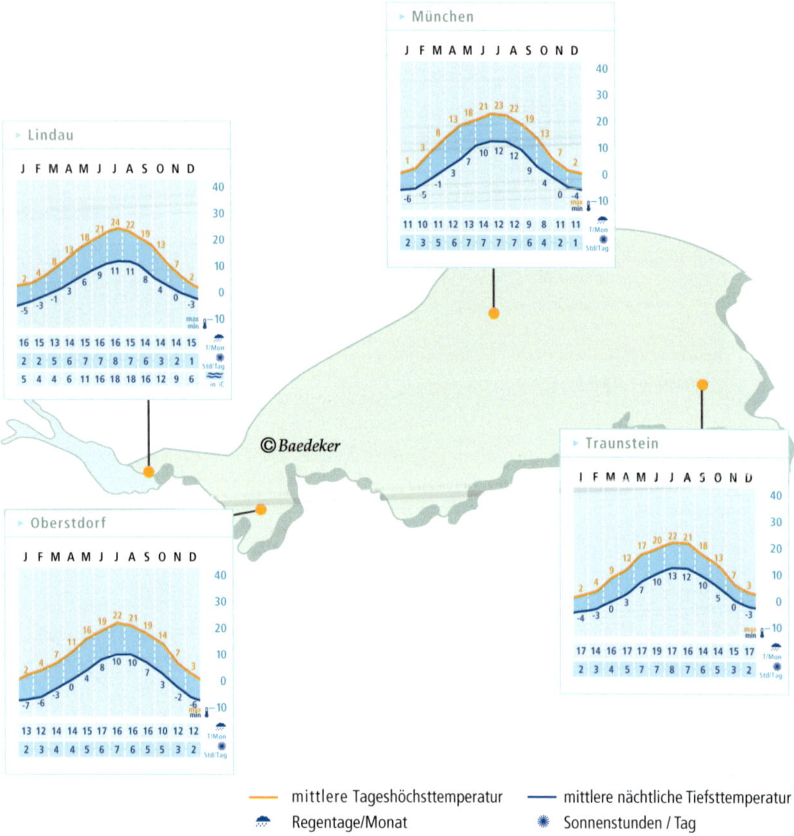

Heilklima Die teils starken Temperaturschwankungen wirken als Reizklima, in höheren Lagen kommen die intensive Sonneneinstrahlung und die saubere Luft hinzu; Höhen von über 1500 m sind eine Zuflucht für Pollengeplagte. In den Tälern und am Alpenrand gibt es fast keinen Ort, der sich nicht mit dem Etikett »Luftkurort« schmückt. Strengen Bewertungen und langfristigen Messungen – mit denen der Deutsche Wetterdienst beauftragt ist – unterliegt hingegen das Prädikat »Heilklimatischer Kurort«, das im Allgäu Bad Hindelang, Fischen, Isny, Oberstaufen, Oberstdorf, Scheidegg und Schwangau, in Oberbayern Bad Heilbrunn, Bad Tölz, Berchtesgaden, Garmisch-Partenkirchen, Kreuth, Rottach-Egern und Tegernsee tragen.

Berg- und Talwind

Kennzeichnend für das Bergklima ist der regelmäßige Wechsel von Berg- und Talwind an schönen Tagen. Tagsüber wirken die erwärmten Berghänge wie ein Schornstein; die Luft strömt an ihnen talauf und löst die Wolken auf; nachts strömt die kalte Luft ins Tal und weit in die Ebene hinaus, oft bis München – ein willkommener Effekt in sommerlichen Hitzeperioden.

Föhn

Den einen bringt er Kopfschmerzen, die andern macht er »high«: der Föhn, der bis zu 100 km/h heftig übers Land fegt. Großräumige Luftdruckunterschiede lassen feuchtwarme Luft an der Alpensüdseite aufsteigen, wobei sie sich abkühlt; die Feuchtigkeit kondensiert und regnet ab. Durch die freiwerdende Kondensationswärme kühlt sich die Luft beim Aufsteigen weniger ab als sie sich jenseits des Alpenkamms wieder erwärmt – mit dem Ergebnis, dass sie warm und trocken ankommt. Zu den sichtbaren Effekten des Föhns gehören die »Föhnmauer« (eine Wolkenbank auf dem Alpenkamm), linsenförmige Wolken (»Föhnfische«) über dem Vorland, die Aufheiterung und die gute Fernsicht.

> **!** *Baedeker* TIPP
>
> **Über den Wolken**
>
> Wenn im Winter über dem Voralpenland viele Tage eine zähe Nebeldecke liegt, gibt's nur eines: hinauf auf den Berg! Die »Inversion« sorgt dafür, dass über dem Kältesee die Sonne scheint; auf der Zugspitze oder auf dem Nebelhorn (!) ist es dann oft wärmer als in München. Wer zweifelt, kann sich via Webcam informieren.

Bevölkerung und Wirtschaft

Oberbayern und Schwaben

Das Gebiet dieses Reiseführers hat Anteil an den bayerischen Regierungsbezirken Oberbayern und Schwaben. Ihre Grenzlinie bildet seit Hunderten von Jahren der **Lech**, und es ist verblüffend, wie heute noch ein Flusslauf – den man als automobiler Mensch kaum mehr registriert – Sprache und andere Gewohnheiten wie die Hausformen voneinander scheidet. Damit verbinden sich auch die Selbstdefinition und die räumliche Orientierung: Im Regierungsbezirk Schwaben, dem schmalen Streifen zwischen Altbayern und Württemberg, vom Bodensee bis zum Ries, ist München »weit weg«, während für Oberbayern München nicht nur formell die Landeshauptstadt ist. Denn erst seit 200 Jahren, seitdem Napoleon das alte Europa über den Haufen warf und die bayerischen Kurfürsten zu Königen machte, gehört das Allgäu zu Bayern, und man legt heute noch Wert auf die eigene Art und Kultur. Soweit jedenfalls nicht der allgemeine Traditionsverlust und der Massentourismus als Nivellierer auftreten: So muss es nicht wundern, wenn bei einem »Heimatabend« im Allgäu bayerisch gewandete Burschen einen Schuhplattler aufführen, und längst ist auf Allgäuer Speisekarten der Knödel genauso heimisch wie

die Spätzle. Allerdings ist das alles nicht so einfach, wie der seinerzeit heftige Streit um die Allgäuer Tracht zeigt (►S. 64).

Der Mythos von den Bayern

Was wäre Bayern und besonders Oberbayern (im Ausland ist das sowieso identisch) ohne die unsterblichen bzw. unausrottbaren Attribute seiner »Identität«, ohne den »Kini«, den Maibaum, das Bier, die CSU und die katholische Kirche? Tatsächlich wird im ländlichen Alltag Tracht durchaus noch getragen, tatsächlich hat praktisch jedes Dorf seine Blasmusik und andere Musikanten, doch wenn der Kfz-Mechaniker mit der Lehrerin einen Zwiefachen tanzt, dann ist das weder Zeichen für Zurückgebliebenheit noch »Brauchtumspflege«, sondern einfach Spaß an der Freud. Das negative Bild von den Bayern ist jahrhundertealt. Den Anfang machte wohl der Historiker Aventinus, der in seiner Bairischen Chronik um das Jahr 1530 schrieb: »trinkt ser, macht vil kinder«, und: »sitzt tag und nacht bei dem wein, schreit singt tanzt kart spilt«. Der Berliner Buchhändler und Schriftsteller Friedrich Nicolai meinte 1785: »Die Baiern sind rohe Kinder der Natur ... voll Trieb.« Besser weg kommen da die Allgäuer: Sie »sind staader [stiller] als die Burschen im Altbayerischen mit ihrer sakrischen Schneid. Ihr Wesen ist mehr behaglich ..., ähnlich dem Charakter der Landschaft, die mit Ausnahme der Bergmasse auch mehr anmutig als großartig ist« (F. J. Bronner, Bayerisch' Land und Volk, 1910).

Wappen des Regierungsbezirks Oberbayern

Das, was man heute als bayerische bzw. schwäbische Identität bezeichnen will, hat seine Wurzeln im großen Durcheinander der Völkerwanderungszeit (►S. 36). Während die Bajuwaren sich erst im Lauf mehrerer Jahrhunderte als »Stamm« konstituierten, können sich die Allgäuer ihre alamannische Abstammung zugute halten. Doch wurde auch hier im Lauf der Zeit einiges aufgenommen, was z. B. Wörter aus römischer Zeit wie »Föhl« oder »Fähl« für »Mädchen« (von lat. »filia«) zeigen. Dass das Bayernland heute über so kräftige Kennzeichen seiner Identität verfügt, ist aber kein Ergebnis seiner »Natur«, sondern einer wechselvollen Geschichte, in der auch das bayerische Königshaus, vor allem König Max II. und Prinzregent Luitpold, eine maßgebliche Rolle spielte (►S. 63). Das Wunder dabei bleibt aber, dass

Wappen des Regierungsbezirks Schwaben

Zahlen und Fakten Bayerische Alpen und Alpenvorland

Geografische Daten

- West-Ost-Ausdehnung: 260 km
- Nord-Süd-Ausdehnung: ca. 120 km
- Fläche:
  Bayern 70 549 km², davon
  München 310,5 km²
  Alpen und Vorland ca. 18 000 km²
- Einwohner:
  Bayern 12,5 Mio., davon
  München 1,33 Mio.
  Alpen und Vorland ca. 3 Mio.

Verwaltung

- Bundesland: Bayern
- Regierungsbezirke:
  Oberbayern (Sitz: München)
  davon 17 Landkreise und 2 kreisfreie Städte (München, Rosenheim)
  Schwaben (Sitz: Augsburg)
  davon 3 Landkreise und 1 kreisfreie Stadt (Kempten)

Wirtschaft

- Bruttoinlandsprodukt:
  Bayern 444,8 Mrd. € (2008), davon
  Region München 125 Mrd. €
  Alpen und Vorland 35 Mrd. €
- Anteil der Wirtschaftssektoren (Bayern):
  Dienstleistungen 68 %, Produzierendes Gewerbe 31%, Landwirtschaft 1%
  Arbeitslosenrate: 4,7% (Juni 2009)

Tourismus

- Bayern: 26,7 Mio. Gäste (2008)
  davon München 4,8 Mio.
  Alpen und Vorland 11,8 Mio.
  Gäste aus dem Ausland: 22,5%

sich all die vielzitierten Versatzstücke der oberbayerisch-allgäuerischen Szenerie – vom weißblauen Himmel über die prächtigen Feste und den Biergarten bis zu den grasenden Kühen vor der Kulisse der Alpen – zu einem Bild zusammenschließen, das irgendwie genau so sein muss, wie es ist.

Zuagroaste und Reigschmeckte

Diese schwierig zu verstehenden und auszusprechenden Wörter bezeichnen auf Bairisch bzw. Schwäbisch dasselbe, nämlich Menschen von Woandersher. Und nicht nur in grauer Vorzeit kamen Menschen ins Land. Im 19. Jh. verdingten sich »Itaker« als billige Arbeitskräfte in diversen Gewerben, eine Tradition, die in den 1950er-, 1960er-Jahren mit überaus weitreichenden Folgen wieder aufgenommen wurde. Zu Ende des 2. Weltkriegs kamen viele Tausend Flüchtlinge,

Tradition gleich Rückständigkeit?

in den Jahren danach etwa 1,7 Mio. Heimatvertriebene aus Böhmen und Schlesien nach Oberbayern und ins Allgäu. Seit der deutschen Wiedervereinigung zog es über eine halbe Million aus den neuen Bundesländern ins Alpenvorland. Gegenwärtig weist die Statistik für Oberbayern 13 % Ausländer auf, für Schwaben 9 %, die bzw. deren Nachkommen großenteils einmal wirklich dort zu Hause sein werden – was ist also »der« Bayer oder Allgäuer?

Wirtschaft

»Laptop und Lederhose«

Es ist richtig: Im Vergleich mit den anderen Bundesländern nimmt Bayern seit Jahren die Spitzenposition ein. Mit über 2 % Wachstum im Jahr 2006, der niedrigsten Pro-Kopf-Verschuldung und der (nach Baden-Württemberg) zweitniedrigsten Arbeitslosenquote präsentiert die im Jahr 1945 gegründete und seitdem – mit Ausnahme der Jahre 1954–1957 regierende – CSU Bayern als das »Jobwachstumsland Nummer 1 in Deutschland«. Was sie sich als ihr Verdienst anrechnet, hat seine Basis in günstigen natürlichen und historischen Bedingungen, besonders in der Attraktivität Münchens und seines Umlands. War Bayern noch 1945 ein »rückständiges« Land, das vor allem von der Landwirtschaft lebte, so hatte es doch eine bedeutende Technikgeschichte vorzuweisen; in den Sparten Elektrotechnik / Stromversorgung und Verkehrswesen / Eisenbahn war es bereits im 19. Jh. führend. Keineswegs unbedeutend ist auch, dass Oberbayern und das Allgäu mit ihrer wunderbaren Landschaft und – wenn auch verkannten – bäuerlichen Idylle damals schon Magneten waren. Der massive Umbau der Wirtschaft vor allem in den 1970er- und 1980er-Jahren konnte also auf ein Kapital zurückgreifen, das sich

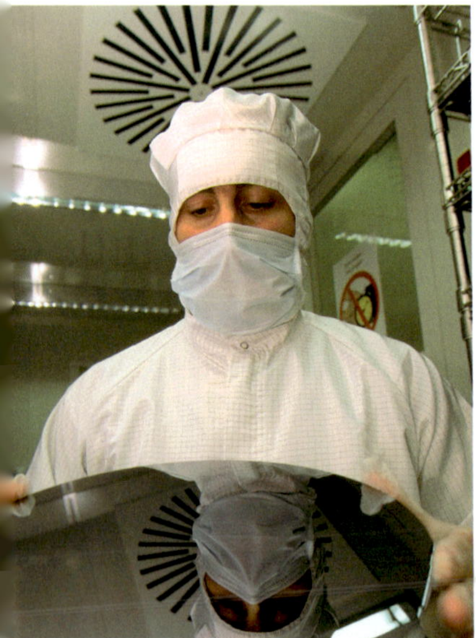

Waferproduktion bei Wacker

zusammen mit der weltweiten Nachfrage nach High-Tech-Produkten als sehr vorteilhaft erweist – das etwas überstrapazierte Schlagwort »Laptop und Lederhose« gibt diese so erfolgreiche Kombination der harten und weichen Standortfaktoren ausgezeichnet wieder, über die Bayern heute verfügt.

Wirtschaftszentrum München

München und sein Umland – in einem Radius von ca. 30 km, etwa dem S-Bahn-Bereich entsprechend – bilden eines der bedeutendsten Wirtschaftszentren Europas. Eine maßgebliche Rolle spielen High-Tech-Industrien: Elektronik und Datenverarbeitung, Auto- und Maschinenbau, Luft- und Raumfahrt sowie Biotechnologie. Die Bayerische Motorenwerke AG (BWM), die an 23 Standorten in sieben Ländern 105 000 Menschen beschäftigt, hat in München ihre Zentrale und ein Werk mit 10 000 Arbeitskräften. Weitere große Namen: Siemens, EADS, Apple und Microsoft, Linde, Krauss-Maffei, MAN, Rohde & Schwarz. Nach Frankfurt a. M. ist München der wichtigste Finanzplatz in Deutschland, mit Börse und den Zentralen großer Banken und Versicherungen. Die Medienbranche ballt sich ebenfalls hier, mit 300 Buch- und Zeitschriftenverlagen und der TV-Stadt Unterföhring (Bayerischer Rundfunk, ZDF, ProSieben, Sat.1, Premiere). Martinsried an der südwestlichen Peripherie schließlich ist Zentrum der deutschen Bio- und Gentechnik; um das Max-Planck-Institut für Biochemie und Institute der Ludwig-Maximilians-Universität haben sich ca. 60 Unternehmen dieser »Zukunftsbranche« angesiedelt.

Landwirtschaft

Bayern, und in ganz besonderem Maß das südliche Oberbayern und das Allgäu, das ist Bauernland, ein Land der Vieh- und Milchwirtschaft. So hat es zumindest den Anschein. So wichtig die grünen Wiesen und die grasenden Kühe für das Heimatgefühl und die Attraktivität als Urlaubsland sind, so marginal ist jedoch ihr unmittelbarer Anteil am Bruttoinlandsprodukt: 1,5 % in Oberbayern (ohne München, das allein ca. 40 % des BIP liefert und praktisch über keine Landwirtschaft verfügt), in Ober- und Ostallgäu 2,5 %. Noch arbeiten in Ober- und Unterallgäu etwa 6 % der Erwerbstätigen in der Landwirtschaft (in Gesamtbayern 3 %). Die Tendenz ist dramatisch negativ, unter dem Druck der EU-Gesetze und der Großabnehmer, letzten Endes also der Handelsketten, machen gegenwärtig pro Jahr etwa 3 % der Bauern ihre Stalltür zu, während sich die Zahl der Betriebe mit über 30 ha Land in den letzten 25 Jahren verdreifacht hat. Selbst Betriebe mit 80 Kühen und

Käsen auf der Alpe Laufbichl bei Hindelang

mehr wirtschaften am Rand der Rentabilität. Auch wenn die CSU-Regierung und der Deutsche Bauernverband (mit einem bayerischen Präsidenten) in Berlin und Brüssel die Interessen der Bauern zu wahren versuchen, sieht es nicht gut aus. Vielleicht wird das Allgäu, das erst im 19. Jh. vom blauen Flachsland zum grünen Grasland wurde, in Zukunft gelb sein: als Produzent von Rapsöl für die Treibstoffversorgung.

Alpen und Almen So heißen im Allgäu bzw. in Oberbayern die landwirtschaftlichen Betriebe in den Bergen. Diese uralte Wirtschaftform wurde ursprünglich dazu genutzt, das Jungvieh, das noch nicht gemolken werden muss, den Sommer über zu versorgen und das Gras in den Tälern für den Winter zu horten. Mit der beträchtlichen Ausweitung der Käseproduktion im 19. Jh. kamen dann auch Milchkühe und Senner auf die Alpen. Der dreimonatige Alpsommer war hart, entbehrungsreich und wenig lukrativ, so dass im Zug der Industrialisierung der Milchwirtschaft etliche Alpen nicht mehr »bestoßen« wurden. In heutigen Zeiten gelten handwerklich hergestellte Lebensmittel aus zuverlässigen, unverdorbenen Quellen wieder etwas, und so verzeichnet man eine Renaissance der Alpen/Almen und kleinen Sennereien, die zudem den Weg der Direktvermarktung nützen.

Tourismus Nicht nur imagemäßig, sondern auch in harter Münze floriert das Tourismusgewerbe; Bayern rangiert in der Beliebtheit noch vor der Nord- und Ostseeküste. Gegenwärtig zählt man in Bayern insgesamt

Heuernte im Allgäu

Der Wendelstein, ein (zu Recht) beliebtes Ausflugsziel

pro Jahr rund 26,7 Mio. Gäste, davon entfallen auf München 4,8 Mio., auf die oberbayerischen Landkreise dieses Führers rund 11 Mio. und auf die Allgäuer knapp 3 Mio. Nimmt man die durchschnittliche Aufenthaltsdauer als Maßstab (mindestens 4 Nächte), ergibt sich in absteigender Folge: Oberallgäu, Berchtesgadener Land, Traunstein, Garmisch-Partenkirchen, Rosenheim, Lindau, Bad Tölz und Ostallgäu. Im Oberallgäu trägt der Fremdenverkehr über 30 % zur Wertschöpfung bei, in Oberstdorf sogar 50 – 60 %.

Die Beliebtheit als Urlaubsziel hat jedoch ihre Schattenseiten. Die Idylle, mit der in den Fremdenverkehrsprospekten geworben wird, ist vor allem in den größeren Orten nur mehr zum Teil anzutreffen, stattdessen muss man sich mit massivem Autoverkehr, uniformen Häusern im alpenländischen Jodelstil, Fußgängerzonen mit Beton-Blumenkübeln, den weltweit gleichen Plastikstühlen und den üblichen Super- und Baumärkten an der Peripherie anfreunden. Alteingesessene Geschäfte schließen zugunsten der überall anzutreffenden Billigketten, dafür werden selbst in renommierten Orten wie Mittenwald die Zentren außerhalb der Haupturlaubszeiten zu Geisterstädten. Allmählich beginnt man zu realisieren, dass das Heil nicht in der Ausweitung des Tourismus liegen kann, sondern in einer Begrenzung und Umorientierung, und zwar in Zusammenarbeit mit den ums Überleben kämpfenden Bauern: in Richtung Landschaftsschutz und -pflege, in Richtung hochwertiger Produkte und deren lokaler Vermarktung. Immerhin hat – zum Beispiel – das Allgäu heute die größte Dichte ökologisch arbeitender Betriebe in Bayern.

Geschichte

Wer waren die Bajuwaren, die Agilolfinger und die Wittelsbacher? Was hat es mit der Sendlinger Mordweihnacht auf sich, und wie kam das Königreich Bayern zustande? Stationen auf dem Weg der bayerischen Lande vom Stammesherzogtum zum Freistaat und Hightech-Standort.

Vor- und Frühgeschichte

bis 2000 v. Chr.	Jungsteinzeit: Erste Siedlungsspuren
8. Jh. v. Chr.	Keltische Besiedlung

Steinzeit

Erst nach der letzten Eiszeit, in der Jungsteinzeit (um 3500 bis ca. 2000 v. Chr.), sind Siedlungen südlich der Donau nachzuweisen, zunächst in den fruchtbaren Lößlandschaften an Isar und Amper, dann auch an Lech, Inn und Salzach sowie im Umkreis der oberbayerischen Seen. Keramik und andere Bodenfunde bezeugen schon regionale Sonderkulturen (Rössener Kultur, Münchshöfener Kultur etc.).

Bronze- und Eisenzeit

Im 2. und 1. Jt. v. Chr. erreicht die Siedlungstätigkeit das Alpenvorland, wie Hügelgräber im Gebiet von Starnberger- und Ammersee belegen. Die Hallstattzeit am Übergang von der Bronze- zur Eisenzeit (ab 8. Jh. v. Chr.) bringt Neuerungen in Siedlung, Bestattung und Gebrauchgegenständen. Technische Neuerungen (Töpferscheibe) und Schmuckformen (Zierfibeln) aus dem Mittelmeerraum werden v. a. im Südwesten Bayerns übernommen. Mit den **Kelten** der Latènezeit (ab 5. Jh. v. Chr.) werden in antiken Quellen erstmals Bewohner des bayerischen Raums genannt. Die Kelten bildeten schon vor dem 5. Jh. v. Chr. das beherrschende Bevölkerungselement: Vindeliker im Alpenvorland, Raeter im Alpenraum und Noriker östlich des Inntals. Münzen, Bronzefibeln und Glasschmuck, die Reste befestigter Siedlungen (u. a. Fentbachschanze bei Weyarn, Auerberg bei Marktoberdorf) und Viereckschanzen zeugen von der hohen Kultur. Sprachliche Spuren haben sich in Namen wie Lech, Isar, Inn, Kempten, Partenkirchen und Prien erhalten.

Römische Zeit

ab 15 v. Chr.	Besetzung des Alpenvorlands durch die Römer. Gründung der Provinz Raetia
3./4. Jh. n. Chr.	Eindringen der Germanen
5. Jh. n. Chr.	Rückzug der Römer aus den Donauprovinzen

Frühe und mittlere Kaiserzeit

Mit der unter Augustus 15 v. Chr. beginnenden Eroberung des Alpenraums werden die keltischen Gebiete bis zur Donau dem Römischen Reich einverleibt und später in der **Provinz Raetia** vereinigt.

← Joseph Graf von Montgelas (1759–1838), der als »Superminister« unter König Max I. Joseph das Bayern der Neuzeit schuf. Porträt von Joseph Hauber, 1806.

Die späte Kaiserzeit (3./4. Jh. n. Chr.) sieht als Grenzen der »Raetia secunda« Donau und Iller im Norden und Westen, im Osten den Inn. Straßen werden gebaut und gesichert, v. a. zwischen Bregenz und Gauting bzw. Salzburg sowie die Via Claudia Augusta, die von Rom über den Reschenpass nach Augsburg führt. Neue Ansiedlungen werden gegründet, bestehende wie Bregenz, **Kempten (Cambodunum)** und Salzburg ausgebaut. Die keltische Bevölkerung vermischt sich mit den Eroberern aus allen Teilen des Römischen Reichs, der römische Kultus setzt sich, angereichert mit keltischen Traditionen, durch, ehe er im 4. Jh. vom Christentum abgelöst wird.

Spätantike Verstärkte Einfälle germanischer Völker (Alamannen, Franken) ab dem 3. Jh. läuten das Ende der römischen Herrschaft ein. Das Land wird weithin entvölkert, die noch vorhandenen Bewohner verarmen. Die Absetzung von Kaiser Romulus Augustulus durch den germanischen Heerführer Odoaker 476 bedeutet das Ende des Weströmischen Reichs; die Donauprovinzen werden geräumt, Teile der römischen oder romanisierten Bevölkerung kehren nach Italien zurück.

Früh- und Hochmittelalter

536/537	Gründung eines alamannischen Herzogtums
um 550	Früheste Nachricht von den »Bajuwaren«
739	Gründung der Bistümer Regensburg, Salzburg, Passau und Freising
1158	Gründung Münchens durch Heinrich den Löwen
1180	Pfalzgraf Otto VI. (I.) von Wittelsbach wird baierischer Herzog

Bajuwaren und Alamannen Ende des 5. Jh.s lassen sich Elb- und Ostgermanen – hauptsächlich aus Böhmen, wovon die Bezeichnung »Bajuwaren« abgeleitet ist – zwischen Bayerischem Wald und Alpen nieder. Als »Baibaros« bezeichnet der Geschichtsschreiber Jordanes in seiner Gotengeschichte (551) die Bewohner des Alpenvorlands, »Baiuaria« nennt der Kleriker Venantius Fortunatus um 570 das Land am Lech. Lange hegte die Geschichtswissenschaft die (für das bayerische Selbstwertgefühl verlockende) Idee, dass die Bajuwaren als ein geschlossener Stamm einwanderten. Heute besteht kein Zweifel mehr daran, dass die sog. **Stammesbildung der Baiern** als ein längerer Prozess der Verschmelzung verschiedener germanischer Gruppen und Resten der Provinzialbevölkerung zu verstehen ist. Das Gebiet westlich des Lechs, das heutige Bayerisch-Schwaben, besiedeln die **westgermanischen Alamannen**, die ab dem 3. Jh. am Rhein nachgewiesen werden können und im 6. Jh. den Lech erreichen.

Die Agilolfinger

Nach dem Ende der Ostgotenherrschaft 553 fällt der baierisch-alamannische Raum den Franken zu. Sie setzen Herzöge ein, die relativ unabhängig regieren. Das baierische Herzogtum wird über 250 Jahre vom Geschlecht der **Agilolfinger** geführt, von Garibald I. (ca. 548 bis 595) bis Tassilo III. (ca. 749 – 788). Das von Wäldern, Sümpfen und Mooren geprägte Land wird kultiviert. Zahlreiche Ortsnamen zeugen noch von diesen Anfängen, wie Sauerlach, Allach und Großhesselohe. Die Kodifizierung des baierischen Rechts (Lex Baiuvariorum) zwischen dem 6. und 8. Jh. lässt ein Stammesbewusstsein erkennen. Einen wichtigen Beitrag zur zivilisatorischen Durchdringung des Landes leistet die Kirche: Die Agilolfinger holen Missionare (Emmeram, Rupert und Korbinian) ins Land, Kirchen entstehen, so die heutige Gnadenkapelle in Altötting. 739 errichtet der hl. Bonifatius vier Bistümer (Regensburg, Salzburg, Passau und Freising), das Gebiet westlich des Lechs gehört zum noch in der Spätantike gegründeten Bistum Augsburg. Die **Bischofssitze und Klöster** – u. a. Herren- und Frauenchiemsee, Schäftlarn, Wessobrunn, Polling, Benediktbeuern und Tegernsee – werden Zentren der Kultur und Bildung; Literatur, Buchmalerei und Kunsthandwerk erleben dort eine Blüte. Mit dieser Rolle der Klöster werden Traditionen begründet, die Land und Leute bis zur Säkularisation prägen sollten. 788 wird der letzte agilolfingische Herzog, Tassilo III., von Karl dem Großen verbannt; Baiern, das im Osten bis zur Enns, im Süden bis ins heutige Südtirol reicht, wird für über ein Jahrhundert fränkisch regiert. Kultur und Geistesleben haben Teil am Aufschwung des Karolingerreichs; bedeutende literarische Zeugnisse sind das »Muspilli« und das »Wessobrunner Gebet«. 817 wird zum ersten Mal das Allgäu (»Albigowe«) schriftlich erwähnt.

Tassilokelch, gestiftet von Herzog Tassilo um 780.

Luitpoldinger, Welfen und Staufer

Als die fränkische Zentralgewalt bröckelt, erhält Baiern 907 mit Arnulf aus dem fränkisch-baierischen Markgrafengeschlecht der **Luitpoldinger** wieder einen Herzog, der eigenständige Politik betreibt. Doch schon 947 wird der Herzog von der nun sächsischen Reichsgewalt bestimmt, rekrutiert aus dem eigenen Geschlecht der Ottonen, um die Loyalität Baierns zu sichern. Baiern wird 1002 »Kronland« und Machtzentrale im Reich (Königskrönung des baierischen Herzogs ottonischer Abstammung Heinrich IV./II., 1002 – 1024). Auch unter den salischen Königen bleibt das baierische Herzogtum eng an das Königshaus gebunden. Erst mit der Einsetzung Welfs IV. (I.) 1070 kann sich wieder eine Dynastie für längere Zeit die baierische

Belehnung Ottos von Wittelsbach mit dem Herzogtum Bayern im Jahr 1180 (Tafelbild von 1685)

Herzogswürde sichern. In Schwaben regieren ab 1079 die **Staufer**, die im 12./13. Jh. zu Königen und Kaisern aufsteigen. Baiern wird durch die nach der Krone strebenden fränkisch-schwäbischen Welfen in einen Konflikt mit dem staufischen Königtum gezogen, das letztlich auch die Teilung des Herzogtums 1156 zur Folge hat (Abtrennung der Ostmark, des künftigen Herzogtums Österreich). 1158 gründet der Welfenherzog **Heinrich der Löwe** (1156–1180) unter rechtswidrigen Umständen den Markt München (►S. 255). Selbstbewusst setzt er die landesherrliche Gewalt gegenüber den Großen durch. Sein Ambitionen sind der Grund für seinen Fall: 1180 wird er von Kaiser Friedrich I. Barbarossa geächtet. Mit dem Herzogtum wird Pfalzgraf **Otto VI. (I.) von Wittelsbach** belehnt, dessen Geschlecht über 738 Jahre das Geschick des Landes bestimmen wird.

Vom Stammesherzogtum zum Territorialstaat

Im Hochmittelalter emanzipieren sich Grafen, Bischöfe, Äbte und Städte von der Herzogsgewalt, bilden eigene Territorien und fühlen sich nurmehr dem Reich verpflichtet. Auch König bzw. Kaiser und Herzog unterliegen diesem Prozess: Königsgut wird der herzoglichen Hoheit entzogen und als Reichsgut verwaltet; der baierische Herzog sucht seinen Besitz durch Heirats- und Erbpolitik und die Übernahme von Gerichts- und Grundherrschaften zu erweitern (1214 Erwerb der Pfalzgrafschaft bei Rhein). Aus dem Amtsherzogtum wird ein auf den wittelsbachischen Kernbereich beschränktes, aber von reichsunmittelbaren Herrschaften (Hochstifte, Reichsklöster, Reichsgrafschaften etc.) durchsetztes **Territorialherzogtum**, das faktisch zum Besitz der Herzogsdynastie wird. Gleichzeitig gehen große Teile des Nordgaus und die Steiermark (1180) verloren, das »Land Tirol« verselbstständigt sich im 13. Jh., die Bischöfe festigen ihre Rolle als Landesherren. Eine andere Folge des gewandelten Herrschaftsverständnisses ist die **Teilung** des herzoglichen Territoriums. Erstmals 1255, nach dem Tod Ottos II., wird Baiern unter den Erben in unabhängige

Herzogtümer aufgeteilt. Schwaben zerfällt nach dem Tod des letzten Staufers Konradin 1268 in kleine weltliche und geistliche Territorien sowie Freie Reichsstädte wie Lindau und Kempten.

Spätmittelalter · Frühe Neuzeit

1329	Trennung der Wittelsbacher in eine baierische und eine pfälzische Linie
1472	Gründung der Landesuniversität Ingolstadt
1525	Niederwerfung des Bauernaufstands in Schwaben
1623	Baiern wird Kurfürstentum
1777	Aussterben der baierischen Linie der Wittelsbacher

Die baierischen Teilherzogtümer

Im Jahr 1255 wird das Herzogtum unter den zwei Erben Ottos II. aufgeteilt: Oberbaiern (mit der Pfalz) und Niederbaiern mit Residenzen in München und Landshut. Unter Ludwig IV. von Oberbaiern, der 1314 als erster Wittelsbacher die deutsche Königswürde erlangt (1328 Kaiserkrönung) und als **Ludwig der Bayer** in die Geschichte eingeht, gelingt noch einmal die Vereinigung (1340). Nach seinem Tod 1347 erfolgte eine neue Teilung in drei, zeitweilig sogar vier Herzogtümer. Erst 1505 kann der Herzog von Baiern-München, Albrecht IV. der Weise, Herzog von Baiern-München, im Landshuter Erbfolgekrieg (1504/1505) die Landesteile dauerhaft vereinen.

Bauernkrieg und Reformation

1524/25 erheben sich die schwäbischen Bauern – in Baiern spielt der Bauernkrieg kaum eine Rolle – unter dem Einfluss der Reformation gegen ihre Feudalherren (»Zwölf Artikel« 1525); ihr Aufstand wird von Georg Truchsess von Waldburg-Zeil im Auftrag des 1488 gegründeten Schwäbischen Bundes grausam niedergeworfen. Während sich bis zum **Augsburger Religionsfrieden** 1555 die Lehre Luthers in den schwäbischen Territorien z. T. und in den meisten Freien Reichsstädten durchsetzt, stellen sich die baierischen Herzöge auf die Seite des Papsttums. Unter Albrecht V. (1550–1579) und seinen Nachfolgern wird Baiern zur führenden Macht der **Gegenreformation**. Sie holen die Jesuiten ins Land, die mit ihrer Lehrtätigkeit an der 1472 gegründeten Ingolstädter Landesuniversität und ihren städtischen Kollegien (u. a. in München) die Politik der Landesherren unterstützen. Neue Kirchen und Wallfahrten entstehen, die Volksfrömmigkeit schlägt sich im Wiederaufleben der Fronleichnamsprozession nieder, in Marienkult und Heiligenverehrung. Unter Herzog Maximilian I. (1597/1598–1651) als Haupt der Katholischen Liga tritt Baiern 1619 an der Seite Habsburgs in den Krieg gegen die Protestantische Union ein. Unter Tilly siegt das kaiserliche Heer 1620 in der Schlacht am

Die Sendlinger Bauernschlacht (Votivtafel von 1707 in St. Laurentius, Rottach-Egern)

Weißen Berg bei Prag; Baiern wird 1623 mit der pfälzischen Kurwürde und 1628 mit der Oberpfalz belohnt. Mit dem Kriegseintritt Schwedens unter Gustav Adolf (1630) wendet sich das Kriegsglück, 1632 stehen die Schweden in München. Am Ende des Dreißigjährigen Kriegs 1648 ist die Bevölkerung auf etwa die Hälfte geschrumpft, Bauernhöfe sind verlassen, Wüstungen entstanden. Die Nachwirkungen des Kriegs sind bis an die Wende zur Neuzeit spürbar.

Absolutismus und Aufklärung

Das Kurfürstentum entwickelt sich zum absolutistischen Staat nach französischem Vorbild. Barocke Schlösser wie Schleißheim entstehen, Schloß Nymphenburg und die Münchner Residenz werden im Stil des höfischen Rokokos umgestaltet. Vor allem aber gibt die **sakrale Architektur** (► S. 53) dem Primat des Katholizismus im südbayerischen Raum glanzvoll Ausdruck. Kurfürst Max Emanuel (1679 bis 1726), berühmt durch seine Leistung bei der Abwehr der Türken, treibt Baiern 1701 in den **Spanischen Erbfolgekrieg** an der Seite Frankreichs gegen Habsburg. Nach der vernichtenden Niederlage bei Höchstädt 1704 zieht er sich in die Niederlande zurück und überlässt Baiern den österreichischen Besatzern. Hohe Steuern, Einquartierungen und Zwangsrekrutierungen bilden 1705 / 1706 den Hintergrund für eine Bauernerhebung. In den Schlachten von Sendling (heute ein Teil Münchens) – als »Mordweihnacht« in den bayerischen Seelenhaushalt eingegangen – und Aidenbach (Niederbayern) wird sie blutig niedergeschlagen. Erst 1715 kann Max Emanuel in sein ausgeblutetes Land zurückkehren. 1777 geht mit dem Tod Max' III. Joseph, des letzten Wittelsbachers ludovizischer Linie, Baiern an die Pfälzer Linie. Hatten sich im Kurfürstentum schon zuvor Gedanken der **Aufklärung** verbreitet (Rechts- und Bildungsreformen, Gründung der Bayerischen Akademie der Wissenschaften 1759, Aufhebung des Jesuitenordens 1773, Förderung von Wissenschaft und Wirtschaft), so zieht mit dem neuen Herrscher Karl Theodor ein weiteres aufkläreri-

sches Element in München ein. Infrastruktur und Gesundheitswesen werden verbessert, der Englische Garten in München angelegt und erstmals Klöster teilweise enteignet.

Königreich Bayern

1803	Reichsdeputationshauptschluss. Geistliche und weltliche Territorien kommen zu Baiern.
1805/1806	Zugewinn weiterer ostschwäbischer Gebiete, u. a. des Fürstentums Lindau
1. 1. 1806	Erhebung Baierns zum Königreich (ab 1825 Bayern)
1871	»Kaiserbrief«: Bayern wird Teil des Deutschen Reichs unter preußischer Führung.
1918	Novemberrevolution. Ausrufung des »Freistaats Bayern«

Bayern wird Königreich

Als Max IV. Joseph 1799 seine Regierung antritt, befindet sich Baiern im Krieg gegen das revolutionäre Frankreich. 1796 marschierten französische Truppen im Kurfürstentum ein, die baierische linksrheinische Pfalz ist französisch besetzt. Am 3. Dez. 1800 wird die antinapoleonische Koalition in der entscheidenden Schlacht bei Hohenlinden geschlagen. Baiern nähert sich nun Frankreich an: 1805 wird der Bündniswechsel fixiert, der französische Kaiser zieht triumphal in München ein. Am 1. Jan. 1806 wird Baiern zum Königreich erhoben (ab 1825 »Bayern« geschrieben). Das Land, das sich durch territoriale Zugewinne an der Seite Frankreichs, aufgrund Säkularisierung und Mediatisierung (1803) sowie in der Folge des Wiener Kongresses (1815) erheblich vergrößert – unter den neuen Gebieten ist **Ostschwaben mit dem Allgäu** –, bezahlt einen hohen Preis für seine Treue zu Napoleon: Es ist ausgeplündert, vom Russlandfeldzug 1812 kehren von fast 36 000 bayerischen Soldaten nur etwa 6000 zurück.

Das neue Bayern

Mit der Gründung des Deutschen Bundes (1815–1866) ist die Neuordnung im ehemaligen Reich abgeschlossen. Bayern kann sich der Integration der neuen Landesteile widmen. Dies betrifft vor allem die fränkischen und schwäbischen Gebiete, aber auch reichsunmittelbare Territorien im altbayerischen Raum wie das Hochstift Freising und die Fürstpropstei Berchtesgaden. In einer »Revolution von oben« reformiert Minister **Graf Montgelas** unter Max I. Joseph (1806–1825) das Königreich: Abschaffung von Adelsprivilegien, Rechtsgleichheit, Gleichstellung der christlichen Konfessionen. Der moderne bayerische Staat in seiner noch heute weitgehend gültigen Verwaltungsgliederung entsteht. 1818 fixiert der Monarch in einer der ersten deutschen Verfassungen die bürgerlichen Grundrechte.

? WUSSTEN SIE SCHON ...?

- König Ludwig I. dekretierte im Okt. 1825, dass das neue Reich, das ja etwas anderes war als das Kurfürstentum Baiern, als »Bayern« zu bezeichnen sei. Der gebildete Monarch – der »Hellene auf dem bayerischen Thron«, dessen Sohn griechischer König wurde – importierte das Y aus dem griechischen Alphabet. Heute verwendet man die Schreibweise »bairisch« für alles, was mit dem altbayerischen Gebiet zwischen Inn und Isar zu tun hat, vor allem für seine Geschichte und seine Sprache.

Allerdings bewirkt die Aufhebung von Fürstentümern und Klöstern eine Provinzialisierung des Landes, das seiner Bildungs- und Kulturzentren beraubt wird. München hingegen erhält unter Ludwig I. (1825–1848) königlichen Zuschnitt. Das Allgäu erlebt in dieser Zeit den Strukturwandel von der **Leinen- zur Käseproduktion**. 1827 wird im Gunzesrieder Tal der erste Allgäuer Emmentaler hergestellt, 1830 in Wilhams der erste Limburger Käse (► S. 71). Ludwig II. (1864–1886) verleiht dem Alpenvorland seine berühmtesten Wahrzeichen: die **Königsschlösser** Herrenchiemsee, Linderhof und Neuschwanstein.

Deutsche Einigung

Das Zusammenwachsen der deutschen Staaten im 19. Jh. wird von Ludwig I. gefördert (Deutscher Zollverein, Bau des Main-Donau-Kanals, Eisenbahnbau). Der deutschnational orientierte, aber autokratisch und in Abwehr der republikanischen Bewegung zunehmend konservativ regierende König sieht sich durch die **Revolution von 1848**, die sich in Bayern an seiner Affäre mit Lola Montez entzündet, zur Abdankung gezwungen. Erst jetzt wird die Grundherrschaft abgeschafft, die Bauern werden Herren ihres Landes. Ludwigs Sohn

Eine Idylle? Mittenwald zu Anfang des 20. Jahrhunderts

Maximilian II. (1848–1864), Förderer der Wissenschaften und der Kunst, führt die Politik eines »Dritten Deutschlands« unter bayerischer Führung weiter, das gleichberechtigt neben Preußen und Österreich stehen soll. Dies geht jedoch an den politischen Realitäten vorbei: Ludwig II. muss 1871 die kleindeutsche **Reichseinigung** unter preußischer Führung akzeptieren. Bayern partizipiert am wirtschaftlichen Aufschwung der Gründerzeit. Die Epoche der Hochindustrialisierung beginnt, im Süden Bayerns jedoch noch hauptsächlich auf München beschränkt. Zahlreiche Bewohner des Alpenvorlands wandern als Arbeiter in die Industriezentren nördlich der Donau ab.

20. Jahrhundert

9. 11. 1923	Hitler-Putsch: »Marsch zur Feldherrnhalle«
1933	Nationalsozialistische Machtübernahme. Einrichtung des ersten Konzentrationslagers in Dachau
1943	Hinrichtung der Mitglieder der »Weißen Rose«
1. 12. 1946	Verkündung der Bayerischen Verfassung

Erster Weltkrieg und Revolution

Der Erste Weltkrieg bereitet einer äußerlich friedlichen, prosperierenden und künstlerisch produktiven Zeit – u. a. mit der Schwabinger Bohème – unter dem volkstümlichen Prinzregenten Luitpold (1886–1912) ein jähes Ende. Über 900 000 bayerische Soldaten ziehen in den Krieg, etwa 180 000 kehren nicht mehr heim. Am 7./8. November 1918 entladen sich die schon in der Prinzregentenzeit zunehmenden sozialen Spannungen unter dem Einfluss von Mangelwirtschaft und Kriegsmüdigkeit im **Sturz der Monarchie**. Der letzte Wittelsbacher König Ludwig III. (1912/13–1918) verlässt ohne Gegenwehr das Land und stirbt, ohne formell auf den Thron verzichtet zu haben, 1921 in Ungarn.

Weimarer Republik

Im Februar 1919 erlebt das zur Republik (»Freistaat«) erklärte Bayern eine zweite Revolution: Ministerpräsident Eisner wird am 21. Februar 1919 von Graf Arco-Valley ermordet, anarchistische linke Gruppierungen rufen in München die **Räterepublik** aus. Im Mai bereiten Reichstruppen und reaktionäre Freikorpsverbände der inzwischen kommunistischen Revolutionsregierung ein blutiges Ende. Revolution und bürgerkriegsähnliche Kämpfe zwischen »Roten« und »Weißen« sind für die Mehrheit der Bevölkerung prägend: Diese Erfahrungen begünstigen die rechtskonservative Wende in der Politik, die den Freistaat zur »Ordnungszelle« und zum selbsternannten Gegenbild zum »roten Berlin« werden lässt. Ein rechtsextremes Milieu findet hier seinen Nährboden und macht den Aufstieg der **National-**

Soldaten der reaktionären Freikorps Anfang Mai 1919 am Münchner Stachus

sozialistischen Arbeiterpartei möglich, plastisch beschrieben von Lion Feuchtwanger in seinem Roman »Erfolg«. Mit einem Staatsstreich im Münchner Bürgerbräukeller und dem Marsch zur Feldherrnhalle am 9. Nov. 1923 versucht **Adolf Hitler** die Macht an sich zu reißen. Im Frühjahr 1924 wird er nur zu 5 Jahren Festungshaft in Landsberg am Lech verurteilt, wo er sich der Niederschrift seiner Hetzschrift »Mein Kampf« widmet; schon Ende des Jahres wird er auf Bewährung freigelassen. Bayern indes stabilisiert sich unter dem katholisch-konservativen, bayerisch-eigenstaatlich orientierten Ministerpräsidenten Held, so dass der Aufstieg der NSDAP ab 1925 eher von anderen Reichsteilen ausgeht. Erst in der Folge der Wirtschaftskrise von 1929 wird Südbayern erneut von den Nazis erobert, und noch um die Jahreswende 1932/1933 erwägen die Regierung und konservativ-monarchistische Kreise die Erhebung Prinz Rupprechts zum König, um eine NS-Diktatur abzuwehren.

Die Zeit des Nationalsozialismus

Am 9./10.3.1933 übernehmen die Nationalsozialisten in Bayern als letztem deutschem Land die Macht. Bayern ist mit der NS-Herrschaft eng verbunden: München, Sitz der Parteizentrale, wird zur **»Hauptstadt der Bewegung«** erklärt, Parteibauten entstehen (»Braunes Haus«, »Führerbau«, Umgestaltung des Königsplatzes zum NS-Aufmarschgelände). In Dachau wird schon im März 1933 das **erste Konzentrationslager** eröffnet, das mit seinen der Industrie dienenden Außenlagern zum Modell für das NS-Lagersystem wird. Der »Traditionsgau München-Oberbayern«, erschlossen durch Reichsautobahn und Alpenstraße, wird Ziel des KdF-Massentourismus (1936 Olympische Winterspiele in Garmisch-Partenkirchen), die »Hitlerzelle« in der Landsberger Festung und Hitlers »Berghof« auf dem Obersalzberg bei Berchtesgaden avancieren zu Wallfahrtsorten der Bewegung. In Sonthofen wird eine monumentale Kaderschule (Ordensburg) errichtet. Der **Widerstand** gegen das verbrecherische

Regime führt in München im November 1939 zum Bombenattentat des schwäbischen Schreiners Georg Elser auf Hitler, 1942/43 zu den Flugblattaktionen der studentischen Gruppe »Weiße Rose« um die Geschwister Scholl; die Widerständler werden hingerichtet. Die Bilanz des Naziregimes bei Kriegsende: Die großen Städte sind weithin zerstört, die jüdische Bevölkerung verschleppt und ermordet, Hunderttausende Soldaten gefallen oder in Gefangenschaft. Das Oberland ist überschwemmt von Evakuierten aus dem Reich, Flüchtlingen und Vertriebenen aus dem ehemals deutschen Osten.

Bayern gestern und heute

Bayern, 1945 amerikanisch besetzt, geht – abgesehen vom Verlust der Pfalz – territorial unversehrt aus der Katastrophe hervor. Schon am 1. Dezember 1946 gibt sich der **Freistaat** eine Verfassung. Die CSU wird stärkste Partei, seit 1962 regiert sie das Land ununterbrochen. Als große Leistung gilt die Aufnahme und Integration von ca. 1,7 Mio. Vertriebenen, damals etwa 23 % der Bevölkerung. Die Gruppe der Sudetendeutschen avanciert zum »vierten Stamm« Bayerns (neben Altbayern, Franken und Schwaben), 1954 übernimmt die Staatsregierung für sie die »Schirmherrschaft«. Die wirtschaftliche Entwicklung ist vom Übergang des agrarisch geprägten Landes zum **Industrie- und High-Tech-Standort** geprägt. Dabei setzt die bayerische Politik auf eine Verbindung von Tradition und Fortschritt. Als Vertreter einer auf die Eigenständigkeit des Freistaats abhebenden Politik profiliert sich Ministerpräsident Franz Josef Strauß (1978 – 1988). Aber auch der Münchner SPD-Oberbürgermeister Hans Jochen Vogel verkörpert dieses **bayerische Eigenbewusstsein**. Unter ihm werden 1972 die Olympischen Spiele in die Landeshauptstadt gebracht, die alsbald zum multikulturellen »Millionendorf« wird. Im letzten Viertel des 20. Jh.s und in den ersten Jahren des 21. Jh.s erlebt Oberbayern eine wirtschaftliche Blüte, zu deren Landmarken u. a. der neue Großflughafen im Erdinger Moos (1992) sowie die Allianz Arena (2005) in München werden. Doch ab Herbst 2008 werden auch in Bayern die Folgen der weltweiten Finanz- und Wirtschaftskrise spürbar. Bei der Landtagswahl im September verliert die CSU nach jahrzehntelanger Alleinherrschaft ihre absolute Mehrheit.

Kunst und Kultur

Wie wenige andere Gegenden Deutschlands sind Oberbayern und das Allgäu von lebendigen Traditionen geprägt. Die barocken Kirchen mit ihren Zwiebeltürmen, ihrem überwältigendem Stuck-, Figuren- und Freskenschmuck gehören einfach zur Landschaft vor den Bergen, ebenso wie die prächtigen Trachten, Häuser und Festbräuche.

Kunstgeschichte

Römische Zeit

Unter römischer Herrschaft (15 v. Chr. – um 400 n. Chr.) gehörte Oberbayern zum größeren Teil zur Provinz Raetia, das Land östlich des Inns zur Provinz Noricum. Dieser Streifen des Oberlands war vorwiegend ein Durchgangsland, und so sind relativ wenige Funde erhalten. Die bedeutendste Stadt war **Cambodunum** (Kempten), im 1. Jh. n. Chr. wahrscheinlich das Verwaltungszentrum der Raetia. Die Ausgrabungen lassen die an den Hauptachsen »decumanus« und »cardo« orientierte römische Bauweise erkennen. Die Grundmauern von Forum, Basilika und Statthalterpalast mit Thermen sind im Archäologischen Park Cambodunum konserviert. Am Fuß des Tegelbergs bei Schwangau wurde eine römische Villa entdeckt, die vielleicht einem Bergwerksunternehmer gehörte. Die Wandmalereien aus dem Badehaus, für Oberbayern einzigartig, sind in der Archäologischen Staatssammlung München zu sehen. Reste einer römischen Villa sind auch in Tittmoning erhalten: Mosaiken, Fresken und Stuck (im Burgmuseum und im Fußboden der Stadtpfarrkirche).

Frühes Mittelalter

Nach dem Abzug der Römer werden die Spuren künstlerischer Produktion erst unter den in Regensburg residierenden Agilolfinger-Herzögen (ca. 568 – 788) deutlicher, die gegen Ende des 6. Jh.s den christlichen Glauben annehmen. Nach der Einteilung des Landes in Bistümer (739) werden die Bemühungen der Herzöge, besonders Tassilos III., um die Verbreitung des Christentums in der **Gründung zahlreicher Klöster** erkennbar: Einige der ehrwürdigsten Abteien Bayerns wie Schäftlarn, Wessobrunn, Polling, Benediktbeuern, Tegernsee und Schliersee wurden im 8. Jh. gegründet.

Architektur und Malerei

Der älteste frühmittelalterliche Sakralbau in Bayern ist wohl die Gnadenkapelle in Altötting, erbaut vermutlich in der 2. Hälfte des 8. Jh.s. als Taufkapelle, und zwar nach dem spätantiken Muster des Zentralbaus. Auf die Zeit um 860 wird die doppelstöckige Torhalle des **Klosters Frauenchiemsee** datiert. Im Chor ihrer Michaelskapelle sind Unterzeichnungen von Wandmalereien mit Engeln erhalten, Fragmente der ältesten christlichen Fresken in Altbayern. Aus der Agilolfinger- und frühen Karolingerzeit sind noch illuminierte **Handschriften** vorhanden. Zwar wird bei der Mehrzahl eine Entstehung in Salzburg oder in österreichischen Klöstern angenommen, doch können auch Verbindungen zu Skriptorien in Freising, Benediktbeuern und

← Die reich ausgeschmückte Klosterkirche von Benediktbeuern ist ein Meisterwerk des Hochbarock.

Tegernsee gezogen werden. Die vorwiegend in der Bayerischen Staatsbibliothek München verwahrten Handschriften dürften zwischen 750 und 830 entstanden sein. Die berühmteste enthält das »Wessobrunner Gebet« (►S. 374).

Romanik

Im 12. und in der ersten Hälfte des 13. Jh.s betrieben die aufstrebenden Welfen-Herzöge eine Politik der Städte- und Klostergründung. 1180 übernahmen die Wittelsbacher Herzöge die Macht, was sich im Ausbau der Stadtresidenzen niederschlug.

Architektur Nachdem 1159 der **Freisinger Dom** niedergebrannt war, entstand ein neuer, erstmals in Altbayern in Ziegelbauweise (1205 geweiht). Er repräsentiert das in der alpennahen Region verbreitete Schema romanischer Basiliken: im Westen eine schlichte, dominierende Zweiturmfront, innen gehen drei Schiffe – ohne ein Querhaus – in die gestaffelte Apsidengruppe des über der Krypta erhöht liegenden Ostteils über. Da der Dom, wie viele andere Kirchen, im 18. Jh. umgestaltet wurde, lässt sich der alte Raumeindruck nur mehr zum Teil beurteilen. Allein die eindrucksvolle Hallenkrypta besitzt noch ihre romanische Gestalt. Den geschlossensten Eindruck eines romanischen Kirchenbaus gibt die Basilika **St. Michael in Altenstadt** bei Schongau (um 1180 / 1200), die als eine der ersten Kirchen Kreuzgratgewölbe erhielt und mit schönen Pfeilern besticht. In Steingaden sind noch Teile der 1146 bis 1176 errichteten Klosteranlage erhalten. Ihr Kreuzgang wie auch derjenige der Stiftskirche in Berchtesgaden geben mit ihren zierlichen Säulen und Kapitellen einen Eindruck von der vielfältiger werdenden Steinmetzkunst.

Skulptur Der Dom zu Freising ist auch für die frühe Steinskulptur zu Ende des 12. Jh.s in unserem Bereich von Bedeutung. Am Westportal wurden stämmige Skulpturen eingefügt, die Kaiser Friedrich Barbarossa, Bischof Albert von Freising und Kaiserin Beatrix zeigen. In der Krypta schuf ein anderer Steinmetz die **Bestiensäule** mit ihrer für die Romanik typischen Darstellung des Kampfes von Mensch und Tier gegen Drachen. Ihre Ostseite zeigt eine erhabene Frauengestalt mit einer Blüte in Händen, gedeutet als Ecclesia, die über den Teufel siegende Kirche; manche vermuten einen Hintergrund in den Schriften des hochgebildeten Freisinger Bischofs Otto I. († 1158), der – vom Investiturstreit schockiert – glaubte, dass der entscheidende Kampf zwischen göttlichen und dämonischen Kräften angebrochen war. Gelegentlich scheint in der bayerischen Steinskulptur italienischer Einfluss durch, etwa in den Portallöwen an der 1228 geweihten Kirche St. Zeno in Reichenhall.

Bei den Holzskulpturen dominieren die großen Kruzifixe, die Christus als königliche Gestalt zeigen. Jüngste Untersuchungen datieren den Kruzifixus in der Hl.-Kreuz-Kirche Schaftlach auf etwa 970, der

Frauenchiemsee: Die karolingische Torhalle wurde um 860 errichtet.

zu einer Triumphkreuzgruppe gehörende große **Kruzifixus in Altenstadt** dürfte um 1200 entstanden sein. Die eigenwillig stilisierte Sitzmadonna in der Pfarrkirche von Ruhpolding gilt als ein um 1230 entstandenes Spätwerk des romanischen Stils.

Malerei

Auch in der Malerei sind weitgespannte künstlerische Beziehungen zu erkennen. Die auf 1110–1130 datierten ältesten Fresken im oberen Chorbereich des Münsters **Frauenchiemsee** zeigen die Kenntnis byzantinischer Kunst: in der Hell-Dunkel-Modellierung der Inkarnate und mehr noch in der strengen Stilisierung der Augenpartien (Kopien sind in der Torhalle zu sehen). Ähnlichkeiten mit der Salzburger Buchmalerei geben einen Hinweis auf den Vermittlungsweg der mediterranen Kunst in den Alpenraum. Die kleine Kirche von **Urschalling** nahe Prien am Chiemsee birgt einen weniger qualitätvollen Freskenzyklus (um 1170), der eine Vorstellung vom Umfang romanischer Wand- und Deckendekoration gibt. In der Buchmalerei, die besonders in den Klöstern Tegernsee und Benediktbeuren gepflegt wurde, ragt die Anfang des 13. Jh.s in Südtirol entstandene Sammlung der »Carmina Burana« heraus. Die in der Bayerischen Staatsbibliothek München verwahrte Handschrift wurde durch Carl Orff berühmt, der mehrere Texte vertonte (Uraufführung 1937).

Gotik

Die Gotik erreichte das Alpenvorland relativ spät, erst ab 1400 ist ein Aufschwung festzustellen. Der größer werdende Werkbestand des 15. Jh.s lässt auch erstmals eine Scheidung der Kunstregionen Oberschwaben und Oberbayern erkennen, mit dem Lech als Grenze.

Architektur Kaiser Ludwig IV. der Bayer ließ 1330, auf dem Rückweg von seinem Italienzug, in den abgeschiedenen Ammergauer Bergen **Kloster Ettal** gründen. Der Bauplan der Kirche ist eine Besonderheit: bis zur Veränderung im Barock ein Zwölfeckbau mit Mittelstütze. In der Gotik setzte sich in Bayern ein neuer Bautyp durch, die Hallenkirche mit drei etwa gleich hohen Schiffen. Die Stiftskirche in **Laufen** an der Salzach (1330/1340) ist die früheste Hallenkirche in Südbayern. Anregungen gaben wahrscheinlich Zisterzienserkirchen in Österreich. Im 15. Jh. wurde diese Form von der Landshuter Bauschule weiterentwickelt, die für ihre Backsteinkirchen bekannt ist. Die schön gewölbte **Wasserburger St.-Jakobs-Kirche** und die wegen ihrer feinen Profilierung bemerkenswerte Pfarrkirche von Neuötting sind mit Landshuter Baumeistern zu verbinden. Die im Wesentlichen zwischen 1468 und 1488 errichtete **Münchner Frauenkirche** ist die größte und gleichzeitig die späteste der altbayerischen Hallenkirchen.

Deckplatte des Grabmals Kaiser Ludwigs des Bayern

Erstmals sind auch Profanbauten erhalten. Der Alte Hof in München verfügt über Teile aus dem 13. Jh.; in **Burghausen** bauten die reichen Herzöge von Landshut im 15. Jh. an einer Burg, die mit über 1 km Länge zu den größten in Mitteleuropa gehört. In der Festungsarchitektur dienen nun wehrhafte Stadttore auch der Repräsentation, etwa das Baiertor von Landsberg. Aus der wachsenden Bedeutung der Städte erklärt sich auch der Bau größerer Rathäuser. Das **Alte Rathaus in München** (um 1480) gehört noch ganz der Spätgotik an; bei dem von 1422 bis nach 1500 errichteten Rathaus von Lindau zeigen sich erste Elemente der Renaissance.

Skulptur In der Skulptur hielt die Gotik nur langsam Einzug. Aus der nicht erhaltenen Kapelle des Alten Hofs in München stammt ein Relief der Muttergottes mit Kaiser Ludwig dem Bayern und seiner Frau Margarethe (Bayerisches Nationalmuseum München). Von höherer Qualität ist eine stehende Madonna in der Klosterkirche Fürstenfeld. Ihre

Blüte erreichte die Skulptur in der Spätgotik, wobei schwäbische Meister führend waren. Die hölzerne Madonna in der Landsberger Stadtpfarrkirche (um 1440), ein Werk des Ulmers Hans Multscher, zeigt einen neuen Sinn für plastische Werte und vertritt eine realistische Richtung. Etwas abgeschnitten von den Entwicklungen im Westen zeigt sich die Skulptur im Südosten Bayerns. Das Rotmarmor-Tumbengrabmal des Pfalzgrafen Aribo I. in Kloster Seeon (um 1400) und die hölzerne Sitzmadonna des produktiven Meisters von Seeon (um 1430, Bayerisches Nationalmuseum München) sind Hauptwerke dieser Region. Gegen Ende des 15. Jh.s beginnt München endlich eine führende Rolle zu übernehmen. Die **Deckplatte des Grabmals Kaiser Ludwigs des Bayern**, die im Chor der neu erbauten Frauenkirche aufgestellt wurde und für das wittelsbachische Herrscherhaus hohen Symbolwert besaß, ist das hochrangige Werk eines unbekannten Meisters um 1480. Sie ist ein frühes Beispiel für ein in zwei Register unterteiltes Grabmal: oben der thronende Kaiser, unten die schön erzählte Aussöhnungsszene seiner Nachfahren, der Herzöge Albrecht und Ernst. Um 1480 tritt der vermutlich am Oberrhein ausgebildete **Erasmus Grasser** in München auf; einmalig sind seine Moriskentänzer, die für den Saal des Alten Rathauses in Auftrag gegeben wurden (Münchner Stadtmuseum). Den Ausklang der spätgotischen Skulptur erlebt man in Oberschwaben. In Kaufbeuren arbeitete **Jörg Lederer**; zu seinen charakteristischsten Werken zählt der 1519 datierte Altar von Hindelang-Bad Oberdorf: Die Gestaltung der Marienkrönung lässt erkennen, wie sich die spätgotische Ausdruckskraft einer immer sanfter fließenden Formensprache ergibt.

Malerei

In der Malerei des 15. Jh.s sind eigenartigerweise kaum Gemeinsamkeiten mit der Bildhauerkunst zu erkennen. Hauptwerk des Weichen Stils ist der kleine aus Schloss Pähl am Ammersee stammende Kreuzigungsaltar im Bayerischen Nationalmuseum München (um 1400/1410). Es bleibt offen, ob die feine Malerei von einem bayerischen oder von einem böhmischen Wanderkünstler geschaffen wurde. In den 1440er-Jahren arbeitete der Münchner Gabriel Angler für das reiche Kloster Tegernsee an mehreren Altären. Die wertvollste Tafel ist die in Grisaille gemalte Lettnerkreuzigung (Alte Pinakothek München). Im Vergleich mit der schwäbischen Malerei eines Hans Holbein d. Ä. zeigt die späte Malerei in München, mit **Jan Polack** in führender Rolle, wenig Kultiviertheit; oft mischen sich derbe Elemente in seine Erzählungen. Am wertvollsten ist sein Ensemble aus drei Altarbildern (1491) in der Kapelle des wittelsbachischen Landschlosses Blutenburg im Westen von München. Große Zeugnisse gotischer Glasmalerei finden sich im Chor der Münchner Frauenkirche. Das heute in der Chorscheitelkapelle zu sehende Fenster wurde 1493 von Peter Hemmel von Andlau, dem führenden Straßburger Glasmaler, geschaffen. Im Unterschied zur älteren Glasmalerei strebte man zu Komposition großer Bildfelder. So ist der Marienzyklus dieses Fensters auch aus der Ferne gut zu betrachten.

Renaissance

Die Kunstproduktion der Renaissance blieb bis ins späte 16. Jh. weitgehend auf die Fürstenhöfe beschränkt. Ein Grund dafür könnte darin liegen, dass mit dem 15. Jh. eine große Phase der kirchlichen Ausstattungen zu Ende gegangen und der Bedarf erst einmal gedeckt war. Der Einfluss der bilderfeindlichen Reformation dürfte, zumindest im katholischen Altbayern, für den Rückgang nicht vorrangig verantwortlich zu machen sein.

Architektur Die ältesten erhaltenen Teile der Residenz in München gehören der Renaissance an. Überwältigend dort das **Antiquarium** (► S. 265), für dessen nördlich der Alpen einzigartige Architektur möglicherweise der italienische Architekt Jacopo Strada um 1570 Ideen lieferte. In derselben Zeit wurde im Festsaal von Schloss Dachau eine prunkvolle Holzdecke mit einem Grisaillen-Fries geschaffen. Die Schlossbauten verlieren zunehmend ihren wehrhaften Charakter zugunsten der repräsentativen Wirkung. Ein Beispiel ist Schloss Schwindegg bei Mühldorf, eine 1594 begonnene Vierflügelanlage mit Ecktürmen, die von seit der Renaissance beliebten Zwiebelkuppeln (»welschen Hauben«) bekrönt werden. Neue Kirchen entstanden in der Gegenreformation. Hauptwerk dieser Zeit ist die Jesuitenkirche **St. Michael in München** (1583 – 1597). Bau und Ausstattung wurden von Herzog Wilhelm V. gefördert, der die Kirche zur Grablege der Wittelsbacher bestimmte; als Baumeister sind Wendel Dietrich und der Niederländer Friedrich Sustris überliefert. Die Raumform, ein tonnengewölbter Saal mit Abseiten, lässt sich von italienischer Architektur herleiten; der Eindruck von Weite und Einheitlichkeit war nördlich der Alpen neu. St. Michael wurde zum Vorbild für zahlreiche barocke Wandpfeilerkirchen Süddeutschlands. Nach dem Dreißigjährigen Krieg wurde 1652 die **St.-Lorenz-Kirche in Kempten** begonnen, ein Werk des Vorarlbergers Michael Beer und des Graubündners Johannes Serro, das sich an oberitalienische Bauten des 16. Jh.s anlehnt. Ihr überraschendstes Element ist der achteckige Ostteil mit mehrstöckigen Arkaden und Tambourkuppel, möglicherweise eine Anspielung auf die karolingische Pfalzkapelle in Aachen.

Skulptur Die Renaissanceskulptur zeigt zwei Gesichter, ein einheimisches und ein italienisches. Ersteres vertritt der Landshuter Hans Leinberger. Mit dem überlebensgroßen Hl. Georg in der Münchner Frauenkirche und der Sitzmadonna der Klosterkirche Polling bewies er in den 1520er-Jahren gegenüber der Spätgotik ein reiferes Körperverständnis, blieb aber im Ausdrucksreichtum mittelalterlichen Traditionen verpflichtet. Die italienische Plastik entfaltete erst nach 1550 ihre Wirkung. In den 1590er-Jahren wirkte mit **Hubert Gerhard** ein niederländischer, in der Florentiner Werkstatt von Giambologna ausgebildeter Bronzeplastiker. Er schuf in München Brunnen und kirchliche Ausstattungsstücke. Sein Hauptwerk ist der Hl. Michael an der

Fassade der Michaelskirche, von besonderer Anmut ist der »Weihbrunnenengel« in der Kirche. Im östlichen Querschiff findet man eine herausragende Bronzeplastik von Giambologna, einen Kruzifixus, der zu einem projektierten Grabmal für Herzog Wilhelm V. gehörte.

Malerei

Der für Herzog Wilhelm IV. und seine Frau Jakobaea von Baden ausgeführte Historienzyklus bietet ein wahres Panorama süddeutscher Malerei der Renaissance. Sieben Maler arbeiteten an dem Zyklus, der für ein Lusthaus des Residenzgartens bestimmt war. Berühmtestes Werk ist die »Alexanderschlacht« des Regensburgers **Albrecht Altdorfer**, vollendet 1529. Das Kampfgeschehen wird durch einen stimmungsreichen Landschafts- und Himmelsausblick überhöht, der einen der großen Beiträge des Meisters zur altdeutschen Landschaftsmalerei darstellt. Ein Schüler Altdorfers, der v. a. in München wirkende Hans Mielich, gehört zu den Protagonisten der im 16. Jh. auflebenden Porträtmalerei. In Schwaben war der Memminger **Bernhard Strigel** ein vielbeschäftigter Porträtist. Die Bedeutung des bayerischen Herrscherhauses für die Kunst erkennt man erneut in Wandteppichen, die Herzog Maximilian I. zu Ehren Ottos I. von Wittelsbach, des ersten Herzogs der Dynastie, 1611 in Auftrag gab. Peter Candid besorgte die Entwürfe für die außergewöhnlich gut erhaltenen Arbeiten, die in den Steinzimmern der Münchner Residenz zu sehen sind.

Die »Alexanderschlacht« von Albrecht Altdorfer

Barock

Für die süddeutsche Kunst war die Periode des Barocks, von ca. 1620 bis 1670, besonders fruchtbar – Bayern und Barock, das gehört zusammen. Die meisten Wallfahrtskirchen und Klöster wurden damals neu errichtet oder neu ausgestattet. Ebenso »bayerisch« sind die Fassaden mit barocker Lüftlmalerei (►S. 302).

Architektur

Zwei Kirchenbauten können als Beispiel für die Unterscheidung von Hoch- und Spätbarock (Rokoko) dienen, die Münchner Theatiner-

Die Wieskirche, außen harmonisch-schlicht, innen ein Wunder des Rokokos

kirche und die Stiftskirche in Dießen am Ammersee. Die **Theatinerkirche** entstand ab 1662 unter dem Bologneser Agostino Barelli, der sich am römischen Barock orientierte, was an der Fassade und innen an der Integration der Vierungskuppel sichtbar wird. Im Unterschied zur Münchner Michaelskirche sind die Wandglieder von stattlicher Proportion und besitzen die typisch barocke plastische Wirkung. Die **Klosterkirche in Dießen** (ab ca. 1730) ist ein Hauptwerk von **Johann Michael Fischer**, einem an böhmischer Baukunst geschulten Architekten. Erscheint die Fassade der Theatinerkirche noch fest gefügt, so zeigt sich die in Dießen sanft kurviert und von einem spitzwinkligen, leicht aufstrebenden Linienschnitt; das Monumentale ist eleganten Formen gewichen. Im Inneren wurde die italienische Lösung der Theatinerkirche mit den etwas eingeschnürten Öffnungen der Abseiten aufgegeben, stattdessen wurden große Arkaden geschaffen, so dass die Wandpfeiler auf drei Seiten frei und leicht in den Raum treten. Durch die Schönheit des Raumbilds nimmt die Dießener Kirche eine hervorgehobene Stellung unter den Wandpfeilerbauten ein.

Eine wichtige Architekturform des Barocks war der Zentralbau. Die 1717 begonnene **Pfarrkirche in Murnau** zeigt einen weit geschwungenen Acht-Arkaden-Raum. In der ebenmäßigen Ausführung der Arkaden bildet der wohl von einem Benediktiner aus Einsiedeln geplante Zentralbau den Auftakt zur geschmeidigeren Architektur des 18. Jh.s. Dominikus Zimmermann schuf ab 1745/1746 die **Wieskirche bei Steingaden** (►S. 348). Auf ovalem Grundriss wird durch die eingestellten Pfeilerpaare ebenfalls ein Acht-Arkaden-Raum gebildet. Die schöne Idee dieses Zentralraums besteht darin, dass die anmutige Pfeilerarchitektur mit der Kuppel eine innere Raumschale bildet.

Auch die Fürsten der Barockzeit bauten mit Ambitionen. Kurfürst Max Emanuel ließ ab 1701 bei München unter Enrico Zuccalli und Joseph Effner das Neue **Schloss Schleißheim** errichten, das vom Treppenhaus bis zum Viktoriensaal eine grandiose Raumfolge vorweist. Die seit dem 17. Jh. bestehende Anlage in **Nymphenburg** ließ Max Emanuel vergrößern und mit Lustschlössern ausstatten. Das bekannteste, die Amalienburg, wurde unter seinem Nachfolger Karl Albrecht um 1734 für höfische Gesellschaften erbaut; Architekt war der aus den südlichen Niederlanden stammende, an der Pariser Kunst geschulte François Cuvilliés d. Ä.

Der Stuck

Zum Glanz der Barockarchitektur trägt wesentlich der Stuck bei. Gegenüber der Steinmetzarbeit schneller auszuführen, diente er seit der Renaissance zur Gliederung von Decken und Wänden. Ein großer Vorrat an Ornamenten bot sich im italienischen Stuck der Münchner Theatinerkirche. Nach 1680 wurde die Technik der Abformung aus Schablonen (Zugarbeit) durch den freien Antrag abgelöst; zugleich trat das strenge Rahmensystem in den Hintergrund, und das Ornament wurde zum Leitmotiv. In München wirkten die Brüder Asam, die 1723/1724 den Freisinger Dom gestalteten. Für den kurfürstlichen Hof arbeiteten Joseph Effner und François Cuvilliés d. Ä., in **Wessobrunn** lebten die großen Stuckatorenfamilien Schmuzer und Feichtmayr. Von der Kunst der Schmuzer zeugt u. a. der Tassilo-Saal in Wessobrunn (um 1695/1700). Ein Vergleich weiterer Werke dieser über mehrere Generationen tätigen Künstlerfamilie im Wessobrunner Gebiet, etwa in Polling (um 1626), Vilgertshofen (um 1690) und Rottenbuch (um 1740), gibt Einblick in die Entwicklung der Ornamentik. Johann Baptist Zimmermann, der vielseitige Bruder des Baumeisters Dominikus, arbeitete für den Münchner Hof. Sein großes, weltberühmtes Werk ist die Wieskirche, insbesondere das 1749 dekorierte Chorgewölbe: Die Öffnungen über den Emporen werden von unbeschwerten Formen umspielt, die organisch zur Decke überleiten. Der Leitgedanke spätbarocker Kunst, die Verschmelzung der Formen bis zum Gesamtkunstwerk aus Architektur, Stuck und Malerei, hat hier vollendeten Ausdruck gefunden.

Stuck im Tassilo-Saal des Klosters Wessobrunn

Skulptur

Zu den frühesten Zeugnissen bayerischer Barockplastik zählt die von **Hans Krumper** aus Weilheim geschaffene Bronzefigur der »Patrona Boiariae« an der Fassade der Münchner Residenz (1616). Bronze tritt

Pietà von Ignaz Günther in Weyarn

nun aber wieder hinter Holz zurück, hierzulande das am häufigsten verwendete Material der Bildhauer. Süddeutschland besitzt im 17. Jh. einige erstaunlich urwüchsige Schnitzfiguren, etwa an der Kanzel der Wasserburger Jakobskirche, geschaffen 1638/39 von den aus Oberschwaben zugewanderten Brüdern Martin und Michael Zürn. Demgegenüber ist im 18. Jh. eine stärkere Orientierung an einem verbindlichen Zeitideal festzustellen, da sich die großen Bildhauer gern in München ansiedelten. Gute Hochaltarfiguren schuf der in Rom geschulte **Egid Quirin Asam**, wie in der Münchener Johann-Nepomuk-Kirche (1746), der »Hauskirche« des vermögenden Meisters. Auch aus Porzellan, das in München ab 1754 hergestellt wurde, entstanden anspruchsvolle Kleinplastiken; unter Franz Anton Bustelli gewann die Nymphenburger Manufaktur Weltrang. Die eigentlichen Hauptmeister des 18. Jh.s sind **Johann Baptist Straub** und **Ignaz Günther**, der bei Straub gelernt hat. Schöne Statuen Straubs finden sich in den Klosterkirchen Tegernsee (um 1745) und Ettal (um 1760). Die Kunst Ignaz Günthers, die um manches feinsinniger ist als die seines Lehrers, zählt zur Spitze des europäischen Spätbarocks. In den 1764 entstandenen Figurengruppen der Pfarrkirche Weyarn offenbart sich seine Meisterschaft; in der Vielgestaltigkeit der Schnitzkunst unübertroffen ist seine Minerva aus dem Palais des Grafen La Rosée in München (um 1768, Bayerisches Nationalmuseum München).

Malerei Die Malerei diente ganz der Ausstattung der Kirchen. Im 17. Jh. dominieren die großen Hochaltarbilder. Zeigt Peter Candids 1620 für die Münchner Frauenkirche geschaffene Himmelfahrt Mariens noch Reste der späten Renaissance, so ist das um 1625 von Peter Paul Rubens für den Freisinger Dom gemalte Apokalyptische Weib bereits von der Lebendigkeit des Barocks erfüllt (Original in der Alten Pinakothek München). Ende des 17. Jh.s gewinnt die in Freskotechnik ausgeführte **Deckenmalerei** Bedeutung. Die Aufgabe, Szenen in Untersicht zu gestalten, stellte die Maler vor neue Herausforderungen. Frühe Beispiele schuf **Hans Georg Asam** um 1690 in der Tegernseer Klosterkirche. Seine Söhne unternahmen eine wirkungsreiche Studienreise nach Rom. Zehn Jahre später, 1723/1724, malte **Cosmas Damian Asam** in nur einem Jahr den Freisinger Dom aus. Die von

einem warmen Goldton bestimmten Deckenfresken sind jochübergreifend dimensioniert; das größte zeigt in seiner perspektivisch verkürzten Scheinkuppel und der thronenden Madonna die italienischen Erfahrungen. 1731 vollendete Asam die umfangreiche Deckenmalerei in der Zisterzienserkirche Fürstenfeld. Bei dem etwas später tätigen **Johann Baptist Zimmermann** treten die umlaufenden Architekturen zurück; häufig integriert er idyllische Landschaften und wölbt darüber einen illusionistischen Himmel. Beispiele sind die Mitte der 1750er-Jahre entstandenen Deckenbilder in der Wieskirche und im Kloster Schäftlarn. Die Fresken von **Matthäus Günther**, der als Gehilfe von C. D. Asam begann, sind durch einen reifen Sinn für Farbgebung bestimmt, wirken oft wie von innen ausgeleuchtet. In der Klosterkirche Rottenbuch war er 1737 – 1746 mehrfach tätig, wodurch hier seine frühe und die mittlere Schaffensphase dokumentiert ist. Eine besonders schöne Erzählfolge gelang Günther mit dem an den Hochschiffwänden gemalten Zyklus des Lebens des hl. Augustinus. Unter seinen späteren Arbeiten ragt die große Kuppel (1763) in Kloster Rott am Inn mit der Glorie des Benediktinerordens hervor, in der lichte Grau- und Violett-Töne dominieren. Am Ende seines langen Schaffens steht der Maler, ähnlich wie der nicht mit ihm verwandte Bildhauer Ignaz Günther, am Ende des Spätbarocks.

19. und 20. Jahrhundert

Nach 1800 änderten sich in Bayern, wie in Europa, die Bedingungen für die Künstler. Die Säkularisation von 1803 beraubte die Klöster ihrer Vermögen. Allein das ab 1806 bestehende bayerische Königshaus trat als Auftraggeber maßstabsetzend hervor. Nach etwa 1850 löste sich der Zeitstil als allgemeinverbindlicher Kanon allmählich auf. Es entstanden unterschiedliche Richtungen, das begüterte Bürgertum trat zunehmend als Käufer und Auftraggeber auf. Bis zum Ersten Weltkrieg spielte München die zentrale Rolle als Kunststadt.

Architektur im 19. Jahrhundert

Unter König Ludwig I. erhielt München ab 1810 ein neues Gesicht. Mit dem Ausbau der Stadt beauftragte er die Architekten **Leo von Klenze und Friedrich von Gärtner**. Vorbilder waren die griechische Antike (Königsplatz) und die italienische Renaissance (Ludwigstraße). Mit der Glyptothek und der Alten Pinakothek entstanden um 1830 die ersten öffentlichen Museen. Unter Ludwigs Nachfolgern dominierte der historistische Zug in der Architektur. Ab 1867 erbaute G. Hauberrisser das Neue Rathaus in München im neugotischen Stil. König Ludwig II. vernachlässigte die Residenzstadt, dafür ersann er große »mittelalterliche« und »barocke« Schlossanlagen. Als Standort wählte er die schönsten Plätze im Oberland (► S. 208). Einen ähnlichen Zug zum Großen gewahrt man auch in den Stadtvillen, die sich die »Künstlerfürsten« in München bauen ließen. Der Maler Franz von Lenbach beauftragte 1887 **Gabriel von Seidl** mit einer italienischen Landvilla am Königsplatz, ab 1897 / 1898 entwarf der mit Len-

bach rivalisierende Franz von Stuck seine Villa an der Prinzregentenstraße, deren schlichter Kubus neuklassizistisch ausgestaltet wurde. In beiden, heute als Museen dienenden Villen sind Teile der Inneneinrichtung erhalten. Auf Gabriel von Seidl gehen auch das Bayerische Nationalmuseum in München und die historisierende einheitliche Gestaltung der Marktstraße von Bad Tölz zurück.

Malerei Die Malerei wurde bis 1850 ebenfalls weitgehend durch die Münchner Projekte König Ludwigs I. bestimmt. In seinem Auftrag schuf Peter von Cornelius das große Weltgericht der Ludwigskirche (1839). Carl Rottmann arbeitete bis 1850 an griechischen Landschaften, die für die Arkaden des Hofgartens bestimmt waren (Neue Pinakothek München), und der Hofporträtist **Joseph Stieler** schuf 1827 – 1850 mit den nach Wünschen des Königs angefertigten Bildnissen schöner Frauen eine Galerie von biedermeierlicher Anmut (im Schloss Nymphenburg). Mit großen Gemälden tragischer Geschichtsereignisse feierte Carl Theodor von Piloty Erfolge. Die bayerische Hauptstadt wurde mehr und mehr zu einem Zentrum der Kunst, gleichzeitig verlor aber das Königshaus an Einfluss. Entschlossen verfolgten jüngere Künstler eigene Zielen. Carl Spitzweg schuf kleinformatige Bilder mit ironischen Idyllen. Wilhelm Leibls meisterhafte Maltechnik war vom Austausch mit französischen Malern wie Gustave Courbet und Edouard Manet geprägt. Lovis Corinth steht mit seinem kraftvoll-wilden Strich bereits am Übergang vom Spätimpressionismus zum Expressionismus; in die Moderne weisen v. a. seine nach 1910

So sah Hofarchitekt Leo von Klenze seine Propyläen auf dem Münchner Königsplatz.

Der »Eselsfries« (1911) im Franz-Marc-Museum in Kochel

am Walchensee entstandenen Spätwerke. Den eigentlichen Beginn der Moderne markiert eine Ausstellung im Winter 1911/1912 in der Münchner Galerie Thannhauser, bei der sich der Russe Wassily Kandinsky, Franz Marc, Gabriele Münter und Alfred Kubin zusammentaten. Sie gaben sich den Namen **»Der Blaue Reiter«**. Ihre Kunst ist vom Weg in die Abstraktion und einer leuchtenden Farbwelt geprägt. Kandinsky und Münter lebten in Murnau, wo sie einen Künstlertreffpunkt bildeten. Der bedeutendste Teil des künstlerischen Nachlasses des Blauen Reiters gelangte durch die Schenkung Gabriele Münters in die Städtische Galerie im Lenbachhaus München.

Architektur im 20. Jahrhundert

Die bis heute expandierende Landeshauptstadt München besitzt außerhalb des alten Stadtkerns einige auffallende moderne Gebäude. In Schwabing dominieren großzügige Wohnhäuser des Jugendstils. Aus der Zeit des Nationalsozialismus ist u. a. das Haus der Kunst (Paul Ludwig Troost, 1937) erhalten. Der langgestreckte, mit einer nüchtern-kantigen Pfeilerreihe versehene Hausteinbau am Beginn der Prinzregentenstraße gilt als programmatisches Beispiel für die Selbstdarstellung des Hitlerregimes. Das von Behnisch & Partner für die Sommerspiele 1972 gestaltete Olympiagelände ist wegen der Verbindung von Stadienbauten und Gartenarchitektur interessant; die geniale Konstruktion der Glasdächer steht im Wechselspiel mit den künstlichen Hügeln jenseits des Sees. Unter den Münchner Hochhäusern ragen der originelle »Vierzylinder« des BMW-Verwaltungsgebäudes (1973) und die martialische Hypobank in Bogenhausen heraus; das beeindruckendste moderne Bauwerk ist sicher die neue Herz-Jesu-Kirche in München-Neuhausen (2000), ein Holzwürfel in einem blauen Glaswürfel, dessen ganze Front sich in 14 m hohen Türflügeln öffnen lässt.

DIE WITTELSBACHER

Die Familie Wittelsbach geht auf das Geschlecht der Grafen von Scheyern (Schyren) zurück, deren Stammburg bei Pfaffenhofen an der Ilm stand. Ihre Mitglieder – Herzöge, Kurfürsten, Könige und Kaiser – regierten 738 Jahre lang in den bayerischen Landen.

Durch Erbteilung bildeten sich mehrere Linien, deren wichtigste Vertreter hier vorgestellt werden (in Klammern die Regierungszeit).

Bayerische Linie

Otto I. (1180 – 1183) wurde von Kaiser Friedrich Barbarossa mit dem Herzogtum Bayern belehnt, anstelle des in Ungnade gefallenen Heinrich des Löwen. Sein Sohn Ludwig I. (1183 – 1231) erhielt zusätzlich die Grafschaft bei Rhein, die heutige Rheinpfalz. Dessen Sohn Otto II. (1231 – 1253) konnte den ererbten Machtbereich erweitern, aber seine Söhne Ludwig II. (1253 – 1294) und Heinrich XIII. (1255 – 1290) teilten das Land in Oberbayern und Niederbayern auf. Infolge späterer Teilungen entstand neben diesen Hauptlinien eine Anzahl meist kurzlebiger Nebenlinien (s. unten). Der Sohn Ludwigs II., Ludwig IV. (1317 – 1347), wurde 1314 zum deutschen König und 1328 zum deutschen Kaiser gekrönt. Nach dem Tod Ludwigs IV. fanden weitere Erbteilungen statt, es entstanden neben der Linie München die Linie Landshut (im 16. Jh. erloschen) und Ingolstadt (im 15. Jh. erloschen). Die Linie München existierte bis ins 18. Jahrhundert. Einer der wichtigsten Herrscher aus dieser Linie war Albrecht IV. (1465 – 1508). Er erließ das **Primogenitur-Gesetz**, nach dem die Herzogswürde ungeteilt an den erstgeborenen Sohn überging. Sein Sohn Wilhelm IV. (1508 – 1550) erließ das **Reinheitsgebot für Bier**, das älteste heute noch gültige Lebensmittelgesetz der Welt. Unter seinem Großenkel Kurfürst Maximilian I. (1573 – 1651) blühte Bayern nach langen Jahren der Misswirtschaft wieder auf, aber der Dreißigjährige Krieg (1618 – 1648) verwüstete weite Teile des Landes. Sein Sohn Ferdinand Maria (1651 bis 1679) begann den Bau des Schlosses Nymphenburg in München. Sein Sohn Maximilian II. Emanuel (1679 bis 1726) besiegte die Türken in der Schlacht am Kahlenberg und erhielt dafür vom Habsburger Kaiser Karl II. die spanischen Niederlande zu Lehen. Sein Sohn Joseph Ferdinand wurde vom Kaiser zum Erben der spanischen Krone und ihres Besitzes bestimmt.

König Max I. Joseph in einem Gemälde von 1818: Seine Hand ruht auf der Verfassung, zum Zeichen, dass die Konstitution den Kroninsignien gleichwertig sei.

Weil Joseph Ferdinand aber sehr jung verstarb und der Kaiser Philipp von Anjou zum Erben Spaniens bestimmte, entbrannte der »Spanische Erbfolgekrieg«, der viel Leid über Bayern brachte. Karl Albrecht (1726–1745), ein weiterer Sohn Maximilians II. Emanuel, wurde 1742 zum deutschen Kaiser Karl VII. gewählt, was ihm und dem Land wenig Glück brachte. Sein Sohn Maximilian II. Joseph (1745 bis 1777) taktierte geschickt, so dass in Bayern wieder Friede und Wohlstand einkehrten. Er gründete die Münchner Akademie der Wissenschaften und die Nymphenburger Porzellanmanufaktur, in seinem Auftrag wurde auch das Cuvilliés-Theater in der Münchner Residenz erbaut. Mit seinem Tod am 30. Dezember 1777 erlosch die bayerische Linie.

Andere Linien

Neben der bayerischen Linie gab es viele Nebenlinien wie Brandenburg-Tirol (erloschen im 14. Jh.), die schon genannten Linien Ingolstadt und Landshut, Straubing-Holland (im 15. Jh. erloschen) und Pfalz, begründet von Rudolf I. (1294–1319). Nach dem Ende der bayerischen Linie 1777 fiel aufgrund des **Hausvertrags von Pavia** das Land an die seit dem 16. Jh. bestehende Pfälzer Linie Sulzbach, und zwar an Karl IV. Philipp Theodor (1777–1799). Der liebte das Land aber nicht und hätte es am liebsten an Österreich verkauft. Als er 1799 kinderlos starb, ging das Erbe an den Kurfürsten Maximilian IV. Joseph (1799–1806) aus der Linie Birkenfeld-Bischweiler-Rappoltstein-Zweibrücken. Unter ihm blühte das Land auf. Am 1. Januar 1806 wurde er von **Napoleon** zum ersten König des neugegründeten Königreichs Bayern eingesetzt. Als Maximilian I. Joseph (bis 1825) formte er aus dem verwüsteten und armen Land einen modernen, fortschrittlichen Staat. Sein Sohn Ludwig I. (1825–1848) führte die Arbeit weiter. In München entstanden die Glyptothek, das Nationaltheater, die Feldherrnhalle und die Ruhmeshalle mit der Bavaria. Außerdem ließ er bei Regensburg die Walhalla, bei Kelheim die Befreiungshalle und bei Aschaffenburg das Pompejanum erbauen. Nach der Revolution 1848 – nicht zuletzt aufgrund der Affäre mit der Tänzerin Lola Montez – dankte Ludwig I. zugunsten seines ältesten Sohnes Max ab. König Maximilian II.

(1848 – 1864) regierte das Land als Friedensfürst. Er reformierte das Bildungswesen und führte die Pressefreiheit ein. Nach seinem unerwarteten Tod 1864 musste sein ältester Sohn als Ludwig II. (1864 – 1886) mit 18 Jahren das schwere Amt übernehmen. Sein jugendliches Alter und die Probleme seiner Zeit – Gründung eines deutschen Nationalstaats, Aufbruch ins Industriezeitalter, Entstehung eines Proletariats und neuer Parteien – führten zu großen Schwierigkeiten in der Zusammenarbeit zwischen ihm, dem Parlament und der Ministerialbürokratie. Enttäuscht zog Ludwig II. sich vom politischen Geschehen zurück. Seine private Verschuldung und sein eigenwilliger Lebensstil waren für seine Familie und die Regierung der Anlass, ihn ohne jede ärztliche Untersuchung für geisteskrank und damit für regierungsunfähig zu erklären. Am 13. Juni 1886 fand er unter ungeklärten Umständen im Starnberger See den Tod. Otto I. (1886 – 1916), sein jüngerer Bruder, konnte die Regierung aus ähnlichen Gründen – er galt als geisteskrank – nicht antreten, und so wurde der älteste Agnat der Familie, sein Onkel Prinz Luitpold, zum Regenten berufen. Mit 65 Jahren übernahm Luitpold (1886 – 1912) dieses Amt; er hatte das Glück, in einer politisch verhältnismäßig ruhigen Zeit zu regieren. Unter ihm wurde 1900 das Bürgerliche Gesetzbuch eingeführt. Nach seinem Tod mit 92 Jahren ließ sich sein Sohn Ludwig 1913 als Ludwig III. zum König ausrufen, obwohl Otto I. noch bis 1916 lebte. 1918 wurde auch in Bayern die Monarchie gestürzt; der letzte König starb 1921 im ungarischen Exil.

Die Wittelsbacher heute

Die Revolution 1918 ging mit den Wittelsbachern recht freundlich um, ebenso der danach gegründete Freistaat. Ihr Besitz wurde im Prinzip als Privateigentum betrachtet. 1923 wurde der **Wittelsbacher Ausgleichsfonds** gegründet, eine Stiftung, der ein großer Teil des Vermögens übertragen wurde; einiges blieb in echtem Privatbesitz, die berühmten Schlösser übernahm der bayerische Staat (nur Neuschwanstein spielt seine Kosten ein). Nach den Fährnissen der Inflationszeit ist der Ausgleichsfonds heute eine der größten Vermögensverwaltungen Deutschlands. Seine Erträge gehen an die diversen Zweige der Familie Wittelsbach, wobei angeblich das »Oberhaupt«, Herzog Franz – Urenkel des letzten Königs –, die Hälfte davon erhält. Über die Höhe der Einkünfte und ihre Verteilung schweigt man diskret; zudem ist die Stiftung von der Prüfung durch den Bayerischen Rechnungshof befreit.

Traditionen

Trachten

Oberbayern

Man lasse den Zwiebelturm im Dorf: Die einzige im »Volk« wirklich verwurzelte Kleidung sind auch in Bayern die Jeans. Doch hat sich der Usus, Tracht zu tragen, in Oberbayern wesentlich stärker erhalten als sonstwo in Deutschland. Auf dem Dorf tragen im Alltag noch viele Männer Lederhose, Joppe und grünen Hut; bei den Frauen ist das Dirndl selten geworden, beschränkt auf Sonn- und Festtage, dann aber umso schöner. Auch in München fällt man in Tracht nicht als Exot auf, die »Stoderer« (Städter) selbst tragen ggf. vereinfacht-veredelte Stücke (übrigens gibt es auch eine echte Stadtmünchner Tracht). Zum Münchner Oktoberfest jedoch ist Tracht – besser gesagt: was dafür gehalten wird – hoch im Schwang: Hier meinen Menschen, die sonst mit Ländlichem oder Bairischem absolut nichts am Hut haben, sich verkleiden zu müssen. Dass Trachten hoffähig wurden und auch heute noch zu offiziellen politischen Anlässen getragen werden, geht in besonderem Maß auf **König Maximilian II.** zurück, der in den 1840er-Jahren »zur Hebung des Nationalgefühls« eine ganze Kampagne zur Stärkung der Traditionen startete; u. a. wies er 1853 Amtsträger an, die Bevölkerung bei Anlässen wie Hochzeiten, Wallfahrten oder Schulprüfungen zur Tracht anzuhalten. Allerdings wurden die Lederhosen im 19. Jh. allmählich von langen Tuchhosen

Beim Waldfest – selbstverständlich in Tracht

verdrängt, die als feiner galten. 1883 zog der Bayrischzeller Lehrer Josef Vogl die Notbremse und gründete den **ersten Trachtenverein**, den »Verein für Erhaltung der Volkstracht im Leitzachthale/Bayrischzell«. Heute unterscheidet man als große Gebirgs-Trachtenkreise Miesbach, Isarwinkel, Werdenfels, Inntal, Chiemgau und Berchtesgaden. Etwa 800 Trachtenvereine mit ca. 180 000 Mitgliedern sorgen dafür, dass die Kleiderordnung penibel eingehalten wird, was allerdings manchmal groteske Züge annimmt.

Allgäu Im Allgäu trifft man auf zwei (Männer-)Trachten: die schwäbische mit weißem Hemd, roter Weste – hochgeschlossen, mit 16 oder 18 Silberknöpfen – und dunklen Stoffhosen, und die bayerische mit der kurzen oder knielangen Lederhose, wobei die Hosenträger mit Edelweißen bestickt sind. Bis 1969 tobte der Streit um die »wahre« Tracht; dabei tat sich der legendäre Heimatpfleger Alfred Weitnauer besonders hervor, der die schwäbische aus dem Unterland gegen den Widerstand der Oberallgäuer durchsetzen wollte. Doch konnten Letztere nachweisen, dass ihre Liebe zur Lederhose auf den Prinzregenten Luitpold zurückging, der Mitte des 19. Jh.s in der Kurzen im Allgäu zur Jagd gegangen war und seinen Helfern – die grobe Leinenhosen mit Stricken als Gürtel gewöhnt waren – ein menschenwürdiges Gewand mitbrachte.

Musik und Tanz

Lebendige Tradition In Bayern existiert noch eine echte Volksmusik – nicht als Medien- oder Tourismusinszenierung, sondern als selbstgemachtes Lebensmittel für Leib und Seele. (Von dem fragwürdigen Kunstprodukt der »volkstümlichen Musik« soll hier nicht weiter die Rede sein.) Wer einmal Gelegenheit hatte, bei einem Volkstanz, einem »Hoagascht« (das ist ein geselliger Abend, bei dem Musik gemacht wird) oder einem Adventssingen dabei zu sein, weiß, dass sie nichts mit Folklore zum Mitklatschen zu tun hat. Er wird berührt sein von ihrer eigentümlichen Schönheit und Unmittelbarkeit. Dabei wird sie keineswegs museal zelebriert, sie lebt im Heute. So wie früher, als der **Roider Jackl** (1906 – 1975) in seinen meisterlichen Schnaderhüpfln oder die vielen erzählenden Lieder – etwa die vom »Boarischen Hiasl« – kirchliche und weltliche Obrigkeit aufs Korn nahmen. Gespielt und gesungen wurde auf der Straße, in der Stube und im Wirtshaus; dort ließ man auch mit deftiger Sozial- und Gesellschaftskritik Dampf ab. Als Wirtshaussänger wurde z. B. der **Kraudn Sepp** (Josef Bauer, 1896 – 1977) aus Gaißach bei Bad

! *Baedeker* TIPP

Bairisches zum Reinhören

Für Neugierige zum Kennenlernen einige Tipps für alte und neue Volksmusik: Kraudn Sepp, »Sonntag« (Trikont), Wastl Fanderl, »Stubenmusi« / »Bairische Tanzmusi« (Ariola/BMG), Bairisch Diatonischer Jodelwahnsinn, »Aus tiefster Brust« (Lawine/BMG), Biermösl-Blosn, »Grüß Gott mein Bayernland« / »Wo samma« (Mood).

Gelegenheit zum Musikmachen gibt es immer.

Tölz bekannt. Noch heute drücken normale Menschen ihren Ärger in neu getexteten Liedern aus, wie in den 1990er-Jahren die »Moritat vom Scharnholz« im Chiemgau zeigte. Der große Erfolg der Brüder Hans, Christoph und Michael Well, bekannt als die **Biermösl-Blosn** (www.biermoesl-blosn.de), mit ihren ätzenden Texten oder der **Fraunhofer Saitenmusik** spricht für sich.

Historische Stationen

Dass Volksmusik und-tanz heute so lebendig sind, bedurfte immer wieder bewusster Initativen, eine wichtige Rolle spielte auch der Austausch zwischen Land und Stadt bzw. dem Hof. Schon Anfang des 18. Jh.s holten sich die Kurfürsten zur Faschingszeit ländliche Musikanten. Die Kampagne von König Max II. (► S. 63) umfasste auch das Volklied (»Königsbüchl« mit der Sammlung Franz von Kobells). **Herzog Maximilian in Bayern**, der Vater der österreichischen Kaiserin Sisi, sammelte um 1840 »Alpenlieder« und gestaltete sie neu, er machte auch die bäuerliche Zither populär, weshalb er als »Zithermaxl« bekannt war. Städtisch-bürgerliche Kreise entdeckten die »Alpenmusik«, in den Salons fand der Landler Eingang; andererseits nahmen in der Stadt beliebte Tänze wie Polka und Mazurka den Weg aufs Land. In den 1920er-Jahren sammelte der aus München gebürtige **Kiem Pauli** (1882–1960) mündlich tradierte Instrumentalstücke und Lieder; er löste damit eine Volksliedbegeisterung aus, an die man nach dem 2. Weltkrieg anknüpfte, als man Bedarf nach einer heileren, schöneren Welt hatte. Hier spielte **Wastl Fanderl** (1915 bis 1991) eine tragende Rolle. Die Aufnahmen für Rundfunk und Fernsehen sorgten für eine Perfektionierung, die zuvor nicht bekannt war. Neben die ein- oder zweistimmigen Wirtshauslieder trat die neue Form des »Drei-« oder »Viergesangs« (z. B. Waakirchner Sän-

ger, Fischbachauer Sängerinnen). Schon gegen Ende des 19. Jh.s hatten die neuen Trachtenvereine den wilden Schuhplattler der Dorfburschen zum Vorführtanz gezähmt. Die Belebung des geistlichen Volkslieds durch **Annette Thoma** (1886 – 1974) brachte u. a. das »Adventssingen« in die Dörfer.

Blas-, Stuben- und Tanzmusik

Die bekannteste Musikform ist die **Blasmusik** mit Klarinette, Trompete und Flügelhorn, Tenorhorn und »Bombardon« (Basstuba), die bei Festen und Prozessionen, aber auch zum Tanz spielt. Den Grundstock der seit den 1930er-Jahren beliebten **Stubenmusik** (bairisch: Stubnmusi) bilden Zither, Harfe, Gitarre, Kontrabass und das chromatische Hackbrett als Melodieinstrument. Seit den 1950ern spielt die **»Tanzlmusi«** auf: Georg von Kaufmann (1907–1972, vulgo Kaufmann Schorsch) belebte die vom Aussterben bedrohten bäuerlichen Tänze (z. B. »Hirtamadl«) und stellte sie neben Rundtänze wie Walzer, Landler, Polka, Boarischer, Schottischer, Münchner Française und Zwiefacher. Letzterer ist mit seinen vertrackten Wechseln zwischen Zweier- und Dreiertakt besonders reizvoll.

Häuser

Bauernhöfe

Während im inneralpinen Bereich aufgrund der Geländebedingungen die Mehrhausanlage vorherrscht, ist an der Alpennordseite der **Einfirsthof** typisch. Wohntrakt, Stall und Scheune sind unter einem durchgehenden Dach vereint, was sich in den strengen Wintern bewährt hat; oft sind die Höfe mit der Scheune nach Westen ausgerichtet, der Hauptwetterseite. Zu den schönsten (und berühmtesten) gehören die Häuser im Raum Miesbach / Tegernsee / Schliersee. Meist ist auf einen gemauerten ein- oder zweigeschossigen Unterbau ein hölzerner Blockbau oder Giebel gesetzt. Flache Satteldächer, früher mit Legschindeln gedeckt, ragen weit über eindrucksvolle, von Blumen überquellende Balkone. Giebel und Wirtschaftstrakt sind häufig im »Bundwerk« ausgeführt, bei dem die tragenden Balken andreaskreuzförmig außen liegen. Im östlichen Oberbayern verbreitet ist der stattliche Vierseithof, häufig in Alleinlage auf einer Hügelkuppe. Die Höfe und Häuser im Allgäu waren traditionell mit Holzschindeln verkleidet. Heute muss man allerdings genauer hinschauen, um unter der Einheitsarchitektur im mehr oder weniger geschmackvollen alpinen »Jodelstil« echte

Schönes Haus in Sachrang

Beispiele alter Baukunst – oder gute moderne Weiterentwicklungen – zu finden. Bauernhausmuseen in Amerang, Jexhof bei Fürstenfeldbruck und Glentleiten am Kochelsee zeigen, wie's wirklich aussah.

Inn-Salzach-Bauweise

In den Inn-Salzach-Städten bildete sich ein besonderer Haustyp aus: Die langen Stadtplätze beherrschen mehrgeschossige Fassaden mit kleinen Fenstern und oben waagrecht abschließenden »Vorschussmauern«, hinter denen Grabendächer verborgen sind. Vor allem im Inntal besitzen sie zur Straße hin offene, überwölbte Laubengänge.

Bräuche und Feste

Die wichtigen Termine des Jahres – zum großen Teil bestimmt durch kirchlich-religiöse Feste und bäuerliche Jahreszeiten – werden mit großer Freude begangen. Tradition ist auch, dass sie in mindestens demselben Maße ganz unmittelbar irdischen Freuden dienen.

Pferdeprozessionen

Ein besonders prachtvoller Brauch sind die Georgi- und Leonhardiritte. Der hl. Georg und der hl. Leonhard werden als Schutzheilige der Pferde und des Viehs verehrt. Der Georgiritt findet am Georgstag (23. April) selbst statt, etwa auf dem Auerberg und in Tittmoning, oder am Ostermontag wie in Traunstein und in Ascholding bei Wolfratshausen. Leonhardi ist am 6. November, auch er wird an diesem Tag oder an einem nahen Sonntag gefeiert. Begleitet von Musikkapellen, reiten in Festtagstrachten gewandete Männer auf herausgeputzten Pferden; bei den Leonhardifahrten nehmen noch schöner anzusehende Frauen auf bemalten »Truhenwagen« teil. Auch zu Ehren der Heiligen Michael, Martin und Wendelin finden solche Ritte statt.

Frühjahr

Bevor der Frühling kommen kann, muss der **Winter ausgetrieben** werden. Zwischen Dreikönig und Lichtmess (2. Febr.) ist der Rupertiwinkel Zentrum des Aperschnalzens, mit bis 6 m langen Goaßln (Peitschen) machen junge Burschen einen Höllenlärm. Vor der Fastenzeit schlägt man über die Stränge: Im alemannischen Allgäu und im Werdenfelser Land wird **Fasnacht** (Fasnet) im »Häs« (Kostüm) und mit grotesken Holzmasken gefeiert; die hohe Zeit ist vom »Unsinnigen/Gumpigen/Schmutzigen Donnerstag« bis Fasnachsdienstag, dann gibt's auch auf den Skipisten Mummenschanz, in München tanzen die Marktfrauen auf den Viktualienmarkt. Im Allgäu werden am ersten Fastensonntag Hexen aus Stroh in großen Feuern verbrannt, auch dies ein heidnischer Brauch, der Böses abwenden und Fruchtbarkeit fürs neue Jahr bringen soll. In der Mitte der Fastenzeit beginnt in Bayern die »fünfte Jahreszeit«, die **Starkbierzeit**, eingeläutet vom Salvator-Anstich auf dem Münchner Nockherberg: Nach klösterlicher Tradition frönt man dem 7,5 % starken Bier (► S. 88). Die **Karwoche** von Palmsonntag bis Ostersonntag wird überall feierlich begangen, von der Weihe der Palmbuschen über Passionsprozessionen (Oberammergau) und Heilige Gräber (Fischbachau, Högl-

wörth) bis zu diversen Osterbräuchen. Richtig Frühling ist es, wenn am **1. Mai** der Maibaum aufgestellt wird, ein Brauch, der auch im Allgäu Fuß gefasst hat. Der Baum ist oft weiß-blau bemalt, mit Gewerbesymbolen und Trachtenfiguren geschmückt und mit einem Kranz bekrönt. Aufgerichtet wird er von unverheirateten jungen Männern, und zwar (fast) nur mit Muskelkraft; vorausgesetzt, man konnte Diebstahlsversuche abwehren. Der Mai ist als »Marienmonat« auch die wichtigste Wallfahrtszeit in Bayern. **Christi Himmelfahrt** wird besonders in Mittenwald und in Altenmarkt festlich begangen.

Sommer **Fronleichnam** am 2. Donnerstag nach Pfingsten ist eines der prachtvollsten Feste des Jahres. Prozessionen bewegen sich, vorbei an blumengeschmückten Altären, durch Städte und Fluren. Das Fest der Verehrung des Leibes Christi geht auf ein Blutwunder im italienischen Bolsena zurück und wurde anno 1264 offiziell angeordnet, schon neun Jahre später fand in Benediktbeuern die erste Prozession in Bayern statt. Besonders zu erwähnen sind die Prozessionen in Altötting, in Seehausen auf dem Staffelsee und im Oberland, wo etwa in Mittenwald, Lenggries und Benediktbeuern die »Antlasschützen« Böller krachen lassen; in Lenggries wird die 14,5 m hohe »Hochwürdig-Gut-Fahne« mitgeführt. Die heidnischen Sonnwendfeuer sind wieder im Kommen, verpackt als **Johannisfeuer** am 14. Juni. Der Juli ist kein Festmonat, jedenfalls nicht im bäuerlichen Umkreis. Dafür finden in den ehemaligen Freien Reichsstädten wie Lindau **traditionsreiche Kinderfeste** statt, anderswo wird mit Stadt- und Volksfesten Unterhaltung geboten. Am 15. August, zum Höhepunkt des Sommers, ist wieder ein Marientag zu feiern: **Mariä Himmelfahrt** ist der »Große Frauentag«, an dem Kräuter gesammelt und geweiht werden. Viele Wallfahrtskirchen feiern ihr Marien-Patrozinium, etwa in Altötting, Birkenstein, Ettal, Andechs und Dießen am Ammersee. In Dießen gibt es auch das nasse Spektakel des Fischerstechens.

Herbst Im September geht der dreimonatige Sommer auf den Almen – bzw. Alpen im Allgäu – zu Ende. Ist alles Vieh wohlbehalten geblieben, werden die Kühe mit prächtigem Kopfschmuck ins Tal getrieben und auf dem »Scheidplatz« an ihre Besitzer verteilt. Im Allgäu findet der **Viehscheid** meist an traditionell festgelegten Tagen zwischen dem 10. und 24. Sept. statt, der Almabtrieb im Berchtesgadener Land zu Michaeli (30. Sept.). Als schönster und größter Viehscheid gilt der in Gunzesried; einzigartig ist die Heimkehr von den Almen am Königssee mit Hilfe flacher Boote. Am 1. Sonntag im Oktober wird Erntedank da und dort noch mit festlichen Gottesdiensten gefeiert. Auch **Kirchweih**, das seit 1868 am 3. Oktober-Sonntag begangen wird, ist im Grund ein Dankfest, an dem sich die Familien und Sippen bei Speis & Trank, bei Musik & Tanz treffen; religiöse Dinge sind zweitrangig vor der Frage, wie das Kirchweih-Ganserl schmecken wird. In der Scheune wird die »Kirtahutschn« aufgehängt, eine Mehr-Personen-Schaukel, die von ein, zwei Burschen heftig in Bewegung gesetzt

wird. (Angemerkt sei, dass auch in den Bauernhofmuseen Glentleiten und Jexhof Kirchweih gefeiert wird.) Anfang Nov. ist die hohe Zeit der Leonhardiritte (► S. 67), und zu Martini (11. Nov.) langt man bei der Martinsgans vor dem Adventsfasten nochmal richtig zu.

Winter

Advent ist im Bayrischen die »stade Zeit« – der Weihnachtsrummel, die inflationären Christkindlmärkte und kommerziellen Weihnachtskonzerte lassen von Stille und Besinnung wenig übrig. Ein **Adventssingen** in einer Dorfkirche sollte man sich aber nicht entgehen lassen. Wie überall ist am 6. Dez. der hl. **Nikolaus** unterwegs, wobei er im Bereich der Alpen von besonders schreckerregenden Gestalten begleitet wird, vom Krampus bis zu den Berchtesgadener Buttmandln. Heidnisches steckt auch im Allgäuer Klausentreiben. Das **Klöpfeln** an Adventsdonnerstagen wurde neu belebt: Kinder ziehen von Haus zu Haus und werden für ihren Vers beschenkt. In den **Rauhnächten** zwischen 21. Dez. und 6. Jan. sind böse Geister unterwegs, weshalb Wohnräume und Stall mit Weihrauch ausgeräuchert werden; die »wilde Jagd« wird da und dort im Perchtenlaufen realisiert. Zu **Weihnachten** werden prachtvolle geschnitzte Krippen aufgestellt. Im Berchtesgadener Land begrüßen am Weihnachtsabend die Böllerschützen das Christkind; sehr laut geht es dort auch an **Silvester** zu, wenn das neue Jahr »eingeschossen« wird.

Alles aufs schönste geschmückt: Leonhardifahrt in Benediktbeuern

Berühmte Persönlichkeiten

»Wir sind Papst«, das können besonders die Bayern sagen … während es Franz Josef Strauß nicht bis zum Bundeskanzler schaffte. Wer aber kann mit den Namen Carl Hirnbein und Oskar von Miller etwas verbinden? Eine kleine Ruhmeshalle für Menschen, die in Bayern und darüber hinaus bedeutende Spuren hinterlassen (haben).

Egid Quirin Asam · Cosmas Damian Asam

Baumeister und Künstler

Das Brüderpaar Egid Quirin (1692 – 1750) und Cosman Damian Asam (1686 – 1739) darf als Mitbegründer und Hauptvertreter des bayerischen Spätbarocks (Rokokos) gelten. Beide zeichnete eine vielfältige gestalterische Begabung aus: Egid Quirin war Bildhauer, Maler, Stuckator und Architekt, Cosmas Damian Maler und Architekt. Ihr Vater war der selbst bedeutende Maler des Klosters Benediktbeuern, Hans Georg Asam, bei dem sie ihr Handwerk lernten; ab 1711 studierten sie in Rom, wo sie sich von den Werken Berninis beeindrucken ließen. Die Asams, die meist gemeinsam arbeiteten, statteten viele Kirchen und Klöster im süddeutschen Raum aus, so in München, Freising und Fürstenfeldbruck. In München sind, unter anderem, zwei prachtvolle Hauptwerke Egid Quirin Asams zu bewundern, die »Asamkirche« in der Sendlinger Straße und sein Wohnhaus daneben.

Cosman Damian Asam

Prinz Luitpold von Bayern (1821 –1912)

Prinzregent

Geboren als fünftes Kind König Ludwigs I. von Bayern, hatte Prinz Luitpold keinerlei Thronambitionen. Bayerischer König wurde sein Bruder Maximilian, Bruder Otto wurde König von Griechenland. Luitpold durchlief eine Militärzeit, war später Reichsrat und vertrat seinen menschenscheuen Neffen Ludwig II. bei offiziellen Anlässen. Zum Jagen ging er v. a. nach Oberstdorf, das ihm praktisch zur Heimat wurde. Im Rentenalter, mit 65, fiel ihm als ältestem männlichem Mitglied der Königsfamilie zu, nach dem geheimisumwitterten Tod Ludwigs II. »des Königreiches Bayern Verweser« zu werden Es dauerte seine Zeit, bis er nicht mehr als Königsmörder galt; mit seiner bescheidenen, leutseligen Art erwarb er sich große Sympathie, und als er am denkwürdigen Datum des 12.12.12 starb, trauerte das Land aufrichtig. Ein Politiker mit Ideen und Statur war Luitpold hingegen nicht, was in den schwierigen Zeiten durchaus problematisch war; so hätte er vor allem dem mörderisch-selbstmörderischen Wilhelminismus Widerpart bieten müssen. Seine persönliche Liebenswürdigkeit

← Ludwig II., von 1864 bis 1886 König von Bayern, in Generalsuniform. Gemälde 1865 von Ferdinand Piloty d. J. (► Baedeker Special S. 208)

konnte politische Substanzlosigkeit nicht wettmachen. Dass in der Revolution 1918 Bayern so rasch von der Monarchie Abschied nahm, dürfte zu einem guten Teil Prinzregent Luitpold zuzurechnen sein.

Joseph von Fraunhofer (1787–1826)

Glastechnologe und Optiker

MP3-Player sind heute in aller Ohren – die dahinterstehende Computertechnik ist ein Produkt der 1949 gegründeten »Fraunhofer-Gesellschaft zur Förderung der angewandten Forschung e. V.«, der größten Organisation für Forschungsdienstleistungen in Europa mit Sitz in München. Sie benannte sich nach Joseph von Fraunhofer, weil er in einzigartiger Weise praktische technische Entwicklung mit exakter wissenschaftlicher Forschung verband. Nach einer Glasschleiferlehre trat er in das Optische Institut von J. v. Utzschneider in Benediktbeuern ein, wo er Schleifmaschinen und Gläser für optische Geräte entwickelte, die den Fernrohrbau revolutionierten. 1814 gelang ihm seine bedeutendste Entdeckung, die Absorptionslinien im Sonnenspektrum; mit einem Beugungsgitter aus Glas, in das 300 Linien pro Millimeter geritzt waren, konnte er ihre Wellenlängen bestimmen. 1824 fertigte Fraunhofer ein astronomisches Objektiv mit fast 2,5 m Öffnung, im selben Jahr wurde er in den Adelsstand erhoben. 1826 starb er an Tuberkulose. Bestattet ist er in München.

Ludwig Ganghofer (1855–1920)

Romanschriftsteller

»Wenn ich a Büchl lies, möcht ich mei' Freud dran haben! Daß ich's ganze Sauleben drüber vergessen kann!« Dieser Satz aus einem seiner berühmtesten Romane, dem »Schweigen im Walde«, begründet Ganghofers einzigartigen Erfolg ebenso wie das Verdikt seiner Kritiker: Trivial-sentimentale, naiv-gemütvolle Heimatromane habe er geschrieben, die mit ihrer Verklärung des kraftvollen Bergbauerntums das Muster reaktionärer Kritik der modernen Gesellschaft liefere. Im schwäbischen Kaufbeuren geboren, lebte Ganghofer ab 1882 in Wien, ab 1893 in München; nach Tätigkeit als Kriegsberichterstatter zog er 1919 nach Tegernsee. Von seinem Haus am Leeberg hatte er es nicht weit zu seinem Freund Ludwig Thoma, beide sind in Rottach-Egern begraben. Sicher nicht unbedeutend ist, dass er seinen Durchbruch mit dem »Herrgottschnitzer von Ammergau« ausgerechnet in Berlin erlebte; er wurde einer der erfolgreichsten Schriftsteller des wilhelminischen Deutschlands und einer der meistverfilmten Autoren, wie wenige andere prägte er das Bild von Oberbayern. Für den Heimatfilm der 1950er-Jahre waren seine Romane ideale Vorlagen. Von Vorteil war dabei, dass er seine Figuren in einem diffusen Kunstdialekt mit oberbayerischen und schwäbischen Elementen reden ließ, was bei einem breiten nichtbayerischen Publikum für Verständlichkeit und ein Flair von Bodenständigkeit sorgte. Trotz alldem sollte man sich einmal einen oder mehrere Romane zu Gemüte führen: denn immerhin schildert er auch das »Sauleben«.

Carl Hirnbein (1807 – 1871)

Schöpfer des »grünen« Allgäus

Dass das Allgäu nicht seit eh und je ein grünes Land mit Kühen und Weiden ist, kann man sich kaum vorstellen. Ebenso, dass es hier keinen Romadur-Käse gibt. Und doch ist dies ein Ergebnis der Tätigkeit eines Unternehmers: Carl Hirnbein, geboren in Wilhams bei Immenstadt, genannt der »Patriarch des Allgäus«, der »Notwender, Zwingherr und Alpkönig«. Damals lebte man vor allem von der Produktion hochwertiger Leinwand (blühende Flachsfelder färbten das Allgäu im Sommer blau), die mühsam und langwierig war und längst nicht mehr das Auskommen sicherte. Hirnbein – später Landtagsabgeordneter, der mit den Ideen der 1848er-Revolution sympathisierte – stellte 1830 in Wilhams den ersten Limburger Käse aus Allgäuer Milch her. Dazu holte er Fachleute aus Belgien und begründete ein Vertriebssystem mit Niederlassungen in Mannheim, Kassel und Stuttgart. 1844 besaß er nicht nur 100 Sennereien, sondern auch fast den ganzen Grünten. Dort baute er 1852 das erste Hotel der deutschen Alpen, das Grüntenhaus, er druckte auch den ersten Werbeprospekt für das Allgäu – er war also sowohl Initiator der Allgäuer Milch- und Käsewirtschaft als auch des Allgäu-Tourismus.

Sebastian Kneipp (1821 –1897)

Der Wasserpfarrer

Sebastian Kneipp, der den Kurtourismus in Oberbayern und im Allgäu nachhaltig prägen sollte, lernte als Sohn eines armen Webers früh, sich durchzubeißen. Bevor er, als 23-Jähriger, das Gymnasium besuchen konnte, arbeitete er als Knecht. Als man ihm später immer wieder die »Kurpfuscherei« austreiben wollte, beeindruckte ihn das wenig. Während seines Theologiestudiums in München an Tuberkulose erkrankt, kurierte er sich mit Bädern in der eiskalten Isar, auch einem Kommilitonen half er so. Inspiriert hatte ihn dazu die Lehre von J. S. Hahn, der als Begründer der Wassertherapie gilt. Ab 1855 Pfarrer des Dominikanerinnenklosters in Wörishofen, stellte er nicht nur dessen Betrieb auf eine feste wirtschaftliche Basis, er behandelte auch die Gäste in zunehmende Zahl, die zur Sommerfrische kamen. Kneipp beschrieb sein Konzept einer gesunden Lebensführung – ausgewogene Ernährung, körperliche Tätigkeit und seelische Ordnung, ergänzt durch die Heilkraft von kaltem Wasser und Kräutern – in den Büchern »Meine Wasserkur« (1886) und »So sollt ihr leben« (1889), die Millionenauflagen erlebten und seiner Kur weltweite Anerkannung verschafften. Er wurde 1893 mit dem Titel eines Päpstlichen Geheimkämmerers geehrt und starb 1897 an einem Bauchtumor, den er nicht operieren ließ.

Oskar von Miller (1855 –1934)

Ingenieur

Als Sohn des Königlichen Erzgießers Ferdinand von Miller – aus seiner Werkstatt stammt die berühmte Bavaria auf der Münchner The-

resienhöhe – war Oskar von Miller daran gewöhnt, die Ärmel aufzukrempeln: Bayerns Weg zum modernen Industriestaat wurde vor allem durch den gelernten Ingenieur geprägt, der die Bedeutung der Elektrizität und öffentlichen Hand für eine flächendeckende Stromversorgung früh erkannte. Durch die Pariser Elektrizitätsausstellung 1881 »elektrisiert«, machte er mit der Illumination der Müncher Frauentürme Furore – ihm gelang als Erstem die Übertragung von Strom über ca. 60 km von Miesbach nach München, und 1884 baute er in München das erste Elektrizitätswerk Deutschlands. Nach seiner Zeit als Direktor der Deutschen Edison Gesellschaft (später AEG) betrieb er ein Ingenieurbüro, das für zwei weitere Großtaten steht: die Übertragung von 20 000-Volt-Drehstrom über 176 km, was den Durchbruch des Hochspannungsnetzes bedeutete, und der Bau des damals größten Speicherkraftwerks der Welt am Walchensee. Nach Jahren hartnäckiger PR-Arbeit, bei der er seine Beziehungen zu wichtigen Personen aus Wissenschaft, Industrie und Politik nutzte, konnte er 1906 das Deutsche Museum in München eröffnen. Dieses ist heute das größte naturwissenschaftlich-technische Museum der Welt.

Oskar von Miller (um 1930)

Joseph Ratzinger (Papst Benedikt XVI.)

Theologe und Papst

Als Joseph Kardinal Ratzinger nach nur zweitägigem Konklave am 19. April 2005 zum 265. Papst der katholischen Kirche gewählt worden war, waren alle überrascht. Er selbst, weil er sich nicht um das Amt gerissen hatte und weil ihm die hohe Verantwortung bewusst ist; der Klerus, weil der konservative Präfekt der Glaubenskongregation – Nachfolgerin der Inquisition – nicht unbedingt als Wunschpapst galt; und die Welt, weil sich der hochintellektuelle Professor für Theologie als ein warmherziger Oberhirt entpuppt, der trotz seiner Schüchternheit auf die Menschen zugeht. 1927 in Marktl am Inn (bei Altötting) geboren, verbrachte er seine Kinder- und Jugendjahre in Tittmoning und Traunstein. Nach dem Studium in Freising und München war er Professor in Freising, Bonn, Münster, Tübingen (als Kollege des später mit Lehrverbot belegten Hans Küng) und Regens-

burg. 1977 wurde er zum Erzbischof von München und Freising und zum Kardinal ernannt, ab 1981 prägte er als Präfekt der Glaubenskongregation wesentlich die eiserne Haltung des Vatikans in Streitfragen wie Empfängnisverhütung, Priesterehe, gleichgeschlechtliche Partnerschaft und »Befreiungstheologie«. Im ersten Jahr seines Pontifikats verblüffte er hingegen mit Bescheidenheit und Versöhnlichkeit: vom Besuch der Kölner Synagoge über das Gespräch mit Hans Küng und die Betonung der kollegialen Führung der Kirche bis zur ersten Enzyklika »Deus caritas est« (»Gott ist Liebe«).

Franz Josef Strauß (1915–1988)

Politiker

Der in München geborene Sohn eines Metzgers wurde zu einer der markantesten Figuren der deutschen Nachkriegsgeschichte. Er bediente wie kein anderer das Klischee des »urbayerischen Kraftmenschen«; unvergessen sind seine verbal wie nonverbal wenig zimperlichen Auftritte im Bundestag, in bayerischen Bierzelten und beim »Politischen Aschermittwoch«. Der studierte Altphilologe, Historiker und Volkswirtschaftler gehörte von 1949 bis 1978 dem deutschen Bundestag an. Unter Adenauer war er Minister für Sonderaufgaben, dann Minister für Atomfragen und schließlich Verteidigungsminister. Die Spiegel-Affäre und der Nachweis, dass er das Parlament belogen

Franz Josef Strauß am Patronatstag der Werdenfelser Gebirgsschützen (1983)

hatte, führten 1962 zu seinem Sturz. Vier Jahre später kehrte er als Finanzminister der Großen Koalition von CDU / CSU und SPD ins Rampenlicht zurück (SPD-Wirtschaftsminister Schiller und er wurden als »Plisch und Plum« karikiert). 1978 zog er sich als bayerischer Ministerpräsident nach München zurück; zwei Jahre später verlor er die Kanzlerwahl gegen Helmut Schmidt. Strauß bewegte sich öfter in politisch bzw. juristisch zweifelhaften Bereichen, von der Affäre um den »Witwenmacher« Starfighter über den Bau des Rhein-Main-Donau-Kanals bis zum Besuch beim chilenischen Diktator Pinochet; er schreckte auch nicht davor zurück, Mao Zedong zu besuchen und der DDR einen Milliardenkredit zu verschaffen. Nach der deutschen Wiedervereinigung erwarb das Bayerische Landesamt für Verfassungsschutz Dossiers der Stasi und vernichtete sie mit der Begründung, das Andenken des einstigen Landesvaters schützen zu wollen.

Ludwig Thoma (1867 – 1921)

Rechtsanwalt und Schriftsteller

Ludwig Thoma wurde in Oberammergau geboren und starb in Rottach-Egern, wo er den größten Teil seines Lebens lebte. In seiner Zeit als Rechtsanwalt in Dachau und München lernte er seine Mitbürger gut kennen, so dass er gut gewappnet war, als er 1899 die Schriftleitung des legendären Satireblatts »Simplizissimus« übernahm. Mit Thomas Namen sind lebenspralle Schilderungen oberbayerischer und anderer Kleingeister verbunden. In Gedichten, Romanen, Erzählungen und Theaterstücken, auf Hochdeutsch und Bairisch, karikier-

Ludwig Thoma in seinem Haus auf der Tuften am Tegernsee (1913)

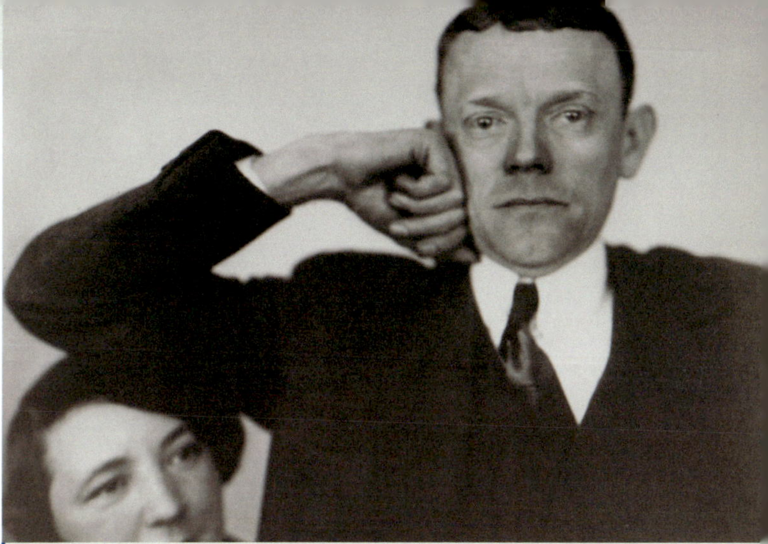

Karl Valentin stützte sich in vielem auf Liesl Karlstadt. Foto um 1930

te er alle Doppelmoral und »Obrigkeit«, wobei unsterbliche Figuren entstanden: der Dienstmann Alois Hingerl (»Ein Münchner in Himmel«), der Kindlein (in den autobiografischen »Lausbubengeschichten«) oder der Ökonom und Abgeordnete Josef Filser (»Jozef Filsers Briefwexel«). Einer seiner größten Erfolge war der Einakter »Moral«. Weniger bekannt und ruhmreich sind seine antisemitisch gefärbten Tiraden gegen die Sozialdemokratie und die Regierung in Berlin, die der »Miesbacher Anzeiger« anonym abdruckte.

Karl Valentin (1882 – 1948)

Querdenker

»Schwer ist leicht was«, dieser berühmte Satz des in der Münchner Vorstadt Au geborenen Kabarettisten und Komikers bringt seine Kunst ebenso auf den Punkt wie seine Lebensgeschichte. Valentin Ludwig Fey, wie er mit bürgerlichem Namen hieß, brachte in seinen Sketchen, durch ein skurriles Äußeres unterstützt, seine Mitmenschen schier um den (ihren) Verstand: Seine Impertinenz, anscheinende Dummheit und himmelschreiende Hilflosigkeit deckt eingefahrene Sprech- und Denkgleise auf. Seinen Durchbruch hatte der »Wortzerklauberer« 1911 mit Liesl Karlstadt (Elisabeth Wellano), seinem »Alter Ego«; später war er mit Bertolt Brecht befreundet. Über 30 Sketche wurden mit Valentin verfilmt. Finanziell blieb er erfolglos; immer wieder wirtschaftlich ruiniert, starb er am Rosenmontag 1948, durch Unterernährung entkräftet, an einer Erkältung. Noch 1953 wollte die Stadt München seinen Nachlass nicht kaufen, und erst in den 1960er-Jahren wurde er wiederentdeckt. Im Münchner Isartor erinnert das Valentin-Musäum, das sein Faible für Gruseliges und Nonsens aufnimmt, an den Philosophen des Grotesken.

Praktische Informationen

WANN UND WO FINDEN SCHÖNE FESTE STATT? WAS MUSS MAN IN DEN BERGEN BEACHTEN? UND WIE GEHT MAN MIT EINER WEISSWURST UM? WISSENSWERTES FÜR EINEN GELUNGENEN URLAUB

Anreise · Reiseplanung

Mit dem Auto In München bzw. auf seinem Autobahnring treffen Autobahnen aus allen Richtungen zusammen: von Lindau die A 96, von Ulm (Stuttgart/Würzburg) die A 8, von Nürnberg die A 9 (auf die die A 93 von Regensburg stößt). Von München führt die A 8 durch den Chiemgau nach Salzburg, bei Rosenheim zweigt die A 93 nach Kufstein (Innsbruck) ab. Die A 95 verbindet München mit dem Starnberger See und Garmisch. Von Ulm bzw. Memmingen aus sorgt die A 7 für die direkte Verbindung ins Allgäu nach Kempten / Nesselwang. Bedenken: Zu Ferienbeginn und -ende sind auf A 8 und A 9 kilometerlange Staus die Regel.

Mit der Bahn Als Zentrum des Bahnverkehrs in Süddeutschland ist München aus dem In- und Ausland mit ICE, IC und EC praktisch im Stundentakt zu erreichen. Viele Fernzüge halten auch in München-Pasing bzw. im Münchner Ostbahnhof, was für Anschlüsse vorteilhaft sein kann. Von München aus fährt man dann mit Regionalzügen weiter, und zwar ebenfalls weitgehend im Stundentakt (▶ Verkehr, S. 106). Besonders bequem ist die Anreise über Nacht mit DB NachtZug / EuroNight und der CityNightLine. Autozüge nach München-Ost fahren von Berlin, Hamburg, Bremen, Hildesheim, Dortmund, Düsseldorf und Troisdorf, nach Lindau-Reutin von Düsseldorf und Troisdorf.

Internationale Verkehrsdrehscheibe: Flughafen Franz Josef Strauß (MUC)

INFORMATIONEN ANREISE

Straßenverkehr
ADAC Verkehrsservice
Mobilnetze Tel. 22 4 11
Festnetz Tel. 0900 11 22 4 11
ADAC Stau-Info
Mobilnetze Tel. 22 4 99
Festnetz Tel. 0900 11 22 4 99

Deutsche Bahn
Reiseservice Tel. 0180 5 99 66 33
www.bahn.de
Service NachtZug
Tel. 01859 14 15 14
www.nachtzugreise.de
Service AutoZug
Tel. 01805 24 12 24
www.dbautozug.de

Flughafen München
Flugplanauskunft
Tel. (0 89) 9 75-2 13 13
www.flughafen-muenchen.de

Mit dem Flugzeug

Der internationale **Flughafen Franz Josef Strauß**, ca. 35 km nordöstlich von München im Erdinger Moos gelegen, ist aus dem In- und Ausland bestens erreichbar. Die Anreise ist auch über die Flughäfen **Memmingen** und **Friedrichshafen** möglich. Von allen drei Flughäfen gelangt man problemlos ins bayerische Alpenland.

Auskunft

Im Urlaubsland Oberbayern / Allgäu ist das System der Tourismusorganisationen auf regionaler und lokaler Ebene bestens ausgebaut. Ihre Prospekte, Websites und Telefondienste lassen fast keine Frage unbeantwortet. Das Internet ist eine fast unerschöpfliche Informationsquelle, es gibt kaum einen Punkt des Landes, ein Verkehrsmittel, einen Reiseveranstalter, ein Museum, ein Event oder eine Nächtigungsmöglichkeit, die nicht vertreten wären.

ADRESSEN AUSKUNFT

DACHVERBÄNDE

Bayern Tourismus Marketing
Leopoldstr. 146
80804 München
Tel. (0 89) 21 23 97 - 0
www.bayern.by

Tourismusverband München Oberbayern
Radolfzeller Str. 15
81243 München
Tel. (0 89) 82 92 18 - 0
www.oberbayern.de

Tourismusverband Allgäu / Bayerisch-Schwaben
Schießgrabenstr. 14
86150 Augsburg
Tel. (08 21) 45 04 01-0
www.bayerischschwaben.de

Allgäu Marketing
Allgäuer Str. 1
87435 Kempten
www.allgaeu.info

STADT MÜNCHEN

Tourismusamt München
80313 München
Tel. (0 89) 23 39 65 00
www.muenchen-tourist.de

REGIONALVERBÄNDE

Touristikverband Westallgäu
Stiftsplatz 4, 88131 Lindau
Tel. (0 83 82) 27 01 36
www.lindau-westallgaeu.org

Oberallgäu Tourismusservice
Hindelanger Str. 35
87527 Sonthofen
Tel. (0 83 21) 80 04-0
Info-Tel. (0 83 21) 80 04-5 40
www.oberallgaeu.de

Tourismusverband Ostallgäu
Schwabenstr. 11
87616 Marktoberdorf
Tel. (0 83 42) 91 13 13
www.ostallgaeu.de

Tourismusgemeinschaft Zugspitz-Region
Richard-Strauss-Platz 1a
82467 Garmisch-Partenkirchen
Tel. (0 88 21) 18 04 84
www.zugspitz-region.de

Tourismusverband Pfaffenwinkel
Bauerngasse 5
86956 Schongau
Tel. (0 88 61) 77 73
www.pfaffenwinkel.com

Tourismusverband Starnberger Fünf-Seen-Land
Wittelsbacherstr. 2 c
82319 Starnberg
Tel. (0 81 51) 90 60-0
www.sta5.de

Tourismusverband Ammersee-Lech
Hauptplatz 152
86899 Landsberg
Tel. (0 81 91) 1 28-247
www.ammersee-region.de

Touristik-Information Münchner Umland
Marktplatz 13
85567 Grafing
Tel. (0 80 92) 8 51 34-0

Tölzer Land Tourismus
Prof.-Max-Lange-Platz 1
83646 Bad Tölz
Tel. (0 80 41) 5 05-206
www.toelzer-land.de

Tourismusverband Bayerisches Oberland
Tegernseer Str. 20 a
83734 Hausham
Tel. (0 80 26) 92 07 00
www.tegernsee-schliersee-wendelstein.de

Kur- und Tourismusverband Wendelstein
Bahnhofstr. 5
83075 Bad Feilnbach
Tel. (0 80 66) 8 87 56
www.wendelstein-ist-inn.de

Chiemsee Tourismus
Felden 10
83233 Bernau am Chiemsee
Tel. (0 80 51) 9 65 55-0
www.chiemsee.de

Tourismusverband Chiemgau
Ludwig-Thoma-Str. 2
83278 Traunstein
Tel. (08 61) 5 82 23
www.chiemgau-tourismus.de

- **Berchtesgadener Land Tourismus**
  Bahnhofplatz 4
  83471 Berchtesgaden
  Tel. (0 86 52) 6 56 50-0
  www.berchtesgadener-land.com

- **Tourismusregion Berchtesgaden-Königssee**
  Königsseer Str. 2
  83471 Berchtesgaden
  Tel. (0 86 52) 9 67-0
  www.berchtesgadener-land.info

- **Tourismusgemeinschaft Inn-Salzach**
  Kapellplatz 2 a
  84503 Altötting
  Tel. (0 86 71) 50 62 28
  www.inn-salzach.com

Mit Behinderung unterwegs

In den Kur- und den frequentierten Urlaubsorten sind die meisten Einrichtungen behindertengerecht ausgestattet. Auch in München ist die Situation i. A. gut. Hier unterstützt der Club Behinderter und ihrer Freunde, der auch Führungen, Ausflüge etc. veranstaltet. Im Verlag FMG (Postfach 2154, 40644 Meerbusch, Tel. 0 21 59 / 81 56 22) erscheint der Reiseratgeber »Handicapped-Reisen Deutschland«, Informationen geben auch die Tourismusverbände.

INFORMATIONEN FÜR BEHINDERTE

- **BSK-Reiseservice**
  Altkrautheimer Str. 20
  74238 Krautheim
  Tel. (062 94) 42 81-50
  www.bsk-ev.de

- **Club Behinderter und ihrer Freunde**
  Johann-Fichte-Str. 12
  80805 München
  Tel. (0 89) 356 88 08
  www.cbf-muenchen.de

Essen und Trinken

Wie jede traditionelle regionale Küche weisen die bayerische und die Allgäuer Küche nur eine kleine Zahl typischer Gerichte auf. Die billigen Zutaten, die immer und in großer Menge vorrätig waren, bestimmen den Charakter: Mehl, Milch, Eier, Käse und – jedenfalls in neuerer Zeit – Fleisch. Gemüse konnte in einem Land mit mehr oder weniger rauem Klima nicht dieselbe Bedeutung entwickeln, und so gibt es das geflügelte Wort: »Der Bayer isst ein ›Gmias‹ ganz gern – vorausgesetzt, ein Schwein hat sich erst davon genährt.« Verblüffend

aber ist, in wieviel Varianten die einfachen Zutaten zu herzerwärmenden Köstlichkeiten – den »Schmankerln« – verarbeitet werden.

Der Biergarten Zunächst ein Wort zu der zentralen bayerischen Institution des Biergartens – manchmal noch Keller genannt –, diesen wunderbaren Ort ruhiger Lebensfreude unter mächtigen Kastanien. Er hat seinen Ursprung in dem früheren Verbot, den Sommer über Bier zu brauen, weshalb die Brauer ihr Bier in kühlen Kellern unter schattenspendenden Bäumen lagerten, die häufig am Stadtrand lagen. Dort wurde der Gerstensaft denn auch gleich ausgeschenkt. Dazu war aber eine Schankerlaubnis nötig, und weil die Zunft der Wirte etwas gegen die Konkurrenz hatte, gewährte König Ludwig I. 1830 dieses Recht unter der Auflage, dass kein Essen verkauft werden durfte. Deshalb muss man in einem echten Biergarten (im Gegensatz zum Wirtsgarten) nur die Getränke kaufen, und viele Leute bauen sich aus mitgebrachten Sachen eine veritable Tafel auf. Meist gibt es in einem Biergarten auch einen Bereich mit gedeckten Tischen, an denen man restaurantmäßig zu essen und trinken bestellt.

Im Biergarten des Münchner Hofbräuhauses

Die Brotzeit Eine eigene Kategorie – vor allem fürs zweite Frühstück beliebt – bildet die berühmte Münchner **Weißwurst**, die »schön gekurvte Tellerzier«, die 1857 das Licht der Welt erblickte. Sie besteht aus Kalbsbrät und Schweinespeck, gewürzt mit Pfeffer, Zwiebeln, Zitrone und Petersilie. Dazu gehören Brezen und süßer Senf. (Ein Tipp: Wenn Ihnen der süße Senf zu sanft ist, mischen Sie ein wenig scharfen drunter.) Dass sie das Mittagsläuten nicht erleben darf, ist Schnee von gestern, Unsinn ist auch, dass der Kenner sie »auszuzelt«. Das ist für den Esser wie den Zuschauer bestenfalls unästhetisch. Sehr einfach und absolut comme il faut: Die Weißwurst quer halbieren, dann eine Hälfte mit der Gabel festpieken, der Länge nach von oben bis auf die unten liegende Haut durchschneiden und die freie Hälfte der Fülle mit dem Messer von der Haut schaben. Sehr beliebt im Biergarten ist die neuzeitliche Errungenschaft der **Spare Ribs**, die mit einer Sauce auf der Basis von Ketchup und Curry kredenzt werden. Als **Steckerlfisch** werden meist fette Makrelen über Holzkohle gebraten. Der **Leberkäs** enthält weder Leber noch Käse, sondern Rinder- und Schweinebrät, Speck und Zwiebeln. Er wird gebacken, so dass er eine schöne braune Kruste bekommt, und wenn er gerade frisch aus dem Ofen kommt, ist das ein Fest. Den **Wurstsalat** (mit Zwiebeln, Öl und Essig) macht man meist aus den dicken Regensburgern; kommt Em-

mentaler dazu, heißt er Schweizer Wurstsalat. Den **Pressack** aus Schweinefleisch und Schwarten gibt's in Weiß und Rot (Letzterer mit Blut), häufig mit Majoran gewürzt. Der **Obatzte** – hochdeutsch »Zu Matsch Angerührte« – entsteht aus reifem Camembert und Butter, dazu kommen Zwiebeln, Paprika und Kümmel. Als würzige Beigabe zu alldem dient der **Radi** (großer weißer Rettich), als Ziehharmonika oder Spirale in dünne Scheiben geschnitten und gesalzen.

Suppen

Als Vorspeise gibt es fast immer eine Fleisch- bzw. Knochenbrühe mit einer Einlage: einem Leberknödel (aus Rinderleber, Semmeln, Zwiebeln und Majoran), Grießnockerln oder Eierstich, im Allgäu mit Flädle (Pfannkuchenstreifen) oder als Käsesuppe.

Fleisch

Die ehernen Säulen der bayerischen und heute auch der Allgäuer Küche sind der Schweinsbraten und die Haxe. Zum **Schweinsbraten** (nicht Schweinebraten) aus Schulter oder Hals – am besten mit krachend-knuspriger Schwarte – gehören Semmel- und/oder Kartoffelknödel, als Gemüse ein Krautsalat (rohes Weißkraut, gewürzt mit Kümmel) oder im Winter Sauerkraut. Die **Haxn**, vom Schwein oder vom Kalb, werden im Ofen gebraten oder gegrillt und ebenfalls mit Knödel sowie Kraut serviert. Für ein **Tellerfleisch** wird Rindfleisch in Brühe gesotten, in Scheiben geschnitten und mit frischem Kren (Meerrettich) und scharfem Senf serviert. Die **Fleischpflanzl**, im übrigen Deutschland als Frikadellen oder Buletten bekannt, schmecken am besten mit Kartoffelsalat. Kenner schätzen das **Saure Lüngerl** mit Semmelknödel und das in Konsistenz und Geschmack ähnliche **Beuschel** (in München auch Voressen genannt); außer Lunge kommen hier noch Herz und Milz dazu. Zu den Winterfreuden gehört die **Schlachtschüssel** mit gekochtem Wammerl (Bauch), Leber- und Blutwurst und Züngerl, dazu – wie zu erwarten – Sauerkraut, Kartoffelpüree oder Knödel. Nur für hungrige Holzknechte geeignet ist der gebackene Kalbskopf. Das **Böfflamott** wurde vom Allgäu nach Bayern importiert: Das Bœuf à la mode der napoleonischen Besatzung ist ein Stück gutes Rindfleisch, das sauer mariniert und mit Wein und Wurzelwerk geschmort wird. Nicht zu vergessen **Geflügel**

Handfester Klassiker: Schweinshaxe mit Knödeln

und Wild: ob als Hirschgulasch, Rehragout (mit »gschecklter Milli«, d. h. mit Buttermilch) oder als Gamskeule, ob als **Ganserl** zur Kirchweih und zu Martini erfreuen sie sich größter Beliebtheit.

Würste Die Weißwurst haben wir schon kennengelernt. Die herzhaft mit Majoran gewürzten **Schweinswürstl** werden gebraten oder besser auf Holzkohle gegrillt und mit Sauerkraut und Senf genossen. Die **Gschwollnen**, auch als Wollwürste bezeichnet, bestehen aus feinem Kalbsbrät und besitzen keine Haut; sie werden in der Pfanne gebraten und mit Sauce und Kartoffelsalat serviert. **Regensburger**, dicke, kurze Schinkenwürste, werden nur in Wasser heiß gemacht. Nicht jedermanns Fall ist die **Milzwurst** (aus Kalbsbries und -milz, daher auch »kälberne Briesmilzwurst«), die in dicke Scheiben geschnitten und gebraten wird. **Leoni** heißt in Bayern die Lyoner.

Mehlspeisen Hier hat die Allgäuer Küche ihre große Stunde mit den **Knöpfle** (klein und rund) bzw. **Spätzle / Spatzen** (mehr oder weniger groß und wurmförmig). Traditionell kommen in den Teig, der kaugummiartig zäh sein muss, keine Eier; heute nimmt man doch ein paar Eier aufs Kilo Mehl. Man kann den Teig variieren (z. B. mit Spinat) oder die fertigen Spätzle mit diversen Zutaten kombinieren: zu **Kässpatzen** mit viel geraffeltem Käse (am besten würziger Bergkäse oder je zur Hälfte Emmentaler und Romadur) und braun gebratenen Zwiebeln, oder zu **Krautspatzen** mit Sauerkraut. Die Kombination von (Nudel-)Teig und Kraut gibt's auch als **Krautkrapfen**. Vereint man gekochte Kartoffeln und Mehl, macht man daraus **Schupfnudeln** (Allgäu) und Bauchstecherln bzw. Drahdiwixpfeiferln (Bayern) – gebraten als Beilage oder nur mit einem grünen Salat ein Gedicht.

Süßes Der Ursprung der **Bayerischen Creme**, als Bavarois ein Gericht der französischen Küche, ist unklar; vielleicht wurde sie zu Ehren Isabellas von Bayern so benannt, der Gemahlin des französischen Königs Karl VI. Für sie wird eine Creme aus Eigelb, Zucker und Milch mit Gelatine gefestigt und mit Schlagsahne vermengt; durch Zugabe pürierter Früchte kann sie variiert werden. Für **Dampfnudeln** werden Hefeteigklöße in einem Milch-Fußbad gedämpft (besonders begehrt ist das Ramerl, die karamellig-knusprige Kruste), dazu gibt's Vanillesauce oder ein Dörrobstkompott. Bäckt man die Hefeteigklöße, entstehen **Rohrnudeln**. Schmalzgebackenes ist beliebt, als Schmalznudeln oder **Auszogne**: Für sie wird ein rundes Hefeteigstück so auseinandergezogen, dass es in der Mitte papierdünn ist. Für dem Prinzregenten Luitpold kreierte ein Hofkonditor die **Prinzregententorte**: Sieben (ursprünglich acht) Biskuitschichten – die die Regierungsbezirke symbolisieren – werden mit Schokoladenbuttercreme gefüllt und dick mit Schokolade überzogen. Im ganzen Alpenland schätzt man den **Strudel**, dünn ausgerollter Nudelteig, der mit Äpfeln oder Topfen (Quark) gefüllt wird, im Allgäu auch mit Sauerkraut zu den erwähnten Krautkrapfen. Zur Fasching beliebt sind die altbekannten

Schöne junge Frauen beim Fronleichnamsfest in Gaißach bei Bad Tölz

Krapfen, in heißem Fett ausgebackener Hefeteig, traditionell mit Marmelade gefüllt. Als herbstlicher Genuss ist der saftig-säuerliche **Zwetschgendatschi** zu empfehlen, ein Zwetschgenkuchen aus dünnem Hefeteig; sehr gut dazu ist kalte, leicht gesüßte Schlagsahne.

Das Bier

Bayern und Bier, das gehört zusammen. Bier ist hier ein Grundnahrungsmittel, mit über 200 l pro Kopf (über 16-Jährige) und Jahr liegt Bayern an der Spitze des Verbrauchs in der Bundesrepublik. Auf bayerischem Boden wurde schon in keltisch-römischer Zeit Bier gebraut. Die Erwähnung eines Hopfengartens beim Kloster Freising im Jahre 768 ist das älteste Zeugnis für den Hopfenanbau im Abendland. Im 14. Jh. entwickelten sich größere Brauereien, die meist von Klöstern und Fürstenhöfen betrieben wurden. Zu Beginn der Neuzeit begründeten zwei Ereignisse die Qualität und die führende Stellung des bayerischen Biers: Im 15. Jh. kam die untergärige Brauweise auf, die haltbareres und daher transport- und lagerfähiges Bier ergab, und 1516 erließ Herzog Wilhelm IV. das heute noch gültige Reinheitsgebot, nach dem Bier nur aus Gerste, Hopfen und Wasser hergestellt werden darf. Vorzügliches Bier erzeugen außer den großen Münchner Brauereien eine unübersehbare Zahl von Brauhäusern in Oberbayern und Schwaben, u. a. in den Klöstern Andechs und Reutberg, in Holzkirchen und Tegernsee.

Kleine Bierkunde

Die beiden großen bayerischen Spezialitäten sind das Weißbier und das Helle. Das säuerlich-frische **Weißbier** wird aus Weizen obergärig gebraut und vorzugsweise mit dem vitaminreichen Hefesatz (Hefeweißbier) abgefüllt. Zu den untergärigen Bieren zählen das milde,

süffige **Helle** und das herbere Pils. Liebhaber malziger Aromen greifen zum **dunklen Bier** mit seiner interessanten Balance zwischen leichter Süße und hopfiger Bittere. Alle diese Sorten haben 4,5 – 5 % Alkohol. Klösterlicher Tradition sind die besonders kräftigen **Fastenbiere** zu verdanken (Bock mit über 6 %, Doppelbock über 7 % Alkohol); jede Brauerei hat für sie einen eigenen Namen, der immer auf »ator« endet. Das älteste ist der seit 1634 gebraute Salvator der Münchner Paulaner-Brauerei; der Anstich im Salvatorkeller auf dem Nockherberg in der Fastenzeit ist heute ein großes Medienspektakel. Mit dem **Maibock** erfährt die Biersaison einen Höhepunkt, der besonders vom Münchner Hofbräuhaus zelebriert wird.

Durstlöscher mit Bier

Das **Radler** (Helles mit Zitronenlimo) erfand 1922 der Wirt der Gaststätte Kugler-Alm 15 km südlich von München, als Hunderte von Fahrradausflüglern seinen Biervorrat zu rasch zu dezimieren drohten. Als Kind der Revolution von 1918 gilt der **Russen** (Russn), die Radler-Variante mit Weißbier: Russen hießen im Münchner Volksmund die Anhänger der Räterepublik; bei ihren Zusammenkünften streckten sie das Bier, um länger einen klaren Kopf zu behalten.

Feiertage, Feste und Events

In Bayern werden das ganze Jahr über unzählige traditionelle Feste gefeiert, häufig religiöser Art, immer aber (auch) um sich zu treffen und sich miteinander des Lebens zu freuen. München dominiert die »Kulturszene«, doch glänzt auch die Provinz mit vielen hochkarätigen Veranstaltungen (► S. 92). Ergänzt wird das Programm durch Sport, Stadt- und Kinderfeste und diverse neuzeitliche Events. Die regionalen und örtlichen Tourismusbüros informieren gerne.

TERMINKALENDER

FEIERTAGE

1. Jan.: Neujahr
6. Jan.: Heilige Drei Könige
Karfreitag
Ostermontag
1. Mai: Tag der Arbeit
Christi Himmelfahrt
Pfingstmontag
Fronleichnam
15. Aug.: Mariä Himmelfahrt
3. Okt.: Tag der deutschen Einheit
1. Nov.: Allerheiligen
25./26. Dez.: Weihnachten

FESTE UND EVENTS

▸ Januar

Vierschanzentournee im Skispringen, Oberstdorf / Garmisch-Partenkirchen. Gaißach (Bad Tölz) und Garmisch: Hörnerschlittenrennen. Perchtenlaufen in Bad Reichenhall. Ballonwoche Inzell, Montgolfiade in Bad Wiessee.

▸ Februar

Fasching / Fasnacht, mit Umzügen an vielen Orten. Großes Narren-

Das Mittelalter lebt bei den Kaltenberger Ritterspielen mit prächtigen Turnieren.

treffen in Scheidegg. Taubenmarkt in Wasserburg am Inn.

März
Jazzwoche Burghausen.

April
Georgiritte, u. a. von Stein nach St. Georgen (bei Traunreut) und Tittmoning.

Mai
Aufstellen des Maibaums, an vielen Orten. Oldtimer-Rallye am Rossfeld (Berchtesgaden). Trachtenwallfahrt von Siegsdorf nach Maria Eck. Pfingsten: Fest der Bergknappen in Berchtesgaden. Fronleichnamsprozessionen an vielen Orten. Hofdult in Altötting. Maimarkt in Immenstadt. Bodensee-Festival Lindau.

Juni
13. Juni: Gedenkfeiern zum Tod Ludwigs II., v. a. in Berg am Starnberger See. 24. Juni: Johannis-Bergfeuer, an vielen Orten.

Juli
Trachtenjahrtag Berchtesgaden. Kaltenberg: Ritterspiele. Burghausen: Burgfest. Kinderfeste in Lindau, Isny und Landsberg (Letzteres alle 4 Jahre). Gautrachtenfest des Chiemgaus, an wechselnden Orten. Ulrichsritt auf den Kreuzberg bei Steingaden. Feste am Staffelsee. Bozner Markt in Mittenwald (alle 5 Jahre). Oberstdorf: Berglar-Kirbe auf dem Fellhorn; Wilde-Mändle-Tanz (nächster Termin 2010).

August
Mariä Himmelfahrt (15. Aug.): Viele Wallfahrten, u. a. von Maria Alm übers Steinerne Meer nach St. Bartholomä. Dießen am Ammersee: Fischerstechen. Kocheler Heimattag. König-Ludwig-Feuer in Oberammergau. Kaiserfest Füssen. Allgäuer Festwoche Kempten. Internationales Käsefest in Lindenberg. König-Ludwig-Fest in Oberammergau. Herbstfest in Rosenheim.

Großer Viehscheid in Gunzesried

▸ **September**
Kaltblutfohlenmarkt Rottenbuch. Georgiritt in Ruhpolding. Tegernseer Kulturwoche. Oberlandausstellung in Weilheim. Pferdeschauen im Hauptgestüt Schwaiganger bei Murnau. Münchner Oktoberfest (16 Tage, bis zum ersten Okt.-So.). Viehscheid im Allgäu, Almabtrieb im Berchtesgadener Land. Michaeli-Markt in Immenstadt.

▸ **Oktober**
2. So.: Kolomansfest in Schwangau. 3. So.: Kirchweihfeste überall. Simonmarkt Lindenberg. Ende Okt. Leonhardiritte, u. a. in Fürstenfeldbruck, Roßholzen bei Aschau, Grassau und Unterammergau.

▸ **November**
Um den 6. Nov. Leonhardiritte und -fahrten, u. a. in Benediktbeuern, Bad Tölz, Kreuth, Murnau, Rottenbuch, Schliersee, St. Leonhard am Wonneberg. Korbiniansfest in Freising.

▸ **Dezember**
5./6. Dez.: Krampuslaufen in Bad Reichenhall, Buttmanndllaufen in Berchtesgaden, Klausentreiben im Allgäu. In Berchtesgaden wird an Weihnachten und Silvester das Christkind bzw. das neue Jahr mit Böllerschießen begrüßt. Adventssingen und Christkindlmärkte in vielen Orten.

Geld

Öffnungszeiten Die Filialen von Banken und Sparkassen sind unterschiedlich geöffnet, als Kernzeit kann 8.30–12.30, 14.00–16.00, Do. bis 18.00 Uhr gelten. An den Geldautomaten kann man mit Bank- oder Kreditkarte und Geheimnummer rund um die Uhr Geld abheben.

Bank- und Kreditkarten Die meisten Hotels, Restaurants und Geschäfte akzeptieren die Bank-(Maestro-)Karte, mit Kreditkarten kann man eher nur in größeren Betrieben bezahlen. Einen Verlust von Bank- oder Kreditkarte meldet man bei seinem Geldinstitut oder bei den jeweiligen Zentralen. Dafür sind unbedingt vor der Reise Kartennummer, Kontonummer und Bankleitzahl zu notieren.

i Geldkarte verloren?

- BankCard Tel. 116 116
- MasterCard Tel. 0800 819 10 40
- Visa Karte Tel. 0800 811 84 40

Gesundheit

Apotheken

Die Öffnungszeiten der Apotheken sind unterschiedlich, als Kernzeit kann Mo.–Fr. 8.30–12.30, 14.00–18.00, Sa. 8.30–13.00 Uhr gelten. Am Eingang jeder Apotheke ist die nächstgelegene Apotheke mit Nacht- und Sonntagsdienst genannt.

Gesundheitsvorsorge

In größeren Höhen ist die Sonneneinstrahlung besonders intensiv – auch bei bedecktem Himmel! –, weshalb man auf guten Schutz achten sollte. Wer sich ausgiebig in freier Natur aufhalten möchte, sollte über eine wirksame Tetanus-Impfung (maximal 8 Jahre alt) verfügen und sich über die Zeckengefahr informieren; bei hoher Gefährdung ist eine Impfung gegen FSME in Betracht zu ziehen.

Mit Kindern unterwegs

Ferienregion für Kinder

Viel wunderbare Natur, Berge und Seen sind die großen Attraktionen im südlichen Bayern, und für Kinder gibt es kaum etwas Schöneres, als mit Papi und Mami auf Tour zu gehen, auf der Wiese und im Stall Entdeckungen zu machen oder am Wasser zu tollen. Entsprechend gut und umfangreich sind die Angebote für Familien, von den »Ferien auf dem Bauernhof« (►S. 104) über die Berghütten des DAV (► S. 110) bis hin zu feinen Hotels. Viele Orte bieten Kinderprogramme unterschiedlichster Art an, wie Reiten, Brotbacken, Spielnachmittage, Naturführungen und Kletterkurse.

Erlebnisse für Kinder

In München sind – neben einigen Kinos und Theatern, die Kinderprogramme bieten – der Tierpark Hellabrunn, das Deutsche Museum (mit Verkehrszentrum und Flugwerft Schleißheim), das BWM-Museum, die Bavaria-Filmtour und ein Ausflug zum Flughafen die großen Attraktionen. Auch das Paläontologische Museum und das Deutsche Jagd- und Fischereimuseum zeigen interessante Dinge. Ein schönes Erlebnis ist immer der Besuch eines der Bauernhofmuseen (Amerang nördlich des Chiemsees, Illerbeuren bei Memmingen, Jexhof bei Fürstenfeldbruck, Glentleiten am Kochelsee). Pferdefreunde finden viele Möglichkeiten zum Reiten, ein Schmankerl wäre ein Besuch des Hauptgestüts Schwaiganger bei Murnau (im September werden dort große Pferdeparaden veranstaltet). Großen Spaß macht das Schlittenfahren, im Winter auf einem der vielen Rodelwege oder im Sommer auf einer Stahlbahn. Im Allgäu liegen bzw. von dort für einen Tagesausflug gut zu erreichen sind der Freizeitpark Illerparadies (bei Kempten), der Skyline-Park an der A 96 nahe Bad Wörishofen, das Legoland Günzburg und das Ravensburger Spieleland (Meckenbeuren bei Ravensburg).

Konzert und Theater

Die herrlichen Klöster, Kirchen und Schlösser sind geradezu prädestiniert für kulturelle Ereignisse aller Art. Wohl der berühmteste Theaterort der Welt ist Oberammergau mit seinen Passionsspielen, aber auch an anderen Orten hat das Volkstheater eine lange, lebendige Tradition, wie in Kiefersfelden, Altusried, Schliersee oder Flintsbach. Ein riesiges Programm das ganze Jahr über bietet die Landeshauptstadt München. Sehr beliebt und frequentiert sind natürlich auch die diversen Freilichtevents, etwa am Chiemsee, in München im Olympiapark oder in Kempten auf der Burghalde.

ORTE, TERMINE, VERANSTALTER

KONZERTORTE

Schloss Amerang
Konzerte (Klassik, Jazz, Volksmusik; ganzjährig)

Kloster Andechs
Klassik, »Orff in Andechs« (Mai – Dez.)

Baad
Internationales Alphorn-Festival (Sept.)

Benediktbeuern
Konzerte in Basilika und Festsaal

Burghausen
Internationale Jazzwoche (März)

Chiemsee
Herrenchiemsee (»Festival unter Sternen«, Juni; Festspiele, Juli)
Steinbruch Rohrdorf (populäre Klassik)
Chiemsee Reggae Summer in Übersee (Aug.)

Dachau
Schlosskonzerte

Dießen
Konzerte im Marienmünster

Fürstenfeldbruck
Konzerte in der Basilika

Füssen
Fürstensaalkonzerte (Juni – Sept.)

Garmisch-Partenkirchen
Richard-Strauss-Tage (Juli), Kultursommer (Aug./Sept.)

Kempten
Jazz-Frühling (April/Mai)
APC-Sommer (Juni – Sept.)

Kreuth
Oleg-Kagan-Musikfest (Juli)

Landsberg
Orgelsommer

Marktoberdorf
Kammerchor-Wettbewerb (Pfingsten, ungerade Jahre)
Musica Sacra International (Anf. Juni), Jugend jazzt (Dez.)

München
►S. 260

Schloss Neuschwanstein
Klassikkonzerte (Sept.)

Oberammergau
Opern im Passionsspielhaus (Juli – Sept.)

Oberaudorf
Reisacher Musiktage (Juni)

Oberstdorf
Musiksommer (Klassik, Juli/Aug.)

Polling
Konzerte in der Klosterbibliothek

Starnberg
Musiktage (April)

Tutzing
Brahms-Tage (Nov.)

Steingaden
Konzerte im Welfenmünster und in der Wieskirche

KONZERTREIHEN

Musiksommer Loisachtal
Waldhauser Str. 1, Beuerberg
Tel. (0 81 79) 87 25
www.musiksommerloisachtal.de
Konzerte u. a. in Beuerberg, Fischbach, Benediktbeuern, Habach und Bad Tölz.

Musik im Pfaffenwinkel
Weinstraße 20, 86956 Schongau
Tel. (0 88 61) 93 58-0
www.musik-im-pfaffenwinkel.de
Konzerte in Steingaden (Welfenmünster und Wieskirche), Polling und Wessobrunn.

Musiksommer zwischen Inn und Salzach
Landratsamt Traunstein
83276 Traunstein
Telefon (08 61) 5 83 24
www.musiksommer.info
Viele Orte, u. a. Amerang, Fraueninsel, Seeon, Laufen, Höglwörth.

VOLKS- UND FREILICHT-THEATER

Altusried
Allgäuer Freilichtbühne
Tel. (0 83 73) 299-0
Berchtesgaden
Bauerntheater
Tel. (0 86 52) 28 58
Chiemgauer Volkstheater
(Tourneebühne)
Tel. (0 80 38) 69 98 81
Flintsbach
Komödienstadel
Tel. (0 80 34) 83 33
Kiefersfelden
Volkstheater
Tel. (0 80 33) 97 65 45
Mittenwald
Bauerntheater
Tel. (0 88 23) 12 31
Oberammergau
Passionsspiele (alle 10 Jahre)
Schliersee
Bauerntheater
Tel. (0 80 26) 47 07

Kur und Wellness

Alles für die Gesundheit

Heilbäder und Kurorte – im Gebiet dieses Führers sind es 25, ohne die vielen Luftkurorte – helfen mit modernen Einrichtungen, qualifiziertem Personal und den Gaben der Natur, Krankheiten und Verletzungen zu kurieren oder einfach etwas für die Gesundheit zu tun. Insbesondere rheumatische Beschwerden, Herz-Kreislauf-Probleme, Magen-Darm-Krankheiten, Stoffwechselprobleme, Atemwegserkrankungen und seelische Probleme können hier erfolgreich angegangen werden. Dazu werden klassische Anwendungen wie Moor und Fango, Trink- und Badekuren, Kneipp- und Schroth-Kuren mit Therapieformen wie Autogenes Training kombiniert. In Zeiten von Well- und Fitness gibt es darüber hinaus kaum ein größeres Hotel, das nicht eine Reihe entsprechender Angebote im Programm hätte, von Ayurveda über Heupackungen und diverse Diäten bis zur Thalasso-Therapie. Außer den regionalen und örtlichen Tourismusverbänden und -büros informiert der Bayerische Heilbäder-Verband, Postfach 1063, 94066 Bad Füssing, Tel. (0 85 31) 97 55 90 über alle Orte, Angebote und die formellen Bedingungen für eine Kur.

Literaturempfehlungen

Land und Leute

Robert Roßmann (Hrsg.): Mythos Bayern. München 2004. Eine facetten- und faktenreiche Landeskunde. Ebenso liebevoll wie ironisch wird der »bayerische« Charakter erkundet.

Georg Queri: Kraftbayrisch. Wörterbuch der erotischen und skatologischen Redensarten der Altbayern (1912). dtv, München 1981. Für seine Einblicke in die Abgründe der bayerischen Volksseele wurde dem Journalisten (erfolglos) der Prozess gemacht.

Johann Lachner: 999 Worte Bayrisch. Eine kleine Sprachlehre für Zugereiste, Fremde, Ausländer und Eingeborene. München o. J. (um 1930). Immer noch der Klassiker unter den Bairisch-Lehrbüchern: zuverlässige Sprachwissenschaft und heitere Volkskunde in einem.

Rudolph Moshammer: Mein geliebtes München. München 2002. Als »Mosi«, skurriler Herrenausstatter, Ludwig-II.-Reinkarnation und Patron der Münchner Obdachlosen, 2005 zu Tode kam, trauerte die ganze Stadt.

Rupert Hacker: Ludwig II. in Augenzeugenberichten. München 1986
Hans Nöhbauer: Auf den Spuren Ludwigs II. München 1995
Zwei sehr informative Bücher für alle, die mehr über den Märchenkönig, seine Seelenwelt und seine Realität wissen wollen.

Katharina Adler: Lebenslandschaft Allgäu. Eggingen 2000. Eine Liebeserklärung an die »Heimat« und das Allgäu, ohne Verklärung und Mythos (Bild-Text-Band).

Literarisches

Lena Christ: Erinnerungen einer Überflüssigen (1912). Rumplhanni (1916). Leben »ganz unten« im Bayern des 19. Jh.s, bewegend und voller Sprachkraft geschildert.

Carl Amery: Die Wallfahrer. München 1987. Der urbayerische Linkskatholik und konservative Rebell über die unheilige Allianz zwischen klerikalen Organisationen und Politik in Bayern.

Oskar Maria Graf: Das bayerische Dekameron (1928, viele Ausgaben). Boshaft-frivole Schwänke um das ewige Thema Nummer eins.

Ludwig Thoma: Lausbubengeschichten (1905). Moral (1909). Jozef Filsers Briefwexel (1912). Drei unsterbliche bayerische Klassiker. Der »Briefwexel« ist allerdings schon für Bayern schwer zu lesen.

Nicola Förg: Schussfahrt. Köln 2003. Einer der besten aus der wachsenden Reihe von »Allgäu-Krimis«, Heimatkunde einmal anders.

Medien

Radio

Bayern wird – außer von privaten Sendern wie Antenne Bayern und Radio Charivari – vom Bayerischen Rundfunk versorgt. Bayern 1 bringt Regionales und Volkstümliches, Bayern 2 Radio ist der Feuilleton-Kanal mit interessanten Berichten und Magazinen, Bayern 3 der

»junge« Sender mit Popmusik; Bayern 4 spielt klassische Musik, Bayern 5 bringt Nachrichten. Alle strahlen Verkehrsmeldungen aus, am aktuellsten sind Bayern 3 und Bayern 5.

Zeitungen

Alle Zeitungen bringen, vor allem zum Wochenende, Informationen wie Kinoprogramme, Veranstaltungshinweise und Ausflugstipps. In München erscheinen die Süddeutsche Zeitung, die bedeutendste überregionale Zeitung Deutschlands, und der regional orientierte Münchner Merkur. Beide haben ihre Münchner Boulevard-Ableger (Abendzeitung, tz) und Regionalausgaben für praktisch das ganze südliche Oberbayern. Im Allgäu beherrscht die zur Augsburger Allgemeinen gehörende Allgäuer Zeitung (Sitz in Kempten) mit ihren lokalen Ausgaben (»Heimatzeitungen«) die Szene. Die Lindauer Zeitung gehört zur Schwäbischen Zeitung (Leutkirch).

Museen

Besuch

Ein Großteil der Museen legt den Ruhetag auf Montag. Viele Einrichtungen in kleinen Orten schließen außerhalb der Hauptreisezeiten oder sind dann nur am Wochenende geöffnet. Kinder, Schüler, Studenten, Arbeitslose und Senioren bekommen meist Ermäßigung. OberbayernCard ►S. 96.

Infopoint München

Die ganze Fülle der Museen in Bayern erschließt der Infopoint in München, der von der Landesstelle für die nichtstaatlichen Museen in Bayern zusammen mit den großen staatlichen Einrichtungen unterhalten wird. Hier bekommt man Infos und Tipps aller Art. Infopoint Museen & Schlösser, Alter Hof 1, 80331 München, Tel. (089) 21 01 40-0, www.museen-in-bayern.de.

Notrufe

▶ **Polizei**
Tel. 110

▶ **Notarzt / Feuerwehr**
Tel. 112

▶ **Bergrettung**
Mobiltelefon 112
Festnetz Tel. 1 92 22

▶ **ADAC-Pannendienst**
Tel. 01802 22 22 22
Vom Mobiltelefon ohne Vorwahl.

▶ **ACE-Pannendienst**
Tel. 01802 34 35 36

▶ **AvD-Pannendienst**
Tel. 01802 16 25 16

Post und Telekommunikation

Öffnungszeiten Die Filialen der Deutschen Post haben unterschiedliche Öffnungszeiten, als Kernzeit kann 8.30 – 12.00, 14.00 – 17.00, Sa. 9.00 – 12.00 Uhr gelten. Nur in großen Städten und auf dem Münchner Flughafen gibt es Filialen, die durchgehend bzw. länger geöffnet sind.

Telefonieren Öffentliche Telefone sind fast ausschließlich mit Karten nützbar. Das Mobilnetz ist zwar gut ausgebaut, dennoch kann es in engen Tälern und abgelegenen Regionen der Alpen zu Funklöchern kommen.

Internet Viele Hotels bieten einen Internet-Zugang über einen Anschluss oder einen Hotspot an. Außer in München sind die Cafés, in denen man gegen Gebühr surfen und E-Mails schreiben kann, dünn gesät. Eine Liste ist unter www.worldofinternetcafes.de zu finden.

Preise und Vergünstigungen

Essen Bewährte Einheiten für den Vergleich sind die Preise für die »Grundnahrungsmittel« Schweinsbraten und Bier. In einer normalen, guten Wirtschaft kostet ein Schweinsbraten mit Knödel und Krautsalat um die 8 €, die Halbe Bier 3 – 4 €; touristische oder szenige Etablissements verlangen da gerne 12 – 14 bzw. 4,50 € und mehr. Man muss dazu sagen, dass der Schweinsbraten immer der (teils bei weitem) billigste Hauptgang ist. Das gilt auch für München und seinen Speckgürtel; hier sind die Preise im Allgemeinen ein wenig höher, jedoch keineswegs in dem vielleicht erwarteten Maß.

Oberbayern Card Inhaber dieser vom Tourismusverband Oberbayern herausgegebenen Chipkarte erhalten für über 100 touristische Einrichtungen und Angebote Ermäßigung, wie Bergbahnen, Führungen, Bäder, Museen, Theater, Schiffsfahrten, kulturelle Veranstaltungen u. v. m.; ausgenommen sind jedoch die staatlichen Schlösser – d. h. auch Attraktio-

WAS KOSTET WIE VIEL?

Einfaches Doppelzimmer
ab 40 €

Einfache Mahlzeit
ab 5 €

Drei-Gänge-Menü
ab 20 €

0,2 l Wein
3 – 6 €

1 Tasse Kaffee
1,50 – 2 €

nen wie Neuschwanstein, Linderhof und Herrenchiemsee – und die Schiffe der Bayerische Seenschifffahrt (Starnberger See, Ammersee, Tegernsee, Königssee). Es gibt sie in drei Versionen: 3 bzw. 5 frei wählbare Tage in 2 Wochen, 6 Tage im Jahr. Ein kleiner Marco-Polo-Reiseführer verzeichnet alle teilnehmenden Betriebe. Zu bekommen ist die Oberbayern Card in den Tourismusbüros.

Allgäu-Walser-Card

Die kostenlose Gästekarte des Oberallgäus und des Kleinwalsertals (Oberstdorf gibt eine Spezialversion heraus) umfasst eine große Zahl von Gratisleistungen und Ermäßigungen, u. a. auch für Parkplätze. Zu bekommen direkt bei den Gastgebern.

Übernachten

► dort

Bahnfahren

►Verkehr

Reisezeit

Ein Ziel für alle Jahreszeiten

Das südliche Bayern hat fast immer Saison. Im Frühling, wenn frisches Grün das Land überzieht und das Wetter einigermaßen sonnig ist, kann man im Vorland wandern und Rad fahren, besonders schön ist die Obstblüte Anfang Mai am Bodensee und bei Bad Feilnbach. Im Juni wird es auch in höheren Lagen Frühling. Für hochalpine Bergwanderungen muss man jedoch bis in den Sommer (Juli) warten; die beste Zeit ist August bis Oktober. Die Monate Juli – September sind natürlich Hauptreise- und Ferienzeit, an den Seen und in den Tälern wird es dann ziemlich turbulent. Die Herbstwochen ab Mitte / Ende September eignen sich mit beständigem Wetter, guter Fernsicht und zauberhaften Farben wieder besonders für Wander- und Radtouren. Die Wintersaison dauert von Weihnachten bis März, als schneesicherster Monat in den bayerischen Alpen gilt der Februar. In der Zwischensaison, den vom Wetter benachteiligten Wochen zwischen Ende Februar und Ostern sowie zwischen Ende Okt. und Weihnachten, ist es besonders ruhig; viele Hotels bieten preiswerte Pauschalen an, ideal für Menschen, die ausspannen und etwas für die Gesundheit tun wollen.

Shopping

Trachten

Das schönste (und teuerste), was man aus einem Oberbayernurlaub mitbringen kann, ist ein Trachtenanzug oder eine Kombination von **Lodenjoppe** und **Lederhose** (als Kniebundhose oder Kurze) bzw. ein

! Baedeker TIPP

Königliche Krawatten

Wer ein »bayerisches«, aber feineres, geschmackvolles Mitbringsel sucht, wird in den Läden der Schlösser und Museen zur bayerischen Geschichte fündig, z. B. in der Residenz oder im Bayerischen Nationalmuseum in München.

einfaches oder festliches **Dirndl**. Allerdings ist nun wirklich nicht jeder der Typ für ein alpenländisches Outfit, und außerhalb Bayerns wirkt man damit ziemlich exotisch. Wer trotzdem etwas in dieser Richtung sucht, fährt gut mit einem bayerisch angehauchten Lodenmantel/-janker oder einem vereinfachten Dirndl. Man sollte beim Einkauf aber darauf hinweisen, dass man keine »Landhausmode« sucht – die hat mit Tracht nichts zu tun. In München haben die Kaufhäuser Trachtenabteilungen, daneben gibt es, wie fast in allen größeren Orten, Spezialgeschäfte. Wer es besonders edel haben will, kann sich nach Maß eine handbestickte Lederhose oder ein Dirndl anfertigen lassen.

Kunsthandwerk Oberammergau ist für seine Holzschnitzereien berühmt, Dießen für seine Gegenstände aus Zinn und Keramik. In Murnau kann man Hinterglasmalerei erstehen, wunderbar bemalte Puppen und filigrane Spanschachteln gibt es in Berchtesgaden (»Berchtesgadener War«).

Kulinarisches Geistreiche Spezialitäten sind der echte Enzian aus Berchtesgaden und der mehr oder weniger alkoholische Likör aus Ettal. Gute Obstschnäpse werden am Bodensee und in Bad Feilnbach gemacht. Sehr kurzlebig, aber für die Freunde zu Hause interessant wären ein paar Flaschen dunkler Doppelbock aus Andechs. Die Sennereien verpacken ihren herrlichen Rohmilchkäse auch gerne unter Vakuum.

Sport & Fun

Urlaub in den bayerischen Alpen und ihrem Vorland, das heißt in erster Linie mehr oder weniger sportliche Betätigung in schönster Landschaft. Ob man es gemütlich angehen lassen oder sich so richtig austoben will, den Möglichkeiten sind praktisch keine Grenzen gesetzt. Wandern und Radfahren, Klettern und Skifahren, Windsurfen und Paragliding, Golfen und Reiten sind nur die wichtigsten. Die regionalen und lokalen Tourismusbüros geben Auskunft über das riesige Angebot und die vielen Veranstalter.

Zuschauersport Fußballfans lassen einen Besuch der **AllianzArena** in München-Fröttmaning nicht aus, in der die Clubs FC Bayern und TSV 1860 ihre Matches austragen. Auf der **Pferderennbahn** in München-Riem treffen sich nicht nur passionierte Wetter. Den **Eishockey** dominierten viele Jahrzehnte die Vereine SC Riessersee, EC Bad Tölz, EV Füssen (heute Bundesleistungszentrum) und SB Rosenheim; auch wenn sie

nicht mehr in der Bundesliga spielen, sind sie immer für spannende Kämpfe gut. Die Wettbewerbe im **Alpinskilauf**, im **Langlauf/Biathlon** und im **Skispringen** (v. a. in Oberstdorf und Garmisch-Partenkirchen bei der Vierschanzentournee) sind große Events. Die Hochburg des Eisschnelllaufs ist Inzell, Oberstdorf ist das Bundesleistungszentrum für den Eiskunstlauf.

Angeln

Das südliche Bayern verfügt über fischreiche Bäche und Flüsse, Weiher und Seen. Zum Angeln benötigt man den staatlichen Fischereischein und einen Erlaubnisschein für das Fischwasser, den man meist bei den Tourismusbüros erhält. Diese informieren auch über Fischbestände, Fangzeiten und weitere Vorschriften.

Badeseen

Viele idyllische Weiher und Seen laden in Oberbayern und im Allgäu zum Bade. Allein über 100 Gewässer werden vom Bayerischen Landesamt für Gesundheit nach EU-Richtlinien überwacht, die nicht nur sauberes Wasser verlangen, sondern auch freie Zufahrt und Parkplätze, sanitäre Einrichtungen, Kioske / Geschäfte, Überwachung durch Rettungsschwimmer und Erste-Hilfe-Stationen. Badeplätze sind in den Topographischen Karten (►S. 108) verzeichnet.

Baden in Flüssen

Trotz (bzw., bei sommerlicher Hitze, wegen) der niedrigen Wassertemperatur sind auch die Flüsse beliebte Badeplätze. Zwar hat sich die Wasserqualität stark verbessert, viele Flussabschnitte wurden auch wieder zu naturnahen Lebensräumen für Pflanzen und Tiere; doch schwankt die Wasserqualität, und Badeverbote sollten beachtet werden. Besser ist die Situation an der Isar aufgrund der natürlichen Verhältnisse und der strikten Abwasserreinigung. Ein erhöhtes Infektionsrisiko besteht hier v. a. nach starken Regenfällen.

Ballonfahren

Über den Allgäuer Bergen, den Königsschlössern oder dem Fünf-Seen-Land zu schweben, ist immer ein eindrückliches Erlebnis. Zwischen Lindau und Berchtesgaden gibt es eine große Zahl von Veranstaltern. Einige bewährte Adressen: Bavaria Ballonfahrten, 87637 Seeg, Tel. (0 83 64) 98 60 68, www.bavaria-ballon.de; Ballonsport Alpin, 87527 Sonthofen, Tel. (0 83 21) 70 91, www.ballonsport-alpin.de; Jonathan Ballooning, 83339 Chieming, Tel. (0 86 64) 92 76 13, www.jonathan-ballooning.de.

Bergsport

►Wandern und Klettern

Drachen- und Gleitschirmfliegen

Insbesondere die Berge am Nordrand der Alpen bieten herrlichste Flugmöglichkeiten, und die meisten sind mit Seilbahnen zu erreichen. Die beliebtesten Startberge, von West nach Ost: Hochgrat (Oberstaufen), Breitenberg (Pfronten), Tegelberg (Schwangau), Wank u. a. (Garmisch-Partenkirchen), Jochberg (Kochel), Brauneck (Lenggries), Wallberg (Rottach-Egern), Wendelstein (Bayrischzell), Hochries (Samerberg-Grainbach), Kampenwand (Aschau), Rausch-

berg (Ruhpolding). Wer einmal als Passagier Herzklopfen bekommen oder es selber lernen will, kann unter einer ganzen Reihe von Veranstaltern und Schulen wählen. Info: Deutscher Hängegleiterverband.

Motor- und Segelflug Von Lindau-Wildberg, Kempten-Durach, Bad Wörishofen, Jesenwang, Unterwössen und Salzburg aus kann man sich die Pracht, von den Seen über die Königsschlösser bis zur Zugspitze, von oben ansehen, auch im gecharterten Flieger oder als Passagier (► S. 103).

Floßfahrten Auf der Isar fahren Flöße zwischen Anfang Mai und Mitte September (Näheres ►Wolfrathausen). Wochenendtermine sind oft über Monate hinweg ausgebucht, Chancen für ein kurzfristiges Floßvergnügen bestehen unter der Woche. Vermietet werden im Allgemeinen nur ganze Flöße.

Etwas für Naturfreunde ist die geruhsame Fahrt durch das malerische Landschaftsschutzgebiet an der oberen Alz von Seebruck nach Truchtlaching, zwischen Anfang Juli und Anfang Oktober. Vermietet werden nur ganze Flöße (bis 30 bzw. 60 Personen).

Golf In traumhaft schöner Landschaft zu spielen macht doppelt Spaß. Im Alpenvorland, in den Bergtälern, ja selbst auf verschneiten Bergplateaus gibt es eine große Zahl schöner Plätze; eine Übersicht vermittelt das Golf-Journal Spezial von Bayern Tourismus Marketing, die »40 schönsten« stellt der GolfGuide Bayern vor (BLV, München 2005). Im Allgäu haben sich einige Golfclubs und Hotels zur »Golfregion Allgäu« mit einem Golfpass zusammengeschlossen.

Radfahren Das südliche Bayern bietet für jeden Geschmack das richtige Gelände, von gemütlichen Genusstouren bis zu schweißtreibenden Bergstrecken. Für Radurlauber ist hervorragend gesorgt. Der Allgemeine Deutsche Fahrradclub (ADFC) zertifiziert radlerfreundliche Hotels und Gasthäuser (»Bett & Bike«, Verzeichnis beim ADFC) und gibt viele wichtige Tipps rund ums Radeln, die regionalen und örtlichen Tourismusbüros informieren über schöne Routen. Fahrräder kann man in nahezu allen Ferienorten mieten, die DB unterhält Vermietstationen in Bayrischzell, Dießen, Bad Endorf, Garmisch-Partenkirchen, Holzkirchen, Kochel, Lenggries, München, Murnau, Prien, Bad Reichenhall und Tegernsee (Info Tel. 01805 99 66 33).

Fernradwege ► Die landschaftlichen und kulturellen Schätze lassen sich auf Fernrouten »er-fahren«: Bodensee-Königssee-Radweg (Lindau – Berchtesgaden, 415 km, www.bodensee-koenigssee-radweg.de), Allgäu-Radweg (Isny – Schongau, ca. 120 km), Ammer-Amper-Radweg (Oberammergau – Moosburg, 115 km), Ammersee-Radweg (100 km, Bad Wörishofen – München), Radlring München (170 km rund um die Landeshauptstadt), Isar-Radweg (Mittenwald – Moosburg, ca. 190 km; bis Niederalteich 300 km), Inn-Radweg (von Kiefersfelden bis Marktl ca. 150 km, bis Passau 250 km) und andere mehr. Der **Benediktweg** folgt als von Altötting ausgehender Rundweg den Spuren

Wenn man erst einmal in der Luft ist … (Am Wallberg beim Tegernsee)

von Papst Benedikt XVI. im Südosten Oberbayerns (248 km; siehe auch Touren, S. 122). Informationen gibt das »Bayernnetz für Radler« (www.bayerninfo.de/radler), bei dem auch eine Übersichtskarte und ein Tourenplaner erhältlich sind. Radkarten und Radtourenführer zu jeder Gegend gibt es im Buch- und Zeitschriftenhandel der Touristenorte.

Reiten

Gelegenheit zum Reiten gibt es an vielen Orten, für Reitferien wie für gelegentliche Ausritte, mit dem eigenen oder einem gemieteten Pferd. Über die Angebote, z. B. für Kinder, informiert außer den Tourismusbüros der Bayerische Reit- und Fahrverband.

Segeln und Windsurfen

Die große Zahl von kleineren und größeren Seen sind hervorragende Reviere für Segler und Windsurfer. Bei Letzteren genießt der Walchensee wegen seiner Windverhältnisse einen besonderen Ruf. Schulen und Boots- bzw. Board-Verleihe gibt es fast überall. Berüchtigt ist der plötzliche **Wetterumschwung** aufgrund der Nähe zu den Bergen; die Sturmwarnung ist unbedingt zu beachten: 40 Blitze / Min.: Vorwarnung, starke Böen möglich, Wetter beobachten; 90 Blitze / Min.: unmittelbare Sturmgefahr, See sofort verlassen.

Wildwasserfahren

Die Flüsse in den bayerischen Alpen – Iller, Ostrach, Loisach, Partnach, Isar, Tiroler Achen etc. –, aber auch Strecken im Vorland (vor allem die Ammerschlucht) stellen ausgezeichnete Betätigungsfelder für Kajak- und Schlauchbootabenteurer. Informationen gibt G. Burghart, Kanu-Wanderführer für Bayern, herausgegeben vom Deutschen Kanuverband.

Wandern

►Wandern und Klettern

Wintersport Der größte und bekannteste Wintersportort im **Allgäu** ist Oberstdorf mit dem Nebelhorn (Talabfahrt 7,5 km!) und Fellhorn/Kanzelwand, zur Abwechslung geht man ins Kleinwalsertal. Oberstaufen besitzt ein gutes Skigebiet an Hündle und Hochgrat. Beide Orte haben auch in puncto Après-Ski einen Ruf. Die weiteren Areale – v. a. Hindelang-Oberjoch, Balderschwang, Fischen, Grünten und Pfronten/Nesselwang (Breitenberg) – eignen sich gut für Familienferien. Langläufer finden im Allgäu ein vorzügliches Revier: Oberstdorf im Illertal mit Loipen zwischen Sonthofen und Spielmannsau, Superloipe Alpsee – Waldsee (Oberstaufen), Balderschwanger Tal, Hintersteiner Tal, Grüntensee u. a. m. In **Oberbayern** konzentrieren sich die Abfahrtspisten in vier Gruppen: Garmisch-Partenkirchen/Mittenwald mit der Zugspitze, das Oberland zwischen Lenggries und dem Wendelstein, Chiemgau mit Reit im Winkl, Berchtesgadener Land. Die beiden Ersteren genießen das »Privileg«, von München aus mit Auto oder Zug in etwa 1 Std. erreichbar zu sein, weshalb sie an Wochenenden meist rappelvoll sind (wegen der großen Kapazitäten ist's unter der Woche umso angenehmer). Auf dem Zugspitzplatt dauert die Saison von Nov. bis Mai. Die Kandahar in Garmisch, die Karwendel-Abfahrt in Mittenwald und die Laber-Abfahrt in Oberammergau gelten als die knackigsten Pisten des Landes. Brauneck (Lenggries), Wallberg (Tegernsee), Spitzingsee und Sudelfeld/Wendelstein (Bayrischzell), die Reviere des Oberlands, bieten für alle Ansprüche etwas; bei Reit im Winkl im Chiemgau fühlen sich auf Winklmoosalm und Steinplatte v. a. Genussfahrer wohl. Das prächtige Berchtesgadener Land ist mit Alpinpisten bemerkenswert schlecht versorgt, dafür gilt der Jenner als Skiberg für Könner. Die langen, idyllischen Täler Oberbayerns erfüllen alle Wünsche von Langläufern, hier nur einige

Schneeschuhwandern erfreut sich zunehmender Beliebtheit.

Highlights: Graswangtal (Ettal/Linderhof) und Ammertal (Oberammergau), Isar- und Loisachtal, Jachenau (bei Lenggries), Weißachtal (Kreuth), 40 km lange Chiemgau-Marathonloipe zwischen Inzell und Reit im Winkl. Die gemütlichen oder rasanten Rodelbahnen, die es in großer Zahl gibt, finden immer mehr Zuspruch, und auf den vielen Seen und Weihern frönt man dem Eisstockschießen.

INFORMATIONEN SPORT & FUN

FLOSSFAHRTEN

► **Isar**
Michael Angermaier
Kalkofenstr. 12 a
83646 Arzbach
Tel. (0 80 42) 12 20
www.isarflossfahrten.de

Josef Seitner
Lindenweg 1
82515 Wolfratshausen
Tel. (0 81 71) 7 85 18
www.flossfahrt.de

F. & S. Seitner, Heideweg 8
82515 Wolfratshausen
Tel. (0 81 71) 1 83 20
www.flossfahren.de

IPS München Events
Gautinger Str. 49, 82061 München
Tel. (0 89) 8 71 23 99
www.isarflossfahrt.de

► **Einzelbuchungen Isar**
Schrall Event
Tel. 0800 9 12 91 19
www.schrall.com

Freizeit Spezial Hinreiner
Tel. (0 80 62) 42 96

► **Alz**
Georg Niedermaier
Chiemseestr. 12
83376 Truchtlaching
Tel. (0 86 67) 5 08
www.alzflossfahrt.de

FLUGSPORT

► **Luftsportverband Bayern**
Prinzregentenstr. 120
81677 München
Tel. (0 89) 45 50 32-0

► **Deutscher Hängegleiterverband**
Postfach 88, 83701 Gmund
Tel. (0 80 22) 96 75-0
www.dhv.de

► **Deutsche Alpensegelflugschule**
Windseestr. 45
83246 Unterwössen
Tel. (0 86 41) 69 87 87
www.dassu.de

► **Rundflüge**
Lindau-Wildberg:
Franz Schnell, Tel. (0 83 89) 2 71
Kempten-Durach:
Deutscher Alpenflug
Tel. (08 31) 6 59 29
Bad Wörishofen:
ClassicWings-Bavaria
Tel. 0174 34 18
Jesenwang:
Air Charter Tel. (0 81 46) 9 41 70
Salzburg:
Airlink Tel. (0043 / 662) 85 08 63-0

GOLF

► **Bayerischer Golfverband**
Georg-Brauchle-Ring 93
80991 München
Tel. (0 89) 15 70 22 31
www.bayerischer-golfverband.de

RADFAHREN

▸ **Bayernnetz für Radler**
www.bayerninfo.de

▸ **ADFC Bayern**
Landwehrstr. 16, 80336 München
Tel. (0 89) 55 35 75
www.adfc-bayern.de

REITEN

▸ **Bayerischer Reit- und Fahrverband e. V.**
Landshamer Str. 11
81929 München
Tel. (0 89) 92 69 67-250
www.brfv.de

Übernachten

Hotels und Gasthöfe Das Angebot an Nächtigungs- und Wohnmöglichkeiten lässt keine Wünsche offen, vom schlichten Landgasthof bis zum Fünf-Sterne-Wellness-Verwöhn-Hotel. Wie in allen Feriengebieten schwanken die Preise mit den Reisezeiten. Häufig wird für eine Übernachtung ein Aufschlag verlangt oder umgekehrt ab drei Übernachtungen ein Nachlass gewährt. Viele Betriebe bieten preisgünstige Pauschalarrangements in Verbindung mit Gesundheits-, Sport- oder Kulturprogrammen. Beachten: Zu Zeiten des Oktoberfests und während der Großmessen in München verlangen die Hotels im Großraum München, aber auch im Fünf-Seen-Land, deutlich höhere Preise.

Ferienwohnungen und Privatzimmer Sehr beliebt und groß ist das Angebot an preiswerten Ferienwohnungen und Privatzimmern, die Häuser werden in den Broschüren der Tourismusbüros vorgestellt. Frühzeitige Anmeldung ist immer ratsam, besonders aber für die Ferienzeiten.

Kurtaxe In den Kurorten kommt zum Übernachtungspreis eine Kurtaxe hinzu, aus deren Erlös allgemeine Einrichtungen wie Bibliotheken, Wanderwege und Buslinien unterhalten werden, die ggf. für Inhaber der Gästekarte gratis oder zu ermäßigten Preisen zu benutzen sind.

Jugendherbergen Die deutschen Jugendherbergen bieten nicht nur preiswerte Übernachtung, sondern auch ein reichhaltiges Ferienprogramm. Erwachsene ab dem 27. Lebensjahr werden in bayerischen Jugendherbergen nur einzeln und »nachrangig« aufgenommen (d. h. wenn genug Platz ist); ausgenommen sind Erwachsene mit mindestens einem Kind.

Ferien auf dem Bauernhof Nicht nur Familien mit Kindern fühlen sich auf einem Bauernhof wohl. Diese Urlaubsform ist nicht nur preiswert, man ist auch viel näher an der Natur und den Menschen dran. Angeboten werden sowohl Übernachtung als auch Ferienwohnungen. Informationen geben die Tourismusbüros, der Landesverband »Urlaub auf dem Bauernhof in Bayern«, Verzeichnisse diverser Verlage (im Buchhandel) und die gute private Website www.bauernhofurlaub.de.

INFORMATIONEN ÜBERNACHTEN

BAUERNHOFURLAUB

▶ **Landesverband Urlaub auf dem Bauernhof in Bayern**
Kaiser-Ludwig-Platz 2
80336 München
Tel. (0 89) 54 47 99 95-0
www.bauernhof-urlaub.com

▶ **DLG-Verlagsgesellschaft**
Eschborner Landstr. 122
60489 Frankfurt a. M.
Tel. (0 69) 2 47 88-466
http://shop.dlg-verlag.de

JUGENDHERBERGEN

▶ **Deutsches Jugendherbergswerk**
Landesverband Bayern e. V.
Mauerkircherstr. 5
81679 München
Tel. (0 89) 92 20 98-0
www.jugendherberge.de

Camping und Caravaning

Im südlichen Bayern gibt es zahlreiche Campingplätze an landschaftlich schönen Stellen, viele stellen Plätze für Dauercamper zur Verfügung. Je nach Bedarf kann man einen Platz wählen, der Ruhe und Erholung, Gelegenheit zum Baden und/oder möglichst viel Unterhaltung bietet. Informationen geben die Camping- und Stellplatzführer des ADAC und aus dem Hallwag-Verlag.

Verkehr

Straßenverkehr

Hohes Verkehrsaufkommen

Die Autobahnen um München, von München nach Garmisch, Kufstein und Salzburg sowie die Autobahnen/Bundesstraßen im Raum Kempten/Sonthofen/Füssen sind stark frequentiert, zu Urlaubszeiten sind kilometerlange Staus die Regel. An Wochenenden sorgt der Ausflugsverkehr für Belastung, am Samstagvormittag (ca. 8 bis 11 Uhr) von München zu den Seen und in die Berge, am späten Sonntagnachmittag (ab etwa 16/17 Uhr) in umgekehrter Richtung.

Parken

In der Münchner Innenstadt und in den bekannten Urlaubsorten (sofern nicht ganz für den Verkehr gesperrt) ist Parkraum knapp bzw. nur in teuren Parkhäusern zu finden. Oft wurden große Parkflächen an den Ortsrändern angelegt.

Bahnverkehr

Großraum München

Das zum Münchner Verkehrs- und Tarifverbund (MVV) gehörende S-Bahn-Netz der DB erschließt die Umgebung der Landeshauptstadt

Schiffchenfahren gehört auf den bayerischen Seen zum Programm.

im 20-/40-Min.-Takt. Ausflugsziele, die per S-Bahn zu erreichen sind: Herrsching am Ammersee, Tutzing am Starnberger See, Schäftlarn/Wolfratshausen, Dachau und Freising.

Deutsche Bahn

Die Hauptstrecken mit München im Zentrum sind Buchloe – Memmingen – Lindau (über Leutkirch oder via Kempten – Immenstadt – Oberstaufen), Rosenheim – Kufstein (– Innsbruck) und Rosenheim – Traunstein (– Salzburg). Von ihnen zweigen ab: Buchloe – Füssen, Kempten – Pfronten – Reutte in Tirol – Garmisch-Parten-kirchen (die reizvolle Außerfernbahn über österreichisches Gebiet), München – Weilheim – Garmisch – Mittenwald – Innsbruck (mit Abzweig nach Oberammergau), Prien – Aschau, Traunstein – Ruhpolding, Freilassing – Berchtesgaden. Von Ulm gelangt man über Memmingen – Kempten nach Oberstdorf. Die Regionalzüge verkehren größtenteils im Stundentakt mit optimierten Umsteigemöglichkeiten. Preiswert fährt man mit dem Schönes-Wochenende-Ticket, dem Bayern-Ticket, dem Oberallgäu-Ticket und dem Werdenfels-Ticket. In den meisten Nahverkehrszügen in Südbayern ist die Fahrradmitnahme kostenlos (Info Tel. 01805 5 14 15).

Bayerische Oberlandbahn

Die Bayerische Oberlandbahn (BOB) fährt vom Münchner Hauptbahnhof nach Tegernsee, Bad Tölz / Lenggries und Bayrischzell. Besonders preiswert sind das BOB-MVV-Ticket und die Wochenend-Card. Für die Fahrradmitnahme muss die Tageskarte Bayern gelöst werden, die auch in den Bahnen des MVV gilt.

Museumsbahnen

Tegernsee-Bahn
Historische Züge mit einer Tenderlok aus dem Jahr 1936 verkehren an einigen Sonntagen in Aug./Sept. zwischen Tegernsee und Holzkirchen. Auskunft Bahnhof Tegernsee, Tel. (0 80 22) 93 79 65.

Chiemsee
Im Sommer verbindet die älteste Dampfstraßenbahn der Welt (1887) den Bahnhof Prien mit dem Hafen in Stock. Info: Chiemsee Schifffahrt.

Chiemgau
Mit mittelaltem Gerät befährt die Chiemgauer Lokalbahn Juli – Okt. So. die Strecke Bad Endorf – Obing. Info Tel. (0 80 34) 9 09 60 86.

Kiefersfelden
Der Wachtl-Express befördert Ausflügler mit zwei Krokodil-E-Loks von 1929/1939 auf der 900-mm-Schmalspurstrecke eines Zementwerks zwischen Kiefersfelden und Thiersee in Tirol. Betriebstage Juli bis Okt. Sa./So., Info Verkehrsamt Kieferfelden (►S. 222).

INFORMATIONEN VERKEHR

BAHNEN

► **Deutsche Bahn**
►S. 81
www.bayern-takt.de

► **Münchner Verkehrsverbund**
►S. 260

► **Bayerische Oberlandbahn**
Service Tel. (0 80 24) 99 71 71
www.bayerischeoberlandbahn.de

BUSSE

► **Regionalbus Augsburg (RBA)**
Tel. (08 21) 5 02 15-0
www.rba-bus.de

► **Regionalverkehr Allgäu (RVA) Regionalverkehr Oberbayern (RVO)**
Tel. (0 89) 5 51 64-0
www.rvo-bus.de

► **Regionalbus Ostbayern (RBO)**
Tel. (09 41) 6 00 00
www.rbo.de

SEENSCHIFFFAHRT

► **Bayerische Seenschifffahrt (Ammersee, Starnberger See, Tegernsee, Königssee)**
Zentrale
Seestraße 55
83471 Schönau am Königssee
Tel. (0 86 52) 96 36-0
www.seenschifffahrt.de

► **Chiemsee Schifffahrt**
Seestraße 108
83209 Prien
Tel. (0 80 51) 60 90
www.schiffahrt-chiemsee.de

► **Forggenseeschifffahrt**
87629 Füssen
Tel. (0 83 62) 92 13 63
www.stadt-fuessen.de

► **Bodensee-Schiffsbetriebe**
Seestr. 23
88045 Friedrichshafen
Tel. (0 75 41) 9 23 83 89
www.bsb-online.com

Busverkehr

Orte ohne Bahnanschluss werden von den Bussen der Regionalverkehrsgesellschaften RBA, RVO, RVA und RBO versorgt, die aus den früheren Bahn- und Postbusnetzen hervorgingen.

Schiffsverkehr

In der schönen Jahreszeit bieten die Schiffsbetriebe außer ihrem Linienverkehr die unterschiedlichsten Sonderfahrten an: Mondschein-, Tanz-, Disco-, Volksmusik-, Gourmetfahrten etc. Auf Chiemsee, Tegernsee und Königssee verkehren die Schiffe ganzjährig (im Winter mit reduziertem Fahrplan und nach Möglichkeit). Auf dem Starnberger See und dem Ammersee macht man von Mitte Okt. bis Ostern Winterpause, auf dem Forggensee von Anfang Okt. bis Ende Mai, auf dem Bodensee von Mitte Okt. bis 1. April.

Wandern und Bergsteigen

Wanderkarten Die beste Grundlage sind die Topographischen Karten des Bayerischen Landesvermessungsamts im Maßstab 1 : 50 000, vor allem die »Umgebungskarten« (Reihe UK) mit touristischen Informationen (Wander- und Radwege, UTM-Gitter, Naturdenkmäler, Schlösser, Burgruinen, Golfplätze etc.). Für Bergwanderungen sind die detaillierten Karten im Maßstab 1 : 25 000 (Reihe TK 25 N/W) sehr wertvoll. Ein großes Programm von Wanderkarten führt der Kompass-Verlag Innsbruck (www.kompass.at). Ihr Nachteil ist die oft ungenaue Darstellung des Geländes, so dass sie für die Orientierung abseits markierter Wege weniger geeignet sind.

Wanderführer Die Führer des Deutschen Alpenvereins, das Standardwerk der alpinen Literatur und für anspruchsvolle Bergwanderungen unverzichtbar, erscheinen im Bergverlag Rother, München (www.rother.de). Rother bietet darüber hinaus ein großes, differenziertes Programm handlicher Führer für alle möglichen Aktivitäten, vom Bergwandern übers Rad- bis zum Schlittenfahren. Gute Freizeitführer bringt der Verlag Bruckmann (München) heraus; gut gemacht sind auch die Führer des Kompass-Verlags. Darüber hinaus können die Buchhandlungen der Region mit Ratgebern für die unterschiedlichsten Interessen (z. B. Wirtshauswandern, Bier & Barock etc.) dienen. Es ist übrigens sinnvoll, verschiedene Führer zu einem Gebiet zu Rat zu ziehen, da sie sich in Auswahl und Anlage der Touren selten überschneiden.

Weitwanderwege Ein echter »Königsweg« ist der **Maximiliansweg** (360 km) von Lindau zum Königssee, benannt nach König Maximilian II., der im Jahr 1858 etwa auf dieser Route den Südteil seines Reichs kennen lernte.

Schönste Wanderreviere – wie das Murnauer Moos – gibt es in großer Zahl.

Einen königlichen Hintergrund hat auch der **König-Ludwig-Weg** von Berg am Starnberger See nach Neuschwanstein (120 km). Von Augsburg kommend durchquert der **Schwäbisch-Allgäuer Wanderweg** das Gebiet dieses Führers vom Kloster Irsee bis Sonthofen (100 km). Der Name des **Prälatenwegs** spricht für sich: Zwischen Marktoberdorf und Kochel am See (140 km) führt er durch den Pfaffenwinkel mit den herrlichsten Klöstern und Kirchen. Naturschönheiten genießt man auch auf dem **Lech-Höhenweg** (115 km), der von Zollhaus bei Landsberg an den Ufern des Lechs entlang nach Füssen verläuft. Auf dem **Münchner Jakobsweg** (250 km) wandert man von der Landeshauptstadt durch das Fünf-Seen-Land, den Pfaffenwinkel und das Allgäu nach Lindau am Bodensee. Der **Benediktweg** (248 km) verbindet als von Altötting ausgehender Pilger-Rundweg die Stätten der Kindheit und Jugend von Papst Benedikt XVI. Informationen über die Weitwanderwege geben die regionalen Tourismusbüros.

Sicherheit in den Bergen

Bergwandern und Klettern liegen »voll im Trend«, immer mehr (vor allem junge) Leute entdecken die Alpen. Allerdings nimmt auch die Zahl der alpinen Notfälle stark zu, wobei jedoch weniger die objektiven Gefahren des Geländes den Ausschlag geben, sondern schlechte Kondition, Unerfahrenheit und Selbstüberschätzung. Wer sich in die Berge begibt, sollte sich durch Training und Einholung von Informationen darauf einstellen. Besonders Anfänger sollten es vorsichtig angehen lassen; sehr sinnvoll ist es, beim Deutschen Alpenverein oder einer Bergschule einen Grundkurs mitzumachen. Das Alpine Notsignal ist immer noch wichtig: In 1 Minute 6 akustische oder optische

Zeichen in gleichmäßigem Abstand; 1 Minute Pause, dann wiederholen. Die Antwort besteht aus 3 Zeichen in der Minute.

Ausrüstung Auch bei leichten Bergwanderungen sollte bei der Ausrüstung ein Mindeststandard nicht unterschritten werden. Die unverzichtbare »Basis« sind hohe Bergstiefel mit steifer Profilsohle (eher zu schwer und fest als zu leicht und flexibel). Als Schutz vor Wind, Kälte, Sonne, Regen und Schnee – das Wetter kann im Gebirge schnell umschlagen, selbst im Hochsommer kann es schneien – sind Pullover, Anorak, Mütze und Umhang notwendig. Mindestens 1 l Wasser und etwas Proviant gehören in den Rucksack, dazu Karte, Erste-Hilfe-Apotheke und Handy.

Deutscher Alpenverein Der Deutsche Alpenverein (DAV) ist eine Allround-Organisation für alles, was Aufenthalt und Betätigung in den Bergen angeht. Sein Programm an Kursen und Unternehmungen umfasst nicht nur den klassischen Bergsport in Sommer und Winter, sondern auch Trendiges wie Mountainbiken und Rafting. Auch für Familien und Kinder wird gut gesorgt.

Im Bereich dieses Führers betreibt der DAV ca. 60 öffentlich zugängliche Hütten, die Mitgliedern und Nichtmitgliedern Verpflegung und Unterkunft, Informationen über Wetter und Wegbeschaffenheit sowie Hilfe bei Notfällen bieten.

In München unterhält der DAV das Alpine Museum, das Wissenswertes rund um die Alpen und das Bergsteigen vermittelt (geöffnet Di.–Fr. 13.00 bis 18.00, Sa./So. 11.00 bis 18.00 Uhr), und eine hervorragend ausgestattete Bibliothek (Bücher, Zeitschriften, Führer, Karten), deren Katalog zur Recherche per Internet zugänglich ist.

Klettersteig-Abenteuer – ein wenig Kitzel muss sein.

INFORMATIONEN WANDERN UND BERGE

Wandern
www.wanderbares-bayern.de
www.fernwege.de
www.netzwerk-weitwandern.de

Deutscher Alpenverein
Von-Kahr-Str. 2 – 4
80997 München
Tel. (0 89) 1 40 03-0
www.alpenverein.de

Alpine Auskunft
Tel. (0 89) 29 49 40

Alpines Museum und Bibliothek
Praterinsel 5, 80538 München
Tel. (0 89) 21 12 24-0

Verband deutscher Berg- und Skiführer
Untersbergstr. 34
83451 Piding
Tel. (0 86 51) 7 12 21
www.bergfuehrer-verband.de

Bergwacht Bayern
Am Moosfeld 11, 81829 München
Tel. (0 89) 42 71 83-6
www.bergwacht-bayern.de

Wetterbericht
Bergwetterdienst
Tel. 01901 160-11 (Bandansage)
Alpenvereinswetterbericht
Tel. 09001 29 50 70

Bergwacht
Die Bayerische Bergwacht stellt mit ihren ehrenamtlichen Helferinnen und Helfern den Rettungsdienst in den Alpen sicher.

Bergschulen
Eine große Zahl von Bergschulen vermittelt die notwendigen Kenntnisse und veranstaltet Wander- und Klettertouren für alle Bedürfnisse. Die Adressen von Bergschulen und Bergführern in den bayerischen Alpen sind über den Verband deutscher Berg- und Skiführer und die Tourismusbüros zu bekommen.

Touren

SANFTE WIESEN,
GROSSARTIGE GEBIRGE,
MALERISCHE SEEN,
BERÜHMTE BAU- UND
KUNSTWERKE: EINIGE VORSCHLÄGE FÜR
GENUSSREICHE TOUREN IN BAYERNS SÜDEN

TOUREN IM ÜBERBLICK

Lernen Sie die »Perlen« der bayerischen Alpen und ihres Vorlands kennen. Auf drei Routen, unter ihnen die Deutsche Alpenstraße, reihen sich wunderbare Landschaften, sehenswerte alte Städte, berühmte Schlösser und prächtige Kirchen. Nehmen Sie sich unterwegs auch Zeit für erlebnisreiche Ausflüge.

TOUR 1 **Deutsche Alpenstraße**
Vom Bodensee durchs Allgäu nach Neuschwanstein, eine Stippvisite zur Wieskirche im Pfaffenwinkel, über Oberammergau zum höchsten Gipfel Deutschlands, durchs malerische Oberland und den Chiemgau zur dramatischen Szenerie von Königssee und Watzmann: eine einzige, atemberaubende Folge von Höhepunkten. ► **Seite 116**

TOUR 2 **Fünf-Seen-Land und Pfaffenwinkel**
Ein kleines Paradies auf Erden: einige der schönsten bayerischen Kirchen (nicht nur) aus Barock und Rokoko, zauberhafte Landschaft vor der eindrücklichen Kulisse der Berge. ► **Seite 120**

TOUR 3 **Zwischen Chiemsee, Inn und Salzach**
Eine abwechlungsreiche Runde im Osten Oberbayerns, die – zum Teil auf den Spuren Papst Benedikts XVI. – durch schöne Landschaften und zu würdigen alten Städten führt. Auch Altötting, der älteste bayerische Wallfahrtsort, steht auf dem Programm. ► **Seite 122**

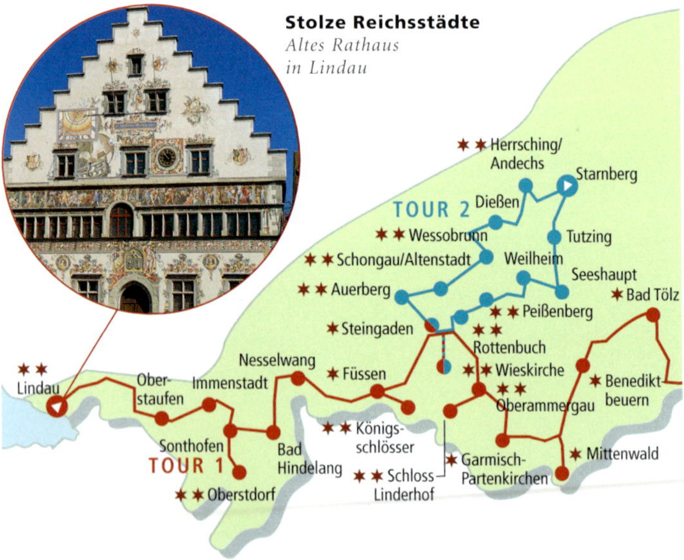

Stolze Reichsstädte
Altes Rathaus in Lindau

Im Alpenvorland unterwegs

Das Auto mal stehen lassen!

In unseren Zeiten ist man mit dem eigenen fahrbaren Untersatz unterwegs, mit Auto, Motorrad oder Campingmobil. Das ist am bequemsten und flexibelsten, sowohl für einen »nomadischen« Urlaub wie für Ausflüge und Erkundungen von einem festen Standort aus. Doch bringt das, besonders in den schmalen Tälern der Alpen, zu den Hauptreisezeiten auch Probleme mit sich: Zu viele sind es, die Bequemlichkeit und Flexibilität schätzen und sie damit verlieren, abgesehen von den negativen Effekten auf die Idylle, die wir doch so schätzen und gerade im Gebiet dieses Führers suchen. (Das Kleinwalsertal z. B. hat große Auffangparkplätze in Oberstdorf eingerichtet.) Daher hier der Appell, möglichst oft Bahn und Bus zu benützen. Das Streckennetz ist gut ausgebaut, und mit der Optimierung der Verbindungen durch Taktfahrpläne (Allgäu-Schwaben-Takt, Bayern-Takt) wurde der Reisegenuss deutlich verbessert. Der unmittelbare Gewinn ist das Urlaubsgefühl: sich ohne Parkplatz- und Stauprobleme chauffieren lassen, Zeit haben, auch viel zu Fuß gehen, und sich so stressfrei in der herrlichen Landschaft bewegen. Die im Folgenden vorgestellten Routen sind übrigens auch für Radreisen bestens geeignet (► S. 100), wobei man gegebenenfalls auf radelfreundliche Varianten und Nebenwege ausweicht.

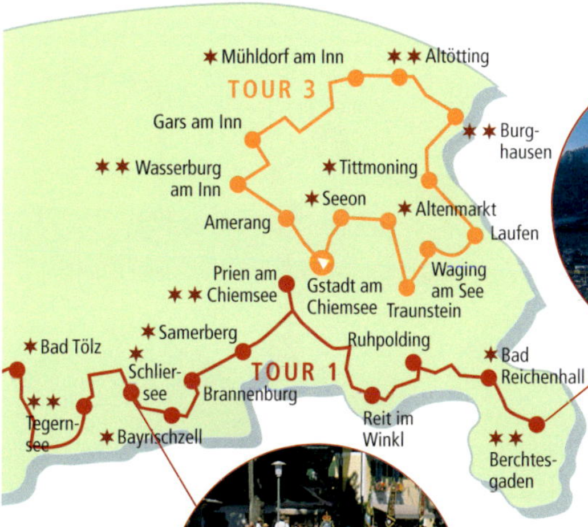

Berchtesgaden
unterm Watzmann, ein majestätisches Bild

Schlierseer Kirchtag
Hohe Festtage werden in schönen Trachten begangen.

Tour 1 Deutsche Alpenstraße

Länge: 535 km **Dauer:** 2 – 4 Wochen

Die Deutsche Alpenstraße darf als »Königsweg« durch das südliche Bayern gelten. Auf über 500 Kilometer reihen sich traumhafte Landschaften, weltberühmte Kunstschätze und tausend Möglichkeiten, sich in herrlicher Natur zu bewegen.

Vom Bodensee nach Nesselwang

Die Reise beginnt auf der zauberhaften Insel ❶ ✶✶ **Lindau**; nicht nur für die ehemalige Freie Reichsstadt, sondern auch für die idyllische Umgebung sollte man sich Zeit gönnen. Auf der B 308 geht es, mit schönem Blick auf den Pfänder, nach Scheidegg; unterwegs kurvt man die Serpentinen des Rohrachs hinauf. Nach der Stippvisite in **Lindenberg** hat man auf der Weiterfahrt wunderschöne Ausblicke zurück auf die Appenzeller Berge. Der Schroth-Kurort ❷ **Oberstaufen** ist Ausgangspunkt für Wandertouren über die ✶ **Nagelfluhkette**, auch Kunstfreunde werden in der Umgebung fündig. Durchs Tal der Konstanzer Ache und am Alpsee vorbei erreicht man ❸ **Immenstadt**, zusammen mit dem benachbarten ❹ **Sonthofen** das wirtschaftliche Zentrum am Eingang des Illertals. Lohnende Ausflüge führen auf den Grünten und ins Gunzesrieder Tal. ❺ ✶✶ **Oberstdorf** ist der größte und bedeutendste Ferienort des Allgäus, seine

Lindau
Ferieninsel im Bodensee

Gipfelglück
Gerstruben mit der steilen Höfats

großartige alpine Umgebung macht es zum Dorado für den Berg- und Wintersport; die Kunstdenkmäler in der Umgebung sollte man nicht auslassen, ebenso wie in Bad Oberdorf, das zum Kurort **6 Bad Hindelang** gehört. Nun kurvt man die Jochstraße hinauf nach Oberjoch und steuert über Wertach **Nesselwang** an; die Alpenstraße führt südlich am Grüntensee entlang, wo man im »Alten Reichenbach« schön Rast machen kann.

Von Nesselwang nach Mittenwald

Nesselwang und Pfronten bieten viele schöne Ausflugsziele, v. a. Maria Trost und Maria Rain, Falkenstein und Breitenberg. Nach dem Besuch der Altstadt, des Schlosses und der Benediktinerabtei von **7 ✶ Füssen** erwarten die herrlich gelegenen **8 ✶✶ Königsschlösser** Hohenschwangau und Neuschwanstein Besucher, Letzteres eine der berühmtesten Sehenswürdigkeiten Deutschlands. Die B 17 führt nun nordöstlich – vorbei an der schön gelegenen Wallfahrtskirche St. Koloman – nach **9 ✶ Steingaden**, womit der Pfaffenwinkel erreicht ist. Dieser zauberhaften Natur- und Kulturlandschaft ist die Tour 2 gewidmet. Die Deutsche Alpenstraße hingegen wendet sich – nach dem Abstecher zur **10 ✶✶ Wieskirche** – nach Südosten; es wäre aber schade, die Tour nicht ein wenig auszuweiten, auch eine Schleife über Murnau wäre empfehlenswert. Nun aber kommen weitere

Neuschwanstein
Traumschloss in den Lüften

Barocke Pracht
Lüftlmalerei in Oberammergau

Alte Klosterkultur
in Benediktbeuern

Beste Aussicht
vom Wendelstein

Highlights wie Perlen auf der Schnur. ⓫ ✶ ✶ **Oberammergau** ist berühmt für sein prächtiges Ortsbild mit Lüftlmalereien, seine Holzschnitzer und die Passionsspiele alle zehn Jahre. Im abgeschiedenen Graswang-Tal ließ Ludwig II. sich das ⓬ ✶ ✶ **Schloss Linderhof** erbauen. Das benachbarte ✶ ✶ **Kloster Ettal** besitzt eine der bedeutendsten und schönsten Barockkirchen Bayerns. Im berühmten Olympia-Ort ⓭ ✶ **Garmisch-Partenkirchen** sind trotz der Wandlung zur Stadt und der touristischen Atmosphäre schöne Häuser und Kulturzeugnisse erhalten; ein echter »Höhepunkt« ist die Fahrt auf den höchsten Gipfel Deutschlands, die ✶ ✶ **Zugspitze**. Von Garmisch oder vom Geigenbauerort ⓮ ✶ **Mittenwald** aus lassen sich die Schönheiten des Werdenfelser Landes erkunden, so die Partnachklamm und das Schlösschen Ludwigs II. auf dem Schachen.

Von Mittenwald zum Wendelstein

Die erste Etappe des Ostteils der Alpenstraße führt von Mittenwald auf der B 11 nördlich zum Walchensee, einem »blauen Auge« inmitten grüner Berge, der zum Windsurfen und Baden geschätzt wird. Nach der Besteigung von Herzogstand oder Jochberg geht es auf der Kesselbergstraße hinunter ins Tölzer Land. Unverzichtbar ist der Abstecher zum ✶ ✶ **Freilichtmuseum Glentleiten**, bevor man ⓯ ✶ **Benediktbeuern** erreicht, eines der ältesten Klöster im Alpenvorland. Zentrum des Oberlands ist ⓰ ✶ **Bad Tölz** mit seiner malerischen Marktstraße; nicht versäumen sollte man den Ausflug zum Kloster

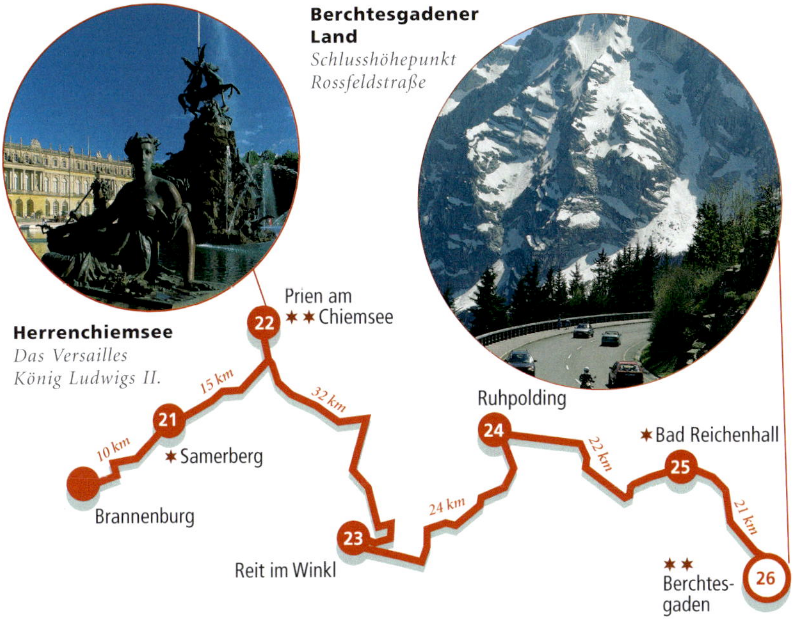

Reutberg, Kunstfreunde sehen sich die Kirche in Dietramszell an. Nun südlich ausholend im Isartal über **Lenggries** – dahinter wäre ein Abstecher in die Jachenau angezeigt – zum Sylvenstein-Stausee, dann östlich über den Achenpass und durchs Weißachtal nach Rottach-Egern am 17 ✶✶ **Tegernsee**; unter den vielen kulturellen und landschaftlichen Schätzen am See ragen das Gulbransson-Museum und der Wallberg heraus. Von Gmund am Nordende des Sees auf reizvoller Strecke nach Hausham. Die Alpenstraße nimmt den Weg nach Bayrischzell am 18 **Schliersee** entlang; schön ist auch die östliche Alternative über Fischbachau. Vom idyllisch gelegenen 19 **Bayrischzell** aus bezwingt man, zu Fuß oder per Seilbahn, den ✶✶ **Wendelstein**. Eine schöne Bergstraße führt dann über das Sudelfeld zum Tatzelwurm und hinunter ins Inntal nach 20 **Brannenburg**, von dem aus der Wendelstein mit der Zahnradbahn zu erreichen ist.

Vom Wendelstein zum Watzmann

Jenseits des Inntals tritt die Deutsche Alpenstraße in den Chiemgau ein. Hier lernt man den 21 ✶ **Samerberg** kennen, ein schönes Hochtal, bevor man von Prien aus den 22 ✶✶ **Chiemsee** und seine besonders sehenswerten Inseln erkundet: die Fraueninsel mit dem Kloster aus romanischer Zeit und die Herreninsel mit dem »Versailles« König Ludwigs II. Nun geht's auf der B 305, an den Kendlfilzen entlang, in die Berge. Von Grassau aus kann man die Hochplatte erwandern, bei Marquartstein sind die Schnappenkirche und der Hochgern lohnende Ausflugsziele. Über den Masererpass erreicht man 23 **Reit**

im Winkl mit seinem Skigebiet Winklmoosalm/Steinplatte. Zwischen Reit im Winkl und Ruhpolding passiert man das »Drei-Seen-Gebiet«, das Maler in Hunderten von Bildern verewigt haben, und das eindrückliche Holzknechtmuseum in Laubau. 24 **Ruhpolding** und das benachbarte Inzell sind die wichtigsten Ferien- und Sportorte im Chiemgau. Zum Schluss wartet die Deutsche Alpenstraße nochmal mit einem Feuerwerk auf. Am Eingang zum Berchtesgadener Land liegt der traditionsreiche Kurort 25 * **Bad Reichenhall** mit Sehenswürdigkeiten wie der Alten Saline und dem Gradierwerk. Und die Umgebung des Markt- und Kurorts 26 ** **Berchtesgaden** glänzt mit Königssee und Watzmann, Maria Gern und Ramsau. Den Abschluss der Tour bildet, nach dem Besuch des Dokumentationszentrums auf dem Obersalzberg, eine Runde auf der Rossfeldstraße.

Tour 2 Fünf-Seen-Land und Pfaffenwinkel

Länge: 190 km **Dauer:** 2–3 Tage

»Die Herrlichkeit auf Erden« verspricht man hier dem Gast. Mindestens seit 1750 nennt man das Land zwischen Starnberger See, Lech und den Bergen »Pfaffenwinkel«: Zur wohltuenden Landschaft vor der Kulisse des Zugspitzmassivs gehören über 150 Kirchen und Klöster, darunter Höhepunkte wie Altenstadt und die Wies.

In 1 **Starnberg** gibt es außer der Josephskirche nichts »zu sehen«, aber ein Spaziergang an der Seepromenade (zum Heimatmuseum) ist durchaus angezeigt; auch die Maisinger Schlucht sollte man nicht auslassen. Eine kurze Fahrt über die Höhe zwischen Starnberger und Ammersee bringt zum »Heiligen Berg« 2 ** **Andechs**, dem bedeutenden Wallfahrtsort mit fantastischer Rokoko-Kirche und berühmtem Bier(garten). Man könnte auch erst **Herrsching am Ammersee** ansteuern und die kleine Wanderung nach Andechs machen. Die Atmosphäre am See kann man auf dem kilometerlangen Uferweg vom Herrschinger Kurpark nördlich genießen. Durch das moorige Ammertal südlich des Sees – links die Antennen von Raisting – geht es nach 3 ** **Dießen**, dessen Marienmünster die besten bayerischen Rokoko-Künstler schufen. Über Rott erreicht man gleich einen weiteren Höhepunkt, das Dorf 4 ** **Wessobrunn**, geografisches Zentrum einer Ära der deutschen Kunstgeschichte; das Kloster demonstriert aufs Schönste, was Wessobrunner Kunst ist. Weiter südlich liegt bei Paterzell der größte Eibenwald Deutschlands. Über St. Leonhard mit sehenswerter Kirche nach Westen zum schon schwäbischen 5 **Schongau** mit hübschem Stadtzentrum; im benachbarten ** **Altenstadt** ist die bedeutendste romanische Kirche Oberbayerns erhal-

Schiffspartie
auf dem Ammersee

Wieskirche
Rokokojuwel in ländlicher Umgebung

ten, ebenso beeindruckend dort der »Große Gott von Altenstadt«. Auch wörtlich ein Höhepunkt ist der 1056 m hohe 6 ✶✶ **Auerberg**, den man südwestlich über Bernbeuren erreicht: den »schwäbischen Rigi« mit legendärem Blick auf die Allgäuer Alpen und das Ammergebirge. Den Lech, die bairisch-schwäbische Grenze, bei Lechbruck querend – hier gibt es ein sehenswertes Flößermuseum – fährt man nach 7 ✶ **Steingaden**, dessen romanisches Welfenmünster mit frühem Wessobrunner Stuck glänzt. Von hier sollte man zu Fuß zur 8 ✶✶ **Wieskirche** gehen, dem weltberühmten Wunder des Rokokos; die Harmonie von Bauwerk und Landschaft erschließt sich so am besten. Östlich von Steingaden schwingt sich die **Echelsbacher Brücke** über die tief eingeschnittene Ammer; nach einem Spaziergang zu den Schleierfällen kann man in 9 ✶✶ **Rottenbuch** die nächste Rokoko-Kirche bewundern. Der 10 ✶✶ **Peißenberg**, der »bayerische Rigi«, eröffnet ein fast 200 km umfassendes Alpenpanorama; die Wallfahrtskirche dort ist ebenfalls einen Blick wert. Über ✶ **Polling**, des-

sen gotische Stiftskirche frühen Wessobrunner Stuck besitzt, erreicht man das städtische Zentrum des Pfaffenwinkels, ⑪ **Weilheim**; hier lohnt ein Besuch des Stadtmuseums. Die Schlussetappe der Tour führt von ⑫ **Seeshaupt** am malerischen Westufer des Starnberger Sees entlang. Nach dem Besuch des Buchheim-Museums im idyllischen Bernried macht man im Villenort ⑬ **Tutzing** nochmal Halt; der Gang auf die Ilkahöhe belohnt mit wunderbarem Panorama.

Tour 3 Zwischen Chiemsee, Inn und Salzach

Länge: 230 km **Dauer:** 3–5 Tage

Die sanfte, gewellte Bauernlandschaft östlich des Inns liegt zu Unrecht etwas im touristischen Schatten. Dabei kann man hier nicht nur wunderbar ausspannen, sondern auch beeindruckende alte Städte im Inn-Salzach-Stil, große Kunstschätze und den bedeutendsten Wallfahrtsort Bayerns kennen lernen.

Ausgangs- und Endpunkt der Tour ist ① **Gstadt** am ✶✶ **Chiemsee**. Die zauberhafte Eggstätt-Hemhofer Seenplatte durchquerend geht es nach Höslwang, wo man für die »Schöne Aussicht« einen Stopp einlegt. In ② **Amerang** gibt es außer dem Schloss mit malerischem Renaissance-Hof zwei schöne Museen (für alte Autos und Bauernhäuser). Höchst pittoresk liegt die mittelalterliche Inn-Salzach-Stadt ③ ✶✶ **Wasserburg am Inn** in einer Schleife des Flusses, hier sollte man sich das Museum Wasserburg und die Kanzel in St. Jakob nicht entgehen lassen. Bei der Weiterfahrt nordöstlich Richtung Babensham passiert man wieder eine »Schöne Aussicht«. Die nächsten Stationen am windungsreichen Fluss sind die Stiftskirche in ④ **Gars am Inn** und das ebenso beeindruckende wie schön gelegene barocke **Kloster Au**. Über Waldkraiburg steuert man ⑤ ✶ **Mühldorf** an mit seinem fast 500 m langen Stadtplatz in Inn-Salzach-Bauweise. Nahe dem südöstlich gelegenen Tüßling kann man (nicht zu ausgiebig) im Bräu im Moos Rast machen, bevor man in ⑥ ✶✶ **Altötting** Quartier nimmt, dem berühmtesten Wallfahrtsort Bayerns; auch sein Nachbar Neuötting ist einen Besuch wert. Im östlich am Inn gelegene Marktl wurde Joseph Ratzinger geboren, der 2005 zum Papst Benedikt XVI. gewählt wurde. Dann geht es südlich zur Industriestadt ⑦ ✶✶ **Burghausen**; den Besucher erwartet hier eine schöne Altstadt und die größte Burg Deutschlands. Eine lohnende Wanderung führt südlich am Inn entlang zur Wallfahrtskirche Marienberg und / oder zum Kloster Raitenhaslach. Weiter salzachaufwärts betritt man den **Rupertiwinkel** mit zwei interessanten Städten, Tittmoning und Laufen. Auch ⑧ ✶ **Tittmoning** hat einen großen Inn-Salzach-Stadtplatz, in

der Burg ist das sehenswerte Heimathaus Rupertiwinkel ansässig. In ⑨ **Laufen**, das in einer Schleife der Salzach liegt, ist v. a. die Stiftskirche sehenswert. Eine stattliche Brücke führt hinüber nach Oberndorf, wo das berühmteste Weihnachtslied »Stille Nacht, heilige Nacht« zum ersten Mal erklang. Als Sommerfrische beliebt ist das Gebiet des ⑩ **Waginger Sees**; Kunstliebhaber sehen sich die Guckh-Altäre von St. Koloman und St. Leonhard am Wonneberg an. Nach dem Besuch der Stadt ⑪ **Traunstein** wäre ein Ausflug südlich zur Wallfahrtskirche Maria Eck bei Bergen schön, bei der man über den ganzen Chiemgau sieht. Nun geht es an der Traun abwärts nach ⑫ **Altenmarkt** an der Alz, über dem die ✶ **Stiftskirche Baumburg** thront. Nach einer Stippvisite in ✶ **Trostberg** steuert man das Dorf Rabenden an der B 304 an, in dem das Hauptwerk des Meisters von Rabenden steht. In einem kleinen See liegt das ehemalige Kloster ⑬✶ **Seeon**. Über Seebruck mit dem Römermuseum Bedaium erreicht man wieder Gstadt.

Amerang
Konzerte im Renaissance-Arkadenhof

Kloster Seeon
Kultur an idyllischem Ort

Reiseziele von A bis Z

VOM BODEN- BIS ZUM KÖNIGSSEE, VON MÜNCHEN BIS ZUR ZUGSPITZE: IN DEN BAYERISCHEN BERGEN UND IHREM VORLAND GIBT ES VIEL ZU ENTDECKEN

★★ Altötting

U 4

Landkreis: Altötting
Einwohnerzahl: 12 800
Höhe: 402 m ü. d. M.

»Altötting ist das Herz Bayerns« – auch wenn diese populäre Behauptung ein wenig übertreibt: Der älteste und berühmteste Wallfahrtsort des Landes spielt seit den Agilolfingern eine wichtige Rolle im Seelenleben des Landes.

Ganz im Osten Oberbayerns liegt Altötting etwa 3 km südlich des Inns auf einer Anhöhe. Eine Schwarze Madonna machte es zum bedeutendsten Marienwallfahrtsort Deutschlands; hinzu kommt die Verehrung des Bruders Konrad, eines populären bayerischen Heiligen. Über eine Million Pilger reisen im Jahr an, etwa 50 000 sollen es sein, die ihren Weg zu Fuß zurücklegen.

Aus der Geschichte

Ötting wurde erstmals im Jahre 748 als Besitz des Agilolfinger-Herzogs Tassilo III. genannt. Das Baptisterium – heute Gnadenkapelle – stand damals schon und ist somit einer der ältesten Sakralbauten Deutschlands. Karl der Große macht »Otinga« zur Königspfalz. Nach Errichtung eines Chorherrenstifts (876/877) durch König Karlmann wurde das Baptisterium auch Grablege. 1228 erneuerten die Wittels-

Altötting Orientierung

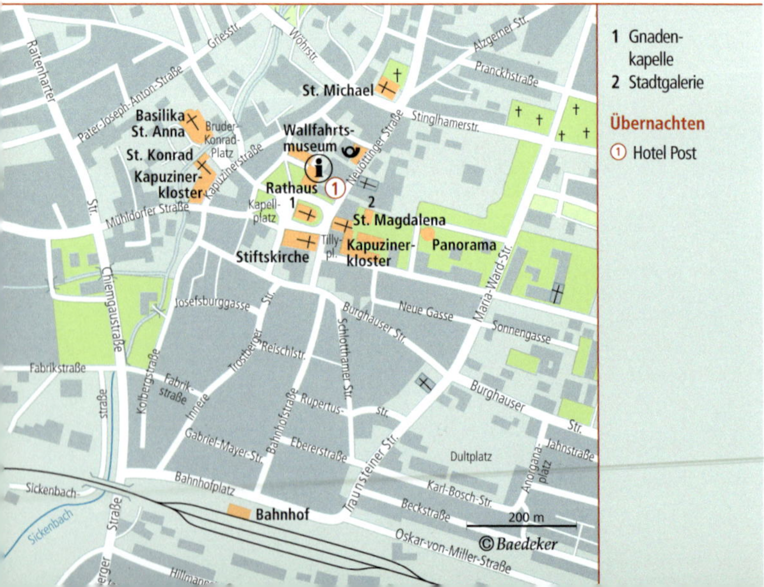

Eine Wallfahrt ist am Ziel – der Gnadenkapelle auf dem schönen Kapellplatz

bacher das Stift, gründeten aber in der Nähe eine neue Stadt – Neuötting –, wodurch Altötting an Bedeutung verlor. Nachdem mehrere Wunder geschehen waren, wurde es ab 1489 Ziel von Wallfahrten. Auch Kurfürst Maximilian I. pilgerte mehrmals zu Fuß nach Altötting. Und am 11. September 2006 suchte **Papst Benedikt XVI.** die hiesige Gnadenkapelle auf.

Sehenswertes in Altötting

★★ **Gnadenkapelle**

Mittelpunkt der Stadt ist der etwa 1,7 ha große **Kapellplatz**, einer der schönsten Stadtplätze Deutschlands. Hier steht die Gnadenkapelle, ein kleines achtseitiges **Baptisterium** von Anfang des 8. Jh.s, an das 1494 ein Langhaus angefügt wurde. Das barock gestaltete Innere und der 1517 angebaute Umgang sind mit Votivtafeln austapeziert (u. a. 59 große spätgotische Mirakeltafeln, um 1520). In der östlichen Nische steht in einem silbernen Tabernakel (1645) **Unsere Liebe Frau von Altötting**, eine prunkvoll gewandete schwarze Madonna aus der Zeit um 1300. Die aus Lindenholz geschnitzte Figur ist vom Ruß der Kerzen geschwärzt. In silbernen Urnen werden die Herzen von 21 bayerischen Fürsten (u. a. Kaiser Karl VII., von J. B. Straub, 1745) sowie dem kaiserlichen Feldherrn Tilly aufbewahrt.

Stiftspfarrkirche

Die zweitürmige Stiftspfarrkirche St. Philipp und St. Jakob (1499 bis 1511) ist die letzte gotische Hallenkirche, die in Süddeutschland gebaut wurde; ihre Vorhalle ist spätromanisch (1245). Man betritt sie

durch das Nordportal mit meisterhaften Schnitzflügeln (1519). Bemerkenswert sind der Orgelprospekt (1725) und neben dem Nordportal die Schrankuhr, auf der der **Tod von Eding** (= Ötting) an die Pestzeit erinnert.

Tilly-Kapelle ► An den Kreuzgang schließen sich mehrere Kapellen an. Im Südosteck die gotische Tilly-Kapelle, benannt nach dem Feldherrn der Katholischen Liga im Dreißigjährigen Krieg, Johann t'Serclaes **Graf von Tilly** (1559 – 1632) und ab 1642 Grablege seiner Familie. Der Pernegger-sche Altar (1643) zeigt Tilly im Gebet vor dem Kreuz.

Kirche St. Magdalena

An der Ostseite des Kapellplatzes steht die Jesuitenkirche St. Magdalena (1697). Der kraftvolle Stuck zeigt italienischen Einfluss, das Bild im Hochaltar (1795) malte Christian Winck.

Wallfahrtsmuseum

Das Wallfahrts- und Heimatmuseum illustriert die Geschichte Altöttings und seiner Umgebung. Interessant sind auch das Stadtmodell nach dem Stand von 1670 und Exponate aus römischer Zeit.

✶ ✶ Neue Schatzkammer ► Hier ist auch die Neue Schatzkammer untergebracht; herausragend das **Goldene Rössl** (1404), ein Meisterwerk französischer Goldschmiede und Geschenk Isabellas von Bayern für ihren Gemahl, König Karl VI. von Frankreich, sowie das »Füllkreuz« aus Ebenholz (niederländisch, um 1580). Geöffnet Di. – So. 10.00 – 16.00, Führungen 14.00 Uhr.

ALTÖTTING ERLEBEN

AUSKUNFT

Wallfahrts- und Verkehrsbüro
Kapellplatz 2 a
84503 Altötting
Tel. (0 86 71) 50 62 19
www.altoetting.de

WALLFAHRTEN UND FESTE

Von Palmsonntag bis Ostermontag werden Passion und Auferstehung Christi feierlich begangen. Hauptwallfahrtstage sind Dienstag nach Himmelfahrt und Pfingstsamstag. An Fronleichnam große Prozession; danach geht's auf die »Hofdult«, das große Volksfest in der Fronleichnamswoche. Im Sommer fast jeden Abend Lichterprozession. 14. Aug.: Große Lichterprozession. Anf. Okt.: »Kirta« (Kirchweih). Dez.: Christkindlmarkt auf dem Kapellplatz.

ESSEN

► **Preiswert**

Graminger Weißbräu
Graming 79
84503 Altötting
(ca. 1 km südlich beim Freibad)
Tel. (0 86 71) 9 61 40, Do. geschl.
Gute traditionelle Küche, dazu das legendäre Bier aus eigener Brauerei. Schöner Biergarten und sehr preiswerte Zimmer.

ÜBERNACHTEN

► **Komfortabel / Luxus**

① ***Hotel Post***
Kapellplatz 2, 84503 Altötting
Tel. (0 86 71) 50 40
Das noble barocke Haus – einst Hofwirtstaferne – ist ein Blickfang am Kapellplatz. Mit fein-gemütlichen Restaurants und Wellnessbereich.

Dioramenschau Altötting

Im Haus des Marienwerks (Kapellplatz 18) wird mit über 5000 Figuren – geschaffen 1957–1959 von dem Bildhauer R. Zellner – die Geschichte des Orts und der Wallfahrt anschaulich gemacht. Zu sehen ist auch der Film »Unsere Liebe Frau«. Geöffnet Ostern – 1. Nov. 10.00 – 12.00, 13.00 – 15.00 Uhr, sonst nach Anmeldung.

Bruder-Konrad-Kirche

In dieser Kirche, ehemals Franziskanerkirche (1657 geweiht) und heute Kapuzinerkirche, ist der hl. Bruder Konrad in einem gläsernen Sarg bestattet. Am Bruder-Konrad-Platz weiter nördlich steht die mächtige St.-Anna-Basilika, eine neobarocke Wallfahrtskirche (geweiht 1912), in der 6000 Menschen Platz haben.

◄ St.-Anna-Basilika

Mechanische Krippe

Oberammergauer Künstler schnitzten 1925–1829 die 130 Figuren einer Krippe, die z. T. elektrisch bewegt werden. Auf 25 m² Fläche sind die Geburt Christi und Alltagsszenen aus Bethlehem dargestellt (Krezentiaheimstr. 18, geöffnet März – Dez. 9.00 – 17.00 Uhr)

Panorama der Kreuzigung Christi

Auch heute noch wirkt das 1200 m² große Panoramagemälde mit der Passion Christi überaus eindrucksvoll, das Gebhard Fugel (1863 bis 1939) mit Mitarbeitern 1902/1903 schuf. Die faszinierende Illusionsmalerei ist die einzige ihrer Art in Deutschland und steht unter dem Schutz der UNESCO. Östlich des Kapellplatzes, geöffnet März bis Okt. tägl. 9.00 – 17.00, sonst Sa./So. 11.00 – 14.00 Uhr.

Umgebung von Altötting

Neuötting

Ein anderes Bild bietet Neuötting (8600 Einw.), auf einer Terrasse über dem Inn gelegen, mit seiner **Inn-Salzach-Bauweise**. Im 13. Jh. von den Wittelsbachern als Stützpunkt gegen die salzburgischen Städte gegründet, wurde es durch Schifffahrt und Salzhandel reich. Der 490 m lange **Stadtplatz** (Ludwigstr.) ist von prachtvollen **Bürgerhäusern und Arkadengängen** gesäumt, einige mit stimmungsvollen Renaissance-Höfen wie das Mauthaus (Ludwigstr. 95). Zu beachten sind das Rathaus (Ludwigstr. 60) und der angrenzende Getreidestadel. Im Zehenthaus des Klosters Baumburg (13. Jh.; Ludwigstr. 12) illustriert das **Heimatmuseum** die Neuöttinger Geschichte seit dem Mittelalter (geöffnet Di. – Fr. 10.00 – 12.00, 14.00 – 17.00, Sa./So. 14.00 – 17.00 Uhr). Ein beispielhaftes Werk der altbayerischen Backsteingotik ist die Hallenkirche **St. Nikolaus**; sie wurde 1410 von Hans von Burghausen begonnen, aber erst 1622 fertiggestellt (im 19. Jh. neogotisch gestaltet). Zu sehen sind gotische Holzfiguren und Tafelbilder, beachtenswert ist das Epitaph des Leonhard Bogner (1595).

Tüßling

8 km südwestlich von Altötting liegt Tüßling mit einem ehemaligen **Wasserschloss** (1583). Sehenswert ist die Schlosskapelle St. Veit mit Deckengemälden und schwerem Akanthusstuck (um 1700). 2 km südlich von Tüßling lohnt der Brauereigasthof **Bräu im Moos** mit seinem Brauereimuseum einen Besuch (Mo. geschl.).

Marktl am Inn Als **Joseph Alois Ratzinger**, der 16 April 1927 im ehemaligen Mauthaus am Marktplatz dieses Dorfes das Licht der Welt erblickte, 2005 zum Papst gewählt wurde (►S. 73), war die letzte oberbayerische Gemeinde am linken Innufer – 12 km östlich von Altötting – über Nacht weltberühmt. Das **Geburtshaus von Papst Benedikt XVI.**, ein denkmalgeschützter Bau von 1701, ist als museale Einrichtung zugänglich (Öffnungszeiten: 19. März – Okt. Di. – Fr. 14.00 – 18.00, Sa., So., Fei. 10.00 – 18.00 Uhr). Vor dem Haus steht die vom Künstler Joseph Michael Neustifter geschaffene **Benedikt-Säule**, die der Heilige Vater höchstselbst anlässlich seines Besuches am 11. September 2006 gesegnet hat. Übrigens: In der benachbarten Pfarrkirche St. Oswald wurde der Heilige Vater einstmals getauft.

★ **Mühldorf am Inn** Auch Mühldorf (17 700 Einw.), 13 km westlich von Altötting in einem Inn-Bogen gelegen, ist eine Inn-Salzach-Stadt mit ihrem charakteristischen Bild, insbesondere am großartigen, fast 500 m langen und 40 m breiten **Stadtplatz** zwischen Münchner Tor (Nagelschmiedturm, 13. Jh.) und Altöttinger Tor. Im Sitzungssaal des **Rathauses** werden zwei Bildtafeln des »Meisters von Mühldorf« aufbewahrt (um 1515). Im Süden des Platzes ragt die **Frauenkirche** (1643) aus der Häuserfront. Die Pfarrkirche **St. Nikolaus** östlich des Stadtplatzes entstand im 15. und 18. Jh.; der markante Turm stammt noch aus frühgotischer Zeit. Innen sind die ausgezeichneten Deckenbilder von Martin Heigl (1772), Hochaltar, Kanzel, Chorgestühl und ein spätgotisches Steinrelief mit der Ölbergszene zu beachten. Im **Lodron-Haus** wenige Schritte nordwestlich (Tuchmacherstr. 7), dem um 1640 unter dem Salzburger Erzbischof Paris Graf Lodron erbauten Getreidespeicher, ist – außer einem edlen Restaurant gleichen Namens – das **Heimatmuseum** ansässig; zu sehen sind hier ein Modell der Mühldorfer Innbrücke und ein hl. Rupert aus einer Salzburger Werkstatt des 17. Jh.s (geöffnet Di. 14.00 – 19.00, Mi., Do. 14.00 – 16.00, So. 10.00 12.00, 14.00 –16.00 Uhr).

Amerang

R 6

Landkreis: Rosenheim
Einwohnerzahl: 3500
Höhe: 520 m ü. d. M.

Amerang, zwischen Rosenheim und Wasserburg am Inn, wartet mit zwei interessanten Museen und einer romantischen Burg auf.

Sehenswertes in Amerang Das **EFA-Automobil-Museum** (Wasserburger Str. 38) illustriert mit 220 Autos deutsche Automobilgeschichte. Ein Höhepunkt ist auch die größte Spur-II-Modellbahnanlage der Welt (geöffnet März – Okt. Di. – So. 10.00 – 18.00 Uhr). Im **Bauernhausmuseum** sind Höfe aus dem Gebiet zwischen Chiemsee, Inn und Salzach versammelt. Auch

AMERANG ERLEBEN

AUSKUNFT

Verkehrsamt
Bahnhofstr. 3
83123 Amerang
Tel. (0 80 75) 91 97-28
www.amerang.de

SCHLOSSKONZERTE

Schloss 1
83123 Amerang
Tel. 08075 91 92 99
www.schlossamerang.de

Stadel, Getreidekasten, Backhaus und Schmiede sind zu sehen, auf den Freiflächen werden alte Getreidesorten und Flachs angebaut. Geöffnet Mitte März – Anf. Nov. Di. – So. 9.00 – 18.00 Uhr.

Schloss Amerang

Das malerische mittelalterliche Schloss Amerang liegt 1 km südlich auf bewaldeter Anhöhe. Im schönen »italienischen« **Arkadenhof** aus dem 16. Jh. – ein Werk der exilierten Scaliger, der Herren von Verona – finden Konzerte statt. Sehenswert sind die spätgotische Kapelle St. Georg (1513) und der Rittersaal. Das Schloss ist von Ostern bis Mitte Okt. Di. – So. zugänglich, Führungen um 11.00, 12.00, 14.00, 15.00 und 16.00 Uhr, sonst nach Anmeldung Tel. (0 80 75) 91 92-0.

★ **Höslwang**

Auf dem Höhenzug bei Höslwang (7 km südwestl. Amerang) lockt das Wirtshaus »Zur Schönen Aussicht«. Im Ort selbst gefällt die Rokoko-Pfarrkirche **St. Nikolaus** mit Wessobrunner Stuck (1749) und Altären des Burghausener Schnitzers J. G. Lindt (1777). Das Hochaltarbild zeigt den hl. Nikolaus und Höslwang.

★ Ammersee

K 5/6

Landkreise: Landsberg, Starnberg **Mittl. Wasserspiegel:** 533 m ü. d. M.

Der drittgrößte See Bayerns bietet vor allem ländliche Idyllen und viel Natur – noch, denn die Nähe zu München und die Attraktivität als Ferienziel hinterlassen auch hier Spuren.

Der Ammersee liegt ca. 35 km südwestlich von München und ist der nördlichste See des Alpenvorlands. Mit 16 km Länge, 3 – 6 km Breite

Nach der Renovierung erstrahlt die 100 Jahre alte »Dießen« in neuem Glanz.

und 47 km² Fläche füllt er ein 87 m tiefes eiszeitliches Gletscherzungenbecken. Umgeben ist er von teils bewaldeten Moränenhöhen; an wenig berührten Uferabschnitten leben Vögel der verschiedensten Arten. Das Südufer ist Vogelreservat, im Norden bilden die **Amperauen** ein wertvolles Naturschutzgebiet (►Fürstenfeldbruck).

Sehenswertes am Ammersee

Inning Östlich der Nordspitze des Ammersees liegt Inning (4200 Einw.) mit einer schönen Rokoko-Dorfkirche. Das **Kaiserhaus** erinnert mit seinen Wandgemälden an Kaiser Heinrich II., der im Jahr 1021 auf seinem Italien-Feldzug durch Inning kam. Direkt am See liegt **Stegen**; ein schöner Platz ist das Restaurant Seehaus Schreyegg mit seinem Biergarten am Dampfersteg (Tel. 0 81 43 / 99 25 37). Die Alte Brauerei Stegen ist als »Event-Location« weithin bekannt.

Wörthsee Einer der **wärmsten Badeseen Oberbayerns** ist der 4 km lange und 2 km breite Wörthsee südlich von Inning. Auf der Insel Wörth, nach der er benannt wurde, steht ein Schlösschen. Südlich von Bachern ein Erholungsgelände mit öffentlichem Strand; ins Jahr 1913 geht das Strandbad Fleischmann am Nordende zurück. Schön, preiswert und beliebt ist der »Augustiner am Wörthsee« in Steinebach (großer Biergarten). **Pilsensee** Der Pilsensee, ca. 2 km südlich des Wörthsees, war einst eine Bucht des Ammersees (Naturschutzgebiet Herrschinger Moos).

Seefeld Die Landschaft östlich des Pilsensees wird vom **Schloss Seefeld** beherrscht, das ab dem 15. Jh. Sitz der Grafen Toerring war. Kulturelle Veranstaltungen, das Kino Breitwand, eine Zweigstelle des Münchner Museums Ägyptischer Kunst und das Bräustüberl ziehen viele Gäste an. Die Straße nach Weßling verläuft in einer prächtigen **Eichenallee**, die um 1778 angelegt wurde.

Herrsching

Herrsching am Ammersee (569 m, 10 000 Einw.) – am »Herrschinger Winkel«, der östlichen Ausbuchtung des Sees – ist ein beliebter Ausflugsort, der sich um den **Kurpark** mit der putzigen Scheuermann-Villa (1889) gruppiert. Von hier kann man 10 km weit am Ufer bis nach Stegen gehen – die längste Seepromenade Deutschlands. Auf dem Bergsporn über dem Kienbach steht die spätgotische Kirche St. Martin, das Wahrzeichen von Herrsching. Klassische **Wanderung zum Kloster Andechs** über die waldige Höhe westlich des Kienbachs (ca. 1.30 Std.), zurück durch das Kiental (ca. 1.00 Std.).

✶✶ Kloster Andechs

Das Ostufer des Ammersees wird vom 180 m hohen »Heiligen Berg« von Andechs mit seinem Kloster beherrscht. Im Jahr kommen über 250 000 Wallfahrer hierher, und noch viel mehr, die sich im Bräustüberl, im Biergarten (beides am Wochenende besser meiden) oder im feinen Klostergasthof die Produkte der berühmten **Klosterbrauerei** schmecken lassen. Schon im 10. Jh. gab es hier eine Burg, und im 12. Jh. war sie Sitz der mächtigen Reichsgrafen von Andechs-Meranien. Das erste Kloster wurde gegründet, als man im 14. Jh. einen Reliquienschatz entdeckte, den der hl. Rasso († 954) aus Palästina mitgebracht haben soll. Das heutige Kloster wurde 1438 als Augustiner-Chorherrenstift gegründet und 1458 von Benediktinern übernommen. Die gotische Hallenkirche erhielt 1751 bis 1755 durch J. B. Zimmermann und J. B. Straub ihre **Rokoko-Ausstattung**. Das Gnadenbild der Muttergottes im Hochaltar (um 1468) wird dem Münchner Schnitzer U. Neunhauser zugeschrieben. In der Heiligen Kapelle wird der **Klosterschatz** aufbewahrt: u. a. die Drei-Hostien-Monstranz (um 1435) und das Brautkleid der hl. Elisabeth, die aus dem Haus Andechs-Meranien stammte. Der berühmte bayerische Komponist Carl Orff ist in der Kirche beigesetzt.

Hauptwallfahrtszeiten sind die Woche um Christi Himmelfahrt und der vierte Sonntag nach Pfingsten.

Der Heilige Berg Andechs, uralter Wallfahrtsort mit berühmtem Bierstüberl – ein Magnet …

AMMERSEE ERLEBEN

AUSKUNFT

Verkehrsbüro Herrsching
Bahnhofsplatz 3, 82211 Herrsching
Tel. (0 81 52) 52 27, www.sta5.de

Tourismusverband Ammersee-Lech
Hauptplatz 152, 86899 Landsberg
Tel. (0 81 91) 1 28-247
www.ammersee-region.de

SCHIFFSVERKEHR

Bayerische Schiffahrt Ammersee
Tel. (0 81 43) 9 40-21
www.seenschifffahrt.de
Auf dem See fahren zwei Schaufelraddampfer, die »Dießen« von 1908 und die »Herrsching« von 2002 (!).

FESTE UND EVENTS

April – Dez.: Konzerte im Marienmünster Dießen. Himmelfahrt: Töpfermarkt in Dießen. Ende Juli: Schlossgartenfest in Herrsching. Mitte Aug.: Fischerstechen in Dießen. Kloster Andechs: Mai – Dez. Konzerte in Kirche und Florianstadl; Juni – Aug. »Orff in Andechs« (Tel. 0 81 52 / 3 76-400, www.andechs.de).

ESSEN

► Fein & teuer

Seehaus
Seeweg Süd 22, 86911 Riederau
Tel. (0 88 07) 73 00
Moderne, asiatisch inspirierte Gourmetküche. Man speist auf der idyllischen Terrasse am Ufer oder – ganz exklusiv – auf dem Bootssteg.

Alte Villa
Seestr. 32, 86919 Utting
Tel. (0 88 06) 617, Mo. geschl.
Die hundertjährige Villa beherbergt ein feines Restaurant. Im schönen Biergarten am Ufer trifft man sich sonntags zum Dixie-Frühschoppen.

► Erschwinglich

Alter Wirt
Hauptstr. 49, 82229 Hechendorf
Tel. (0 81 52) 98 92 20
Stattlicher Gasthof am Pilsensee mit sehr guter bayerisch-österreichischer Küche. Mit 14 Gästezimmern.

Mühlfeldbräu
Mühlfeld 13, 82211 Herrsching
Tel. (0 81 52) 55 78
In dem wunderbaren eingewölbten Gastraum genießt man hausgebrautes Bier zu traditionellen oder modernisierten Gerichten der Landesküche. Am Seeufer südlich des Zentrums.

ÜBERNACHTEN

► Komfortabel

Maurerhansl
Johannisstr. 7, 86911 Dießen
Tel. 0 88 07 / 9 22 90
Prächtiges Haus von 1721 in Ortsmitte mit kühn neuzeitlich gestalteten Zimmern und schöner Ferienwohnung unterm Dach. Gehobene traditionelle und mediterrane Küche, Liege- und Spielwiese am See.

Oberer Wirt zum Queri
82346 Andechs-Frieding
Tel. (0 81 52) 9 18 30
Hübsch wohnt man im alten Gasthof nordöstlich von Herrsching, dem Geburtshaus von Georg Queri (►S. 94). Auch berühmt für seine handfeste bzw. verfeinerte bayerische Kost.

► Günstig

Landgasthof zum Sepperl
Dorfstr. 35, 82229 Seefeld-Mailing
Tel. (0 81 53) 34 06
Gediegen-gemütliches, kinderfreundliches Refugium im Dorf östlich des Wörthsees. Gute bodenständige Küche, netter Wirtsgarten.

Schondorf

Schondorf (3800 Einw.) liegt am nordwestlichen Ufer des Ammersees. Die Kirche St. Jakobus (Seekapelle) aus unverputztem Tuff, nahe der Anlegestelle, hat romanische Ursprünge (um 1150, barock umgestaltet) und ein kurioses Obergeschoß. Schön ist der Gang auf dem **Ammersee-Höhenweg** (ca. 3 Std.) von St. Anna oberhalb Schondorf südwestlich zum Plomberg und zum Gut Achselschwang, dann südwestlich weiter zur St.-Leonhards-Kirche (s. u.) und nach Utting.

! *Baedeker* TIPP

Fasten auf bayerische Art

Während der Fastenzeit wird in Bayern seit je ein besonders nahrhaftes Bier getrunken, das »Fastenbier«. In der Klosterbrauerei Andechs ist dies der dunkle Doppelbock, ein mächtiger Stoff mit 7 % Alkohol. Führungen durch die hochmoderne Brauerei finden Mai – Okt. Di./Mi. 11.00 und 12.00 Uhr statt.

Utting

Utting (4000 Einw.) am Westufer hat sich zum Ferienort mit Strandbädern, Bootshafen und Reiterhöfen gemausert. Außer der spätgotischen Pfarrkirche Mariä Heimsuchung lohnt die barocke Wallfahrtskirche **St. Leonhard** mit ihrem charakteristischen Zwiebelturm einen Blick; sie besitzt wundervollen Wessobrunner Stuck (Hochaltar mit Bild »Hl. Leonhard in der Glorie«). Im südlich gelegenen Holzhausen ist der **Künstlersitz Gasteiger** (um 1910) am Seeufer interessant, ein einzigartiges Ensemble des Münchner Jugendstils.

Dießen ★★

◄ Marienmünster

In Dießen (9900 Einw., 335 – 678 m) gründeten die Grafen von Dießen-Andechs 1132 ein Augustiner-Chorherrenstift. Dessen Kirche wurde 1720 im Wandpfeilerschema begonnen und 1732 – 1739 von J. M. Fischer vollendet. Die Ausstattung schufen die besten bayerisch-schwäbischen Künstler: 20 m hoher Hochaltar von F. Cuvilliés mit Gemälde von B. Albrecht, Figuren der Kirchenväter von J. Dietrich, das Gemälde im Sebastiansaltar von G. B. Tiepolo. Der schöne Stuck ist das Werk von F. X. und J. M. Feichtmayr. Die prächtigen Deckenbilder wurden 1736 von dem Augsburger J. G. Bergmüller gemalt (Chorkuppel mit **»Dießener Himmel«**). Am westlichen Ortsrand steht die spätgotische Kirche **St. Georg** mit barocker Ausstattung und einem Hochaltarblatt von Matthäus Günther. Der Friedhof mit seinem barocken Beinhaus zählt zu den ältesten Begräbnisstätten Bayerns. Im

Der berühmte »Dießener Himmel« in der Chorkuppel zeigt 28 Heilige und Selige aus dem Haus Dießen-Andechs.

Rinkhof (Hofmark 3) illustriert das **Carl-Orff-Museum** Leben und Werk des Komponisten, der hier ab 1955 lebte (geöffnet Sa., So. 14.00 – 17.00 Uhr).

Raisting In Raisting südlich von Dießen ist die Dorfkirche **St. Remigius** bemerkenswert, erbaut um 1695 durch den Vorarlberger M. Natter und 1766 – 1782 neu gestaltet (u. a. Fresken von C. Winck im Chor und an der unteren Empore). Ein starkes Bild (► S. 12/13) – ein Symbol Bayerns – gibt die **Erdfunkstelle** ab, die südlich des Orts 18 Antennenschüsseln mit 7 – 32 m Durchmesser ins Weltall richtet. Den Kontrapunkt bildet die einstige Wallfahrtskirche **St. Johannes** (1725). Die 1964 fertiggestellte Antenne 1 in der kugelförmigen Traglufthalle ist schon länger stillgelegt, 2006 wurde die ganze Anlage an ein US-Unternehmen verkauft. Außenführungen Tel. (08 81) 26 91.

Aschau im Chiemgau

S 7

Landkreis: Rosenheim
Einwohnerzahl: 5500
Höhe: 615 m ü. d. M.

Der Luftkurort Aschau, im sanften Tal der Prien gelegen, ist Zentrum der Ferienregion südwestlich des Chiemsees, zwischen Kampenwand und Samerberg.

Sehenswertes in Aschau

Niederaschau »Aschau« gibt es erst seit 1966, als sich die Gemeinden Nieder- und Hohenaschau zusammenschlossen. Zum Nobelvorort Münchens wurde es durch den Sternekoch Heinz Winkler, der um 1990 die jahrhundertealte **Tafernwirtschaft Zur Post** am Kirchplatz zur »Residenz« umbaute. An dem Platz stehen auch die **Pfarrkirche** und der Pfarrhof. Die Kirche mit schönen Zwiebeltürmen geht ins 15. Jh. zurück und wurde 1752/53 durch den Hofbaumeister J. B. Gunezrainer umgestaltet. Hochaltar (1673) und Kanzel (1687) stammen noch aus der Barockisierung. Beachtung verdienen die Schutzmantelmadonna (um 1632) und mehrere Epitaphe. Der **Moorschwimmbad** und das Freibad liegen schön am nordöstlichen Ortsrand. Lohnende Wege führen nördlich über Höhenberg zum Bärnsee (1.30 Std.) und südwestlich in 3 Std. zum Hammerbach-Wasserfall.

Schloss Hohenaschau Eindrucksvoll vor den Chiemgauer Bergen ragt das Schloss Hohenaschau auf, eine der **größten Burganlagen Oberbayerns** mit mächtigem Bergfried (12. Jh.), Renaissance-Rittersaal und hochbarockem Preysing-Saal. Anfang des 20. Jh.s umgebaut, dient der Komplex der Bundesfinanzverwaltung als Ferienheim. Führungen Mai – Sept. Di. – Fr., April/Okt. nur Do., 9.30, 10.30, 11.30 Uhr. Im Mesnerhaus

Schloss Hohenaschau über dem Tal der Prien

ist das **Prientalmuseum** untergebracht, das die Geschichte der Herrschaft Hohenaschau und die Eisenindustrie im Priental dokumentiert (Öffnungstage wie Schloss, 9.30 – 12.30 Uhr).

Umgebung von Aschau

Südöstlich von Aschau ragt die 1664 m hohe, wie ein Drachenkamm gezackte Kampenwand auf. Eine Kabinenbahn bringt vom Fuß des Schlossbergs auf 1450 m Höhe. Dann mit herrlichem Ausblick auf ebenem Weg – Autobahn für Turnschuhtouristen – zur Steinlingalm (20 Min., auch im Winter begehbar); in steilem Anstieg (1 Std., sehr anspruchsvoll) ist der Ostgipfel zu erreichen. Von dort über den Grat zur Hochplatte (1587 m), Abstieg nach Marquartstein.

*** Kampenwand**

Hochplatte

Fährt man von Aschau nördlich nach **Hittenkirchen**, eröffnet sich ein herrlicher Ausblick über den Chiemsee. 3 km westlich residiert auf **Schloss Wildenwart** Herzog Max in Bayern, Urenkel des letzten Königs Ludwig III. (die Schlosswirtschaft ist eine gute Einkehr). Etwa 2 km südwestlich steht die **Wallfahrtskirche St. Florian** in der Landschaft, ihr Schmuckstück ist ein spätgotischer Flügelaltar (um 1520) mit geschnitzter Florianslegende und gemalter Passion.

Nördlich der Autobahn

Der Samerberg westlich von Aschau, ein sanftes Hochtal, ist ein wunderschönes **Wandergebiet**. Die verstreuten Ortschaften – deren Kirchtürme keine barocken Zwiebeln, sondern gotische Satteldächer tragen – bilden die Gemeinde Samerberg. Mit Sessel- und Kabinenbahn kann man von Grainbach auf die **Hochries** (1568 m) fahren.

*** Samerberg**

Hauptort des Samerbergs ist **Törwang**; am Dorfplatz bilden die spätgotische Pfarrkirche, der Gasthof Post (19. Jh.), der barocke Mesnerhof und das Schusterhäusl ein malerisches Ensemble. In 10 Min. steigt man zur Kapelle auf dem **Obereck** hinauf (herrliche Aussicht). In der Kirche von Törwang ist das wilde Kreuzigungsbild (um 1460) im südlichen Seitenaltar zu beachten, in derjenigen von **Roßholzen** das Relief mit dem Martyrium des hl. Bartholomäus.

Sachrang 9 km südlich von Aschau liegt im Hochtal der Prien vor der Kulisse des Zahmen Kaisers das hübsche Sachrang (738 m). Die Pfarrkirche **St. Michael** (1689) mit einer Tiroler Laternenhaube auf dem Turm zeigt prächtigen italienischen Stuck, am Chorbogen das Wappen des Stifters, des Fürstbischofs Graf Preysing-Hohenaschau. Sehenswert ist auch die **Ölbergkapelle St. Rupert** in Grenzhub, eine volkstümliche Wallfahrtsstätte, deren vier Räume auf verschiedenem Niveau an-

ASCHAU ERLEBEN

AUSKUNFT

Tourist Information
Kampenwandstr. 38, 83229 Aschau
Tel. (0 80 52) 90 49 37, www.aschau.de

FESTE UND EVENT

Sommer: Konzerte im Schloss Hohenaschau. 3. Sept.-So.: Wallfahrt zur Ölbergkapelle Sachrang. Um den 24. Sept.: Almabtrieb in Sachrang. Ende Okt.: Leonhardi-Ritt Roßholzen.

ESSEN

► Erschwinglich / Fein

Koslowski's im Alpenhof
Hauptstr. 31, 83112 Frasdorf
Tel. (0 80 52) 22 95
Kreativ variierte bayerisch-mediterrane Küche, serviert in geschmackvoll ländlichem Ambiente.

► Preiswert / Erschwinglich

Duftbräu
Duft 1, 83122 Samerberg
Tel. (0 80 32) 82 26
Beliebter Ausflugsgasthof in herrlicher Alleinlage, schöne Terrasse mit Ausblick, beste bayerische Küche. Sa./So. bis 23 Uhr geöffnet, sonst bis 18 Uhr.

Schlosseinkehr Hohenaschau
Schlossbergstr. 3, 83229 Aschau
Tel. (0 80 52) 9 05 50, Di. geschl.
Stattliches Gemäuer mit Gewölben zu Füßen des Schlosses. Deftige Küche.

ÜBERNACHTEN

► Luxus

Residenz Heinz Winkler
Kirchplatz 1, 83229 Aschau
Tel. (0 80 52) 1 79 90
Sehr luxuriöses Haus mit 19 Zimmern und 13 Suiten (den Dekorations-Overkill muss man allerdings mögen). Heinz Winklers Kochkunst ist dem Michelin 3 Sterne wert. Im VitalResort und im Laconium kann man alles für sein Wohlbefinden tun (lassen).

► Günstig

Dreilindenhof
Pölching 1, 83229 Aschau
Tel. (0 80 52) 24 38
www.hotel-dreilindenhof.de
Sehr ruhig 10 Min. westlich des Orts gelegenes uraltes Bauernhaus mit gut ausgestatteten Zimmern und Ferienwohnungen. Abendrestaurant in der schönen Zirbelstube.

Gemütliche Wanderung unter den Zacken der Kampenwand

einandergebaut sind (Hauptkapelle 1674). Ihre Erhaltung ist einem Universalgenie zu verdanken, dem »Müllner-Peter« (1766 – 1843), der auf dem Friedhof von St. Michael begraben ist. Eine 3-stündige Wanderung führt von Sachrang über die Mesner-Alm zum Spitzsteinhaus (1350 m), dann zum **Spitzstein** (1596 m, grandioser Blick u. a. auf den Zahmen Kaiser). Empfehlenswert auch die anderthalbtägige Wanderung von Hohenaschau über Hochries (Übernachtung), Predigtstuhl und Klausenberg zum Spitzstein (und nach Sachrang).

Bad Aibling

Q 6

Landkreis: Rosenheim
Einwohnerzahl: 17 600
Höhe: 498 m ü. d. M.

In der weiten Ebene des Mangfalltals westlich von Rosenheim liegt Bad Aibling, das älteste bayerische Moorheilbad.

1846 wurde in Aibling – seit 1895 »Bad« – ein Moorbad eröffnet. Das Schwarze Gold wird bei Rheuma, Arthrose, Ischias, Frauenleiden und Bandscheibenschäden angewendet. Kurhaus und Kurpark liegen südlich der Ortmitte an der Glonn, weiter südlich am Triftbach die Freizeitanlage mit Eislaufhalle und Schwimmbad; hier entsteht auch bis 2007 das neue Thermalbad (Architekten: Behnisch und Partner).

Sehenswertes in Bad Aibling

Mittelpunkt ist der Marienplatz mit der barocken Sebastianskirche. Hier steht auch das Wohnhaus (Nr. 7) des Malers Wilhelm Leibl (1844 – 1900), der ab 1878 hier und in der Umgebung lebte (s. u.). Vom Hofberg grüßt die Pfarrkirche Mariä Himmelfahrt. Ursprünglich spätgotisch, wurde sie 1755/1756 durch J. M. Fischer umgestaltet

BAD AIBLING ERLEBEN

AUSKUNFT

AIB-KUR
W.-Leibl-Platz 3, 83043 Bad Aibling
Tel. (0 80 61) 9 08 00
www.aib-kur.de

FESTE UND EVENTS

Aufführungen der Opernbühne Bad Aibling im Juni in der Reithalle Maxlrain, im Rahmen des Maxlrainer Kultursommers. Karten Tel. (0 80 91) 56 38-05, www.maxlrain.de.

ESSEN

► Erschwinglich

Zur Post
Hauptstr. 48
83075 Bad Feilnbach-Au
Tel. (0 80 64) 7 42, Mo./Di. geschl.
Bodenständige, dennoch feine Küche. Kleine Karte mit zwei Menüs à 4 bzw. 6 Gänge, man kann auch auswählen. Guter Service, auch bei der Wahl aus der guten Weinkarte. Reservieren.

ÜBERNACHTEN

► Günstig / Komfortabel

Hotel Bihler
Katharinenstr. 8
83043 Bad Aibling
Tel. (0 80 61) 90 75-0
Nostalgisches, hübsches Haus: eine alte Künstlervilla mit modernem Komfort, zentral und ruhig am Kurpark gelegen. Restaurant und Café mit zauberhafter Terrasse.

und erweitert. Die Heiligenfiguren im Chor, die Seitenaltäre und die Kanzel schuf J. Götsch. Im Heimatmuseum ist außer frühgeschichtlichen Sammlungen und schönen Bauernmöbeln **Wilhelm Leibls »Bauernstuben-Atelier«** aus Kutterling bei Bad Feilnbach ausgestellt, in dem der Maler von 1892 bis zu seinem Tod lebte und arbeitete.

Umgebung von Bad Aibling

Maxlrain In Maxlrain nördlich von Bad Aibling steht ein hübsches **Renaissance-Schloss**, dessen Kapelle schönen Stuck von J. B. Zimmermann besitzt. Es ist nicht zugänglich, im Gegensatz zur Schlosswirtschaft (bayerische Nouvelle cuisine) und dem Bräustüberl. Im Schlosspark wird vor herrlicher Kulisse der Golfschläger geschwungen.

Weihenlinden Im Dorf Weihenlinden machen Zwiebeltürme auf die Wallfahrtskirche zur Hl. Dreifaltigkeit aufmerksam (um 1655, Stuck 1736). Eine »Wucht« ist die herrliche Kanzel (C. Pader, 1660). Auch der Klostergasthof mit seinem Biergarten lohnt den Abstecher.

Beyharting In Beyharting (8 km nördlich von Bad Aibling) bezaubert die Kirche des 1803 säkularisierten Augustiner-Chorherrenstifts, die 1132 geweiht und 1730 von J. B. Zimmermann stuckiert und freskiert wurde; bemerkenswert der Kruzifixus aus dem Umkreis Ignaz Günthers. Stimmungsvoll ist der vierflügelige Kreuzgang mit Netzgewölben.

Tuntenhausen

Schon ein seltsames Geschick, dass sich hinter diesem Namen – im 10. Jh. als »Toutinhusa« erwähnt – **einer der ältesten Wallfahrtsorte** Oberbayerns verbirgt; nach einem Wunder 1441 begannen die Pilgerfahrten. Das wenig attraktive Landstädtchen (6700 Einw.) wird von dem eigenartigen, doppelt behelmten Turm der Pfarrkirche Mariä Himmelfahrt überragt (1630, gotische Turmhalle). Im prunkvollen **frühbarocken Hochaltar** (1630) – mit dem Wappen des Kurfürsten Maximilian I. und seiner Gemahlin Elisabeth I. von Lothringen – das Gnadenbild (um 1550). Beachtenswert sind auch die Kanzel (1633), das Kruzifix, die Muttergottes über dem Triumphbogen und die **Totentanzdarstellungen** (17. Jh.) im Ossarium.

Berbling

Im idyllischen Berbling 3 km südlich von Bad Aibling lebte **Wilhelm Leibl** von 1878 bis 1881. Für die hübsche Pfarrkirche (18. Jh.) schuf er 1882 sein berühmtes Gemälde **»Drei Frauen in der Kirche«** (in der Hamburger Kunsthalle; in der Kirche hängt eine gute Kopie).

Bad Feilnbach

Bad Feilnbach (514 m, 7200 Einw.) südlich von Bad Aibling ist bekannt als Moorheilbad und als Zentrum eines **Obstanbaugebiets**. Eine Anzahl von Brennereien macht hervorragende Schnäpse. Hübscher Spaziergang südöstlich nach **Kutterling**, wo Leibl seine letzten Jahre verbrachte. Die klassische Bergtour führt zum **Wendelstein** (vom Jenbach-Parkplatz, 5 km südlich von Bad Feilnbach): gemütlich in 4 Std. durchs Jenbachtal über die Aiblinger Hütte oder anspruchsvoll (ca. 5 Std.) über Schuhbräualm, Rampoldplatte, Hochsalwand (1625 m) und Reindler-Alm (1429 m). Abstieg zum Jenbach-Parkplatz (ca. 2.30 Std.) oder nach ► Bayrischzell. Zu empfehlen ist auch der Gang auf den **Farrenpoint** (ca. 2.30 Std.).

★ Bad Reichenhall

V 7

Landkreis: Berchtesgadener Land
Höhe: 470 m ü. d. M.
Einwohnerzahl: 17 000

Das Bayerische Staatsbad mit Meran zu vergleichen liegt nahe. Umgeben von einer großartigen Gebirgsszenerie, mit einem milden Reizklima und der Atmosphäre eines Gründerzeit-Kurorts ist Bad Reichenhall ein attraktives Urlaubsziel.

Bad Reichenhall liegt ganz im Osten Oberbayerns, nahe der österreichischen Grenze, im weiten Talkessel der Saalach. Wegen seiner geschützten Lage und der 16 Solequellen (Salzgehalt 0,5 bis 26 %) wird Reichenhall bei Rheuma, Asthma und Erkrankungen der Atemwege geschätzt; auch wenn im Zeichen der Gesundheitsreform die Gästezahlen deutlich schrumpfen, ist es mit fast 1 Mio. Übernachtungen im Jahr einer der beliebtesten bayerischen Kurorte.

Bad Reichenhaller Atmosphäre: Kurgarten mit der alten Wandelhalle

Reichenhall gestern und heute Seit dem 3. Jh. v. Chr. ist die Salzgewinnung in Reichenhall bekannt. Um 800 Gründung der Mönchszelle St. Zeno durch den Salzburger Erzbischof, der seitdem mit den bayerischen Herzögen um das Salzmonopol stritt. Ab dem 12. Jh. unterstanden die umliegenden Kirchen dem Augustiner-Chorherrenstift St. Zeno. Der Bau von Soleleitungen von Reichenhall nach Traunstein (1617 – 1619, Verlängerung nach Rosenheim 1811) und von Berchtesgaden nach Reichenhall (1817) sorgten für den Aufschwung der Salzproduktion. 1834 wurde Reichenhall durch Feuer weitgehend zerstört; danach entstand das historisierende Ortsbild. Die einzige Großsaline Bayerns (»Bad Reichenhaller Markensalz«) produziert im Jahr ca. 260 000 t Salz. Weltweit bekannt sind die Produkte der Confiserie Reber, insbesondere die Mozartkugeln. Die seit 1934 in Bad Reichenhall stationierten Gebirgsjäger sind ein wichtiger Wirtschaftsfaktor.

Sehenswertes in Bad Reichenhall

Stadtmitte Das städtische Leben konzentriert sich an der Ludwigstraße und der Salzburger Straße, an der der **Kurgarten** mit Salzbrunnen, prächtigem Altem Kurhaus (1900) und Kurmittelhaus von 1829, Trinkhalle und Gradierwerk liegt. Das **Kurgastzentrum** ist kultureller und gesellschaftlicher Mittelpunkt der Region; nebenan die Spielbank. Süßmäuler werden im **Café Reber** (Ludwigstraße 10) glücklich. Jenseits des Rupertusparks bietet die moderne **Rupertus-Therme** alles, was sich mit Sole fürs Wohlbefinden tun lässt.

Gradierwerk

Das 160 m lange Gradierwerk wurde 1912 errichtet. Etwa 100 000 Schwarzdornbündel sind hier aufgeschichtet, an denen 150 000 Liter Sole pro Tag herabtropfen. Berieselt wird die dem Wind zugewandte Seite, an der Leeseite geht man zur Inhalation spazieren.

★ **Alte Saline**

Im Quellenbau der Alten Saline und im Salzmuseum bekommt man Einblick in die Salzgewinnung alter Zeiten. Das **Hauptbrunnhaus** mit einer Kapelle (Fenster von Moritz von Schwind) ist ein neoromanisches Schmuckstück. Beeindruckende Ingenieurskunst verkörpern die mächtigen Pumpen in der **Maschinenhalle** von 1893. Der Hauptbrunnenschacht wurde laut Inschrift 1507 – 1509 von Erasmus Grasser gebaut. Geöffnet Mai – Okt. tägl. 10.00 – 11.30, 14.00 – 16 Uhr, sonst Di., Do. sowie am 1. Sonntag im Monat 14.00 – 16.00 Uhr.

★ **St. Zeno**

Das ehemalige Augustiner-Chorherrenstift St. Zeno wurde 1136 von dem Salzburger Erzbischof Konrad I. gegründet. Seine gewaltige romanische Kirche (90 m lang), die **größte im altbayerischen Raum**, wurde um 1150 begonnen und 1228 geweiht; nach dem Brand 1512 wurde sie als gotische Pfeilerbasilika erneuert. Ein schönes romani-

Bad Reichenhall Orientierung

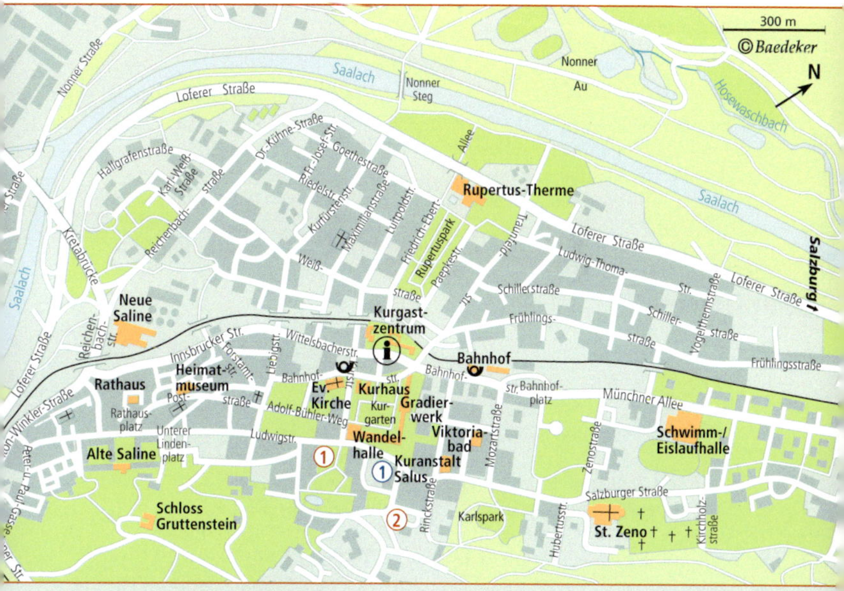

Essen

① Bürgerbräu

Übernachten

① Steigenberger Axelmannstein

② Pension Erika

sches **Portal** aus Untersberger Marmor, von Löwen flankiert, führt ins weite Innere. Beachtenswert sind im Hochaltar die Schnitzgruppe »Marienkrönung« (1520) und zwei gotische Flügelbilder, die Figuren am Chorgestühl und ein Taufstein mit geschnitztem Deckel (1522).

Schloss Gruttenstein Auf der Anhöhe östlich der Alten Saline steht Schloss Gruttenstein, Rest einer baierischen Burganlage aus dem 13. Jahrhundert. Die Anlagen waren mit den Stadtmauern verbunden.

Heimatmuseum Das Heimatmuseum im städtischen Kornstadel von 1539 dokumentiert die Siedlungs- und Wirtschaftsgeschichte des Saalachtals, u. a. mit einem kompletten »Rundumkaser« (Almhütte mit umlaufendem Stall). Die bronzezeitlichen Funde sind die größten nördlich der Alpen. Geöffnet Mai – Okt. Di. – Fr., So. 14.00 – 18.00 Uhr.

BAD REICHENHALL ERLEBEN

AUSKUNFT

Tourist-Info
Wittelsbacherstr. 15
83435 Bad Reichenhall
Tel. (0 86 51) 60 60
www.bad-reichenhall.de

FESTE UND EVENTS

Konzerte der Bad Reichenhaller Philharmonie und anderer Ensembles. Anf. Jan.: Perchtenlaufen in Nonn und Karlstein. 1. Juli-Wochenende: Stadtfest. 5./6. Dez.: Krampuslaufen.

ESSEN

► Erschwinglich

① ***Bürgerbräu***
Rathausplatz, Bad Reichenhall
Tel. (0 86 51) 60 89
Brauereigasthof von 1633 mit herrlichen Gewölbestuben, und Biergarten

② ***Wieninger Schwabenbräu***
Salzburger Str. 22, Bad Reichenhall
Tel. (0 86 51) 96 95-0
Gemütliches Wirthaus mit schönem Biergarten

③ ***Lohmayr Stub'n***
Salzburger Str. 13, 83451 Piding
Tel. (0 86 51) 71 44 78
Schlichtes Restaurant mit exzellenter bayerisch-asiatisch-mediterraner Haute Cuisine zu fairen Preisen.

ÜBERNACHTEN

► Luxus

① ***Steigenberger Axelmannstein***
Salzburger Str. 2 – 6, Bad Reichenhall
Tel. (0 86 51) 7 77-0, 144 Z.
www.bad-reichenhall.steigenberger.de
Grandhotel (seit 1849) in gepflegtem Park; feine Küche im Parkrestaurant, Rustikales gibt's im Axel-Stüberl.

► Günstig

② ***Pension Erika***
Adolf-Schmid-Str. 3, Bad Reichenhall
Tel. (0 86 51) 95 36-0
www.hotel-pension-erika.de
Italienisches Flair: Palazzo von 1900 mit guter Mittelklasse-Ausstattung.

③ ***Berggasthof Johannishögl***
Johannishögl 3, 83451 Piding
Tel. (0 86 56) 3 97
www.berggasthof-johannishoegl.de
Stattlicher Hof auf der Höhe nördlich von Piding, neben der Wallfahrtskirche; deftige bayerische Küche

In der südlichen Altstadt, die vom Stadtbrand 1834 verschont blieb, sind noch Häuser aus dem 16./17. Jh. im alpenländischen Stil und in Inn-Salzach-Bauweise erhalten. **Florianiviertel**

Umgebung von Bad Reichenhall

Nonn

Auf der Höhe der Rupertustherme liegt jenseits der Saalach der Naturpark Nonner Au. Die idyllisch gelegene St.-Georgs-Kirche (12. Jh.) in Nonn besitzt einen bedeutenden **Flügelaltar** von 1513; interessant ist auch die **Außenkanzel** (1692).

Marzoll

In Marzoll nordöstlich von Reichenhall sind die St.-Valentins-Kirche (12. Jh., im 18. Jh. barockisiert) und das Schloss von 1530 einen Blick wert, das um 1840 zur romantischen »Burg« umgebaut wurde.

Mauthausen

In Mauthausen 3 km nördlich von Reichenhall ist die aus Tuffstein erbaute romanisch-gotische Kirche St. Laurentius mit Fresken der 14 Nothelfer interessant. Die weithin sichtbare gotische Burg Staufeneck, einst Sitz des Salzburger Pfleggerichts, ist nicht zugänglich.

Bayerisch Gmain

Von Bayerisch Gmain, 2 km östlich auf einem Hochplateau gelegen, führen Wanderwege in das Lattengebirge. Schöner, unschwieriger Aufstieg über den Alpgartensteig zum Predigtstuhl.

★ Predigtstuhl

Hausberg Reichenhalls ist der 1613 m hohe Predigtstuhl, der mit der ersten Großkabinenbahn der Welt – von 1928 – zu erreichen ist (Talstation bei der Luitpoldbrücke). Von der Bergstation (1583 m) hat man einen **überwältigenden Blick**. Zu Fuß erreicht man den Gipfel in 3 Std. über die Schlegelalm oder in 3.30 Std. vom Gasthaus Baumgarten (südlich des Saalach-Sees) über die Röthelbachalm.

Karlstein

Thumsee

Im westlichen Vorort Karlstein stehen die Reste einer Burg der Grafen von Peilstein. Malerisch thront die Kapelle St. Pankratius über der Straße, die zum Thumsee führt (1,5 km). Im Seemösl am Ostrand des Sees blühen Seerosen. Eine schöne Rundwanderung (ca. 3 Std.) folgt vom Brunnenhaus Seebichl der alten **Soleleitung** in Richtung Traunstein, dann südwestlich zum Antoniberg, weiter entlang der B 305. Hinter der Brücke steigt man zur Höllenbachalm. Nach dem Aufstieg zum Joch am Hochrießel geht es zurück zum Thumsee.

Das idyllisch gelegene Stift Höglwörth

Hochstaufen Den 1771 hohen Hochstaufen (herrlicher Ausblick) erklimmt man in 3 Std. von der Padinger Alm über die Bartlmahd (leicht). Anspruchsvoller ist die Besteigung von der Staufenbrücke aus (Aufstieg 4 Std.); im oberen Teil ist der »Steinerne Jäger« zu passieren, der Trittsicherheit verlangt. Vom Reichenhaller Haus (1750 m, geöffnet Mitte Mai bis Mitte Okt.) sind es noch 5 Min. zum Gipfel.

✶ **Anger** Der Ort (4400 Einw.) liegt nördlich von Bad Reichenhall auf einem Plateau. Sein Schmuckstück ist der »Anger« mit einer Mariensäule und Häusern aus dem 18./19. Jahrhundert. Die hoch aufragende, aus Nagelfluh erbaute Pfarrkirche Mariä Himmelfahrt stammt aus spätgotischer Zeit und wurde 1717 barockisiert. Im Hochaltar gefällt eine Rosenkranzmadonne (1680), Beachtung verdient auch der geschnitzte »Gute Hirte« (18. Jh.). Die **Fronleichnamsprozession**, eine der schönsten in Bayern, führt zum Höglwörther See.

✶ **Höglwörth** Idyllisch auf einer Halbinsel liegt das ehemalige Augustiner-Chorherrenstift Höglwörth (2 km nördlich von Anger). 1817 wurde es samt seiner Brauerei an den Brauer Philipp Wieninger verkauft; der Klosterwirt hat einen hübschen Biergarten. Feines Rokoko zeigt die Stiftskirche (erbaut ab 1675), sehr schön sind der grün-goldene Stuck und die Deckenfresken von F. N. Streicher (1765). Alle 3 Jahre (wieder 2007) wird in der Karwoche in der Stiftskirche das seit 1652 nachgewiesene, 5 m breite und 6 m tiefe **Heilige Grab** aufgebaut, das den ganzen Altarraum einnimmt. Es wird durch 172 Öllampen illuminiert, Wasserkraft setzt Sonnenrad und Engel in Bewegung.

✶ Bad Tölz

N 7

Landkreis: Bad Tölz-Wolfratshausen **Höhe:** 670 m ü. d. M.
Einwohnerzahl: 17 400

Spätestens seit dem »Bullen von Tölz« ist weithin bekannt, dass der Kurort an der Isar und sein Umland mit besonderen Schönheiten gesegnet sind.

Aus der Geschichte Seit römischen Zeiten am Übergang einer Salzstraße gelegen, entstand im 12. Jh. eine Siedlung von Fischern und Flößern. Bis zur Eröffnung der Bahnlinie München – Tölz 1874 und des Walchenseekraftwerks 1924 – der die Isar zum zahmen Flüsschen machte – war die Flößerei bedeutend, die insbesondere München mit Holz, aber auch mit Tölzer Bier und Tölzer Möbeln versorgte. Erstmals 1160 als »Tolnze« genannt, wurde die Siedlung 1331 Markt; ein Brand zerstörte 1453 einen Großteil des Orts. Bis zur Verwüstung im Dreißigjährigen Krieg 1632 erlebte die auch für ihre Kunstschreiner bekannte Stadt eine Blütezeit. Der Kurort nahm 1856 den Betrieb auf.

Das prächtige Alte Rathaus am oberen Ende der Marktstraße

Kur und Zeitvertreib in Tölz

Seit 1899 darf Tölz sich »Bad« nennen, seit 1969 »heilklimatischer Kurort«. Schon 1845 wurden die **Jodquellen** entdeckt, die v. a. bei Herz- und Gefäßerkrankungen, Bluthochdruck und Kreislaufstörungen eingesetzt werden. Im Königsdorfer **Moor** wird der Torf gewonnen, der als »Heilschlamm« bei Frauenleiden und rheumatischen Erkrankungen segensreich wirkt. Skifahren und rodeln (5,5 km) kann man am Blomberg (und am Brauneck bei ► Lenggries), in der Umgebung sind über 110 km Loipen gespurt. Die Leonhardifahrt am 6. Nov. ist eine der schönsten in Bayern.

★ ★ ◄ Leonhardifahrt

Sehenswertes in Bad Tölz

★ **Marktstraße**

Die berühmte »gute Stube« der Stadt ist die Marktstraße, die zur Isar hin abfällt. Kunstvoll mit Stuck, Lüftlmalerei und Sinnsprüchen verzierte Fassaden machen sie zu einem der eindrucksvollsten Straßenzüge Oberbayerns. Die Bausubstanz entstand im 15.–18. Jh.; das heutige Bild, das als so »urbayerisch« erscheint, ist v. a. dem Architekten **Gabriel von Seidl** (► München, Bayerisches Nationalmuseum) zu verdanken, der um 1900 viele Häuser teils restaurierte, teils im »Heimatstil« neu gestaltete. Prominentestes Beispiel dafür ist das Alte Rathaus (Nr. 48). Hier ist das sehr sehenswerte **Heimatmuseum** ansässig, das mit

! *Baedeker* TIPP

Anrüchiges

Über die Grenzen Deutschlands hinaus bekannt ist der »Affineur« (zu deutsch Käsereifer) Wolfgang Hofmann. Im Tölzer Kasladen ist alles zu finden, was des Gourmands Herz begehrt. Königsdorfer Straße 22 (beim Parkplatz P 4), Verkostung und Führung nach Anmeldung Tel. (0 80 41) 94 27.

Bad Tölz Orientierung

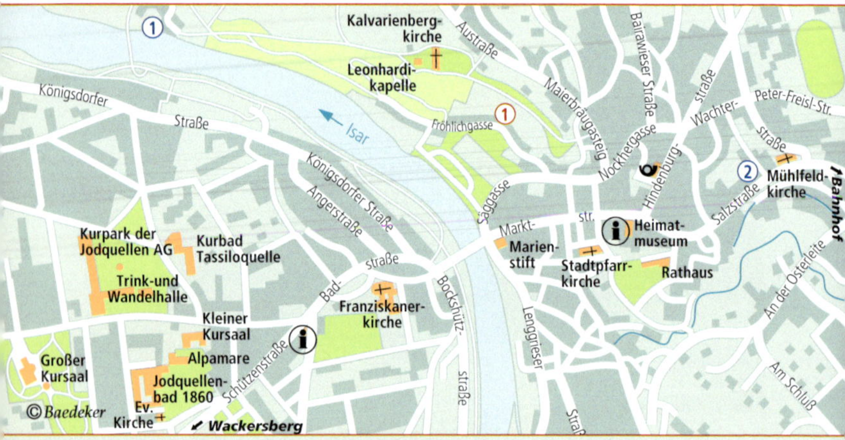

Essen
① Altes Fährhaus
② Zantl

Übernachten
① Kolbergarten

Mobiliar, Gemälden, sakraler Kunst und einer geologischen Sammlung Geschichte und Kultur des Isarwinkels illustriert (geöffnet Do. – So. 10.00 – 16.00 Uhr).

Mariä Himmelfahrt Die spätgotische Pfarrkirche entstand nach dem Stadtbrand 1463 neu und wurde im 19. Jh. stark verändert (incl. Turmhelm). Zu beachten sind die am Chorbogen schwebende **Madonna im Strahlenkranz** (B. Steinle, 1611), ein Gemälde der Pestheiligen Sebastian und Rochus (1634) sowie die Epitaphien aus dem 16. Jahrhundert.

Maria Hilf In der Verlängerung der Marktstraße steht auf dem Mühlfeld die Wallfahrtskirche Maria Hilf, ein Werk des Wessobrunners Joseph Schmuzer; im Altarraum ist die Tölzer Pestprozession dargestellt, gemalt 1737 von Matthäus Günther.

★ Kalvarienberg Ein Kreuzweg mit Kapellen führt von der Stadt hinauf zum Kalvarienberg über dem rechten Isarufer. Die zweitürmige **Kreuzkirche** (18. Jh.) ist ein interessanter Doppelbau mit einem Heiligen Grab und einer Heiligen Treppe. Nebenan die seit 1743 mit einer Kette – Attribut des Gefangenenpatrons – »gegürtete« **Leonhardikapelle**, errichtet 1718 von Tölzer Zimmerleuten zum Dank für die unversehrte Heimkehr aus der Sendlinger Mordweihnacht 1705.

Kurviertel Jenseits der Isar liegt das Kurviertel, im 19. Jh. als Gartenstadt angelegt, mit seinen Einrichtungen: Trink- und Wandelhalle, Jodquellen-

bad 1860 und Großes Kurhaus (G. von Seidl) in großen Parks. Im **Alpamare** kann jeder etwas fürs Wohlbefinden tun.

Weitere Kirchen

In der Franziskanerkirche, einer einfachen Wandpfeilerkirche (1735) ohne Stuck, sind die Altäre mit Intarsien interessant, teilweise mit **Reliefs des Tölzers J. A. Fröhlich** (um 1740). In der Schützenstraße sollte man einen Blick in die evangelische Kirche werfen: Das Altarbild »Kreuzigung« stammt von **Lovis Corinth** (1858 – 1925).

BAD TÖLZ ERLEBEN

AUSKUNFT

Tourist-Information
Max-Höfler-Platz 1
83646 Bad Tölz
Tel. (0 80 41) 78 67-0
www.bad-toelz.de

FESTE UND EVENTS

Der berühmte Tölzer Knabenchor singt einmal im Monat im Kurhaus. Juli – Sept.: Sommerkonzerte. Juli: Festwoche mit buntem Programm. Mitte Aug.: Kurparkfest. 6. Nov.: Leonhardifahrt. Dez.: Christkindlmarkt in der Marktstraße.

ESSEN

▶ Fein & teuer

① *Altes Fährhaus*
An der Isarlust 1, 83646 Bad Tölz
Tel. (0 80 41) 60 30, Mo./Di. geschl.
www.altes-faehrhaus-toelz.de
Nobles Gourmetrestaurant mit idyllischer Terrasse an der Isar. Französisch inspirierte Küche, besonders Fisch und Meeresfrüchte. Große Weinkarte. Mit fünf großzügigen Zimmern.

▶ Preiswert / Erschwinglich

② *Gasthof Zantl*
Salzstr. 31, 83646 Bad Tölz
Tel. (0 80 41) 97 94, Do. geschl.
Schlichter, schöner Gasthof bei der Mühlfeldkirche, seit langem eine zuverlässige Adresse für gute bayerische Kost, aber auch für Vegetarisches und Vollwert. Mit preiswerten Zimmern.

Jägerwirt
83646 Bad Tölz-Kirchbichl
Tel. (0 80 41) 95 48, Mo./Do. geschl.
www.jaegerwirt-kirchbichl.de
Gediegenes Dorfgasthaus in schönster Umgebung 5 km nördlich von Tölz. Sagenhafte Schweins- und Kalbshaxen, auch für Wild gerühmt.

ÜBERNACHTEN

▶ Komfortabel

① *Hotel Kolbergarten*
Fröhlichgasse 5, 83646 Bad Tölz
Tel. (0 80 41) 78 92-0
www.hotelkolbergarten.de
Romantisches Jugendstilhaus von 1905, liebevoll antik ausgestattete Zimmer, feines Restaurant »ViCulinaris« (Tel. 0 80 42) 792 88 91, geöffnet Fr.- u. Sa.-abend

▶ Günstig / Komfortabel

Benediktenhof
Alpenbadstr. 16, 83646 Arzbach
Tel. (0 80 42) 91 47-0
www.benediktenhof.de
Idyllische Landpension südlich von Bad Tölz: mit alter Stube von 1820 und Wintergarten, umgeben von viel Grün. Ebenso schön die Ferienwohnung im »Zuhäusl« in Wackersberg.

Morgenstimmung am Kirchsee, mit dem Kloster Reutberg im Hintergrund

Umgebung von Bad Tölz

Buchberg Am Buchberg westlich von Tölz liegt der 9-Loch-Platz des Golfclubs Bad Tölz. Das abwechslungsreiche Gelände verlangt einiges an Können (bei Abschlag 7 großartiger Blick über die Stadt). Nebenan kann man im großen Strasserhof einkehren, dessen Geschichte ins 14. Jh. zurückgeht und der sogar eine eigene Kapelle (1720) hat. Vom Buchberg (800 m) schöner Ausblick.

Isar Die Umgebung bietet eine Reihe reizvoller Wanderwege, u. a. in den Isarauen – nördlich kann man bis Wolfratshausen gehen, südlich bis über Lenggries hinaus. Schön ist die Runde über den **Wackersberg** (gesamt ca. 3 Std.); für die Einkehr sind das Café Forsthaus an der Straße vom Kurviertel Tölz nach Wackersberg (Mo. geschl.) und der Altwirt in Wackersberg mit seiner alten Gaststube zu empfehlen.

Blomberg Den 1237 m hohen Tölzer Hausberg erklimmt man vom »Nirwana« zu Fuß in 1.30 Std. oder mit einem Sessellift. Es gibt eine 1,2 km lange Sommerrodelbahn, im Winter schlittelt man vom Blomberghaus 5,5 km zur Talstation hinunter. Vom Blomberghaus braucht man 30 Min. auf den **Zwieselberg** (1348 m) mit umfassender Aussicht.

Gaißach Südöstlich von Tölz liegen die Ortsteile von Gaißach; auf der Höhe mit schönem Ausblick das hübsche Kircherl St. Michael (spätgotisch, im Rokoko umgestaltet). Mitte/Ende Jan. findet am Lehener Berg das berühmte **Schnablerrennen** statt. Lohnender Gang von Grundnern südlich von Gaißach auf den **Sonntratn** (1096 m, Aufstieg ca. 1 Std.): Blick auf Benediktenwand und die Streifenfluren im Isartal.

Bad Heilbrunn

Bad Heilbrunn (682 m, 3700 Einw.) westlich von Tölz ist ein ruhiger Kurort mit starker Jodquelle, ab dem 17. Jh. bayerisches Hofbad. 1832 erhielt die Quelle den Namen »Adelheidquelle«, da die Kurfürstin Henriette Adelheid von Savoyen (►München, Schloss Nymphenburg) nach ihrem Aufenthalt 1659 den Thronfolger zur Welt brachte. Die schön gelegene **Parkvilla** (Gesundheitszentrum) erbaute Gabriel von Seidl 1912 für den Hofschlossermeister Höck.

Königsdorf

Der stattliche, 778 erstmals genannte Ort (625 m, 2900 Einw.) liegt nordwestlich von Bad Tölz im Loisachtal über dem Königsdorfer Moor, dem größten zusammenhängenden Hochmoor in Oberbayern. Die Pfarrkirche **St. Laurentius**, einst Mutterkirche des Isarwinkels, entstand in spätgotischer Zeit und wurde 1785 mit Wessobunner Stuck und von Chr. Winck mit Fresken ausgeschmückt.

*** Dietramszell**

In Dietramszell (3600 Einw.) 11 km nördlich von Tölz ist das ehemalige Augustiner-Chorherrenstift interessant, dessen Kirche zu den **schönsten barocken Gotteshäusern** Oberbayerns zählt. Gegründet wurde das Stift 1102 durch Tegernseer Mönche, seit 1831 wird es von Salesianerinnen genützt. Der Innenraum (1729 – 1741) – eine Wandpfeilerhalle nach den Vorbild von Beuerberg (► Wolfratshausen) – glänzt mit Stuck und Deckengemälden von J. B. Zimmermann; er schuf auch das Hochaltarbild (1745). Weitere Teile der Ausstattung, v. a. die Kanzel, stammen von dem Weilheimer F. X. Schmädl. Im südlichen Seitenschiff die spätgotische Figur des seligen Dietram († 1147), die wohl von einem Stifter-Hochgrab stammt.

Maria Elend

In der Nähe von Dietramszell liegen weitere schöne Kirchen. Südlich, einsam im Wald, die achteckige Wallfahrtskirche Maria Elend (1690). Das Deckenfresko (1791) stammt von dem Weilheimer J. S. Troger; beachtenswert sind auch die Votivtafeln. An der Straße nach Linden (1 km nördlich von Dietramszell) steht die spätbarocke Wallfahrtskirche **St. Leonhard** (1769). Das Kuppelfresko des Münchner Hofmalers Chr. Winck (1769) verherrlicht den Kirchenpatron.

*** Kloster Reutberg**

Eines der beliebtesten Ausflugsziele des Tölzer Lands ist das Kloster Reutberg, das bei Sachsenkam 8 km nordöstlich von Tölz von der Anhöhe grüßt. Die Produkte der **Klosterbrauerei** sind ausgezeichnet, ebenso der **Ausblick** vom Biergarten des Bräustüberls. Zum Josephsfest (19. März) wird der Josefibock gebraut und im Festzelt verkonsumiert. Die **Klosterkirche** (1729 – 1735) ist einen Blick wert: 1606 kam aus dem italienischen Loreto ein Marien-Gnadenbild hierher, für das eine Kapelle und ein Kloster errichtet wurden. Zur Weihnachtszeit wird das **Reutberger Jesuskind** verehrt, eine wahrscheinlich spanische Figur, die 1743 aus der Geburtskirche in Bethlehem hierher kam. Sommers kann man im nahen **Kirchsee** baden. Feine französische Küche pflegt die Auberge Moar Alm bei Sachsenkam, östlich der B 13 (Tel. 0 80 21 / 55 20, Di. geschl.).

★ Bayrischzell

P 7

Landkreis: Miesbach
Einwohnerzahl: 1600
Höhe: 800 m ü. d. M.

Vom Schliersee dringt das freundliche Leitzach-Tal östlich bis zum Wendelstein und zum Großen Traithen vor: Dort liegt Bayrischzell, eines der hübschesten Dörfer Oberbayerns. Das Sudelfeld ist ein beliebtes Skigebiet, auch für Münchner, denn Bayrischzell ist mit der Bayerischen Oberlandbahn bequem erreichbar.

Sehenswertes in Bayrischzell

Mit den in parkartiger Landschaft verteilten blumengeschmückten Bauernhäusern nimmt der Luftkurort für sich ein; der Wendelstein (1838 m) im Norden, der Große Traithen (1852 m) im Südosten und der Seebergkopf (1538 m) im Südwesten bilden den eindrucksvollen Rahmen. Mittelpunkt des Orts ist die **Pfarrkirche St. Margaretha** mit spätgotischem Turm; der 1733/1734 entstandene Zentralbau glänzt mit farbenfrohem Rokoko. Im Hochaltar die Figuren der »drei heiligen Madl« Katharina, Margaretha und Barbara, bemerkenswert sind die Deckenfresken von Melchior Puchner.

Umgebung von Bayrischzell

★★ Wendelstein

Unvergleichlich ist die Aussicht – bis München, an klaren Tagen bis zum Bayerischen Wald – vom »Glatzkopf Oberbayerns«, der mit Observatorium, Sendemasten, Windkraftwerk, Kircherl und Berggasthof ausgestattet ist. Von Osterhofen ist er mit einer Kabinenseilbahn zu erreichen (► Bayrischzell erleben), zu Fuß von Bayrischzell und von der Sudelfeldstraße aus (ca. 3,5 Std.).

BAYRISCHZELL ERLEBEN

AUSKUNFT

Kur- und Tourist-Info
Kirchplatz 2
83735 Bayrischzell
Tel. (0 80 23) 6 48
www.bayrischzell.de

WENDELSTEIN-SEILBAHN

Talstation Osterhofen
Bergfahrten: tgl. 9.15 16.00, im Winter bis 15.00, letzte Talfahrt im Sommer 17.00, im Winter 16.00
Auskunft: Tel. (0 80 23) 782
www.wendelsteinbahn.de

ÜBERNACHTEN / ESSEN

► Günstig / Komfortabel

Postgasthof Rote Wand
Geitau 15
83735 Bayrischzell
Tel. (0 80 23) 90 50
www.gasthofrotewand.de
Der gediegene Gasthof mit freundlichem Service liegt recht ruhig im westlichen Vorort bon Bayrischzell. Das Restaurant (dienstags geschlossen) wird für seine gute Küche gelobt. Auch die hauseigene Konditorei genießt einen guten Ruf.

Beherrschender Felsberg: der Wendelstein von Dorf bei Osterhofen aus gesehen

Von ► Brannenburg fährt eine Zahnradbahn auf den Wendelstein; die Busse der **Wendelstein-Ringlinie** verbinden die Talstationen der Bergbahnen mit den Orten rund um den Berg.

★ ◄ Geo-Park

Im Geo-Park werden auf bestens ausgeschilderten vier Wanderwegen (je 2 – 3 Std.) das Panorama und seine geologischen Aspekte erläutert, so etwa die Gebirgsentstehung, das Leben vor Urzeiten und das Korallenwachstum.

Rotwand

Die Rotwand (1884 m) bildet mit Taubenstein und Aiplspitz eine markante Gipfelgruppe des Mangfallgebirges. Beliebt und unschwierig ist ihre Überschreitung (mit Übernachtung im Rotwandhaus). Übrigens: Nicht weit von hier wurde im Sommer 2006 »Problembär« Bruno erlegt (►S. 325).

Sudelfeld

Das Sudelfeld (bis 1563 m) östlich von Bayrischzell ist mit Kabinenbahn, Sesselbahnen und Schleppliften bestens erschlossen. Im Sommer ist das Obere Sudelfeld mit einer Seilbahn und auf einer Straße zu erreichen. Legendär ist dort die **Speckalm** für ihre gute, handfeste Kost. In östlicher Richtung führt die **Sudelfeldstraße**, die auch bei Motorradfahrern beliebt ist, zum Tatzelwurm und weiter nach ► Brannenburg bzw. Oberaudorf (► Kiefersfelden), wobei letztere Straße besonders schön ist.

! *Baedeker* TIPP

Inntal-Runde

Sehr reizvolle, knapp 60 km lange Rundfahrt von Bayrischzell aus: übers Sudelfeld (1100 m) zum Tatzelwurm und über Oberaudorf nach Kufstein, zurück im Tal der Thierseer Ache über den Ursprung-Pass (894 m). Unterwegs im Thiersee baden oder an der kühlen Ache picknicken. Für Radsportler mit ca. 800 m Gesamtanstieg eine lohnende Herausforderung.

Benediktbeuern

M 7

Landkreis: Bad Tölz-Wolfratshausen **Höhe:** 640 m ü. d. M.
Einwohnerzahl: 3400

Vor der herrlichen Kulisse der Benediktenwand liegt eines der ältesten und schönsten Klöster im Alpenvorland.

Geschichte Das Kloster wurde um 739 gegründet, die erste Kirche 750 von Bonifatius geweiht. Adlige Stifter sorgten für frühen Reichtum, und durch die Armreliquie des hl. Benedikt, die Karl der Große für das Kloster erworben hatte, wurde es zum wichtigsten Kultort des Ordensgründers im deutschen Sprachraum. 1273 fand hier die **erste Fronleichnamsprozession in Bayern** statt. Die barocke Klosteranlage entstand 1669 – 1679; 1708 – 1718 kam der Maierhof, 1722 die Bibliothek hinzu. 1803 wurden in der Bibliothek die **Carmina Burana** entdeckt, eine Sammlung von Vagantenliedern aus dem 13. Jh., die durch die Vertonung von Carl Orff (1936) weltberühmt wurde. 1930 bezogen Salesianer das Kloster, die eine Philosophisch-Theologische Hochschule betreuen; auch die Katholische Stiftungsfachhochschule für Sozialwesen ist hier ansässig, außerdem ein Zentrum für Umwelt und Kultur sowie die größte Jugendherberge Deutschlands.

✶✶ Klosterkirche Die zweitürmige Kirche St. Benedikt, eine Wandpfeilerhalle mit Emporen und doppelgeschossigem Chor, wurde von dem Weilheimer Baumeister Kaspar Feichtmayr 1681 – 1686 in italienischem Hochbarock errichtet. Das reich stuckierte Innere ist mit Fresken von Hans Georg Asam geschmückt, dem Vater von Egid Quirin und Cos-

BENEDIKTBEUERN ERLEBEN

AUSKUNFT

Gästeinformation Benediktbeuern
Prälatenstr. 3, 83671 Benediktbeuern
Tel. (0 88 57) 248
www.benediktbeuern.de
www.kloster-benediktbeuern.de

FESTE UND EVENTS

Fronleichnam: Älteste Prozession Bayerns. Sept.: Konzerte in der Basilika (Info Tel. 0 89 / 9 97 38 96, www.bvv-ev.de), auch der grandiose barocke Festsaal und der Maierhof sind Rahmen für Konzerte (►S. 93). Um den 6. Nov.: Leonhardi-Fahrt.

ESSEN

► **Preiswert**

Klosterbräustüberl
Tel. (0 88 57) 94 07
Zünftige große Wirtsstube mit der üblichen bayerischen Karte. Ein großer Biergarten gehört dazu.

ÜBERNACHTEN

► **Günstig**

Gasthof zur Post
Dorfplatz 1, Tel. (0 88 57) 338
Hübsche, neu gestaltete Zimmer und sehr geschmackvolle Gaststuben (Mo. Ruhetag). An der Hauptstraße.

Rast im Bräustüberl-Biergarten des ehrwürdigen Klosters Benediktbeuern

mas Damian Asam. An der Nordseite des Chors liegt die **Anastasia-Kapelle**, ein Glanzstück des Rokokos mit elliptischem Grundriss, 1751 – 1758 errichtet von Johann Michael Fischer für die Reliquie der hl. Anastasia, mit plastischem Schmuck (in den Seitenaltären) von Ignaz Günther und Deckenfresko von Johann Jakob Zeiller.

Glashütte

In den Wirtschaftsgebäuden befand sich 1803 – 1884 eine Glashütte und 1809 – 1819 das Optische Institut, in dem **Joseph von Fraunhofer** (► Berühmte Persönlichkeiten) die nach ihm benannten Absorptionslinien im Sonnenspektrum entdeckte. Klosterkirche und Glashütte sind tgl. 9.00 – 17.00 Uhr zugänglich.

Trachten-Informationszentrum

In den ehemaligen Stallungen des Klosters sind **herrliche Trachten** zu bewundern – das Trachten-Informationszentrum des Bezirks Oberbayern ist nicht nur Museum, es bietet auch Beratung, Vorträge und Nähkurse an. Geöffnet Do. 9.00 – 18.00 Uhr (außer 2. Aug.-Hälfte), Anmeldung zu einer Führung Tel. (0 88 57) 8 88 33.

Umgebung von Benediktbeuern

Benediktenwand

Weithin zu sehen ist die eindrucksvolle Benediktenwand (1800 m) zwischen Lenggries und dem Kochelsee, ein Felsrücken mit 450 m hoch aufragender Nordflanke. Von Benediktbeuern aus führt eine

! Baedeker TIPP

Winterzauber

Die Tutzinger Hütte ist eine der wenigen in den Bergen, die auch im Winter zu Fuß – das heißt ohne Ski – zu erreichen sind. Sie ist von 25. Dez. bis 6. Jan. geöffnet, für Silvester muss man früh reservieren: Tel. (0175) 1 64 16 90.

Forststraße über die Kohlstattalm (1027 m) zur **Tutzinger Hütte** (1327 m) unter der Nordwand. Aufstieg zum Gipfel über Ost- oder Westweg, teils drahtseilgesichert (ca. 1.30 Std). Vom Gipfel großartige Aussicht. Anspruchsvolle Wanderwege erschließen das ganze Massiv, das auch Kletterrouten aller Schwierigkeitsgrade aufweist.

✶ **Bichl**

In Bichl (622 m, 2000 Einw.) nördlich von Benediktbeuern steht auf dem »Bichl« (Hügel) **eine der schönsten oberbayerischen Dorfkirchen**, die St.-Georgs-Kirche, die J. M. Fischer 1751/1752 errichtete. Die Deckenfresken mit der Georgslegende schuf J. J. Zeiller 1753; J. B. Straub schnitzte die schöne Hochaltargruppe des hl. Georg. Im »Bayerischen Löwen« (Tel. 0 88 57 / 89 95 99, Mo./Di. geschl.) isst man fein, bodenständige Kost gibt's 3 km westlich im Urthalerhof.

Penzberg

In Penzberg 8 km nördlich von Benediktbeuern ist das **Stadt- und Bergwerksmuseum** interessant (geöffnet April – Nov. an Markttagen und am 1. Sa. im Monat 14.00 – 17.00 Uhr). Gezeigt werden Gerätschaften aus dem bis 1966 bestehenden Kohlebergwerk Penzberg.

✶✶ Berchtesgaden

V/W 8

Landkreis: Berchtesgadener Land
Einwohnerzahl: 7700
Höhe: 573 m ü. d. M.

Wohl nirgends ist die oberbayerische Szenerie mächtiger und schöner als im südöstlichsten Winkel der deutschen Lande, an Königssee und Watzmann. Früh durch das Salz zu Wohlstand gekommen, empfängt der Kurort Berchtesgaden mit der Atmosphäre eines gediegenen, typischen südbayerischen Marktorts.

Berchtesgaden liegt in einem weiten, von gewaltigen Bergmassiven umgebenen Talkessel. Beherrschend ragen im Süden die Felszähne des Watzmanns (2713 m) auf, der Hohe Göll (2522 m) und – an der Grenze nach Österreich – das Steinerne Meer. Als heilklimatischer Luftkurort und Solebad ist Berchtesgaden einer der meistbesuchten Fremdenverkehrsorte der bayerischen Alpen – im Frühjahr und im Herbst bleibt man von den Tausenden Autos und Bussen verschont.

Nationalpark Berchtesgaden

Seit 1978 besteht der rund 210 km² große Nationalpark südwestlich von Berchtesgaden mit dem Königssee und dem Watzmann. Schon seit dem frühen 20. Jh. gab es das »Naturschutzgebiet Königssee«,

Berchtesgaden am königlichen Watzmann, gesehen von Metzenleiten

dessen Begründer besonders den Pflanzenschutz zum Ziel hatten. Später konnte man den Bau einer Seilbahn auf den Watzmann verhindern. Informationsstellen gibt es in Berchtesgaden, Schönau, Ramsau-Hintersee, an der Wimbachbrücke und auf der Kühroint, angeboten werden u. a. geführte Wanderungen mit Themen wie Natur, Vogelstimmen, Geologie und Volkskunde.

Ein wenig Geschichte

Im 11. Jh. hatte ein Aribone namens Perther hier im Waldgebiet ein einstöckiges Haus, einen »Gaden«; aus Perthersgaden wurde Berchtesgaden. Keimzelle des Marktorts war das im Jahr 1103 gegründete Augustiner-Chorherrenstift. Durch den Salzbergbau ab Ende des 12. Jh.s wurde das Stift wohlhabend und erlangte Reichsfreiheit; seine Pröpste wurden 1491 Reichsfürsten. Die Bauern erhielten Güter als Lehen, weshalb die Höfe heute noch so heißen. Der karge Boden hat seine Bewohner schlecht ernährt; eine zusätzliche Einnahmequelle war die »Berchtesgadener War«, von einfachem Holzspielzeug über schön bemalte Spanschachteln bis zu feinsten Bein-Schnitzereien.

Sehenswertes in Berchtesgaden

Marktplatz

Der Marktplatz ist Mittelpunkt des bürgerlichen Zentrums und der einstigen Fürstpropstei. Die meisten Häuser gehen ins Spätmittelalter zurück; das Gasthaus Neuhaus entstand 1576 als Stiftstaferne. Das Hirschenhaus (Marktplatz 3) von 1594 besitzt zur Metzgergasse hin **originelle Fresken von 1610**: Affen parodieren menschliche Laster.

Schlossplatz

Der Schlossplatz mit der Stiftskirche St. Peter und St. Johannes und dem Königlichen Schloss ist ein eindrucksvolles Denkmal der 700-jährigen Geschichte der Fürstpropstei. Die einstige **Residenz der Fürstpröpste** erhielt ihre Gestalt Ende des 18. Jh.s, nach der Säkularisation war sie königliche Sommerresidenz (heute noch im Besitz des Hauses Wittelsbach). Im frühgotischen Dormitorium ist eine großartige Sammlung **wittelsbachischer Kunstschätze** ausgestellt: insbesondere Skulpturen aus dem 15.–18. Jh (u. a. Erasmus Grasser, Veit Stoß, Heinrich Yselin). Geöffnet 16. Mai – 15. Okt. So. – Fr. 10.00 bis 12.00, 14.00 – 16.00, sonst Mo. – Fr. 11.00 – 14.00 Uhr.

✶ Schlossmuseum ►

Stiftskirche St. Peter und St. Johannes

Die spätgotische Hallenkirche besitzt eine romanische Doppelturmfassade (1865 erneuert) mit originalem Portal und einen frühgotischen Chor. Das beeindruckende **Chorgestühl** entstand im 14./15. Jh., der Hochaltar aus Untersberger Marmor 1663 – 1669. Langhaus und Chor sind mit prächtigen Grabsteinen der Fürstpröpste geschmückt. Im Süden schließt der stimmungsvolle **Kreuzgang** (um 1200) an, eine Rarität in Süddeutschland; den Eingang zum Schlossmuseum bewacht ein Löwe aus Adneter Marmor vom Westportal.

Pfarrkirche St. Andreas

Die Pfarrkirche von 1397 erhielt um 1700 ihre barocke Form; die Konstruktion des **Tonnengewölbes** – es ist am Dachstuhl aufgehängt – ist einzigartig in Deutschland. Beachtenswert sind das Epitaph mit einem »Jüngsten Gericht« (16. Jh.) und die Grabsteine außen.

Berchtesgaden Orientierung

Übernachten
① Hotel Bavaria

Stimmungsvolle Arkaden am Berchtesgadener Schlossplatz

Franziskanerkirche

Die zweischiffige spätgotische Hallenkirche des Franziskanerordens (um 1480) besitzt schöne Sterngewölbe. Im Chor wird eine seltene **Madonna im Ährenkleid** (1500) aufbewahrt, eine Nachbildung des Gnadenbildes im Mailänder Dom. Gegenüber der Kirche stehen das Hotel Watzmann und das Berchtesgadener Bauerntheater.

Nationalpark-Haus

In einem Trakt des Franziskanerklosters ist die zentrale Informationsstelle des Nationalparks Berchtesgaden untergebracht (geöffnet Mo.–Sa. 9.00–17.00 Uhr, Tel. 6 43 43). Mit Ausstellung und Diaschau informiert es über den Park und die Berchtesgadener Landschaft; hier gibt es Wanderkarten, Broschüren etc.

Königliche Villa Kalvarienberg

Maximilian II. ließ sich im Westen der Stadt 1849–1852 eine »italienische« Villa als Sommersitz erbauen. Am Kalvarienberg (1760) mit Stationskapellen und einer großen Kreuzigungsgruppe in einer Ädikula führt die **Soleleitung** nach Reichenhall vorbei. Der Gang vom Rathausplatz nordwestlich hinauf zum Lockstein belohnt mit herrlichem Ausblick (und einem Café). Bemalte Spanschachteln und anderes aus lokaler Produktion – die »Berchtesgadener War« – sind im Heimatmuseum im **Schloss Adelsheim** am nördlichen Stadtrand zu bewundern. Schön ist auch die Hinterglasmalerei. Geöffnet Di.–So. 10.00–16.00 Uhr. Es gibt hier auch Werkstätten und Verkaufsräume.

◀ Lockstein

◀ Heimatmuseum

★ **Erlebnisbergwerk Berchtesgaden**

Wahrlich ein Erlebnis ist der Besuch im jüngst mit Laserkino und Touchscreens aufgemotzten **Salzbergwerk** (drunten ist es nur 12 °C warm!). Neuerdings fährt man im eleganten Overall mit der Grubenbahn ein, auf Rutschen gelangt man zum unterirdischen See, den man auf einem Floß überquert. Auf der **»Salzzeitreise«** erfährt man alles über die begehrten weißen Kristalle (geöffnet Mai–Okt. tägl. 9.00–17.00, 2. Nov.–April tgl. 11.30–15.00 Uhr).

BERCHTESGADEN ERLEBEN

AUSKUNFT

Kur- und Tourismusverein
Kurhaus, Maximilianstraße
83471 Berchtesgaden
Tel. (0 86 52) 94 45-300
www.berchtesgaden.de

FESTE UND EVENTS

Anf. Mai: Oldtimer-Rallye am Rossfeld. Anf. Juli: Trachtenjahrtag. Ende Juli: Seefest mit Feuerwerk, Schönau. Mitte Aug.: Schönauer Rosstag. Ende Aug.: Wallfahrt von Maria Alm übers Steinerne Feld nach St. Bartholomä; Kirchweih in St. Bartholomä. Anfang Okt.: Almabtrieb von der Salet-Alm über den Königsee. 2. Okt.-So.: Kirchweih Maria Gern. 1. Advents-So.: Buttmanndl-Laufen in Loipl. Weihnachten/Silvester: Böllerschießen auf dem Lockstein und an anderen Plätzen (das »Christkind wird angeschossen« und »das alte Jahr hinausgeschossen«).

ESSEN / ÜBERNACHTEN

► Erschwinglich

Bio-Hotel Kurz
Schulstr. 1, 83483 Bischofswiesen
Tel. (0 86 52) 9 80-0
www.biohotel-kurz-de
Eine echte Oase (ohne Wellness-Firlefanz) ist die liebevoll gestaltete Villa von 1928. Hochwertige vegetarische Küche zu fairen Preisen (tägl. geöffnet; Nicht-Hausgäste mögen reservieren).

► Preiswert

Alpengasthof Vorderbrand
Vorderbrandstr. 91, 83471 Schönau
Tel. (0 86 52) 20 59
www.berchtesgaden.com/vorderbrand
In traumhafter Kulisse auf 1070 m Höhe gelegenener Almgasthof mit 10 gemütlichen Zimmern und Matratzenlager. Traditionelle alpenländische Küche (Mo. geschl.).

Oberwirt
Im Tal 86, 83486 Ramsau
Tel. (0 86 57) 2 25
Zur berühmten Ramsauer Kirche gehört natürlich auch ein guter, (500 Jahre) alter Gasthof. Altbayerische Stuben und schattiger Biergarten. Zimmer mit modernem Komfort.

ÜBERNACHTEN

► Komfortabel

① ***Hotel Bavaria***
Sunklergässchen 11, Berchtesgaden
Tel. (0 86 52) 96 61-0
Nettes gründerzeitliches Haus, ruhig und zentral gelegen, mit schönen, modern-rustikalen Zimmern. Der Blick von den Balkonen und der Terrasse ist umwerfend.

Enzianbrennerei Grassl Aus gelbem und lila Enzian macht die Firma Grassl in Unterau (an der B 305), Deutschlands älteste Brennerei, seit 1602 ihren herben Stoff. Besichtigung mit Kostprobe Mai – Okt. Mo. – Fr. 8.00 – 18.00, Sa. 8.00 bis 14.00, sonst Mo. – Fr. 8.00 – 17.00, Sa. 8.30 – 12.00 Uhr.

Umgebung von Berchtesgaden

Obersalzberg Nicht zufällig wählte Adolf Hitler den gut 1000 m hohen Obersalzberg östlich von Berchtesgaden zum Lieblingsaufenthalt, hat man

hier doch einen grandiosen Ausblick. Nach der Machtübernahme 1933 entstand aus aufgekauften oder enteigneten Bauernhöfen und Villen die **zweite Machtzentrale des Nazi-Regimes** – auch Göring und Speer hatten hier Domizile –, in der Massenmord und Krieg geplant wurden. Von den (oberirdischen) Bauten ist heute nichts mehr zu sehen; was nach der Bombardierung 1944 und der Nutzung durch die Amerikaner bis 1996 übrig war, wurde abgerissen. 2005 wurde das bislang wenig ausgelastete **InterContinental Resort Berchtesgaden** auf dem Eckerbichl eröffnet, der einstigen Adolf-Hitler-Höhe. Die vom Münchner Institut für Zeitgeschichte betreute **Dokumentation Obersalzberg** informiert über die Geschichte des Orts und seine Bedeutung (geöffnet April – Okt. tgl. 9.00 bis 17.00, Nov. März Di. – So. 10.00 bis 15.00 Uhr). Im Bereich des Obersalzbergs gibt es viele bequeme Wanderwege, den Anstieg auf 1000 m Höhe kann man mit der Obersalzbergbahn bewerkstelligen. Im **Adlergehege** am Beginn der Kehlsteinstraße sind Beutegreifer, Schlangen und Murmeltiere zu sehen.

Der Kehlsteinhaus wurde früher Adlernest genannt. Im Hintergrund das Lattengebirge.

✶ **Kehlstein**

Auf den Kehlstein (1834 m) und zum Kehlsteinhaus führt die 6,5 km lange **Kehlsteinstraße**. Martin Bormann ließ sie zu Hitlers Geburtstag 1939 in 13 Monaten in den Fels sprengen. Die Straße ist für den öffentlichen Verkehr gesperrt; RVO-Busse fahren Mitte Mai bis Ende Oktober. Vom Parkplatz führt ein Tunnel zum alten, messingverkleideten Lift, der ins **Kehlsteinhaus** bringt: fantastische Aussicht und gute Wandermöglichkeiten.

✶ **Rossfeld**

Die mautpflichtige Rossfeld-Ringstraße östlich der Stadt (16,4 km, auch im Winter geöffnet) ist die **höchste deutsche Bergstraße** – sie wurde im Dritten Reich als End- und Glanzstück der Deutschen Alpenstraße begonnen und nach Kriegsende fertiggestellt. Sie eröffnet großartige Panoramen, auch ins österreichiche Salzachtal. Das Rossfeld ist ein beliebtes Skigebiet für Familien und Snowboarder.

Toter Mann

Westlich des Berchtesgadener Talkessels bietet der 1391 m hohe Tote Mann lohnende leichte Wanderungen. Eine Runde, teils entlang der Soleleitung (ca. 4 Std.): Vom Gasthaus Söldenköpfl oberhalb Engedey zum Gasthaus Zipfhäusl, über das Hirscheck zum Gipfel und wieder hinunter. Erleichtern kann man sich den Aufstieg mit der Hirscheckbahn, auch im Winter zum Genuss der 3,3 km langen Schlittenbahn.

Barocke Wallfahrtskirche Maria Gern vor dem Untersberg

★ **Maria Gern**

★★ Kneifelspitze ▶

Nördlich von Berchtesgaden bietet das Gerner Hochtal mit der Wallfahrtskirche Maria Gern ein zauberhaftes Bild. In 45 Min. geht man von Berchtesgaden zum Kircherl in alpenländischem Bauernbarock (1710) mit geschnitztem Gnadenbild von 1666. Von Maria Gern braucht man ca. 1.30 Std. zum Gipfel der Kneifelspitze (1189 m, mit Gasthaus), einem der besten Aussichtspunkte der Gegend: einmaliger Blick über Berchtesgaden auf den Watzmann.

★ **Almbachklamm Ettenberg**

Zwischen Berchtesgaden und Marktschellenberg hat der Almbach eine wildromantische Schlucht gegraben. Von der **Kugelmühle** (gutes Gasthaus, Tel. 0 86 50 / 4 61) – in der Marmormurmeln geschliffen werden – erreicht man die Klamm, die Mai–Okt. begehbar ist. Unterhalb des 110 m hohen **Sulzer Wasserfalls** zweigt der Weg hinauf nach **Ettenberg** ab, einer Sonnenterrasse mit der Rokoko-Wallfahrtskirche Mariä Heimsuchung (1724) und dem prächtigen Mesnerwirt (Tel. 08650/245, Mo. geschl.). Ende Juli findet hier das Annafest statt. Über den Hammerstielwandweg geht es wieder hinunter zur Kugelmühle (Gesamtgehzeit: ca. 3 Std.).

! *Baedeker* TIPP

Entlang der Sole-Pipeline

Die Sole aus dem Berchtesgadener Bergwerk wird über den Pass Hallthurm nach Bad Reichenhall gepumpt und dort zu Salz verarbeitet. Vorher floss sie über 100 Jahre lang durch die heute noch sichtbare Soleleitung über den Lockstein und das Söldenköpfl. Ihr folgt der »Soleleitungsweg«, der zu einem der schönsten Wanderwege im Berchtesgadener Land ausgebaut wurde.

Eine 1570 m hoch am Südabfall des Salzburger Hochthrons gelegene Höhle verzaubert mit glit-

zernder Eispracht. Aufstieg (ca. 3 Std.) vom Passthurm nördlich von Marktschellenberg über die Toni-Lenz-Hütte (1450 m, bewirtschaftet). Zugänglich Pfingsten – Ende Okt., Führungen stündlich 10.00 – 16.00 Uhr. Auf dem kühnen Thomas-Eder-Steig gelangt man in 1.30 Std. bequem und sicher – mit großartigem Ausblick – zum Geiereck (Bergstation der Untersbergbahn).

Schellenberger Eishöhle

Der Berchtesgadener Hochthron (1972 m), die höchste Erhebung des Untersbergs, ragt mit seiner Südwand königlich auf. Kürzester Aufstieg von Hintergern über den Stöhrweg zum bewirtschafteten Stöhr-Haus (1894 m); von dort in 20 Min. zum Gipfel. Herrliches Panorama, eines der schönsten der Gegend.

✶ Hochthron

Der heilklimatische Kurort Bischofswiesen (8000 Einw.) liegt schön zwischen dem Lattengebirge im Westen, dem Untersberg im Norden und dem Toten Mann; südlich öffnet sich der Blick auf die **fantastische Gebirgsszenerie** von Berchtesgaden mit dem Watzmann. In Aschauerweiher gibt es ein Naturbad. Schöne Wanderung hinauf nach **Loipl** mit idyllisch verstreut liegenden Bauernhöfen und Wallfahrtskapelle (1.30 Std.). Skigebiet am Götschenkopf (Sessellift).

Bischofswiesen

? WUSSTEN SIE SCHON ...?

- Autofahrer müssen in Loipl besonders aufpassen. Hier haben die Bauern das Recht der Freiweide, das heißt, das Jungvieh darf grasen, wo es will. Dabei hält es sich natürlich nicht an die Verkehrsregeln – »de Kiah ham immer Vorfahrt!«

✶✶ Königssee

Ein absoluter Höhepunkt Oberbayerns ist der in eine großartige Gebirgsszenerie eingesenkte Königssee. 8 km lang und bis 1,2 km breit, ringsum von über 1500 m hohen Kalkwänden eingeschlossen – im Westen Watzmanngruppe, im Süden Steinernes Meer, im Osten Hagengebirge –, macht er den Eindruck eines Fjords. Als tektonischer Spaltensee entstand er lange vor der Eiszeit. Vom Seegrund (Tiefe 194 m) bis zur Spitze des Watzmanns sind es 2300 m Höhenunterschied. Zwei Welten stoßen am See aufeinander: zeitweise heftigster Tourismus und ein weithin menschenleeres Hochgebirge.

Am nördlichsten Punkt des Sees liegt der Ferienort Schönau. Im ehemaligen Bahnhof ist eine Infostelle des Nationalparks Berchtesgaden zu finden (Seestraße 17, geöffnet Mitte Mai – Mitte Okt. tägl. 10.30 – 17.00 Uhr). Die berühmte **Kunsteis-Bob- und Rodelbahn** hält auch für normale Leute schweißtreibende Abenteuer bereit. Vom Dorf Königssee führt ein Fußweg am Ostufer zum **Malerwinkel** (Café): herrlicher Blick auf St. Bartholomä und Watzmann. Das ganze Jahr über – wenn nicht der See zufriert – fahren die Elektroboote: An den Felswänden des Westufers bläst der Schiffer auf dem Flügelhorn, und jeder lauscht gebannt dem **Echo**.

Schönau am Königssee

Herrlich liegt St. Bartholomä vor den Wänden des Watzmanns.

★★ St. Bartholomä

Zu Füßen des Kleinen Watzmanns ragt ein Schwemmfächer in den See hinaus, an dessen Ufer schon 1134 die »basilica Chunigesse« gegründet wurde. 1697/1698 wurde an ihrer Stelle die **Wallfahrtskirche St. Bartholomä** gebaut. Ihr kleeblattförmiger Grundriss hat wohl den Salzburger Dom zum Vorbild. Besonders zu beachten sind ein Vesperbild (um 1600) und eine Statuette der Muttergottes (1630). An die Kirche stößt das **Jagdschloss** an, das bis 1803 den Berchtesgadener Fürstpröpsten und 1811–1918 den Königen diente; schon 1382 als Fischerhaus erwähnt, erhielt es im 15. Jh. seine Gestalt. Seit 1919 ist es Gaststätte (Tel. 0 86 52 / 96 49 37).

Wanderungen

Ein schöner Weg führt von St. Bartholomä zur **Eiskapelle**, einem Schneerest am Fuß der 1800 m hohen Watzmann-Ostwand (2 Std.). Anspruchsvoll ist der Aufstieg über den Rinnkendlsteig zur **Archenkanzel** (1342 m), einem großartigen Aussichtspunkt; über die Kühroint-Alm erreicht man dann den Ort Königssee (gesamt ca. 5 Std.; natürlich kann man auch umgekehrt den leichten Weg von Königssee zur Archenkanzel nehmen). Durch die »Saugasse« erreicht man von St. Bartholomä in ca. 4 Std. das Kärlingerhaus am **Funtensee** (1633 m) im Bereich des Steinernen Meers. Der See ist der kälteste Punkt Deutschlands und weist eine »umgekehrte« Waldgrenze auf: Je näher man

! *Baedeker* TIPP

Schwarzreiter

Man sollte in St. Bartholomä die köstlichen, noch warmen Räucherfische des Fischermeisters Amort genießen. Und von Ende August bis Weihnachten gibt's die »Schwarzreiter«, über einem Haselnussrost geräucherte kleine Seesaiblinge.

ihm kommt, desto spärlicher wird die Vegetation. Der markante Kegel südöstlich des Sees ist das 2225 m hohe Schottmalhorn. Von der Anlegestelle Salet-Alm am Südende des Königssees geht man zum **Obersee** zwischen schroffen Felswänden; am Ostufer liegt die Fischunkel-Alm, über einen Pfad am Südufer zu erreichen.

★ **Jenner**

Der Jenner ist im Sommer eine beliebte Wanderregion und im Winter ein gutes Skigebiet (berühmt ist der steile Spinnergraben). Die Jennerbahn bringt von Königssee auf 1802 m Höhe, vom Gipfel (1874 m) hat man den Watzmann-Blick. Über das Schneibsteinhaus, die Branntweinbrennhütte, die herrlich gelegene **Königsbachalm** und die Gotzentalalm geht man zur Anlegestelle Kessel am Königssee. Man macht die Tour bergab, da man dann den Watzmann und den Königssee von sich hat. An der Jennerbahn beginnt die **Kleine Reibn**, eine bekannte Rundtour (6 Std.) über Schneibstein (2276 m), Seeleinsee und Königsbachalm zur Jennerbahn-Mittelstation.

Feuerpalfen

Von der Gotzentalalm (1685 m) kann man in 1.30 Std. nach Süden zum Aussichtspunkt Feuerpalfen (1741 m) gehen: Von dort bietet sich ein großartiger Blick auf St. Bartholomä und den Watzmann. Einkehr und ggf. Übernachtung in der nahen Gotzenalm.

★★ Watzmann

Südwestlich von Berchtesgaden ragt in unvergleichlicher Majestät der Watzmann auf, das höchste Bergmassiv der Berchtesgadener Alpen. Nach Osten fällt er steil zum Königssee ab. Der Hauptkamm verläuft in Nord-Süd-Richtung und hat drei Gipfel: Hocheck (2651 m), Mittelspitze (2713 m) und Südspitze (2712 m). Von der Mittelspitze zieht der Felsgrat der »Watzmannkinder« zum Kleinen Watzmann (2307 m) hinüber. Der Name der fünf Bergspitzen verweist auf die Sage über die Entstehung des Bergstocks.

Watzmann-Touren

Eine Highlight für erfahrene Alpinisten ist die Überschreitung des **Watzmann-Grats**, von der Kühroint-Alm oder von der Wimbach-Brücke: über Mitterkaser-Alm zum Watzmann-Haus (1928 m, 3.30 Std.), über Hocheck, Mittelspitze und Südspitze; dann durch das Wimbach-Tal zurück zur Wimbach-Brücke (Gesamtgehzeit 12 Std.). Da die Tour sehr beliebt ist, sollte man das Wochenende meiden. Für (trittsichere) Normalverbraucher ist der Aufstieg zum Watzmannhaus und zum **Hocheck** machbar und lohnend. Für die Durchsteigung der **Ostwand** gibt es eine Reihe von Routen; meist entscheidet man sich für eine der Hauptrouten: Kederbachweg (die klassische), Berchtesgadener Weg (die einfachste und meistbegangene), Salzburger Weg. Sie sind mäßig schwierig, nur einige Partien erreichen den 3. Grad. Jedoch stellen die Länge der Touren und die Ausgesetztheit hohe Anforderungen an Kondition und Erfahrung. Bergführer vermittelt die Touristeninformation in Berchtesgaden.

★ Ramsau

Ramsauer Ache

Als das schönste Kleinod im reichen Schatz der Berchtesgadener Landschaft gilt vielen die Ramsau, das Tal der Ramsauer Ache, die westlich von Berchtesgaden zur Reiter Alpe vordringt. In **Ilsank** (bei Engedey) steht das Brunnhaus, in dem eine Pumpe von 1817 bis 1927 die Sole zum Söldenköpfl hinaufdrückte. Teile des Wegs entlang der Soleleitung Berchtesgaden – Reichenhall über die Schwarzbachwacht sind heute als **Ramsauer Höhenweg** eingerichtet.

Wimbachtal

Südlich zweigt das karge Wimbachtal zwischen Watzmann und Hochkalter ab, einst ein Jagdgebiet der Wittelsbacher. Über die Wimbachbrücke gelangt man zur **Wimbachklamm** mit schönen Wasserfällen (begehbar ca. Anfang Mai – Mitte Okt.). Der Weg im Tal führt zum Wimbachschloss (937 m), einst königliche Jagdhütte, und zur Wimbachgries-Hütte (1327 m). Von hier in 2 Std. auf einfachem Weg auf die **Hirschwiese** (2114 m), einen beliebten Aussichtsberg.

Ramsau (Ort)

Ramsau (668 m, 1800 Einw.) ist ein gut besuchter heilklimatischer Kurort. Sein Mittelpunkt ist das **Solegradierwerk** im Bergkurgarten, sein Wahrzeichen jedoch das vieltausendfach fotografierte Pfarrkircherl **St. Fabian und St. Sebastian** (1512, 1692 barock umgestaltet). An der Empore Schnitzfiguren von Christus und den Aposteln im Weichen Stil (um 1420). Zu beachten sind auch der Taufstein und eine Muttergottes sowie die alten **Grabkreuze** auf dem Friedhof.

★ Kunterwegkirche

Ein ungewöhnliches Bild bietet die schöne spätbarocke Wallfahrtskirche Maria am Kunterweg, 100 m über der Ramsauer Ache am Waldhang des Kunterwegkogels gelegen. 1731 – 1733 errichtet, birgt sie im

Ramsau – mit der Kirche St. Fabian und dem Oberwirt – vor der Reiter Alpe

Hauptaltar das geschnitzte **Gnadenbild von 1690**. In einer Nische sind Votivtafeln (»Taferln«) zu sehen, deren älteste mit 1709 datiert ist. Im Deckenbild des Langhauses ist die Vertreibung der Protestanten aus dem Berchtesgadener Land 1733 dargestellt.

Schwarzbachwacht

In ca. 2 Std. geht man von Ramsau am verschilften Taubensee vorbei zur Gaststätte Schwarzbachwacht auf der Passhöhe. Von hier kann man die Tour in die **Reiter Alpe** machen: auf der Grenze zwischen dem Nationalpark Berchtesgaden und dem Truppenübungsplatz in 3 – 4 Std. zur Neuen Traunsteiner Hütte (1560 m). Die Reiter Alpe bildet den Westrand der Berchtesgadener Alpen entlang der Saalach; ein ausgedehntes, im Nordteil mit Zirben und alpiner Vegetation bewachsenes Plateau beherrscht das Massiv.

Hintersee und Klausbachtal

Westlich von Ramsau führt ein Weg durch den **Zauberwald** – in dem Bergsturztrümmer verstreut sind – zum stimmungsvollen Hintersee, der für einige Bergfilme die Kulisse bot. In 45 Min. kann man den See umrunden, am Nordwestufer und im Südwesten gibt es Hotels und Ausflugslokale. Vom Hintersee gehen schöne Touren aus, so zur Neuen Traunsteiner Hütte (1560 m, 4 Std.) und zum Predigtstuhl (2004 m). Linienbusse fahren Mai – Okt. zum Hirschbichlpass hinauf. An der Hirschbichlstraße wird Nov.–April das Rotwild gefüttert. Auf der Bindalm im Talschluss (bewirtschaftet Juni – Sept.) wurden vier »Rundumkaser« wieder hergerichtet.

Blaueisgletscher

Vom Hintersee kann man auch den **Hochkalter** (2606 m) erklimmen, der nach dem Watzmann als schönster Gipfel der Berchtesgadener Alpen gilt: über die Schärtenalm (1360 m) zur Blaueishütte (1680 m); Aufstieg (ca. 3.30 Std.), vorbei am Blaueisgletscher, zum Gipfel. Der Blaueisgletscher ist der nördlichste Gletscher der Alpen. Bis zur Blaueishütte guter Wanderweg, dann Kletterei bis 2. Grad.

Brannenburg

Q 7

Landkreis: Rosenheim
Einwohnerzahl: 5600
Höhe: 509 m ü. d. M.

Wo der Inn das Gebirge verlässt und ins weite Rosenheimer Becken eintritt, liegt Brannenburg, ein beliebter Luftkur- und Wintersportort. Sein ländlich-bayerischer Charakter und die erlebnisreiche Umgebung rund um den Wendelstein machen seinen Reiz aus.

Sehenswertes in Brannenburg

Die spätgotische **Kirche Mariä Himmelfahrt** erhielt um 1780 ihre Rokokoformen; im Chor sind Fresken aus dem 16. Jh. erhalten, bemerkenswert sind auch die eine schöne Kanzel und die Epitaphien aus dem 15.–19. Jahrhundert. Nordwestlich in der Nähe liegt das **Schloss**

Brannenburg, das einstige Preysing-Schloss (16. Jh., um 1875 neu erbaut), das eine Internatsschule beherbergt. Vom Schloss gelangt man nordwestlich auf einem Kreuzweg zur schlichten **Wallfahrtskirche** Mariahilf und St. Johann Nepomuk (1763) in Schwarzlack, die wunderbar über dem Inntal liegt. Den gemalten Stuck und die Deckenfresken erhielt sie erst 1811. Im Hochaltar ist unter dem Gnadenbild Johann Nepomuk vor Brannenburg dargestellt (um 1765).

Biber Am Südrand des Ortsteils Degerndorf ragt die bewaldete Biber auf, ein 50 m hoher Nagelfluhklotz, mit der Wallfahrtskirche **St. Maria Magdalena** (1630). Daneben die Reste einer Klause.

Umgebung von Brannenburg

★ St. Margarethen Auf einer Anhöhe an der Straße zum Tatzelwurm (►unten) liegt das Dorf St. Margarethen. Vom Friedhof der gleichnamigen Kirche hat man einen schönen Blick. In der Kirche sind die spätgotischen Fresken und der barocke Hauptaltar zu beachten. Der Einfirsthof **Zum Gugg** nordwestlich der Kirche, 1542 errichtet, war ab 1654 im Besitz der bedeutenden **Baumeisterfamilie Dientzenhofer**; der 1655 hier geborene Christoph Dientzenhofer wurde zum »Vater« des böhmischen Barocks. Von Degerndorf führt eine Mautstraße hinauf zum **Tatzelwurm**, einer Klamm, in der ein Drache gehaust haben soll. Am Hotel »Feuriger Tatzelwurm« stößt man auf die reizvolle Sudelfeldstraße von ►Bayrischzell nach Oberaudorf (►Kiefersfelden).

In einer halben Stunde erklimmt die Zahnradbahn den Wendelstein.

✶✶ Wendelstein

Die Triebwagen der 1912 eröffneten **Zahnradbahn** erschließen das herrliche Wander- und Skirevier am Wendelstein. Von St. Margrethen erreicht man in 30 Min. die Bergstation in 1723 m Höhe. Weiteres ►Bayrischzell.

Wanderungen am Wendelstein

St. Margarethen ist Ausgangspunkt für lohnende Bergwanderungen. Leicht ist der Weg über Breitenberghaus (800 m) und Lechneralm (1258 m) zur Rampoldalm (1285 m; Aufstieg zur Rampoldplatte empfehlenswert), zurück über Schuhbräu- und Schlipfgrubalm (insgesamt ca. 5 Std.). Von der Lechneralm erreicht man über die Hochsalwand den Wendelstein-Gipfel (anspruchsvoll, ► Schliersee). Auch der Weg zur Mitteralm, der in etwa der Bahntrasse folgt, ist schön.

Flintsbach

Das reizvoll gelegene Flintsbach ist für den 1662 gegründeten »Komödienstadl« berühmt, das zweitälteste deutsche Dorftheater. Blickfang ist die Kirche **St. Martin** in frühem Rokoko (um 1735). Südlich liegt erhöht die **Ruine Falkenstein** mit Bergfried von 1300, und eine gute Stunde weiter oben, auf dem Felskopf »Kleiner Madron«, die Wallfahrtsstätte **Petersberg** mit der Kirche St. Peter und der Sebastianikapelle. Die Mönchszelle wurde im 10. Jh. gegründet, die Kirche entstand im 12. Jh., die Sebastianikapelle soll von ca. 925 datieren. Die Ausstattung stammt weitgehend aus dem 17. Jh.; besonders zu beachten ist die spätgotische Plastik des hl. Petrus im Hochaltar (1525). Im Propsteigebäude von 1696 kann man sich stärken, bevor man den Weg (1.00 Std.) fortsetzt zu den **Astenhöfen**, den höchstgelegenen Bauernhöfen Oberbayerns (Gasthof, Fr. geschl.).

Gletscherschliff

In Fischbach südlich von Flintsbach liegt am Inn ein 200 m breiter Riegel aus Wettersteinkalk, der vom Gletschereis geformt wurde.

► BRANNENBURG ERLEBEN

AUSKUNFT

Verkehrsamt
Rosenheimer Str. 5
83098 Brannenburg
Tel. (0 80 34) 45 15
www.brannenburg.de

WENDELSTEIN-ZAHNRADBAHN

Talbahnhof Brannenburg
Bergfahrten: tgl. 9.00 – 15.00 zu jeder vollen Stunde, letzte Talfahrt im Sommer 17.00, im Winter 15.55
Auskunft: Tel. (0 80 34) 3 08-110
www.wendelsteinbahn.de

ESSEN / ÜBERNACHTEN

► Günstig

Schlosswirt
Kirchplatz 1
83098 Brannenburg
Tel. (0 80 34) 70 71-0
www.schlosswirt.de
Das alte Wirtshaus im Ortskern war im 19. Jh. ein legendärer Künstlertreff. Das Haus wurde vor einiger Zeit geschmackvoll modernisiert. Es gibt komfortablen Gästezimmer und gefällige Gaststuben. Recht idyllisch ist auch der Biergarten unter alten Linden.

★★ Burghausen

U / V 4/5

Landkreis: Altötting
Einwohnerzahl: 18 200
Höhe: 362 m ü. d. M.

Vor allem drei Dinge haben den Namen dieser alten Stadt an der Salzach berühmt gemacht: die größte Burg Deutschlands, ein herrlicher Stadtplatz im Inn-Salzach-Stil und die Jazzwoche im Frühjahr.

Der schmale Bergrücken, der von der Salzach und dem Wöhrsee (vor langer Zeit der Salzachlauf) umschlossen wird, bot sich zur Anlage einer Burg an. Später kam die Stadt im tief ins Moränenland eingeschnittenen Tal der Salzach hinzu. Im Norden von Burghausen glänzen hingegen die Chemie- und Raffinerie-Anlagen der Firmen Wacker und OMV; die finanzielle und soziale Situation der Stadt ist mithin gut, und die Kulturszene blüht dank reichem Sponsoring.

Geschichte Erstmals erwähnt wird Burghausen 1025. Ab 1255 gehörte es zu Niederbayern und war zusammen mit Landshut Residenz der Herzöge von Bayern-Landshut. Ab Mitte des 13. Jh.s lebte der Ort v. a. vom Salzhandel. Von 1393 bis 1503 dauerte die Glanzzeit unter den letzten drei niederbayerischen Herzögen, genannt »die Reichen«; Ende

Burghausen Orientierung

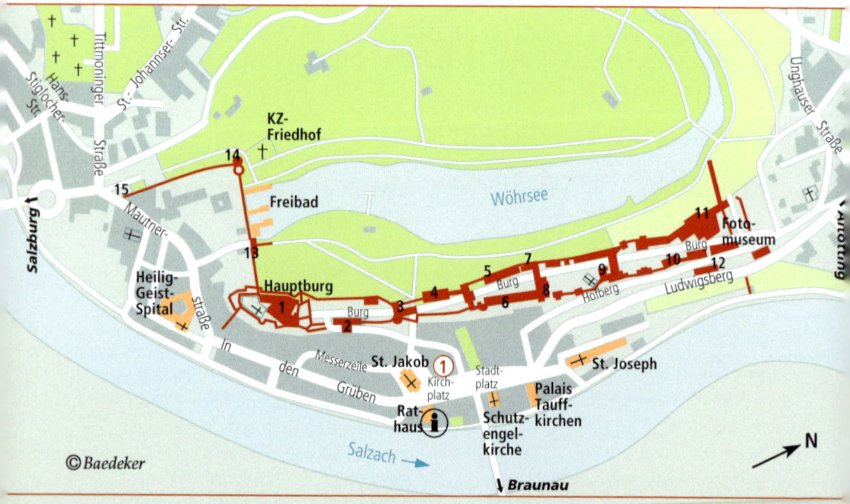

1 Heimatmuseum
2 Ehem. Brauhaus und Bäckerei
3 Georgstor
4 Zeughaus
5 Aventin-Haus
6 Haberkasten
7 Schergenturm
8 Fronfeste
9 Äußere Burgkapelle
10 Rentschreiberei
11 Forstmeisterei
12 Rentamt
13 Mühlturm
14 Eggenbergturm
15 Ehem. Johannestor

Übernachten
① Hotel Post

Die mächtige Burganlage des 13.–16. Jh.s gab der Salzachstadt den Namen.

des 15. Jh.s brachte Georg der Reiche die Burg in die Form, wie sich sich heute präsentiert. 1504 zerstörte ein Feuer große Teile der Stadt. Die Errichtung des herzoglichen Salzmonopols 1594 läutete den Niedergang der Stadt ein, der bis Anfang des 20. Jh.s anhalten sollte: 1779 Verlust des Innviertels als wirtschaftliches Hinterland (seitdem ist Burghausen Grenzstadt), Einstellung der Flussschifffahrt. 1915 siedelten sich dann die Wacker-Chemiewerke an, Beginn der heutigen Prosperität im »Bayerischen Chemiedreieck« zwischen Inn und Salzach (www.bayerisches-chemiedreieck.de).

Sehenswertes in Burghausen

★★ Stadtplatz

Der Stadtplatz gehört mit seinen großartigen **spätmittelalterlichen Häusern** zu den schönsten in Süddeutschland. Das **Rathaus** (Nr. 112–114) mit Barockfassade entstand aus drei Häusern des 14./15. Jh.s; zum Komplex gehört das spätgotische Wachszieherhaus mit Renaissance-Innenhof. Das stattliche **Palais Tauffkirchen** (Nr. 97), ab 1736 Sitz des »Vizedoms« und heute Amtsgericht, hat eine prunkvolle Rokokofassade. Drei Kirchen prägen das Bild des Stadtplatzes mit, v. a. die **Pfarrkirche St. Jakob** mit ihrem doppelzwiebelbekrönten Turm, eine querschifflose Basilika, erbaut ab ca. 1360, mit neugotischer Ausstattung (19. Jh.). Das Institut der Englischen Fräulein nimmt die zugehörige **Schutzengelkirche** (1733) in die Mitte, die mit Régence-Stuck entzückt. Im Norden schließt den Platz die **Jesuitenkirche St. Joseph** ab (1631, nach dem Brand 1863 erneuert; Régence-Hochaltar um 1735). Bei der Jesuitenkirche das **Altstadtcafé** mit schönem Garten an der Salzach.

Grüben Das südlich an den Stadtplatz anschließende Viertel, mit der **Messerzeile** und der »Flaniermeile« **In den Grüben**, war seit dem 13. Jh. die Stadt der Handwerker. Südlich unter der Hauptburg der Komplex des einstigen **Heilig-Geist-Spitals**; seine Kirche (um 1330) ist einer der wenigen Sakralbauten Oberbayerns aus dem 14. Jh. (schönes Netzgewölbe; um 1777 barockisiert). Einen Blick lohnt an der Straße nach Tittmoning die Pfarrkirche **Heiligkreuz** (1477), die als Leprosenkirche und Pesthaus diente, mit Kreuzigungsgruppe des 18. Jh.s.

✶✶ Burg

In steilem Anstieg durch das Geistwirtsgassl erreicht man das Wahrzeichen der Stadt, die mit 1043 m Länge größte Burg in Deutschland. An der Anlage wurde vom 13. bis ins 16. Jh. fast ständig gebaut. Im Spätmittelalter war die Burg Wohnsitz – besser Verbannungsort – der Gemahlinnen der »Reichen Herzöge« von Niederbayern.

Hauptburg Die Hauptburg (»Innerer Schlosshof«) rührt im Kern aus dem 13. Jh.; ein 8 m tiefer und 27 m breiter Graben mit prächtigem Torbau trennt sie vom ersten Vorhof. Das erste Obergeschoss des **Palas** bewohnte der Herzog, Möbel aus Gotik und Frührenaissance, Gemälde und Teppiche schmücken die Fürstenwohnung. In weiteren Geschos-

BURGHAUSEN ERLEBEN

AUSKUNFT

Tourist-Information
Stadtplatz 112, 84489 Burghausen
Tel. (0 86 77) 8 87-140
www.tourismus.burghausen.de

IG Jazz Burghausen
Tel. (0 86 77) 14 11, www.b-jazz.com

FESTE UND EVENTS

2. Märzhälfte: Internationale Jazzwoche. 4. Mai-Woche: Mai-Wiesn. 2. Juli-Wochenende: Burgfest.

ESSEN

► Erschwinglich

Weinhaus Pachler
Salzach 14, A-5122 Ach
Tel. 00 43 / (0)7727 / 22 06
Die Klassiker der österreichischen Küche genießen, in der Gewölbestube mit Kachelofen und alter Wirtshauseinrichtung oder mit Traumblick auf Burghausen. Mo./Di. geschl.

ÜBERNACHTEN

► Komfortabel

① ***Hotel Post***
Stadtplatz 39, 84489 Burghausen
Tel. (0 86 77) 9 65-0
www.altstadthotels.net
Stattliches 500-jähriges Haus am schönen Platz, großzügige Zimmer mit modernem Komfort. Parkplätze in der Tiefgarage vor dem Haus.

Klostergasthof
Raitenhaslach 9, 84489 Burghausen
Tel. (0 86 77) 9 73-0
www.klostergasthof.com
Wirklich schöner, fast edler historischer Gasthof mit Gewölben und schattigem Biergarten. 14 moderne, komfortable Doppelzimmer.

sen zeigt eine Filiale der **Bayerischen Staatsgemäldesammlungen** (geöffnet April – Sept. tägl. 9.00 – 18.00, sonst 10.00 – 16.00 Uhr) v. a. spätgotische Tafelbilder aus dem süddeutschen und dem benachbarten österreichischen Raum, darunter ein Relief »Kreuzerprobung« von Erasmus Grasser (um 1490) und »Die Schlacht bei Ampfing« von Hans Werl. Die **Innere Burgkapelle** (St. Elisabeth) gilt als älteste gotische Kirche in Südbayern (schöne Netzgewölbe 15. Jh.; Fresken 14./15. Jh.). Im eindrucksvollen Chor steht ein Flügelaltar (1524) aus Surheim; im Mittelschrein die Anna Selbdritt mit zwei Heiligen. Östlich schließt die **Dürnitz** (Dürnitzstock) an, der heizbare Aufenthaltsraum der Ritter und ihres Gefolges. Zum Wöhrsee hin liegt die **Kemenate**, der Wohnbereich der Herzoginnen. Das **Historische Stadtmuseum** präsentiert hier Zeugnisse der Stadtgeschichte und der religiösen Volkskunst; bäuerliche Möbel aus dem 18./19. Jh. sind zu Stuben arrangiert (geöffnet April – Sept. tgl. 9.00 – 18.00, Okt. – März 10.00 – 16.00 Uhr).

Äußere Burg und Vorhöfe

Die Burg dehnte sich immer weiter nach Norden aus, so dass fünf Vorhöfe mit Mauern, Toren, Türmen und Wohnbauten entstanden. Den **Ersten Vorhof** schließt gegen Norden das Georgstor; erhalten blieb der hölzerne Wehrgang. Den **Zweiten Vorhof** beherrscht das Zeughaus, in dem Waffen und Vorräte aufbewahrt wurden. An der Stadtseite stehen drei Türme (»Pfefferbüchsen«), an der Wöhrseite der Zeugwärtlturm. Im **Dritten Vorhof** steht das Aventin-Haus, in dem der bedeutende Geschichtsschreiber Johannes Aventinus gewohnt haben soll. Der Schergenturm im **Vierten Vorhof** enthält einen Raum, der nur durch eine Öffnung in der Decke Licht erhält, wohl ein Kerker. Die Äußere Burgkapelle (St. Maria) wurde 1489 geweiht; ein Holzrelief an der Empore stellt die Landshuter Fürstenhochzeit dar, in der Herzog Georg 1475 die polnische Königstochter Hedwig ehelichte (elf Jahre später verbannte er sie nach Burghausen). Im Rentmeisterstock im **Fünften Vorhof** (am Burgeingang) ist das Haus der Fotografie untergebracht, das die Geschichte der Fototechnik dokumentiert; auch die Galerie deutscher Meisterfotografen ist sehenswert (geöffnet 15. März – Okt. Mi.– So. 10.00 – 18.00 Uhr).

! *Baedeker* TIPP

Plättenfahrt

Plätten waren die mittelalterlichen Kähne mit flachem Boden, mit denen das Salz, das »weiße Gold«, von Hallein und Bad Reichenhall salzachabwärts geschafft wurde. Die Fahrt mit einer Plätte von Tittmoning nach Burghausen dauert ca. 1.30 Std. (Mai – Mitte Sept. So. 14.00 Uhr ab Tittmoning, Anfahrt mit dem »Plättenbus«). Anmeldung im Tourismusbüro.

Wöhrsee

Im Park am Wöhrsee westlich unterhalb der Burg kann man schön spazierengehen und im altertümlichen Freibad relaxen. Von mehreren Punkten hat man einen schönen Blick auf Fluss und Stadt, etwa vom Curaplatz im Norden, von der Napoleonshöhe im Süden oder von Ach auf der österreichischen Seite der Salzach.

Idyllisch gelegen: die Burgkapelle von Burghausen

Umgebung von Burghausen

Radtouren Lohnend ist eine Radtour im Bereich des Zusammenflusses von Inn und Salzach, mit seinen **Altwässern und Auwäldern** ein schönes, bedeutendes Vogelschutzgebiet. Die knapp 60 km lange »Innspitz-Runde« (ohne wesentliche Steigungen) führt an der Salzach entlang nach Haiming und über das berühmt gewordene Marktl nach Neu- und ►Altötting; zurück über Emmerting und Mehring.

✶ Marienberg Über dem Salzachtal, ca. 3 km südwestlich von Burghausen, steht die Wallfahrtskirche Mariä Himmelfahrt, ein prächtiger Rokoko-Zentralbau mit zwei Fassaden, erbaut 1760 – 1764 von F. A. Mayr aus Trostberg. Die Deckenfresken (Szenen aus dem Marienleben) stammen von Martin Heigl. Schön ist der Weg hierher entlang der Hangkante.

✶ Raitenhaslach Von Burghausen in 1 Std. entlang der Salzach (oder von Marienberg ins Tal hinunter) geht man nach Raitenhaslach mit der ehemaligen Zisterzienserabtei. Ihre Kirche (1694 – 1698) besitzt eine banale Fassade (1752) und einen wunderbaren **Rokoko-Innenraum**, 1735 bis 1743 gestaltet. Die Deckenfresken von J Zick aus Ottobeuren (248 m² großes Hauptbild, 1739) zeigen Szenen aus dem Leben des hl. Bernhard von Clairvaux, des Begründers des Zisterzienserordens. Das Bild »Mariä Himmelfahrt« – Patrozinium aller Zisterzienserkirchen – im machtvollen Hochaltar schuf ebenfalls Zick; hervorzuheben ist auch der frühbarocke 14-Nothelfer-Altar mit farbig gefassten Schnitzfiguren. In den Klostergebäuden (1756 bis 1764) ist insbesondere der Kreuzgang mit vielen Grabplatten sehenswert; der **Prälatenstock** mit herrlichem Festsaal ist bei einer Führung zu bewundern (Tel. 0 86 77 / 35 88). Danach schmeckt die Brotzeit im Garten des **Klostergasthofs**. Im Sommer kann man So. 16.00 Uhr mit einer Plätte nach Burghausen fahren.

★★ Chiemsee

S/T 6

Landkreise: Rosenheim, Traunstein **Mittl. Wasserspiegel:** 518 m ü. d. M.

Der Chiemgau ist ein Ferienparadies, wie man es sich wünscht: eine sanfthügelige Bauernlandschaft mit ruhigen, »barocken« Dörfern, mittendrin Bayerns größter See – ein exzellentes Segelrevier – mit idyllischen Inseln, die selbst schon eine Reise wert sind.

Die romantische Fraueninsel mit ihrem über 1000-jährigen Kloster und die Herreninsel mit dem »bayerischen Versailles« zählen zu den schönsten Punkten Oberbayerns. Schöne Plätze zum Baden findet man (mit Ausnahme des Südufers) rund um den See. Das herrliche Panorama lässt sich auch auf dem gut 60 km langen Rundweg erleben, per Rad oder zu Fuß, wobei man südlich weiter ausholt durch die Kendlmühlfilze und über den Westerbuchberg.

Prien am Chiemsee

Hauptort des Chiemsees, auch touristisch, ist die lebhafte Marktgemeinde Prien (10 200 Einw., 532 m), die etwa 1 km vom Westufer zurückgesetzt liegt. Der **Kneipp- und Luftkurort** mit Kurmittelhaus und Kliniken hat einen großen Segelhafen. Seit 1887 verbindet eine pittoreske **Dampfstraßenbahn** den Bahnhof mit dem Hafen in Stock.

Nicht zufällig als Bayerisches Meer gerühmt: Chiemsee vor Hochfelln und Hochgern

Nördlich der Anlegestelle liegt das **Erlebnisbad Prienavera** mit schöner Badehalle und gepflegten Außenanlagen.

Pfarrkirche Ein Kleinod ist die Pfarrkirche Mariä Himmelfahrt, 1735 – 1738 unter Verwendung gotischer Teile erbaut. Neben den Marmoraltären und der Kanzel bestimmen **Fresken und Stuck von Johann Baptist Zimmermann** das Bild des Innenraums. Das Langhausfresko stellt die Seeschlacht von Lepanto (1571) dar, die den Niedergang der osmanischen Vorherrschaft im Mittelmeer einleitete.

Heimatmuseum Im Heimatmuseum (Friedhofweg 1, im Meierhof von 1837) sind Bauernstuben und Werkstätten aus dem Chiemgau zu sehen. Hübsch ist die **Priener Tracht**, insbesondere die Hüte. Wie Heiligenreliquien werden der Jagdhut und die **Zigarren von Prinzregent Luitpold** präsentiert. Sehenswert ist der Bauerngarten mit Kräutern und Gemüse. Geöffnet April – Okt. Mi. – Sa. 10.00 – 12.00, 14.00 – 17.00 Uhr.

Galerie im Alten Rathaus Im Alten Rathaus werden Werke von Künstlern des 19./20. Jh.s gezeigt, die der **Landschaft am Chiemsee** gewidmet sind. Hervorzuheben sind die Bilder von Theodor von Hötzendorff und dem Wiener Landschaftsmaler Carl Schmid (geöffnet Mi. – Fr. 14.00 – 17.00, Sa., So. 10.00 – 13.00, 14.00 – 17.00 Uhr).

Auf der Höhe der Zeit sind die Benediktinerinnen der Fraueninsel.

✶✶ Fraueninsel

Klosterinsel

Ein überaus idyllischer Fleck ist die ca. 600 m lange und 300 m breite, auch »Frauenchiemsee« oder »Frauenwörth« genannte Insel. Ihren Südteil nehmen die Gebäude des Klosters ein, den Nordteil ein kleines (ehemaliges) Fischerdorf. Im Jahr 766 stiftete Herzog Tassilo ein Benediktinerinnenkloster, das König Ludwig der Deutsche zur königlichen Pfalz ausbaute. Seine erst 1929 seliggesprochene Tochter **Irmengard** stand ab 866 als erste Äbtissin dem Kloster vor. Nach der Säkularisation 1803 konnte das Kloster 1838 wieder eröffnet werden; heute bieten die rührigen Benediktinerinnen Seminare zur Lebensorientierung an (www.frauenwoerth.de).

✶ Torhalle

Die Torhalle mit der Kapelle St. Michael und St. Nikolaus ist ein Rest der um 860 errichteten karolingischen Bauten. In der Nikolauskapelle sind **frühmittelalterliche Wandmalereien** erhalten, gezeigt werden auch Kopien der karolingischen Fresken in der Kirche (geöffnet Pfingsten bis Sept. tgl. 11.00 – 18.00 Uhr).

✶ St. Maria

Vom Tor hat man einen schönen Blick auf das Münster und seinen Turm. Die dreischiffige Basilika St. Maria, im 11. Jh. auf karolingischen Grundmauern errichtet, erhielt ihre Rippengewölbe um 1470, die Barockaltäre Ende des 17. Jh.s. Die **romanischen Fresken** sind nur z. T. zugänglich. In der Kapelle hinter dem Hochaltar ruht die selige Irmengard († 866), die Schutzpatronin des Chiemgaus. Rotmarmor-Grabmäler erinnern an die Äbtissinnen. Am Altar der Maria-Mitleid-Kapelle ist eine Marienfigur von 1520 beachtenswert.

✶✶ Herrenchiemsee

Kloster

Von der Anlegestelle kommend stößt man auf das **Alte Schloss**, den einstigen Klosterkomplex. 765 gründete Tassilo, der letzte Agilolfinger, auf der Insel ein Männerkloster, von dem sie ihren Namen hat; in der Säkularisation 1803 aufgehoben, wurden bis 1820 große Teile abgebrochen. Erhalten sind u. a. der **Bibliothekssaal**, den J. B. Zimmermann um 1738 ausstattete, und der **Kaisersaal**, 1710 – 1715 von Benedikt Albrecht ausgemalt. Die Bayerischen Staatsgemäldesammlungen zeigen hier zwei passende Ausstellungen, einmal »Maler am Chiemsee«, zum anderen Werke von Julius Exter (1863 – 1939). Für das leibliche Wohl sorgen die Restaurants und der Biergarten des **Schlosshotels**; in dem 1737 – 1740 errichteten Bau wurde 1948 das Grundgesetz der Bundesrepublik Deutschland erarbeitet.

! *Baedeker* TIPP

Königliche Ruhe

Frauen- und Herrenchiemsee zählen nicht zufällig zu den in der Hauptsaison stark überlaufenen Attraktionen Oberbayerns. Schöner und richtig romantisch ist es hier, wenn die Tagesausflügler weg sind. Man bleibe also über Nacht oder lege seinen Besuch in die Nebensaison.

CHIEMSEE ERLEBEN

AUSKUNFT

Chiemsee Infocenter
Felden 10, 83233 Bernau
Tel. (0 80 51) 9 65 55-0
www.chiemsee.de

SCHIFFSVERKEHR

Chiemsee-Schiffahrt
Seestr. 108, 83209 Prien
Tel. (0 80 51) 60 90
www.chiemsee-schifffahrt.de
Ganzjähriger Betrieb mit Einschränkungen im Winter. Schmuckstück der Flotte ist das Schaufelradschiff »Ludwig Feßler« von 1926.

FESTE UND EVENTS

Juni: »Festival unter Sternen«, Herrenchiemsee. 2. Julihälfte: Festspiele Herrenchiemsee (klassische Musik, www.herrenchiemsee-festspiele.de). Juli/Aug.: Seebühne Chiemsee, Felden (Kabarett, Pop, Musical etc.). Ende Aug.: Chiemsee Reggae Summer, Übersee (www.chiemsee-reggae.de).

ESSEN

► Fein & teuer

Mühlberger
Bernauer Str. 40, 83209 Prien
Tel. (0 80 51) 96 68 88, Di. geschl.
Fantasievolle, herzerwärmende Küche auf der Basis heimischer Traditionen und Produkte, in modern-ländlichem Rahmen.

► Erschwinglich

Inselhotel Zur Linde
83256 Fraueninsel
Tel. (0 80 54) 9 03 66
www.inselhotel-zurlinde.de
Geschmackvolle alte Gaststuben besitzt die Linde, die es seit 1396 gibt. In Chiemsee-Fisch kann man ebenso schwelgen wie in herzhaften Fleischgerichten. Mit 10 netten Zimmern.

► Preiswert

D'Feldwies
Greimelstr. 30, 83236 Feldwies
Tel. (0 86 42) 59 57 15, Mo. geschl.
Ein wunderschöner alter Gasthof, der dank Gründung einer AG wiedererstand. Beste bayerische Küche zu familienfreundlichen Preisen.

ÜBERNACHTEN

► Luxus

Gut Ising
Kirchberg 3, 83339 Chieming-Ising
Tel. (0 86 67) 79-0
www.gut-ising.com
Gediegen wohnen in verschiedenen Gebäuden, vom Gutshaus bis zur Alten Schmiede (105 Z.). Feine Restaurants mit herrlichen Terrassen, Strand mit Badehaus. Dorado für Reiter (mit Hallen, Gastboxen etc.), außerdem 9-Loch-Golfplatz.

► Komfortabel

Schlosshotel Herrenchiemsee
83209 Herrenchiemsee
Tel. (0 80 51) 6 90 30
Als König für eine Nacht (oder länger) kann man sich hier fühlen, und das zu bürgerlichen Preisen.

Schalchenhof
83257 Gstadt-Schalchen
Tel. (0 80 54) 2 30
Im Grünen mit freiem Blick über den See gelegenes Haus, sehr neubayerisch, dennoch angenehm. Das Restaurant mit seiner fabelhaften Terrasse ist meist gut frequentiert.

► Günstig

Berggasthof Weingarten
Weingarten 1, 83253 Rimsting
Tel. (0 80 51) 17 75
Herrlicher Blick von der Ratzinger Höhe. Gasthof mit neuem Gästehaus.

Schloss Herrenchiemsee, das »Versailles« Bayerns

Im Jahre 1873 erwarb Ludwig II. die Insel Herrenwörth, sein Hang zur Einsamkeit hatte ihn zum Kauf bewogen. (Im Sommer ist's heute Essig mit Einsamkeit; kaum vermeidbar, dass sich auch der Event-Kommerz des Schlosses bemächtigt hat.) Ein **neues Versailles** sollte hier entstehen – in seinen Reisen nach Frankreich hatte Ludwig das Zentrum der absolutistischen Welt kennen gelernt. Nach diversen Schwierigkeiten wurde 1878 der Grundstein der Dreiflügelanlage gelegt, 1881 stand der Rohbau. 1885 mussten die Arbeiten aus Geldmangel eingestellt werden, und 1886 setzte der Tod Ludwigs dem Unternehmen ein Ende. Der König hatte sich insgesamt nur neun Tage hier aufgehalten. Obwohl ein Torso geblieben, ist das Schloss eines der charakteristischsten Baudenkmäler des Königs; die Aufnahme in das UNESCO-Welterbe ist beantragt. Führungen April – Mitte Okt. tgl. 9.00 – 18.00, Mitte Okt. – März tgl. 10.00 – 16.45 Uhr, letzter Zugang 30 – 45 Min. vor Schließung. Anordnung und Ausstattung der Räume folgen ganz dem Vorbild Versailles. Die wichtigsten: Treppenhaus, Schlafzimmer, »Paraderaum« und grandiose **Spiegelgalerie**, die sich 98 m über die ganze Gartenfront erstreckt und noch länger ist als die in Versailles. Vor der Westfassade erstreckt sich der von Carl von Effner entworfene Park mit monumentalen Brunnen. Die Wasserspiele sind von Mai bis September zu bestaunen.

Schloss Herrenchiemsee

◄ Schlosspark

Im Südflügel wird das tragische Leben des Monarchen nachgezeichnet. Hier hängt das bekannte Porträt von F. Piloty, das den König in bayerischer Generalsuniform zeigt (► S. 70), hier sind Königsmantel und Totenmaske zu sehen. Ebenso wird Ludwig als Auftraggeber des

Museum Ludwig II.

CHIEMSEE UND CHIEMGAUER ALPEN

★★ **Der Chiemsee ist Zentrum und Schmuckstück einer der schönsten Gegenden Oberbayerns. Vor dem Amphitheater der Chiemgauer und Berchtesgadener Alpen in ein flachhügeliges Jungmoränenland gebettet, umgeben ihn Natur- und Kulturlandschaften in buntem Wechsel von Wald und Wiesen, Feldern und Mooren, Seen und Bächen.**

① Chiemgauer Alpen

Die Chiemgauer Alpen zwischen dem Inn und Bad Reichenhall bestehen aus meist west-östlich verlaufenden Bergrücken, die mit ca. 1700 bis 1800 m Höhe knapp über die Waldgrenze aufragen (Sonntagshorn 1961 m). Im geologischen Aufbau herrschen Kalksteinschichten vor mit scharfen Graten und zerklüfteten Felswänden, die Kletterrouten aller Schwierigkeitsgrade bieten (z. B. Kampenwand.) Die süd-nördlich verlaufenden Haupttäler – insbesondere das Tal der Tiroler Ache – treten von Österreich her in das Gebiet ein. Bei Sachrang, Oberwössen und Inzell haben die eiszeitlichen Gletscher die oberen Talenden zu niedrigen Pässen abgeschliffen. Die nacheiszeitlichen Talseen sind vermoort und verlandet oder in kleinen Resten erhalten geblieben.

② Chiemsee

Der 5 km breite und 14 km lange See, den der Titel »Bayerisches Meer« schmückt, ist 82 km² groß und bis 73 m tief. Er nimmt die Mitte eines eiszeitlichen Gletscherzungenbeckens ein und weist drei Inseln auf: Herrenchiemsee, Frauenchiemsee (oder Fraueninsel) und die unbewohnte Krautinsel, auf der Kühe grasen.

③ Frauenchiemsee

Auf Frauenchiemsee ist Bayerns jüngstes (nicht anerkanntes) Weinbaugebiet zu finden. Noch im 16. Jh. wuchsen um den Chiemsee Reben, und der Klimawandel könnte dazu führen, dass sich der Weinbau wieder etabliert. Bisher darf der Riesling, den ein auf der Insel heimischer Weinbauingenieur von privaten 99 Rebstöcken macht, nicht verkauft werden.

④ Tiroler Ache

Westlich von Grabenstätt mündet die Tiroler Ache in den Chiemsee. Sie hat mit ihrem Schutt die Ebene südlich des Sees geschaffen und schiebt weiterhin ihren Mündungskegel in den See vor; Grabenstätt z. B. lag noch Anfang des 19. Jh.s unmittelbar am Wasser. Die großen begleitenden Wiesen, die unverbauten Ufer mit Schilfzonen und Auwäldern gehören zu den letzten naturnahen Landschaften in Deutschland. Im Mündungsbereich brüten etwa 80 Vogelarten, 30 kommen nur im Schutzgebiet vor oder sind sonst sehr selten (wie Uferläufer und Flussseeschwalben).

⑤ Grabenstätter Moos

Das Grabenstätter Moos zwischen Grabenstätt und Übersee ist als Naturschutzgebiet und Vogelfreistätte ausgewiesen. In dem Moor leben etwa 250 Vogelarten, darunter so seltene wie Blaukehlchen, Wachtelkönig und Brachvogel. Die Vegetation ist nicht weniger interessant; in den Monaten Mai und Juni blüht die Sibirische Schwertlilie in blauen Teppichen. Geführte Wanderungen durch das Moor veranstaltet das Tourismusbüro Grabenstätt.

⑥ Kendlmühlfilze

Im Süden erstreckte sich der Chiemsee einst bis Grassau, wobei der Wester- und der Osterbuchberg – sog. »Härtlinge« – als Inseln herausragten. Das verlandete Moorgebiet, das von der A 8 hart durchschnitten wird, wurde intensiv für den Torfabbau genützt und steht heute zum Teil unter Naturschutz. Von Rottau bei Grassau führt ein Lehrpfad durch die Filze, die Verladestation der 1988 stillgelegten Torfbahn ist heute Bayerisches Moor- und Torfmuseum.

⑦ Eggstätt-Hemhofer Seenplatte

Im Nordwesten des Chiemsees liegen, versteckt in Wäldern und Schilfgürteln, etwa 30 größere und kleinere Toteisseen. Vom Schloss Hartmannsberg aus kann man durch die stille, melancholische Landschaft streifen; von Höslwang weiter nördlich hat man einen fantastischen Blick über den Chiemsee auf die Berge.

⑧ Alz

Bei Seebruck verlässt die Alz den See und durchschneidet den Endmoränenwall des eiszeitlichen Chiemseegletschers. Zwischen Seebruck und Altenmarkt fließt sie in jahrtausendealten Mäandern, bildet Altwasserarme und Inseln. Bei einer Floßfahrt kann man die urwaldähnliche Landschaft erleben.

De
lich
gew
vor
500

Kunsthandwerks vorgestellt: komplette Interieurs, Schreib- und Waschtische, Modelle für Parkfiguren und nicht verwirklichte Bauten oder Ausstattungen. Darüber hinaus wird die Freundschaft des Königs mit Richard Wagner dokumentiert (Modell für ein Festspielhaus in München). Öffnungszeiten wie Schloss.

Um den Chiemsee

✶✶ Urschalling

Einen der bedeutendsten **mittelalterlichen Freskenzyklen** des Alpenraums besitzt die Kirche St. Jakobus (10. Jh.) in Urschalling, das 3 km südlich von Prien auf einer Anhöhe liegt. Teile einer frühen Bemalung (Adam und Eva, um 1200) wurden am Apsisbogen freigelegt. Die ganze sonstige Ausmalung entstand um 1380. Über dem linken Apsispfeiler die ungewöhnliche Darstellung der **Dreifaltigkeit** als drei und doch eine Person, mit einem sehr weiblichen Heiligen Geist in der Mitte. Zu beachten sind auch die gotischen Holzfiguren und der Schalenstein, vermutlich ein Leuchter. Gut Brotzeit machen kann man in der benachbarten Mesner-Stubn (Di. geschlossen).

✶ Westerbuchberg

Der Westerbuchberg südlich des Sees, ein sog. Härtling, ragt 70 m über die Kendlmühlfilze (Naturschutzgebiet). Die romanisch-gotische Kirche St. Peter und Paul (12./15. Jh.) im ummauerten Friedhof besitzt Fresken von Anfang des 15. Jh.s, u. a. einen gemalten 14-Nothelfer-Altar. **Herrlicher Blick** über das Achental bis zum Wilden Kaiser, besonders vom Gasthof Alpenhof (feine Küche, gehobene Preise; Tel. 0 86 42 / 8 94 00, Di./Mi. geschlossen).

Grabenstätt

Grabenstätt (4000 Einw., 530 m) ist ein rühriger Erholungsort mit guten Bademöglichkeiten am Chiemsee und am kleinen Tüttensee. Gemeindeverwaltung und Tourismusbüro sind im Schloss von 1862 ansässig. In der Johanneskirche (15. Jh.) sind gotische Wandmalereien erhalten, u. a. ein großer Christophorus. Im privaten **Römermuseum** Multerer (geöffnet Sa. 10.00 – 11.00 Uhr) sind die Funde aus den Resten eines römischen Gebäudes zu sehen, die bei Erlstätt entdeckt wurden.

Chieming

Für den Chiemsee namengebend war das am Ostufer liegende Chieming (532 m, 4400 Einw.). Funde belegen eine Besiedlung in keltischer und römischer Zeit. Ein »Chiemmi« oder »Kiemo« ist als Patron des Chiemsees und des Chiemgaus für das Jahr 744 und später als Gaugraf Kaiser Karls des Großen bezeugt. In der neoromanischen Kirche Mariä Himmelfahrt (1883) sind drei **römische Votivsteine** für den Chiemseegott »Bedaius« zu sehen (Anfang 3. Jh.), die bei Chieming gefunden wurden, außerdem ein gotischer Taufstein und gotische Grabsteine. Der 6 km lange Badestrand von Chieming lädt zum Baden und Windsurfen ein; es gibt auch einen Campingplatz.

Ising

Das Gut Ising, heute ein nobles Landhotel und Reitzentrum, wird überragt vom Zwiebelturm der Kirche **Mariä Himmelfahrt** (1384, 1752 barockisiert) mit schöner Rokoko-Ausstattung. Die Wallfahrt zur spätgotischen Madonna im Strahlenkranz hatte im 17./18. Jh. ihre hohe Zeit. Zum Gutsgasthof »Goldener Pflug« von 1791 gehören zwei prächtige Bundwerkstadel aus dem 19. Jahrhundert.

Seebruck

Der hübsche Ferienort ist mit seinem 500 Boote fassenden Hafen ein Seglermekka. Hier verlässt die Alz den Chiemsee und schlängelt sich in Richtung Trostberg (► Seeon). An der Römerstraße zwischen Augsburg und Salzburg lag der Ort Bedaium, dessen Kultur im **Römermuseum** dokumentiert wird (geöffnet Mai–Sept. Di.–Sa. 10.00–17.00, So. 13.00–17.00 Uhr; Febr.–April, Okt./Nov. Di.–Sa. 10.00–12.00, 15.00–17.00, So. 15.00–17.00 Uhr). Zeugen dieser Zeit sind auch die Fundamente eines Kastells, die bei der **Kirche St. Thomas** (um 1475) freigelegt wurden.

✶ Eggstätter Seenplatte

Über 30 größere und kleinere **Moorseen** – entstanden als Toteisseen nach der letzten Eiszeit – erstrecken sich westlich und südlich von Eggstätt (539 m, 2800 Einw.). Wanderwege erschließen das reizvolle Naturschutzgebiet. In Gachensolden und Hemhof sind Bauernhöfe mit prächtigem Bundwerk zu bewundern, an der Kreuzung in Natzing zwei **»Itakerhöfe«** aus dem 19. Jh., die von Saisonarbeitern aus dem Friaul errichtet wurden. Im malerisch gelegenen **Schloss Hartmannsberg** finden Konzerte und Ausstellungen statt (Kurverwaltung Bad Endorf, Tel. 0 80 53 / 94 22).

! *Baedeker* TIPP

Chiemsee Seconds

Der Name Chiemsee steht heute auch für teure Freizeit- und Sportklamotten. In Übersee kann man mit 2. Wahl und Restposten sparen. Greimelstr. 28 a, Mo., Mi., Fr. 16.30–18.00, Sa. 9.30–11.00 Uhr, Tel. 0 86 42 / 50 39.

Dachau

M 4

Landkreis: Dachau
Einwohnerzahl: 39 800
Höhe: 508 m ü. d. M.

Mit dem Namen Dachaus ist das erste deutsche NS-Konzentrationslager verbunden, und ein Besuch der Gedenkstätte ist Pflicht. Dachau ist aber auch ein reizvolles Städtchen mit Atmosphäre, vom Schloss hat man einen grandiosen Blick bis zu den Alpen.

Dachau liegt knapp 20 km nordwestlich von München und ist mit der S-Bahn erreichbar. Ende 19./Anfang 20. Jh. war das Städtchen eine der bedeutendsten Künstlerkolonien in Deutschland, Berühmtheiten wie Adolf Hölzel, Carl Spitzweg, Wilhelm Leibl und Max Lieber-

Renaissance-Festsaal im Schloss

mann schätzten das Licht im Dachauer Moos. Ludwig Thoma, der Porträtist bayerischer Seelenlandschaften, lebte hier von 1893 bis 1897 als Rechtsanwalt.

Sehenswertes in Dachau

Die katholische **Pfarrkirche St. Jakob** in der Stadtmitte ist ein bemerkenswert einheitlicher Bau der Spätrenaissance (1625) nach Plänen des Münchner Hofbildhauers Hans Krumper. Der Chor – von Hofbaumeister F. Sustris 1584 bis 1586 umgestaltet – stammt noch von der Vorgängerkirche. Unter der reichen Ausstattung ragen die Apostelfiguren an den Langhauswänden (um 1625) und die Jakobusfigur aus getriebenem Silber (um 1690) in der Sakristei heraus. In der **Gemäldegalerie** gegenüber dem Rathaus sind Werke der Dachauer Malerschule ausgestellt (geöffnet Mi. – Fr. 11.00 – 17.00, Sa./So. 13.00 – 17.00 Uhr), auch die aktuelle Dachauer Kunstszene ist hier kennenzulernen.

✶ **Schloss**

Das Schloss, auf einem Ausläufer des Amper-Hügellandes gelegen – mit herrlichem Blick nach München und auf die Berge – war Sommerresidenz der Wittelsbacher. Der heutige Bau ist nur ein Teil der vierflügeligen Renaissance-Anlage des 16. Jh.s, die J. Effner im

DACHAU ERLEBEN

AUSKUNFT

Tourist-Information
Konrad-Adenauer-Str. 1
85221 Dachau, Tel. (0 81 31) 75-2 86
www.dachau.info

KZ-Gedenkstätte
Alte Römerstr. 75, 85221 Dachau
Tel. (0 81 31) 66 99 70
www.kz-gedenkstaette-dachau.de

FESTE UND EVENTS

Mitte Aug.: Volksfest in Dachau. Schlosskonzerte Dachau (Info und Karten ►Tourist-Information).

ESSEN

► Erschwinglich

Zieglerbräu
Konrad-Adenauer-Str. 8, Dachau
Tel. (0 81 31) 45 43 96
Stattliches, fast 400 Jahre altes Haus in der Altstadt, mit traditionell-bayerischen Gaststuben und nettem Wirtsgarten. Von der Restaurant-Terrasse herrlicher Ausblick. Mit Zimmern.

18. Jh. umgestaltete, Treppenhaus und Westfassade (1715) zeigen Régence-Stil (geöffnet April – Sept. Di. – So. 9.00 – 18.00, sonst 10.00 bis 16.00 Uhr). Der Festsaal gilt mit seiner grandiosen Holzdecke als **einer der bedeutendsten Renaissance-Säle** nördlich der Alpen. Ein überaus hübscher Platz ist die Caféterrasse hinter dem Schloss, über dem barocken Obstgarten mit Pavillons und einem Laubengang aus 200 Jahre alten Linden.

✶ KZ-Gedenkstätte

Im Konzentrationslager Dachau trafen am 22. März 1933, nur sieben Wochen nach der Machtergreifung, die ersten Gefangenen ein. Bis zum 9. Mai 1945 wurden hier über 200 000 Häftlinge terrorisiert, vor allem Juden, Sinti und Roma, Geistliche, Kommunisten und Oppositionelle; der Tod von etwa 32 000 ist beurkundet, sicher ist die Zahl größer. Die Anordnung der Lagerbaracken ist noch zu erkennen. Im Wirtschaftsgebäude wird die **Todesmaschinerie des NS-Regimes** dokumentiert (geöffnet Di. – So. 9.00 – 17.00 Uhr, Eintritt frei). Vor dem Museum das Internationale Mahnmal (N. Glid, 1968), am gegenüberliegenden Rand des Geländes stehen Sühnekapellen: Israel-Gedenkstätte, katholische Todesangst-Christi-Kapelle und evangelische Versöhnungskirche. Im Nordwesten des Lagers liegt das Krematorium. Nördlich außerhalb des Geländes das 1964 errichtete Karmelkloster und ein Jugendgästehaus.

Umgebung von Dachau

Bergkirchen

Etwa 5 km westlich von Dachau liegt über dem Ampermoos mit Alpenblick, das Dorf Bergkirchen. Die Pfarrkirche St. Johannes Baptista ist ein reizvoller achteckiger Barockbau von **Johann Michael Fischer** (18. Jh., Turm um 1560). Den beeindruckenden Hochaltar schuf der Hofkünstler F. de Paula Arnoldt, die Figuren der hll. Anna und Joachim J. B. Straub. An der Außenwand schöne Grabsteine.

✶ Petersberg

In Eisenhofen, ca. 15 km nordwestlich von Dachau, steht auf dem Petersberg die ehemalige Klosterkirche St. Peter, einer der **ältesten Kirchenbauten** im Münchner Umland (um 1107). In der Hauptapsis der romanischen Pfeilerbasilika wertvolle Wandmalereien (um 1100, z. T. ergänzt); in der Wölbung Christus als Pantokrator. An der Südwand eine schöne geschnitzte Madonnenfigur (um 1500).

Altomünster

Die Marktgemeinde Altomünster, weitere 7 km nordwestlich im waldreichen »Huosigau« gelegen, wird beherrscht von einer der **ältesten Kultstätten Bayerns**, dem Kloster St. Alto, das einzige deutsche Birgittenkloster. Um das Jahr 760 von dem Einsiedler Alto als Benediktinerkonvent gegründet, wurde es 1497 den Birgitten übertragen, einem von der hl. Birgitta von Schweden im 14. Jh. gegründeten Orden. Die Kirche wurde 1763 – 1773 von Johann Michael Fischer als sein letztes Bauwerk errichtet. Ihre große Besonderheit sind die drei Geschoße: Pfarrkirche im Erdgeschoß, der erste Stock ist

✶ ◂ Klosterkirche

Mönchskirche, der zweite Stock Nonnenkirche. Vom Nonnen- und vom Mönchschor aus umgeben Emporen den Raum, auf denen die Ordensleute ihre Prozessionen hielten, ohne daß sich ihre Wege kreuzten. Die prachtvollen Altäre und Apostelfiguren stammen von J. B. Straub, die Deckenfresken von J. Mages (Hauptkuppel um 1770). Das Bild am Hochaltar schuf Ignaz Baldauf. Fürs leibliche Wohl sorgen in Altomünster u. a. die altehrwürdigen **Brauereigasthöfe** Kapplerbräu und Maierbräu.

★ Freising

O 3

Landkreis: Freising
Einwohnerzahl: 42 500
Höhe: 471 m ü. d. M.

In Oberbayern gehören Kirche und Wirtshaus zusammen. Das ist im geistlichen Mittelpunkt des alten Bayern nicht anders: Der Domberg und der Weihenstephaner Berg – mit der ältesten Brauerei der Welt – bilden topografisch und historisch den Kern Freisings, der ältesten Stadt zwischen Bozen und Regensburg.

Auf gut 1300 Jahre Geschichte blickt die Bischofsstadt Freising zurück, die 35 km nördlich von München (S-Bahn) am Nordrand der Münchner Schotterebene an der Isar liegt. Freising ist gleichzeitig einer der modernsten Wissenschaftsstandorte Deutschlands mit Lehr- und Forschungsstätten rund um Land- und Milchwirtschaft, Gartenbau und Lebensmitteltechnologie. Eine hübsche Altstadt und die lebhafte Atmosphäre machen Freising erlebenswert.

Aus der Geschichte

Schon im 2. Jt. v. Chr. war der Domberg besiedelt, später ließen sich hier Kelten, Römer und Bajuwaren nieder. Dank der Missionstätigkeit des Bischofs Korbinian (um 720) konnte der hl. Bonifatius 739 in päpstlichem Auftrag das Bistum Freising errichten. Im folgenden Jahrtausend entfalteten die Bischöfe ihre geistliche und seit dem 13. Jh. auch weltliche Macht als **Fürstbischöfe** in reichsunmittelbaren Territorien: Werdenfelser Land und weitere Gebiete im heutigen Oberbayern, in Südtirol, Niederösterreich und Steiermark. Bis zur Säkularisation 1803 bildete der Domberg (»mons doctus«) einen politischen und kulturellen Mittelpunkt Altbayerns. 1158 ließ Herzog Heinrich der Löwe die Isarbrücke bei Föhring zerstören und nahm damit dem Bischof eine wichtige Einnahmequelle (►München). Die Aufhebung des Hochstifts 1803 hatte auf wirtschaftlichem ebenso wie auf kulturellem Gebiet negative Auswirkungen. 1821 ging die Diözese Freising im Erzbistum München-Freising auf, die ihren Sitz in München hat. Joseph Ratzinger – **Papst Benedikt XVI.** – studierte auf dem Domberg und wurde 1951 mit seinem Bruder Georg im Dom zum Priester geweiht; später war er selbst Professor an der

Der Freisinger Domberg, für Jahrhunderte kulturelles und politisches Zentrum

Freisinger Hochschule und von 1977 bis 1982 Erzbischof von München und Freising.

Domberg

✶ Dom

Auf dem Berg nordöstlich der Isar wurde im 8. Jh. die Grabeskirche des hl. Korbinian errichtet, heute steht dort der Dom St. Maria und St. Korbinian. 1160 – 1205 entstand eine fünfschiffige **romanische Basilika**; 1480 – 1482 erhielt sie ihre Gewölbe und 1723/1724 durch **Cosmas Damian und Egid Quirin Asam** den reichen Stuck- und Freskenschmuck. Von der gotischen Vorhalle führt ein romanisches Stufenportal in den Dom; zu seinen Seiten die Figuren der Stifter: Kaiser Friedrich Barbarossa, Bischof Albert I. (der Bauherr) und Kaiserin Beatrix. Die Bilder an Decke und Emporenbrüstungen zeigen Szenen aus dem Leben des hl. Korbinian. Die Gemälde im Hauptaltar (»Apokalyptisches Weib«) schuf eigentlich **Peter Paul Rubens** 1625 – das Original hängt in der Alten Pinakothek München. In der Apsis des ersten linken Seitenschiffs eine **Heilig-Grab-Gruppe**, deren Trauernden der Münchner Erasmus Grasser 1492 fertigte.

Krypta

Die größte Sehenswürdigkeit des Doms ist die romanische Krypta von 1160 mit dem **Reliquienschrein des hl. Korbinian**. Von den 24 Säulen ist die **Bestiensäule** (► S. 49) besonders interessant: Im Kampf sind Geharnischte und Ungeheuer ineinander verschlungen. An die Krypta schließt die von Hans Georg Asam ausgemalte **Maximilianskapelle** an, ein achteckiger Zentralbau von 1710.

FREISING ERLEBEN

AUSKUNFT

Touristeninformation
Marienplatz 7, 85354 Freising
Tel. (0 81 61) 5 41 22
www.freising.de

FESTE UND EVENTS

Mitte Mai: Freisinger Gartentage. Mitte Juli: Altstadtfest Freising. Ab 1. Fr. im Sept.: 10-tägiges Volksfest. Um den 20. Nov.: Korbiniansfest auf dem Domberg.

ESSEN

► **Preiswert**

Erdinger Weißbräu
Lange Zeile 1, 85434 Erding
Tel. (0 81 22) 1 22 08
Ein echter bayerischer »Bräu« – Ursprung vermutlich im Jahr 1537 –, einfach und gemütlich. Gute traditionelle Küche, dazu alle Produkte der größten Weißbierbrauerei der Welt.

Gasthof Huber
Viehmarktstr. 5, 85368 Moosburg
Tel. (0 87 61) 76 03-0
Hübsche Gaststube ohne neorustikales Gedöns, gutbürgerliche Küche (eigene Metzgerei). Als »musikantenfreundliches Wirtshaus« ausgezeichnet. Mit preiswerten modernen Zimmern.

ÜBERNACHTEN

► **Günstig / Komfortabel**

① ***Bayerischer Hof***
Untere Hauptstr. 3, 85354 Freising
Tel. (0 81 61) 53 83-00
Traditionelles Stadthotel in einem denkmalgeschützten neogotischen Haus. Hier wohnt man mitten in der verkehrsberuhigten Altstadt.

Kreuzgang Der Kreuzgang (15. Jh.), der östlich an den Chor schließt, wurde 1716 von J. B. Zimmermann mit Fresken und Stuck barock gestaltet; etliche Grabdenkmäler von Domherren sind aufgestellt. Am Ostflügel des Kreuzgangs liegt die Benediktuskirche, eine 1345 erbaute Basilika, die zur selben Zeit wie der Kreuzgang stuckiert wurde. Beachtenswert sind besonders drei Glasmedaillons in der Apsis (15. Jh.).

**** Diözesanmuseum** Das Museum dokumentiert mit sakralen Kunstwerken, Gemälden und Landkarten die Geschichte des Bistums Freising. Mit 10 000 Exponaten ist es das **größte Museum für kirchliche Kunst in Deutschland**. Gezeigt werden u. a. Krippen, Gegenstände aus dem Freisinger Domschatz, mittelalterliche und barocke Skulpturen, Flügelaltäre und Votivtafeln (geöffnet Di. – So. 10.00 – 17.00 Uhr).

Fürstbischöfliche Residenz Dem Dom gegenüber, am höchsten Punkt des Bergs, liegt die Fürstbischöfliche Residenz, eine Vierflügelanlage, die im Kern auf die Burg der Bischöfe aus dem 14. Jh. zurückgeht. Sehenswert ist der Renaissance-Arkadenhof mit Marmorsäulen (1519). Das Gebäude dient heute als Bildungszentrum (Kardinal-Döpfner-Haus). Von der Terrasse hat man den berühmten herrlichen **Blick über die Münchner Ebene** zu den Alpen.

Sehenswertes in Freising

Vom Domberg geht man hinunter in die »Untere Stadt«, deren Gässchen von kleinen Domherrenhäusern gesäumt sind. Besonders hübsch die **Fischergasse** mit Cafés am Kanal. Am Marienplatz stehen das Rathaus von 1905, eine barocke Mariensäule und die gotische Pfarrkirche **St. Georg** (um 1440) mit kunstvollen Sterngewölben; ihr barocker Westturm (besteigbar) zählt zu den schönsten in Oberbayern. Unter den qualitätvollen Skulpturen aus dem 14.–18. Jh. ragt die Pietà am südlichen Chorpfeiler heraus (Ende 14. Jh.). Bemerkenswert sind auch einige Glasmalereien und Epitaphien.

Fürstbischöfliches Lyceum

Die einstige fürstbischöfliche Hochschule am Marienplatz besitzt mit dem **Asamsaal** – 1707 von Hans Georg Asam freskiert – ein barockes Juwel, heute Konzert- und Festsaal. Im Gebäude sind auch die Touristeninformation und das **Historische Museum** untergebracht (geöffnet Sa./So. 15.00 – 17.00 Uhr, Tel. 0 81 61 / 5 42 22); ausgestellt sind Grabungsfunde aus der Gegend, alte Ansichten der Stadt und Erzeugnisse der fürstbischöflichen Hofdruckerei.

★ Neustift

Am nordöstlichen Stadtrand (Landshuter Straße) besitzt das ehemalige, 1142 gegründete Prämonstratenserkloster Neustift einen herrlichen Barockschatz. Die Kirche St. Peter und Paul, begonnen 1700,

Freising Orientierung

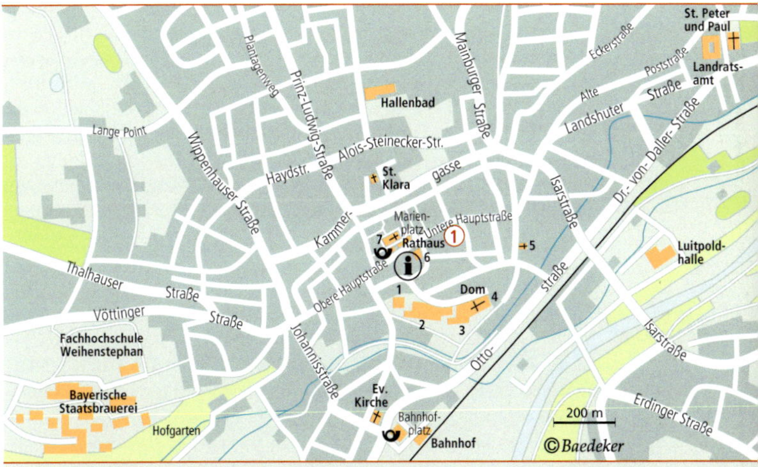

1 Diözesanmuseum
2 Kardinal-Döpfner-Haus
3 Johanniskirche
4 Benediktuskirche
5 Heiliggeistkirche
6 Fürstbischöfliches Lyceum
7 St. Georg

Übernachten

① Bayerischer Hof

! **Baedeker TIPP**

Blumenstadt

Für Blumen- und Gartenfreunde ist Freising ein Dorado: Die Anlagen von Weihenstephan – Hof-, Buchs-, Oberdieck-, Schau- und Staudensichtungsgarten – genießen hohes Ansehen (Führungen Tel. 0 81 61 / 71 - 40 26). Und in der Stadt selbst blühen Tausende Rosensträucher aus über 60 Sorten.

wurde nach dem Brand 1751 als Wandpfeilerbau neu errichtet, von F. X. Feichtmayr prächtig stuckiert und von J. B. Zimmermann mit Szenen aus dem Leben des hl. Norbert ausgemalt. Der eindrucksvolle Hochaltar, als Baldachin gestaltet, ist ein Werk Ignaz Günthers (1765). Auch das Chorgestühl mit schönen Putten stammt von Günther. Das Klostergebäude ist heute Landratsamt.

Wies

Auch Freising hat eine sehenswerte Wieskirche, am nördlichen Stadtrand (B 301). Sie entstand als Ableger der viel berühmteren Wallfahrt (► S. 348) und ist ebenfalls dem gegeißelten Heiland gewidmet (gemalte Version des Gnadenbilds, 1745). Ungewöhnlich ist der querovale Hauptraum (1748, Langhaus 1761) der Kirche, die Deckenfresken von F. X. Wunderer sowie viele Votivtafeln und -gaben besitzt.

Weihenstephan

✶ Bayerische Staatsbrauerei

Südwestlich über der Stadt liegt das einstige Benediktinerkloster Weihenstephan (ein erstes Kloster gründete hier der hl. Korbinian im Jahr 725). In Teilen der um 1700 errichteten Gebäude ist die Bayerische Staatsbrauerei Weihenstephan untergebracht, die **älteste Brauerei der Welt**: Die Braustätte des Klosters erhielt im Jahr 1040 das Braurecht, schon 768 n. Chr. wird ein Hopfengarten in der Nähe des Klosters erwähnt. Im Bräustüberl – einem veritablen Biertempel – und im wunderbaren **Biergarten** kann man die Produkte prüfen.

Technische Universität

1895 wurde die Landwirtschaftliche Zentralschule zur Königlich Bayerischen Akademie und 1919 zur Bayerischen Hochschule für Landwirtschaft und Brauerei erhoben. Heute gehört sie als Fakultät für Brauwesen, Lebensmitteltechnologie und Milchwissenschaft zur Technischen Universität München.

Umgebung von Freising

Flughafen Franz J. Strauß

Seit seiner Eröffnung 1992 ist der Münchner Flughafen im Erdinger Moos südöstlich von Freising eine Attraktion für Jung und Alt. Vom 28 m hohen Hügel hat man einen Überblick über den Flughafen, auf dem gegenwärtig jährlich 28 Mio. Passagiere abfliegen oder ankommen. Aufgestellt sind eine DC-3, eine Ju 52 und eine Super-Constellation. Der **Besucherpark** ist 24 Std. zugänglich, das Besucherzentrum März – Okt. 9.30 – 18.00, Nov. – Febr. 9.30 – 17.00 Uhr. Auch kann man an verschiedenen Flughafen-Touren teilnehmen (für Erwachsene ist ein Personaldokument erforderlich). Von München erreicht man den Flughafen mit den S-Bahn-Linien 1 und 8.

Erding

Weltbekannt ist das Weißbier aus Erding (34 200 Einw., S-Bahn), der altbayerischen Herzogsstadt am Ostrand des heute trockengelegten Erdinger Mooses. Mit 24 Hotels profitiert Erding vom nahen Münchner Flughafen; die moderne **Therme** gehört zu den schönsten und größten in Deutschland. Das historische Zentrum der 1228 von Herzog Otto I. gegründeten Stadt wird von Sempt und Fehlbach umflossen. Von den vier Türmen der Befestigung ist noch das **Landshuter Tor** (1500) erhalten, auch »Schöner Turm« genannt. Bürgerhäuser aus dem 18. Jh. bestimmen das Bild. Die Stadtpfarrkirche **St. Johannes**, ein spätgotischer Hallenbau, entstand Mitte des 15. Jh.s; innen sind am Chorbogen der Kruzifixus von Hans Leinberger (1520) und die spätgotischen Figuren im riesigen neogotischen Hochaltar zu beachten. Das **Heimatmuseum** (Prielmayerstr. 1) zeigt kirchliche Kunst (schöne Skulpturen aus Spätgotik und Barock) und dokumentiert die Geschichte und Kulturgeschichte Erdings und seiner Umgebung (geöffnet So. 14.00 – 17.00 Uhr). Es gibt auch ein interessantes **Bauernhausmuseum** (Taufkirchener Str. 24, geöffnet April – Okt. Sa./So. 10.00 – 17.00 Uhr). Am Stadtrand Richtung Altenerding steht die **Wallfahrtskirche Heilig Blut** (Hans Kogler, 1677). Ausstattung und Stuck stammen von dem Münchner J. G. Bader (1704), auch die Altäre und die Kanzel sind bemerkenswert. Das **Erdinger Herbstfest** ab Ende August ist nach denen in München und Rosenheim das drittgrößte Volksfest in Oberbayern.

Altenerding

Südlich von Erding liegt der 788 erstmals genannte Ort Altenerding. Die ländliche Rokokokirche Mariä Verkündigung (Anton Kogler, 1724) bezaubert mit einer prächtigen Ausstattung (um 1767); die originelle Schiffskanzel ist ein Werk von Christian Jorhan d. Ä. und M. Fackler, auch die Altäre kamen aus ihrer Hand.

★ Maria Thalheim

In Groß-Thalheim 15 km nordöstlich von Erding lohnt die prunkvolle Wallfahrtskirche Maria Thalheim einen Besuch, eines der schönsten bayerischen Rokoko-Gotteshäuser. Zu beachten sind v. a. die Seitenaltäre von Christian Jorhan d. Ä. und das Chorgitter.

Moosburg

Moosburg (17 200 Einw.) liegt am Nordrand des Erdinger Mooses auf einem Höhenrücken zwischen Isar und Amper. Großbrände vernichteten 1702 und 1865 die mittelalterliche Bausubstanz; heute bestimmen Bauten des 18. und 19. Jh.s das Bild. Die mächtige Gruppe der Kirchen St. Castulus und St. Johannes im Zentrum steht an der Stelle eines Benediktinerklosters des 8. Jh.s und der Burg der Grafen von Moosburg (13. Jh.). Beide haben romanische Vorgänger, erhielten ihre Gestalt im 15. Jh. und wurden später mehrmals verändert. Das eindrucksvolle romanische Hauptportal von **St. Castulus** (13. Jh.) zeigt im Tympanon Christus, Maria und Castulus, kniend Kaiser Heinrich II. und Bischof Adalbert. Eines der hervorragendsten Kunstwerke in Bayern ist der 14 m hohe, aus Lindenholz **geschnitzte Hochaltar** (1514), das Meisterwerk des Landshuters Hans Leinberger;

Leinberger-Hochaltar in St. Castulus

in seinem Unterbau werden die Reliquien des hl. Castulus aufbewahrt. Beachtenswert sind auch zwei Kruzifixe Leinbergers und das Chorgestühl (1475). Für **St. Johannes** schuf Leinberger ebenfalls einen Altar, von dem aber nur zwei Flügelreliefs erhalten blieben (heute im Diözesanmuseum Freising bzw. in Berlin). Am Platz südlich von St. Castulus (»Auf dem Plan«) stehen vornehme **Stiftsherrenhäuser**, die in spätgotische Zeit zurückgehen; weiter südlich die Herrnstraße, die ihr Bild v. a. dem Wiederaufbau nach dem Stadtbrand 1865 im »Maximilianstil« verdankt. Das **Heimatmuseum** (Kastulusplatz 3) in der alten Klosterschule zeigt Sammlungen zur politischen, kulturellen und wirtschaftlichen Geschichte der Stadt (geöffnet So. 16.00 – 17.30 Uhr).

Fürstenfeldbruck

L 5

Landkreis: Fürstenfeldbruck
Einwohnerzahl: 33 500
Höhe: 517 m ü. d. M.

Von München lohnt sich der Ausflug (per S-Bahn) nach Fürstenfeldbruck, dessen Kloster über eine der prächtigsten Kirchen Oberbayerns verfügt.

Aus der Ortsgeschichte

Der noch heute oft so genannte Ort Bruck, Keimzelle der Stadt Fürstenfeldbruck, war in der Mitte des 12. Jh.s Zollstätte an der Salzstraße von München nach Augsburg. Bedeutend für die Entwicklung war die Stiftung des Klosters zu Fürstenfeld durch den bayerischen Herzog Ludwig II. (»der Strenge«, Vater Kaiser Ludwigs des Bayern). Ab 1306 konnte der Ort die Bezeichnung »Markt« führen, seit 1908 heißt er amtlich »Fürstenfeldbruck«, 1935 erhielt er das Stadtrecht. Bekannt ist Fürstenfeldbruck als Standort der Bundesluftwaffe.

Kloster Fürstenfeld

Maria von Brabant, die Gemahlin Herzog Ludwigs, hatte einmal zwei Briefe geschrieben, einen an ihren Ehemann, den anderen an den Grafen Heinrich von Kyrburg. Doch der Bote verwechselte sie, was zum Verdacht ehelicher Untreue führte, und Ludwig ließ Maria 1256

enthaupten. Als sich ihre Unschuld erwiesen hatte, erlegte der Papst dem Herzog als Sühne auf, ein Kloster zu gründen. 1263 ließen sich die Zisterzienser auf des »Fürsten Feld« in der Nähe von Bruck nieder. Die besten Künstler des Münchner Hofs entwarfen die heute zu sehende Anlage, in der Kurfürst Max Emanuel ein **bayerisches Escorial** verwirklichen wollte. Die Konventsbauten (1691 – 1703) sind ein Werk des Graubündners G. A. Viscardi, für die Ausmalung zeichnete der Wessobrunner Hans Georg Asam verantwortlich. Die Konventsgebäude werden heute als Kulturzentrum und von der bayerischen Fachhochschule für das Polizeiwesen genützt. Das **Stadtmuseum Fürstenfeldbruck** gibt hier Einblick in die Geschichte von Stadt und Kloster (geöffnet Di. – Sa. 13.00 – 17.00, So. 11.00 – 17.00 Uhr).

★★ Klosterkirche Mariä Himmelfahrt

Die Klosterkirche, **eine der großartigsten Kirchen Oberbayerns**, entstand nach Plänen von G. A. Viscardi ab 1700 (Weihe 1741). Mächtig, allerdings etwas einfallslos wirkt die 1747 beendete Fassade. Sehr schlicht ist auch die Architektur der Wandpfeilerkirche, in der der Einfluss der Münchner Michaelskirche deutlich ist. Dafür ist der gewaltige Raum (83 m Länge, 27 m Breite, 28,4 m Höhe) in umso überschwänglicherem Rokoko gestaltet, das italienische, französische und bayerische Stilelemente vereint (►S. 46). Francesco Appiani (Stuck), Cosmas Damian Asam (Deckenfresken in Langhaus und Chor), Egid Quirin Asam (Seitenaltäre St. Sebastian, St. Peter und Paul) sowie Tassilo Zöpf, R. A. Boos und Franz Xaver Schmädl sorgten für die meisterhafte Ausstattung. Die Deckengemälde schildern Ereignisse aus dem Leben des hl. Bernhard in Verbindung mit der Erlösungsgeschichte. Die Orgel (1736) von Johann Fux ist das einzige original erhaltene zweimanualige Instrument aus der 1. Hälfte des 18. Jh.s in Altbayern. Besonders zu beachten sind die beiden Stifterfiguren links und rechts des Chors (von R. A. Boos) und die spätgotische Madonna vor der Statue Kaiser Ludwigs des Bayern (rechts).

Machtvolle Anlage: Kloster Fürstenfeld

Sehenswertes in der Stadt

Der langgestreckte Stadtplatz (Hauptstraße) mit Bürgerhäusern aus Barock und Klassizismus bildet das Zentrum von Bruck. Hier stehen das Alte Rathaus (1781) und das ehemalige Klosterrichterhaus (1626). Weiter unten, an der Amper, die kleine gotische Leonhardikirche (1440) mit Gewölbefresken (17. Jh.). Über dem Portal liest man den Spruch »Gott segne die Rösser«.

Umgebung von Fürstenfeldbruck

Amperauen

Südwestlich von Fürstenfeldbruck erstrecken sich zum ► Ammersee die **Amperauen**; im Ampermoos südlich von Grafrath (Naturschutzgebiet) brüten Kiebitz und Großer Brachvogel. Diese etwas abseits gelegene Ecke nördlich des Ammersees ist von sanfter Schönheit und als Radelrevier zu Recht beliebt; von höhergelegenen Punkten auf den Endmoränen ergeben sich immer wieder wunderbare Ausblicke auf die Alpen. Einen Stopp wert ist in **Grafrath** die Wallfahrtskirche St. Rasso, erbaut von dem Vorarlberger M. Thumb (1695) und um 1752 im Rokoko neu gestaltet; der Hochaltar gilt als Werk von J. M. Straub (1768), im südlichen Seitenaltar ein Versperbild von 1510. Für eine Rast empfiehlt sich das »Dampfschiff« an der Amper.

✶ Bauernhof-museum Jexhof

Vom Untern Wirt in Schöngeising an der Amper (S-Bahn) geht man in ca. 45 Min. durch den Wald zum Jexhof, der Einblick in das ländliche Leben um 1900 gibt. Interessantes Programm an Vorführungen und Aktivitäten, besonders auch für Kinder. Geöffnet vom Palmsonntag-Wochenende bis 31. Okt. und von Mitte Dez. bis Mitte Jan. Di. – So. 13.00 – 17.00 Uhr (www.jexhof.de).

Kaltenberg

Auf Schloss Kaltenberg (bei Geltendorf, ca. 20 km südwestlich von Fürstenfeldbruck) braut Luitpold Prinz von Bayern gutes Bier, das man im Restaurant und im Biergarten verkosten kann. Weithin berühmt sind die spektakulären **Ritterturniere** mit großem Rahmenprogramm, die an drei Juli-Wochenenden stattfinden (Eintrittskarten Tel. 01805 11 33 13, www.ritterturnier.de).

FÜRSTENFELDBRUCK ERLEBEN

AUSKUNFT

Fremdenverkehrsamt
Hauptstr. 31, 82256 Fürstenfeldbruck
Tel. (0 81 41) 2 81 33 34
www.fuerstenfeldbruck.de
www.kloster-fuerstenfeld.de

FESTE UND EVENTS

Letzter Okt.-Sa.: Leonhardifahrt.
13. Dez.: Luzien-Häuschen-Schwimmen. Konzerte und Orgelmatineen in der Klosterkirche.

ESSEN / ÜBERNACHTEN

► **Komfortabel**

Hotel zur Post
Hauptstr. 7, 82256 Fürstenfeldbruck
Tel. (0 81 41) 31 42-0
Seit fast 400 Jahren ist die Posthalterei in Familienbesitz. In der geschmackvollen Gaststube wird sehr ordentliche Küche geboten. 42 individuell gestaltete Zimmer im englischen Landhausstil oder Biedermeier.

► **Günstig**

Dampfschiff
Graf-Rasso-Str. 40, 82284 Grafrath
Tel. (0 81 44) 13 14
Ein hübscher Platz ist der Biergarten an der Amper. Gaststube mit gediegen-rustikalem Ambiente; die Speisekarte dürfte einfallsreicher sein. Mit 1 Doppel- und 2 Einzelzimmern.

Gute Stube Füssens: Reichenstraße mit der Kirche St. Mang und dem Hohen Schloss

★ Füssen

H 8

Landkreis: Ostallgäu
Einwohnerzahl: 14 000
Höhe: 803 m ü. d. M.

Wer Schloss Neuschwanstein besucht, darf das benachbarte Füssen nicht auslassen. Mit seiner romantischen Altstadt unter dem mächtigen Hohen Schloss liegt es vor einer eindrücklichen Gebirgskulisse am Lech, der hier ins Vorland tritt.

Altstadt

Die kleine Altstadt zwischen der Sebastianstraße und der Burg gruppiert sich um das Karree von Reichenstraße, die z. T. der römischen Via Claudia Augusta folgt, und Brunnengasse. Schöne Bürgerhäuser aus Spätgotik und Barock bilden den Rahmen für Straßencafés und Läden. Einen Blick wert ist die Krippkirche St. Nikolaus (J. J. Herkomer, 1718) mit ihrem Hochaltar von Dominikus Zimmermann. Ums Eck liegt der Schrannenplatz, das spätgotische Kornhaus ist heute ein kleiner feiner Markt. Am Haus Brunnengasse 18 ein Relief von dem bedeutenden Barockbildhauer Anton Sturm (u. a. Wieskirche), der hier wohnte. Weiter östlich Reste der Stadtmauer mit dem unter Denkmalschutz stehenden Alten Friedhof; vom anschließenden Franziskanerkloster schöner Blick auf Altstadt und Burg.

Hohes Schloss ✶ Der bairische Herzog Ludwig II. (der Strenge) ließ das Hohe Schloss ab 1291 auf den Grundmauern des spätrömischen Kastells Foetibus errichten; 1313 wurde sie an die Stadtherren, die Augsburger Fürstbischöfe, verpfändet. 1494 – 1503 wurde es erweitert und seitdem nur wenig verändert. Einzigartig sind die **spätgotischen Illusionsmalereien** von 1499 an den Fassaden. In den repräsentativen Sälen mit schönen geschnitzten Kassettendecken zeigt eine Filiale der Bayerischen Staatsgemäldesammlungen Kunstwerke des 15./16. Jh.s aus Schwaben (geöffnet April – Okt. Di. – So. 11.00 – 16.00 Uhr, sonst ab 14.00 Uhr).

Kloster St. Mang Am Südfuß des Burgfelsens liegt die einstige Benediktinerabtei, die auf die Zelle des »Schwabenapostels« Magnus zurückgeht (748). Die **Stiftskirche St. Mang** über seiner Grabstätte hat eine lange Baugeschichte; aus romanischer Zeit (936 – 1074) stammen noch das Turmuntergeschoß, die **Krypta mit den ältesten Fresken Bayerns** und der Westchor. Die heutige Kirche wurde auf dem Grundriss der Basilika des 11./12. Jh.s 1701 – 1717 von J. J. Herkomer in wuchtigem Barock aufgeführt. Das **Museum der Stadt Füssen** in den prachtvollen Konventsräumen dokumentiert die Geschichte des Klosters und des bedeutenden Füssener Geigenbaus; es bezieht auch die St-Anna-Kapelle mit dem eindrucksvollen **Totentanz** von Jakob Hiebeler (1602) ein.

FÜSSEN ERLEBEN

AUSKUNFT

Füssen Tourismus
Kaiser-Maximilian-Platz 1
87629 Füssen im Allgäu
Tel. (0 83 62) 93 85-0
www.stadt-fuessen.de

FESTE UND EVENTS

Juni – Sept.: Fürstensaalkonzerte. Mitte Aug.: Kaiserfest. Ende Aug.: Festival »vielsaitig«. So. nach dem 6. Sept.: Magnusfest. Festspielhaus (Musik-theater Füssen): Karten Tel. (0 18 05)
13 12 32, www.das-festspielhaus.de

ESSEN

► Preiswert / Erschwinglich

Gasthof Schwanen
Brotmarkt 4, 87629 Füssen
Tel. (0 83 62) 61 74
Jahrhundertealter Gasthof, der einst zum Kloster gehörte, mit bayerisch-schwäbischer Küche.

Fischerhütte
Uferstr. 16, 87629 Hopfen am See
Tel. (0 83 62) 91 97-0
Gute schwäbische und Allgäuer Küche, auch frischer Fisch und internationale Gerichte. Schöne Terrasse am See.

ÜBERNACHTEN

► Günstig / Komfortabel

Altstadthotel Zum Hechten
Ritterstr. 6, 87629 Füssen
Tel. (0 83 62) 91 60-0
www.hotel-hechten.de
Zentral, aber ruhig gelegenes altehrwürdiges Haus, geschmackvoll-schlichte Zimmer. In der sehr speziell gestalteten Gaststube wird handfeste

Bei der Lech-Brücke steht die barocke Spitalkirche (1748 – 1750) mit prächtig bemalter Fassade (hll. Christophorus und Florian). Von der anderen Seite des Lechs schöner Blick auf die Burg. **Spitalkirche**

Wenige hundert Meter westlich des Klosters liegt Bad Faulenbach, ein Moor- und Mineralbad mit Schwefelquellen und Kneippanlagen. Im Mitter- und im Obersee kann man baden. **Bad Faulenbach**

Südwestlich der Altstadt bricht der Lech in eindrucksvollen Stufen – einst 100 m tief – durch das Gebirge und tritt in eine enge Schlucht ein. Von der Tiroler Straße kann man auch den **Kalvarienberg** erklimmen und einen herrlichen Ausblick genießen. **✶ Lechfall**

Umgebung von Füssen

Im Füssener Becken wurde der Lech 1954 mit einer 41 m hohen Talsperre zu Bayerns größtem künstlichem See aufgestaut; benannt ist er nach dem überfluteten Weiler Forggen. Bei einer Schiffsfahrt genießt man den herrlichen Blick auf die nahen Königsschlösser und die Allgäuer Alpen. Im Jahr 2000 wurde auf einer künstlichen Halbinsel am Ostufer ein modernes **Festspielhaus** eröffnet. Die erste Produktion, das Musical »Ludwig II. – Sehnsucht nach dem Paradies«, wurde 2003 wegen rasch sinkender Besucherzahlen abgesetzt. Heute wird hier ein breit gefächertes Unterhaltungsprogramm geboten. **Forggensee**

►Schwangau **Königsschlösser**

✶ Garmisch-Partenkirchen

K 8/ 9

Landkreis: Garmisch-Partenkirchen **Höhe:** 700 – 2962 m ü. d. M.
Einwohnerzahl: 26 200

Das Wetterstein-Massiv mit der Zugspitze, dem höchsten deutschen Gipfel, ist eindrucksvolle Kulisse für Garmisch-Partenkirchen, einen der bekanntesten Urlaubs- und Wintersportorte Deutschlands.

Garmisch-Partenkirchen liegt im Werdenfelser Land an Loisach und Partnach in einem weiten Tal, das von mächtigen Gebirgsstöcken umschlossen ist. Im Norden ragt der Kramerspitz (1985 m) und im Osten der Wank (1774 m) auf, im Süden die beherrschende Felsmauer des Wettersteingebirges, aus der die scharfgeschnittene Alpspitze (2628 m) hervortritt, während von der Zugspitze nur ein schmales Stück rechts neben den Waxensteinen zu sehen ist.

Der östliche Teilort Partenkirchen, das »Parthanum« der Römer und 1361 zum Markt erhoben, war eine wichtige Etappe an der Handels- **Ein wenig Geschichte**

WUSSTEN SIE SCHON ...?

- Das Werdenfelser Land gehörte vom Mittelalter bis 1803 dem Freisinger Bischof. Der Wind, der von Eschenlohe her – aus dem Ausland – talaufwärts weht, heißt heute noch »bayerischer Wind«.

straße von Augsburg über Mittenwald nach Italien. Garmisch, 802 erstmals als »Germarisgave« erwähnt, partizipierte am wirtschaftlichen Erfolg. In Garmisch wurde die erste Kirche der Region erbaut, später entfaltete sich hier das Holzschnitzerhandwerk. Beide Orte gehörten ab 1294 zu der dem Bischof von Freising unterstehenden Reichsgrafschaft Werdenfels, die erst 1803 zu Bayern kam. Garmisch und Partenkirchen wurden 1935 unter massivem Druck von oben zur Marktgemeinde vereinigt, 1936 feierte sich das Nazi-Regime hier mit den Olympischen Winterspielen. Noch heute finden die Feste und Aktivitäten der Kirchen und Vereine getrennt statt.

GARMISCH-PARTENKIRCHEN ERLEBEN

AUSKUNFT

Tourist-Information
Richard-Strauss-Platz 2
82467 Garmisch-Partenkirchen
Tel. (0 88 21) 18 07 00
www.garmisch-partenkirchen.de

FESTE UND EVENTS

Jan.: Neujahrsspringen, FIS- und Weltcup-Skirennen. Fasching mit alten Bräuchen (»Maschkera-Gehen« mit »Schellenrührern« u. a.). Bauerntheater im prächtigen Gasthaus zum Rassen (Ludwigstr.) und im Bräustüberl (Fürstenstr. 25), beides beliebte alte Wirtshäuser. Anf. Juli: Richard-Strauss-Tage (Info Tel. 0 88 21 / 96 68 48-0, www.gaponline.de).

ÜBERNACHTEN

► Komfortabel / Luxus

① ***Post-Hotel***
Ludwigstr. 49, Partenkirchen
Tel. (0 88 21) 93 63-0
www.post-hotel.de
Wohl das schönste und traditionsreichste Gasthaus Partenkirchens.

② ***Hotel Bavaria***
Partnachstr. 51, Partenkirchen
Tel. (0 88 21) 34 66
www.hotel-bavaria-garmisch.com
Von viel Grün umgeben ruhig im Herzen von Partenkirchen gelegen, gemütlich-edle Atmosphäre.

► Günstig / Komfortabel

③ ***Gasthof zum Rassen***
Ludwigstr. 45, Partenkirchen
Tel. (0 88 21) 20 89
Das herrlich bemalte alte Haus mit guten bayerischer Küche besitzt auch angenehme, schlichte Zimmer.

ESSEN

► Fein & teuer

① ***Reindl's Restaurant***
Bahnhofstr. 15, Partenkirchen
Tel. (0 88 21) 94 38 70, www.reindls.de
Feine Küche mit französischem Einschlag pflegt das gediegene, traditionsreiche Restaurant im Hotel Partenkirchner Hof.

► Preiswert

② ***Zum Lamm***
Forstamtsweg 1, Garmisch
Tel. (0 88 21) 27 50
Bodenständiges Lokal mit gutbürgerlicher Küche und Biergarten.

Malerische Ludwigstraße in Partenkirchen mit dem »Rassen«

Garmisch

Marienplatz

Zwar hat Garmisch städtischen Charakter, im Ortskern findet man aber auch noch Gassen mit schmucken Bauernhäusern. Den Mittelpunkt bildet der Marienplatz, einst Marktplatz, mit der Alten Apotheke von 1790 (Nr. 10) und der Neuen Pfarrkirche **St. Martin**, ein Rokokobau, 1730 – 1733 von Joseph Schmuzer aus Wessobrunn errichtet und stuckiert. Die Deckenfresken (1732/1733), Frühwerke des genialen Matthäus Günther, zeigen Szenen aus dem Leben des hl. Martin. Zu beachten sind auch die geschnitzte Kanzel von 1782 und die Zunftstangen, die auch heute in Prozessionen mitgeführt werden.

Alt St. Martin

Die Alte Kirche St. Martin, weiter nördlich nahe der Burgstraße, geht auf ca. 1280 zurück und wurde 1446/1460 und 1520 (schönes Netzgewölbe) verändert. Unter den bedeutenden Wandmalereien ein eindrucksvoller Christophorus an der Nordwand (13. Jh.). Auch die Passionsgeschichte ist in Bildern festgehalten; im Chor Fresken mit Szenen aus dem Leben des hl. Martin. Ferner Glasgemälde aus der Tegernseer Schule (15. Jh.) und am Hochaltar eine Pietà (18. Jh.).

✶ Frühlingsstraße Fürstenstraße

Das Bild der Frühlingsstraße prägen **schöne alte Häuser** mit Schindeldächern, Zierbundgiebeln und hölzernen Altanen. Wunderschön bemalt ist der ehemalige Gasthof »Husaren« (1611) in der Fürstenstraße – ein Husar und ein Dragoner schauen aus dem Fenster. Das Bräustüberl in der Fürstenstraße ist eine echte gute Wirtschaft.

Richard-Strauss-Villa Richard Strauss lebte lange Zeit in Garmisch. In der Zöppritzstraße (Nr. 42) steht die Villa, in der der Komponist ab 1908 einige seiner Hauptwerke schuf, darunter den »Rosenkavalier«. Strauss-Fans besuchen das Richard-Strauss-Institut in der Villa Mayer-Doß im Kurpark Partenkirchen (So./Mo. geschlossen).

Kurpark Zentrum des Kurorts Garmisch ist der Park mit Kurhaus, -theater und Kongresshaus mit der Touristeninformation. Sein Glück kann man in der nahen Spielbank versuchen.

Ruine Werdenfels Nördlich des Ortsteils Garmisch (zu Fuß 1 Std.) liegt die Burgruine Werdenfels (»Wehr den Fels«), die zwischen 1219 und 1632 den Statthaltern des Hochstifts Freising als Sitz diente. Nach dieser Burg erhielt das Gebiet zwischen Zugspitze und Mittenwald den Namen »Werdenfelser Land«. Reste der Ringmauer, des Zwingers und des Burgtors sind noch erhalten.

★ Kramerspitz Eine herrliche Aussicht bietet der **Kramer-Plateauweg**, der unterhalb des Kramers verläuft. Noch prächtigere Bilder vermittelt die Besteigung des Kramerspitz: von der Maximilianshöhe über St. Martin, Abstieg über die Stepbergalm (gesamt 6.30 Std.).

Garmisch-Partenkirchen Orientierung

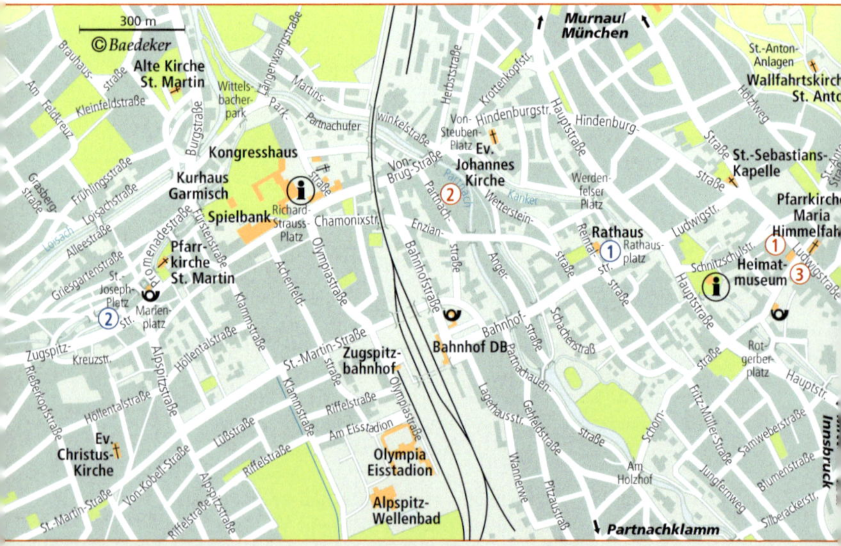

Essen
① Reindl's Restaurant
② Zum Lamm

Übernachten
① Post-Hotel
② Hotel Bavaria
③ Zum Rassen

Partenkirchen

Partenkirchens Prachtstraße ist die »historische« Ludwigstraße mit vielen schmucken Hausfassaden. Hier kann man – ungeachtet der Großbrände des 19. Jh.s und des Touristengetümmels – noch immer gediegene oberbayerische Atmosphäre spüren. ★ Ludwigstraße

Das Wackerle-Haus (Ludwigstraße 47), das bis ins 17. Jh. zurückgeht, beherbergt das sehr sehenswerte Heimatmuseum der Grafschaft Werdenberg: frühgeschichtliche Funde, religiöse und profane Volkskunst, im Fastnachtsraum Masken verschiedenster Art. Mehrere Räume illustrieren die bürgerliche und bäuerliche Wohnkultur des Werdenfelser Landes. Die **Madonna von Ignaz Günther** wird an Fronleichnam von Mädchen in Rosenkranztracht durch Partenkirchen getragen. Das Bergführermuseum dokumentiert u. a. die Erstbesteigung der Zugspitze. Geöffnet Di. – Fr. 10.00 – 13.00, 15.00 bis 18.00; Sa., So. 10.00 – 13.00 Uhr. Werdenfels-museum

Am Westhang des Wankbergs, etwa 60 m über Partenkirchen, steht die schöne Wallfahrtskirche St. Anton mit ihrem Doppelzwiebelturm. Sie ist über einen Weg mit Kreuzwegstationen und einen hübschen Arkadengang zu erreichen. Das von J. und F. X Schmuzer fein stuckierte Innere besitzt hervorragende Deckenfresken (1739) des Südtirolers Johann Evangelist Holzer. 1946 fertigte J. Wackerle ein großes Votivbild (gegenüber dem Eingang). St. Anton

Im Süden Partenkirchens liegen die Sportanlagen der Olympischen Winterspiele 1936. Das Eisstadion ist mit 4000 m² eine der größten Anlagen Europas. Benachbart ist das Alpspitz-Wellenbad. Südöstlich, am Fuß des Gudibergs, das Skistadion, bekannt durch das Neujahrsspringen im Rahmen der Internationalen Vierschanzentournee. Sportanlagen

Umgebung von Garmisch-Partenkirchen

Der 1779 m hohe Wank ist ein beliebter Ausflugsberg, zu erreichen mit Seilbahn oder in einer bequemen Wanderung von Partenkirchen über Schlattan/Gschwandt (Aufstieg 2.30 Std.). Lohnend ist die Tour zum **Krottenkopf** im Estergebirge. Vom Wank-Gipfel zur Esterbergalm (1264 m) und weiter nordöstlich zum Finzbach; dann zur Weilheimer Hütte (1946 m, 2 Std.) und zum Krottenkopfgipfel (2086 m; herrliche Aussicht). Von der Weilheimer Hütte schließlich nach Oberau im Loisach-Tal. Gesamtgehzeit 7.30 Stunden. Wank

Das teils zu Bayern, teils zu Tirol gehörende Wettersteingebirge ist hauptsächlich aus dem nach ihm benannten Wettersteinkalk aufgebaut. Seine drei Hauptkämme – Waxenstein-, Blassen- und Wettersteinkamm – gipfeln in der ► Zugspitze (2964 m), deren gewaltige Nordwestwände dem Gebirge sein charakteristisches Profil geben. Wetterstein-gebirge

Außen eine schlichte Jagdhütte: Ludwigs II. Refugium auf dem Schachen

Auch einige andere Gipfel – Schneefernerkopf, Hochblassen, Hochwanner und Dreitorspitze – erreichen über 2600 m Höhe. Höllental und Reintal trennen die Kämme des Wettersteingebirges. Die beiden nach Norden gerichteten Wasserläufe, Hammersbach und Partnach, werden von kleinen Eisfeldern gespeist und strömen durch großartige Klammen dem Garmischer Becken zu.

★ Partnachklamm

Ca. 2 km südlich des Olympia-Skistadions in Garmisch (Parkplatz) tost die Partnach durch eine 800 m lange, wildromantische Schlucht (auch im Winter sehr eindrucksvoll). Vom Ende der Klamm gelangt man in ca. 40 Minuten zur **Partnachalm** (Gasthaus). Von hier kann man auf der Straße ins Tal rodeln, am 6. Jan. starten die tollkühnen Hornschlitten-Piloten zu ihrem Rennen.

★ Schloss Elmau

Nach Durchquerung der Partnachklamm führt der Weg in gut 1 Std. zum herrlich gelegenen **Luxushotel mit Spa** (www.schloss-elmau.de, Tel. 0 88 23 / 18-0). Das 1919 errichtete Schlosshotel brannte 2005 aus, konnte aber 2007 wiederaufgebaut und modern erweitert neu eröffnet werden. Hier finden oft Konzerte mit berühmten Interpreten und andere Kulturveranstaltungen statt. Von dort geht es in etwa 2 Std. durch das Tal des Ferchenbachs zum Ferchensee und weiter zum Lautersee bei ►Mittenwald.

★ Jagdschloss Schachen

Das Jagdschloss Ludwigs II., 1866 m hoch auf der Schachenalpe südlich von Garmisch gelegen, zählt zu den schönsten Ausflugszielen. Man erreicht es zu Fuß von Elmau (3.30 Std.) oder von Garmisch durch die Partnachklamm und das Reintal oder über den Kälbersteig (4.30 Std.). Das Oberschoss des 1869 – 1872 erbauten Holzhauses nimmt eine echte Verrücktheit ein, der **Maurische Saal**. Hier vertrieb sich Ludwig in orientalischer Tracht die Zeit, lesend, von Dienern umgeben, rauchend und Mokka schlürfend. Geöffnet Juli – Anf.

Okt.; Führungen 11.00, 13.00, 14.00, 15.00 Uhr. Die Gesindehäuser sind heute Gaststätte (Tel. 0 88 21 / 29 96, geöffnet Pfingsten – Anf. Okt.). Über 1000 Pflanzen sind im Alpengarten zu sehen, der 1901 von dem Münchner Professor K. von Goebel angelegt wurde.

Klais

Eine leichte, hübsche Wanderung (ca. 3.30 Std.) führt von der Talstation der Eckbauerbahn östlich über Wamberg, einst das höchstgelegene Kirchdorf Deutschlands (1016 m), nach Klais. Von Klais Zugverbindung mit Garmisch und ►Mittenwald.

Grainau

Am Fuß der eindrucksvollen ►Zugspitze liegt Grainau (750 m, 3700 Einw.), ein Luftkurort mit Charme und alten Traditionen, einem schön gelegenen Freibad und dem romantischen Badersee. Von Grainau ist in 1 Std. Hammersbach und in weiteren 45 Min. die Höllentalklamm zu erreichen. Dann auf ca. 1 km langem Weg, vorbei an einem tosenden Wasserfall, durch Tunnel, über Galerien und Brücken zur Höllentalangerhütte (1387 m) zur Einkehr.

★ ◄ Höllentalklamm

★ **Eibsee**

Der malerische Eibsee (974 m ü. d. M.) wurde durch Schuttmassen aufgestaut und hat keinen oberirdischen Abfluß. Der tiefgrüne, wohl nach den hier wachsenden Eiben benannte See ist 1,8 km² groß und 28 m tief. Am Ostufer (Parkplatz) beginnt der Rundwanderweg vor der herrlichen Kulisse von Waxensteinen und Zugspitze.

Eibsee: »Mast- und Schotbruch« vor der Zugspitze

Grassau · Reit im Winkl

S 7

Landkreis: Traunstein

Zwischen dem Chiemsee und den Chiemgauer Bergen liegt eine einmalige Natur- und Kulturlandschaft, das Tal der Tiroler Ache. Sommers wie winters attraktiv ist die Urlaubsregion zwischen Kendlmühlfilzen, Kampenwand, Hochgern und der Winklmoosalm.

Grassau Grassau (6400 Einw., 527 m), wenige Kilometer südlich der Autobahn München – Salzburg gelegen, ist einer der ältesten Orte des Chiemgaus. Die große, bedeutende Pfarrkirche **Mariä Himmelfahrt** erhielt ihre barocke Gestalt im 16./17. Jh.; im Wesentlichen entstand sie als dreischiffige Staffelhalle im 15. Jh., wobei das Turmuntergeschoß noch ins 13. Jh. zurückgeht. Außer dem Stuck aus dem Zuccalli-Umkreis, den Deckenfresken und dem prächtigen Säulenaltar in der südlichen Seitenkapelle sind die mittelalterlichen Fresken im Weichen Stil an der Nordwand zu beachten; unter die Empore hat J. Carnutsch 1706 einen sarkastischen Kommentar zur Frömmelei der Grassauer Bruderschaften gemalt. Von Kucheln (westlich) lohnt sich die Fahrt hinauf zum **Berggasthof Strehtrumpf**.

Rottau Von Rottau (3 km nordwestlich von Grassau) führt ein Lehrpfad durch die **Kendlmühlfilze**, den Rest eines einst 2,5 km² großen Moorgebiets. An den Torfabbau erinnert die **Verladestation** von 1920, die bis 1988 in Betrieb war (heute Bayerisches Moor- und

Der Geigelstein lohnt mit herrlicher Aussicht und ebensolcher Blumenpracht.

Torfmuseum); man kann auch eine Fahrt mit der Feldbahn unternehmen. Für den Westerbuchberg ►Chiemsee.

Klaus

An der Straße zwischen Grassau und Rottau steht das **Klaushäusl**, eine Pumpstation (1810) der alten Soleleitung von Reichenhall nach Rosenheim. Hier ist u. a. eine der »Reichenbachschen Wassersäulenmaschinen« zu sehen, die die Sole 42 m höher drückte. Ein **Moormuseum** informiert über die Kendlmühlfilze (beide geöffnet 15. Mai bis 15. Okt.). Im Klaushäusl wird öfters Volksmusik gespielt.

Hochplatte Kampenwand

Von Niedernfels führt die Hochplattenbahn zur Staffnalm in 1050 m Höhe, dann geht's in 1.30 Std. zum Gipfel (1587 m) mit weitem Blick über die Chiemgauer Alpen. Von dort erreicht man in 2 Std. den **Kampenwand-Gipfel** (teils sehr anspruchsvoll). Im Winter findet man leichte und mittelschwere Skiabfahrten und eine rassige, stellenweise sehr steile Rodelbahn (4 km).

Jägerwinkl

Kinder sollen Spaß haben im Erlebnispark Jägerwinkl mit Sommerrodelbahn (geöffnet April – Okt. 9.00 – 18.00 Uhr). Man hat hier auch eine herrliche Aussicht auf Achental und Chiemgauer Berge.

Marquartstein

Der hübsche Luftkurort Marquartstein (3100 Einw., 542 m) am Eingang des Achentals ist sommers wie winters gut besucht. Sein Bild ist von der hochgelegenen, ins 11. Jh. zurückgehenden **Burg** geprägt, die ihr heutiges Aussehen im 19. Jh. erhielt. Im Landhaus »De Ahna« verbrachte Richard Strauss, der 1894 die Sängerin Pauline de Ahna geheiratet hatte, ab 1894 oft den Sommer. Auch wegen der grandiosen Aussicht lohnt der Aufstieg in 1.30 Std. zur **Schnappenkirche** (17. Jh.) auf dem Schnappenberg in 1100 m Höhe. Weitere 2 Std. braucht man zum **Hochgern**-Gipfel, eine der schönsten Touren in den Chiemgauer Bergen. Lohnend ist der Gang von Marquartstein durch das Lanzinger und das Süssener Moor nach **Raiten** (1 Std.).

★ ★ ◄ Schnappenberg

Schleching

Der traditionsreiche, sehr schön gelegene Ort (1800 Einw.) am Südfuß der Hochplatte ist durch die feine Rokoko-Kirche **St. Remigius** (1737) geprägt. Das Altarbild (1738) zeigt die Taufe des fränkischen Königs Chlodwig durch den hl. Remigius. Auf dem Friedhof schöne schmiedeeiserne Kreuze.

★ Geigelstein

Wegen des herrlichen Ausblicks und seiner Pflanzenwelt (unter Naturschutz) ist der **Blumenberg des Chiemgaus** ein beliebtes Wanderrevier. Von der Bergstation der Seilbahn lässt sich eine lohnende Rundtour über Karlalm, Breitenstein, Wirtsalm und Geigelstein unternehmen (4.30 Std.).

★ Streichenkapelle

Überaus beeindruckend – 300 m über dem Tal – steht auf dem Streichen südlich von Schleching die Kirche St. Servatius, ein kunsthistorisches Juwel mit wunderbaren **Fresken des 15./16. Jh.s**. Beachtlich

GRASSAU · REIT IM WINKL ERLEBEN

AUSKUNFT

Tourist-Info Grassau
Tel. (0 86 41) 69 79 60
www.grassau.de

Tourist-Info Reit im Winkl
Tel. (0 86 40) 80 02-0
www.reitimwinkl.de

Musikfest in Reit im Winkl

FESTE UND EVENTS

Letzter April-So.: Georgi-Markt in Grassau. Christi Himmelfahrt: Trachtenwallfahrt von Unterwössen nach Raiten. Letzter Sept.-Sa.: Michaeli-Markt in Grassau (Vieh- und Warenmarkt). Letzter Okt.-So.: Leonhardi-Ritt von Grassau nach Weiher.

ESSEN

► Fein & teuer

Klauser's Café und Restaurant
Birnbacher Str. 0, 83242 Reit i. W.
Tel. (0 86 40) 84 24
In ländlichem Ambiente nachmittags vorzüglichen Kuchen, abends feine bayerisch-französisch-italienische Küche genießen. Mo. geschlossen.

► Preiswert / Erschwinglich

Gasthof Zellerwand
83259 Schleching-Mettenham
Tel. (0 86 49) 2 17, Di./Mi. geschl.
Alter, gemütlicher Gasthof mit Biergarten, gute (etwas überambitionierte) Küche. Zwischen Unterwössen und Schleching gelegen.

Gasthof Sperrer
Ortenburger Str. 5 , 83224 Grassau
Tel. (0 86 41) 20 11
Behaglicher Gasthof mit bayerischen Schmankerln und internationaler Küche. Nebenan das moderne Hotel.

ÜBERNACHTEN

► Luxus

Unterwirt
Kirchplatz 2, 83242 Reit im Winkl
Tel. (0 86 40) 80 10
www.unterwirt.de
Gediegenes großes Haus mit stilvollem Ambiente und luxuriöser »Wohlfühloase«. Regionale und internationale Küche.

► Günstig

Berggasthof Streichen
Streichen 1, 83259 Schleching
Tel. (0 86 46) 2 65, Mo. geschl.
Auch ohne die herrliche Kirche würde die Fahrt hierher lohnen! Vier sehr preisgünstige Zimmer, Etagendusche.

Großrachlhof
Großrachl 1, 83224 Grassau
Tel. (0 86 41) 15 20
www.grossrachlhof.de
Herrlicher alter Bauernhof in Alleinlage mit schönen Ferienwohnungen.

sind auch die spätgotischen Altäre. Der Schrein des Hochaltars (1524) zeigt die Schnitzfiguren des Servatius zwischen Dionysius und Wolfgang; an den Innenseiten der Flügel Reliefszenen aus dem Leben Jesu, außen gemalte Passionsszenen. Links des Chorbogens eine weitere Kostbarkeit: ein **Kastenaltärchen** mit einem geschnitzten Servatius und auf den Flügeln noble gemalte Heilige im Weichen Stil (um 1410). Wenn die Kapelle verschlossen ist, im Mesnerhaus von 1435 fragen – heute ein wunderbarer Gasthof (Berggasthof Streichen, ►S. 206).

! *Baedeker* TIPP

Natur und Abenteuer

Einen Hauch von Abenteuer vermitteln die Schlauchbootfahrten auf der Tiroler Ache, die vom Sporthaus Lukas in Schleching angeboten werden (Tel. 0 86 49 / 2 43; auch Kajakverleih). Führungen durch die Kendlmühlfilze, in denen 50 Orchideenarten zu Hause sind, veranstaltet die Tourist-Information Grassau.

Klobenstein Entenlochklamm

In der dramatischen Entenlochklamm (etwas für Wildwasserfahrer) bricht die Ache durch den Klobenstein. Sehr lohnend, auch mit Kindern, ist die 2-stündige Wanderung von Ettenhausen zum Gasthof und zur Wallfahrtskapelle Klobenstein. Mit fahrbarem Untersatz gelangt man über das österreichische Kössen nach Reit im Winkl.

Herrliche Fresken und Altäre schmücken die Kapelle auf dem Streichen.

»Nächtliche Schlittenfahrt König Ludwigs II. im Ammergebirge«. Gemälde von R. Wenig, um 1880.

»EIN EWIG RÄTSEL«

Ein schlichtes Holzkreuz nahe dem Ufer markiert im Starnberger See die Stelle, an der am 13. Juni 1886 das Leben König Ludwigs II. zu Ende ging. Unter welchen Umständen er und sein Arzt Dr. von Gudden umkamen, ist bis heute nicht geklärt. Doch erhält gerade auch der mysteriöse Tod des »Kini« seine Anziehungskraft weit über Bayern hinaus.

Ludwig ließ wunderschöne Schlösser bauen, die heute zu den größten Attraktionen Bayerns zählen und einen ganzen Wirtschaftszweig unterhalten. Er war schön wie der sprichwörtliche Märchenprinz. Aber: Er war schon mit knapp vierzig dick und aufgeschwemmt, litt fürchterlich unter verfaulenden Zähnen, saß einsam in seinen Schlössern und jagte nächtens im elektrisch beleuchteten Schlitten durch verschneite Wälder.

Nein, märchenhaft war sein Leben nicht, und dabei hatte alles so verheißungsvoll begonnen. Just am Geburtstag des Großvaters König Ludwig I., am 25. August 1845, kam der lang ersehnte Thronerbe im **Schloss Nymphenburg** zur Welt. Schon früh entwickelte der kleine Ludwig eine lebhafte Fantasie, ließ sich gerne Geschichten erzählen oder erfand welche, freute sich am Theaterspielen und konstruierte mit seinen Bauklötzen kunstvolle Gebäude. Besonders angetan hatten es ihm die prachtvollen Sagengemälde auf **Schloss Hohenschwangau**, wo er und sein Bruder Otto (der später geisteskrank wurde) den größten Teil der Kindheit verbrachten. Stundenlang saß er in seinem Zimmer und flüchtete vor der strengen Erziehung in die Welt seines Lieblingshelden, des Schwanenritters Lohengrin. Denn weder zu seinem Vater noch zu seiner Mutter hatte er ein gutes Verhältnis – mit Sicherheit begann damals schon sein innerer Rückzug.

Schöner junger König

Gut 18 Jahre alt war Ludwig erst, als er die Nachfolge seines Vaters antreten musste. Ein strahlend schöner junger Mann mit dunklen Locken und tiefblauen Augen, der mit seinen Einsneunzig alle überragte, schritt hinter dem Sarg einher. Hingerissen jubelte ihm das Volk zu, voll Eifer stürzte er sich in die Regierungsarbeit. Doch wohl nur er selbst kannte seine Angst und Unerfahrenheit; bald schon langweilte ihn alles, widerten ihn die Staatsgeschäfte an, die mehr einem Königspielen denn einem echten Regieren glichen. Eine der wich-

tigsten Ursachen für diesen Rückzug mag der **Krieg von 1866** gewesen sein, zu dem man den König zwingen musste. Das Ergebnis war ein Bündnis mit Preußen, wonach im Kriegsfall der preußische König Oberbefehlshaber der bayerischen Truppen wurde – für Ludwig eine Verletzung seiner Souveränität, die nur vier Jahre später im Deutsch-Französischen Krieg vollendet wurde.

Der Rückzug

Aus der Welt, in der er nicht mehr König sein konnte, zog er sich zurück in eine andere: Kein König der Kriege, ein König der Kunst wollte er sein. Er begann mit dem geradezu hektischen Bau von Schlössern, so dass innerhalb weniger Jahre wahre Architekturwunder entstanden: Neu-Hohenschwangau (Neuschwanstein) als Gralsburg aus Wagners »Lohengrin«, Herrenchiemsee und – als einziger Bau zu seinen Lebzeiten vollendet – Linderhof mit der berühmten Grotte und dem See mit Wellenmaschine, auf dem sich der König nachts in einem Muschelkahn herumrudern ließ. Lange hat man in den Schlössern großartige Leistungen des Kunsthandwerks gesehen und Ludwig als Förderer und Auftraggeber, inzwischen weiß man aber, dass er bei fast allen Arbeiten selbst am Werk war.

Ein anderes bleibendes Verdienst des Königs ist die zwanzig Jahre dauernde Protektion **Richard Wagners**. Als Fünfzehnjähriger hatte Ludwig in München tief ergriffen den »Lohengrin« erlebt und war in grenzenlose Schwärmerei für den Komponisten verfallen. Schon einige Monate nach Regierungsantritt schickte er seinen Staatssekretär Pfistermeyer aus, den Meister, in den er regelrecht verliebt war, nach München zu holen. Ludwig überschüttete den »erhabenen, göttlichen Freund« mit Gunst und Geld, doch die Minister teilten die königliche Begeisterung mitnichten, zumal sich Wagner auch in politische Angelegenheiten einmischte. Für Ludwig brach dann eine Welt zusammen, als er feststellen musste, dass Wagners angebliche Arbeitsbeziehung zu Cosima von Bülow eindeutig erotischer Art war. Tief enttäuscht von diesem Verrat zog er sich von Wagners Person zurück, hielt aber seiner Musik die Treue und half ihm auch finanziell. Die Schwärmerei für Wagners Musik

Der »Kini« hat heute noch treue Anhänger, sein Geburtstag und sein Todestag werden mit Feiern begangen (v. a. in Oberammergau bzw. in Berg am Starnberger See).

war es auch zunächst, die Ludwig mit **Herzogin Sophie in Bayern** zusammenführte. Doch die am 22. Januar 1867 geschlossene Verlobung währte nicht lange, denn bald wurde Ludwig klar, dass es mit seiner Frau über die Musikbegeisterung hinaus keine tieferen Gemeinsamkeiten gab. Als die Entlobung bekanntgegeben wurde, war zwar die Verwandtschaft verstimmt und das Volk enttäuscht, der König aber atmete auf.

Es gab nur eine Frau in seinem Leben, der er tief verbunden war: Sophies ältere Schwester **Elisabeth, spätere Kaiserin von Österreich**, die berühmte Sisi. Beider Verhältnis war kein erotisches; Ludwigs Homosexualität war ein Tabu und stürzte ihn selbst in Konflikte. Die tiefe Verehrung, die er seiner acht Jahre älteren Cousine entgegenbrachte, lag in ihrer Wesensähnlichkeit. Auch Sisi war schön und exzentrisch, schwärmerisch und fantasievoll, litt wie er unter der Last der Krone. War Ludwig für den Zeitgeschmack zu weich oder gar zu weibisch geraten, galt Elisabeth als zu männlich und zu emanzipiert. Beide kamen mit den Konventionen ihrer Zeit und ihrer Stellung nicht zurecht und schufen sich ihre Refugien. Wann immer sie konnten, trafen sie sich auf der Roseninsel im Starnberger See oder schrieben sich Briefe, in denen sie sich »Adler« und »Taube« nannten.

In den letzten Jahren seiner Regierung wurde Ludwig immer mehr zum Einsiedler. Immer häufiger stürzte er sich in Affären mit Schauspielern und Reitknechten, lebte praktisch nur noch nachts, sah mehrmals in der Woche im gespenstisch leeren Münchener Residenztheater eigens für ihn gespielte Aufführungen. Immer manischer betrieb er den Schlösserbau, bis ihm schließlich der Landtag weitere Gelder verweigerte.

Das Ende

In Absprache mit Ludwigs Onkel, Prinz Luitpold, ließ Ministerpräsident Lutz den König entmündigen und in **Schloss Berg** arretieren. Der weitere Fortgang ist bekannt: Bald wurde Ludwigs Drohung »Und wenn ich nicht mehr bauen kann, will ich nicht mehr leben« bittere Wahrheit. Die Spekulationen über den 13. Juni 1886 reißen bis heute nicht ab. Für die letzten Stunden des bayerischen Königs und den Spaziergang im Schlosspark gibt es keine Zeugen. War es Selbstmord? Hat Dr. von Gudden ihn zu retten versucht oder einen Fluchtversuch vereiteln wollen? Oder war es vielleicht ein politisch motivierter Mord? Diese Fragen sind immer noch offen, und so hat König Ludwig II. eines mit Sicherheit erreicht: »Ein ewig Rätsel will ich bleiben, mir und den anderen.«

Unterwössen

Unterwössen, der Luftkurort (3900 Einw., 556 m) südlich von Marquartstein, ist Standort der **Deutschen Alpensegelflugschule**; eine Runde mit einem Segelflugzeug oder Motorsegler ist ein erschwingliches Vergnügen. In der Pfarrkirche **St. Martin**, ursprünglich Schlosskapelle, sind die Deckengemälde von Ignaz Baldauff (1781) und die Altäre (1780) sehenswert. Für Kinder interessant ist die Rotwild-Fütterung in Kaltenbach, von der Ortsmitte in 20 Min. zu erreichen.

Reit im Winkl

Reit im Winkl (2600 Einw., 696 m), nahe der Grenze zu Tirol gelegen, ist bekannt als einer der schneesichersten Wintersportorte Bayerns. **Stattliche Bauernhäuser**, deren flache Satteldächer oft mit Steinen beschwert sind, bestimmen das Bild des Orts, der im Norden und Osten von bewaldeten Höhen umgeben wird; im Südwesten ragen die Zacken des Kaisergebirges auf. Die Pfarrkirche St. Pankratius ist ein neobarocker Bau von 1912/1913. Interessant sind das Ski- und das Heimatmuseum im Hausenhäusl. Beim **Wimmerkreuz** liegt ein Feld eiszeitlicher Gletschermühlen. Der 18-Loch-Golfplatz darf als einer der schönstgelegenen gelten. Gute Abfahrten findet man im Bereich der **Winklmoosalm** (1160 m) östlich von Reit, der Heimat der Olympiasiegerin 1976 Rosi Mittermaier, und zwar an Scheibelberg und der nach Süden steil abbrechenden **Steinplatte**. Der altertümliche Sessellift am **Dürrnbachhorn** ist nur sommers in Betrieb (hübsche Runde von der Bergstation über den aussichtsreichen Gipfel und die Wildalm nach Reit, 3 – 3.30 Std.). Auf herrlichen Spaziergängen kann man die **Almen** der Region kennen lernen, zu den bekanntesten gehören die Hemmersuppenalm und die Winklmoosalm.

Immenstadt

E 8

Landkreis: Oberallgäu
Einwohnerzahl: 14 400
Höhe: 728 m ü. d. M.

Das alte »Städtle« Immenstadt ist mit ► Sonthofen Zentrum des Oberallgäuer Feriengebiets zwischen dem reizvollen Alpsee und dem Grünten, dem »Wächter des Allgäus«.

Immenstadt gestern und heute

Das erstmals im Jahr 1275 urkundlich erwähnte Immenstadt ist zusammen mit Sonthofen ein lebhaftes Mittelzentrum des Oberallgäus mit Verwaltungs- und Bildungseinrichtungen, bedeutendster Arbeitgeber ist die Firma Bosch, die hier ABS- und ESP-Systeme fertigt. Zu wirtschaftlicher Blüte kam der Ort als Stapel- und Umschlagplatz für Salz und Leinwand, 1855 wurde die Mechanische Bindfadenfabrik eröffnet. Aber auch Landwirtschaft und Tourismus sind von Bedeutung: Im Gebiet der Stadt, zu der auch die Almen an der Nagelfluhkette gehören, sind noch über 150 Vollerwerbsbauern tätig, und sie ist die einzige Stadt Deutschlands mit einem Viehscheid im Herbst.

Sehenswertes in Immenstadt

Zentrum Den Marienplatz – hier wird am Samstag Markt gehalten – mit einer Mariensäule prägt das Renaissance-**Schloss** der Grafen Montfort und Königsegg (1550 – 1620, heutige Form 1746); der prächtig stuckierte Saal im zweiten Stock gehört heute zur Stadtbibliothek. Südlich gegenüber das Rathaus (1649, 1753 umgebaut). Die Kirche **St. Nikolaus** weiter östlich hat seit dem Mittelalter eine bewegte Geschichte; das heutige Bild ist v. a. durch den Barockbau (1707) und die Umgestaltung 1908 bestimmt. Im Chor sind eine Madonna (1470) sowie die Figuren der hll. Rochus und Sebastian (um 1520) zu beachten. In der alten **Hofmühle** nördlich an der Ach, einst die größte Getreidemühle Schwabens und später Teil der Mechanischen Bindfadenfabrik, wird die Stadtgeschichte vom Mittelalter bis heute anschaulich dargestellt (geöffnet Mi. – So. 14.00 – 17.00 Uhr).

Umgebung von Immenstadt

Rauhenzell In Rauhenzell östlich der Iller bilden das Schloss der Herren von Laubenberg (1555/1879), die Kirche St. Othmar und die Kapelle Maria Eich ein hübsches Ensemble. Die in romanische Zeit zurückgehende Kirche St. Othmar wurde 1694 barockisiert, außer einer bemalten Holzdecke besitzt sie prächtige schwarz-goldene Altäre.

IMMENSTADT ERLEBEN

AUSKUNFT

Gästeinformation
Marienplatz 12
87509 Immenstadt
Tel. (0 83 23) 9 14-176
www.immenstadt.de

FESTE UND EVENTS

Mai – Sept.: Immenstädter Sommer (Musik, Kleinkunst). Im Sommer Konzerte auf der Seebühne in Bühl.
16. Sept.: Viehscheid.

ESSEN

► Preiswert / Erschwinglich

Zum Hirschen
87509 Immenstadt-Akams
Tel. (0 83 23) 49 15, Di. geschl.
Ausflug in die »Bergstätten« nördlich über Immenstadt (Blick!): In der alten Dorfwirtschaft gibt man der Allgäuer Kost neuen Pfiff. Zu den Spezialitäten zählt insbesondere Wild.

Brauereigasthof Schäffler
Hauptstr. 15
87547 Missen
Tel. (0 83 20) 9 20-15
Aufgeputzter Gasthof in Neofolklore, auf der Karte stehen aber einige reelle Sachen wie Gamsbraten und Rehgulasch. Mit Zimmern.

ÜBERNACHTEN

► Günstig

Drei König
Marienplatz 11
87509 Immenstadt
Tel. (0 83 23) 86 28
Familiärer Gasthof in angenehmem Landhausstil. Restaurant mit Allgäuer Spezialitäten und vegetarischer Küche.

Herz Immenstadts: Marienplatz mit Rathaus und Renaissance-Schloss

Mit angenehmen 24 °C im Sommer ist der Alpsee (Foto ► S. 214), der größte natürliche See des Allgäus, ein Paradies zum Baden und für den Wassersport, im Winter kann man eislaufen und eisstockschießen. Auf einer Rundwanderung genießt man die schöne Uferlandschaft. Im Luftkurort Bühl am Alpsee sind die Pfarrkirche St. Stephan (1668) mit der darunterliegenden Hl.-Grab-Kapelle und die Kapelle Maria Loreto und St. Anna (1666/1716) einen Besuch wert. ★ **Alpsee**

Im 1035 m hoch gelegenen Diepolz am Hauchenberg bietet das **Allgäuer Bergbauernmuseum** etwas für die ganze Familie. Hier gibt es Allgäuer Braunvieh, eine Alphütte mit Käsküche, einen Kräutergarten etc. (geöffnet Ostern – Anf. Nov. tägl. 10.00 – 18.00 Uhr). **Diepolz**

Dem 1807 in Wilhams geborenen Carl Hirnbein (► Berühmte Persönlichkeiten) ist ein Museum in Missen und ein ca. 6,5 km langer Wanderweg von Missen nach Weitnau gewidmet. **Missen**

Südlich des Alpsees sind das Immenstädter Horn (1489 m) und das Gschwender Horn (1450 m) interessante Wanderreviere. Letzteres wurde übrigens in den 1990er-Jahren renaturiert, d. h. Skilifte wurden abmontiert und Liftschneisen aufgeforstet. Am 1451 m hohen **Mittagberg** oder kurz »Mittag« (1451 m, Sesselbahn) liegen einige Alpen, vom Gipfel hat man eine herrliche Aussicht. Ein Highlight ist die 5,2 km lange Schlittenbahn nach Immenstadt. Vom Mittag kann man die anspruchsvolle Tour über die **Nagelfluhkette** zum Hochgrat unternehmen (6 – 7 Std., ► Oberstaufen), auch der Abstieg vom Stuiben durchs Steigbachtal nach Immenstadt oder an der Südflanke nach Gunzesried (► Sonthofen) sind sehr reizvoll. **Bergtouren**

! *Baedeker* TIPP

Langer Grat

Ein besonderes Wandervergnügen ist die Überschreitung des Bergkamms nördlich von Alpsee und Konstanzer Ach. In ca. 5 Std. geht man von Wengen bei Oberstaufen hinauf zur Salmaser Höhe (1254 m), einem legendären Aussichtspunkt, und über Zaumberg nach Bühl.

Im Sommer surfen und baden, im Winter Schlittschuh laufen: Alpsee bei Bühl

Isny im Allgäu

D 7

Landkreis: Ravensburg
Einwohnerzahl: 9 300
Höhe: 705 m ü. d. M.

Ein überaus malerisches Bild bietet die alte Freie Reichsstadt Isny, die im Norden des Westallgäus im Württembergischen liegt. Auch als heilklimatischer Kurort hat sie einen guten Ruf, Wander- und Radwege sowie Langlaufloipen erschließen die schöne Natur.

Isny gestern und heute

Im 3. Jh. sicherte in der Nähe von Isny ein Kastell die Römerstraße von Bregenz nach Kempten. In der frühesten Urkunde (1096) ist die Siedlung als »Villa Ysinensis« erwähnt. Beim Kloster der Hirsauer Mönche, die sich 1096 hier niederließen, entwickelte sich ein Markt, der mit Flachsanbau und Leinenproduktion prosperierte; 1365 kauften sich die Bürger frei. Die reichsunmittelbare Stadt bekam 1507 das Münzrecht und schloss sich 1529 der Reformation an, wobei die humanistisch gebildeten Prediger der Stadt eine wichtige Rolle spielten. 1803 kam Isny an die Grafen von Quadt-Wykradt, 1806 zum Königreich Württemberg. Die Stadt ist Standort der Naturwissenschaftlich-Technischen Akademie (ehemals Chemieschule Grübler) und des bekannten Wohnwagenbauers Dethleffs. Kur- und Reha-Kliniken sind v. a. im Ortsteil Neutrauchburg angesiedelt.

Sehenswertes in Isny

✶ Altstadt

Trotz einer ganzen Chronik von verheerenden Epidemien, Bränden und Kriegsschäden blieb die mittelalterliche Stadtmauer mit einigen stattlichen Türmen erhalten. Die Altstadt wird von zwei Durchgangs-

straßen – gesäumt von spätgotischen bis barocken Bürgerhäusern – geviertellt, mit dem Marktplatz in der Mitte. Dort versammeln sich markante Bauten: das **Rathaus**, das um 1685 aus Patrizierhäusern des 15. Jhs. entstand; der schlanke Blaserturm (16. Jh.), auf dem ein Türmer Feuerwacht hielt; diesem benachbart das Hallgebäude, zuvor Tuchhaus; und dem gegenüber das Heiliggeistspital (15. Jh.), heute evang. Gemeindezentrum (Paul-Fagius-Haus). Im Nordwesten das trutzige **Espantor** von 1467 (»Espan« bedeutet soviel wie »Gemeindeanger«), in dem sommers Kunst ausgestellt wird. Im Westen an der Stadtmauer das **Museum am Mühlturm**, das die Stadtgeschichte erläutert (geöffnet Di., Do., Sa., So. 14.00 – 17.00 Uhr). Das **Wassertor** im Nordosten beherbergt das Heimatmuseum, in dem u. a. eine alte Schuhmacherwerkstatt zu sehen ist (Führung Mai – Okt. Sa. 10.00 Uhr).

! Baedeker TIPP

Gemalte Märchenwelten

Eine große Fangemeinde haben die traum- oder märchenhaften »Visionen« des in Isny geborenen Illustrators Friedrich Hechelmann. Im Schloss sind Werke von ihm ausgestellt, außerdem Repliken berühmter antiker Skulpturen wie der »Laokoon«. Geöffnet Di. – So. 11.00 – 17.00 Uhr.

Klosterbezirk

Im Nordosten der Altstadt liegt der geistliche Bezirk, der auf die Stadtkirche von 1042 und das im Jahr 1096 gegründete Kloster zu-

Partie an der Isnyer Stadtmauer mit Wassertor, St. Nikolai und St. Georg

rückgeht. Dem Wassertor benachbart die evang. **Nikolaikirche**, eine gotische Pfeilerbasilika (1288, Chor 1455), die nach dem Stadtbrand 1631 erneuert wurde (Renaissance-Kassettendecke). Durch den Chor ist die überaus wertvolle **Prädikantenbibliothek** zugänglich (Führung Ostern – Reformationstag Mi. 10.30 Uhr). Die kath. Stadtpfarrkirche **St. Georg und St. Jakob**, einst Kirche des Benediktinerklosters, entstand ebenfalls nach 1631 neu; um 1750 bekam die dreischiffige Hallenkirche ihr feines Rokoko-Gewand. Die hübsche Klosteranlage ist ein Werk des Vorarlbergers Michael Beer (1657).

Umgebung von Isny

Adelegg Östlich von Isny reicht die bewaldete Adelegg, ein Ausläufer der Allgäuer Alpen, weit ins Vorland. Von Isny und Großholzleute führen Wanderwege und Sträßchen auf den **Schwarzen Grat**, die höchste Erhebung des württembergischen Allgäus (1118 m, Aussichtsturm).

**** Eistobel** Ca. 7 km südlich von Isny hat die Obere Argen den wildromantischen Eistobel in das Nagelfluhgebirge gesägt. Von der 54 m hohen Eistobelbrücke westlich von Riedholz geht man hinunter in die 3 km lange, im Winter besonders bizarre Schlucht, dann hinauf nach Hohenegg und auf die **Riedholzer Kugel** (1066 m) mit fantastischer Aussicht. Westlich zurück nach Riedholz (gesamt 3 Std.).

ISNY ERLEBEN

AUSKUNFT

Kurverwaltung
Unterer Grabenweg 1
888316 Isny
Tel. (0 75 62) 9 84-110, www.isny.de

FESTE UND EVENTS

2. Juli-Wochenende: Kinderfest. Juli: Opernfestival. Aug.: Theaterfestival.

ESSEN

► Erschwinglich

Gasthof Adler
Großholzleute, Hauptstr. 27
88316 Isny
Tel. (0 75 62) 20 41
Im Mittelalter eine Wasserburg, im 19. Jh. Thurn-und-Taxisssche Poststation, heute feine Ess-Adresse. Mit modernem Gästehaus gegenüber.

► Preiswert

Zum Ochsen
Beuren
88316 Isny
Tel. (0 75 67) 18 23 30
Im stattlichen Dorfwirthaus kommt Fleisch aus der eigenen Metzgerei, einem anerkannten Demeter-Betrieb, auf den Tisch.

ÜBERNACHTEN

► Günstig

Krone
Bahnhofstr. 13
88316 Isny
Tel. (0 75 62) 24 42, Do. geschl.
Kleines Haus vor der Stadtmauer mit großzügigen Zimmern, im gemütlichen holzgetäfelten Restaurant gibt's gute heimische Kost.

Abends trifft man sich vor dem Kemptener Rathaus.

★ Kempten

E 7

Höhe: 646 – 915 m ü. d. M. **Einwohnerzahl:** 61 600

Die lebhafte Metropole des Allgäus, an der Iller in hügeliger Voralpenlandschaft gelegen, ist nicht nur die älteste urkundlich nachgewiesene Stadt in Deutschland, sondern auch eine der schönsten und interessantesten in Bayern.

Kempten gestern und heute

Der griechische Geschichtsschreiber Strabo erwähnte 18 n. Chr. den römischen Ort »Kambodunon« (lat. Cambodunum). Aus dem um das Jahr 752 gegründeten Kloster wurde 1213 ein Reichslehen. Die erstarkende Stadt geriet bald in permanenten Konflikt mit dem Fürstabt; 1289 erhielt sie reichsstädtische Privilegien, 1361 wurde sie Freie Reichsstadt. Jahrhundertelang war Kempten durch das spannungsreiche **Nebeneinander von Freier Reichsstadt** (Altstadt mit Rathaus und St. Mang) **und Fürstabtei** (Residenz mit St.-Lorenz-Basilika) geprägt. 1525 konnte sich die Stadt – die sich 1527 der Reformation anschloss – im »Großen Kauf« vom Stift unabhängig machen, doch erst 1818 wurden Reichs- und Stiftsstadt vereint. Heute ist die kreisfreie Stadt Kempten Verkehrdrehscheibe, Industriestandort (Elektrotechnik, Maschinenbau, Papier), Schulzentrum mit einer Fachhochschule sowie Zentrum der Milchwirtschaft mit Lehr- und Versuchszentrum und der Süddeutschen Butter- und Käsebörse.

Stiftsstadt

★★ **Residenz**

Das Selbstbewusstsein der Fürstäbte wird in der überaus luxuriös gestalteten Residenz sichtbar, die nach dem Vorbild der königlichen Rresidenz in München entstand: eine etwa 160 × 100 m große Anlage mit dem Konventsbau im Osten und dem Residenzbau im Westen. Baumeister war ab 1651 der Vorarlberger Michael Beer, ab 1654 der Graubündner Johann Serro; die Privat- und Repräsentationsräume erhielten ihre fantastische Rokoko-Ausstattung 1733 – 1735 durch Wessobrunner Meister. Führungen: April – Sept. Di. – So. 9.00 bis 16.00, Okt. 10.00 – 16.00, Nov. bis März Sa. 10.00 – 16.00, Dez. nach besonderer Ankündigung.

Repräsentative Zimmerfluchten in der Residenz

★ **Klosterkirche St. Lorenz**

Die Stiftskirche, die den im 30-jährigen Krieg zerstörten Bau aus der Romanik ersetzte, erbauten ebenfalls Beer und Serro (1652 – 1670). Beer entwarf einen ernsten, klassizistisch-frühbarocken Raum, der ein Langhaus im Vorarlberger Schema und einen oktogonalen Zentralraum vereint, Ersterer als Gemeinde-, Letzterer als Mönchskirche. Der feine vergoldete Stuck des Graubündners J. Zuccalli folgt noch der italienischen Hochrenaissance, die Deckenfresken schuf Andreas Asper um 1670. Die eindrucksvollsten Teile der Kirche sind das 42 m hohe Chor-Oktogon mit seiner ausgeklügelten Lichtführung und das **Chorgestühl mit Scagliola-Intarsien** (um 1670); bemerkenswert sind auch die eleganten Seitenaltäre vor dem Chor von J. G. Üblher (1750), der kreuztragende Christus unter der Kanzel (J. Lederer, um 1530) und das gotische Astkreuz unter der Westempore (um 1350).

Rund um die Residenz

Im schönen **Zumsteinhaus** (1802) am Residenzplatz sind zwei Museen ansässig. Das Römische Museum informiert anschaulich über die römischen Ursprünge Kemptens, das Naturkundemuseum über Geologie und Biologie des Allgäus bzw. der Alpen (beide geöffnet Apr. – Okt. Do., So. 10.00 – 12.00, 14.00 – 16.00 Uhr). Gegenüber der Stiftskirche das mächtige **Kornhaus** (um 1700), hier führt das Allgäu-Museum durch die Geschichte Kemptens und des Allgäus seit dem frühen Mittelalter (geöffnet Di. – So. 10.00 – 16.00 Uhr). Im **Marstall**, dem um 1730 erbauten Stall-Remisen-Gebäude, ist der Lebensraum Alpen das Thema: Das Alpinmuseum beleuchtet seine Geschichte von der Erschließung bis zum heutigen Tourismus, die Alpenländische Galerie zeigt hervorragende Werke berühmter Künstler (beide geöffnet Di. – So. 10.00 – 16.00 Uhr). Die Orangerie (1780) am Nordrand des Hofgartens ist heute Heimat der Stadtbibliothek.

★ Alpenmuseen ▸

Bürgerstadt

★ Rathausplatz

Kern der Freien Reichsstadt und stimmungsvolle »gute Stube« der Stadt ist der Rathausplatz mit stattlichen Patrizierhäusern. Das 1474 erbaute, hübsche **Rathaus** erhielt um 1565 seine Türmchen. Nr. 2 ist der Londoner Hof mit prächtiger Rokokofassade (1764); im Alten Zollhaus (Nr. 3) sind gotische Wandmalereien erhalten. Das Neubronnerhaus (Nr. 5, 1796) beherbergt das Stadtarchiv. In Nr. 10, dem Ponikauhaus (16./18. Jh.), ist ein prächtiges barockes Treppenhaus zu sehen. Vom Rathaus geht man westlich auf der – 1903 als Symbol der Verbindung von Bürger- und Stiftsstadt angelegten – Freitreppe hinauf zum Schlössle, einem Patrizierhaus von 1624.

St. Mang

Die um 1430 entstandene evangelische Kirche mit ihrem 66 m hohen Turm verlor im Bildersturm des Jahres 1533 ihre gotischen Altäre und wurde später mehrmals umgestaltet. Bemerkenswert ist der Schnitzaltar im Chor, der nach Arbeiten Tilman Riemenschneiders 1894 für die Weltausstellung in Chicago geschaffen wurde.

Burghalde

Stimmungsvolle historische Handwerkerhäuser und Reste der Stadtmauer begleiten auf dem Gang durch die **Bäckerstraße** zum Illertor. Auf der Burghalde, wo bis 1362 der Klostervogt saß, liegen Freilichtbühne und -kino, beliebte Plätze für sommerliche Veranstaltungen.

Kempten Orientierung

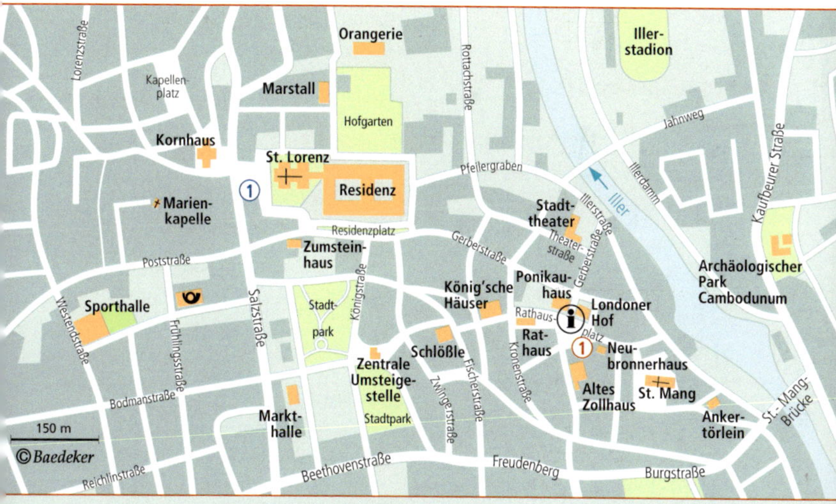

Essen
① Zum Stift

Übernachten
① Fürstenhof

Cambodunum ► Jenseits der Iller sind im **Archäologischen Park Cambodunum** die Reste der römischen Stadt zu bewundern; sie gehören zu den bedeutendsten nördlich der Alpen (geöffnet Mai – Okt. Di. – So. 10.00 bis 17.00, sonst bis 16.30 Uhr; Mitte Dez. – Mitte März geschl.).

Umgebung von Kempten

Wiggensbach Der sehr schön vor der Kette der Alpen gelegene Ort 10 km westlich von Kempten besitzt eine ungewöhnliche Kirche (St. Pankraz): mit Rokoko-Langhaus über einem griechischen Kreuz (J. G. Specht, 1771), prächtig ausgemalt von F. J. Hermann (1772). Im Informationszentrum des Orts ist das Heimatmuseum untergebracht. Vom 1072 m hohen **Blender** südlich des Orts grandiose Aussicht.

Altusried In der stattlichen Marktgemeinde 15 km nordwestlich von Kempten (722 m, 10 000 Einw.) finden seit 1879 alle 3 – 4 Jahre im Sommer die **Allgäuer Freilichtspiele** statt, in anderen Jahren gibt es ein vielfältiges Sommerfestival. Besuchenswert sind das Käsemuseum und die Kirche St. Blasius und Alexander (1681) mit Wessobrunner Stuck

KEMPTEN ERLEBEN

AUSKUNFT

Touristeninformation
Rathausplatz 24, 87435 Kempten
Tel. (08 31) 25 25-2 37
www.kempten.de

FESTE UND EVENTS

Ende April: Georgi-Ritt in Bodelsberg (Durach). April/Mai: Jazz-Frühling. Juni–Sept.: APC-Sommer (Musik im Archäologischen Park). Mitte Aug.: Allgäuer Festwoche (Wirtschaftsausstellung, Kultur, Volksfest). Juni–Aug.: Freilichtspiele in Altusried.

ÜBERNACHTEN

► Günstig / Komfortabel

① ***Fürstenhof***
Rathausplatz 8, 87435 Kempten
Tel. (08 31) 253 6-0
www.fuerstenhof-kempten.de
Mittendrin und sehr edel wohnen, und dies sehr preiswert. 55 großzügige Zimmer im altenglischen Stil. Mit spanischem Restaurant.

ESSEN

► Fein & teuer

Landhaus Henze
Wohlmutser Weg 2, 87463 Probstried
Tel. (0 83 74) 5 83 20, Do. geschl.
Michelin-besterntes Landgasthaus mit mediterran-asiatisch-allgäuerischem Crossover. Gediegene Gastzimmer.

► Erschwinglich

Haubenschloss
Haubenschlossstr. 37, 87435 Kempten
Tel. (08 31) 2 35 10, Mo. geschl.
www.haubenschloss-ke.de
Elegantes Caférestaurant in einem alten Schlösschen. Hochklassige regionale Küche zu fairen Preisen.

► Preiswert

① ***Brauereigaststätte Zum Stift***
Stiftsplatz 1, 87435 Kempten
Tel. (08 31) 2 23 88, kein Ruhetag
Schönes altes Brauhaus mit urigen Gewölben, gutbürgerlichem Restaurant und Biergarten

von 1728. Schöne Umgebung mit Blick auf die Alpen; in der Nähe liegen die 60 m hohen Steilufer der Iller, die hier durch die Endmoränen bricht.

Sulzberg

Bei Sulzberg (712 m, 4600 Einw.) 8 km südlich von Kempten lohnt die Ruine der größten Burg des Allgäus einen Besuch, errichtet im 12. Jh. von den Herren von Sulzberg. In der Umgebung locken einige sehr reizvolle Seen, v. a. Öschlesee, Rottachsee und **Niedersonthofener See**, alle mit Badeplätzen.

Kiefersfelden

R 8

Landkreis: Rosenheim **Höhe:** 485 m ü. d. M.
Einwohnerzahl: 6800

Viele kennen das obere Inntal nur vom ausgiebigen Im-Stau-Stehen zwischen dem Inntal-Dreieck und der österreichischen Grenze. Verkehrstrassen und ausufernde Bebauung haben die weite Flusslandschaft okkupiert, die noch bis ins 20. Jh. Scharen von Malern anzog. Dennoch: Auch hier gibt es Interessantes zu entdecken.

Kiefersfelden

Die lebhafte Grenzstadt vor der Kulisse des Kaisergebirges ist berühmt für das 1618 gegründete, älteste deutsche **Volkstheater** und seine **Ritterspiele**. Zunächst wurden Heiligenlegenden nachgespielt, und die Zuschauer saßen auf dem gegenüberliegenden Hang. Seit 1747 gehören auch historische Schauspiele zum Repertoire, das jetzige Theaterhaus wurde 1833 gebaut. Auch heute werden die mitreißenden Stücke aufgeführt, die der Zillertaler Holzknecht und Köhler Joseph Georg Schmalz in der ersten Hälfte des 18. Jh.s schrieb, der »Bauern-Shakespeare von Kiefersfelden«. Einzigartig ist die barocke »Dreh-Flügel-Bühne« des Theaters, dank der in einer Aufführung die Szene bis zu 50-mal wechselt. Das Blaahaus, 1696 als Wohnhaus für die Schmelzofen-Arbeiter gebaut, ist Heimatmuseum mit Bauern- und Kräutergarten (geöffnet Mai – Okt. Do., So. 14.00 – 17.00 Uhr). Mit dem **Wachtl-Express**, der von Juli bis in den Okt. Sa./So. ins tirolische Wachtl fährt (► S. 107), sind auch der Hechtsee (Strandbad) und die Gießenbachklamm zu erreichen.

Oberaudorf

Oberaudorf (4800 Einw., 482 m) 4 km nördlich von Kiefersfelden ist ein gut besuchter Luftkurort, überragt vom Burgberg mit der Ruine der stattlichen wittelsbachischen **Auerburg** (1745 geschleift). Alte bemalte Häuser geben dem Ort ein freundliches Gepräge. Die Pfarrkirche Mariä Himmelfahrt mit Doppelzwiebelhaube geht ins 15. Jh. zurück, wurde im 17./18. Jh. barockisiert und nach einem Brand 1823 klassizistisch erneuert. Im Luegsteinsee unterhalb der Luegsteinwand kann man baden. Ein Sessellift bringt auf das **Hocheck** (823 m); von

KIEFERSFELDEN ERLEBEN

AUSKUNFT

Kur- und Verkehrsamt
Dorfstr. 23, 83088 Kiefersfelden
Tel. (0 80 33) 97 65 27
www.kiefersfelden.de

FESTE UND EVENTS

Juni: Musiktage Oberaudorf (Karten Tel. 0 80 33 / 15 16). Ende Juli – Anf. Sept.: Ritterspiele in Kiefersfelden (Info und Karten ►Verkehrsamt).

ÜBERNACHTEN

► Günstig

Gasthaus Hummelei
Watschöd 1, 83080 Oberaudorf
Tel. (0 80 33) 40 13
www.hummelei.de
Zauberhafter Platz zur Einkehr und zum Urlauben, mit herrlichem Blick übers Inntal an der Tatzelwurmstraße gelegen. Gut ausgestattete, komfortable Zimmer und Ferienwohnungen.

ESSEN

► Preiswert

Ochsenwirt
C.-Hagen-Str. 14, 83080 Oberaudorf
Tel. (0 80 33) 30 79-0
www.ochsenwirt.com
Gute traditionelle Gerichte werden in dem stattlichen Wirtshaus aufgetischt. Getäfelte Gaststube mit Kachelofen und wohnliche, günstige Zimmer.

Gasthof Waller
Urfahrnstr. 10, 83080 Reisach
Tel. (0 80 33) 14 73, Mo. geschl.
Dunkel getäfelte Stube mit Kachelofen und Geweihen, gutes Essen zu reellen Preisen, Weißbier aus der Oberaudorfer Kleinbrauerei Bals.

dort aus kann man zum Schwarzenberg (1208 m) oder zum **Brünnstein** (1634 m) wandern, der ein fantastisches Panorama bietet. Vom ganzjährig bewirtschafteten Brünnsteinhaus steile, sehr anspruchsvolle Rodelbahn nach Rechenau; auch für ältere Kinder machbar ist die vom Hocheck. Von Oberaudorf führt ein sehr schönes Stück der Deutschen Alpenstraße 14 % steil hinauf zum **Tatzelwurm**, weiter über das Sudelfeld nach ►Bayrischzell.

★ Klosterkirche Reisach

Nördlich von Oberaudorf steht, mit weithin zu sehendem Doppelzwiebelturm, die Kirche **St. Theresa und Johannes vom Kreuz**, die als bedeutendste Karmeliterkirche in Süddeutschland gilt. Das Kloster der Karmeliter war eine Stiftung des kurfürstlich-bayerischen Hofkammerrats Georg Messerer (1731). Die einschiffige, bis 1739 nach Plänen von I. A. Gunezrhainer erbaute Saalkirche besitzt – gemäß den asketischen Ordensregeln – **weder Stuck noch Ausmalung**, ist aber harmonisch gestaltet und hervorragend ausgestattet. Das Hochaltarblatt von B. A. Albrecht zeigt den Gekreuzigten mit den Karmeliterheiligen Theresa und Johannes vom Kreuz. An den vier Altären des Langhauses von **J. B. Straub** schöne Holzreliefs, u. a. die Auffahrt des Elias vom Berg Karmel. Beachtenswert sind auch die Kanzel (1747) und die Kreuzgruppe aus der Straub-Werkstatt.

Schloss Urfahrn

Im nahen Schloss Urfahrn (18. Jh.) residierte der Klosterstifter Georg Messerer. Die hufeisenförmige Anlage wird von Wirtschaftsbauten eingefasst. Im Corps de logis ein schönes Treppenhaus. Die herrliche Kapelle im Südflügel wurde von J. B. Zimmermann stuckiert (um 1723), den Altar schuf 1727 Joachim Dietrich.

Erl

Seit dem Mittelalter sind **Passionsspiele** ein Merkmal der Tiroler Kulturlandschaft. In Thiersee westlich von Kufstein werden sie seit 1799 aufgeführt (alle 6 Jahre, das nächste Mal 2011), in Erl – nahe Oberaudorf jenseits des Inns – sind sie seit 1613 bezeugt. Hier finden sie alle 6 Jahre statt (wieder 2008). Erl macht in jüngster Zeit auch durch die unkonventionellen Opernaufführungen unter dem Dirigenten und Regisseur Gustav Kuhn von sich reden, die im Juli und August im Passionstheater – das architektonisch ebenso gelungen ist wie akustisch – stattfinden.

★ Kleinwalsertal

D/E 9/10

Staat: Österreich **Höhe:** 910 – 2536 m ü. d. M.

Das Kleinwalsertal südwestlich von Oberstdorf – eine geografisch-politische Besonderheit – ist eines der reizvollsten und bekanntesten Täler der Allgäuer Alpen. Die herrliche Gebirgslandschaft und seine Schneesicherheit machen es zum bevorzugten Ferienziel.

Das ca. 15 km lange, von der Breitach durchflossene Tal gehört zum österreichischen Bundesland Vorarlberg, ist aber durch mächtige Zweitausender (Widderstein, Untschenspitze, Hoher Ifen) von ihm getrennt; es gibt keine Straßen- oder Bahnverbindung. 1891 erhielt es Zollanschluss an das Deutsche Reich. Man verwendet österreichische Briefmarken, die Autos haben österreichische Kennzeichen. Über 2 Mio. Gästeübernachtungen zählt man hier im Jahr, und in jüngerer Zeit hat das Kleinwalsertal eine Reputation als kleines Paradies für Leute erworben, die Steuern sparen wollen.

Landschaft, Orte, Geschichte

Der breite, wellige Talgrund wird von waldbedeckten Flanken eingefasst, über denen schroffe Kalkgipfel aufragen. Die Orte Riezlern, Hirschegg, Mittelberg und Baad – zur politschen Gemeinde Mittelberg zusammengefasst – haben etwa 5500 Einwohner. Ihre Vorfahren sind ab 1302 aus dem Goms (Oberwallis) in der Schweiz eingewandert, willkommen als Spezialisten für die Erschließung rauer Hochgebirgstäler. Mit weitreichenden Freiheiten wie Selbstverwaltung, vererbbaren Lehnshöfen und niedrigen Naturalabgaben lohnten die mittelalterlichen Herren die Mühen. Die Landesherren wechselten, die Freiheiten blieben ebenso wie die »Schwizer« Mundart, und auch das Brauchtum mit alten Trachten wird gepflegt.

Ausgangsort für einen Besuch des Kleinwalsertals ist ► Oberstdorf. 6 km hinter dem Ort erreicht man beim Gasthof Walserschanz die Grenze. Der Weg führt talaufwärts mit schönem Blick auf den **Hohen Ifen und die Gottesackerwände**. Beim Gasthaus Walserschanz hat man Zugang zur wildromantischen **Breitachklamm** (► Oberstdorf).

Riezlern An der Einmündung des Schwarzwassertals breitet sich Riezlern (1100 m) aus, der größte und lebhafteste Ort des Tals. Neben dem **Walsermuseum** mit Sammlungen zu Geschichte und Brauchtum des Tals (geöffnet Weihnachten – Ostern, Ende Mai – Okt. Mo. – Sa. 14.00 bis 17.00 Uhr) und dem Spielcasino besitzt Riezlern diverse Freizeiteinrichtungen (Hallen- und Freibad, Tennisplätze etc.).

KLEINWALSERTAL ERLEBEN

AUSKUNFT

Kleinwalsertal Tourismus
Im Walserhaus, D-87568 Hirschegg
Tel. (0043 / 55 17) 51 14-0
www.kleinwalsertal.com

ALLGÄU-WALSER-CARD

Die kostenlose »elektronische« Gästekarte umfasst eine Reihe von Gratisleistungen und Ermäßigungen. Mit ihr ist der Walserbus gratis zu benützen, der mit kurzen Taktzeiten die Orte im Haupt- und den Nebentälern verbindet (das Bayern-Ticket gilt hier nicht).

PARKEN

Die Allgäu-Walser-Card berechtigt zu kostenlosem Parken auf den Auffangplätzen in Oberstdorf (Parkscheine dort bei der Kurverwaltung).

FESTE UND EVENTS

Mitte Sept.: Internationales Alphorn-Festival, Baad. Um den 20. Sept.: Viehscheid mit »Älplerletze« an der Kanzelwandbahn (Bergmesse, Musik).

ESSEN

► Preiswert / Erschwinglich

Walser Stuba
Eggstr. 2, D-87567 Riezlern
Tel. 05517 / 53460, Mo. geschl.
Walser Küche mit heimischen Produkten, auch Wild und vegetarisch, zu akzeptablen Preisen. Ausgezeichnete Weinkarte, v. a. Österreich und Italien.

ÜBERNACHTEN

► Luxus

Ifen-Hotel
Oberseitestr. 6, D-87568 Hirschegg
Tel. (00 43 / 5517) 50710
www.ifen-hotelcom
Eine bewährte Adresse für familiärfeines Ambiente und hervorragende Küche. Mit großem Wellness- und Sportangebot, dazu Beauty-Center.

► Komfortabel

Breitachhus
Eggstr. 14, D-87567 Riezlern
Tel. (00 43 / 5517) 6266
Hübsches kleines, über 300 Jahre altes Walserhaus in schöner Umgebung. Heimelige Gästezimmer, abendliches Menü aus heimischen Produkten.

Pension Sonnenberg
Am Berg 26, D-87568 Hirschegg
Tel. (00 43 / 5517) 5433
In 1200 m Höhe über Hirschegg gibt's eine großartige Aussicht und das uralte, gemütliche Walserhaus mit Himmelbetten. Abends Menü.

Hirschegg, das touristische Zentrum des Kleinwalsertals, vor dem Widderstein

Hirschegg

Auf einer Anhöhe über dem Leidtobel, wo einst ein Hirsch mit einem Bären gekämpft haben soll, steht die Pfarrkirche von Hirschegg (1124 m). Das **Walserhaus** ist Treffpunkt für Gäste mit dem Tourismusbüro, hier spielt das **Bauerntheater**. Interessant sind die Bergschau (geöffnet Mo. – Sa. 10.00 – 18.00, So. bis 15.00 Uhr) und das Wintersportmuseum (Mo. – Sa. 8.00 – 17.30 Uhr, So. bis 15.30 Uhr).

Mittelberg

Im 14.–16. Jh. war es üblich, den Tatort eines Mordes oder Totschlags oder auch eines Unfalls mit Todesfolge durch ein Sühnekreuz zu kennzeichnen. Drei solcher steinernen Kreuze stehen unterhalb der Pfarrkirche St. Jodok (Fresken aus dem 15. Jh.). Auch der Kräutergarten bei der Kirche ist interessant. Am Ende des Tals liegt der Weiler **Baad** (1251 m), über dem der **Widderstein** mächtig aufragt.

Bergbahnen und Wintersport

Das Oberstdorfer-Kleinwalsertaler Skirevier an Fellhorn und Kanzelwand, an Nebelhorn, Ifen und Walmendinger Horn ist das höchgelegene und größte im Allgäu (Skipass), mit 120 km Abfahrten aller Schwierigkeitsgrade. Erschlossen wird es durch die Kanzelwandbahn von Riezlern (zum Fellhorn führt von deutscher Seite eine Kabinenbahn), die Ifen-Bergbahnen und die Walmendingerhornbahn von Mittelberg. Es gibt schöne, insgesamt 45 km lange Loipen, mehrere Rodelbahnen und eine Reihe großartiger Winterwanderwege.

Wanderungen und Bergtouren

Der **Walserkulturweg** verbindet schöne alte Häuser, Kirchen und andere Kulturdenkmäler (Broschüre im Tourismusbüro). Von der Ifenhütte ist der Gipfel des **Hohen Ifen** (2229 m) in ca. 3.00 Std zu erreichen (Abstieg via Schwarzwasserhütte zur Auenhütte, 3.30 Std.). Die eigentümlichen Karrenfelder auf dem **Gottesackerplateau** mit einzigartiger Flora lassen sich auf dem Weg von der Ifen-Bergstation über Gottesackeralm und Kürental ins Wäldele erkunden (4.30 Std.).

Auf dem Weg zum Kanzelwandgipfel. Im Hintergrund der Hohe Ifen

Herrliche Ausblicke auf die Allgäuer und Lechtaler Alpen gewährt die Gratwanderung von der Kanzelwandbahn-Bergstation über das **Fellhorn** zur Bergstation der Söllereckbahn (ca. 5 Std.). Für absolut trittsichere und ausdauernde Berggeher unverzichtbar ist die Besteigung des 2533 m hohen **Widdersteins** von Baad aus (Rundwanderung ohne Gipfel ca. 5 Std., mit Gipfelbesteigung ca. 7.30 Std.).

★ Kochelsee · Walchensee

L/M 8

Landkreis: Bad Tölz-Wolfratshausen **Mittl. Wasserspiegel:** 599 / 802 m

Im Süden des weiten Benediktbeurer Moors blinkt die blaue Fläche des Kochelsees vor der Kulisse von Heimgarten, Herzogstand und Jochberg: zusammen mit dem 200 m höher gelegenen Walchensee ein Feriengebiet, das vom Wandern übers Windsurfen und Segeln bis zum Faulenzen im Strandbad alles bietet.

Der 5,9 km² große und 66 m tiefe **Kochelsee**, der von der Loisach durchflossen wird, bietet sauberes, aber immer sehr frisches Wasser zum Baden – das Walchenseekraftwerk führt ständig kaltes Wasser zu. Dennoch gibt es schöne Badeplätze. Ein wenig rascher erwärmt sich der **Walchensee**, der größte (16,4 km²) und mit 192 m tiefste Gebirgssee Deutschlands. Umgeben von bewaldeten Bergen und den schroffen Kalkmassiven Karwendel und Wetterstein gibt seine grüne, aber auch mal türkisblaue Wasserfläche ein großartiges Bild ab. Die Parkplätze und Liegewiesen am nicht unbedingt attraktiv bebauten Westufer sind immer früh belegt, viel Platz hat man am Ostufer, das nur zu Fuß und per Rad zugänglich ist. Der berühmte **Walchensee-Wind** sorgt für beste Bedingungen zum **Windsurfen** und Segeln; auch Angler und Taucher finden hier ein exzellentes Revier.

Steil stürzt das Wasser zum Walchensee-kraftwerk hinunter.

Im Luftkurort **Kochel am See** (4000 Einw.) feiert ein martialisches Denkmal Balthasar Mayer, den **Schmied von Kochel**, Sinnbild urbayerischer Tugenden wie Freiheitsliebe und Vaterlandstreue. In der Sendlinger Mordweihnacht 1705 ließ er, so sagt man, sein Leben – ein zweiter Wilhelm Tell also. Leider teilt er mit diesem auch das Schicksal, eine Sagengestalt zu sein. Wenigstens verhilft ihm die Heimatbühne zu kraftvollem Leben (Mai – Sept.). Wärmeres Wasser als der Kochelsee (bis 34 °C) bietet das **Trimini**, eine schönes Erlebnisbad (im Winter Mo. geschl.). Es liegt am Fuß des **Aspensteins** (661 m), von dem man einen herrlichen Ausblick hat. **Franz Marc** (1880 bis 1916) lebte und arbeitete in Kochel, er ist auch hier bestattet. In einem Landhaus und in einem im Sommer 2008 eröffneten Museumsneubau, einem postmodernen Muschelkalk-Kubus (Architekten: Diethelm & Spillmann) am südlichen Ortsrand (beschildert) gibt die Franz-Marc-Stiftung mit Gemälden, Plastiken und Zeichnungen einen hervorragenden Überblick über das Werk des Künstlershaben (Öffnungszeiten: Di. – So. 10.00 – 18.00 Uhr).

★ ◄ Franz-Marc-Museum

Am Nordwestufer des Kochelsees liegt Schlehdorf mit einem schon im 8. Jh. gegründeten Kloster. Vom Portal der zweitürmigen **Stiftskirche St. Tertulin** hat man einen schönen Blick auf den See und die Berge. Der Wandpfeilerbau, zwischen 1727 und 1780 im Wesentlichen durch **J. M. Fischer** errichtet, lässt den Übergang vom Barock zum Klassizismus erkennen. Den Raum beherrscht der Hochaltar aus schwarzem Marmor mit Säulenpaaren und einem bewegten Aufsatz (Altarbild von J. Zick, 1735). Die Bilder in den Langhaus-Altären stammen von C. Winck (Hl. Augustinus) und F. S. Kirzinger (Hl. Johann Nepomuk), den Stuck schuf der Wessobrunner Tassilo Zöpf.

Schlehdorf

★★ **Freilichtmuseum an der Glentleiten**

Hoch über dem Kochelsee, an einem Hang namens Glentleiten – mit einfach großartigem Ausblick – erlebt man **Oberbayern, wie es vor 100, 200 Jahren war**. Hier wurden und werden Bauernhäuser der verschiedensten Typen aufgebaut und original eingerichtet: Höfe, Kleinbauern- und Taglöhneranwesen, Ställe und Scheunen, Almhütten und Werkstätten, auch Kapellen und Marterln. Das Ganze ist fast ein lebendiges Dorf: Bauerngärten blühen, Wiesen und Äcker werden nach alter Art bewirtschaftet, Rinder, Pferde, Schafe und Ziegen gra-

KOCHEL- UND WALCHENSEE ERLEBEN

AUSKUNFT

Tourist-Info
Kalmbachstr. 11, 82431 Kochel
Tel. (0 88 51) 3 38, www.kochel.de

FESTE UND EVENTS

Fronleichnam: Prozession in Walchensee. 15. Aug.: Kocheler Heimattag mit großem Trachtenfestzug.

ESSEN

► **Preiswert**

Gasthof Rabenkopf
Kocheler Str. 23, 82431 Ried
Tel. (0 88 57) 2 08
www.loisachtal.net/rabenkopf
Freundliches Gasthaus 5 km nördlich von Kochel. Hier schwelgt man in böhmisch-wienerischer K.-u.-k.-Küche. Gemütliche Wirtsstube und Biergarten, mit Zimmern. Ein schöner Spaziergang führt von hier über den Pfisterberg nach Kochel.

Kreutalm
82439 Großweil
Tel. (0 88 41) 58 22
Vom schattigen Biergarten oberhalb der Glentleiten hat man einen herrlichen Blick auf Kochelsee und Kochelmoos. Schöne Stuben, geboten wird beste bayerische Kost. Im Sommer bei schlechtem Wetter montags geschlossen, im Winter nur am Wochenende 10 – 17 Uhr geöffnet.

ÜBERNACHTEN

► **Komfortabel**

Seehotel Grauer Bär
Mittenwalder Str. 82, 82431 Kochel
Tel. (0 88 51) 92 50-0
www.grauer-baer.de
Gediegenes altes Haus unmittelbar am Kochelsee, mit herrlicher Terrasse. Komfortable Zimmer mit Balkon und Bergblick. Die Highlights der Küche sind Wild- und Fischspezialitäten.

sen auf den Weiden. Das Angebot an Veranstaltungen ist riesig und interessant, besonders auch für Kinder: bäuerliche und handwerkliche Arbeiten, Volksmusik- und Brauchtumstage; Höhepunkte sind die **Kirchweih** (So. nach dem 15. Okt.) und der **Christkindlmarkt** am ersten Adventswochenende. Zufahrt von Großweil, einem ehemaligen Bergbauort nahe der Autobahn. Geöffnet ist das Museum April – Anf. Nov. Di. – So. 9.00 – 18.00 Uhr, Juli / Aug. auch Mo.; es gibt eine Wirtschaft mit Biergarten. Info: Freilichtmuseum Glentleiten, 82439 Großweil, Tel. (0 88 51) 1 85-0, www.glentleiten.de. Vom Freilichtmuseum sollte man noch hinauf zur **Kreutalm** (► oben).

★ **Walchensee-Kraftwerk**

Am Südufer des Kochelsees liegt ein großartiges technisches Denkmal, das Walchensee-Kraftwerk. In den Jahren 1918 – 1924 von Oskar von Miller erbaut (► Berühmte Persönlichkeiten), ist es noch heute mit einer Stromproduktion von ca. 300 Mio. kWh im Jahr eines der **größten Hochdruck-Speicherkraftwerke** Deutschlands. Zum 105 m langen Turbinenhaus führen vom Wasserschloss in Urfeld sechs 400 m lange eiserne Druckrohre mit 2 m Durchmesser. Das Informationszentrum ist tägl. 9.00 – 17.00 Uhr geöffnet.

Im Freilichtmuseum an der Glentleiten gibt's immer viel zu sehen.

Kesselbergstraße

Zum Walchensee führt die herrliche Kesselbergstraße hinauf, die mit ihren 36 Kurven besonders bei Motorradfahrern beliebt ist – für diese jedoch an Wochenenden und gesetzlichen Feiertagen bergauf gesperrt. Unter Prinzregent Luitpold in den Jahren 1893/1894 ausgebaut, brachte sie zu Beginn des 20. Jh.s den Fremdenverkehr in die Region. Auf der Passhöhe (858 m) bietet sich eine prachtvolle Aussicht. Sie ist auch zu Fuß zu erreichen: ausgehend von der B 11 ca. 200 m hinter der Abzweigung Altjoch-Kraftwerk (ca. 1 Std.).

Walchensee

In Urfeld lebte 1918 – 1925 der Maler **Lovis Corinth** (1858 – 1925), hier schuf er seine berühmten Ansichten vom See. Heute erinnert die Friedhelm-Oriwol-Stiftung im ehemaligen Hotel Post an den Maler, der als einer der einflussreichsten Verteter des deutschen Impressionismus gilt. Ferner sind in dem Museum auch heimatkundliche Exponate zu sehen. Geöffnet Mai – Okt. Fr., Sa., So. 10.30 – 17.00 Uhr. Die Kirche St. Jakob in Walchensee – d. h. der Bau, die Deckenfresken und die Seitenaltäre – ist ein Werk des Benediktbeurer Klosterbruders Lukas Zais (1714). Die kleine Kirche St. Margareth auf der **Halbinsel Zwergern** – sie besitzt schöne Strände – wurde 1344 geweiht und im Barock umgestaltet; das »Klösterl« von Ende des 17. Jh.s ist ein Bildungs- und Jugendhaus der Diözese Augsburg.

! *Baedeker* TIPP

Strandcafé Bucherer

Legendär sind die hausgemachten Apfel- und Käsekuchen in diesem Café in Walchensee (Mo. geschlossen). Es gibt eine schöne altmodische Stube, super ist auch der Platz am Wasser.

✶ **Herzogstand**

Auf dem Herzogstand (1731 m) westlich des Walchensees »liegt dir Oberbayern zu Füßen«. Sein Name geht auf Herzog Wilhelm von Bayern zurück, der im 16. Jh. hier zur Jagd ging. **Ludwig II.** erklärte ihn zu seinem Lieblingsberg, sein Jagdhaus brannte 1990 ab – dort steht heute das Berggasthaus. Auf dem königlichen Reitweg vom Kesselberg aus erreicht man es in ca. 2 Std. über die Schlehdorfer Alm. Von Walchensee bringt eine Kabinenbahn am Wochenende Heere von Ausflüglern auf den 1600 m hohen Fahrenberg; von dort sind es wenige Schritte zum Gasthaus und noch 30 Min. zum Gipfel. Eine klassische und beliebte Tour ist die 1.30 Std. lange Gratwanderung zum **Heimgarten** (1790 m). Einige ausgesetzte Felspassagen sind für Trittsichere problemlos. Steiler Abstieg über die Bärenfleckhütte nach Ohlstadt (3 Std.) bei Murnau oder in 2 Std. nach Walchensee.

✶ Landsberg am Lech

J 5

Landkreis: Landsberg am Lech
Höhe: 580 – 640 m ü. d. M.
Einwohnerzahl: 27 600

Am Lech – der Grenze zwischen Schwaben und Oberbayern – und zu Füßen der von Heinrich dem Löwen 1160 errichteten »Landespurc« entwickelte sich die sehenswerte malerische Stadt.

Ihren Aufstieg verdankte sie der Salzstraße, die von Bad Reichenhall über München nach Oberschwaben führte und hier den Fluss überquerte. Stadttore, Rundtürme und Wehrmauern des 13.–15. Jh.s zeugen noch heute von der einstigen Bedeutung. In der Justizvollzugsanstalt saß Adolf Hitler nach dem Putsch vom 9. Nov. 1923 für wenige Monate ein, hier verfasste er den ersten Teil seines Buchs »Mein Kampf«, in dem er seine Pläne eingehend beschrieb.

Sehenswertes in Landsberg

✶ **Altstadt**

Mittelpunkt der Stadt ist der dreieckige **Hauptplatz** unterhalb des Schmalzturms (1458, auch Schöner Turm genannt) mit schönen Bürgerhäusern und einem Brunnen mit einer Marienstatue des Tirolers J. Streiter (1783). An der Westseite fällt eine prunkvolle Stuckfassade auf: Dem **Alten Rathaus** (um 1700) gab der berühmte Baumeister Dominikus Zimmermann – Erbauer der Wieskirche – um 1720 eine neue Gestalt (zwischen 1748 und 1753 war Zimmermann Bürgermeister von Landsberg). Im Festsaal werden Konzerte veranstaltet. Zugänglich ist das Rathaus Mai – Okt. Mo. – Fr. 8.00 – 18.00, Sa./So. 10.00 – 12.00, 14.00 – 17.00; Nov. – April Mo. – Do. 8.00 – 12.00, 13.30 – 17.00, Fr. 8.00 – 12.30 Uhr. In der Altstadt gibt es einige altehrwürdige Gasthäuser wie den Mohren am Hauptplatz (► S. 232), den Süßbräu (Alte Bergstr. 453) und den ehemaligen Pfletschbräu

Am Landsberger Hauptplatz: Marienbrunnen und Schmalzturm

(Alte Bergstraße 488). Besonders **malerische Viertel**: die Salzlager des 14. Jh.s (Salzgasse / Schrannengasse), Vorderer und Hinterer Anger mit der Blatterngasse, das Hexenviertel und die Alte Bergstraße, Klösterl und Seelberg (südöstlich des Lechwehrs). Nahe dem Sandauer Tor (1630) im Norden ist der Staffingerhof (Vorderer Anger 239) interessant, einst städtische Färberei. Am Lech liegt das **Inselbad mit Wellenfreibad und Rutsche.**

Stadtpfarrkirche

Die prominente Stadtpfarrkirche Mariä Himmelfahrt, eine stattliche gotische Pfeilerbasilika (1458 – 1488), überrascht innen mit prächtigem weißem Wessobrunner Stuck (um 1705) sowie einem der größten und **bedeutendsten Barockaltäre Oberbayerns** (1680, Figuren von dem Landsberger Lorenz Luidl). Eine Besonderheit ist der Palmesel, den Luidl 1671 geschnitzt hat; von ihm stammt auch die Krippe. Den Rosenkranzaltar an der Chornordwand schuf D. Zimmermann (1721). Eine Kostbarkeit ist die **geschnitzte Madonna** (um 1440) des großen Ulmer Meisters Hans Multscher. Von der spätgotischen Ausstattung erhalten sind die hervorragenden Fenster in Holbeinscher Manier (um 1500) im Chor und einige Grabdenkmäler.

✶ Johanneskirche

Die katholische Johanneskirche am Vorderen Anger, die kaum aus den benachbarten Häusern hervorsticht, ist ein Meisterwerk von Dominikus Zimmermann (1750 – 1752). Am Altar bemerkenswerte Figuren von Johann Luidl (»Taufe Christi«).

✶ Heilig-Kreuz-Kirche

Durch die steile Von-Helfenstein-Gasse erreicht man die doppeltürmige ehemalige Jesuitenkirche, errichtet 1752 – 1754 in prunkvollem Rokoko. Die Deckenfresken von C. T. Scheffler zeigen Szenen aus der Kreuzlegende und der Geschichte der Jesuiten; ihre perspektivi-

LANDSBERG ERLEBEN

AUSKUNFT

Tourismusverband Ammersee-Lech
Hauptplatz 152, 86899 Landsberg
Tel. (0 81 91) 12 82 47
www.landsberg.de
www.ammerseelech.de

FESTE UND EVENTS

Juli – Sept.: Landsberger Orgelsommer (www.landsbergerkonzerte.de). Mitte Juli, alle 4 Jahre (wieder 2007): Ruethenfest in Landsberg mit Szenen aus der Stadtgeschichte (größtes Kinderfest Bayerns). So. nach Mariä Himmelfahrt: Stumme Prozession in Vilgertshofen (mit »Bildern« aus dem Alten und Neuen Testament).

ESSEN

► **Preiswert**

Zum Mohren
Hauptplatz 148, 86899 Landsberg
Tel. (0 81 91) 4 22 10
Einer der ältesten Landsberger Gasthöfe, heute ein ein familiärer Platz mit ausgezeichneter bodenständiger Küche und sehr freundlicher Atmosphäre. Mit angenehmen Zimmern.

Fischerwirt
Rossmarkt 197, 86899 Landsberg
Tel. (0 81 91) 5 07 28
Im alten »Industrieviertel« der Stadt gelegener schlichter, gepflegter Gasthof mit ebensolcher Karte.

sche Bravour wird an dem Kreuz über dem Hauptaltar besonders deutlich. Die Kreuzigung im Hochaltar malte J. B. Baader 1758, die Holzskulpturen werden F. X. Schmädl zugeschrieben. Bewunderung verdienen auch die geschnitzten Beichtstühle.

Stadtmuseum Benachbart ist das Neue Stadtmuseum im einstigen Jesuitengymnasium. Ausgestellt sind Dokumente aus der Vor- und Frühgeschichte von Landsberg, religiöse Kunst, Künstler des 19./20. Jh.s und eine Sammlung von Ofenkacheln (geöffnet Di – So. 14.00 – 17.00 Uhr).

★ Baiertor Den Eingang zur Stadt an der Münchner Straße schützt das 36 m hohe Baiertor (1425), eines der **eindrucksvollsten Stadttore** in Deutschland. An der Ostfassade ein Kreuzigungsrelief und Wappen (zugänglich Mai – Okt. Mo. – So. 10.00 – 12.00, 14.00 – 17.00 Uhr).

Herkomer-Museum Eine Kuriosität ist der »Mutterturm« jenseits des Lechs. Der deutsch-englische Porträtmaler **Sir Hubert von Herkomer** ließ 1884 – 1888 einen Atelierturm errichten und widmete ihn seiner Mutter. Hier sind Gemälde und Grafiken des Künstlers zu sehen (geöffnet Di. – So. 14.00 – 17.00 Uhr); von oben bietet sich eine schöne Aussicht.

Lechpark Vom Nonnenturm geht man am Ostufer des Lechs südlich zum Wildpark in der Pössinger Au, zwischen dem Fluss und dem 50 m hoch ansteigenden Steilhang. Im Gehege tummeln sich Wildschweine, Rehe und zahme Damhirsche.

Umgebung von Landsberg

Die frühbarocke Wallfahrtskirche in Vilgertshofen 10 km südlich von Landsberg gilt als **Hauptwerk Johann Schmuzers** (1688 – 1692). Der großartige Raum mit vierpassförmigem Grundriss ist reich mit Wessobrunner Stuck geschmückt. Das Fresko im Chor malte J. B. Zimmermann (1721). Im ungewöhnlichen doppelstöckigen Hauptaltar von F. Schmuzer das Gnadenbild aus dem 16. Jahrhundert.

✶ **Vilgertshofen**

Lenggries

N 7

Landkreis: Bad Tölz-Wolfratshausen
Höhe: 680 m ü. d. M.
Einwohnerzahl: 9500

Lenggries, der beliebte Luftkurort südlich von Bad Tölz, ist Zentrum des »Isarwinkels«. An Brauneck und Benediktenwand, an und auf der Isar, in der Jachenau und am Sylvenstein-Stausee hat man viele Möglichkeiten zu mehr oder weniger schweißtreibendem Tun.

Das Gemeindegebiet, eines der größten in Deutschland, erstreckt sich über 242 km² und umfasst nicht weniger als 50 Ortschaften. Ab Ende des 13. Jh.s war – neben der Kalkbrennerei – die Flößerei auf der Isar ein harter, aber einträglicher Erwerbszweig, in jüngster Zeit hat sich Lenggries als Heimat von Skisportgrößen wie Martina Ertl und Hilde Gerg einen Namen gemacht.

Sehenswertes in Lenggries

Pfarrkirche St. Jakob

Der stattliche Saalbau von 1721/1722 ist klassizistisch geprägt. Von den vier Vortragstangen an den Gemeindebänken sind besonders die zwei der **Nikolai-Floßleute-Zunft** mit den Heiligen Nikolaus (von Myra) und Christophorus interessant, den Schutzpatronen der Schiffer. Am Hochaltar eine Sitzstatue des hl. Jakob (frühes 16. Jh.) und Apostelfiguren; die Deckenfresken von 1722 zeigen Szenen aus dem Leben des hl. Jakob. Die gotische Mariahilfkapelle im Friedhof wurde um 1745 vergrößert und 1920 zu einer Kriegergedächtniskapelle umgestaltet; unter der Ausstattung sind eine **große Madonna** am Altar und die Altarflügel (beides um 1500) hervorzuheben.

Mariahilfkapelle

Museales

Im Haus der Gästeinformation gegenüber dem Rathaus wird in einer Ausstellung die **Geschichte von Lenggries** illustriert (geöffnet Juli – Sept. Mo. – Fr. 8.00 – 17.00, Sa./So. 10.00 – 12.00 Uhr; sonst 12.00 bis 14.00 und Sa./So. geschl.). Am westlichen Isarufer ist der letzte **Kalkofen** erhalten (zugänglich April – Okt. 9.00 – 17.00 Uhr). Im **Tiermuseum** werden präparierte (ehemals) heimische Tiere gezeigt, vom Braunbären bis zum Rotwild (geöffnet 10.00 – 16.00 Uhr).

Kalvarienberg Am Ausläufer des Geiersteins liegt einer der ältesten Kalvarienberge Bayerns (1694). Vom Weg nach Schloss Hohenburg führt eine kunstvolle **Treppenanlage mit fünf Stationskapellen** hinauf; lebensgroße Figuren stellen die Passion Christi dar. Bis 1707 stand am Eingang des Hirschbachtals eine Burg aus dem 10. Jh.; in der Nähe wurde 1712–1718 für die hier ansässigen Grafen Hörwarth-Hohenburg das Schloss errichtet, seit 1956 Internatsschule der Ursulinerinnen.

Schloss Hohenburg ►

Umgebung von Lenggries

Wanderungen Auch etwas für Kinder ist die kleine Tour östlich zur **Denkalm** (Gasthaus, gesamt 2 Std.). Für die Besteigung des **Geiersteins** (1491 m) braucht's Trittsicherheit (schöner Talblick, gesamt 4 Std.).

Wintersport Das Skigebiet an **Brauneck** und Latschenkopf (bis 1700 m) ist das beste im näheren Umkreis Münchens und seit bald 100 Jahren auch das beliebteste. Kabinenbahn, Sessel- und Schlepplifte erschließen über 30 km Pisten aller Schwierigkeitsgrade, Cracks toben sich auf der Weltcupabfahrt aus (Nachwuchs-Leistungszentrum des DSV).

LENGGRIES ERLEBEN

AUSKUNFT

Gästeinformation
Rathausplatz 2, 83661 Lenggries
Tel. (0 80 42) 50 180, www.lenggries.de

FESTE

Fronleichnamsprozession (Juni) und Leonhardiritt (Nov.) in Lenggries

ESSEN

► Preiswert / Erschwinglich

Altwirt
Marktstr. 13, 83661 Lenggries
Tel. (0 80 42) 9732-0, Mo. geschl.
Stattliche, schon 1469 erwähnte Tafernwirtschaft in der Ortsmitte. Die Chefin sorgt für eine ideenreiche regionale Karte. Biergarten mit Blick aufs Brauneck. Mit 20 Zimmern.

Schweizer Wirt
Schlegldorf 83, 83661 Lenggries
Tel. (0 80 42) 89 02, Mo. geschl.
Hervorragende bayerisch-österreichische Küche wird in dem liebevoll gestalteten Gasthaus von 1632 nördlich von Lenggries gepflegt. Gute internationale Weinkarte, Biergarten.

ÜBERNACHTEN

► Komfortabel / Luxus

Four Points Brauneck
Münchner Str. 25, 83661 Lenggries
Tel. (0 80 42) 50 20
www.arabellasheraton.com
Modernes Haus mit 109 Zimmern und Suiten im eleganten Landhausstil, herrlicher Blick auf die umgebende Bergwelt. Gut augestatteter Wellnessbereich. In der Leonhardi-Stubn gibt's bayerische und internationale Kost.

► Günstig

Luitpolderhof
Luitpolder 49, 83676 Jachenau
Tel. (0 80 43) 2 52
Altes, modernisiertes Anwesen 5 Min. abseits des Dorfs mit gemütlichen Ferienwohnungen für 2–6 Personen. Ideal auch für Kinder.

Zentrum von Lenggries ist die Pfarrkirche St. Jakob.

Langläufer finden im Isartal, in der Jachenau (s. u.) und anderen Seitentälern ein exzellentes, herrliches Revier mit über 40 km Loipen.

✶ **Benediktenwand**

Die klassische Überschreitung des Kamms vom Brauneck zur Benediktenwand (ca. 3 Std.) belohnt mit großartigen Ausblicken, erfordert aber Trittsicherheit (drahtseilgesicherte Stellen). Eine gute Etappe ist die schön am Nordfuß der Benediktenwand gelegene Tutzinger Hütte, die auch von ►Benediktbeuern bequem zu erreichen ist.

✶ **Jachenau**

Südlich von Lenggries zweigt vom Isartal die Jachenau ab, ein anmutiges, von der mäandernden Jachen durchflossenes Wiesental mit stattlichen **alten Bauernhöfen**. Mit restriktiver Baupolitik hat sich die selbstständige und -bewusste Gemeinde mit 900 Einwohnern ihre Idylle bewahrt, weshalb die übliche touristische Infrastruktur fehlt; hier macht man »Ferien auf dem Bauernhof«, z. B. im prächtig bemalten Luitpolderhof (► S. 234) oder im Jörglbauernhof in Sachenbach am Walchensee. Eine Mautstraße verbindet das Dorf Jachenau mit dem Walchensee (►Kochelsee).

Isar

An ihrem Oberlauf ist die Isar zum **Sylvensteinsee** gestaut, der die Orte am Fluss – bis hinunter nach München – vor Hochwasser bewahren soll. Im See ging 1957 das Dorf **Fall** unter, bekannt durch Ludwig Ganghofers Drama »Der Jäger von Fall«; im Weiler **Vorderriss** an der Isar Richtung Wallgau verbrachte Ludwig Thoma (►Berühmte Persönlichkeiten) als Sohn des Oberförsters seine Kindheit. Die 15 km lange Loipe von Vorderriss nach Wallgau führt durch einsame Landschaft, eine Tour muss gut geplant werden.

Neuer Leuchtturm und bayerischer Löwe begrüßen den Besucher am Hafen.

✶✶ Lindau

B 8

Landkreis: Lindau
Einwohnerzahl: 24 400
Höhe: 400 m ü. d. M.

»Glückseliges Lindau!« Die Gefühle Friedrich Hölderlins bei seiner Rückkehr aus der Schweiz 1801 sind ohne Weiteres nachzuvollziehen: Die Lage des »schwäbischen Venedigs« im Bodensee, vor den Vorarlberger und Appenzeller Alpen, sucht ihresgleichen.

Die ehemalige Freie Reichsstadt Lindau besteht aus der »Gartenstadt« auf dem Festland – mit Wohnvierteln und Industriearealen – und der malerischen **Altstadt auf der Insel**, die eine Straßenbrücke und ein 1853 angelegter Bahndamm mit dem Festland verbinden. Nur zu verständlich, dass Lindau seit langem ein gut besuchtes Ferienziel ist; dennoch hat es ein angenehmes Flair bewahrt. Auch als Tagungsort ist die Inselstadt beliebt; so treffen sich hier jedes Jahr Nobelpreisträger aus aller Welt, bekannt sind auch die Psychotherapie-Wochen.

Ein wenig Geschichte

Der Name des aus einer Fischersiedlung hervorgegangenen Orts geht auf das im 9. Jh. gegründete Damenstift Unserer Lieben Frau unter den Linden zurück (1802 aufgehoben). Die Stiftsdamen verlegten den Markt um 1079 zum besseren Schutz von Aeschach auf die Insel und ermöglichten im 13. Jh. den Aufstieg zur Reichsstadt. In den folgenden Jahrhunderten florierte der Handel mit Getreide, Salz, Vieh, Pferden und Leinen in die Schweiz und nach Italien, in entgegengesetzter Richtung mit Textilien, Gewürze und Südfrüchten. Dass die

Patrizier dabei gut verdienten, ist an den schönen Häusern der Altstadt zu sehen. Nach den Stadtbränden 1720 und 1728 bekam die Altstadt ihr barockes Gesicht.

Altstadt

Der Hafen bekam 1856 sein heutiges Bild. An seiner Nordseite steht der **Alte Leuchtturm** (Mangturm), ein Rest der Stadtbefestigung aus dem 13. Jahrhundert. Die Molen werden von den Wahrzeichen Lindaus bekrönt, dem **bayerischen Löwen** und dem **Neuen Leuchtturm** (beide 1856). Den 6 m hohen Marmorlöwen schuf Johann von Halbig; wer die 139 Stufen des 33 m hohen Leuchtturms überwindet, wird mit einer herrlichen Aussicht belohnt. **★★ Hafen**

Die Straßen in der malerischen Altstadt sind von Gotik, Renaissance und Barock geprägt. Besonders schön ist die Maximilianstraße, die Hauptachse, mit Patrizierhäusern wie »Sünfzen«, »Regenbogen«, »Bären«, »Schnegg« und »Pflug«, mit Laubengängen und Cafés. **★ Maximilianstraße**

Auf dem Bismarckplatz vor dem Alten Rathaus (1422 – 1436), das 1578 sein Renaissance-Äußeres bekam, versammelt sich beim Kinderfest Lindaus Nachwuchs. Die Front mit der Ratslaube und Trep- **★ Altes Rathaus**

Lindau Orientierung

Übernachten
① Hotel Stift

Essen
① Alte Post ② Zum Sünfzen ③ Goldenes Lamm

penaufgang ist mit Szenen aus der Lindauer Geschichte geschmückt. Der kostbare **gotische Ratsaal** ist in Führungen zugänglich. Im Alten Rathaus sind das Stadtarchiv und die Reichsstädtische Bibliothek untergebracht, die über 23 000 Werke vom 14. Jh. bis zur Gegenwart besitzt. Auf dem Reichsplatz vor der Südfront – eigentlich die Hauptfassade – der Lindavia-Brunnen von 1884.

LINDAU ERLEBEN

AUSKUNFT

Pro Lindau Tourismus Service
Alfred-Nobel-Platz 1, 88131 Lindau
Tel. (0 83 82) 26 00 30
www.lindau.de

Prächtig bemaltes Altes Rathaus

FESTE UND EVENTS

April: Isle of Music (Kneipenfestival). Mai: Bodensee-Festival. Mitte Juni: Hafenfest. Juli, Mittwoch vor den Sommerferien: Kinderfest (seit 1655).

ESSEN

► Fein & teuer

Hoyerberg Schlössle
Hoyerbergstr. 64, 88131 Lindau
Tel. (0 83 82) 2 52 95
Gourmetrestaurant auf dem Hoyerberg: mit einem der schönsten Panoramen der Welt. Mo./Di.mittag geschl.

► Erschwinglich

① ***Alte Post***
Fischergasse 3, 88131 Lindau
Tel. (0 83 82) 9 34 60
Gemütliches historisches Restaurant mit Wirtsgarten und Gästezimmern.

② ***Zum Sünfzen***
Maximilianstr. 1, 88131 Lindau
Tel. (0 83 82) 58 65
Alte Patriziertrinkstube, mit seiner gemütlichen Atmosphäre und guter handfester Küche sehr beliebt.

► Preiswert

③ ***Goldenes Lamm***
Schafgasse 3, 88131 Lindau
Tel. (0 83 82) 57 32
Sehenswert: Die schönste alte Gaststube der Insel. Durchschnittliche schwäbisch-bayerische Küche.

ÜBERNACHTEN

► Komfortabel

① ***Hotel Stift***
Stiftsplatz 1, 88131 Lindau
Tel. (0 83 82) 9 35 70
Sehr angenehm wohnt man im Haus von 1728 am schönsten Platz der Insel. Restaurant mit schwäbischer Karte.

► Günstig

Montfort-Schlössle
Streitelsfinger Str. 38, 88131 Lindau
Tel. (0 83 82) 7 28 11
Auf der Höhe in Obstgärten gelegener alter Hof mit Wirtsgarten, wunderbarer Ausblick, liebevoll geführt.

Schöne Patrizierhäuser – links die »Brodlauben« – an der Maximilianstraße

Vom Bahnhof zur Peterskirche

Der stattliche Jugendstil-Bahnhof von 1914 zeigt noch, obwohl man ihn verkommen lässt, welche Bedeutung Lindau einst als Endpunkt der Ludwigs-Süd-Nord-Bahn hatte. In der Nähe steht der markante, schöne **Diebsturm** (Malefizturm, um 1370), ein Rest der Stadtbefestigung. Die **Peterskirche**, die in die Zeit um 1000 zurückgeht, wurde 1928 zur Kriegergedenkstätte umgestaltet. Die Nordwand zieren Fresken (um 1490), die **Hans Holbein d. Ä.** zugeschrieben werden. Von den 19 Bildern sind zwölf Passionsszenen; die Signatur »HH« findet man im 12. Bild auf dem Ärmel der Magdalena.

★ Haus zum Cavazzen

Den Marktplatz mit Neptunbrunnen von 1841 dominiert das Haus zum Cavazzen (1729), das als **schönstes Bürgerhaus** am Bodensee gilt. Prachtvoll sind das Portal mit Pfeilern, Säulen und Volutengiebel sowie die rötlich-grauen Wandmalereien. Das **Stadtmuseum** demonstriert hier Wohnkultur vom 15. Jh. bis zum Jugendstil, auch sind Gemälde und Skulpturen vom 15. bis 18. Jh. zu sehen. Eine Besonderheit ist die Sammlung mechanischer Musikinstrumente. Der reiche grafische Bestand wird in Wechselausstellungen gezeigt. Geöffnet April – Okt. Di. – So. 11.00 – 17.00 (Sa. ab 14.00 Uhr).

St. Stephan

Dem Cavazzen gegenüber stehen (links) die evangelische Stadtpfarrkirche St. Stephan und die katholische Stiftskirche. Erstere geht ins Jahr 1180 zurück und wurde 1781 – 1783 umgestaltet, die alte Ausstattung in der Reformation 1530 zerstört. Der feine Rokokostuck, die Kanzel und der Taufstein datieren von 1781, ebenso das eichene Kirchengestühl mit umklappbaren Lehnen. Zu beachten sind die bei-

den großen Epitaphien im Chor, für den kaiserlichen Rat Daniel Heider und dessen Sohn Valentin, der nach dem Dreißigjährigen Krieg 1655 das **Lindauer Kinderfest** stiftete.

Stiftskirche Die Stiftskirche Mariä Himmelfahrt, das Gotteshaus des reichsfürstlich-freiweltlichen Damenstifts, entstand 1748 – 1752 aus der Ruine der 1728 zerstörten Kirche des 12. Jh.s; verantwortlich zeichnete der oberschwäbische Deutschordens-Baumeister Johann Caspar Bagnato. Der Stuck und die Fresken der Rokokozeit stammten von F. Pozzi bzw. G. Appiani, die Altäre gestaltete Georg Gigl. Die Appiani-Deckenfresken wurden nach einem Brand 1922 vereinfacht durch W. Kolmsperger ersetzt; nachdem die Langhausdecke 1987 abgestürzt war, ließ man die Kolmsperger-Fresken rekonstruieren. Das südlich der Kirche gelegene Amtsgericht ist das ehemalige Stiftsgebäude von 1736.

! *Baedeker* TIPP

Badefreuden

Außer den großen, schönen Strandbädern »Eichwald« in Reutin und »Lindenhofbad« in Bad Schachen besitzt Lindau zwei echte altmodische Badeanstalten: das Römerbad unmittelbar östlich des Hafens und das Aeschacher Bad am Festlandsufer beim Bahndamm.

Spielbank Im Stadtgarten an der Nordostecke der Insel ersetzte die nüchterne neue Spielbank (H. Lechner, 2000) den schönen, atmosphärereichen Bau aus den 1950er-Jahren. In dem Zylinder liegt über die Hälfte der Nutzfläche unter dem Bodenniveau.

Bad Schachen Nordwestlich der Insel erstreckt sich die »Bayerische Riviera«, der Villen-Vorort Bad Schachen mit herrlichen alten Parks. Das eindrucksvolle **Hotel Bad Schachen** – mit Anlegestelle und wunderschönem Freibad – geht auf Eisen-Schwefel-Quellen zurück, die noch zu Bädern genützt werden. Im Lindenhofpark steht die »italienische« **Villa Lindenhof**, 1842 – 1845 als Sommerresidenz des Lindauer Großkaufmanns F. Gruber erbaut, heute als »friedensräume« eine Niederlassung von Pax Christi, der Katholischen Friedensbewegung (geöffnet April – Okt. Di. – Sa. 10.00 – 13.00, 14.00 – 17.00).

Umgebung von Lindau

★ Weißensberger Halde Kleine Wanderung zum **schönsten Aussichtspunkt** im Lindauer Hinterland: Von der Brauerei Steig in Reutin (Steigstraße) über Streitelsfingen oder durch den pittoresken Rickenbach-Tobel, dann die B 31 unterqueren und hinauf auf die Weißensberger Halde. Gehzeit etwa 1 Std.; zurück von Weißensberg mit dem RBA-Bus.

Drumlins und Obstbäume Zauberhaft – besonders im Frühjahr, wenn die Obstbäume blühen – ist die bucklige Welt zwischen dem See und der Argen. Die eigentümlichen, meist ovalen Hügel, »Drumlins« genannt, sind Produkte der eiszeitlichen Vergletscherung. Für eine schöne Runde mit dem

Rad (30 km) muss man etwa 3 Std. rechnen: Am See entlang nach Kressbronn, dann nördlich über Gattnau zum Schlein- und Degersee (baden!), über Oberreitnau und Hoyren zurück nach Lindau.

Wasserburg

Ein hübsches Ensemble bildet die kleine Halbinsel von Wasserburg 5 km westlich von Lindau: mit der Kirche St. Georg (14. Jh./1607), dem Schloss (ursprünglich 14. Jh., heute Hotel) und dem Malhaus von Ende des 16. Jh.s (Heimatmuseum, Mo. geschl.). Auf dem Friedhof ist Horst Wolfram Geißler (1893–1983) bestattet, der das zauberhafte Buch vom Lieben Augustin schrieb. Im Haus gegenüber dem Bahnhof, früher Gasthof Walserhof, kam 1927 der Schriftsteller Martin Walser zu Welt. Sehr schön wäre ein Spaziergang durch das reizvolle Hinterland mit seinen Obstplantagen.

Lindenberg im Allgäu

C 8

Landkreis: Lindau
Einwohnerzahl: 11 500
Höhe: 762 m ü. d. M.

Das Westallgäu – eine bucklige, wald- und wiesengrüne Welt mit verstreuten Bauernhöfen, das Ganze vor der herrlichen Kulisse der Allgäuer, Vorarlberger und Appenzeller Alpen. Das Zentrum dieser Landschaft ist das freundliche Städtchen Lindenberg.

Lindenberger Pferdehändler – die ihre Tiere nach Italien lieferten – hatten im 17. Jh. die Technik des Strohflechtens und Hutnähens mitgebracht, und mit modebedingten Höhen und Tiefen florierte dieser Wirtschaftszweig bis zum 2. Weltkrieg; ein Höhepunkt war das Jahr 1913 mit ca. 8 Mio. Strohhüten. Heute existiert nur noch eine Hutfabrik. Wichtige Industriebetriebe sind zwei große Käsewerke (Bergland, Bayernland) und eine Niederlassung der Liebherr-Aerospace.

Sehenswertes

Der Luftkurort in nebelfreier Höhen- und Panoramalage macht mit seiner Stadtpfarrkirche **St. Peter und Paul** ordentlich Eindruck. Die »barocke« Pracht ist jedoch ein Werk des 20. Jh.s (Weihe 1914), und so manches sieht doch eher nach Jugendstil aus. Die alte Pfarrkirche **St. Aurelius** (1696) mit gotischem Satteldach-Turm besitzt eine echte Rokoko-Ausstattung. Beeindruckend ist das **Hutmuseum** (Febr.–Okt. Mi. 15.00–17.30, So. 10.00–12.00, Juni–Aug. auch Mo. 10.00–12.00 Uhr).

! *Baedeker* TIPP

Entdeckungen auf der Käsestraße

Auf mehreren Rundstrecken lässt sich das kulinarische Westallgäu erleben: 18 handwerklich arbeitende Sennereien, dazu Gast- und Bauernhöfe, eine Brauerei und eine Brennerei, bieten ihre köstlichen Produkte an. Info bei den Verkehrsbüros, unter Tel. (0 83 82) 2 70-136 und www.westallgaeuer-kaesestrasse.de.

Lindenberger Waldsee Der Waldsee, ein herrlicher Moorsee, lockt mit einem Freibad, im Winter kann man Eislaufen und Eisstockschießen.

Scheidegger Wasserfälle Lohnende Rundwanderung (gesamt ca. 3 Std.) von Lindenberg zu den Scheidegger Wasserfällen: vom Waldsee nach Allmannsried, an der Rappenfluh vorbei südlich nach Kinberg. Unterhalb der B 308 stürzt der Rickenbach in der **Rohrachschlucht** in einen 48 m tiefen Felskessel, für Kinder gibt es einen kleinen Zoo (geöffnet April bis Okt. 9.00 – 18.00, sonst Fr. geschl.). Über Bieslings nach Scheidegg, dann nordöstlich zurück nach Lindenberg.

Scheidegg Der heilklimatische und Kneipp-Kurort Schiedegg (4200 Einw.) liegt gut 800 m hoch am Nordausläufer des Pfänders auf einer nebelfreien **Sonnenterrasse** vor herrlichem Bergpanorama. Mit dem Bau der Prinzregent-Luitpold-Kinderklinik 1912 entwickelte sich das Dorf, das im Mittelalter dem Kloster St. Gallen und später (bis 1806) zu Österreich gehörte, zum Kur- und Ferienort. Hier gibt es ein Handwerkermuseum (im schön restaurierten Heimathaus), einen Blick wert sind auch die Kirche St. Gallus (1798), die zwischen 1886 und

LINDENBERG ERLEBEN

AUSKUNFT

Tourist-Information
Stadtplatz 1, 88161 Lindenberg
Tel. (0 83 81) 8 03-28
www.lindenberg.de

FESTE UND EVENTS

Fasnacht: 3000 Narren treffen sich in Scheidegg. Anf. Mai: Lindenberger Hut-Tag. Letzter Juni-Fr.: Openair-Musik in Weiler. Letzter Aug.-Sa.: Internationales Käsefest Lindenberg. 2. Okt.-Sonntag: Wendelinsritt in Scheidegg (zum Kinberg).

ESSEN

► Fein & teuer

Lanz
Stockenweiler 32
88138 Hergensweiler
Tel. (0 83 88) 2 43
www.restaurant-lanz.de
Das elegante Restaurant im unscheinbaren Haus ist seit langem die zuverlässige feine Adresse im Westallgäu. Haute Cuisine mit Allgäuer Einschlägen, Spezialität sind Fisch und Krebse aus eigener Zucht. Geöffnet Fr.– Di. ab 18.00 Uhr.

► Preiswert

Zum Hirschen
Kirchstr. 1, 88175 Scheidegg
Tel. (0 83 81) 21 19
300 Jahre alter, geschmackvoll renovierter Gasthof im Zentrum, serviert werden verfeinerte Allgäuer Spezialitäten. Di.abend/Mi. geschl.

ÜBERNACHTEN

► Komfortabel

Hotel Waldsee
Austraße 41, 88161 Lindenberg
Tel. (0 83 81) 92 61-0
www.hotel-waldsee.de
Feines Haus im Villenstil unmittelbar am schönen Moorsee, elegante, dennoch heimelige Atmosphäre. Restaurant mit leichter internationaler und Allgäuer Küche.

Höhenluftkurort: Scheidegg vor dem Panorama der Vorarlberger Alpen

1918 ihre »Rokoko«-Ausstattung erhielt, und die Annakapelle mit einer spätgotischen »Anna Selbdritt«.

★ **Pfänder**

Mit wunderbarem Blick auf den **Bodensee und die Schweizer Berge** (Säntis) geht man in ca. 3.30 Std. von Scheidegg über Möggers, Trögerhöhe und Fürberg zum Gipfel des Pfänders (1062 m). Mit der Kabinenbahn fährt man nach Bregenz hinunter, mit Bus, Bahn oder Schiff nach Lindau und wieder zurück mit dem Bus. Mit dem Fahrrad macht man die Runde in umgekehrter Richtung, man fährt so im großen Ganzen immer bergab.

Weiler

Auch Weiler ist ein reizvoller Höhenluftkurort (600 – 900 m). Am Kirchplatz stehen das Rathaus (1681) und die Pfarrkirche St. Blasius (1796), ein klassizistischer Saalbau mit Deckenfresken von A. Brugger. Im Kornhaus sind bäuerliche und handwerkliche Geräte zu sehen, außerdem Werke heimischer Künstler. Im einstigen Gasthof Löwen vermittelt das **Westallgäuer Heimatmuseum** einen Überblick über die Volkskultur des Ländchens – ein echtes Schmuckkästchen (geöffnet im Sommer Di., Do. 14.30 – 17.00, Mi., Sa. 10.00 – 12.00, 14.30 – 17.00, So. 10.00 – 12.00 Uhr). Ein riesiger Findling nordöstlich von Weiler und der Enschenstein südlich (auch als Menschenstein bekannt, er soll in vorgeschichtlicher Zeit als Zufluchtsort gedient haben) sind beliebte Ausflugsziele. Letzteren erreicht man am schönsten durch die Hausbachklamm, zurück über Krähnberg oder Hagelstein (gesamt 2 – 2.30 Std.).

Deutsche Alpenstraße

Von der B 308 zwischen Simmerberg und ►Oberstaufen hat man an mehreren Punkten einen herrlichen Blick auf die Schweizer Berge mit dem Säntis.

Marktoberdorf

G 7

Landkreis: Ostallgäu
Einwohnerzahl: 18 500
Höhe: 727 – 790 m ü. d. M.

Das Landstädtchen zwischen Schongau und Kempten, Hauptort des Ostallgäus, ist bei Musikfreunden bekannt: Im Schloss der Augsburger Fürstbischöfe ist die Bayerische Musikakademie zu Hause, deren Kurse und Konzerte Teilnehmer aus aller Welt anziehen.

Ein wenig Geschichte

Nachdem »Oberdorf«, das ab 1299 dem Hochstift Augsburg gehörte, im Jahr 1453 das Marktrecht erhalten hatte, nannte es sich »Markt Oberdorf«; als der Ort genau 500 Jahre später zur Stadt erhoben worden war, wurde nur die Schreibweise geändert. Nach dem Zweiten Weltkrieg ließen sich hier viele Flüchtlinge nieder, wodurch sich die Einwohnerzahl in wenigen Jahren verdoppelte. 1930 bauten die Gebrüder **Fendt** ihren ersten Schlepper, heute beschäftigt die weltbekannte Firma in Marktoberdorf 1800 Menschen.

Schlossberg

Von der B 472 im Osten führt eine 2 km lange und 200 Jahre alte **Lindenallee** zur Sommerresidenz der Fürstbischöfe. Architekt des schlichten Vierflügelbaus (1723 – 1728) war Johann Georg Fischer. Seit 1985 ist hier die Musikakademie ansässig. Fischer entwarf auch die benachbarte Stadtpfarrkirche **St. Martin** (1732 – 1738) mit schönem Zwiebelturm. Ihr weiter, lichter Innenraum bezaubert mit feinem Stuck des Wessobrunners A. Bader (1733) und Deckengemälden von F. G. Hermann, der für die Kemptener Fürstbischöfe tätig

MARKTOBERDORF ERLEBEN

AUSKUNFT

Touristikbüro
Jahnstr. 1, 87616 Marktoberdorf
Tel. (0 83 42) 40 08 45
www.marktoberdorf.de

Bayerische Musikakademie
Tel. (0 83 42) 96 18-0
www.modmusik.de

FESTE UND EVENTS

Mai: Kammerchor-Wettbewerb. Juni: Musica Sacra. Anf. Dez.: Jugend jazzt. So. nach dem 23. April: Georgi-Ritt auf dem Auerberg.

ÜBERNACHTEN / ESSEN

► **Günstig**

Gasthof zum Hirsch
Georg-Fischer-Str. 1, Marktoberdorf
Tel. (0 83 42) 23 42
Ordentlicher, gemütlicher Gasthof mit schlichten Zimmern und gutbürgerlicher Allgäu-Küche.

Voglerwirt
87616 Marktoberdorf-Leuterschach
Tel. (0 83 42) 25 07
Paradies für Fleischesser (eigene Metzgerei) mit preisgekrönter Hausmacherküche. Moderne Zimmer.

war; den mächtigen Hauptaltar schuf Leonhard Fischer. Vor der Chornordwand die Grabkapelle für Clemens Wenzeslaus von Sachsen († 1812), den letzten Augsburger Fürstbischof.

Stadt

Unterhalb des Schlossbergs sind im Martinsheim drei **Museen** untergebracht: Stadtmuseum (Geschichte und Kultur Marktoberdorfs, geöffnet Mi. 14.00 – 16.00, So. 10.00 – 12.00, 14.00 – 16.00 Uhr), Riesengebirgsmuseum (Volkskunde des Riesengebirges bzw. des Landkreises Hohenelbe, geöffnet Mi. 10.00 – 12.00, 13.30 – 15.30, Fr. 10.00 bis 12.00 Uhr , 1. So. im Monat 10.00 – 12.00 Uhr) und das Paul-Röder-Museum (v. a. Gemälde des Marktoberdorfers P. Röder). In Ortsmitte sind das **Alte Rathaus** (1723 von J. G. Fischer umgestaltet), die Städtische Galerie mit schwäbischen Werken des 20. Jh.s und das Heimatmuseum interessant. Im Norden liegt an der Schwabenstraße das **Modeon**, der Kulturtempel der Stadt (gutes Restaurant).

Umgebung von Marktoberdorf

Bertoldshofen

Das östliche Nachbardorf verblüfft mit der architektonisch interessanten und überreich gestalteten Pfarrkirche St. Michael, die nach Plänen von J. G. Fischer 1727 – 1732 entstand. Der damalige Pfarrer wünschte sich, nach dem Vorbild von S. Antonio in Padua, eine Kirche mit fünf Kuppeln. Stuck des Wessobrunners Ignaz Finsterwalder umrahmt die Fresken von A. W. Haffe und M. Wolcker (1733), die Figuren aller Altäre schuf Ignaz Hillenbrand aus Türkheim.

✶✶ Auerberg

Der 1056 m hohe Auerberg, die **»schwäbische Rigi«**, liegt ca. 10 km südöstlich von Marktoberdorf – halb in Schwaben, halb in Oberbayern. Der Blick in alle Richtungen ist großartig. Den Besuch lohnen hier auch der Gasthof und die St.-Georgs-Kirche mit romanischem Turm (von oben soll man 230 Orte sehen können), einer Holztäferdecke aus dem 17. Jh. und einer Madonna des berühmten Kaufbeurer Schnitzers Jörg Lederer (um 1520).

Miesbach

O / P 7

Landkreis: Miesbach
Höhe: 697 m ü. d. M.
Einwohnerzahl: 12 200

Ein zauberhafter Winkel – sanfte Voralpenhügel mit alten Dörfern, in denen das Brauchtum besonders lebendig ist – breitet sich etwa 40 km südöstlich von München an Mangfall und Leitzach aus. Sein Zentrum ist Miesbach, das nach dem Stadtbrand 1783 neu erstand.

Miesbach war schon im Mittelalter bedeutend, da am Schlierach-Übergang im Zug der Salzstraße von Rosenheim nach Bad Tölz gele-

Oberbayern, wie es schöner nicht sein kann: Wilparting mit Kirche und Kapelle

gen. Im 17./18. Jh. erlebte der Ort durch die Wallfahrt zur Schmerzhaften Maria und durch das Kunsthandwerk eine Blüte.

Sehenswertes in Miesbach

Die **Stadtpfarrkirche** Mariä Himmelfahrt, ehemals Wallfahrtskirche, wurde nach dem Brand bis 1785 durch J. Baumgartner erneuert. Der prachtvolle »Miesbacher Stuck«, in dem die Kirche gestaltet war, ist verlorengegangen, nicht jedoch das Gnadenbild der Schmerzensmutter von 1665. Im **Heimatmuseum** im alten Feuerwehrhaus sind historische und volkskundliche Sammlungen ausgestellt, v. a. bemalte Möbel und Trachten. Anmeldung im Tourismusbüro.

Umgebung von Miesbach

★★ Weyarn

Weyarn (690 m, 3300 Einw.) 8 km nördlich von Miesbach ist als beliebter Pendler-Vorort Münchens in jüngerer Zeit stark gewachsen, doch hat eine beispielhafte Kommunalpolitik negative Auswirkungen verhindert. Darüber hinaus wartet es mit einer besonderen Kostbarkeit auf, der Kirche des 1133 gegründeten und 1803 aufgehobenen Augustiner-Chorherrenstifts. Die 1687 – 1693 von Lorenzo Sciasca aus Rovereto erbaute Wandpfeilerhalle, vom großen Johann Baptist Zimmermann mit Stuck und Fresken ausgestattet, bildet den prächtigen Rahmen für die einzigartigen **Skulpturen**, die der Münchner Bildhauer **Ignaz Günther** um 1764 für die Kirche schuf: Verkündigung, Beweinung Christi, »Maria vom Sieg«. Die Verkündigung und die Pietà waren dazu bestimmt, bei Prozessionen mitgeführt zu wer-

den, weshalb sie als Ganzfiguren ausgearbeitet sind. In diesen Ensembles sind seelischer Ausdruck und figürliches Ornament in unvergleichlicher Weise vereint: Die Verkündigung, das wohl populärste Werk Günthers, bezaubert mit der verführerischen Pose des Erzengels Raphael und der koketten Schüchternheit Marias, beide in einem graziösen Pas-de-deux verbunden. Günther schuf auch den in Silber gefassten Tabernakel am Hochaltar (1763).

Taubenberg

Von Thalham zwischen Miesbach und Weyarn lohnt sich der Abstecher auf den Taubenberg, einmal wegen der urigen Wirtschaft Gotzinger Trommel in Gotzing, zum anderen wegen des Ausblicks beim Gasthaus auf dem Berg (Mo.–Mi. geschl., Tel. 0 80 20 / 17 05).

MIESBACH ERLEBEN

AUSKUNFT

Tourist-Information
Schlierseer Str. 16, 83714 Miesbach
Tel. (0 80 25) 70 00-0
www.miesbach.de

ÜBERNACHTEN

▶ **Günstig**

Landgasthof Auerschmiede
Auerschmied 2
83737 Irschenberg
Tel. (0 80 25) 13 80
www.auerschmied.de
Abgeschieden im Leitzach-Tal 7 km nordöstlich von Miesbach gelegenes, wohltuend schlichtes, gutes Wirtshaus mit hübschen Gastzimmern.

ESSEN

▶ **Preiswert / Erschwinglich**

Maxlmühle im Mühlthal
83626 Valley, Tel. (0 80 20) 17 72
An der Mangfall nördlich von Weyarn wird bayerisch-böhmisch gekocht. Schöner Biergarten. Mi./Do. geschl.

FESTE UND EVENTS

Der Waitzinger-Keller in Miesbach ist ein stilvolles Kulturzentrum mit vielfältigem Programm (Infos bei der Tourist-Information). Hier hat das Freie Landestheater Bayern sein Stammhaus (Opern, Operetten, Musicals u. a., Spielzeit Sept.–Mai).

! *Baedeker* TIPP

Krachlederne

heißt das bayerischste männliche Kleidungsstück völlig zu Unrecht; in Wirklichkeit ist das Hirsch- oder Gamsleder samtweich. In Miesbach sind zwei »Säckler« ansässig, die handbestickte Prachtstücke machen: Ferdinand Moser, Fraunhoferstr. 6, Tel. (0 80 25) 22 48, und Peter Seidl, Frühlingsstr. 5, Tel. (0 80 25) 14 08.

Erlebenswertes östlich von Weyarn

Ein schönes Badegewässer ist der **Seehamer See**. Wer auf dem berüchtigten Irschenberg an der Autobahn nach Salzburg hinter der Raststätte einen Stopp einlegt, hat das fantastische Bild mit dem Weiler **Wilparting** vor sich (Foto ► S. 246). Das Ensemble mit der sehenswerten Rokoko-Wallfahrtskirche St. Marinus und Anianus (18. Jh.) und der St.-Veits-Kapelle (17. Jh.) wird schön ergänzt durch den Moarhof mit ländlichem Café (Mo./Di. geschl.). Marinus und Anianus waren Märtyrer des 7. Jh.s unsicherer Herkunft und sind hier bestattet; ihr Tag wird hier am 15. Nov. festlich begangen. Vom Dorf **Irschenberg** muss man hinaufgehen zur »Aussicht«: Aus 750 m Höhe bietet sich ein unvergesslicher Blick auf die Alpen von Berchtesgaden bis zum Tiroler Kaisergebirge.

Agatharied

In Agatharied 2 km südlich von Miesbach ist die Pfarrkirche St. Agatha interessant: im Kern spätgotisch (1505), wurde sie um 1630 mit **»Miesbacher Stuck«** neu gestaltet. Der barocke Hochaltar (1649) bewahrt Teile eines gotischen Flügelaltars.

✶ Leitzach-Tal

Östlich von Miesbach windet sich die tief eingeschnittene Leitzach durchs Moränenland. Besonders schön ist der Abschnitt östlich des Orts Leitzach (mit dem Rad kann man dem Fluss bis Achau folgen).

✶ Mittenwald

L 9

Landkreis: Garmisch-Partenkirchen **Höhe:** 920 m ü. d. M.
Einwohnerzahl: 7900

Goethe, der 1786 hier durchkam, nannte Mittenwald ein »lebendiges Bilderbuch«. Im Wortsinn höchst »malerisch« präsentiert sich auch heute der berühmte Geigenbau- und Luftkurort vor den hellgrauen Felswänden des Karwendels.

Mittenwald liegt – nahe der deutsch-österreichischen Grenze – im Isartal, überragt von der Westlichen Karwendelspitze, im Süden und Westen umrahmt von bewaldeten Höhen, über denen der schöne Gipfel der Wettersteinspitze aufragt. Ein Ausflug nach Tirol, besonders nach Innsbruck, gehört zum Urlaubsprogramm.

Aus der Geschichte

Der Ort wurde im Jahre 1080 als »in media silva« – eben »mitten im Wald« – erstmals urkundlich genannt. Durch das Mittenwalder Tal verlief schon zur Römerzeit eine Verbindung zwischen Deutschland und Italien. Im späten Mittelalter war der Ort ein wichtiger Umschlagplatz am Handelsweg zwischen den Reichsstädten Augsburg und Nürnberg sowie Italien; 1487 verlegte Venedig, aufgrund von Schwierigkeiten mit dem Tiroler Herzog, den **Bozner Markt** nach Mittenwald. Nachdem 1679 der Markt wieder an Bozen kam, schuf

Vor St. Peter und Paul prüft der bronzene Matthias Klotz sein Werk.

der **Geigenbau** eine neue wirtschaftliche Basis. Der Mittenwalder Matthias Klotz (1653 – 1743), der bei dem Geigenbaumeister Railich in Padua gelernt hatte, begann 1684 Violinen und andere Instrumente herzustellen. Auch heute ist der Bau von Saitenintrumenten bedeutend, die Staatliche Fachschule bildet junge Leute in diesem diffizilen Metier aus. 1803 kam Mittenwald mit dem Werdenfelser Land, das seit 1294 dem Bischof von Freising gehört hatte, zu Bayern. Mit dem Bau der Bahn von Garmisch-Partenkirchen nach Innsbruck (1912) wurde der Tourismus zum Haupterwerbszweig.

Sehenswertes in Mittenwald

»Bilderbuch«

In Mittenwald geht man wie in einer Bildergalerie spazieren. Viele prachtvolle Fassaden stammen von dem Mittenwalder **Franz Karner** (1737 – 1817) und von dem berühmten Oberammergauer **Franz Seraph Zwinck**. Einige herausragende Adressen: Obermarkt 1: Gasthof Zur Alpenrose (Zwinck, u. a. »Die fünf Sinne«); Obermarkt 24: Neunerhaus (Schülern von Matthäus Günther zugeschrieben); Malerweg 3: Hoglhaus (Karner, »Flucht nach Ägypten«); Prof.-Schreyögg-Platz 8: Hornsteinerhaus (Zwinck, »Judith enthauptet Holofernes«); Goethestr. 23: Schlipferhaus (Karner, Heiligendarstellungen).

! *Baedeker* TIPP

Gunkln und Maschkera

Ganz alemannisch sind die Fasnachtsbräuche im Werdenfelser Land. Vom »Unsinnigen Donnerstag« bis Faschingsdienstag treiben »Maschkera« ihr Unwesen; am Donnerstag sind die »Schellenrührer« und die »Jackschutzer« unterwegs. In den Gasthäusern gibt's ab Ende Januar (Mo,. Di., Do.) das Gunkln, das abendliche Beisammensein mit Musik und Tanz.

Pfarrkirche St. Peter und Paul

Der berühmte **Matthäus Günther**, der die Deckenfresken in der Pfarrkirche St. Peter und Paul schuf, gestaltete auch die prächtige Turmfassade (Petrus und Paulus). Der im Kern spätgotische Bau wurde um 1740 von dem Wessobrunner Meister **Joseph Schmuzer** barock umgestaltet und stuckiert. Hervorzuheben sind eine geschnitzte Madonna (um 1530) und ein gotischer Kruzifixus (um 1400, Kreuzkapelle). Ferdinand von Miller fertigte das **Denkmal für Matthias Klotz** (1890) vor dem Turm.

✶ Geigenbaumuseum

Das – ebenfalls von Karner bemalte – Wohnhaus von Matthias Klotz (Ballenhausgasse 3) ist ein interessantes Museum. Zu sehen sind wertvolle **Musikinstrumente vom 12. bis ins 20. Jh.**, in Mittenwald gebaute Geigen und eine Werkstatt; man kann einem Geigenbauer bei der Arbeit zusehen. Geöffnet Febr. – 15. März, 15. Mai – 14. Okt., 17. Dez. – 6. Jan. Di. – So. 10.00 – 17.00, 7. – 31. Jan., 16. März – 14. Mai, 15. Okt. – 4. Nov. 11.00 – 16.00 Uhr.

Umgebung von Mittenwald

Ausflüge und Wanderungen

Vom **Kalvarienberg** (15 Min. vom Ortszentrum) erschließt ein Sessellift das Wandergebiet am **Hohen Kranzberg**. Eine leichte Wanderung führt in ca. 1 Std. durch die **Laintalschlucht** zum Lautersee (1011 m, Freibad) und in 30 Min. weiter zum stillen Ferchensee (1060 m); sehr reizvoll ist die Fortsetzung über Elmau nach ► Garmisch. Schöner Spazierweg von Mittenwald zur **Leutaschklamm**, die man vom schmalen Steg an der Felswand aus bewundert, und zum Gasthaus Am Gletscherschliff (50 Min.) am größten eiszeitlichen Gletscherschliff der Nördlichen Kalkalpen.

Mittenwald Orientierung

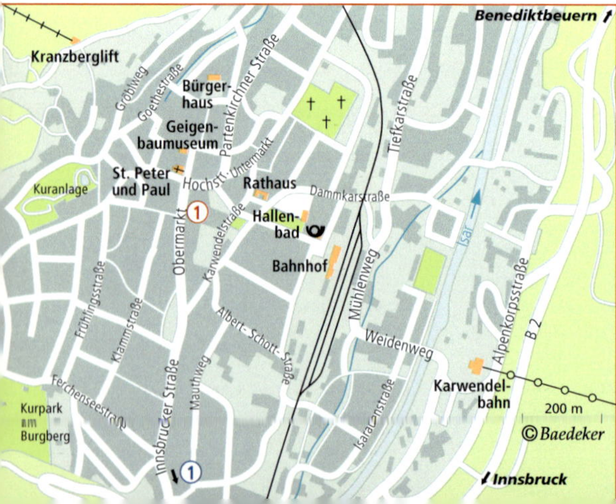

Essen

① Arnspitze

Übernachten

① Gasthof Post

MITTENWALD ERLEBEN

AUSKUNFT

Touristeninformation
Dammkarstr. 3, 82481 Mittenwald
Tel. (0 88 23) 3 39 81
www.mittenwald.de

FESTE UND EVENTS

Fronleichnam: Prächtige Prozession. Sommer (alle 5 Jahre, 2012): Bozner Markt. 2. Sept.-So.: Almabtrieb, Herbstmarkt. 1. Okt.-So.: Erntedankfest mit Prozession.

WINTERSPORT

Skilaufen und Rodeln am Hohen Kranzberg. Etwas für Alpin-Spezialisten ist die (lawinenkontrollierte) Abfahrt durchs Dammkar am Nordhang der Westl. Karwendelspitze. Skilangläufer finden zwischen Wallgau im Norden und dem österreichischen Leutasch im Südwesten ihr Revier.

ESSEN

► Fein & teuer

① ***Arnspitze***
Innsbrucker Str. 68
82481 Mittenwald
Tel. (0 88 23) 24 25, Di. geschl.
Kleines Restaurant mit ländlichem Ambiente. Die Küche bewegt sich zwischen regionalen, mediterranen und asiatischen Sphären.

ÜBERNACHTEN

► Günstig / Komfortabel

① ***Gasthof Post***
Obermarkt 9, 82481 Mittenwald
Tel. (0 88 23) 9 38 23 33
www.posthotel-mittenwald.de
Hier ist noch der Charme des 19. Jh.s zu spüren. Mit Hallenbad, Sauna etc. Gutbürgerliches Restaurant mit großer Karte und angenehmen Preisen.

Hotel Post
Dorfplatz 6
81499 Wallgau
Tel. (0 88 25) 91 90
www.posthotel-wallgau.de
Gasthaustradition seit 1621, heute (nach Erweiterungen) ein sehr rustikales, relativ nobles Domizil. Großes bodenständiges Restaurant.

★ **Buckelwiesen**

Nördlich von Mittenwald führt westlich der B 2 ein Sträßchen über ein Plateau mit eigenartig buckligen Wiesen, die auf Karstvorgänge im Kalkgestein zurückgeführt werden. Sie werden mit Schafen und Ziegen oder mit der Sense gepflegt und bieten einer prachtvollen Vielfalt von Alpenblumen Lebensraum.

★ **Westliche Karwendelspitze**

◄ Bild S. 252

Vom östlichen Ortsrand Mittenwalds fährt eine Kabinenbahn hinauf zur Hohen Karwendelgrube (2244 m) unterhalb der Westlichen Karwendelspitze (2384 m); zu Fuß braucht man über den Ochsenboden und durchs Dammkar 4 Stunden. Ein Leckerbissen für absolut Trittsichere und Schwindelfreie ist der **Mittenwalder Klettersteig**, der von der Bergstation über mehrere Gipfel zur Tiroler Hütte führt; Abstieg über die Brunnsteinhütte nach Mittenwald (gesamt 6 – 7 Std.).

◄ Naturinformationszentrum Karwendel

Deutschlands modernstes und höchstgelegenes Naturinformationszentrum lockt in Gestalt eines überdimensionierten Fernrohrs neben der Bergstation der Karwendelbahn Besucher an.

Wettersteinspitze Eine Genusstour für Geübte (mit Kletterei im 1. Grad) im Hochgebirgsmassiv westlich von Mittenwald ist die schöne Obere Wettersteinspitze (2297 m, 6.30 Std.; herrliche Aussicht).

Krün Auch in Krün (2000 Einw.) gibt es ein Haus mit schöner Lüftlmalerei (Haus Alpenrose); einen Blick wert ist auch die Sebastianskirche (1760) mit Stuck von F. X. Schmuzer. Im Wald versteckt liegen Barmsee, Grubsee und Wagenbrüchsee, alle mit Freibädern.

Wallgau Wallgau (880 m, 1400 Einw.) ist bekannt durch die Kummetmacherei (Herstellung von Pferdegeschirr). Am Dorfplatz stehen malerische Häuser, besonders prächtig Nr. 5 und 6 (Gasthaus Zur Post, in dem 1828 Heinrich Heine nächtigte), beide von Franz Karner bemalt. Spazierwege führen zur malerischen Finzbachklamm (1 Std.) und zum »Großen Wasserfall« in Richtung Walchensee (1 Std). Im Winter sind Loipen zum Geroldsee und nach Vorderriss gespurt.

Soiern-Gruppe Schöne Touren bietet auch die Soiern-Gruppe östlich von Krün. Einen prächtigen Blick auf den Karwendel hat man von der **Soiernspitze**: Von der Seinsalm zwischen Mittenwald und Krün in 2 Std. – rascher mit dem MTB – zur Krinner-Kofler-Hütte (1406 m) und in 2.30 Std. zum Gipfel. Abstieg wie Aufstieg oder nach Norden über Soiernhaus, Lakaiensteig und Fischbachalm nach Krün bzw. Wallgau. Über den Lakaiensteig kann man auch den Wallgauer Hausberg erklimmen, die **Schöttelkarspitze** (2048 m).

Im überdimensionalen »Fernrohr« neben der Bergstation der Karwendelbahn ist ein Naturinformationszentrum eingerichtet.

★★ München

M–O 4/5

Einwohnerzahl: 1,33 Millionen **Höhe:** 482 – 579 m ü. d. M.

Weltstadt mit Herz, nördlichste italienische Stadt, Isar-Athen und Weißwurstmetropole – zahllos sind die Versuche, das Besondere an der beliebtesten Großstadt Deutschlands in einer Formel zu fassen. Was auf jeden Fall zutrifft: Hier verbinden sich wirtschaftliche Potenz und große Kultur mit gelassener Lebensart.

Deutschlands heimliche Hauptstadt

Die bayerische Landeshauptstadt, zugleich Sitz der Bezirksregierung von Oberbayern, liegt in einer weiten, von der Isar durchflossenen Schotterebene, die die eiszeitlichen Gletscher zurückgelassen haben. Sie stellt eines der aktivsten Wirtschaftszentren Europas dar; hier sind bedeutende Unternehmen wie BMW oder Siemens zu Hause oder haben ihre deutsche Niederlassung (wie Apple, Microsoft und McDonald's); mit ca. 6 % liegt die Arbeitslosenquote deutlich unter dem deutschen Durchschnitt. München ist die führende deutsche Medienstadt mit öffentlichen und privaten Rundfunk- und Fernseh-

Highlights München

Residenz
Wo früher Könige wohnten und regierten, sind heute ihre großartigen Kunstschätze und Insignien zu bewundern.
▸ Seite 263

Englischer Garten
Das grüne Herz, unverzichtbarer Teil des Münchner Lebensgefühls
▸ Seite 274

Kunsttempel
Alte Pinakothek, Neue Pinakothek, Pinakothek der Moderne … und noch mehr: Kunstwerke von Weltrang zuhauf
▸ Seite 277

Hofbräuhaus
Ja, das muss sein, auch wenn es noch schönere Bierschwemmen gibt.
▸ Seite 266

Biergartenglück
Fluchtpunkte unter mächtigen Kastanien, mit viel Volk oder klein und verträumt
▸ Seite 262

Viktualienmarkt
Beim Alten Peter kauft der Münchner bayerische Hühner, korsischen Käse, italienische Tortellini und chinesische Pilze.
▸ Seite 267

Königsplatz
Ein zweites Athen sollte an der Isar entstehen. Hier beeindruckt monumentalster Klassizismus.
▸ Seite 275

Deutsches Museum
Staunen über die Wunder, die Naturwissenschaft und Technik ermöglichen.
▸ Seite 280

Tierpark Hellabrunn
Nicht nur Kinder lieben den Ausflug zu heimischen und fremden Tieren.
▸ Seite 287

Schloss Nymphenburg
Prachtvolles Barockschloss mit wunderschönem Park zum Spazierengehen.
▸ Seite 283

München, nördlichste Stadt Italiens: Theatinerkirche am Odeonsplatz

anstalten, Filmstudios und über 300 Verlagen. Als erstrangiger Finanzplatz ist es Sitz großer Banken (HypoVereinsbank) und Versicherungsgesellschaften (Allianz, Münchner Rück, Generali). 2008 zählt man fast 5 Mio. Gäste und fast 10 Mio. Gästeübernachtungen, dazu rund 95 Mio. Tagesausflügler und Geschäftsreisende, was München zu einer der frequentiertesten Städte Europas macht. Der Auslandsanteil an den Übernachtungen liegt übrigens bei knapp 47 %.

Schon immer hatte man in München – ab dem Jahr 1255 Residenz der bayerischen Herzöge und Könige – ein Faible für Kunst und Kultur. Schon damals gab man gerne viel Geld aus, um sich mit Glanz zu umgeben, der Komplex der Residenz gehört zu den größten und prächtigsten derartigen Bauten. In Barock und Rokoko eiferte man italienischen und französischen Vorbildern nach; im 19. Jh. war die griechisch-römische Klassik en vogue. An der Wende vom 19. zum 20. Jh. war München – insbesondere mit seiner Schwabinger Bohème – ein Zentrum bildender Kunst und Literatur.

Doch nicht nur Wirtschaft und Kunst haben München berühmt gemacht: Es ist vor allem das »weiß-blaue Lebensgefühl«, die Lust, das Leben zu genießen. Sobald die ersten wärmenden Sonnenstrahlen das Ende des Winters ankünden, sind die Caféterrassen bevölkert; im Sommer trifft man sich unter mächtigen Kastanien im Biergarten oder faulenzt im Englischen Garten, nebenbei der größte Stadtpark der Welt. Ein weiterer Superlativ: Mit dem Oktoberfest wird hier das größte und berühmteste Volksfest der Welt gefeiert (die so genannte Partystimmung dort hat jedoch nichts mit bayerischer Lebensart zu

tun). Kaum sonstwo in Deutschland gibt es so viele noble Shopping-Adressen, trifft man, zumindest an bestimmten Plätzen, so viel Schickeria. Die Theater-, Musik- und Museumslandschaft hat wahrlich Weltniveau. Auch als Stadt des Sports genießt München – seit den Olympischen Sommerspielen 1972 und als Austragungsort der Fußballweltmeisterschaften 2006 – großen Ruf. Für den »normalen« Menschen am angenehmsten ist allerdings, dass München im großen Ganzen eine recht unaufgeregte, sehr normale Stadt ist, dass es kein städtebaulicher Moloch ist und über ein wunderschönes Umland verfügt. Nicht ohne Grund wurde die Isarmetropole zu Deutschlands beliebtestem Wohnort.

Geschichte

Im 6. Jh. n. Chr. gründeten Bajuwaren einige Siedlungen an der Isar, die noch an der Endung »-ing« (Pasing, Schwabing, Sendling usw.) zu erkennen sind. Im 10./11. Jh. ließen sich Mönche des Klosters Tegernsee an der Isar nieder, die ihre Siedlung »Apud Munichen«, »Bei den Mönchen«, nannten. Daran erinnert das Stadtwappen, auf dem ein Mönch dargestellt ist (»Münchner Kindl«). Die Stadtgründung wird auf 1158 datiert, als der sächsische Herzog Heinrich der Löwe, damals Landesherr, die dem Bischof von Freising gehörende Zollbrücke an der Salzstraße in Föhring zerstören und in München (etwa am Platz der heutigen Ludwigsbrücke) eine eigene errichten ließ. Die Stadtanlage des 12. Jh.s ist noch am Altstadtring erkennbar, der der einstigen Befestigung folgt. 1255, unter Herzog Ludwig II. dem Strengen, wird München Residenzstadt, 1505 Hauptstadt des vereinigten Herzogtums und 1806 des Königreichs Bayern. Der eigentliche Schöpfer des neueren Münchens ist König Ludwig I. (reg. 1825 – 1848), der es zu einer Kunststadt von Rang und einem Mittelpunkt deutschen Geisteslebens machte (1826 Universitätsstadt).

> ! *Baedeker* TIPP
>
> **Sightseeing per Tram**
>
> Sehr gut kann man sich München per Tram ansehen (wenn möglich in einem der rumpelnden Wagen aus den 1960er-Jahren). Die Linie 19 durchquert das Zentrum in ost-westlicher Richtung, vom Ostbahnhof durch Haidhausen und die Maximilianstraße, über den Lenbachplatz und den Stachus zum Hauptbahnhof.

Im Ersten Weltkrieg blieb München praktisch unversehrt, doch wirtschaftlich und sozial erlebte es einen massiven Niedergang. Hunger und Arbeitslosigkeit führten zu Revolution und Ausrufung der Räterepublik 1918, die 1919 blutig niedergeschlagen wurde. 1920 gab es die erste Massenversammlung der NSDAP, 1923 marschierte Adolf Hitler zur Feldherrnhalle, zehn Jahre später übernahm er die Macht; 1935 ernannte er München zur »Hauptstadt der Bewegung«. Georg Elser verübte 1939 im Bürgerbräukeller sein vergebliches Attentat auf Hitler, 1943 wurden die Geschwister Scholl mit anderen Mitgliedern der Widerstandsgruppe »Weiße Rose« hingerichtet. Im Zweiten Weltkrieg fiel die Stadt zu einem Drittel in Schutt und Asche. Der Wiederaufbau und das Wirtschaftswunder ließen München in den

1950er- und 1960er-Jahren zum »Millionendorf« wachsen. Die Olympischen Sommerspiele 1972 und die Fußballweltmeisterschaft 1974 beflügelten den Bauboom und das Wirtschaftsleben der Stadt; die Hauptachse der Innenstadt wurde Fußgängerzone, das S- und U-Bahn-Netz entstand. Auch danach entwickelte sich München prächtig weiter. Es erhielt neue Attraktionen wie die Pinakothek der Moderne (2002) und die Allianz Arena (2005). Die Fußballweltmeisterschaft und der Papstbesuch machten 2006 zum Jahr der touristischen Rekorde in München.

Vom Marienplatz zum Odeonsplatz

✶ Marienplatz

Das lebhafte Herz Münchens ist der Marienplatz, der vom prächtigen neogotischen **Rathaus** (1867 – 1908) im Stil der flämischen Gotik beherrscht wird. Das **Glocken- und Figurenspiel** im Rathausturm zieht täglich um 11.00 Uhr (Mai – Okt. auch 12.00, 17.00, 21.00 Uhr) viele Zuschauer an, die die Szenen aus der Münchner Stadtgeschichte verfolgen; von der Plattform des Turms hat man einen schönen Blick über Stadt und Umland (geöffnet Mo. – Fr. 8.30 – 19.00, Sa., So., Fei. 10.00 – 19.00, im Winter tgl. 9.00 – 16.30 Uhr). Im Erdgeschoss ist die **Stadtinformation** untergebracht (geöffnet Mo. – Fr. 10.00 – 20.00, Sa. 10.00 – 16.00 Uhr). Im imposanten **Ratskeller** (mit Fränkischer Weinstube) kann man in bayerischer Küche schwelgen. Auf der **Mariensäule** vor dem Rathaus thront eine goldene Patrona Bavariae (Ende 16. Jh.); die Säule wurde 1638 nach dem Dreißigjährigen Krieg zum Dank für die Erhaltung Münchens und Landshuts aufgestellt. Im Osten wird der Marienplatz vom **Alten Rathaus** (um 1480) begrenzt, das nach Kriegszerstörung wieder aufgebaut wurde. Der Ratssaal, der »vollkommenste gotische Saal Deutschlands«, dient der Stadt München zur Repräsentation. Im 55 m hohen Turm, der nach dem Bild von 1462 rekonstruiert wurde, ist ein Spielzeugmuseum untergebracht (geöffnet tägl. 10.00 – 17.30 Uhr).

! *Baedeker* TIPP

Glockenspiel

Vor dem Rathaus versammeln sich im Sommer Hunderte von Menschen, um das Figurenspiel zu erleben. Einen Logenplatz hat man im Café Glockenspiel gegenüber dem Rathaus; auch seine Terrasse zum Hinterhof ist ein beliebter Treff. Marienplatz 28, 5. Stock, Eingang von der Rosenstraße (Passage), Tel. (0 89) 26 42 56.

Theatinerstraße

Zur weiteren Orientierung: Westlich verläuft zum Karlstor (Stachus) die Kaufinger Straße / Neuhauser Straße (► S. 269), östlich jenseits des Alten Rathauses das »Tal« zum Isartor (► S. 269); südlich liegen St. Peter und der Viktualienmarkt (► S. 267), nördlich geht es zum Odeonsplatz. Beginnen wir mit dem Gang zum Odeonsplatz durch Wein- und Theatinerstraße (links des Rathauses). Am **Marienhof** hinter dem Rathaus – ein Niemandsland, über dessen Nutzung seit längerem nachgedacht wird (an der Ostseite, im prächtigen gelben

Münchner Skyline mit dem Neuen Rathaus und der Frauenkirche. Höher als deren Türme darf in der Innenstadt nicht gebaut werden.

Bau, das berühmte Feinkostgeschäft Dallmayr) – beginnt die Theatinerstraße, eine Einkaufsmeile mit den **Fünf Höfen** (Architekten: Herzog & de Meuron, 2001) und der **Hypo-Kunsthalle**, die in Wechselausstellungen hauptsächlich Klassiker der Moderne präsentiert. (Es lohnt sich, die Passagen zu durchqueren, um die prächtigen Paläste an der **Kardinal-Faulhaber-Straße** zu bewundern, v. a. Palais Porcia, heute Sitz der HypoVereins-Bank, und Palais Holnstein, Sitz des Erzbischofs, beide 18. Jh.). Weiter nördlich ist in der **Theatinerpassage** das schönste Kino Münchens zu finden (meist französische Filme im OmU). Und einer der nettesten Plätze in der Innenstadt ist das **Café Arzmiller** mit Terrasse im Hof der Theatinerkirche.

★★ Odeonsplatz

Nirgendwo ist München »italienischer« als am Odeonsplatz und im anschließenden Hofgarten. Zunächst beeindruckt der Prospekt der Ludwigstraße (► S. 278), die zum Siegestor und nach Schwabing führt, auf Geheiß Ludwigs I. konzipiert von Leo von Klenze, ein eindrucksvolles Zeugnis für das Selbstbewusstsein des jungen Königreichs. Links hinter dem Siegestor sieht man Zeichen der neuen Zeit: die 126 bzw. 113 m hohen HighLight Business Towers am Mittleren Ring (Architekten: Murphy / Jahn, Chicago, 2004).

★ Feldherrnhalle

Die Florentiner **Loggia dei Lanzi** war Vorbild für die Feldherrnhalle, 1841 – 1844 von F. von Gärtner errichtet. In den Arkaden stehen Bronzedenkmäler der bayerischen Feldherren Tilly (1559 – 1632) und Wrede (1767 – 1838), beide von L. Schwanthaler. Nach Hitlers Marsch zur Feldherrnhalle 1923 wurde sie im Dritten Reich Kultstätte der Nationalsozialisten: Am Ostrand stand ein Mahnmal, das mit dem »Deutschen Gruß« zu ehren war; wer dem entgehen wollte,

München Orientierung

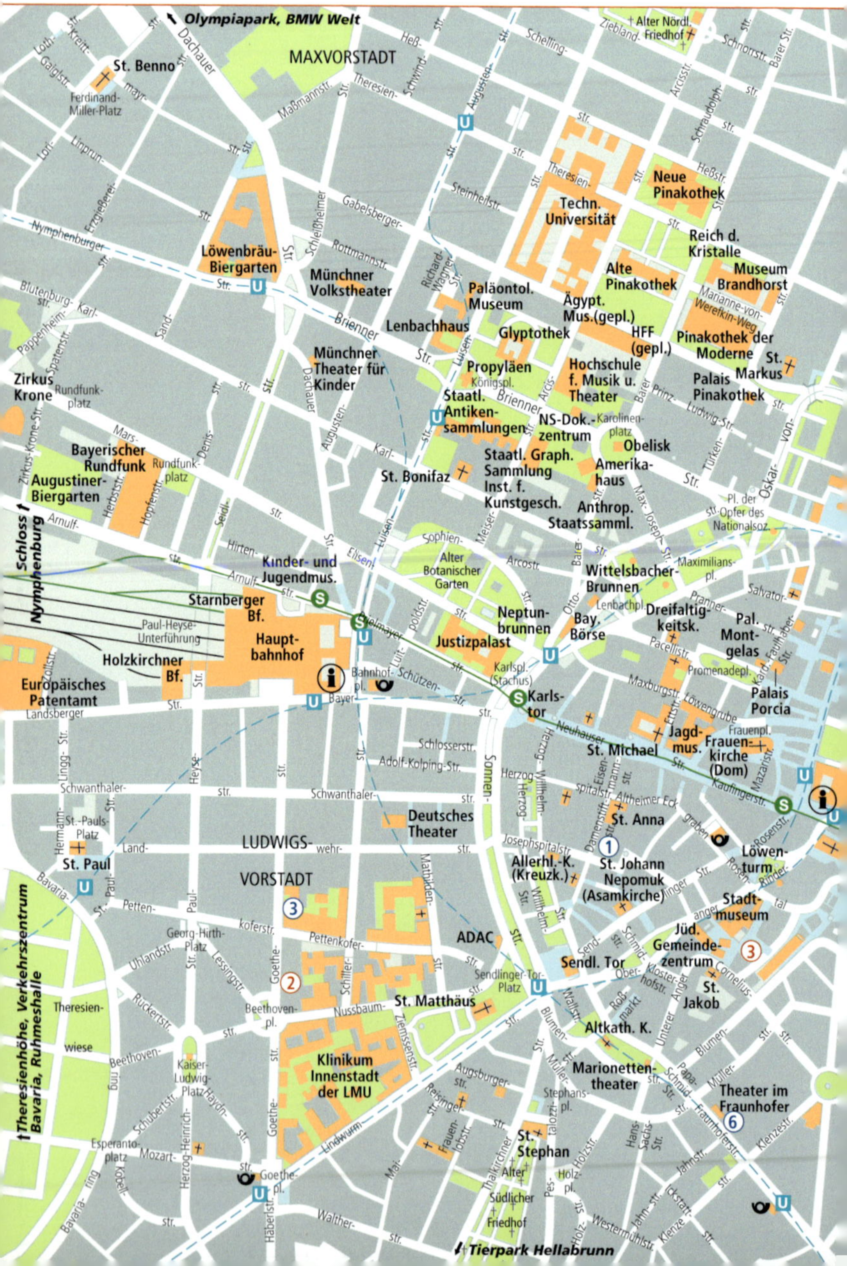

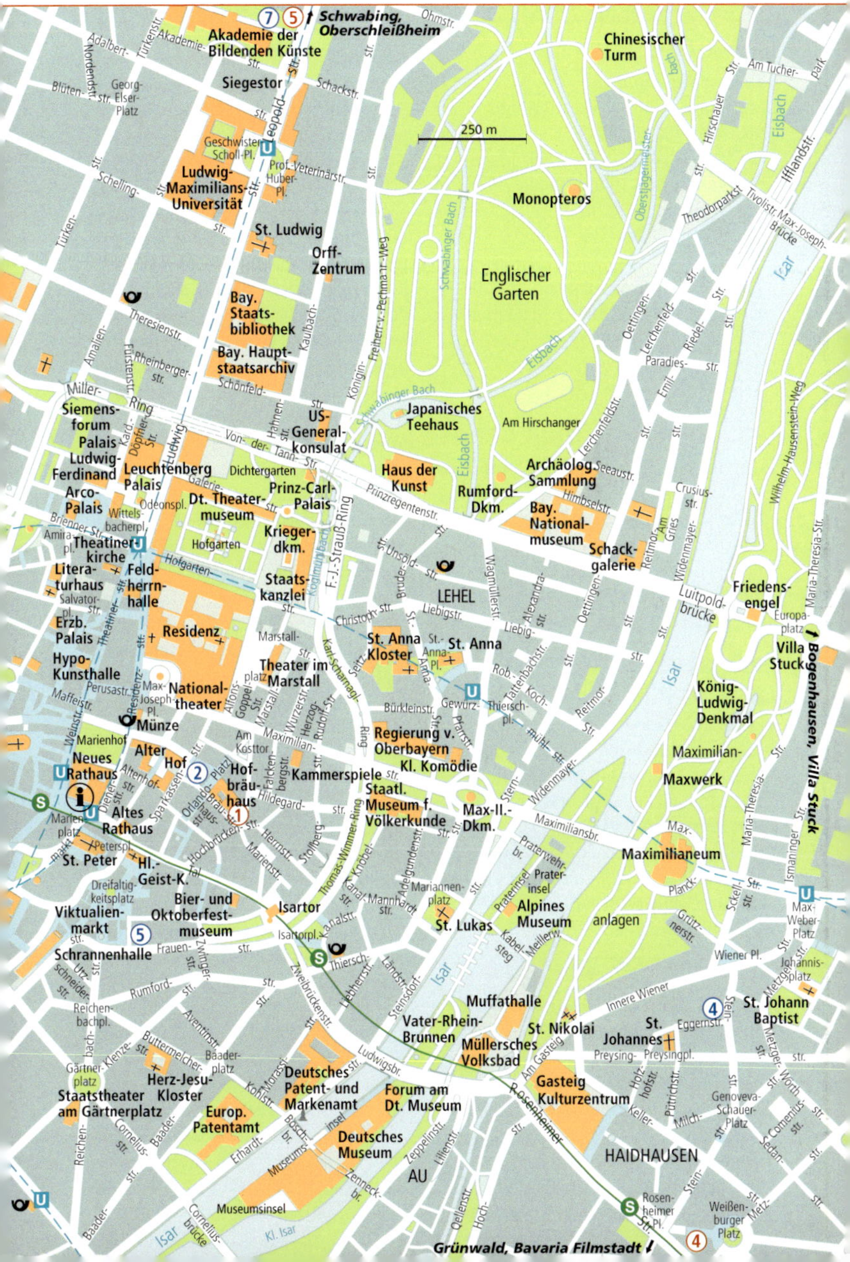

Schwabing, Oberschleißheim
Akademie der Bildenden Künste
Siegestor
Chinesischer Turm
Geschwister-Scholl-Pl.
Prof.-Huber-Pl.
Ludwig-Maximilians-Universität
250 m
Monopteros
St. Ludwig
Orff-Zentrum
Englischer Garten
Bay. Staats-bibliothek
Bay. Haupt-staatsarchiv
Siemens-forum
Palais Ludwig-Ferdinand
Arco-Palais
Leuchtenberg Palais
Dichtergarten
US-Generalkonsulat
Japanisches Teehaus
Am Hirschanger
Haus der Kunst
Rumford-Dkm.
Archäolog. Sammlung
Bay. National-museum
Schack-galerie
Dt. Theater-museum
Prinz-Carl-Palais
Hofgarten
Krieger-dkm.
Theatiner-kirche
Litera-turhaus
Feld-herrn-halle
Staats-kanzlei
LEHEL
Friedens-engel
Erzb. Palais
Residenz
St. Anna Kloster
St. Anna
Villa Stuck
Bogenhausen, Villa Stuck
Hypo-Kunsthalle
Theater im Marstall
National-theater
König-Ludwig-Denkmal
Münze
Regierung v. Oberbayern
Kl. Komödie
Maximilian-anlagen
Maxwerk
Neues Rathaus
Alter Hof
Hof-bräu-haus
Kammerspiele
Staatl. Museum f. Völkerkunde
Max-II.-Dkm.
Altes Rathaus
Maximilianeum
St. Peter
Hl.-Geist-K.
Prater-insel
Viktualien-markt
Bier- und Oktoberfest-museum
Isartor
Alpines Museum
St. Lukas
Schrannenhalle
Wiener Pl.
Muffathalle
St. Johann Baptist
Vater-Rhein-Brunnen
St. Nikolai
St. Johannes
Müllersches Volksbad
Gärtner-platz
Herz-Jesu-Kloster
Staatstheater am Gärtnerplatz
Deutsches Patent- und Markenamt
Forum am Dt. Museum
Gasteig Kulturzentrum
Europ. Patentamt
Deutsches Museum
HAIDHAUSEN
AU
Museumsinsel
Rosen-heimer Pl.
Weißen-burger Platz
Grünwald, Bavaria Filmstadt

MÜNCHEN ERLEBEN

AUSKUNFT

Tourist-Information
Marienplatz, im Neuen Rathaus
Mo. – Fr. 10.00 – 20.00,
Sa. 10.00 – 16.00, So. u. Fei. geschl.
Hauptbahnhof, Bahnhofsplatz 2
Mo. – Sa. 9.30 – 20.00,
So. 10.00 – 18.00 Uhr

Tourismusamt München
Sendlinger Str. 1, 80331 München
Tel. (0 89) 23 39 65 00
www.muenchen-tourist.de
Kein Publikumsverkehr!

MÜNCHEN CITY TOUR CARD

Umfasst die Fahrt in den öffentlichen Verkehrsmitteln und Ermäßigung bei zahlreichen Sehenswürdigkeiten, Führungen, Fahrradverleih u. a. m. Zu bekommen bei der Touristeninformation, in den Servicecentern des Flughafens und in vielen Hotels.

VERKEHR

Flughafen F. J. Strauß ►S. 80
Hauptbahnhof ►S. 80
München ist durch S- und U-Bahn, Tram und Busse bestens erschlossen. Es gelten Tickets des Münchner Verkehrsverbundes (MVV). Kundencenter Marienplatz (UG, geöffnet Mo. – Sa.); Infostand Hauptbahnhof (tgl. geöffnet)
www.mvv-muenchen.de

UMWELTZONE MÜNCHEN

Seit Oktober 2008 ist die Kernstadt innerhalb des Mittleren Rings als Umweltzone ausgewiesen. Für diesen Bereich ist eine Feinstaubplakette für Kraftfahrzeuge vorgeschrieben. Für alle in Deutschland zugelassenen Fahrzeuge sind solche Plaketten bei den heimischen Landratsämtern und auch beim Landratsamt München erhältlich. Auch ausländische Touristen müssen an ihren Fahrzeugen Plaketten anbringen. Weitere Infos: www.tuev-sued.de

FESTE UND EVENTS

Faschings-Di., 11 Uhr: Tanz der Marktfrauen auf dem Viktualienmarkt. Dreimal im Jahr (Anf. Mai, Ende Juli, Mitte Okt.) Auer Dult. Um den 14. Juni: Stadtgeburtstag. Tollwood Festival, im Sommer (Juni/Juli) im Olympiapark, im Winter (Dez.) auf der Theresienwiese. Mitte Juli: Internationales Filmfest. Ende Juni–Ende Juli: Opernfestspiele. Im Sommer Openair-Konzerte (u. a. auf dem Odeonsplatz, auf dem Königsplatz, im Brunnenhof der Residenz). Aug.: Sommerfest im Olympiapark (Feuerwerk am 2. und 3. Do.). Oktoberfest (»Wiesn«), 16 Tage ab 3. oder 4. Sa. im Sept. bis 1. So. im Okt. (www.wiesn.de.). Dez.: Weihnachtsmärkte auf dem Marienplatz, am Chinesischen Turm, auf der Münchner Freiheit, der Praterinsel und an anderen Orten.

MUSEEN

Montags haben viele Museen etc. geschlossen, geöffnet sind Deutsches Museum, Residenz, Neue Pinakothek, Paläontologisches Museum, Botanischer Garten, Tierpark Hellabrunn, Schloss Nymphenburg.

ESSEN

► Fein & teuer

⑦ ***Tantris***
Schwabing, Johann-Fichte-Str. 35
Tel. (0 89) 36 19 59-0, So./Mo. geschl.
Seit Jahrzehnten, heute unter Hans Haas, eines der besten Restaurants Deutschlands. Ein Gag ist heute das Plüsch-Interieur der 1970er-Jahre.

① *Landersdorfer & Innerhofer*
Innenstadt, Hackenstr. 6 – 8
Tel. (0 89) 26 01 86 37, Sa./So. geschl.
Elegantes kleines Restaurant mit ideenreicher Küche. Mittags à la carte, abends nur festes Menü.

► Erschwinglich

② *Pfistermühle*
Innenstadt, Pfisterstr. 4
Tel. (0 89) 23 70 38 65, So. geschl.
In den schön restaurierten Gewölben der 1573 erbauten Mühle pflegt man die traditionelle Küche.

③ *La Fiorentina*
Ludwigsvorstadt, Goethestr. 41
Tel. (0 89) 53 41 85
Kein Nobel-Italiener, dafür echte Atmosphäre und echte Hausmannskost. Wenig Platz, und immer gut besucht.

④ *Les Halles*
Haidhausen, Steinstr. 18
Tel. (0 89) 48 56 75
Kleiner, guter Franzose in etwas unterkühltem Bistro-Stil, vernünftige Preise. Das nahe, vergleichbare »Le Faubourg« ist ebenfalls gut.

► Preiswert

⑤ *buxs*
Innenstadt, Frauenstr. 9
Es gibt auch Bayern, die Vegetarisches schätzen. Beim Viktualienmarkt kann man sich aus einem großen, leckeren Angebot bedienen (So. geschl.).

⑥ *Fraunhofer*
Isar-Vorstadt, Fraunhoferstr. 9
Tel. (0 89) 26 64 60
Stuck im Rokoko-Stil, knarzendes Parkett, abgeschabte Tische: sicher das »echteste« Münchner Wirtshaus. Gute bayerisch-schwäbische Kost. Eine Institution ist auch das Theater im Fraunhofer (Kabarett, Kino, Neue Volksmusik, Tel. 26 78 50).

ÜBERNACHTEN

► Luxus

① *Mandarin Oriental*
Neuturmstr. 1, 80331 München
Tel. (0 89) 20 09 80
www.mandarinoriental.com/munich
Eleganz, Stil und persönlicher Service in einem Neorenaissance-Palast. Das Restaurant Mark's zählt zu den besten Adressen in Deutschland. Herrlicher Blick von der Dachterrasse mit Pool.

► Komfortabel

⑤ *Gästehaus Englischer Garten*
Liebergesellstr. 8, 80802 München
Tel. (0 89) 3 83 94 10
www.hotelenglischergarten.de
Denkmalgeschütztes, liebevoll geführtes kleines Haus, in Schwabing versteckt am Englischen Garten gelegen (12 Z.). Nette Wirtschaft gegenüber.

② *Hotel Mariandl*
Goethestr. 15, 80336 München
Tel. (0 89) 55 29 10 52
www.mariandl.com
Außen Neorenaissance, innen verwinkelte Zimmer mit Thonet-Möbeln und Parkett. Im Haus das Café am Beethovenplatz, ein Kaffeehaus im alten Stil mit Jazz, Salonmusik etc.

► Günstig / Komfortabel

③ *Blauer Bock*
Sebastiansplatz 9, 80331 München
Tel. 089 23 17 80
Viele Stammgäste schätzen die zentralste Lage ebenso wie den Charme und die herzliche Betreuung.

④ *Alter Wirt Ramersdorf*
Aribonenstr. 6, 81669 München
Tel. (0 89) 6 89 18 62
www.alterwirt-muenchen.de
Beim Ramersdorfer Kircherl (►S. 287) kann man nicht nur gut essen, sondern auch in der schön ausgebauten Mansarde nächtigen.

nahm die **Viscardi-Gasse** hinter der Feldherrnhalle, genauer dem anschließenden **Preysing-Palais**, weshalb sie als »Drückeberger-Gassl« bekannt ist. Das Palais ist das prächtigste und architekturgeschichtlich bedeutendste Adelshaus der Stadt, 1723–1729 von Hofbaumeister J. Effner und J. B. Zimmermann für Maximilian IV. Graf Preysing errichtet, den höchsten bayerischen Beamten. Das Treppenhaus (frei zugängl.) ist wirklich einen Blick wert.

** Theatinerkirche

Ein Prachtstück ist die ocker leuchtende Theatinerkirche St. Kajetan (Foto ►S. 254); sehr eindrucksvoll wirkt der doppeltürmige Komplex mit hoher Kuppel von Hofgarten aus. Kurfürst Ferdinand Maria und seine Frau Henriette Adelaide von Savoyen stifteten nach der Geburt des ersehnten Thronfolgers Max Emanuel 1662 die Kirche mit einem Kloster. **Italienischer Hochbarock** – Vorbilder waren S. Andrea della Valle und S. Agnese in Agone in Rom – prägt das im Wesentlichen 1663–1690 erbauten Gotteshaus, an dem Agostino Barelli aus Bologna und Enrico Zuccalli aus Roveredo beteiligt waren. Die Fassade wurde erst 1768 durch F. Cuvilliés unter Beachtung des Originalplans fertiggestellt; die skurrilen Schnecken unter den Turmhelmen sind von S. Maria della Salute in Venedig inspiriert. Das Innere prunkt mit weißem (ursprünglich buntem) Stuck, der für den Wessobrunner Stil und damit für den süddeutschen Barock prägend war. Unter der Ausstattung ragen die wiederhergestellte Chorschranke mit überlebensgroßen Evangelisten aus Lindenholz (!), der Hochaltar (Gemälde des Rubens-Schülers C. de Crayer, 1646) und die beiden Querhaus-Altäre heraus (links J. Sandrart, »Fürbitte des hl. Kajetan bei der Pest in Neapel«, 1671, rechts C. Cignani, »Heilige Sippe«, 1676). In der **Fürstengruft** ruhen Mitglieder des Hauses Wittelsbach, darunter die Kurfürsten Ferdinand Maria, Max Emanuel, Carl Albrecht (Kaiser Karl VII.), Max III. Joseph und Carl Theodor sowie König Max I. Joseph, König Max II., König Otto I. von Griechenland und Prinzregent Luitpold.

! *Baedeker* TIPP

Münchner Paradiese

Einige besonders schöne Biergärten, die nicht im Text erwähnt sind: Hirschgarten (Nymphenburg, Hirschgarten 1), Löwenbräukeller (Maxvorstadt, Stiglmaierplatz), Menterschwaige (Harlaching, Menterschwaigstr. 4), Paulanergarten am Nockherberg (Giesing, Hochstr. 77), Schlösselgarten (Bogenhausen, Cosimastr. 41), Taxisgarten (Neuhausen, Taxisstr. 12), Forsthaus Kasten (ca. 15 km südwestlich, Zufahrt von der Straße von Neuried nach Gauting).

Hofgarten

Östlich hinter dem »Bazargebäude« (1826) mit dem **Café Tambosi** liegt der Hofgarten, der 1613–1618 aus dem alten Burggarten entstand. Hübscher Mittelpunkt ist der **Renaissance-Tempel** (1616), bekrönt von einer üppigen Bronze-Diana (Hubert Gerhard, 1594), die später als »Tellus Bavarica« (Bayerische Lande) ausgestattet wurde. Im Nordflügel der Arkaden, der kurfürstlichen Galerie, ist das bedeutende **Deutsche Theatermuseum** ansässig (nur zu Sonderaus-

stellungen geöffnet Di. – So. 10.00 – 18.00 Uhr); davor treffen sich die Boccia-Freunde. Im Osten wird der Hofgarten durch die mächtige **Staatskanzlei** (1993) begrenzt, deren Bau unter heftigen Konflikten zwischen Landesregierung und Stadt zustande kam; Herzstück des »Bayerischen Kremls« (auch »Straußoleum« und »Palazzo Prozzi« genannt) ist der Torso des 1944 zerstörten Bayerischen Armeemuseums von 1906. Im Rasenparterre vor der alten Hauptfront des Mittelbaus (der Eingang zur Staatskanzlei liegt auf der Rückseite) beeindrucken ein Reiterstandbild (1911) für den ersten Wittelsbacher-Herzog Otto I. († 1183) sowie ein Kriegerdenkmal (1926).

Vom Hofgarten geht man nordöstlich zum Haus der Kunst an der Prinzregentenstraße und zum Englischen Garten (► S. 273). Man passiert dabei den **»Harmlos«**, einen nackten Marmorjüngling, benannt nach dem Anfang der Inschrift und traditioneller Treffpunkt von Liebespaaren, und das klassizistische **Prinz-Carl-Palais** (1811), 1825 – 1875 Domizil von Prinz Carl, dem Bruder König Ludwigs I.

✶✶ Residenz

Die prächtige Fassade, die östlich der Feldherrnhalle beginnt, gehört zur Residenz (► 3D, S. 264). Sie gliedert sich in drei Hauptgruppen mit sechs großen Höfen: **Festsaalbau** mit Front zum Hofgarten, **Alte Residenz** mit Front zur Residenzstraße, **Königsbau** mit der Front zum Max-Joseph-Platz. Drei der Höfe – Kaiserhof, Kapellenhof und Brunnenhof – sind wie die Westfassade an der Residenzstraße seit je mit gemalter Scheinarchitektur gestaltet. Die schönsten Höfe sind der **Brunnenhof** am Antiquarium mit dem Wittelsbacher-Brunnen und der **Grottenhof** mit Perseus-Gruppe von H. Gerhard (1592).

✶✶ Staatliche Sammlung Ägyptischer Kunst

Im Westteil des Festsaalbaus am Hofgarten zeigt die Staatliche Sammlung Ägyptischer Kunst hervorragende Exponate aus der ägyptischen Geschichte bis in griechisch-römische Zeit (geöffnet Di. – Fr. 9.00 – 17.00, Di. auch 19.00 – 21.00, Sa., So. 10.00 – 17.00 Uhr).

Pfälzer Residenzweinstube

Im nördlichen Portal an der Residenzstraße – bei der Feldherrnhalle – liegt der Zugang zur riesigen Pfälzer Residenzweinstube (tägl. geöffnet), in deren gemütlichem Ambiente man die Kreszenzen und Spezialitäten des einstigen linksrheinischen Bayerns genießen kann.

✶✶ Residenzmuseum

Atemberaubende Pracht erlebt man in der Residenz, die großteils als Museum zugänglich ist (Öffnungszeiten ► S. 264). Für den Besuch plane man einen ganzen Tag ein. Die Räume sind in eine Vormittags- und eine Nachmittagsrunde aufgeteilt (bis bzw. ab 12.30 Uhr); hat man wenig Zeit, wähle man den Vormittag. Um nur die bedeutendsten Teile zu nennen: das Antiquarium, die Schlachtensäle, die Reichen Zimmer und die Reiche Kapelle, die Grüne Galerie, das Miniaturenkabinett, die Nibelungensäle, die Reliquienkammer, die Steinzimmer, die Wohnräume von König Ludwig I. und die Ahnengalerie.

DIE MÜNCHNER RESIDENZ

★★ **Als die Alte Veste zu klein geworden war, entstand im Nordosteck des damaligen Stadtmauerrings ab 1385 die Neuveste. Im Lauf der Jahrhunderte entwickelte sich dieser politische und kulturelle Mittelpunkt des Landes zu einer riesigen Anlage, mit einer Grundfläche von ca. 250 × 200 m eine der größten ihrer Art. Nach weitgehender Zerstörung im Zweiten Weltkrieg dauerte der Wiederaufbau bis Mitte der 1980er-Jahre.**

April – 15. Okt. tägl. 9.00 – 18.00 Uhr
16. Okt. – März tägl. 10.00 – 16.00 Uhr

① Festsaalbau
Den Hofgarten flankiert der klassizistische Festsaalbau, den König Ludwig I. zusammen mit Königsbau und Allerheiligen-Hofkirche Hofbaumeister Leo von Klenze errichten ließ. Nach 1945 entstand an der Stelle des Thronsaals ein großer Konzertsaal (Neuer Herkulessaal, 1953).

② Königsbau
Klenzes Königsbau, nach dem Vorbild des Palazzo Pitti in Florenz gestaltet, bestimmt die Front der der Residenz am Max-Joseph-Platz. Die Innenräume sind von klassizistischer Kühle geprägt.

③ Alte Residenz
Der Bau entstand unter Kurfürst Maximilian I. in der Spätrenaissance (1611 – 1619). In der streng gehaltenen Front zur Residenzstraße öffnen sich zwei prächtige Portale aus Rotmarmor, flankiert von Bronzelöwen (Hubert Gerhard, um 1595) – ihre Nase reiben bringt Glück! Zwischen den Portalen die Patrona Boiariae von Hans Krumper (1616) über einer Ewig-Licht-Ampel.

④ Antiquarium
Der größte profane Renaissanceraum nördlich der Alpen, und sicher einer der großartigsten. Er dient heute als festliche Kulisse für Staatsempfänge.

⑤ Schatzkammer
Begründet wurde die Schatzkammer 1565 von Herzog Albrecht V. mit den »Hauß clainodes« der Wittelsbacher. Glanzstücke der Sammlungen sind das Gebetbuch Kaiser Karls des Kahlen (um 860), das Kreuzreliquiar von Kaiser Heinrich II. und das Kreuz der Königin Gisela (um 1000), die Hausaltäre von Herzog Albrecht V. (um 1560) und die bayerische Königskrone von 1806. Obwohl Albrecht V. in seinem Testament verfügt hatte, dass besondere Stücke nicht verkauft werden dürfen, wurde der wertvolle blaue Diamant in der Krone vermutlich 1931 auf einer Auktion bei Christie's angeboten, jedenfalls ist er verschollen.

⑥ Altes Residenztheater
Das schönste Rokoko-Theater Deutschlands ist das »Cuvilliés«, 1751 – 1753 vom Hofarchitekten François Cuvilliés d. Ä. erbaut. An der Ausstattung wirkten hervorragende Künstler wie Johann Baptist Straub und Johann Baptist Zimmermann mit; Mozarts Oper »Idomeneo« wurde hier zum ersten Mal aufgeführt. Für barocke Musik kann man sich kaum einen besseren Rahmen denken.

⑦ Brunnenhof
Der 1610 angelegte Brunnenhof mit dem Wittelsbacher-Brunnen (Hubert Gerhard, um 1600) ist als einziger diagonal zum allgemeinen Grundriss ausgerichtet, die Fassaden sind mit Scheinarchitektur bemalt.

⑧ Spiegelkabinett
Der wunderschöne Stuck von Johann Baptist Zimmermann und die großartigen Schnitzereien von Wenzeslaus Miroffsky wurden nach ihrer Zerstörung im Zweiten Weltkrieg in mühevoller Kleinarbeit rekonstruiert.

⑨ Miniaturenkabinett
Hier sind 129 Miniaturgemälde zu bewundern, die kaum größer sind als ein Briefbogen. Deutsche, französische und niederländische Künstler haben sie im 16., 17. und 18. Jh. geschaffen.

⑩ Silberkammern
Wertvolle Silberwaren werden im Zimmer des Staatsrats und im Hartschiersaal präsentiert, darunter das etwa 3500 Stück umfassende Tafelsilber des Hauses Wittelsbach.

⑪ Steinzimmer
Ihre prunkvolle Ausstattung umfasst kostbares Mobiliar, Gobelins, Gemälde sowie eine Majolikasammlung.

In der
werden
des Kö
aufbew

Den Wit
Brunnen
nenhof z
Herzog C
Wittelsb
Bronzefig
Hans Kr

Schatzkammer Die Kostbarkeiten der Schatzkammer zählen zu den wertvollsten ihrer Art (Öffnungszeiten wie Residenzmuseum).

Staatliche Münzsammlung In der Residenz ist auch die Staatliche Münzsammlung beheimatet (Zugang im Kapellenhof, geöffnet Di. – So. 10.00 – 17.00, Do. bis 19.00 Uhr), mit ca. 300 000 Objekten eine der größten Sammlungen zur Geschichte des Geldes. Ausgestellt sind auch Meisterwerke der Medaillenkunst seit der Renaissance mit Hauptgewicht auf Deutschland und Italien, außerdem Gemmen und Kameen.

★★ Cuvilliéstheater Das schönste Rokoko-Theater Deutschlands und älteste Münchner Opernhaus ist das »Cuvilliés« im Ostflügel der Residenz. Nach aufwendiger Renovierung wurde es 2008 mit der Mozart-Oper Idomeneo feierlich wiedereröffnet.

Von der Residenz zum Hofbräuhaus

Max-Joseph-Platz Am Max-Joseph-Platz – für dessen Anlage ein seit dem 14. Jh. existierendes Franziskanerkloster im Jahr 1803 abgerissen wurde – präsentiert sich die Residenz mit ihrer mächtigen, dem Florentiner Palazzo Pitti nachempfundenen Rustica-Fassade (L. von Klenze, 1835). Nebenan die klassizistische Tempelfront des **Nationaltheaters**; der Musentempel (K. v. Fischer, 1818; bis 1988 wiederhergestellt) beherbergt eines der bedeutendsten Musiktheater der Welt. Führungen fast tägl. 14.00 Uhr (Eingangshalle Nord, Marstallplatz). Im Winkel zwischen Residenz und Opernhaus liegt der Eingang zum **Residenztheater** (hervorragendes Sprechtheater unter Intendant Dieter Dorn). Die Südseite des Platzes – hier öffnet sich der Blick auf die Maximilianstraße (► S. 272) – nimmt die Loggia der einstigen **Hauptpost** ein (L. von Klenze, 1838; früher Palais Toerring, 1758). In der Platzmitte thront sein Namensgeber: Max I. Joseph, erster bayerischer König (1806 – 1825; Entwurf L. von Klenze, gegossen 1835).

Alter Hof Nachdem man sich im herrlichen Fresstempel **Dallmayr** am Marienhof hat verführen lassen, geht man links von ihm durch das Tor in dem Alten Hof, der **ersten Residenz der Wittelsbacher** in München (1253 – 1474); von hier aus regierte Kaiser Ludwig der Bayer das Heilige Römische Reich Deutscher Nation. Bei den Bombardierungen 1944/45 blieben u. a. der Torturm und der Südflügel (Burgstock) mit dem gotischen »Affentürmchen« erhalten, die Bemalung wurde dem Original des 15. Jh.s nachempfunden. Ein Teil des Komplexes wurde vor ein paar Jahren zu Luxusdomizilen umgebaut. Recht angenehm ist das moderne »Vinorant Alter Hof«.

★ Hofbräuhaus Durch die Pfisterstraße – mit der ehemaligen Hofpfisterei (d. h. Bäckerei; heute gutes Restaurant) und dem idyllischen Innenhof in den »Platzlgassen« – erreicht man das Hofbräuhaus am Platzl. Be-

Am Platzl steht das Hofbräuhaus, die berühmteste Attraktion Münchens.

gründet 1589 – das heutige Gebäude stammt von 1896 –, ist es Inbegriff der bayerischen »Gemütlichkeit« und Münchner Hauptziel von Besuchern aus aller Welt; zuzeiten kann wegen Überfüllung der Zugang verwehrt werden. In der **Schwemme** im Erdgeschoß können 1300 Gäste zu den Klängen der Blaskapelle ihre Maßkrüge stemmen; Stammgäste verwahren ihren eigenen »Keferloher« (Tonkrug) im Maßkrugsafe. In den schönen Stuben im 1. Stock speist man relativ edel. Der Hof mit seinem Löwenbrunnen ist in der warmen Jahreszeit einer der **hübschesten Biergärten** der Stadt. Zu beachten ist am Platzl auch das stattliche **Orlando-Haus** (1899) an der Stelle des Wohnhauses von Orlando di Lasso (um 1532 – 1594), hochbedeutender Komponist und ab 1564 Leiter der Münchener Hofkapelle.

Südliche Innenstadt

Heilig-Geist-Kirche

Beim Alten Rathaus markiert die Heilig-Geist-Kirche den Übergang zum Viktualienmarkt. Sie ist der Rest eines Anfang des 13. Jh.s gegründeten Spitals; die dreischiffige gotische Hallenkirche (Ende 14. Jh.) wurde 1726 – 1731 von den **Brüdern Asam** in herrlichem Rokoko umgestaltet. Die ersten drei Joche der Kirche wurden mit der sehr gelungenen Fassade erst 1886 – 1886 angefügt.

Viktualienmarkt

Legendären Ruf genießt der 1807 ins Leben gerufene Viktualienmarkt (»Viktualien« sind Lebensmittel) mit seinen **Standln**, die überquellen von heimischem und exotischem Obst und Gemüse, von Geflügel, Fleisch und Fisch, Brot und Blumen. Unverzichtbar ist eine Pause im **Biergarten**, in dem ganz normale Münchner Menschen (neben einigen Touristen) das Dasein genießen. Südlich des Viktua-

lienmarkts erstand die alte **Schrannenhalle** neu, jedoch nicht als Markthalle, sondern als überdimensionale Imbiss- und Party-»Location«, über die nicht nur Anwohner klagen. Ihre schöne gusseiserne Konstruktion von 1853 ist leider kaum mehr erkennbar.

★ **Peterskirche**

Über der Ladenzeile am Westrand des Viktualienmarkts – die fast ausschließlich Metzgern vorbehalten ist – ragt auf dem **Petersbergl** die Peterskirche auf, die ins 11. Jh. zurückgehende älteste Pfarrkirche der Stadt. Kern des Baus ist, gut erkennbar, eine gotische Pfeilerbasilika (1327 – 1368); die Chorpartie, eine Dreikonchen-Anlage nach dem Vorbild des Salzburger Doms, entstand bis 1636 im Zug der Barockisierung. Trotz der großen Zerstörungen im 2. Weltkrieg besitzt St. Peter eine **überaus reiche Ausstattung**, v. a. aus Barock und Rokoko; unter ihren Urhebern finden sich illustre Namen wie Egid Quirin Asam, Ignaz Günther, Ignaz Gunezrhainer und J. B. Straub. Von den älteren Werken sind die Flügelbilder von Jan Polack (1517) im Chor sowie in einer Nordkapelle das Dreikönigs-Triptychon (»Pötschner-Altar«, 1477) und der »Schrenk-Altar«, ein Steinretabel des Weichen Stils (Anfang 15. Jh.), hervorzuheben. Vom 92 m hohen Turm, dem berühmten **Alten Peter**, bietet sich – besonders bei Föhn – ein überwältigender Ausblick bis zu den Alpen.

★★ **Münchner Stadtmuseum**

Ein Fixpunkt im Münchner Kulturleben ist das Stadtmuseum im alten Zeughaus am St.-Jakobs-Platz (geöffnet: Di. – So. 10.00 – 18.00 Uhr, So., Fei. gratis, Tel. 089 / 23 32 23 70), das kürzlich saniert und modernisiert worden ist. Die 2008 eröffnete neue **Dauerausstellung »Typisch München«** präsentiert mit ausgezeichneten Stücken die

Alles, was Herz und Magen begehren, gibt's auf dem Viktualienmarkt.

Stadtkultur vom Mittelalter bis heute. Glanzpunkte des Museums sind die um 1480 entstandenen **Moriskentänzer** von Erasmus Grasser. Spezialsammlungen befassen sich u. a. mit den Themen Mode und Accessoires, Volkskunde, Kunsthandwerk, Möbel, Puppentheater sowie Foto und Film. Im Musikinstrumentenmuseum werden auch Konzerte gegeben. Das **Kino** zeigt alte und neue Filmklassiker. Ein beliebter Treff ist das **Café**, angenehm und schattig sitzt man im Hof.

★ Jüdisches Zentrum

Auf dem St.-Jakobs-Platz wurde 2006/2007 das moderne Jüdische Zentrum mit **Synagoge, Gemeindehaus** und **Museum** (geöffnet Di. – So. 10.00 – 18.00 Uhr) eröffnet. Damit hat jüdisches Leben in München – die Alte Hauptsynagoge wurde in der »Hauptstadt der Bewegung« noch vor der Reichspogromnacht 1938 abgerissen – wieder einen festen Platz.

Sendlinger Straße

Eine lebhafte Einkaufsstraße ist die **Sendlinger Straße**, die südwestlich des Marienplatzes zum Sendlinger Tor führt. Hier fallen zwei **großartige Rokoko-Fassaden** auf. Die »Asamkirche« (St. Johann Nepomuk, Weihe 1734, Fassade 1746), erbaut und ausgestattet von den Brüdern Cosmas Damian und Egid Quirin Asam, gilt als eine der fantasievollsten Schöpfungen des deutschen Rokokos. Cosmas Damian schuf auch das riesige Deckenfresko mit dem Leben des hl. Nepomuk. Links neben der Kirche das Wohnhaus von Egid Quirin Asam, das er um 1735 nach Art der bayerischen Lüftlmalerei mit Stuck schmückte: in der unteren Hälfte die künstlerische Tätigkeit des Menschen und die sinnliche Welt, darüber der Himmel der Antike und des Christentums. Im **Sendlinger Tor** sind noch die sechseckigen Flankentürme der 2. Stadtbefestigung (um 1310) erhalten. Den Platz vor dem Sendlinger Tor dominiert die architektonisch interessante evangelische Bischofskirche **St. Matthäus** (1955).

★ ★

◄ Asamkirche

Vom Marienplatz zum Isartor und zum Karlsplatz

Tal

Vom Marienplatz führt das »Tal«, die alte Herbergsstraße, zum Isartor. Das **Weisse Brauhaus** (Tal 7) zählt zu den guten traditionellen Gasthäusern Münchens. Das **Isartor** (14./15. Jh., mehrfach verändert) ist das einzige Stadttor, das fast ganz erhalten blieb. 1835 bekam es das Monumentalgemälde von B. Neher mit dem legendären »Einzug Kaiser Ludwigs des Bayern nach der Ampfinger Schlacht 1322«. Der Südturm beherbergt das **Valentin-Musäum**, das an den skurrilen »Linksdenker« Karl Valentin erinnert (► Berühmte Persönlichkeiten). Geöffnet Mo., Di., Sa. 11.01 – 17.29, Fr. 11.01 – 19.59, So. 10.01 – 17.29 Uhr. Im 3. Stock gemütliches Turmstüberl mit Einrichtung aus dem legendären »Café Größenwahn«.

Kaufinger/Neuhauser Straße

Der Straßenzug Kaufinger Straße / Neuhauser Straße, der den Marienplatz mit dem Karlsplatz (Stachus) verbindet, gilt als umsatzstärkste Einkaufsstraße Deutschlands. Die üblichen Kaufhäuser sowie

Klamotten-, Schuh-, Parfüm-, Souvenir- und Mediageschäfte haben die Traditionshäuser inzwischen fast verdrängt. Einen besonderen Hinweis verdient der **Augustiner** (Neuhauser Straße 27), eine große, gute Brauereigaststätte, für das prächtige Interieur aus der Prinzregentenzeit (1897) mit Muschelsaal und Glaskuppel; der Hinterhof wird sommers zum Biergarten.

✶ **Frauenkirche**

Nördlich nahe der Kaufinger Straße steht die Frauenkirche (Dom zu Unserer Lieben Frau), seit 1821 Bischofskirche der Erzbistums München-Freising. Mit ihren mächtigen, von **»welschen Hauben«** gekrönten Türmen (der nördliche 98,57 m hoch, der südliche 12 cm niedriger) ist sie das architektonische Wahrzeichen Münchens. Bürgerliches Selbstbewusstsein demonstriert der dreischiffige spätgotische Backsteinbau, mit 109 m Länge die größte Hallenkirche Süddeutschlands. Sie wurde 1468 – 1488 von Jörg von Halspach (genannt Ganghofer) errichtet und nach schweren Schäden im 2. Weltkrieg bis in die 1980er-Jahre hinein rekonstruiert. Alle fünf Portale wurden um 1770 von dem großen Bildhauer Ignaz Günther geschnitzt. Das von engstehenden Pfeilern eingefasste Mittelschiff des schlichten Kirchenraums wirkt mit 31 m Höhe überaus schmal und tief, aufgrund der großen Fenster jedoch hell. In der Vorhalle ist im Boden ein »Fußtritt« eingelassen, von dem aus keine Fenster außer dem im Chor zusehen sind. Die Seitenkapellen sind mit **schönen Skulpturen, Gemälden und Fenstern** des 14.–16. Jh.s ausgestattet. Gleich beim Südeingang steht das prunkvolle Hochgrab für Kaiser Ludwig den Bayern aus schwarzem Marmor (Hans Krumper, 1619 – 1622). Das frei im Chor stehende Gestühl ist an den Außer- und Innenwänden mit geschnitzten Figuren von Erasmus Grasser geschmückt (um 1500). An der Rückseite des Chorgestühls hängen die Bildtafeln des **Memminger Altars** von Hans Strigel (um 1500). In der **Krypta** sind Mitglieder des Hauses Wittelsbach sowie mehrere Erzbischöfe beigesetzt. Vom Südturm genießt man den Blick auf die Stadt (zugänglich April bis Okt. Mo. – Sa. 10.00 – 17.00 Uhr).

Deutsches Jagd- und Fischereimuseum

Weiter westlich an der Neuhauser Straße beherbergt die ehemalige Augustinerkirche (14. Jh., 1803 profaniert) das Deutsche Jagd- und Fischereimuseum (geöffnet tägl. 9.30 – 17.00, Do. bis 20.00 Uhr). Etwa 500 präparierte Wildtiere sind dort in Dioramen zu sehen. Über die Geschichte der Jagd unterrichten Waffen und Gemälde. In der Fischereiabteilung sind die meisten heimischen Süßwasser-Fischarten als Präparate kennenzulernen.

✶ **Michaelskirche**

Einige Schritte weiter steht man vor der Michaelskirche, dem ersten großen Kirchenbau Süddeutschlands nach dem Mittelalter, 1583 bis 1597 im Auftrag Herzog Wilhelms V. des Frommen als Zentrum der katholischen Gegenreformation errichtet. Mit ihren Figuren präsentiert die eindrucksvolle Fassade deren Programm: **Erzengel Michael** im Kampf gegen das Böse, ein hervorragendes Werk von Hubert

Gerhard (1588); für die Christianisierung Bayerns wichtige Herzöge und Könige. Machtvoll wirkt der einschiffige Kirchenraum mit seinem 20 m weiten Tonnengewölbe (rekonstruiert). In der Gruft unter dem Chor sind 41 Mitglieder des Hauses Wittelsbach bestattet, darunter Kurfürst Maximilian I. und König Ludwig II. Westlich schließt sich an die Michaelskirche die **Alte Akademie** an, erbaut 1585 – 1597 von F. Sustris als Jesuitenkolleg, später war es u. a. Malerakademie. Der große Brunnen davor (1962) ehrt mit Szenen aus der Oper »Salome« den aus München gebürtigen Komponisten Richard Strauss.

Bürgersaal

Unweit westlich liegt die Bürgersaalkirche, ein barockes Kleinod, erbaut 1709/1710 vom Hofarchitekten G. A Viscardi für die Marianische Männerkongregation (1944 zerstört, bis 1959 rekonstruiert). Die wertvollsten Stücke der Ausstattung sind der Hochaltar mit dem Holzrelief »Mariä Verkündigung« von A. Faistenberger (1711) und die wunderbare **Schutzengel-Gruppe** von Ignaz Günther (1773) an der Rückwand. In der Unterkirche ist der 1987 seliggesprochene Jesuitenpater **Rupert Mayer** (1876 – 1945) bestattet, der als Gegner der Nationalsozialisten mehrfach verhaftet wurde.

Karlsplatz

Durch das Karlstor tritt man auf den Karlsplatz, der im Volksmund **Stachus** heißt (Einkaufs-Untergeschoß, S- und U-Bahn-Station). Möglicherweise rührt der Name von Eustachius Föderl, der hier im 18. Jh. eine Wirtschaft betrieb. Das dreibogige Tor, früher Neuhauser Tor, gehörte zum zweiten Mauerring, der von 1319 bis 1791 bestand. Die Nordwestseite des Platzes wird vom monumentalen **Justizpalast**

Am Chinesischen Turm im Englischen Garten geht's immer hoch her.

In der Maximilianstraße findet man alles, was (gut und) teuer ist.

(F. von Thiersch, 1898) beherrscht; hinter ihm steht der neogotische Neue Justizpalast, ein markanter Backsteinbau mit Treppengiebeln (ebenfalls von Thiersch, 1908). Nördlich werden die Justizgebäude vom **Alten Botanischen Garten** flankiert, mit großem Neptunbrunnen und einem netten Biergarten am Parkcafé.

Maximilianstraße

Die Prachtmeile der Maximilianstraße verläuft vom Max-Joseph-Platz östlich zur Isar; ihren krönenden Abschluss bildet jenseits des Flusses das Maximilianeum (► S. 273). Im Gegensatz zur strengen Architektur der Ludwigstraße seines Vaters suchte Maximilian II. »seinen« Boulevard locker zu gestalten, öffentliche Bauten, Geschäfte, Hotels, Restaurants und Grünanlagen sollten sich abwechseln. Das Konzept, später **Maximilianstil** genannt (und nicht allgemein geschätzt), lieferte Friedrich Bürklein 1851 – 1853, der sich v. a. an Gotik und Renaissance orientierte. Die Lücke, die nach 1944 zwischen Opernhaus und dem Hotel Vier Jahreszeiten gähnte, ist seit 2003 mit dem Block der Maximilianhöfe geschlossen: Hinter eine rekonstruierte Bürklein-Fassade wurden riesige Glaskästen mit Büros und Läden geklemmt – hier treffen sich Potemkinsche Dörfer mit De Chiricos absurder Architektur. In Haus Nr. 14 hatte der unvergessliche Rudolph Moshammer, der 2005 ermordet wurde, seinen Herrenmodeladen (jetzt Blancpain). Wenige Meter weiter östlich liegen die **Kammerspiele**, einer der wenigen erhaltenen Theaterbauten aus dem Jugendstil in Deutschland; ihr Sprechtheater-Programm reicht von der Klassik bis zur Gegenwart.

Jenseits des Altstadtrings erstreckt sich nördlich der Maximilianstraße der über 170 m lange Komplex der **Regierung von Oberbayern** in prächtiger Neorenaissance (1864). Gegenüber der neogotische Bau (1863) des seit 1926 hier untergebrachten Staatlichen Museums für Völkerkunde, das mit seinen künstlerischen und kunsthandwerklichen Exponaten aus aller Welt zu den bedeutendsten in Europa gehört. Schwerpunkte sind die Kulturen Ostasiens, West- und Zentralafrikas sowie Südamerikas. Geöffnet Di. – So. 9.30 – 17.15 Uhr.

★ ★ ◄ Völkerkunde-museum

Maxmonument

Wenige Schritte weiter ehrt ein Denkmal König Maximilian II., der 1848 – 1864 regierte. Die Figuren am Sockel symbolisieren die Tugenden der Staatskunst. Vier Kindergestalten halten die Wappen der bayerischen Stämme: Bayern, Schwaben, Franken und Rheinpfalz.

Lehel

Beiderseits der äußeren Maximilianstraße, zwischen Isartor und Englischem Garten, erstreckt sich westlich der Isar das Lehel, ein schönes Wohnquartier mit Häusern aus Biedermeier, Historismus und Jugendstil. Nördlich der Regierung von Oberbayern ist ein Juwel zu finden: die kleine Klosterkirche St. Anna im Lehel, die bis 1730 von J. M. Fischer erbaute **erste Rokoko-Kirche Altbayerns** und eine der schönsten; die Ausstattung stammt von den Brüdern Asam und J. B. Straub. Gegenüber die mächtige **Pfarrkirche St. Anna** im Stil der rheinischen Romanik (Gabriel von Seidl 1892). Eine kleine Idylle ist der St.-Anna-Platz; im v. a. von jungen Leuten frequentierten Café La Stanza gibt's den besten Espresso der Stadt.

★ ◄ St. Anna im Lehel

Maximilianeum

Auf der Höhe am rechten Isarufer dominiert das Maximilianeum (F. Bürklein, 1857 – 1874), ursprünglich Ausbildungsstätte für begabte Landeskinder und seit 1949 Sitz des **Bayerischen Landtags**. Wer eine Sitzung des Landtags besuchen will, meldet sich an der Pforte an (Personaldokument erforderlich); die historischen Räume sind nur am Tag der offenen Tür zugänglich (www.bayern.landtag.de).
Östlich hinter dem Maximilianeum liegen der **Max-Weber-Platz**, Ausgangspunkt der Tram 25 nach Grünwald (► S. 288), und der Wiener Platz, ein besonders hübscher Punkt mit Marktbuden, alten »Herbergen« (Kleinbürgerhäusern) und dem berühmten **Hofbräukeller** – große, gute Wirtschaft und schöner Biergarten.

Prinzregentenstraße · Englischer Garten

Haus der Kunst

Den Beginn der Prinzregentenstraße nordöstlich des Hofgartens markiert das Haus der Kunst, das Hitler 1933 als »Haus der Deutschen Kunst« bei dem Architekten P. L. Troost in Auftrag gab. Heute finden hier die unterschiedlichsten Kunstausstellungen statt (geöffnet tägl. ab 10.00 Uhr, Do. bis 22.00, sonst bis 20.00 Uhr). Im Untergeschoß ist das P1 ansässig, Münchens bekannteste Schicki-Micki-Disco. Und von der Brücke über den Eisbach (östlich) kann man den Surfern zuschauen, die auf der stehenden Welle herumturnen.

★★ Bayerisches Nationalmuseum

Wer sich für süddeutsche Kultur und Geschichte interessiert, muss sich einen Tag für das einige Schritte entfernte Bayerische Nationalmuseum reservieren, ein überwältigendes Schatzhaus für Kunst, Kunsthandwerk und Volkskunst von der Romanik bis zum Jugendstil. Besondere Highlights sind die Seeoner Madonna, Skulpturen von Tilman Riemenschneider und Erasmus Grasser, Altarbilder von Jan Polack und Rokoko-Skulturen von J. B. Straub, I. Günther und R. A. Boos. Weltberühmt ist die Krippensammlung mit Exponaten (17.–19. Jh.) aus Bayern, Tirol, Neapel und Sizilien. Der riesige Museumskomplex (1894 – 1900) darf als Hauptwerk von Gabriel von Seidl gelten, der hier fast die ganze Architekturgeschichte zitiert. Geöffnet Di. – So. 10. – 17.00, Do. bis 20.00 Uhr.

★ Archäologische Staatssammlung

Im modernen Landesmuseum für Vor- und Frühgeschichte Bayerns (nördlich hinter dem Nationalmuseum, Lerchenfeldstr. 2) sind eindrucksvolle Zeugnisse von der Altsteinzeit bis zum frühen Mittelalter zu sehen, darunter Funde vom Speckberg bei Eichstätt, aus dem keltischen Oppidum von Manching und aus dem Fürstengrab von Wittislingen. Geöffnet Di. – So. 9.00 – 16.30 Uhr.

★ Schackgalerie

Nicht versäumen sollte man die zauberhaften Bilder aus der Romantik in der Schackgalerie (Prinzregentenstr. 9). Adolf Friedrich Graf von Schack (1815 – 1894) förderte viele Maler durch Ankäufe bzw. Aufträge, darunter Moritz von Schwind, Carl Spitzweg, Franz von Lenbach und Arnold Böcklin. Geöffnet Mi. – So. 10.00 – 17.00 Uhr.

Friedensengel

Hoch über der Isar, jenseits der Luitpoldbrücke, glänzt über einer eindrucksvollen Treppenanlage der vergoldete Friedensengel – sein Vorbild ist die berühmte antike Nike des Paionios –, der 1897 zur Feier des Siegs im Deutsch-Französischen Krieg 1871 errichtet wurde. Fortsetzung der Prinzregentenstraße ►Bogenhausen, S. 281.

★★ Englischer Garten

München wäre halb so schön ohne den Englischen Garten, der sich links der Isar von der Prinzregentenstraße etwa 5 km in nördlicher Richtung erstreckt: ein zwischen 1789 und 1832 geschaffenes, 350 ha großes Paradies mit prachtvollen Baumgruppen, Wiesen, Bächen und Teichen. Markante Punkte sind der **Monopteros** (L. v. Klenze, 1838) und der **Chinesische Turm**, errichtet 1790 als Aussichts- und Musikpagode (1951 rekonstruiert), mit großem Biergarten und einem guten Restaurant. Auch am Kleinhesseloher See kann man im Biergarten und auf der Restaurantterrasse schön sitzen. Ganz im Norden des Englischen Gartens ist der »Aumeister«-Biergarten das lohnende Ziel einer kleinen Radtour – oder Zwischenstopp, denn jenseits des Föhringer Rings (Autobahnzubringer) setzt sich der Englische Garten in der Hirschau und den Isarauen fort; hier hat man auch in der »heißesten« Zeit unendlich viel Platz. Und wer will, kann der Isar folgend über Garching bis nach ►Freising radeln (Isar-Radweg Nord, vom Aumeister ca. 25 km).

Beliebter Treff am Monopteros im Englischen Garten

Vom Odeonsplatz zu den Pinakotheken

Brienner Straße

Die Brienner Straße wurde ab 1811 auf dem »Fürstenweg« von der Residenz nach Schloss Nymphenburg angelegt. Leider ist durch die Schäden im 2. Weltkrieg, die Neubebauung und die Anlage des Altstadtrings das usprüngliche Bild teilweise verloren gegangen; auch vom **Café Luitpold** von 1888, einst eines der prunkvollsten Kaffee- und Ballhäuser der Welt, ist nichts übrig; immerhin gibt es wieder einen glasüberkuppelten Palmengarten. Rechts öffnet sich der **Wittelsbacher Platz** mit dem Denkmal des Kurfürsten Maximilian I. (Bertel Thorvaldsen, um 1835). Das Alfons-Palais am Nordrand, Leo von Klenzes Wohnstatt (1825), beherbergt die Zentrale des Siemens-Konzerns. Der Obelisk auf dem **Karolinenplatz** (1832) ehrt die 1812 im Russlandfeldzug Napoleons umgekommenen bayerischen Soldaten.

*** Königsplatz**

Bayerns griechische Exkursion und Münchens angestrebte Rolle als **Isar-Athen** illustriert der Königsplatz, der im 19. Jh. unter König Ludwig I. nach Entwürfen Leo von Klenzes angelegt wurde. Mit den Monumentalbauten sollte er als »Forum der Künste« den Gegenpol zum »Forum der Wissenschaften« an der Ludwigstraße (► S. 278) bilden. 1933 – 1935 wurde der Platz zur nationalsozialistischen **Akropolis Germaniae** umgestaltet; erhalten geblieben sind am Ostrand des Platzes der Führerbau, in dem 1938 das Münchner Abkommen unterzeichnet wurde (heute Musikhochschule), und südlich von ihm die Verwaltung der NSDAP (Sitz der Staatlichen Graphischen Sammlung). Eine Tafel bei der Musikhochschule informiert über die Situation damals und heute. Nebenan, wo früher das Braune Haus stand, wird ab 2010 ein **NS-Dokumetationszentrum** errichtet.

Antike Größe zeigen die Prpyläen auf dem Königsplatz.

Propyläen Im Westen beherrscht den Königsplatz ein Prachttor, das von Klenze nach dem Vorbild der Propyläen der **Athener Akropolis** gestaltete. Die Giebelplastiken am Mittelbau verherrlichen den griechischen Freiheitskampf gegen die Türken (1821 – 1829) unter König Otto I., dem Sohn des bayerischen Königs Ludwig I.

✶ Glyptothek Die Nordseite des Königsplatzes nimmt die 1816 – 1830 von Klenze erbaute Glyptothek ein. Der Tempel beherbergt eine der **bedeutendsten Skulpturensammlungen Europas**, die im Auftrag von Ludwig I. zusammengetragen wurde, u. a. der Barberinische Faun und der berühmte Knabe mit der Gans. Geöffnet ist die Glyptothek Di. – So. 10.00 – 17.00 Uhr, Do. bis 20.00 Uhr; ein schöner Ort der Innenhof (mit Café), in dem Theateraufführungen stattfinden.

✶ Staatliche Antikensammlungen Im monumentalen Tempel (G. F. Ziebland, 1838 – 1848) gegenüber der Glyptothek ist eine der weltweit bedeutendsten Sammlungen **griechischer, etruskischer und römischer Kleinkunst** – Vasen, Bronzen, Terrakotten, Glas, Schmuck – vom 3. Jt. v. Chr. bis ca. 400 n. Chr. zu bewundern (geöffnet Di. – So. 10.00 – 17.00, Mi. bis 20.00 Uhr). Die Mitte des Giebelfelds ziert die Patrona Bavariae, die als Patronin der Künste dargestellt ist.

✶✶ Lenbachhaus Nordwestlich der Propyläen steht das Lenbachhaus, einst Wohnsitz und Atelier des »Malerfürsten« Franz von Lenbach (1836 – 1904). Die toskanische Villa, erbaut 1891 von G. v. Seidl, beherbergt die Städtische Galerie mit hochkarätiger Malerei des 19. und 20. Jahrhunderts. Der berühmteste Teil der Sammlung sind die Bilder der Künstlergruppe **Blauer Reiter**. Neben Gemälden des frühen 20. Jh.s

wegen Sanierung bis 2012 geschlossen ►

von Kandinsky, Klee, Macke, Marc, Münter und Jawlensky sind bedeutende Münchner des 19. Jh.s wie Spitzweg, Leibl, Defregger und Corinth vertreten. Mit zeitgenössischer Kunst, darunter Beuys, Warhol und Kiefer, setzt die Galerie ihre Sammeltätigkeit fort. In der U-Bahn-Station liegt der »Kunstbau« der Galerie, der für Sonderausstellungen genützt wird. Der idyllische Gartenhof ist im Sommer ein hübscher Platz zum Kaffeetrinken.

★★ Alte Pinakothek

Nordöstlich des Königsplatzes konzentriert sich im **Kunstareal München** bildende Kunst von Weltrang: in der Alten und der Neuen Pinakothek, in der Pinakothek der Moderne und (voraussichtlich ab 2008) im Museum Brandhorst. Die 1826 – 1836 nach Plänen von Leo von Klenze im Stil eines venezianischen Palastes errichtete Alte Pinakothek (bis 1957 wieder aufgebaut) präsentiert etwa 700 Meisterwerke aus allen Schulen der europäischen Malerei vom Mittelalter bis zum Ende des 18. Jh.s. Neben altdeutscher (u. a. Dürer, Altdorfer, Grien) und niederländischer Malerei (van der Weyden, Memling) sind flämische Meister (allein 46 Werke von Rubens), holländische (Rembrandt, Hals), französische, italienische (Botticelli, Leonardo da Vinci, Tizian) und spanische Malerei vertreten. Geöffnet Di. 10.00 bis 20.00, Mi. – So. 10.00 – 18.00 Uhr. In stilvollem Ambiente kann man im Café Klenze den Afternoon Tea nehmen.

★★ Neue Pinakothek

Den Bau der Neuen Pinakothek schuf A. von Branca 1975 – 1981. Ihre Sammlungen umfassen Gemälde und Plastiken vom späten 18. Jh. bis Anfang des 20. Jh.s, mithin vom Klassizismus bis zum Jugendstil. Vertreten sind u. a. C. D. Friedrich, Feuerbach, Böcklin und Füssli, die Nazarener, Spitzweg und Menzel; große Anziehungskraft haben berühmte Impressionisten und Wegbereiter der Moderne wie Cézanne, Degas, Gauguin, Manet und Monet, van Gogh, Segantini und Munch. Geöffnet Mi. 10.00 – 20.00, Do. – Mo. 10.00 – 18.00 Uhr.

★★ Pinakothek der Moderne

Im Jahr 2002 wurde das mit 12 000 m² Ausstellungsfläche größte deutsche Museum für moderne Kunst eröffnet. Trotz seiner ästhetischen Dürftigkeit und der horrenden Kosten – über 120 Mio. € wurden hier verbaut – wird es weithin als Meisterwerk gefeiert (Architekt: S. von Braunfels). Immerhin beherbergt es bildende Kunst von Weltgeltung, und zwar in der Staatsgalerie moderner Kunst und der Staatlichen Graphischen Sammlung, im Architekturmuseum der TU München und der Neuen Sammlung (Design). Die interessantesten Werke gehören der **Klassischen Moderne** an, v. a. deutscher Expressionismus (Beckmann, Kirchner, Nolde, Müller, Schmitt-Rottluff) und Picasso, darüber hinaus Kubisten wie Braque, Surrealisten wie Magritte. Geöffnet Mi. 10.00 – 20.00, Do. – Mo. 10.00 – 18.00 Uhr.

★ Museum Brandhorst

An der Türkenstraße steht das von Matthias Sauerbruch und Louisa Hutton konzipierte Gebäude des Museums Brandhorst, dessen Fassade 36 000 bunte Keramikstäbe zieren. Grundstock der Kollektion

sind Arbeiten von Cy Twombly. Darüber hinaus umfasst die Sammlung über 700 Werke des 20. Jh.s, darunter auch Arbeiten von Andy Warhol, Sigmar Polke und Gerhard Richter. Geöffnet Di.–So. 10.00 18.00, Do. bis 20.00 Uhr).

Weitere Museen im Kunstareal

Auch wem der Sinn nach anderer Schönheit steht, findet im Kunstviertel zwei sehr interessante Museen. Gleich nördlich der Pinakothek der Moderne sind im **Reich der Kristalle**, der Mineralogischen Staatssammlung, Mineralien, Erze und Edelsteine zu bewundern (geöffnet Di.–Fr. 13.00–17.00, Sa., So. 10.00–17.00 Uhr). In der Nähe des Lenbachhauses lockt das **Paläontologische Museum** mit eindrucksvollen Fossilien wie dem Archaeopteryx aus Solnhofen, dem Riesenelefanten aus Mühldorf und einem Dreihorn-Dinosaurier aus Wyoming (Richard-Wagner-Str. 10, geöffnet Mo.–Do. 8.00–16.00, Fr. 8.00–14.00, 1. So. im Monat 10.00–16.00 Uhr).

Vom Odeonsplatz nach Schwabing

Ludwigstraße

Die Ludwigstraße, die vom Odeonsplatz einen Kilometer weit nach Norden führt, ließ König Ludwig I. durch Leo von Klenze anlegen. Den Südteil prägen klassizistische Bauten; der Nachfolger von Klenzes als Hofarchitekt, Friedrich von Gärtner, wählte für den Nordteil, der sich teils durch die Ziegelbauweise abhebt, romanisierende Formen. Offiziell zum **Odeonsplatz** gehören die Bauten am Beginn der Ludwigstraße: links – hinter dem Reiterdenkmal für Ludwigs I. – das Innenministerium am Platz des 1944 zerstörten Odeons (L. von

»Große« Kunst in der Alten Pinakothek

Klenze, 1828; der Innenhof umreißt den damaligen Konzertsaal) und das Finanzministerium (Leuchtenberg-Palais; von Klenze, 1821). Am Ort der Landeszentralbank stand der Herzog-Max-Palast, Geburtshaus der späteren österreichischen Kaiserin Elisabeth (»Sisi«). Rechts folgen das Hauptstaatsarchiv und, signalisiert von den »Vier Heiligen Drei Königen« Homer, Thukydides, Aristoteles, Hippokrates, die 155 m lange Front der **Staatsbibliothek**. Die Universitätskirche **St. Ludwig** (F. v. Gärtner, 1844) mit »italienischer« Doppelturmfassade gilt als bedeutendster Sakralbau der deutschen Romantik und besitzt eines der größten Fresken der Welt (P. v. Cornelius, »Jüngstes Gericht«, 1840). Vor dem Siegestor weitet sich die Ludwigstraße zu dem von F. v. Gärtner konzipierten Platz mit dem Hauptgebäude der **Ludwig-Maximilians-Universität** (westlich) und dem Georgianum, dem 1494 gegründeten katholischen Priesterseminar – das zweitälteste der Welt –, sowie dem Max-Joseph-Stift (Juristisches Seminar) im Osten. Das dreibogige **Siegestor**, bis 1852 nach dem Vorbild des römischen Konstantinsbogens geschaffen und bekrönt von einer Bavaria mit Löwen-Quadriga, ehrt die bayerischen Soldaten der Befreiungskriege 1813 – 1815.

! *Baedeker* TIPP

Universität

Im Lichthof der Universität erinnert die »DenkStätte« an den Widerstand der Weißen Rose. Im Georgianum ist sakrale Kunst von der Romanik bis ins 19. Jh. zu bewundern (Anmeldung Tel. 0 89 / 28 62 01).

Leopoldstraße

Jenseits des Siegestors setzt sich der Boulevard unter dem Namen Leopoldstraße als Hauptverkehrsader und Flaniermeile von Schwabing bis zur Münchner Freiheit fort. Die Terrassen der Cafés, Bars und Restaurants sind an schönen Sommerabenden gesteckt voll. Vor dem Gebäude der Münchner Rückversicherung der »Walking Man« (J. Borofsky, 1995). Wenig gelungen ist der Platz »Münchner Freiheit« mit Busbahnhof und abgesenkter Ladenpassage. Einen Blick wert ist jedoch nördlich des Platzes die **Erlöserkirche** mit ihrem ungewöhnlichen Jugendstil-Inneren (1901).

Schwabing

Schwabing wurde schon 782, lange vor der Gründung Münchens, als »Swapinga« erstmals erwähnt. 1891 – nach dem Bau der Ludwigstraße – wurde es nach München eingemeindet. Abgesehen von einigen unschönen Ecken ist Schwabing ein begehrtes Wohnviertel mit sorgfältig renovierten Häusern aus Gründerzeit und Jugendstil. Seinen Ruf als Bohèmeviertel erhielt es, als sich Ende des 19. Jh.s Maler, Schriftsteller (u. a. Ringelnatz, Wedekind, Thomas Mann), Maler, Musiker und Schauspieler niederließen. Von der einstigen Atmosphäre der »Schlawiner«, wie Münchner Bürger sie nannten, ist nicht mehr viel übrig, was sich besonders am Wedekind-Platz östlich der Münchner Freiheit feststellen lässt. Im **Lustspielhaus** (Occamstraße) und in der **Lach- und Schießgesellschaft** (Ursulastraße) kann man immerhin hochkarätiges Kabarett erleben.

Südöstliches Stadtgebiet

★★ Deutsches Museum

Auf einer Isarinsel liegt einer der ganz großen Besuchermagneten Münchens: das Deutsche Museum, eines der **bedeutendsten Technikmuseen** der Welt (geöffnet tägl. 9.00 – 17.00 Uhr, an vielen Feiertagen geschlossen; www.deutsches-museum.de). Die Errungenschaften der Natur- und Ingenieurswissenschaften werden hier auf anschauliche Weise demonstriert. Da allein die Dauerexponate ca. 55 000 m² umfassen, empfiehlt sich eine Auswahl anhand des Museumsführers. Zu den Hauptattraktionen gehören das Bergwerk im Untergeschoss, die Luft- und Schifffahrtshallen und die Hochspannungsanlage mit Faradayschem Käfig (Vorführungen 11.00, 14.00, 16.00 Uhr). Als Bildungseinrichtung bietet das Deutsche Museum auch ein großes Programm an Führungen und Vorträgen, in der Musikinstrumentensammlung finden Konzerte statt.

Forum am Deutschen Museum

Der Kongressbau des Museums an der Ludwigsbrücke ist ein Publikumsmagnet besonderer Art. Das Digitalkino mit 200 m² großer Riesenleinwand für **3D-Aufführungen** gilt als Superlativ neuzeitlichen Infotainments. Tolle Filme werden auch in drei weiteren kleineren Kinos des Hauses gezeigt.

★ Müllersches Volksbad

Der große Bau jenseits der Ludwigsbrücke mit dem ungewöhnlichen Turm ist das Müllersche Volksbad, mit seiner Jugendstil-Neobarock-Architektur eines der **schönsten Hallenbäder Deutschlands** (1901 eröffnet). Zwei Becken (das kleinere, ehemals Frauen vorbehalten, mit 30 °C), ein römisch-irisches Schwitzbad und ein hübsches Café gehören dazu. Ein Wannenbad – es gab 86 davon! – ist zu besichtigen. Hinter dem Volksbad liegt einer der Fixpunkte der Münchner Musik-, Kunst- und Party-Szene, die **Muffathalle**, einst das erste Dampfkraftwerk der Stadt mit hohem Schornstein (unter Denkmalschutz).

★ Gasteig

Oberhalb des Volksbads ragt eine mächtige Backstein-Burg auf, das 1985 eröffnete **Kulturzentrum** Gasteig (der Name kommt von »gacher Steig«, d. h. »steiler Pfad«). Das Gebäude, das manchen als ästhetisch missraten gilt, beherbergt die Münchner Philharmonie, das Richard-Strauss-Konservatorium, die Volkshochschule und die zentrale Stadtbibliothek. Größter Saal des Gasteigs ist die Philharmonie mit 2500 Plätzen; wegen der nicht optimalen Akustik sollte man sich gegebenenfalls einen der vorderen Plätze leisten. Östlich schließt sich an den Gasteig die Verwaltung der GEMA an; hier stand der **Bürgerbräukeller**, in dem Georg Elser 1939 seinen Anschlag auf Hitler vorbereitete und leider erfolglos durchführte (►S. 45).

Spazierwege an der Isar

Zwar wendet sich das Stadtzentrum eigenwillig von der Isar ab, doch möchten die Münchner ihren Fluss nicht missen, kann man hier doch schön spazierengehen, radeln und faulenzen. Zunächst in nördlicher Richtung: Von der Ludwigsbrücke zum Vater-Rhein-Brunnen

hinunter (1903 im damals deutschen Straßburg aufgestellt, seit 1932 hier) und über den Wehrsteg zur Praterinsel; dort können sich Bergfreunde im **Alpinen Museum** des DAV umsehen, links der Isar die markante evangelische Lukaskirche (1897). Dann über den eleganten Kabelsteg zum Ostufer in die in den 1850er-Jahren geschaffenen **Maximiliansanlagen**, durch die man zum Maximilianeum (► S. 273) und zum Friedensengel (►S. 274) gelangt; Ausdauernde gehen weiter bis zur Bogenhausener St.-Georgs-Kirche (►unten). Südwestlich des Deutschen Museums beginnen die Überschwemmungsflächen am Fluss, die sich bis Grünwald (►S. 288) hinziehen und zu den beliebten Freizeitarealen der Stadt zählen; im Sommer wird auf den Kiesbänken massenhaft gegrillt und gefestet. Hervorragend bewährt sich die Renaturierung der Isar, die dem Fluss wieder Leben gibt.

Bogenhausen

Bogenhausen, östlich des Englischen Gartens jenseits der Isar gelegen, ist bekannt als Villenviertel; Ende des 19. Jh.s/Anfang des 20. Jh.s haben sich dort wohlhabende Bürger prächtige Domizile geschaffen, die bevorzugt von Botschaften und Konsulaten, Unternehmensberatern und Rechtsanwälten genützt werden. Gründerzeit- und Jugendstil-Fassaden lassen noch heute nobles Flair aufkommen.

Prinzregentenstraße

An der Prinzregentenstraße östlich des Friedensengels (►S. 274) liegen einige interessante Punkte. Der »Malerfürst« **Franz von Stuck** (1863–1928) ließ sich zwischen 1897 und 1914 eine seinem Selbstbewusstsein adäquate Villa mit Atelier erstellen; hier sind auch einige seiner schwülstigen Werke zu sehen (Haus Nr. 60, geöffnet Mi.–So. 11.00–18.00 Uhr). In Nr. 73 ist der international berühmte Luxus-Lebensmittelhändler **Käfer** ansässig, das Ladengeschäft ist ebenso edel wie die Käfer-Schänke. Sehr beliebt ist das **»Prinze«** (Prinzregentenbad), ein Freibad mitten in der Stadt, im Winter fährt man hier Schlittschuh. Als Richard-Wagner-Festspielhaus gedacht war das **Prinzregententheater**, ein prächtiger neoklassizistischer Bau, errichtet 1900/1901 von Max Littmann. München- und Literaturfreunde besuchen unbedingt das **Hildebrand-Haus** (Maria-Theresia-Str. 23), einst Wohn- und Arbeitsstätte des Bildhauers Adolf von Hildebrand (1847–1921); es beherbergt die **Monacensia-Bibliothek** mit den Nachlässen berühmter Schriftsteller, die in München ansässig waren.

St. Georg

Einen Hauch dörflicher Atmosphäre spürt man noch im Norden Bogenhausens: Die Rokoko-Kirche St. Georg entstand 1766–1768 nach Plänen von J. M. Fischer; der Hochaltar mit Figuren des hl. Georg, des hl. Donatus und der hl. Irene stammt von J. B. Straub, den südlichen Seitenaltar und die Kanzel schuf Ignaz Günther. Auf dem **Friedhof** sind Berühmtheiten bestattet, so Liesl Karlstadt, Erich Kästner, Annette Kolb, Walter Sedlmayr, R. M. Fassbinder und Oskar Maria Graf. Mit Tram 17 zurück zum Max-Weber-Platz.

Westliches Stadtgebiet

Theresienhöhe und Theresienwiese

Zu den bekanntesten Wahrzeichen Münchens gehört der »Tempelbezirk der Romantik« auf der Theresienhöhe mit der Bavaria und der Ruhmeshalle. Darunter breitet sich die Theresienwiese aus, auf der das weltberühmte **Oktoberfest** stattfindet.

Bavaria und Ruhmeshalle

Die 18,5 m hohe germanische Frauengestalt am Hang der Theresienhöhe wurde von Ludwig Schwanthaler modelliert und um 1850 von F. von Miller in Bronze gegossen. Vom Kopf der Statue sieht man über die Stadt (Zugang April – 15. Okt. 9.00 – 18.00, während des Oktoberfestes bis 20.00 Uhr). Umgeben wird die Bavaria von der Ruhmeshalle, einer Säulenhalle aus Marmor (L. von Klenze, 1853). Hier sind Büsten von 77 bayerischen Persönlichkeiten zu sehen, die ebenfalls Ludwig Schwanthaler schuf.

✶ Oktoberfest

Auf der Theresienwiese wurde am 17. Oktober 1810 anlässlich der Vermählung von Kronprinz Ludwig von Bayern (später König Ludwig I.) und Therese von Sachsen-Hildburghausen ein Pferderennen abgehalten. Aus dieser Volksbelustigung ging das Oktoberfest hervor, das sich zum **größten Volksfest der Welt** entwickelte und bündig als »Wiesn« bezeichnet wird. Mit seinen Bierzelten, die insgesamt etwa 100 000 (!) Besucher fassen, den Jahrmarktsattraktionen, Achterbahnen und Super-Loopings zieht es etwa 6 Mio. Besucher an – zu einem nicht unbeträchtlichen Teil Kampftrinker aus englischsprachigen Ländern und Italien. Damit die »Party-Atmosphäre«, um es neutral auszudrücken, nicht ganz entgleist, darf die Musik in den Zelten bis 18 Uhr nur ohne Verstärker spielen. An Wochenenden kann der Zugang zu bestimmten Zelten schon um 10 Uhr morgens wegen Überfüllung verwehrt werden. Nicht entgehen lassen sollte man sich den Trachten- und Schützenzug durch die Stadt am ersten Wiesn-Sonntag (ab 10.00 Uhr), das Konzert der Blaskapellen am zweiten Sonntag um 11.00 Uhr vor der Bavaria und das Böllerschießen am letzten Sonntag um 12.00 Uhr, ebenfalls vor der Bavaria.

! *Baedeker* TIPP

Echte Wiesn

Wer alte Jahrmarksattraktionen sucht, geht zum Schichtl (»Auf gehts beim Sch.!«) und ins Teufelsrad. Seit 1924 schaukelt man gemütlich in der »Krinoline« im Kreis, zur Blasmusik, die ältere Herren garantiert live und unplugged machen. Ihre CD »Biermusik!« (Indigo / Fischrecords) gehört zum schönsten des Genres.

Als Sommerresidenz nach italienischer Art entstanden: Schloss Nymphenburg

★★ **Verkehrszentrum**

In den alten Messehallen auf der Theresienhöhe ist das Verkehrszentrum des Deutschen Museums (►S. 280) zu Hause, eine einzigartige Sammlung alter und neuer Landverkehrsmittel (z. B. die bei Maffei gebaute Dampflok S 3/6). Dargestellt werden auch die Umweltaspekte und die gesellschaftspolitische Dimensionen des Verkehrswesens, die Erschließung der Erde und die Entwicklung der mobilen Gesellschaft; die Lust an der Bewegung und die Faszination für Technik und Geschwindigkeit kommen dabei nicht zu kurz. Geöffnet tgl. 9.00 – 17.00 Uhr, Do. bis 20.00 Uhr.

★★ **Schloss Nymphenburg**

Der Freude Kurfürst Ferdinand Marias über die Geburt des Thronfolgers verdankt München nicht nur die Theatinerkirche (►S. 262), sondern auch die riesige barocke Anlage von Schloss und Park Nymphenburg im Westen der Stadt. Das Schloss und seine Einrichtungen sind April – 15. Okt. tägl. 9.00 – 18.00 geöffnet, sonst 10.00 – 16.00 Uhr; Badenburg, Pagodenburg und Magdalenenklause sind von Mitte Okt. bis März geschlossen.

◄ Schlossgebäude

Die Sommerresidenz der bayerischen Herrscher bildet eine symmetrische Anlage von über 600 m Länge. Als Geschenk für seine Frau Henriette Adelaide von Savoyen ließ Ferdinand Maria 1664 – 1675 durch A. Barelli den einfachen Mittelpavillon errichten; bis 1704 ließ er durch E. Zuccalli und A. Viscardi die Galerien und Seitenpavillons anfügen, die Gebäude des Schlossrondells kamen ab 1730 hinzu. Die Räume sind mit Stuck und Fresken, Wandteppichen und erlesenen Möbeln reich ausgestattet. Prachtvoll ist der über drei Geschosse reichende **Steinerne Saal**, dessen Ausstattung J. B. Zimmermann,

dessen Sohn Franz und François Cuvilliés d. Ä. besorgten. Der Speisesaal im Südflügel beherbergt die **Schönheitengalerie** König Ludwigs I., 36 wunderbare Porträts, gemalt 1827 – 1850 von Joseph Stieler. Besonders zu beachten sind Lola Montez, die Tänzerin und Mätresse Ludwigs I., über die der König »stolperte«, und die »Schöne Münchnerin«, die Schusterstochter Helene Sedlmayer. Im Blauen Salon kam 1845 Ludwig II. zur Welt.

Südflügel ▶

Porzellanmuseum ▶

Porzellanmanufaktur ▶

Im Südflügel zeigt das **Marstallmuseum** Prunkwagen und -schlitten, Geschirre und Sattelzeug aus der Zeit, als Bayern noch von Kurfürsten und Königen regiert wurde; schier erschlagen wird man von der Pracht des Prunkwagens König Ludwigs II. Im Obergeschoß des Südflügels gibt das **Porzellanmuseum** Einblick in das Schaffen der 1747 gegründeten Staatlichen Porzellanmanufaktur Nymphenburg. Durch die Schöpfungen ihres genialen ersten Modellmeisters, Franz Anton Bustelli, gelangte sie zu hohem Ansehen. Die Manufaktur selbst befindet sich im nördlichen Schlossrondell; bis heute werden hier nach alten und modernen Entwürfen kostbare Stücke produziert (Verkauf Mo. – Fr. 10.00 – 17.00 Uhr).

Nymphenburg Orientierung

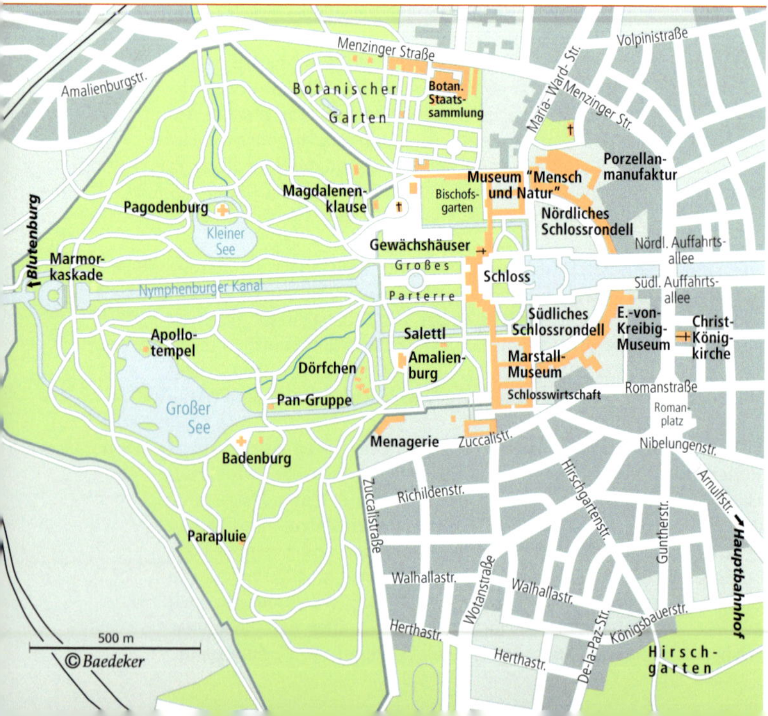

Im **Nordflügel** des Schlosses ist das Museum Mensch und Natur untergebracht, das besonders für ältere Kinder interessant ist. Mit moderner Museumstechnik werden die Entwicklungsgeschichte der Erde, die Entwicklung des Lebens, die Biologie des Menschen, der Aufbau bzw. die Funktion des Nervensystems und des Gehirns sowie Umweltfragen veranschaulicht. Geöffnet Di. – So. 9.00 – 17.00 Uhr.

◄ Museum Mensch und Natur

✶ ✶

◄ Schlosspark

Der herrliche, in Ost-West-Richtung ca. 1,5 km lange Park, 1671 als italienischer Garten angelegt, wurde im 19. Jh. von F. L. von Sckell in einen **Landschaftsgarten nach englischer Art** umgestaltet. Er ist Mai – Aug. 6.00 – 21.30 Uhr zugänglich, sonst gelten kürzere Öffnungszeiten. Seine Achse bildet der Nymphenburger Kanal. Das **Große Parterre** ist mit Götterfiguren und Vasen aus Sterzinger Marmor geschmückt, die bedeutende Künstler wie R. A. Boos. I. Günther und J. B. Straub entwarfen. Im Palmenhaus nördlich davon das hübsche gleichnamige Café (geöffnet April – Nov. 10.00 bis 18.00, sonst bis 17.00 Uhr). Verschiedene malerische Bauten zieren den Park: die Amalienburg, die Badenburg, die Pagodenburg, die Magdalenenklause. Bewunderung verdient die **Amalienburg**, ein von François Cuvilliés 1734 – 1739 erbautes, von J. B. Zimmermann und J. Dietrich ausgestattetes Rokoko-Schlösschen. Der runde Spiegelsaal ist mit seiner Silberdekoration auf blauem Grund mit Sinnbildern der Jagd einzigartig; im Jagdzimmer Jagd- und Tierbilder.

Recht schön ist der Spaziergang vom Schloss Nymphenburg zum Schloss Blutenburg (► unten), zunächst am Kanal entlang, dann jenseits der S-Bahn auf der Grünachse »Durchblick« (45 – 60 Min.).

✶

Neuer Botanischer Garten

Auch der neue Botanische Garten, 1909 – 1914 im Norden des Nymphenburger Parks angelegt, ist mit seinem Café ein beliebter Ort zum Entspannen und Ziel für Familienausflüge. Kultiviert werden 15 000 verschiedene Pflanzen, rund die Hälfte davon im Freiland. Im Alpinum wachsen Hochgebirgspflanzen aus aller Welt, es gibt eine Farnschlucht, einen Rhododendronhain und einen Rosengarten, Gewächshäuser (Kakteen, Orchideen, Palmen etc.) und ein Tropenhaus. Im Wasserpflanzenhaus flattern von Ende Dez. bis Ende März **exotische Schmetterlinge**. Geöffnet tägl. ab 9.00 Uhr, Mai bis Aug. bis 19.00, April, Sept. bis 18.00, Febr., März, Okt. bis 17.00, Nov.–Jan. bis 16.30 Uhr. Die Gewächshäuser werden eine halbe Stunde früher und auch mittags 11.45 – 13.00 Uhr geschlossen.

✶

Schloss Blutenburg

Am westlichen Stadtrand, am Autobahnende in Obermenzing, ist ein wunderbares Idyll zu finden: die Blutenburg, die Herzog Albrecht III. ab 1439 als Jagdschlösschen errichten ließ. Die feine **spätgotische Schlosskapelle** (1488) birgt kunsthistorische Kleinode: u. a. die »Blutenburger Madonna« eines unbekannten Meisters (neben dem Sakramentshäuschen) und Altarbilder von Jan Polack, dem bedeutendsten Münchner Maler um 1500. Hin und wieder finden hier Konzerte statt. Im Schloss ist die weltweit bedeutende **Internationale Jugendbibliothek** ansässig (www.ijb.de), die Kinder- und Jugend-

literatur mit ca. 500 000 Bänden in über 130 Sprachen besitzt, dazu »Lese-Museen« für Erich Kästner, Michael Ende und James Krüss.

★ **Pippinger Kircherl**

Wenige Gehminuten südlich des Schlosses Blutenburg steht an der Durchgangsstraße das Kirchlein St. Wolfgang, eine fast unverändert erhaltene spätgotische Kirche, die Herzog Sigismund 1478 – 1480 erbauen ließ. Die Wandmalereien im Altarraum und die Bemalung der Kanzel werden Jan Polack zugeschrieben (um 1479).

★★ Olympiapark

Etwa 5 km nordwestlich des Stadtzentrums dehnt sich der Olympiapark aus, der für die **XX. Olympischen Sommerspiele 1972** geschaffen wurde, und zwar auf dem Oberwiesenfeld, das einst als königlich-bayerischer Exerzierplatz diente. Heute ist der Olympiapark ein beliebtes Freizeitgelände (►Feste und Events, S. 260).

★ **Olympiaturm**

Wahrzeichen ist der 291 m hohe Olympiaturm mit zwei Körben, dem Postkorb mit Fernmeldeeinrichtungen und dem Aussichtskorb mit **Drehrestaurant** (gehobene Küche). Von den Plattformen in 190 m Höhe hat man einen grandiosen Blick; Fans der Rockmusik pilgern ins **Rockmuseum Munich** (www.rockmuseum.de) in 200 m Höhe. Zugänglich tägl. 9.00 – 23.30 Uhr (letzte Auffahrt).

★★ **Olympiastadion**

Das Olympiastadion, in dessen Oval 78 000 Zuschauer Platz finden, die Große und die Kleine Olympiahalle, die Olympiaschwimmhalle und das einzigartige **Zeltdach** wurden 1968 – 1972 nach Plänen der

Der Olympiapark mit seinem genialen Dach, vom Olympiaturm aus gesehen

Architektengemeinschaft Behnisch und Partner errichtet. Das spektakuläre, 74 800 m² große **Zeltdach** hat der Architekt Frei Otto entworfen: ein Stahlnetz, das an zwölf bis zu 81 m hohen Masten aufgehängt und mit transparenten Acrylglasplatten gedeckt ist. Entscheidende Impulse erhielten die Konstrukteure aus ihrer Beschäftigung mit der Oberflächenspannung von Seifenblasen.

Sea Life München

Beim Eissportzentrum lockt diese Publikumsattraktion mit diversen Aquarien, Haibecken sowie Unterwasser-Arcrylglastunnel. Geöffnet tgl. 10.00 – 19.00 Uhr (im Winter kürzer).

✶✶ BMW

Am Petuelring (Nordostecke des Olympiaparks) erstreckt sich das Werksgelände der Bayerischen Motorenwerke AG, deren Zentrale im charakteristischen **»Vierzylinder«-Hochhaus** (1972) ansässig ist. Im ebenfalls 1972 fertiggestellten **BMW-Museum** (geöffnet Di. – Fr. 9.00 bis 18.00, Sa., So., Fei. 10.00 – 20.00 Uhr), das in der 2005 bis 2008 komplett umgebauten **»Silberschale«** untergebracht ist, kann man die legendären Produkte des Auto- und Motorradbauers bestaunen. Komplettiert wird das Trio der BMW-Gebäude durch die 2007 eröffnete **BMW-Welt**, einen spektakulären Multifunktionsbau, der vom Wiener Architektenbüro COOP HIMMELB(L)AU entworfen wurde. In edelstem Ambiente können Käufer ihre neuen Karossen abholen, außerdem finden hier Tagungen bzw. Seminare statt; Restaurants und ein BMW-Shop gehören dazu.

Weitere Sehenswürdigkeiten in München

✶ Ramersdorf

Wo die A 8 von Salzburg her auf den Mittleren Ring stößt, signalisiert der Turm der **barocken Kirche Mariä Himmelfahrt** eine kleine Idylle; mit dem Kirchhof und dem »Alten Wirt« nebenan ist noch etwas Dorfatmosphäre erhalten. Das »Ramersdorfer Kircherl« ist eine der **ältesten und wichtigsten Wallfahrtsstätten Bayerns**, was v. a. auf den angeblichen Splitter vom Kreuz Christi zurückgeht, den ein Sohn Ludwigs des Bayern aus Palästina mitbrachte. Die Kirche von 1315 wurde um 1400 erweitert und 1675 barockisiert. Herausragend unter der prächtigen Ausstattung sind der Hochaltar mit dem Gnadenbild der thronenden Madonna (um 1465), der Kreuzaltar von Erasmus Grasser (1482; Flügel bemalt von Jan Polack, 1483), Votivbilder und eine Schutzmantelmadonna von Jan Polack. Im gemütlichen **Alten Wirt** isst man ausgezeichnet (legendär die viertel Ente zum Kampfpreis), im Biergarten trifft sich die Nachbarschaft.

✶✶ Tierpark Hellabrunn

Der Tierpark Hellabrunn im südlichen Stadtteil Thalkirchen wurde 1928 als **erster Geo-Zoo der Welt** gegründet. Mit rund 4500 Tieren aus aller Welt, die auf dem 36 ha großen Areal leben, ist Hellabrunn eine der meistbesuchten Sehenswürdigkeiten Süddeutschlands. Das denkmalgeschützte Elefantenhaus, die über 5000 m² große Freiflug-Voliere, das Polarium und die Menschenaffen-Station gehören zu

den besonders attraktiven Einrichtungen. Spazierwege, Spielplätze und Cafés machen den Zoo zum Erlebnispark. Geöffnet April – Sept. tägl. 8.00 – 18.00, Okt. – März 9.00 – 17.00 Uhr. Anfahrt vom Marienplatz mit U 3 (Thalkirchen) und Bus 52.

✶ **Bavaria Filmstadt**

An der südlichen Peripherie liegt der Nobel-Vorort **Geiselgasteig** mit dem Gelände der Bavaria Atelier GmbH. Schon 1919 wurde im **Isar-Hollywood** der erste Film gedreht. Viele Berühmtheiten – wie Romy Schneider, Gina Lollobrigida, Sophia Loren und Liz Taylor, Heinz Rühmann, Horst Tappert und Götz George – standen hier vor der Kamera; Kassenfüller wie »Das Boot«, »Berlin Alexanderplatz«, »Die unendliche Geschichte« und »Enemy Mine« wurden hier gedreht, auch viele Folgen der TV-Serien »Derrick«, »Tatort« und »Marienhof«. Bei der Filmtour lernt man die Bavaria-Filmstraße kennen, erfährt, mit welchen Tricks Sciencefiction-Filme produziert werden, und kann atemberaubende Stunts miterleben. Geöffnet Anfang April – Anfang Nov. tägl. 9.00 – 16.00, sonst 10.00 – 15.00 Uhr. Infos: Tel. (0 89) 64 99 23 04, www.filmstadt.de. ÖPNV-Anfahrt: Tram 25.

In den Isarauen kann man bis nach Grünwald hinausgehen.

Umgebung von München

Grünwald

Hoch über dem bewaldeten rechten Isarufer, wo Karl Valentin zufolge vor langer Zeit »die Rittersleut hausten«, liegt der Villenvorort Grünwald. Zu sehen gibt es hier eine stattliche mittelalterliche **Herzogsburg**, die eine Filiale der Archäologischen Staatssammlung beherbergt (geöffnet Mitte März – Nov. Mi. – So. 10.00 – 16.30 Uhr); um den 20. Juli wird das Burgfest gefeiert. Im August-Everding-Saal im Grünwalder Freizeitpark finden Konzerte mit hochkarätigen Künstlern statt (Infos: Tel. 0 89 / 64 16 21 30). Zu Fuß oder mit dem Rad ist die reizvolle Umgebung, insbesondere das Isartal, gut zu erkunden. Die schönste Route führt über das **Mühlthal** mit der berühmten Floßrutsche zum Kloster Schäftlarn (►Wolfratshausen).

✶✶ **Allianz Arena**

An der A 9 nördlich von München, in Fröttmaning, rollt seit 2005 das Leder, 2006 fand dort das Eröffnungsspiel der Fußballweltmeisterschaft statt. Entworfen wurde das weiße, nachts bunt leuchtende »Schlauchboot«, das 69 901 Zuschauern Platz bietet, von dem Basler Architekturbüro Herzog & de Meuron. Führungen tägl. (außer an

Spieltagen) April – Okt. zwischen 10.00 und 18.00, sonst zwischen 11.00 und 17.00 Uhr. Zu erreichen ist das Stadion mit der U 6 (Fröttmaning), dann 10 Min. zu Fuß.

Oberschleißheim

Oberschleißheim, 12 km nördlich des Münchner Stadtzentrums gelegen und mit der S-Bahn bequem zu erreichen, erfreut sich als Ausflugsziel großer Beliebtheit: einmal wegen des großartigen **Barockschlosses Schleißheim**, zum andern wegen des **Luftfahrtmuseums** auf dem ältesten erhaltenen Flugplatz Deutschlands. Alle Teile des Schlosses sind geöffnet April – Sept. Di. – So. 9.00 – 18.00, sonst 10.00 bis 16.00 Uhr, der Park täglich.

◄ Altes Schloss

Herzog Wilhelm V. übertrug 1597 seinem Sohn Kurfürst Maximilian I. die Regierungsgeschäfte und legte im einsamen Moor einen Gutshof an, in dem er zurückgezogen lebte. Der Hof wurde 1617 – 1623 von seinem Sohn durch das »Alte Schloss« ersetzt, ein schlichtes Herrenhaus. Das Bayerische Nationalmuseum zeigt hier die Ausstellung »Das Gottesjahr und seine Feste« mit 6000 Exponaten zur religiösen Alltags- und Festkultur der Völker und eine Sammlung zur Landeskunde von Ost- und Westpreußen. Das Südosteck beherbergt die nette Schlossgaststätte mit schattigem Biergarten.

★ ★ ◄ Neues Schloss

Das **»bayerische Versailles«**, vierflügelig geplant, blieb unvollendet – dennoch ist der 330 m lange Bau, dessen dreiteiliger Mittelbau durch Arkaden mit Eckpavillons verbunden ist, eine der monumentalsten barocken Schlossanlagen Europas. Die erste Bauphase ab 1701 (unter Enrico Zuccalli) endete 1704, als Max II. Emanuel nach der Schlacht von Höchstädt ins Exil ging; ab 1719 wurden die Arbeiten unter Joseph Effner fortgeführt und 1727 eingestellt. Die Fassaden ließ Leo von Klenze klassizistisch überarbeiten. An der prunkvollen Ausstattung arbeiteten die namhaftesten Künstler der Zeit, v. a. J. B. Zimmermann, C. D. Asam und J. Amigoni. Bilder und Stuck nehmen vielfach Bezug auf die Türkenkriege – Max Emanuel hatte in der Schlacht am Kahlenberg die Türken bezwungen. Das Mittelportal und sein Gegenstück auf der Parkseite sind hervorragende Schnitzwerke von Ignaz Günther (1736). Von großer Wirkung ist das Treppenhaus mit Säulen aus grünem Marmor und einem Kuppelfresko von C. D. Asam, der zweigeschossige Große Festsaal und der Viktoriensaal (Speisesaal), mit seinem Régence-Dekor einer der schönsten Barockräume. Seit 1978 beherbergen die Appartements des Kurprinzen und der Kurprinzessin die **Galerie europäischer Barockmalerei** aus den Beständen der Alten Pinakothek in München.

◄ Schlosspark

Der Schlosspark, bis 1705 von Zuccalli und dann 1720 von dem Le-Notre-Schüler Dominique Girard angelegt, gestaltet den Raum zwischen den Kanälen und dem Schloss Lustheim, die bereits vorher vorhanden waren. Die Anlage durchzieht ein Kanal, der später einen Ring um Schloss Lustheim bildet. Dieses »italienische« Gartencasino wurde 1684 – 1688 von Enrico Zuccalli erbaut – als Geschenk des Kurfürsten Max Emanuel für seine 16-jährige Braut, die Kaisertochter Maria Antonia. In den Kabinetten ist herrliches **Meißener Porzel-**

◄ Schloss Lustheim ★ ★

◄ Porzellansammlung

lan aus der Sammlung Schneider ausgestellt, ca. 2000 Objekte aus der 1710 gegründeten Meißener Manufaktur.

Flugwerft Schleißheim Südlich der Schlossanlagen ließ sich 1912 die Königlich Bayerische Fliegertruppe nieder. Das Deutsche Museum (►S. 280) zeigt hier historisches Fluggerät, Motoren, Bordinstrumente und Flugsimulatoren (geöffnet tägl. 9.00 – 17.00 Uhr). Von einer Galerie aus hat man Einblick in die Wiederherstellung maroder Maschinen. Tausende Besucher kommen zu den Flugtagen und anderen Sonderaktionen, bei denen man z. B. einen Rundflug mit einer Ju 52 unternehmen kann.

Flughafen ►S. 190

Murnau

L 7

Landkreis: Garmisch-Partenkirchen **Höhe:** 688 m ü. d. M.
Einwohnerzahl: 12 000

Nicht ohne Grund fühlten sich die Maler des Blauen Reiters und andere Künstler hier wohl – die Szenerie des »Blauen Lands« ist großartig: Übers große Moor sieht man auf Ammer- und Estergebirge, nördlich von Murnau kann man an idyllischen Seen abschalten.

Ein wenig Geschichte Die nach Süden abfallende Hauptstraße des ansprechenden Luftkurorts Murnau war im Mittelalter Teil des Handelswegs von München nach Italien. Im 12. Jh. wurde der Ort erstmals erwähnt, 1322 erhielt er das Marktrecht, 1332 schenkte ihn Ludwig der Bayer dem Kloster Ettal. Mehrere große Brauereien waren hier bis ins 20. Jh. ansässig, heute gibt es noch zwei. Von 1909 bis 1914 arbeiteten Wassily Kandinsky und Gabriele Münter mit ihren Freunden in Murnau.

Sehenswertes in Murnau

✶ Gabriele-Münter-Haus In aller Welt bekannt wurde Murnau durch Gabriele Münter und Wassily Kandinsky, die 1911 in München mit Franz Marc und anderen die Malergruppe **Blauer Reiter** gründeten. Gabriele Münter bewohnte das idyllisch gelegene **Russenhaus** am südwestlichen Ortsrand (Kottmüllerallee 6), das sie 1909 erwarb und 1957 der Stadt stiftete, mit ihrem Lebensgefährten Kandinsky bis 1914 und dann wieder ab Ende der 1920er-Jahre. Gemälde und Grafiken des Malerpaares sind hier zu sehen, dazu Teile der Originalausstattung. Geöffnet Di. – So. 14.00 – 17.00 Uhr.

Ober- und Untermarkt Das malerische Bild der Hauptstraße ist Emanuel von Seidl zu verdanken (Bruder von Gabriel v. Seidl, ►S. 274), der 1906 – 1910 viele Häuser im Heimatstil neu gestaltete. Der Gasthof Griesbräu liegt am

Murnaus Hauptstraße mit dem Hotel Post, in dem auch Ludwig II. nächtigte

oberen Ende, die für ihr Weißbier berühmte alte Wirtsstube »Karg« am unteren. Vom neogotischen Rathaus (1842) sind es wenige Schritte zum mächtigen, ins 13. Jh. zurückgehenden Pflegschloss des Klosters Ettal (geöffnet Di. – So. 10.00 – 17.00 Uhr). Die Thematik seiner interessanten Ausstellungen ist vielfältig: Archäologie und Geschichte, Hinterglasbilder der berühmten Sammlung Dammert, Gabriele Münter und der Blaue Reiter sowie Ödön von Horváth, der sich zwischen 1924 und 1933 überwiegend in Murnau aufhielt.

★ ◄ Schlossmuseum

Auf einem Hügel thront die Pfarrkirche St. Nikolaus, ein prächtiger, kunsthistorisch bedeutender barocker Zentralbau (1717 – 1727); als Baumeister vermutet man E. Zuccalli (► Ettal) oder den Vorarlberger Caspar Moosbrugger (u. a. Einsiedeln/Schweiz), als Stuckator J. B. Zimmermann. Außer den festlichen Altären sind besonders das kleine Gnadenbild der Muttergottes im Hauptaltar, das Chorgestühl und die Votivbilder zu beachten; die Fresken im Chor stammen von dem »Deutsch-Römer« J. M. Wittmer (1872) aus Murnau, das neobarocke Deckenfresko im Hauptraum von W. Kolmsperger (1895).

St. Nikolaus

Umgebung von Murnau

Von der Kottmüllerallee (► Münter-Haus) hat man einen herrlichen Blick auf die Berge und das 35 km² große Murnauer Moos, das **größte Moor Bayerns** mit vielen seltenen Tieren und Pflanzen (Naturschutzgebiet). Aus den bis 25 m dicken Torfschichten ragen – einst Inseln – die bewaldeten »Kögel« oder »Köchel« heraus, deren hartes Quarzitgestein bis ins Jahr 2000 für den Straßenbau abgebaut wurde.

★ **Murnauer Moos**

MURNAU ERLEBEN

AUSKUNFT

Tourist-Information
Kohlgruber Str. 2, 82418 Murnau
Tel. (0 88 41) 6141-0
www.murnau.de

FESTE UND EVENTS

Jan., alle 7 Jahre (2013): Schäfflertanz in Murnau. Ende April: Maibockanstich im Griesbräu Murnau. Mitte Mai: Murnauer Kulturwoche. Fronleichnam: Bootsprozession in Seehausen. Juli: Feste rund um den Staffelsee. Anf. Okt.: Weltmusikfestival Murnau. 6. Nov.: Leonhardifahrt von Murnau nach Froschhausen.

ESSEN

► Preiswert / Erschwinglich

Griesbräu
Obermarkt 37, 82418 Murnau
Tel. (0 88 41) 14 22
Stattlicher Brauereigasthof seit 1836, das Schmuckstück in der Hauptstraße mit Biergarten. Im modernen Anbau wird auch gebraut, außerdem gibt's nette Zimmer.

Zum Stern
Dorfstr. 2, 82418 Seehausen
Tel. (0 88 41) 33 04
Seit 1634 gibt es das Gasthaus (mit Wirtsgarten) gegenüber der Kirche.

ÜBERNACHTEN

► Luxus

Alpenhof Murnau
Ramsachstr. 8
82418 Murnau
Tel. (0 88 41) 4 91-0
www.alpenhof-murnau.com
Die erste Adresse des Orts, mit herrlichem Blick am Rand des Murnauer Mooses gelegen. 77 stilvolle Zimmer, besternte Restaurants.

► Komfortabel

Hotel Post
Obermarkt 1
82418 Murnau
Tel. (0 88 41) 48 78-00
Mitten im Zentrum steht die jüngst renovierte Poststation von 1632. Die heimeligen Zimmer sind mit Antiquitäten gestaltet.

Sehr schön ist der 12 km lange, ausgeschilderte Rundweg Nr. 5 durchs Murnauer Moos, der nahe dem Hotel Alpenhof beim »Ramsachkircherl« St. Georg und Johannes der Täufer, einem bezaubernden Zeugnis bäuerlichen Barocks (1744), und der winzigen, sehr beliebten Wirtschaft »Zum Ähndl« beginnt.

✶ **Staffelsee**

Etwa 1 km nach Westen sind es von der Ortsmitte zum Staffelsee, in dem sieben bewaldete Inseln liegen. Mit vielen Buchten und weichem, im Sommer wohltemperiertem Wasser ist er ideal zum Baden. Strandbäder gibt es bei Murnau, Seehausen, Rieden und Uffing; der Westteil des See steht unter Naturschutz, sehr schön ist eine Schiffsfahrt. Am Ostufer liegt das alte Fischerdorf **Seehausen** mit der stattlichen Pfarrirche St. Michael (1775, mit gemaltem Stuck), die als schönes Beispiel des Bauernrokokos gilt. Von Seehausen fährt an Fronleichnam eine festliche **Bootsprozession** zur Insel Wörth.

Die Seehausener Fronleichnamsprozession findet auf dem Wasser statt.

Froschhauser See und Riegsee

Die schön gelegene Wallfahrtskirche St. Leonhard in **Froschhausen** ist alljährlich am 6. November Ziel des Leonhardi-Ritts von Murnau mit über 200 Pferden. Die ursprünglich gotische Saalkirche wurde im 17. Jh. barockisiert und im 18. Jh. zu einem Rokoko-Juwel umgestaltet. Der **Froschhauser See** steht als Vogelfreistätte unter Naturschutz. Den schönsten Blick übers Murnauer Land hat man von der **Aidlinger Höhe** (Gasthof Post in Aidling) nördlich des Orts Riegsee.

Habach

Auch Habach, 3 km westlich der A 95, besitzt mit der **Stiftskirche St. Ulrich** ein Schmuckstück. 1668 geweiht, zeigt sie ernsten Frühbarock. Die meisten Seitenaltäre wurden 1704 von den Österreichern zerstört und ca. 1720 – 1750 neu geschaffen. Sonst ist Habach bekannt für das **Village** (www.village-habach.de), ein Wirtshaus mit Biergarten, legendäre Location für alles zwischen Blues, Rock, Jazz und Neuer Volksmusik. 2 km südlich die Wirtschaft Höhlmühle, guter Ausgangspunkt für einen Gang zur Aidlinger Höhe (s. o., 1 Std.).

Bad Kohlgrub

Das ansprechende Bad Kohlgrub (2400 Einw.), 11 km westlich von Murnau reizvoll am Rand der Ammergauer Alpen gelegen, wird wegen seiner Stahl- und Eisenmoorbäder bei rheumatischen Erkrankungen und Nervenleiden besucht (**Kuranlagen** mit Konzertsaal und Musikpavillon). Beachtenswert ist die 1727 – 1729 erbaute Martinskirche. Einen herrlichen Blick über Voralpen und Staffelsee bietet die Wanderung von der Hörnlehütte (Sessellift von Kohlgrub) über das Hintere Hörnle (1548 m) zum **Aufacker-Gipfel** (1542 m; 2 Std). Abstieg nach Oberammergau (1.30 Std.) oder Unterammergau (2 Std.).

Bad Bayersoien In dem beliebten Luftkurort 6 km nordwestlich von Bad Kohlgrub – seit 1996 »Bad« (1200 Einw., 812 m) sind die Stuckierung und die Kreuzwegbilder in der Pfarrkirche sehenswert, ebenso das Heimatmuseum (Dorfstr. 46). Hübsche Wanderwege führen u. a. durch das Moor-Naturschutzgebiet mit dem Soiener See.

✶ Ammerschlucht Die Ammer hat tiefe Canyons in den Murnauer Molassetrog eingeschnitten. Nahe Bayersoien liegen zwei beeindruckende Punkte an der Ammer: nördlich die **Echelsbacher Brücke** (eingeweiht 1929), südwestlich die **Schleierfälle** (Wanderweg von Bayersoien zur Soyermühle, dann flussaufwärts). Westlich von Saulgrub liegt das **Kraftwerk Kammerl**, das erste Bahnkraftwerk der Welt für Einphasenwechselstrom, eröffnet 1899 für die Strecke Murnau – Oberammergau der Lokalbahn AG, die ab 1905 elektrisch betrieben wurde.

! Baedeker TIPP

Wildwasser Ammer

Eines der schönsten Wildwasser Deutschlands (WW 3) ist die 12 km lange Passage durch die Ammerschlucht zwischen dem Kraftwerk Kammerl und Rottenbuch. Dann wird's gemütlicher (WW 1), schöne Natur und seltene Vögel machen dort den Reiz der Tour aus.

Ohlstadt Südöstlich von Murnau, am Fuß des 1790 m hohen Heimgartens, liegt Ohlstadt (3300 Einw.), ein nettes, recht ursprüngliches Bauerndorf. Sehenswert ist die von Joseph Schmuzer um 1730 errichtete Pfarrkirche **St. Laurentius** mit Deckenfresken von Christian Wink (1780) und einem Altarbild von Franz Zwinck (1791). Das Landhaus des Münchner Porträtmalers **F. A. von Kaulbach** (1850 bis 1920) ist als Dorfmuseum zugänglich (geöffnet April – Okt. Mi., Sa. 16.00 bis 18.00 Uhr). Schöne Spaziergänge führen nach Schwaiganger (s. unten), zum 50 m hohen Wasserfall, in 30 Min. zu den nordöstlich gelegenen Wetzsteinbrüchen und zu den »Kaltwasserfällen« im Südosten unterhalb der Feste Schaumburg (gesamt ca. 2 Std.).

Bayerisches Haupt- und Landgestüt Das Haupt- und Landgestüt **Schwaiganger** ca. 2,5 km nördlich von Ohlstadt ist Zentrum der Pferdezucht in Bayern (Warmblut, Kaltblut und Haflinger). Erprobt werden auch Formen der extensiven Rinder- und Schafhaltung. Führungen Mai – Mitte Okt. Di. – Do. 13.30/15.00 Uhr. An zwei Sonntagen im Sept. finden **große Gestütsschauen** statt, u. a. mit einem prächtigen Zwölferzug. Informationen Tel. (0 88 41) 61 36-0, www.schwaiganger.bayern.de.

Eschenlohe Wo die Loisach ins Murnauer Talbecken tritt, liegt das hübsche Dorf Eschenlohe (636 m, 1600 Einw.). Auf dem **Vestbühl** mit der Kapelle St. Nikolaus (1628) – schöner Blick übers Loisachtal – stand einst die Burg der Grafen von Eschenlohe. Sehenswert ist die **Pfarrkirche St. Clemens**, ein Zentralbau, der von dem berühmten Johann Michael Fischer entworfen wurde (erbaut 1764 – 1782). Die Fresken im Chor schuf Johann Jakob Zeiller (um 1765), die Deckenfresken im Haupt-

schiff Jakob Paur (um 1770), den Tabernakel J. B. Straub. Der **Tonihof** (Walchenseestr. 42, Tel. 0 88 24 / 92 93-0) zählt zu den besten Restaurants in der Gegend.

Estergebirge

Das Estergebirge ist recht einsames Berggebiet östlich der Loisach zwischen dem Kochelsee und Garmisch-Partenkirchen. Es wird durch das Tal der **Eschenlaine** in eine Nord- und eine Südhälfte geteilt; ein schöner, auch von Bikern frequentierter Weg führt von Eschenlohe in 4 Std. durch die **Gachentodklamm** zum Südufer des Walchensees. Im Nordteil (► Kochel) sind Herzogstand (1731 m) und Heimgarten (1790 m) die Hauptgipfel, die auch von Ohlstadt und Eschenlohe auf unschwierigen Touren zu erreichen sind (bis zum **Heimgarten** je nach Route 3 – 4 Std., Gratwanderung zum **Herzogstand** ca. 1.30 Std; mit Sesselbahn zum Walchensee und zurück mit dem Bus). Im Südteil (►Garmisch-Partenkirchen) sind die wichtigsten Gipfel Krottenkopf (2086 m), Hoher Fricken (1940 m), Hoher Kisten (1922 m) und Wank (1774 m).

★★ Oberammergau · Ettal

K 8

Landkreis: Garmisch-Partenkirchen **Höhe:** 840 – 880 m ü. d. M.

Das stattliche Dorf Oberammergau ist weltberühmt für seine Passionspiele, die alle zehn Jahre aufgeführt werden. Wie im benachbarten Ettal – mit seiner herrlichen Klosterkirche – prunken die Häuser mit großartigen Lüftlmalereien, und Ludwigs II. Schloss Linderhof im Graswang-Tal setzt der Pracht die Krone auf.

Hier befindet man sich im obersten Tal der Ammer, die aus den Bergen um Schloss Linderhof kommt und später durch eine eindrucksvolle Schlucht (► Murnau) zum Ammersee fließt. Die waldreichen, teils felsigen Berge – im Osten der Aufacker (1542 m) und der Laber (1686 m) mit dem markanten **Ettaler Manndl** (1633 m), im Süden bzw. Westen der Kofel (1342 m) und die Kette, die sich vom Vorderen Rappenkopf (1408 m) zur Großen Klammspitz (1924 m) zieht – ist Rahmen für ein sanftes Land mit Wiesen und Mooren. Oberammergau, Ettal und Linderhof ziehen im Sommer riesige Besuchermengen an, doch sonst ist die Gegend trotz der Nähe Münchens wenig beansprucht; im Sommer lassen sich sehr schöne Wanderungen unternehmen, im Winter kann man an Laber (der Nordhang gilt als **eine der anspruchsvollsten Pisten Deutschlands**), Kolben und Hörnle skifahren oder im Tal langlaufen.

Geschichte

Der Ammergau, ursprünglich welfischer Besitz, kam 1192 an die Hohenstaufen und 1269 an die bayerischen Herzöge. Bis zur Mitte des 16. Jh.s war Oberammergau ein wichtiger Umschlagplatz (Stapel-

monopol 1332) an der Handelsstraße von Augsburg über Mittenwald nach Venedig. Die seit Anfang des 16. Jh.s dokumentierte Bildschnitzerei (»Herrgottsschnitzer«), die vor allem Devotionalien für die Wallfahrt von Ettal herstellten, war europaweit geschätzt und wurde durch den 1775 gegründeten »Verlag« der Familie Lang kräftig gefördert. In Oberammergau leben heute etwa 60 Holzbildhauer, und eine Berufsfachschule bildet den Nachwuchs aus.

OBERAMMERGAU ERLEBEN

AUSKUNFT

Oberammergau Tourismus
Eugen-Papst-Str. 9 a
82487 Oberammergau
Tel. (0 88 22) 92 31-0
www.oberammergau.de

PASSIONSSPIELE

Nächstes Spieljahr: 2010
Spielzeit Mitte Mai – Anfang Okt.
Eintrittskartenbestellung:
Tel. (0 88 22) 9 23-10
www.passionsspiele2010.de

SCHLOSS LINDERHOF

Schlossführungen
April – Mitte Okt. tgl. 9.00 – 18.00
Mitte Okt. – März tgl. 10.00 – 16.00
Ticket-Reservierung möglich
Tel. (0 88 22) 92 03-0
www.linderhof.de

Wasserspiele
April – Mitte Okt. tgl. 9.00 – 16.00
Fontäne zu jeder halben Stunde.

Park, Parkbauten
Öffnungszeiten: April – Mitte Okt.
tgl.9.00 – 18.00

FESTE UND EVENTS

1. Febr.-Wochenende: König-Ludwig-Lauf, Fronleichnam: Prozession. Ab 2011 Juli – Sept. Schauspiel »Oberammergau 1633«. 24. Aug.: Fest zur Erinnerung an König Ludwig II., der am 25. Aug. Geburtstag hatte (mit »Ludwigsfeuern«, Serenaden etc.). Letzter Okt.-So.: Leonhardi-Ritt in Unterammergau.

ESSEN

► Preiswert

Ettaler Mühle
82488 Ettal, Tel. (0 88 22) 64 22
Urgemütlicher Gasthof mit guter regionaler Küche

Forsthaus Unternogg
Unternogg 1, 82442 Altenau
Tel. (0 88 45) 87 72, Mo. geschl.
Wo schon Ludwig II. einkehrte, wird auch heute aufgetischt (bes. Wild).

ÜBERNACHTEN

► Komfortabel

Hotel Ludwig der Bayer
Kaiser-Ludwig-Platz 10, 8488 Ettal
Tel. (0 88 22) 9 15-0
Aus der alten Klosterherberge entstand ein großes modernes Haus mit allem neuzeitlichen Komfort. Nebenan das Klosterbräustüberl.

► Günstig

① ***Zum Kirchenbauer***
Schnitzlergasse 16
82487 Oberammergau
Tel. (0 88 22) 92 35 97
Ehemaliges Bauernhaus (1634) mit Lüftmalereien von Zwinck, Stube mit Kachelofen, gemütliche Gästezimmer

Alte und neue Lüftlmalereien unter dem beherrschenden Kofel

★★ Oberammergau

Passionsspiele

Im Pestjahr 1633 gelobten die Einwohner, alle zehn Jahre die **Leidensgeschichte Christi** darzustellen, wenn die Seuche aufhörte. 1634 fand die Aufführung zum ersten Mal statt, das nächste Mal wird 2010 sein. Im Jahr 2000 kamen etwa 500 000 Zuschauer aus aller Welt; besonders in den USA ist Oberammergau berühmt. Fast der halbe Ort – **über 1500 Erwachsene und 500 Kinder** – ist in irgendeiner Form beteiligt, von den (doppelt besetzten) Hauptrollen bis zum Kartenabreißer. Der älteste Text beruht auf zwei Augsburger Passionsspielen: eines aus dem Kloster St. Ulrich und Afra (15. Jh.), das andere schuf der Meistersinger Wild im 16. Jahrhundert. Die Grundlage des heutigen Texts entstand Anfang des 19. Jh.s und wurde 1860/70 von dem Pfarrer Joseph Daisenberger neu gestaltet; die letzte Revision nahm Otto Huber für die Aufführung 2000 vor. Die Musik stammt von dem aus Oberammergau gebürtigen Lehrer und Komponisten Rochus Dedler (1779–1822), der im Kloster Polling und in München ausgebildet wurde. Das 1900 eingeweihte **Passionsspielhaus** am nördlichen Ortsrand hat eine Zuschauerhalle mit ca. 4800 Sitzplätzen und ein offenes Bühnenhaus mit der Landschaft des Ammertals als Hintergrund (bei Regen mit Glasdach).

Sehenswertes

Das besondere Bild des Luftkurorts (5300 Einw.) verdankt sich den prächtig bemalten Fassaden, der »Lüftlmalerei« (►Special S. 302). Im **Pilatushaus**, einem der berühmtesten, ist außer dem Standesamt eine

Oberammergau Orientierung

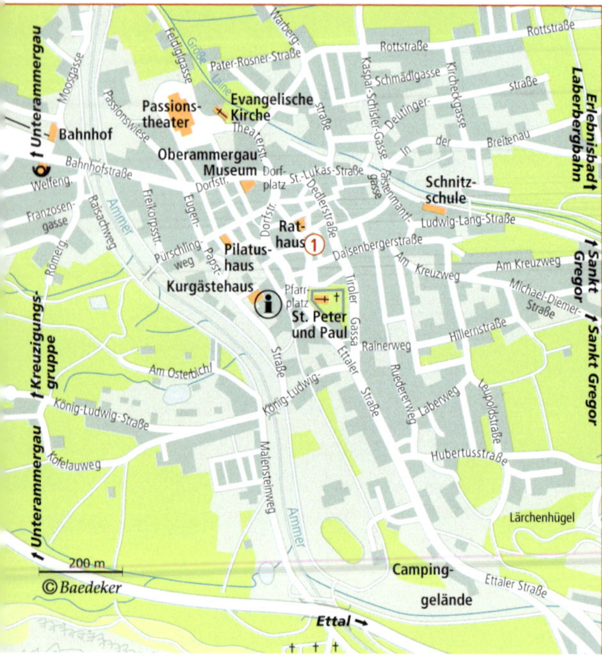

Übernachten

① Zum Kirchenbauer

»Lebende Werkstatt« untergebracht, in der man Kunsthandwerkern zusehen kann (geöffnet Mitte Mai – Ende Okt. Di.– Sa. 13.00 –18.00 Uhr). Im Haus Dorfstr. 20 wurde 1867 Ludwig Thoma (► Berühmte Persönlichkeiten) geboren. Im **Heimatmuseum** lernt man die Oberammergauer Schnitzkunst in ihrer ganzen Pracht kennen (geöffnet Di. – So. 10.00 – 17.00 Uhr, Febr./März geschlossen). Glanzpunkt ist die Krippe aus der Oberammergauer Kirche (18. Jh.) mit ca. 120 großen bekleideten Figuren.

★ St. Peter und Paul

Die Pfarrkirche ist das Werk eines berühmten Teams: Der Wessobrunner Joseph Schmuzer errichtete den Bau, der als sein reifster gilt, 1736 – 1742; den Stuck schuf er mit seinem Sohn Franz Xaver. Die Deckenfresken malte Matthäus Günther: in der Hauptkuppel (1741) Martyrium und Verklärung von Petrus und Paulus, mit Selbstporträt als der Pilger auf der Treppe; im Chor (1761) Maria als Rosenkranzkönigin. Von Günther stammen auch das Bild im Hauptaltar (F. X. Schmädl) und das Fresko über der Orgel. F. S. Zwinck malte die alttestamentlichen Szenen an der Westempore. Im rechten Seitenaltar steht das Kreuz, vor dem der Überlieferung nach 1633 das Passionsspielgelübde abgelegt wurde

Umgebung von Oberammergau

Laber

Eine Kabinenbahn bringt 866 m höher auf den Oberammergauer Aussichtsberg. Vom Gipfel (1686 m) führen Wege in 30 Min. zum Felszapfen des Ettaler Manndls. Absteigen kann man nach Ettal oder über die Soila-Alm zum Bärenbad, von dort über eine Waldstraße oder durch das Laine-Tal nach Oberammergau.

Unterammergau

Unterammergau (1400 Einw., 837 m) empfiehlt sich als ruhiger Ferienstandort. Schöne Häuser sind auch hier zu bewundern, etwa das **Schulmeisterhaus** (Dorfstraße), 1780 von F. S. Zwinck bemalt. 2 km nordwestlich kann man eine rekonstruierte **Schleifmühle** besuchen (mit stimmungsvollem Gasthaus); früher stellten in der Gegend etwa 30 Schleifmühlen Wetzsteine her. Vom August-Schuster-Haus am **Pürschling** kann man im Winter 6 km zum Parkplatz Schleifmühlenlaine hinunterrodeln.

★★ Kloster Ettal

Geschichte

König Ludwig IV., der sich 1328 in Rom zum Kaiser krönen ließ, gelobte, ein Kloster zu gründen, wenn er mit seinem Heer wohlbehalten heimkehren würde – saß der rechtmäßige Papst doch in Avignon, der Ludwig folgerichtig zum Ketzer erklärte. 1330 rief er abseits jeder Siedlung das Benediktinerkloster und ein Ritterstift ins Leben. In der Säkularisation 1803 wurde es aufgehoben, ein Teil der Bauten abgerissen. 1900 übergab man es wieder den Benediktinern, die landwirtschaftliche Betriebe, ein Gymnasium mit Internat, einen Kunstverlag, eine Destillerie und eine Brauerei führen.

★★ Klosterkirche

Mit einer ebenso heiteren wie würdigen Fassade, in deren Arkaden Apostelfiguren stehen, öffnet sich das Münster »Unserer Lieben Frau zu Ettal« zum Klosterhof (Bild ► S. 124/125). Beherrschend ist der **zentrale Rundbau**. Dass das Ganze einen italienischen Eindruck macht, ist Enrico Zuccalli (► München, Theatinerkirche) verdanken, der die mittelalterliche Kirche 1709 – 1726 umgestaltete. Der runde Hauptraum ist also gotischen Ursprungs (1370 geweiht); Zuccalli entfernte den Mittelpfeiler und überwölbte das Zwölfeck mit 25 m Durchmesser (!). Nach einem Brand 1744 vollendete der Wessobrunner Joseph Schmuzer um 1750 den Bau. Erhalten sind der Glockenturm von 1563 und das gotische Portal (um 1350); im Tympanon der Gekreuzigte mit Maria und Johannes, flankiert von Ludwig dem Bayern und seiner Gattin Margaretha von Holland.

Inneres

Im **Hauptraum** beeindruckt das riesige, virtuose Kuppelfresko, ein Hauptwerk von Johann Jakob Zeiller aus Reutte in Tirol (1746). Der üppige Rocaille-Stuck – in Gold vor weißen Wandflächen – kommt aus der Hand der Wessobrunner F. X. Schmuzer und J. G. Üblher, die sechs prächtigen Rokoko-Altäre fertigte J. B. Straub (um 1760).

Über 400 Figuren bevölkern das Kuppelfresko der Klosterkirche (»Glorie des Benediktinerordens«).

Weitere Glanzlichter sind die Empore von J. Schmuzer mit einer Orgel von J. G. Hörterich (1753), die Kanzel von J. B. Straub sowie vier geschnitzte Beichtstühle. Ein anderes Bild zeigt der querelliptische **Chorraum** in klassizistischem Louis-Seize (um 1780). Das Deckenfresko von M. Knoller (1769) zeigt Christus mit alttestamentlichen Gestalten, seine Mutter empfangend. Im Hochaltar (unter dem Altarbild »Mariä Himmelfahrt« von Knoller) das **Gnadenbild**: eine 33 cm hohe Madonna aus Carrara-Marmor, die nach 1300 in Pisa entstand und von Ludwig dem Bayern mitgebracht worden war. Die Reliefs am Hochaltar und an den Chorwänden wurden von R. A. Boos gestaltet.

> **!** *Baedeker* TIPP
>
> **Ettaler Genüsse**
>
> Nach Art der Chartreuse gibt das Kloster Ettal seinen Kräuterlikören unterschiedliche Farben: herber ist grün, süßer gelb, der Magenbitter braun und der »Geist« klar. Sie schmecken auch zum Abschluss eines Besuchs in der Ettaler Schaukäserei (Mandlweg 1, Mo. geschl.) mit Brotzeitstüberl und Verkauf.

Graswang-Tal

Sommers wie winters lohnt der Gang durchs Graswang-Tal, nicht umsonst hat sich Ludwig II. hier ein Schloss bauen lassen (von Ettal und Oberammergau ca. 2.30 Std. über Graswang bis Linderhof).

✶✶ Schloss Linderhof

Öffnungszeiten **s. S. 296**

Im idyllischen, abgeschiedenen Graswang-Tal, 10 km von Ettal entfernt, schuf sich Ludwig II. ein Schloss, das mit seinen Gartenanlagen zum eindrucksvollsten der oberbayerischen Landschaft zählt. Das Tal

war Ludwig II. als Jagdgebiet seines Vaters vertraut, der sich dort ein »Königshäuschen« aus Holz hatte bauen lassen (es wurde auf einen Platz westlich des Schlosses versetzt). Der Hausarchitekt Ludwigs II., Georg Dollmann, erbaute Linderhof – wie gewohnt mit mehreren Planänderungen – zwischen 1874 und 1879. Ludwig ließ ein Werk verschwenderischster Rokoko-Architektur erstehen; der Zuschnitt des Schlosses entspricht jedoch mehr einer großbürgerlichen Villa. Vor dem Schloss beeindruckt das Bassin mit einer vergoldeten **»Flora« und 30 m hoher Fontäne**. Eine monumentale Treppenanlage führt zum Monopteros gegenüber dem Schloss; von dem Venustempel hat man die beste Übersicht über die Anlage. Den großen, nahtlos in die freie Landschaft übergehenden englischen Park entwarf der Hofgartendirektor Karl Effner.

Innenräume

Die prunkvoll ausgestatteten Räume sind ganz aus der Bewunderung für den französischen König Ludwig XIV. gestaltet. Den Mittelpunkt bilden das kostbar ausgestattete Schlafzimmer und das ovale Speisezimmer mit dem berühmten **»Tischlein-deck-dich«**. Dazu gibt es einen Spiegelsaal, Gobelinzimmer, Kabinette (Gelbes, Rosa und Blaues Kabinett) und ein Audienzzimmer.

Schloss Linderhof, eine verspielte »königliche Villa«

Der einstige Gasthof Post in Wallgau – heute ein Teil des gleichnamigen Hotels – wurde von Franz Karner gestaltet. Das Meisterwerk seines Kollegen Franz Zwinck ist das Pilatushaus in Oberammergau (rechts).

»ICH ZIER MEIN HAUS ...«

Im barocken Bayern, sagt man, möchte man den Himmel auf Erden schaffen. Die prachtvoll bemalten Hausfassaden im Oberland jedenfalls lassen ein wenig vom Paradies ahnen.

In Bayern bemalte man die Kirchen im Mittelalter gern mit Heiligenfiguren, z. B. dem hl. Christophorus. In Gollenshausen nördlich des Chiemsees ist ein Jüngstes Gericht von 1430 erhalten; in Füssen zeigt das Hohe Schloss illusionistische Bemalung (um 1499), die Ritter am Wasserburger Brucktor entstanden 1568, die skurrilen »Affenfresken« am Hirschenhaus in Berchtesgaden um 1610.

Besitzerstolz

Die eigentliche, ländliche Lüftlmalerei ist ein echtes Kind des Barocks. Ihre hohe Zeit hatte sie in der zweiten Hälfte des 18. Jh.s, als die Verwüstung der Erbfolgekriege behoben und wieder Wohlstand eingekehrt war, bei den Bauern ebenso wie bei den Fuhrunternehmern, die am lebhaften Handelsverkehr auf den Straßen und Flüssen gut verdienten. Meist sind die Motive religiöser Art, mit Szenen aus der Bibel oder mit Heiligen, unter deren Schutz sich der Eigentümer begab; man stellte Szenen aus dem Alltagsleben der Bauern und Bürger dar und tat auch gern Sinnreiches kund, wie »Ich haw gebaut nach meinem sin / dems nit gefält, der geh dahin«. Das Ganze verbunden mit schmückenden oder illusionistischen Elementen wie Rocaille-Rahmen für die Fenster.

Namen und Häuser

Drei große Schaffenskreise lassen sich ausmachen, die auch mit bestimmten Namen verbunden sind. Zwischen Oberammergau und Garmisch wirkte der berühmteste Vertreter der Zunft, der (angeblich aus Oberammergau stammende) **Franz Seraph Zwinck** (1748 – 1792). Er nannte sich nach dem Namen seines Hauses »der Lüftl«, womit er der Zunft den Namen gab; mit dem Malen an der Luft hat er also nichts zu tun. Zwinck war bekannt für seine schnelle Arbeitsweise; einen hl. Johann Nepomuk soll er in einem Zug während des Vesperläutens gemalt haben. Sein (etwas extravagantes) Meisterstück in Oberammergau ist das Pilatushaus von 1784; in Unterammergau schuf er am Schulmeisterhaus eine »Marienkrönung«. Zwischen Mittenwald und Tölz war **Franz Karner** (1737 bis 1817) tätig, der nach seinem aus der

Familie angestammten Beruf der »Rußer« hieß. Außer seinen prachtvollen Werken im heimatlichen Mittenwald sind das Gasthaus zur Post in Wallgau (1763), der Luitpolderhof in der Jachenau (1793) und die Mühle in Vorderriss (1794) zu nennen. Schließlich ist da noch die Gegend zwischen Schliersee und Inn, Revier der Maler **G. Gail** aus Aibling sowie **Michael und Johann Böhamb** (Behamb) aus Glonn. Letzterer schmückte 1786 den großen Jodlbauernhof in Hagnberg bei Fischbachau, der auch die für ihn typischen ganzfigurigen Heiligen zeigt.

Handwerkliches

Die Lüftlmaler arbeiteten wie die barocken Kirchenmaler in der **Freskotechnik**. Zügiges Arbeiten ist dabei unabdingbar: Auf die Fläche, die bemalt werden soll, wird frischer Kalkmörtel – daher der Begriff »al fresco« – in dünner Schicht aufgetragen und anschließend mit wässrigen Mineralfarben bemalt, solange der Mörtel noch feucht ist. Mörtel und Farbe verbinden sich beim Trocknen zu einer dünnen, glasigen Schicht, die die Farben vor Witterungseinflüssen schützt. Von hoher Bedeutung war die Qualität des Kalks, der gipsfrei sein musste; als bester galt der mit Holzkohle hergestellte, und er wurde mindestens zwei Jahre in frostfreien Gruben eingesumpft – ein Metier, das Wissen und Erfahrung erforderte.

Neues Leben

Gegen Ende des 19. Jh.s. wurde die Fassadenmalerei neu entdeckt, wozu die Förderung der Heimatkunst den Anstoß gab. Viele alte Bemalungen wurden restauriert, einige Künstler wagten sich an Neuschöpfungen im alten Stil. Bis 1912 bemalte man in Starnberg – aus Anlass der Stadterhebung – das Haus Obermayer (Am Fuchsengraben 3) neu. Heute geben sich v. a. Hotels und Gasthäuser große Mühe, um ihre Fassaden originell zu gestalten. Allerdings meist in der Secco-Technik – einer der letzten, die noch nach alter Manier arbeiten, ist der in Garmisch ansässige Gerhard Ester, der mit einer fast expressionistischen Farbpalette aufwartet.

Weitere Bauten

Der **Maurische Kiosk**, um 1850 für die Pariser Weltausstellung erbaut, ist ein Glanzstück der Gartenanlage. Der aus Eisen konstruierte Kiosk stand ursprünglich in Schloss Zbirow in Böhmen. Bunte Glasfenster und ein Lüster mit farbigen Lampen tauchen den Marmorbrunnen und den berühmten Pfauenthron in Schummerlicht; die Pfauen aus farbig emailliertem Metallguss sind mit geschliffenen böhmischen Glassteinen verziert. In der **Venusgrotte** aus Gips und Zement, ebenfalls am Hang des Hennenkopfs, träumte sich der König in die Welt des »Tannhäusers«. In einem vergoldeten Muschelkahn ließ sich Ludwig II. auf dem künstlichen See fahren. Wasserfall, See und Beleuchtung versetzen auch heute noch in die Märchenwelt Ludwigs. 1876 ließ Ludwig II. 20 Min. vom Schloss, am Fuß der Kreuzspitze, die **Hundinghütte** errichten. Als Vorbild diente ein Bühnenmodell zum ersten Aufzug der »Walküre« aus Wagners »Ring des Nibelungen«. Das **Marokkanische Haus** wurde 1878/79 errichtet und 1886 verkauft. Die Bayerische Schlösserverwaltung konnte es 1980 erwerben; heute steht es westlich des Schlosses im Wald.

Oberstaufen

D 8

Landkreis: Oberallgäu
Einwohnerzahl: 7100
Höhe: 791 m ü. d. M.

Nach Oberstaufen, das zwischen sanften grünen Hängen vor der einprägsamen Kulisse des Hochgrats liegt, kommt man vor allem der Gesundheit wegen, zum Wandern und zum Wintersport.

Moderner Kurort

Neben dem heilkräftigen Klima und der schönen Berglandschaft ist es die besondere Kur, die der Fuhrknecht **Johann Schroth** um 1820 entwickelte, die den Ruf Oberstaufens als Urlaubsziel ausmacht. Eine basisch-vegetarische, salzfreie Diät, Ganzkörperwickel sowie Ruhe und Bewegung sollen den Stoffwechsel wieder ins Lot bringen. Heute ist Oberstaufen ähnlich gut besucht wie Bad Wörishofen, aus einem bäuerlichen Marktort wurde ein fast mondäner Kurort. Im Ortszentrum um die Kirche – mit hübschen schindelverkleideten Häusern und Gasthöfen – kann man »shoppen«, vom Bergkäse bis zur teuren Uhr, und das »Nightlife« ist intensiv. Am Angebot zu sportlicher Betätigung fehlt nichts, bis zu den zwei 18-Loch-Golfplätzen in Steibis und dem öffentlichen 9-Loch-Platz in Buflings, 100 km Loipen und den langen Abfahrten am Hochgrat.

Was man sich ansehen kann

In der neogotischen Pfarrkirche St. Peter und Paul (1863) beherrscht eine Frührenaissance-Kreuzigungsgruppe (um 1500) den Hochaltar. Das Heimatmuseum »Beim Strumpfar« war ein Bauernhof, in dem auch Strümpfe gewirkt wurden (geöffnet Mitte Dez. – Mitte Nov. Mi., Fr. 15.00 – 17.00, So. 10.00 – 12.00 Uhr).

Oberstaufen vor der Nagelfluhkette mit dem Hochgrat

Umgebung von Oberstaufen

Ein Juwel ist die schlichte spätgotische Kirche St. Stephan (1495) in **Genhofen** 3 km nördlich von Oberstaufen: mit drei hervorragenden Flügelaltären (um 1520), rätselhafter naiver Ausmalung von Ende des 16. Jh.s und einer mit Hufeisen beschlagenen Sakristeitür. Auch die unscheinbare Kirche St. Bartholomäus in **Zell** östlich der Bahntrasse stammt aus gotischer Zeit (1353) und birgt großartige Kunstschätze: einen Flügel-Hochaltar von Hans Strigel d. Ä. (1442), Strigel werden auch die Fresken im Chor zugeschrieben. In **Knechtenhofen** gewinnt man in einem Bauernhaus des 17. Jh.s Einblick in früheres Landleben (Mai – Okt. Mi. 14.00 – 17.00, So. 10.00 – 12.00 Uhr).

★ **Kirchen**

Bauernhaus-museum

Vom höhergelegenen Steibis aus erschließt eine Seilbahn zum Imberghaus (1248 m) ein schönes Wandergebiet im größten Alpgebiet Deutschlands (120 km², ca. 160 Alpen). Auch der markante **Hochgrat** (1832 m), der höchste Gipfel der Nagelfluhkette, ist mit einer Gondelbahn zu erreichen (Bergstation 1708 m); er eröffnet ein großartiges Panorama von der Zugspitze bis zum Säntis.

Steibis

Den Bergzug, der das westliche Oberallgäu im Süden abschließt, sollte man zu Fuß erobern. Eine Runde von der Talstation der Hochgrat-Bahn über die Brunnenauscharte zum Hochgrat-Gipfel und zurück über die Schilpere-Alpe dauert ca. 5.30 Std.; natürlich kann man auch mit Hilfe der Hochgratbahn feine Touren unternehmen. Für die Überquerung des Kamms von der Hochgratbahn-Bergstation über **Rindalphorn** (1821 m) und Stuiben (1749 m) bis zum Mittagberg (1451 m, ►Immenstadt) braucht man 6 bis 7 Stunden.

★ **Nagelfluhkette**

Wo die Deutsche Alpenstraße (B 308) westlich von Oberstaufen die scharfe Kehre macht, öffnet sich ein herrlicher Blick über das Westallgäu zu den Schweizer Bergen.

★ **Paradies**

OBERSTAUFEN ERLEBEN

AUSKUNFT

Kurverwaltung
Hugo-von-Königsegg-Str. 8
87534 Oberstaufen
Tel. (0 83 86) 93 00-0
www.oberstaufen.de

FESTE UND EVENTS

Fasnachtsdienstag: »Fasnatziestag«, mit »Butz«. 8. Sept.: Viehscheid. Ende Sept./Anf. Okt.: »Kulturtupfer«.

ESSEN

► Fein & teuer

Posttürmle
Bahnhofplatz 4, Tel. (0 83 86) 74 12
Mittags auf Bestellung; Di. geschl.
Winziges Gourmetrestaurant (15 Plätze), gute Weinauswahl.

► Preiswert / Erschwinglich

Altstaufner Einkehr
Bahnhofstraße 4 , Tel. (0 83 86) 71 93
Außen und innen schönes altes Allgäuer Haus, gute bodenständige Köstlichkeiten ohne Schnickschnack. Feine Brotzeiten und Tageskarte.

ÜBERNACHTEN

► Komfortabel

Löwen
Kirchplatz 8, 87534 Oberstaufen
Tel. (0 83 86) 494-0
300 Jahre altes Haus in der Ortsmitte, großzügige Zimmer, mit Schrothkur. Restaurant in schöner alter Bauernstube, allgäuschwäbische Küche..

Traube
Kirchdorfer Str. 12
87534 Oberstaufen-Thalkirchdorf
Tel. (0 83 25) 92 00
Gediegenes, dennoch familiäres Hotel in denkmalgeschütztem Haus von 1638 (ohne Pseudofolklore). Mit gutem Restaurant und Kurangebot.

★★ Oberstdorf

E 9

Landkreis: Oberallgäu
Einwohnerzahl: 9800
Höhe: 813 m ü. d. M.

Im südlichsten Süden Deutschlands und vor der imposanten Kulisse der höchsten Gipfel der Allgäuer Alpen breitet sich einer der bekanntesten und beliebtesten Urlaubsorte des Landes aus.

Oberstdorf gestern und heute

»Entdeckt« wurde der Marktflecken durch Prinz Luitpold – ab 1886 Prinzregent –, der 1851 die Gemeindejagd pachtete und viel für Oberstdorf tat, besonders nach dem Brand 1865, der die Hälfte des Orts einäscherte. Im weiten Tal, zwischen Stillach und Trettach, die sich weiter nördlich mit der Breitach zur Iller vereinigen, gab es wohl schon zur Karolingerzeit ein Dorf; 1495 verlieh ihm Kaiser Maximilian das Marktrecht. Der Bahnanschluss 1888 machte den Weg frei für die Entwicklung zum Ferienort, der seit 1937 das Prädikat »Heil-

Winterferien in Oberstdorf

klimatischer Kurort« trägt und seit 1964 auch Kneippkurort ist. Mit 17 500 Gästebetten und 2,5 Mio. Übernachtungen im Jahr gehört er zu den größten Magneten in Deutschland. Mit 230 km² Fläche ist die Gemeinde nach München die zweitgrößte in Bayern, ca. 75 % ihres Gebiets stehen unter Landschafts- oder Naturschutz.
Das ganze Jahr über kann man – nach Kneipp, Schroth, Ayurveda etc. – kuren bzw. sich pflegen lassen. Renommiert sind die Oberstdorfer Musikwochen, und die Volksmusik hat hier eine hervorragende Tradition. 200 km Wander- und MTB-Wege, ein 9-Loch-Golfplatz und Moorbadeseen bilden die Basis sommerlicher Betätigung. Vom Nebelhorn (2224 m), dem höchsten Allgäuer Skiberg, führt die längste Abfahrt Deutschlands ins Tal (7,5 km); mit den Bahnen an Fellhorn und Kanzelwand verfügt der Verbund Oberstdorf-Kleinwalsertal über ca. 110 km Pisten. Das Eisstadion ist Bundesleistungszentrum für Eiskunstlauf und Curling-Zentrum. 80 km Loipen, lange Rodelbahnen (Seealpe und Reichenbach-Gaisalpe) und 140 km gebahnte Winterwanderwege komplettieren das Angebot. Am 29. Dez. findet auf der Schattenbergschanze das Auftaktspringen der Vierschanzentournee statt.

Was man sich ansehen kann

In der neogotischen Pfarrkirche St. Johannes der Täufer, nach dem großen Brand errichtet (1867), ist u. a. eine »Geburt Christi« des Klassizisten A. R. Mengs (um 1770) interessant. Gegenüber die Seelenkapelle (Ende 15. Jh.) mit Außenfresken von Mitte des 16. Jh.s. Im **Heimatmuseum** (geöffnet Di. – Sa. 10.00 – 12.00, 14.00 – 17.30 Uhr, auch So./Fei. bei Regenwetter) taucht man in ländliches Leben ein; zu sehen ist auch der größte Schuh der Welt (Größe 480), gefertigt 1950 von Josef Schratt, einem Nachfahren des Haferlschuh-Erfinders. Im Stillachtal ragt die **Heini-Klopfer-Skiflugschanze** kühn in den Himmel; nach der Fahrt mit dem Schrägaufzug atemberaubender Blick von oben ... Schöne Badeanstalt am moorigen **Freibergsee**. Sehr lohnend ist der Spaziergang zu den drei **Loreto-Kapellen** an der Straße nach Birgsau: Die Appach-Kapelle (1493) besitzt spätgotische Fresken, St. Maria Loreto (1657) einen Rokoko-Altar (mit Gnadenbild) von Anton Sturm und ein Deckengemälde des Oberstdorfers C. Schraudolph (1877). Er schuf auch die Altäre in der Kapelle St.

? WUSSTEN SIE SCHON ...?

- Erfinder des »bayerischen« Haferlschuhs war im 19. Jh. der Oberstdorfer – mithin Allgäuer – Franz Schratt. Den Namen prägten britische Touristen, die hohe Schuhe gewöhnt waren und von »half shoes« sprachen.

Joseph (1671), in der ein Palmesel von F. X. Schmädl zu sehen ist, dem 1705 in Oberstdorf geborenen Bildhauer, der v. a. im Pfaffenwinkel hervorragende Arbeiten hinterließ. Anschließend hinauf zum Gasthof Alpenrose und dem Moorweiher mit altmodischem Bad.

Ausflüge in die Umgebung Das harte Leben vergangener Zeiten ist im verlassenen, schön gelegenen Bergdorf **Gerstruben** nachzuvollziehen (gut 1.30 Std.). Die erste Alpenetappe des berühmten Fernwanderwegs E 5 führt im idyllischen Trettachtal nach **Spielmannsau** und hinauf zur Kemptner Hütte (1846 m, 5 Std.). **Einödsbach** im Stillach-Tal, die südlichste Siedlung Deutschlands, ist vom Parkplatz der Fellhornbahn in 1 Std. zu erreichen. In **Tiefenbach** nordwestlich von Oberstdorf ist die Kirche St. Barbara (1458) mit Wandmalereien von Hans Strigel d. J. (1477)

OBERSTDORF ERLEBEN

AUSKUNFT

Touristeninformation
Marktplatz 7, 87561 Oberstdorf
Tel. (0 83 22) 700-0
www.oberstdorf.de

FESTE UND EVENTS

Juli/Aug.: Musiksommer (Karten Tel. 0 83 22 / 7 00-200, www.oberstdorfer-musiksommer.de). Um den 20. Juli: Berglar-Kirbe auf dem Fellhorn, mit Alphornbläsern aus fünf Ländern. Wilde-Männdle-Tanz (Juli–Sept, alle 5 Jahre, wieder 2010). Viehscheid in Schöllang (12. 9.) und Oberstdorf (13.9.). 4. Dez.: Klausen-Bärbele. 6. Dez.: Wilde Klausen.

ÜBERNACHTEN

► Komfortabel / Luxus

Geldernhaus
Lorettostr. 16, 87561 Oberstdorf
Tel. (0 83 22) 9 77 57-0
1911 erbaute, im Laura-Ashley-Stil ausgestattete Villa am südlichen Ortsrand, private Atmosphäre. Sauna, Pool etc. im Parkhotel Frank.

► Günstig

Berggasthof Laiter
Laiter 5, 87561 Oberstdorf
Tel. (0 83 22) 48 60, www.laiter.de
450 Jahre alter Gasthof südlich des Freibergsees bei Schwand. Einfache Zimmer, z. T. mit herrlichem Bergpanorama; urige Allgäuer Stube.

Landhaus Spielmannsau
Spielmannsau, 87561 Oberstdorf
Tel. (0 83 22) 3015
Moderner Gasthof mit eigener Landwirtschaft im idyllischen Trettachtal (Zufahrtsgenehmigung für Gäste). Schöne alte Stube mit Kachelofen.

ESSEN

► Fein & teuer

Königliches Jagdhaus
Ludwigstr. 13, 87561 Oberstdorf
Tel. (0 83 22) 9 87 38-0
Im Jagdhaus, das sich Prinz Luitpold 1856 erstellen ließ, wird auf französischer Basis leicht und modern gekocht. Mit sehr angenehmem Biergarten. Mo./Di. geschlossen.

sehenswert, in **Rohrmoos** im schönen Starzlachtal (ca. 6 km westlich) die Holzkapelle St. Anna aus der Spätrenaissance mit volkstümlichen Fresken und Flügelaltar. Südwestlich von Oberstdorf hat sich die Breitach 100 m tief in die Schrattenkalke des Engenkopfs gesägt. Eine Durchquerung ist auch im Winter ein Erlebnis (zugänglich im Sommer 8.00 – 17.00, im Winter 9.00 – 16.00 Uhr). Vom Gasthaus Walserschanz (► Kleinwalsertal) hoch über dem oberen Endes der Klamm kann man mit dem Bus zurückfahren.

★ ◄ Breitachklamm

✶✶ **Bergtouren**

Die Allgäuer Alpen sind berühmt für ihre schier unerschöpfliche Auswahl an den unterschiedlichsten und schönsten Bergwanderungen und Klettertouren, sei es im **Allgäuer Hauptkamm** im Südosten mit ihren wild gezackten Hauptdolomitgipfeln, in den vorgelagerten steilen Grasbergen, in der sanften Hörnergruppe im Westen oder in den Karrenfeldern am Hohen Ifen (► Kleinwalsertal). Die Bahnen zum **Nebelhorn** (2224 m) – das Panorama dort soll 400 Gipfel umfassen – und zum Fellhorn erleichtern einige Anstiege. Hier nur ein paar Leckerbissen, meist für erfahrene Berggänger: **Hindelanger Klettersteig** vom Nebelhorn zum Daumen; vom Edmund-Probst-Haus zum **Laufbacher Eck** (2179 m, ggf. weiter zum Prinz-Luitpold-Haus); Krumbacher Höhenweg von der Kanzelwand über Fiderepasshütte zur Mindelheimer Hütte (ggf. über den **Mindelheimer Klettersteig**), kombinierbar mit dem Kammweg vom Söllereck über das Fellhorn oder im Süden mit der Umrundung des Großen Widdersteins; und schließlich der berühmte **Heilbronner Weg** von der Rappenseehütte zum Waltenberger Haus bzw. zur Kemptner Hütte.

In Gerstruben unterhalb der Höfats

Fischen

In dem angenehmen Luftkurort nördlich von Oberstdorf ist – neben der Kirche St. Verena mit Apostelfiguren von M. Eberhard (1759) – die **Frauenkapelle** in Kreuzform mit hoher Zwiebelkuppel interessant, ein Werk des Vorarlbergers Michael Beer (1667), Erbauer der Stiftskirche Kempten. Südlich von Obermaiselstein verspricht die **Sturmannshöhle**, ein tiefes, großes Loch im Karst, kleine Abenteuer.

Balderschwanger Tal

Radsportler und Motorbiker schätzen den Riedbergpass (1420 m) westlich von Fischen, Deutschlands höchste Passstraße und mit bis 16 % Steigung eine der steilsten. Kurz vor der Grenze liegt in einem bekannten »Schneeloch« Balderschwang (220 Einw., 1044 m) mit

kleinem Skigebiet am Gelbhansekopf; im Sommer ideal für ruhige Familienferien, in der weitgehend geschützten Umgebung lassen sich schöne Alpwanderungen unternehmen. Am 15. Sept. ist Viehscheid.

Pfronten

G 8

Landkreis: Ostallgäu
Einwohnerzahl: 7300
Höhe: Steinach 850 m ü. d. M.

Ein beliebtes Ferienrevier ist das romantische bucklige, seenreiche Vorgebirgsland zwischen Füssen und dem Grünten.

Erlebenswertes in Pfronten

Pfronten, der größte Kur- und Wintersportort des Ostallgäus, besteht aus 13 Orten – Steinach, Dorf, Berg etc. In Berg steht das Wahrzeichen, die Pfarrkirche St. Nikolaus (1692) mit ihrem schönen Turm (1749) und klassizistischer Ausmalung von J. A. Keller (1780). Über Steinach thront 1267 m hoch die Ruine **Falkenstein**, Rest einer Burg des 11. Jh.s, die später dem Augsburger Hochstift gehörte. König Ludwig II. war von dem Platz begeistert und wollte eine neue Burg bauen; Straße und Wasserleitung wurden angelegt, doch sein Tod 1886 beendete den Traum. In einer Stunde geht man hinauf (für Gäste des Burghotels freie Zufahrt) und genießt das Panorama.

Nesselwang

Von weitem wird der Luftkurort (3500 Einw.) vom Zwiebelturm der Kirche St. Andreas angekündigt. Ihre barocke Pracht entstand jedoch est 1904 – 1906; die Ausmalung des Innenraums mit ungewöhnlicher

Über den Wolken … thront man auf dem Falkenstein.

PFRONTEN ERLEBEN

AUSKUNFT

Pfronten Tourismus
Vilstalstr. 2, 87459 Pfronten
Tel. (0 83 63) 6 98 88
www.pfronten.de

FESTE

Ende Febr.: Hörnerschlittenrennen in Pfronten. Viehscheid: 2. Sept.-Sa. in Pfronten, 16. Sept. in Nesselwang.

ESSEN

▶ Erschwinglich

Hotel Post
Hauptstr. 25, 87484 Nesselwang
Tel. (0 83 61) 30 91-0
Familiärer Gasthof mit Brauerei. In der noblen Stube genießt man Allgäuer Küche, abends gibt's Zithermusik und anderen Zeitvertreib.

ÜBERNACHTEN

▶ Luxus

Burghotel Falkenstein
87459 Pfronten-Obermeilingen
Tel. (0 83 63) 91 45 40
Unübertrefflich ist die Lage, die Einrichtung jedoch Geschmackssache. Hier oben wird feine regionale Küche serviert. In der tiefer gelegenen Schlossanger-Alp kocht Barbara Schlachter-Ebert, eine der besten ihrer Zunft.

▶ Komfortabel

Alpenhotel Krone
Tiroler Str. 29
87459 Pfronten-Dorf
Tel. (0 83 63) 69 05-0
Prächtiger Gasthof, erbaut 1770 als Amtshaus, mit rustikal-eleganten Zimmern. Solide bayerische Küche in der Andechser Stube mit Kachelofen.

Schloss Hopferau
Schlossstr. 9, 87659 Hopferau
Tel. (0 83 64) 9 84 89-0
Im ältesten Schloss des Ostallgäus (1468) wohnt man fürstlich zu eher bürgerlichen Preisen. Mit feinem Restaurant, Vesper-Gewölbe und Wirtsgarten. Ab und zu Konzerte.

Deckenlösung übernahm W. Kolmsperger. Vom Ortszentrum, das unter dem Durchgangsverkehr leidet, geht man in ca. 45 Min. zur Wallfahrtskirche **Maria Trost** (um 1660/1710) in 1122 m Höhe. Nördlich von Nesselwang prunkt die spätgotische Wallfahrtskirche **Maria Rain** (1497) mit einer unglaublich reichen Rokoko-Ausstattung (um 1760); im Hochaltar sind Teile eines spätgotischen Altars eingebaut, der Hans Kels d. Ä. zugeschrieben wird (1519). Die Postbrauerei zeigt eine Sammlung zur lokalen Brautradition und veranstaltet Besichtigungen. Die Badeseen der Umgebung, besonders der **Grüntensee**, sind auch schöne Ziele für Radtouren.

★ Breitenberg Aggenstein

Familientauglich ist die Besteigung des Breitenbergs (1838 m), auf den von Pfronten-Steinach eine Seilbahn fährt (kleines Skigebiet). Der Aggenstein (1987 m), der markante Pfrontener Hausberg, verlangt Trittsicherheit und Schwindelfreiheit (Gehzeit Steinach und zurück 6.30 Std., bei Auffahrt mit der Breitenbergbahn 4 Std.).

Eisenberg Ein wenig Ritterromantik lassen die Burgruinen Hohenfreyberg und Eisenberg nordöstlich von Pfronten spüren; in Zell vermittelt ein Burgenmuseum Wissenswertes über diese Zeit (geöffnet Sa., So./Fei. 13.00 – 16.00 Uhr). In Speiden sind die Gnadenkapelle Maria Hilf (1636) und die gleichnamige Wallfahrtskirche (geweiht 1678) mit schöner Ausstattung sehenswert; nach gut bayerischem Brauch gibt's nebenan eine Brauerei mit Brotzeitstüble.

Seeg Das hübsch gelegene Seeg verfügt mit der Pfarrkirche **St. Ulrich**, erbaut von dem Füssener J. J. Herkomer 1700 – 1711, über ein Rokoko-Kleinod; beeindruckend das große Deckenfresko mit der Schlacht von Lepanto (J. B. Enderle, 1769). Das Heimatmuseum gibt Einblick in die reiche Allgäuer Kultur. Schöne Wanderungen (auch im Winter) zum Schwaltenweiher und zur **Alpe Beichelstein** (952 m, Do. geschlossen; herrliches Alpenpanorama), beides mit gemütlicher Einkehr. Viehscheid am 2. Sept.-Samstag.

Rosenheim

Q 6

Höhe: 451 m ü. d. M. **Einwohnerzahl:** 60 100

Die wirtschaftliche und kulturelle Metropole des Landes südöstlich von München ist zwar kein Urlausbsort im eigentlichen Sinn, mit ihrer lebhaften Atmosphäre und der sehr schönen Altstadt im Inn-Salzach-Stil immer einen Ausflug wert.

Rosenheim gestern und heute Das kreisfreie Rosenheim, an der Mündung der Mangfall in den Inn gelegen, ist nach München und Ingolstadt die drittgrößte Stadt Oberbayerns. 1234 wird eine Burg der Grafen von Wasserburg – deren Rosenwappen sorgte für den Namen – urkundlich erwähnt. Das rasche Wachstum und die Blüte im 15. Jh. verdankte Rosenheim der Lage am Übergang einer Salzstraße über den Inn, den wichtigsten Wasserverkehrsweg für den Italienhandel. Rosenheim war früher ein Zentrum des Holzhandels, heute gibt es hier mehrere international renommierte **Schulen für Holzberufe** (Fachhochschule, Staatliche Fachschule für Holztechnik etc.). An der 1857 eröffneten Bahnlinie München – Salzburg und der ein Jahr jüngeren Strecke nach Kufstein war Rosenheim ein wichtiger Stützpunkt. Davon zeugt noch der prächtige **Lokschuppen**, heute ein bedeutender Veranstaltungsort für interessante Ausstellungen, Messen, Konzerte, Kabarett und Theater (www.lokschuppen.de).

? WUSSTEN SIE SCHON ...?

- Rosenheim ist die Heimat der einst – und heute wieder – begehrten Regenmäntel und Faltboote von Klepper. Das Museum in der Klepperstr. 18 macht die bewegte Geschichte des einst größten Arbeitgebers der Stadt anschaulich. Geöffnet Mo. – Fr. 14.00 – 17.00, Sa. 10.00 – 14.00 Uhr.

Sehenswertes in Rosenheim

★ **Max-Josefs-Platz**

Mittelpunkt der Altstadt ist der Max-Josefs-Platz, der von malerischen **Häusern im Inn-Salzach-Stil** mit Laubengängen gesäumt wird. Nach dem großen Brand 1641 wurden schmale Bauten des 14./15. Jh.s zu stattlichen Patrizierhäusern zusammengefasst. Einige hervorragende Häuser: Fortnerhaus (Nr. 20, Weinstube Zum Santa) mit herrlicher Rokoko-Fassade (1745), der Stockhammerbräu (Nr. 13), das Bergmeister-Haus (Nr. 15) mit dreigeschossigem Eckerker, Nr. 22, von 1641 bis 1878 das Rathaus. Im Ellmaierhaus (Nr. 4) lädt das **Holztechnische Museum** zum näheren Kennenlernen des Werkstoffs Holz ein (geöffnetDi. bis Sa. 10.00 – 17.00 Uhr, 2. u. 4. Sonntag im Monat 13.00 –17.00 Uhr). Im Nordosten wird der Platz vom Mittertor abgeschlossen, dem einzigen erhaltenen Stadttor (1. Hälfte 14. Jh.) mit dem interessanten **Städtischen Museum** (geöffnet Di. – Sa. 10.00 bis 17.00 Uhr sowie 1., 3., 5. So. im Monat 13.00 – 17.00 Uhr). Zwischen Max-Josefs-Platz und Ludwigsplatz steht die Pfarrkirche **St. Nikolaus**, die auf einen Vorgänger von 1488 zurückgeht und ihn heutiges Bild vor allem 1642 – 1657 (Chor, Zwiebelturm) sowie 1880/1881 erhielt. Unter der spärlichen Ausstattung sind das zweiseitig bemalte Holztafelbild der Schutzmantelmadonna (um 1515) und ein Epitaph für den Bürgermeister Wolfgang Scherr hervorzuheben (M. Zürn d. J., 1693).

Das Herz von Rosenheim ist der Max-Josefs-Platz mit dem Mittertor

Spitalkirche St. Josef

Zum Bürgerspital gehörte die Kirche St. Josef aus der Spätrenaissance des 17. Jh.s mit Schlierseer Stuck. Interessant sind vor allem der Hochaltar (1755), ein Votivbild mit einer Ansicht von Rosenheim und der Rotmarmor-Grabstein des Stifters Simon Peer.

Rathaus

Goldene Eisenbahnzeit: Der Komplex gegenüber dem Lokschuppen, heute Rathaus, war von 1858 bis 1878 **Bahnhof**. Die nahe Städtische Galerie am Max-Bram-Platz, die aus einer Stiftung des Sammlers M. J. Bram hervorging, zeigt außer Wechselausstellungen Werke Chiemgauer und Münchner Künstler des 19./20. Jh.s, darunter W. Leibl, Defregger und Trübner (geöffnet Di. – So. 10.00 – 17.00 Uhr).

Kultur- und Kongresszentrum

Das moderne Kultur- und Kongresszentrum steht auf historischem Boden: Ab 1604 stand hier ein Kapuzinerkloster, das 1803 aufgelöst und mitsamt der Kirche abgerissen wurde; von 1810 bis 1958 verarbeitete eine **Saline** die Sole von Reichenhall, die mit einer 110 km langen hölzernen Pipeline hierher geleitet wurde – einer der Grundsteine für die Industrialisierung Rosenheims.

Innmuseum

Im Innmuseum, das zünftig im Bruckbaustadel untergebracht ist, geben Objekte über das Leben auf dem Inn, über Flößerei und Schifffahrt, Brückenbau und Treidelwesen Aufschluss (geöffnet April – Okt. Fr. 9.00 – 12.00, Sa., So. 10.00 – 16.00 Uhr).

Umgebung von Rosenheim

★ Hl. Blut am Wasen

Südlich von Rosenheim begegnet ein idyllisches Bild: die Wallfahrtskirche Hl. Blut am Wasen vor der Kulisse des Mangfallgebirges. Auf dem »Wasen«, den Resten des Weidelandes zwischen den Innauen und dem Aiblinger Moor, steht das kunsthistorisch bedeutende Kircherl östlich der B 15 zur Autobahn. Der spätgotische Bau (1508) wurde 1686/1687 durch den Graubündner Giulio Zuccalli barock umgestaltet; im Hochaltar der **»Gnadenstuhl«** (um 1520), der dem Meister von Rabenden zugeschrieben wird. Zu beachten ist auch der Seitenaltar des hl. Sebastian, der mit dem riesigen Epitaph (1624) des Rosenheimer Bürgermeisters Andreas Weidacher verbunden wurde.

Rosenheim Orientierung

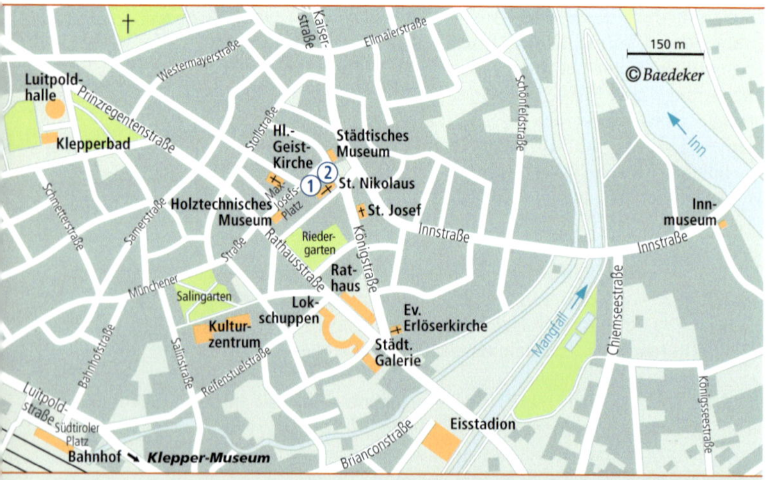

Essen

① Gasthof Stockhammer

② Zum Santa

Westerndorf

Sehr ungewöhnlich ist die Wallfahrtskirche Hl. Kreuz (1668) in Westerndorf westlich von Pang, die von einer **riesigen Zwiebelhaube** gekrönt wird. Entworfen hat den Zentralbau über Vierpass-Grundriss Constantin Pader, Baumeister war der Schlierseer G. Zwerger, der auch für den schönen frühbarocken »Miesbacher Stuck« sorgte.

★ Neubeuern

Knapp 10 km südlich von Rosenheim liegt rechts des Inns der Luftkurort Neubeuern (4200 Einw., 480 m), der einmal zum **»schönsten Dorf Deutschlands«** erkoren wurde. Gabriel von Seidl (► Bad Tölz, Marktstraße) gestaltete das Ortsbild neu, allerdings hat er etwas zuviel des Guten getan. Den von Torbauten begrenzten **Marktplatz** zieren stattliche Bürgerhäuser mit Erkern und Lüftlmalerei. Am Gasthof Stangenreiter illustriert ein Gemälde Flößerei und Schiffahrt auf dem Inn, im Haus des Verkehrsamts ist das Museum der Schiffleutbruderschaft sehenswert. Das auf über dem Ort thronende **Schloss** mit Bergfried aus dem 12. Jh. hat Gabriel von Seidl zum Neorenaissance-Herrensitz aufgehübscht (heute Internatsschule, Konzerte).

Gut Immling

Zwischen Söchtenau und Bad Endorf hat der frühere Opernsänger Ludwig Baumann in zauberhafter Umgebung ein inzwischen renommiertes Sommer-Operfestival begründet. Info Tel. (0 80 55) 90 34-0, www.immling-musikfestival.de; Karten Tel. 0180 50 46 654.

ROSENHEIM ERLEBEN

AUSKUNFT

Touristeninformation
Kufsteiner Str. 4, 83022 Rosenheim
Tel. (0 80 31) 3 65 90 61
www.touristinfo-ro.de

FESTE UND EVENTS

Fasching (gerade Jahre): Große Festivitäten in Neubeuern. Letzter Aug.-Sa.: Beginn des 16-tägigen Herbstfests in Rosenheim.

ESSEN

► Preiswert / Erschwinglich

① *Gasthof Stockhammer*
Max-Josefs-Platz 13, Rosenheim
Tel. (0 80 31) 1 29 69
Gediegenes altes Wirtshaus am schönen Stadtplatz, in dem man sich bei einer zünftigen Brotzeit oder deftigen Schmankerln stärkt. Sa. abends und So. geschlossen.

② *Zum Santa*
Max-Josefs-Platz 20, Rosenheim
Tel. (0 80 31) 3 41 21
In der Weinstube mit gotischem Gewölbe wird internationale Küche mit bayerischem Einschlag serviert.

ÜBERNACHTEN

► Günstig / Komfortabel

Hotel Burgdacherl
Marktplatz 23, 83115 Neubeuern
Tel. (0 80 35) 24 56
Gut ausgestattete Zimmer. Restaurant mit Dachterrasse, herrlicher Blick auf das Dorf, das Tal und die Berge.

Zur Post
Salzburger Str. 1, 83134 Prutting
Tel. (0 80 36) 3 08 80, Mo. geschl.
Stattlicher Gasthof mit schlichtem Interieur und traditioneller Küche. Liebevoll gestaltete Zimmer.

Ruhpolding

T 7

Landkreis: Traunstein
Einwohnerzahl: 6300
Höhe: 691 m ü. d. M.

In Ruhpolding begann die Geschichte Oberbayerns als Ziel des Massentourismus, und auch heute kann der Ort im weiten, von bewaldeten Bergen umrahmten Tal der Weißen Traun mit allem aufwarten, was Ferien im bayerischen Alpenvorland ausmacht.

Zwar kamen schon im 19. Jh. höhere Beamte zur Sommerfrische in das arme Holzknechtedorf, die Initialzündung für den großen Tourismus gaben jedoch die Auslands-Reisebeschränkungen, die die NS-Regierung 1933 erließ. Nach dem 2. Weltkrieg nahm man den Faden 1949 wieder auf, und 1967 konnte die »Zeit« schreiben: »Für viele hunderttausend Bundesbürger ist Ruhpolding der Inbegriff Bayerns geworden ...« (mit all der üblichen Pseudo-Folklore). Für Jahrhunderte, besonders nach der Eröffnung der Traunsteiner Saline 1619, war der Holzeinschlag und -handel der bedeutendste Wirtschaftszweig, im 16./17. Jh. blühte auch der Bergbau an Rauschberg und Unternberg. Das Angebot zur Urlaubsgestaltung ist umfassend, vom Wellen- und Freibad bis zum 9-Loch-Golfplatz und zum Paragliding am Unternberg. Ein touristisches Musszziel ist die »Windbeutelgräfin« (Brandner Str. 37) mit ihren Riesen-Windbeuteln.

Winterspaß für die ganze Familie in Ruhpolding

RUHPOLDING ERLEBEN

AUSKUNFT

Kurverwaltung
Postfach 1460, 83321 Ruhpolding
Tel. (0 86 63) 88 06-0
www.ruhpolding.de

Inzeller Touristik
Rathausplatz 5, 83334 Inzell
Tel. (0 86 65) 98 85-0, www.inzell.de

FESTE UND EVENTS

Ende Jan.: Ballonwoche Inzell. Fronleichnam: Prozession in Ruhpolding. Ende Juli: Dorffest in Inzell.
1. Sept.-So.: Georgiritt Ruhpolding.
4. Sept.-So.: Michaeliritt in Inzell.

ESSEN

► Erschwinglich / Fein & teuer
Hotel zur Post
Reichenhaller Str. 2, 83334 Inzell
Tel. (0 86 65) 9 85-222
Im eleganten »Rosenstübchen« pflegt man eine hochklassige, experimentierfreudige Küche, rustikaler speist man in der »Posthalterei«.

ÜBERNACHTEN

► Komfortabel
Hotel Zur Post
Hauptstr. 35
83324 Ruhpolding
Tel. (0 86 63) 543-0
Schon 1424 wird die »Taferne« erwähnt, seit 1845 ist der stattliche Gasthof in Familienbesitz. Moderner Komfort, mit Hallenbad, Sauna etc.

► Günstig / Komfortabel
Hotel Almhof
Maiergschwendter Str. 5
83324 Ruhpolding
Tel. (0 86 63) 8 85 80
Wenige Minuten vom Zentrum gelegen, sehr schöne Zimmer, einige sind ganz mit altem Holz gestaltet.

Sehenswertes in Ruhpolding

Pfarrkirche St. Georg

Das Wahrzeichen Ruhpoldings thront über dem Ort: die Pfarrkirche St. Georg, eine der **schönsten Dorfkirchen** Oberbayerns. Der 40 m lange Wandpfeilerbau entstand 1738 – 1757 nach Plänen des Münchner Hofbaumeisters Johann Gunezrhainer. Überbordendes Rokoko (Kanzel!) ist der Rahmen für die schlichte **»Ruhpoldinger Madonna«** im rechten Seitenaltar (um 1230).

Museen

Im Jagdschloss, 1587 für Herzog Wilhelm V. erbaut und neogotisch überformt, zeigt das **Bartholomäus-Schmucker-Heimatmuseum** eine der wertvollsten Sammlungen alpenländischer Volkskunst, dazu den letzten in Bayern geschossenen Bären (geöffnet Ende Dez. – Okt. Mi. – Sa. 14.00 – 17.00 Uhr). Europas größte Sammlung von Paramenten und Brokatstoffen sowie kostbare Reliquien birgt das **Museum für bäuerliche und sakrale Kunst** (geöffnet Di. – Sa. 9.30 bis 12.00, 14.00 – 16.00, So. 9.30 – 12.00 Uhr, 25. Okt. – 25. Dez. geschl.). Im **Schnauferlstall** sind Motorräder der Jahre 1924 – 1960 zu sehen (geöffnet tägl. 10.00 – 12.00, 13.00 – 16.00 Uhr).

Glockenschmiede In Vorderbrand-Haßlberg ist die Glockenschmiede von 1646 an ihrem ursprünglichen Standort erhalten. Hier wurden Werkzeuge wie Sensen, Schaufeln und Torfmesser hergestellt. Außer der alten Technik sind zahlreiche Zeugnisse der Schmiedekunst zu bewundern (geöffnet Mitte Mai – Mitte Okt. Mo. – Fr. 10.00 – 12.00, 14.00 – 16.00, Juli – Mitte Sept. tägl. 10.00 – 16.00 Uhr).

Umgebung von Ruhpolding

Wintersport Die Ruhpoldinger Skigebiete liegen an Unternberg (1425 m) und Rauschberg (1648 m), nicht weit ist es zur Winklmoosalm-Steinplatte bei Reit im Winkl. Das Naturschutzgebiet »Drei Seen« zwischen Ruhpolding und Reit im Winkl bietet zahlreiche schöne Loipen. Mit dem Skiwanderweg nach Inzell lassen sie sich zur 40 km langen **Chiemgau-Marathonloipe** verbinden.

Holzknechtmuseum In Ruhpolding-Laubau dokumentiert das Holzknechtmuseum den einst bedeutendsten Wirtschaftszweig der Region. Im Gelände sind teils originale, teils nachgebaute Hütten aufgestellt, u. a. ein Rindenkobel und ein Almkaser. Im Haupthaus, im Stil einer Salinenverwaltung erbaut, wird das mühevolle und gefährliche Handwerk vor Augen geführt. Geöffnet Mai – Okt. Di. – So. 13.00 – 17.00 Uhr, tägl. in den Oster- und Weihnachtsferien.

Inzell Der hübsche Ferienort (4300 Einw., 692 m), 8 km östlich von Ruhpolding im Tal der Roten Traun gelegen, ist bekannt als **Eisschnelllaufzentrum**. Die 400-Meter-Bahn beim Zwingsee, auf der auch Speedway-Rennen ausgetragen werden, steht den Gästen zum Eislaufen, Eisstockschießen etc. offen. In frühen Zeiten lebten die Einwohner v. a. vom Salz- und Holztransport im Zusammenhang mit dem Reichenhaller Salinenwesen. In der Pfarrkirche **St. Michael** (1727) ist das Triumphkreuz zu beachten, das Gottvater und die Taube des Heiligen Geistes zeigt. Der Gasthof »Zur Post«, heute ein Rundum-Verwöhn-Wellness-Hotel, gehörte einst dem Kloster St. Zeno und besitzt einen schönen Arkadenhof. Südlich des Zwingsees (Freibad) liegt ein **Gletschergarten** mit eiszeitlichen Gletschermühlen. Dort beginnt beim Café Zwing der interessante **Salinen-Rundwanderweg** (3.30 Std.), an dem Reste der Soleleitung von Reichenhall nach Traunstein zu sehen sind, u. a. ein Hochbehälter mit »Himmelsleiter«.

? WUSSTEN SIE SCHON ...?

- Anton Cajetan Adlgasser (1729 – 1777), Sohn eines Inzeller Lehrers, war ein angesehener Musiker und mit der Familie Mozart verbunden. Sein Geburtshaus, damals das Schulhaus, ist heute der angenehme Gasthof Neimoar (Schmelzer Str. 40, Tel. 0 86 65 / 73 22).

Frillensee St. Nikolaus Ein beliebtes Ausflugsziel ist der 6 km östlich von Inzell gelegene Frillensee, einer der kältesten Seen Deutschlands. Unterwegs ist die schöne spätgotische Kirche **St. Nikolaus** mit Netzgewölben, einem

Das Nikolauskircherl in Inzell-Adlgaß

Triumphbogenkreuz und Glasgemälden aus dem 15. Jh. sehenswert. Das letzte Stück vom Forsthaus Adlgaß, Stützpunkt für Wanderer und Rodler, bis zum See ist als **Bergwald-Erlebnispfad** eingerichtet. Sehr lohnend ist, vom Forsthaus Adlgaß aus, die Besteigung des **Zwiesel**s (1782 m) mit Übergang zum Gamsknogel (1750 m); Gesamtgehzeit ca. 6 Std., Trittsicherheit ist Bedingung.

Rupertiwinkel

U/V 5–7

Im Rupertiwinkel – dem schönen, sanften Land im Osten Oberbayerns, das sich entlang der Salzach zwischen Tittmoning, dem Waginger See und Freilassing erstreckt – orientiert man sich eher nach dem nahen Salzburg als nach München.

Altes Salzburger Land

Der heilige Rupert – im Jahr 718 verstorben und im Salzburger Dom bestattet – war Patron des Salzburger Landes (Fürstbistum Salzburg), zu dem auch die Bezirke Teisendorf, Waging, Laufen und Tittmoning gehörten. Erst nach 1810 wurden diese bayerisch, und seit 1816 verläuft die deutsch-österreichische Grenze in den Flüssen Salzach und Saalach. Der hl. Rupert gilt als Schutzpatron des Bergbaus; meist wird er als Bischof mit einem Salzfass dargestellt, denn im Besitz des Bischofs befanden sich ein Drittel der Reichenhaller Salzquellen.

Blick vom österreichischen Oberndorf auf Laufen mit der großen Stiftskirche

Laufen

Aus der Stadtgeschichte

Laufen (6700 Einw.) liegt höchst malerisch in einer **Schleife der Salzach**, die – neben dem Salztransport von Reichenhall – für die einstige Bedeutung des Städtchens sorgte. Den regen Schiffsverkehr behinderten die Stromschnellen im Flussbogen; oberhalb mussten die Schiffe entladen werden, unterhalb kam die Fracht auf größere Schiffe. Im Zug der politischen Neuordnung kam Laufen 1816 zu Bayern, die Vorstädte rechts der Salzach blieben bei Salzburg.

Sehenswertes in Laufen

Das Stadtbild Laufens wird beherrscht von dem **Schloss** (16. Jh.) im Süden und der mächtigen Stiftskirche **Mariä Himmelfahrt** im Norden (Mitte 14. Jh.), einem frühgotischen Hallenbau unter riesigem Satteldach. Vom romanischen Vorgängerbau ist der Turm erhalten. Das Gemälde (1690) im rechten Seitenaltar, dem Rupertus- oder Schifferaltar, stammt von dem berühmten Barockmaler Michael Rottmayr, der aus Laufen stammte. Beachtenswert sind auch die Grabdenkmäler. Um die Kirche zieht sich ein romanischer Bogengang mit zwei Portallöwen. Zu beachten ist auch der **Dechantshof** nördlich der Kirche (1625), in dem Teile der gotischen Ausstattung der Stiftskirche aufbewahrt werden. Die Hauptachse der Stadt, die schmale Rottmayrstraße mit Bürgerhäusern des 16.–18. Jh.s, führt zum Marienplatz mit Bauten im Inn-Salzach-Stil. Die Verbindung mit Österreich stellt eine beeindruckende, in dieser monumentalen Form seltene **Eisenbrücke** von 1902 her.

! *Baedeker* TIPP

Weihnachten in Oberndorf

Am 24. Dezember (17.00 Uhr) nehmen Tausende Menschen aus aller Herren Länder an der Gedenkfeier für F. X. Gruber und J. Mohr teil. Ein Sonderpostamt ist im Stille-Nacht-Museum von 8. bis 23. Dez. tägl. 10.00 – 16.00 Uhr, am 24. Dez. 9.00 – 12.00 Uhr geöffnet.

Umgebung von Laufen

Oberndorf

Jenseits der Salzach liegt der hochberühmte Markt Oberndorf: Hier erklang am Heiligabend des Jahres 1818 das Lied **»Stille Nacht, heilige Nacht«** zum ersten Mal. Den Text schrieb der Vikar Josef Mohr, die Musik der Lehrer Franz Gruber. Die Kirche St. Nikolai, der Ort des Ereignisses, wurde 1899 durch Hochwasser zerstört, 1937 wurde an ihrer Stelle eine Gedächtniskapelle errichtet.

Abtsdorfer See

Ca. 4 km südwestlich liegt der schöne Abtsdorfer See mit warmem, moorhaltigem Wasser und der kleinen bewaldeten Insel Burgstall. In **Abtsdorf**, das sein altes Bild eindrucksvoll bewahrt hat, sind in der Kirche St. Jakobus (um 1466) Reste gotischer Fresken, im Hochaltar ein hervorragender hl. Florian von J. M. Rottmayr und ein hl. Jako-

RUPERTIWINKEL ERLEBEN

AUSKUNFT

Touristikverband Abtsdorfer See
Im Schlossrondell 2, 83410 Laufen
Tel. (0 86 82) 18 10
www.abtsdorfersee.de
www.stadtlaufen.de

Städtisches Verkehrsamt
Stadtplatz 1, 84529 Tittmoning
Tel. (0 86 83) 70 07-10
www.tittmoning.de
www.wagingersee-salzachtal.de

FESTE UND EVENTS

Fronleichnam: Prozession mit »Himmelbrotschutzen« in Laufen. So. um den 15. Aug.: Piratenschlacht oder Schifferstechen in Laufen. 6. Nov.: Leonhardiritt auf dem Wonneberg.

PLÄTTEN

Von Tittmoning kann man Mai–Sept. mit »Plätten« auf der Salzach nach ►Burghausen fahren. Abfahrtsstelle nahe dem Grenzübergang.

ESSEN

► Erschwinglich / Fein

Landhaus Tanner
Aglassing 1, 83329 Waging am See
Tel. (0 86 81) 69 75-0
In geschmackvoll modernem Ambiente genießt man bayerisch-mediterrane Küche, von handfest bis sehr edel. Appartements für 2–4 Personen. Gutes Preis-Leistungs-Verhältnis.

► Preiswert

Braugasthof
Stadtplatz 35, 84529 Tittmoning
Tel. (0 86 83) 89 09 59, Mi. geschl.
Gediegenes altes Stadtwirtshaus mit schöner Atmosphäre und guter bayerisch-österreichischer Karte.

Gasthaus St. Leonhard
83379 St. Leonhard am Wonneberg
Tel. (0 86 81) 5 51
Stattlicher alter Gasthof gleich bei der Kirche, gute bodenständige Kost.

ÜBERNACHTEN / ESSEN

► Günstig

Gasthof Seehaus
Seehaus 3, 83367 Petting
Tel. (0 86 86) 98 81-0
www.gasthof-seehaus.de
Familiärer Gasthof am idyllischen Weidsee, mit schönen Zimmern. Man isst sehr gut und preiswert.

bus aus Holz (um 1500) zu sehen. An der Dorfstraße prachtvolle Häuser (u. a. das Gasthaus salzburgischen Typs neben der Kirche).

Waginger See Der Waginger See und der durch einen Straßendamm abgetrennte Tachinger See sind mit Sommertemperaturen um 26 °C als Bade- und Campingferienseen beliebt. Der sommers ziemlich lebhafte Luftkurort **Waging** (6300 Einw., mit Promenade und Badestrand) wurde schon um 740 erwähnt; sehenwert hier die Kirche St. Martin (1611 / 1722). Ganz zauberhaft liegt am Nordende des Tachinger Sees die gotische Kapelle **St. Koloman** mit einem großartigen gotischen Flügelaltar (1515), dem einzigen ganz erhaltenen aus der Werkstatt des Laufeners Gordian Guckh. Einen Guckh-Altar von 1513 gibt's in **St. Leonhard am Wonneberg** (südwestlich von Waging) zu sehen, dazu eine frühbarocke Ausmalung durch Salzburger Künstler (1633); die Kirche von 1496 hat einen Turm mit Dreifach-Zwiebel.

✶ Tittmoning

Aus der Geschichte Tittmoning (6100 Einw.) hat durch den wirtschaftlichen Niedergang im 19. Jh. wie kaum eine andere Stadt in Ostbayern ihr historisches Bild bewahrt. Im 13. Jh. als Stadt erstmals genannt, war es nördliche Grenzfestung des erzbischöflich-salzburgischen Herrschaftsbereichs. Bedeutung hatte der Ort als Umschlagplatz für das Salz, das die Salzach hinuntertransportiert wurde. Joseph Ratzinger – Papst Benedikt XVI. – verbrachte von 1929 bis 1932 Kinderjahre in der Stadt.

In der Tittmoninger Burg ist das Heimathaus des Rupertiwinkels untergebracht.

Sehenswertes in Tittmoning

Die mächtige, das Stadtbild beherrschende **Burg**, erbaut im 13./16. Jh., wurde nach der Belagerung 1611 als Jagdschloss neu errichtet. In der Schlosskapelle ein dramatisches Altargemälde (Hl. Michael) von dem berühmten Johann Michael Rottmayr (1697). In der Burg sind drei Museen ansässig: Das **Heimathaus Rupertiwinkel** besitzt eine große Sammlung bayerischer Schützenscheiben von 1600 bis 1930, Grabkreuze, Votiv- und Hinterglasbilder, Keramik und Salzburger Fayencen (Führungen Mai – Sept. Fr. – Mi. 14.00 Uhr). Die **Heimatstube der Sudetendeutschen** dokumentiert die Vertreibung, zu sehen sind außerdem böhmische Gläser und Gablonzer Schmuck. Das **Gerbermuseum** ist der einst bedeutenden Lederindustrie Tittmonings gewidmet (geöffnet Mai – Okt. tägl. 13.00 – 16.00 Uhr). Die Mitte der Bürgerstadt nimmt der 350 lange **Stadtplatz** in schönstem Inn-Salzach-Stil ein (ohne die Laubengänge, wie es sie z. B. in Rosenheim gibt), mit Floriansbrunnen (1706), Nepomuksäule (1701) und hoher Immaculata-Säule (1758). Das Rathaus (um 1580; Nr. 1) und das gräflich-khuenburgische Palais (Nr. 40) besitzen schöne Stuckfassaden des 18. Jh.s, das Gasthaus »Zur Post« ein herrliches Wirtshausschild. Die **Befestigung** ist z. T. erhalten: Von Norden betritt man die Stadt durch das Burghauser Tor, im Süden durch das Salzburger Tor. Die Pfarrkirche **St. Laurentius** wurde 1514 vollendet, 1815 durch einen Brand vernichtet und bis 1820 wiederhergestellt. Einen Blick wert ist die **Allerheiligenkirche** (1683), deren Inneres im Stil des Salzburger Barocks – in Gold und Schwarz – gehalten ist.

Schliersee

P 7

Landkreis: Miesbach **Mittl. Wasserspiegel:** 777 m ü. d. M.

Als kleiner ländlicher Bruder des »feineren« Tegernsees gilt der östlich von diesem gelegene Schliersee. Mit dem gleichnamigen Kurort am Nordufer ist er Mittelpunkt eines sommers wie winters beliebten Ausflugs- und Urlaubsgebiets.

See

Der durch Moränen aufgestaute Schliersee am Nordrand der Schlierseer Berge ist rund 3 km lang und 40 m tief; auf einem 7 km langen Weg kann man ihn umrunden. Im See liegt die Insel Wörth (privat).

Schliersee (Ort)

Der hübsch hergerichtete Kurort (783 m, 6400 Einw.) verfügt mit seiner neuen **VitalWelt** über ein attraktives Wellness- und Gesundheitszentrum mit Familienbad direkt am See. Der Ort bildete sich um ein 779 bezeugtes Kloster. Die barocke Pfarrkirche **St. Sixtus** (1714) besitzt schöne Stuckaturen und Fresken, frühe Werken von J. B. Zimmermann (im Chor Darstellung des hl. Sixtus); Zimmermann entwarf auch den Hochaltar aus Nußbaumholz. Erasmus Grasser wird der »Gnadenstuhl« (1480) zugeschrieben, Jan Polack die

Festumzug beim Schlierseer Kirchtag

Schutzmantelmadonna. Das **Schrödelhaus** (14./15. Jh.) in der Lautererstraße ist heute Heimatmuseum (geöffnet Mitte Mai – Sept. Di. – Fr. 16.00 – 18.00, Sa. 10.00 – 12.00, ab Juli auch So. 10.00 – 12.00 Uhr; im Okt. nur Sa./So.); zu sehen sind Zeugnisse bäuerlicher Wohnkultur und volkstümlicher Frömmigkeit, interessant auch die Küche aus dem 15. Jh. Das berühmte **Schlierseer Bauerntheater** wurde 1892 von dem Hofschauspieler Konrad Dreher und dem einheimischen Gastwirt Xaver Terofal gegründet; Spielort ist das Seehaus, das damals von Emanuel von Seidl umgebaut wurde. Der berühmte Wildschütz Georg Jennerwein ist auf dem Friedhof von **St. Martin** (18. Jh.) in Westenhofen – unter dem originalen Grabkreuz von 1877 – begraben.

! *Baedeker* TIPP

Der Geist des Enzians

und anderer »Früchte« wird in der Schlierseer Brennerei Lantenhammer in feine Destillate gebannt. Urtlbachstr. 1 a, Führungen Fr. 15.00, Sa. 11.00 Uhr. Tel. (0 80 26) 9 24 80, www.lantenhammer.de.

Umgebung von Schliersee

St. Georg Einen schönen Blick auf den See hat man von der St. Georgs-Kirche am Weinberg oberhalb des Orts. Sie wurde im 14. Jh. errichtet und besitzt einen ungewöhnlichen Hochaltar (1624) mit dem hl. Georg. Gute Aussicht bietet sich auch von der Schliersbergalm (1064 m) am Schliersberg (1265 m), zu der eine Kabinenbahn hinaufbringt.

Hohenwaldeck In 2 Std. wandert man zur Ruine der Burg Hohenwaldeck (12. Jh.) südöstlich des Sees – ein Aussichtsbalkon in 980 m Höhe.

Wanderungen zum Tegernsee Vom Schliersee lohnen zwei Wegen westwärts zum ► Tegernsee: nördlich über den Auer Berg und die Gindelalmschneid, südlich über die Baumgartenschneid (1448 m) und den Riederstein (6 Std.).

Fischhausen / Neuhaus

Fischhausen und Neuhaus sind idyllische Ferienorte südlich des Sees. In Fischhausen steht der barocke Wallfahrtskirche **St. Leonhard**, ein um 1670 errichteter Zentralbau, den Dominikus Zimmermann zum Vorbild für die Wieskirche genommen haben soll. Auf Initiative des Ski-Olympiasiegers Markus Wasmeier entstand bis 2006 am Brunnbichl ein interessantes **Bauernhof- und Wintersportmuseum** (die Öffnungszeiten standen noch nicht fest). Lohnend ist ein Ausflug von Neuhaus zu den Josefsthal-Wasserfällen (45 Min.). Neuhaus ist auch Ausgangspunkt für die Eroberung des Brecherspitz (1685 m), der den See im Süden beherrscht: Vom Bahnhof zur Ankelalm (1311 m), dort rechts zur Freudenreich-Kapelle und zum Gipfel, in nördlicher Richtung zurück. Gesamtgehzeit 4.30 – 5 Std.

◄ Brecherspitz

Spitzingsee

Der ca. 1 km lange Spitzingsee (1084 m) ist Mittelpunkt einer beliebten Wander- und Wintersportregion an Stümpfling und Taubenstein. Vom **Spitzingsattel** (1128 m) nördlich des Sees hat man einen guten Blick über den Schliersee. Von der Oberen Firstalm westlich des Sees (1369 m) Rodelbahn zum Spitzingsattel (2,5 km). Die Straße in die **Valepp** ist für Kfz gesperrt (Linienbus); Weiteres ►Tegernsee.

◄ »Problembär« Bruno

Der aus dem Trentino zugewanderte Bär Bruno, der erste frei lebende Braunbär nach über 170 Jahren in Deutschland, der in Oberbayern wochenlang für Unruhe gesorgt hatte, wurde am frühen Morgen des 26. Juni 2006 in der Nähe der Rotwand im Spitzingseegebiet erschossen.

Leitzach-Tal

Östlich des Schliersees breitet sich im Leitzach-Tal zwischen ►Miesbach, Bad Feilnbach (►Bad Aibling) und ►Bayrischzell ein hübsches Ländchen aus. Sein Hauptort **Fischbachau** (5500 Einw., 778 m) besitzt schöne alte Bauernhöfe und zwei bemerkenswerte Sakralbauten. Im 11. Jh. ließen sich hier Hirsauer Benediktiner nieder, die zuvor eine Ansiedlung in Bayrischzell versucht hatten, es dort aber zu unwirtlich fanden. Die **Klosterkirche** (Pfarrkirche St. Martin), eine dreischiffige romanische Basilika, blieb erhalten; ihren Turm erhielt sie um 1700, die herrliche Barock-Rokoko-Ausstattung im 18. Jh. Im Hochaltar ein Gemälde von J. B. Deyrer (1766): Die Stifterin, Gräfin Haziga von Scheyern, vertraut ihre Gründung dem hl. Martin an. Zu beachten sind das unverändert erhaltene Kirchengestühl (1738), die Kanzel, der spätgotische Taufstein und die barocke Mondsichel-Muttergottes im rechten Seitenaltar. Eine Kostbarkeit ist auch die benachbarte Friedhofskirche **Mariä Schutz**, das älteste Bauwerk des Leitzach-Tals (geweiht 1087, um 1495 und 1635 umgestaltet), mit spätgotischen Fresken. Im Hochaltar zwei schöne Schnitzwerke, eine farbig gefasste Schutzmantelmadonna (1500) sowie in der Predella ein Marientod-Relief. Von Karfreitag bis Ostermontag ist hier eine einzigartige **Heilig-Grab-Anlage** (1787) aufgebaut. Nach so viel Kultur kann man im Klosterstüberl mit seinem Biergarten und/ oder im moorigen **Wolfsee** am Fuß der Steinmauer (südlich, zwischen Fischbachau und Hammer) ein Päuschen einlegen.

Birkenstein Das zu Fuß 30 Min. östlich gelegene Birkenstein ist Ziel vieler Wallfahrten, besonders schön die Trachtenwallfahrt zu Christi Himmelfahrt. Die doppelgeschossige **Kirche Mariä Himmelfahrt** wurde um 1710 nach dem Vorbild der Santa Casa im italienischen Loreto errichtet; die Gnadenkapelle im Obergeschoß, 1760 in üppigem Rokoko ausgestattet, birgt das Marienbild aus dem 15. Jh. Interessant ist in Birkenstein die historische Gebirgsmühle im Miniaturformat, sehr lohnend die Besteigung des **Breitensteins** (1622 m, gesamt 4 Std.). Danach schmecken die hausgemachten Kuchen im Café Seidl.

Elbach In dem Dorf nördlich von Fischbachau signalisiert ein schöner Doppelzwiebelturm die Kirche **St. Andreas** von 1689, von unbekannter

SCHLIERSEE ERLEBEN

AUSKUNFT

Gäste-Information
Bahnhofstr. 11 a
83727 Schliersee-Neuhaus
Tel. (0 80 26) 60 65-0
www.schliersee.de

Tourismusbüro
Kirchplatz 10, 83730 Fischbachau
Tel. (0 80 28) 8 76
www.fischbachau.de

FESTE UND EVENTS

1. Jan.: Pferdeschlittenrennen, Elbach. Ende Juli: Seefest in Schliersee. Wallfahrten in Birkenstein, u. a. Christi Himmelfahrt, Fronleichnam, Mariä Himmelfahrt. 7. Aug.: »Kleiner Kirchtag« mit Bootsprozession von Fischhausen nach Schliersee. Ende Aug.: Seefest, Spitzingsee. 6. Nov.: Leonhardifahrten in Schliersee (nach Fischhausen) und in Hundham.

ESSEN

► Preiswert / Erschwinglich

Stögeralm
Stögeralm 1, 83727 Schliersee
Tel. (0 80 26) 21 73
www.stoegeralm.de, Di./Mi. geschl.
Hoch über dem Schliersee gibt's zur guten bayerischen Küche (Spezialität: gegrillte Ente) eine wunderbare Aussicht. Mit Biergarten.

► Preiswert

Café Milchhäusl
Kurweg 3, 83727 Schliersee
Tel. (0 80 26) 46 76
Herzhafte und süße Schmankerl gibt's in der schönen alten Stube und auf der Terrasse unter Geranien

ÜBERNACHTEN

► Luxus

Alpenhotel ArabellaSheraton
Seeweg 7, 83727 Spitzingsee
Tel. (0 80 26) 79 80
www.sheraton.com/alpenhotel
Exklusives Hotel unmittelbar am Bergsee, geschmackvolle Zimmer im Landhausstil. Bayerisches und italienisches Restaurant, umfassendes Angebot an Lifestyle und Wellness.

► Günstig

Alte Bergmühle
Birkensteinstr. 60, 83730 Fischbachau
Tel. (0 80 28) 732
www.bergmuehle.info
Ruhig gelegenes, kinderfreundliches Haus jüngeren Datums zwischen Fischbachau und Birkenstein. Mit Weinstube und Restaurant.

Hand stammt die Ausstattung von 1722 (Deckenmalerei mit Szenen aus dem Andreas- und Marienleben, am Chorbogen die 14 Nothelfer). Ein Kleinod ist die barocke Weihnachtskrippe. Die Friedhofskapelle **Hl. Blut**, erbaut und stuckiert um 1670 durch Georg Zwerger, ist ein herrliches Beispiel des üppigen Miesbach-Schlierseer Stucks.

Schongau

J 7

Landkreis: Weilheim-Schongau
Einwohnerzahl: 12 600
Höhe: 710 m ü. d. M.

Schongau, am Westufer des Lechs gelegen, gehört politisch noch zu Oberbayern – das Stadtbild allerdings ist schon ebenso unverkennbar schwäbisch wie das hier gesprochene Idiom.

Auch die Lage der lebhaften Stadt ist speziell: auf einem Hügel, der einst vom Lech umflossen wurde. Fast vollständig erhalten ist die Befestigung des 14.–17. Jh.s mit hölzernem Wehrgang, Toren und Türmen. Um 1235 von Kaiser Friedrich II. gegründet, verdankte die Stadt ihren Aufschwung der günstigen Lage als Umschlagplatz am Lechübergang, den schon die römische Via Claudia Augusta nützte.

Sehenswertes in Schongau

Stadtzentrum

Die Hauptachse der staufischen Stadtanlage ist zweigeteilt: im Norden die von behäbigen Giebelhäusern gesäumte Münzstraße, im Süden der Marienplatz. Getrennt werden sie von der Pfarrkirche **Mariä Himmelfahrt** (17./18. Jh.) mit Wessobrunner Stuck (teils von Domi-

SCHONGAU ERLEBEN

AUSKUNFT

Touristeninformation
Münzstraße 1
86956 Schongau
Tel. (0 88 61) 21 43 33

FESTE UND EVENTS

1. Aug.-Wochenende: Fischerfest am Deutensee. Aug.: Schongauer Sommer. Ende Aug.: Kalblutfohlenmarkt in Rottenbuch (der größte Deutschlands). 2. Sept.-So.: Rosstag in Burggen mit über 300 Pferden. 6. Nov.: Leonhardiritt in Rottenbuch.

ESSEN / ÜBERNACHTEN

► **Preiswert**

Gasthof Blaue Traube
Münzstr. 10, 86956 Schongau
Tel. (0 88 61) 9 03 29
Gemütliches Restaurant in mächtigem altem Haus an der Hauptstraße. Großzügige moderne Zimmer.

Zum Koch
Klosterhof 26, 82401 Rottenbuch
Tel. (0 88 67) 92 11 95
Hübscher, gediegener Gasthof mit angenehmen schlichten Zimmern.

nikus Zimmermann) und Deckenfresken von Matthäus Günther. Den prunkvollen Hochaltar (1760) schuf F. X. Schmädl nach einem Entwurf von Ignaz Günther; in der Mitte die Himmelfahrt Mariens (um 1620), seitlich die hll. Mauritius und Martin. Auf dem Marienplatz das große **Ballenhaus** (1515, im 19. Jh. verändert) mit Treppengiebeln und schöner Balkendecke im Ratssaal.

Stadtmuseum Das Stadtmuseum in der einstige Spitalkirche St. Erasmus (geöffnet Sa., So. 14.00 – 17.00 Uhr) zeigt römische und mittelalterliche Funde sowie sakrale Kunst; bedeutendstes Stück ist ein **Rokoko-Hausaltar**, vermutlich von A. Häringer, einem Schwiegersohn Ignaz Günthers.

Umgebung von Schongau

✶✶ Altenstadt Die **bedeutendste romanische Kirche Oberbayerns** steht 3 km nordwestlich von Schongau in Altenstadt (heute katholische Pfarrkirche St. Michael). Um 1180 – 1200 wurde die dreischiffige Basilika mit mächtigen Osttürmen aus Tuffstein erbaut. Auf dem Lettnerbalken steht das kostbarste Ausstattungsstück: ein romanischer Kruzifixus, der **Große Gott von Altenstadt** (nach 1220): kein Leidender, sondern der majestätische Sieger über Tod und Hölle. Zu seinen Seiten Maria und Johannes, Kopien mittelalterlicher Plastiken (Originale im Bayerischen Nationalmuseum München). Die Fresken im Chor stammen aus dem 14. Jh., aus der Bauzeit der riesige Christophorus an der

Ein seltenes Bild in Oberbayern: romanische Kirche in Altenstadt

West-Innenwand. Ebenso alt ist der romanische Taufstein, der zu den schönsten in Deutschland zählt. Zu beachten sind auch die unterschiedlich gestalteten Würfelkapitelle.

Peiting

Peiting (12 000 Einw.) liegt jenseits des Lechs 3 km südöstlich von Schongau im Pfaffenwinkel. Seit 1055 gab es hier eine Burg der Welfen, von der noch Wälle vorhanden sind. Von 1920 bis 1968 wurde Pechkohle abgebaut. Die Pfarrkirche St. Michael (1785) besitzt Altäre von F. X. Schmädl und vom romanischen Vorgängerbau noch den Turm (11. Jh.) und die Krypta (um 1200). Zu beachten ist auch **Wallfahrtskirche Maria Egg** auf dem Friedhof; ihr Langhaus datiert von 1655, der Chor wurde 1737 von Joseph Schmuzer neu erbaut. Nördlich von Peiting sollte man das »Diakoniedorf« **Herzogsägmühle** besuchen, in dem Behinderte und anders Benachteiligte beschützt leben (Tel. 0 88 61 / 219-0, www.herzogsaegmuehle.de); es gibt hier eine Cafeteria und einen Laden mit Handgefertigtem. Vom Kalvarienberg westlich von Peiting und vom **Eschenbühl** ca. 6 km südlich hat man einen großartigen Blick auf die Alpen; von Peiting geht man in gut 2 Std. auf den Peißenberg (►Weilheim).

Burggen

In dem Dorf 7 km südwestlich von Schongau sind die Kirchen St. Stephan (1682) und St. Anna (gotisch, nach 1612 umgestaltet) interessant, beide mit Altarfiguren des Füsseners Anton Sturm (um 1735), letztere auch mit bemalter Holzkassettendecke (1674). Wunderschönes Naturschutzgebiet im Bereich der **Litzauer Lechschleife**.

✶✶ Rottenbuch

Überbordendes Rokoko ist in Rottenbuch (1800 Einw., 763 m) zu bewundern, das 15 km südöstlich von Peiting malerisch über der tief eingeschnittenen Ammer liegt. Der Ort wird geprägt durch das ehemalige Augustiner-Chorherrenstift, das 1073 von Herzog Welf IV. gegründet und 1803 aufgehoben wurde. Ihr Mittelpunkt ist die **Kirche Mariä Geburt** mit freistehendem Turm (1439). Die im 15. Jh. erbaute gotische Basilika erhielt 1737 – 1742 durch Joseph Schmuzer und seinen Sohn Franz Xaver ein glanzvolles Gewand. Matthäus Günther schuf die Deckenfresken mit Szenen aus dem Leben des hl. Augustinus; am Hochaltar von F. X. Schmädl ist die Geburt Mariens dargestellt. Die Muttergottes auf dem letzten Altar der Nordseite schuf Erasmus Grasser (1483). Wunderschön sind auch das geschnitzte Chorgestühl, die Kanzel, der Orgelprospekt und …

… die musizierenden Putten.

★ Echelsbacher Brücke Etwa 3 km südlich von Rottenbuch überspannt die Echelsbacher Brücke in einem kühnen Eisenbetonbogen von 130 m Weite das Ammertal, das hier 76 m tief eingeschnitten ist. Sie wurde 1929 nach dem System Melan-Spangenberg erbaut und ist die einzige in dieser Konstruktion errichtete Großbrücke.

★ Schwangau

H 8

Landkreis: Ostallgäu
Einwohnerzahl: 3400
Höhe: 796 m ü. d. M.

Wo Oberbayern und das Allgäu zusammentreffen, entfalten sie – im Verein mit den weltberühmten Königsschlössern Neuschwanstein und Hohenschwangau – ihre größte Schönheit.

Über 1,3 Mio. Besucher zählt man im Jahr auf Schloss Neuschwanstein, womit es das meistbesuchte Schloss Bayerns ist (und das einzige, das dem Freistaat mehr einbringt, als der Unterhalt kostet). Doch es profitiert auch der heilklimatische Kurort Schwangau bei ►Füssen. Dabei hätte er »Nachhilfe« kaum nötig: Vor den Ammergauer Alpen am Forggensee gelegen, bietet er alle Möglichkeiten für einen tollen Urlaub in schönster Landschaft. Wohl unvermeidlich, dass das einstige Dorf zu einer Inszenierung bayerischer »Gemütlichkeit« und einem Souvenirbasar für amerikanische, japanische etc. Touristen geworden ist. Man sollte aber auf eine Schwangauer Besonderheit achten, die **Laubenhäuser** meist aus dem 17. Jh., deren Ursprung man in einem Haustyp des Bregenzer Walds vermutet.

★ St. Koloman Ein großartiges Bild vor der Bergkulisse: Nordöstlich außerhalb des Orts steht auf freiem Feld die Wallfahrtskirche St. Koloman, ein Werk des Wessobrunners **Johann Schmuzer** (1673 – 1678) und eine der schönsten frühbarocken Kirchen Bayerns. Sie birgt bemerkenswerte spätgotische Schnitzfiguren (um 1510), darunter St. Koloman und Apollonia sowie eine Muttergottes.

Seen Von besonderem Reiz ist der von Wald umgebene blaugrüne **Alpsee** (nicht verwechseln mit dem Alpsee bei Immenstadt), eindrucksvoller Hintergrund für Schloss Hohenschwangau, am Fuß des schroffen Pilgerschrofens (1760 m). Man kann ihn umwandern und drin baden (ebenso ist es mit dem benachbarten, zauberhaften **Schwansee**). Der wärmere **Bannwaldsee** ist Naturschutzgebiet mit Freibädern und Campingplatz, der **Forggensee** (► Füssen) das große Freizeit- und Wassersportrevier.

Königliche Kristall-Therme Wohltuendes Wasser in jeder Form genießt man im Thermalsolbad, in einer Saunalandschaft und in einer Edelstein-Meditationsgrotte.

Wanderungen und Bergtouren

Auf den Tegelberg (2087 m) führt von Schwangau eine Kabinenbahn (bei der Talstation wurden Reste eines römischen Badehauses freigelegt). Viel schöner allerdings ist der Aufstieg durch die **Pöllatschlucht** zur Marienbrücke, die die Schlucht in 92 m Höhe überspannt und einen atemberaubenden Blick auf Schloss Neuschwanstein gewährt (in der Nähe auch der Aussichtspunkt »Jugend«); dann weiter über den Grat zur Bergstation (gesamt ca. 3 Std.). Sehr schön ist auch der Gang von der Marienbrücke zum ehemaligen königlichen Jagdhaus **Bleckenau** (ca. 1 Std.), wo man Brotzeit machen kann. Ein echter Leckerbissen für geübte, trittsichere Bergwanderer ist der **Säuling**, der markante »Hausberg« der Königsschlösser (von Schwangau und zurück 6 – 7 Std.).

✶ ✶

◄ Marienbrücke

✶ **Schloss Hohenschwangau**

In leuchtendem Ocker thront Schloss Hohenschwangau dort, wo im 12. Jh. die Hohenstaufenburg Schwanstein (12. Jh.) stand. Sie war ein Zentrum des Minnesangs; einer der ersten Ritter von Schwangau, Hiltpolt, wird als Minnesänger in der Heidelberger Liederhandschrift erwähnt. 1538 – 1547 wurde die Burg von der Augsburger Familie Paumgartner erneuert, später verfiel sie. Kronprinz Maximilian, später König Max II., erwarb die Ruine 1832 und ließ sie bis 1837 nach Plänen von Domenico Quaglio aufbauen. Sein Sohn Ludwig II. verbrachte hier einen Großteil seiner Kindheit; Richard Wagner war hier zu Gast. Heute gehört das Schloss dem Wittelsbacher Ausgleichsfonds. Es ist mit Mobiliar aus der Bauzeit ausgestattet und mit Fresken geschmückt, für die Moritz von Schwind und Wilhelm Lindenschmitt die Zeichnungen lieferten. Im Schlosspark steht ein Schwanenbrunnen von Ludwig Schwanthaler.

Schloss Hohenschwangau, Lieblingssitz König Maximilians II.

★★ Schloss Neuschwanstein

Am Platz der Reste der Burg Vorderschwangau wurde das »Traumschloss« (► S. 334) 1869 – 1886 errichtet, und zwar nach Entwürfen des Theatermalers (!) Christian Jank. Bauleiter waren Georg Dollmann und Julius Hofmann. Aus der Idee einer kleinen Ritterburg, die Szenerien aus Richard Wagners Opern in Stein verwirklichen sollte, wurde – inspiriert von den Burgen der Ile-de-France und der Sage der Gralsburg Montsalvat – eine monumentale neogotische Anlage. Beim Tod des Königs war der Bau nicht vollendet: Bergfried und Kapelle wurden nicht mehr ausgeführt, nur die Kemenate kam

SCHWANGAU ERLEBEN

AUSKUNFT

Tourist Information
Münchener Str. 2
87645 Schwangau
Tel. (0 83 62) 8198-0
www.schwangau.de
www.hohenschwangau.de

BESICHTIGUNG DER KÖNIGSSCHLÖSSER

Öffnungszeiten
Öffnungszeiten:
Schloss Neuschwanstein,
Schloss Hohenschwangau
April – Sept. tgl. 9-00 – 18.00,
Okt.– März tgl. 10.00 – 16.00
Einlass nur mit gültigem Ticket möglich

Ticket Center
Alpseestr. 12
87645 Hohenschwangau
Tel. (0 83 62) 9 30 83-0
www.neuschwanstein.de
www.hohenschwangau.de
www.ticket-center-hohenschwangau.de
April – Sept. tgl. 8.00 – 17.30
Okt. – März 9.00 – 15.30
Tickets können auch telefonisch oder per Internet reserviert werden. Eine Extra-Reservierungsgebühr wird erhoben.

Gehzeiten ab Ticket Center
Schloss Hohenschwangau: ca. 15 Min.
Schloss Neuschwanstein: ca. 40 Min.
Es verkehren auch Shuttlebusse und Pferdekutschen.

FESTE UND EVENTS

Sept.: Konzerte auf Schloss Neuschwanstein. 2. Okt.-So.: Colomansfest mit Colomansritt

ÜBERNACHTEN / ESSEN

► Komfortabel/Luxus

Schlosshotel Lisl & Jägerhaus
Neuschwansteinstr. 1 – 3
87645 Hohenschwangau
Tel. (0 83 62) 88 70, www.lisl.de
Mehr oder weniger königlich wohnt man direkt unterhalb der Schlösser im »Lisl« (besonders schön die Eckzimmer) oder in der teureren »Villa Jägerhaus«. Vorzügliches Restaurant.

Rübezahl
Am Ehberg 31
87645 Schwangau-Horn
Tel. 0 83 62) 88 88
www.hotelruebezahl.de
Zwei moderne Häuser im Alpen-Look mit Blick auf die Schlösser. Es gibt ein breit gefächertes Wellness-Angebot mit römischer Therme. Die Küche beiet köstliche regionale Spezialitäten.

noch hinzu. Insgesamt hielt sich Ludwig II. hier 172 Tage auf. Hier verkündete man ihm 12. Juni 1886, dass er entmündigt sei, und brachte ihn nach Schloss Berg am Starnberger See; einen Tag später fand er dort im See den Tod. Schon am 29. Juli 1886 wurden die Schlösser der Öffentlichkeit freigegeben.

Besichtigung

Pro Tag werden bis zu 10 000 Besucher in ca. 30-minütigen Führungen durchs Schloss geschleust. Das bedeutet, dass man in der Hauptsaison viel Geduld aufbringen muss, erst im Stau auf den Zufahrten zu den riesigen Parkplätzen, dann beim Anstehen, das schon einmal Stunden dauern kann. Die Eintrittskarten lauten auf eine bestimmte Zeit, die genau einzuhalten ist. Von den Parkplätzen geht man in ca. 40 Min. zum 200 m höher liegenden Neuschwanstein hinauf – am schönsten durch die Pöllatschlucht –, zum Schloss Hohenschwangau in 20 Min.; man kann auch mit der Kutsche hinauffahren.

Seeon

S 6

Landkreis: Traunstein **Höhe:** 538 m ü. d. M.

Wenige Kilometer nördlich des Chiemsees liegen einige kleine Seen sehr reizvoll zwischen Hügeln und Wäldern. Perfekt wird die Idylle durch das ehemalige Benediktinerkloster St. Lambertus auf der Insel im Seeoner Klostersee. Und auch sonst wartet der nördliche Chiemgau mit einigen Schmankerln auf.

✶ Kloster Seeon

Seeon gestern und heute

Um 920 ist auf der Insel eine Siedlung dokumentiert. 994 wurde das Kloster gegründet, das über Jahrhunderte kultureller Mittelpunkt des Chiemgaus war. Die Mönche unterhielten eine bedeutende Schreibschule und machten das Land urbar. So verbanden sie, heute noch sichtbar, die Seen durch ein geschicktes Kanalsystem. Nach der Säkularisation 1803 diente das Kloster u. a. als Brauerei, Heilbad, Möbelfabrik und Exilresidenz der Fürstenfamilie Romanow-Leuchtenberg. Seit 1993 ist es **Kultur- und Bildungszentrum** des Bezirks Oberbayern, das ein vielfältiges Programm an Kursen und Veranstaltungen bietet: u. a. Musik (z. B. Sommerserenaden, Volksmusik), Anfang Okt. ein Weinfest und den Kirta-Tanz im Alten Wirt.

Pfarrkirche St. Lambert

Die Klosterkirche (Pfarrkirche St. Lambert) mit trutzigen Zwiebeltürmen ist im Kern eine romanische Säulenbasilika des 11./12. Jh.s; das heutige Bild mit prächtigen Netz- und Sterngewölben ist durch den Umbau um 1430 geprägt. Am Hochaltar ist die »Seeoner Madonna« zu sehen (Kopie, Original im Bayerischen Nationalmuseum in München). Beachtenswert ist auch der weitere plastische

SCHLOSS NEUSCHWANSTEIN

★★ **Auf hohem Felsrücken, 200 m über dem Tal, thront in unvergleichlicher Position dieses Schloss, ein im Wortsinn »fantastischer« Prachtbau – wie Linderhof und Herrenchiemsee verdankt er seine Entstehung den romantischen Träumereien König Ludwigs II. von Bayern.**

Öffnungszeiten und Eintrittskarten: siehe S. 332

① Palas

Das vierstöckige Hauptgebäude enthielt im Erdgeschoß die Wirtschaftsräume und im 1. Stock die Wohnräume der Bediensteten. Im 76 m hohen Hauptturm steigt man hinauf zur prunkvollen Königswohnung im 3 Stock. Ihre Räume sind mit Gemälden mit Themen aus der mittelalterlichen Dichtung geschmückt. Den Baldachin des Himmelbetts im Schlafzimmer bildet ein Wald aus geschnitzten Säulen, Fialen und Maßwerk.

② Thronsaal

Der repräsentative Thronsaal im Stil einer byzantinischen Kirche nimmt zwei Stockwerke im Hauptgebäude ein. Stufen aus weißem Carrara-Marmor führen zu einem Podest, auf dem einmal der Thron stehen sollte – in einer Kirche der Platz des Altars. Die prachtvollen »Mosaiken« sind nur gemalt, die Säulen bestehen aus Stuckmarmor. Vom Söller (Aussichtsplattform) hat man einen tollen Blick auf Schloss Hohenschwangau, Alpsee, Schwansee und Tannheimer Berge.

③ Sängersaal

Der Sängersaal im vierten Stock des Palas, nach dem Thronsaal der größte und prächtigste Raum, stand im Mittelpunkt der Planung. Sein Name bezieht sich auf den Wettstreit zwischen den Minnesängern im Mittelalter, der auch Thema von Richard Wagners Oper »Tannhäuser« (1845) war. Geschmückt ist er, anders als sein Vorbild, mit Darstellungen aus der Parzival-Dichtung, geschaffen von den Malern August Spieß, Joseph Munsch und Ferdinand Piloty.

④ Oberer Hof

Im weiten Oberen Hof sollten die Kapelle und der Bergfried erstehen. Mit hellen Steinplatten ist der Grundriss der Kapelle markiert. Der Bergfried hätte den mächtigen Treppenturm an der Nordseite des Palas noch überragt.

Schloss Neuschwanstein *Orientierung*

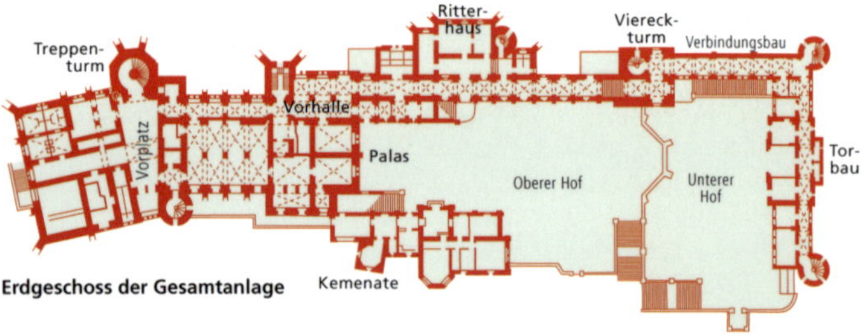

Erdgeschoss der Gesamtanlage

Palas 3.Obergeschoss

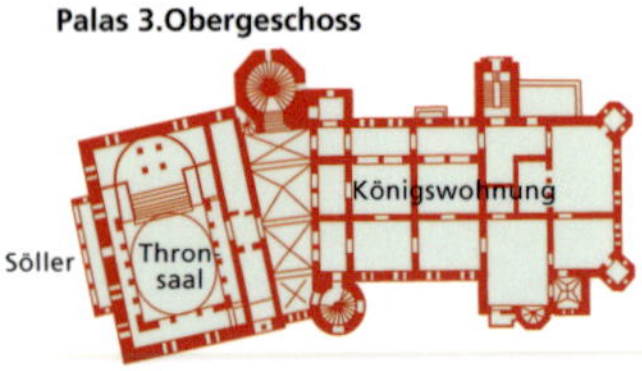

Palas 4.Obergeschoss

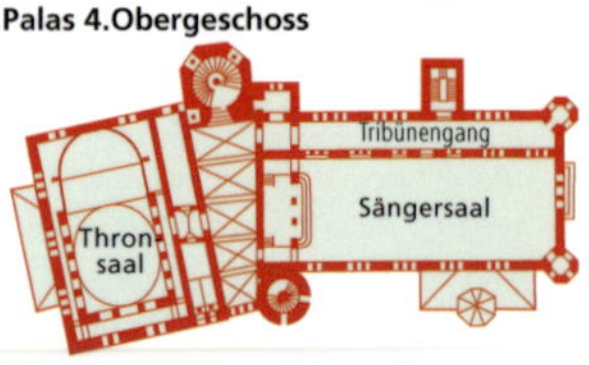

Schmuck, v. a. das Hochgrab für den Klosterstifter Pfalzgraf Aribo (H. Haider, 1395) und das Grabmal für den Abt H. Kolb (1637).

St. Walburgis Einen Blick wert ist auch die restaurierte gotische Nebenkirche am Westufer des Klostersees mit ihrer qualitätvollen Ausmalung des 16./17. Jh.s (man bemerke die barbusige Frau) und dem bunten russisch-orthodoxen Friedhof der Romanow-Leuchtenbergs.

Umgebung von Seeon

Pittenhart-Niederbrunn In Pittenhart-Niederbrunn steht der Hilgerhof (18. Jh.) mit prachtvollem Bundwerkstadel, der zum Kloster Seeon gehörte. Heute sind hier alte bäuerliche Geräte ausgestellt (geöffnet Mai bis 15. Okt. Mi., Do., Sa. 14.00 – 17.00 Uhr, sonst nur Mi./Sa.).

Obing In Obing am kleinen Obinger See sollte man die Pfarrkirche St. Laurentius besuchen: Im neogotischen Hochaltar stehen drei wertvolle Schnitzfiguren – Maria, Laurentius und Jakobus –, hervorragende Arbeiten des Meisters von Rabenden, geschaffen um 1515.

✶ Rabenden Das Hauptwerk des unbekannten **Meisters von Rabenden** ist östlich von Obing in Rabenden zu sehen: der Flügelaltar (um 1510) in der 1458 geweihten Jakobskirche. Sind die beidseitig bemalten Flügel geöffnet, sieht man die meisterhaft geschnitzten Apostelfiguren Simon, Jakobus d. Ä. und Judas Thaddäus. Auch der südliche Seitenaltar wird dem Meister von Rabenden zugeschrieben. Im Friedhof schmiedeeiserne Grabkreuze des 18./19. Jh.s.

Altenmarkt Altenmarkt zwängt sich an der Mündung der Traun in die Alz ins enge Tal. Südwestlich thront über der Stadt das einstige Augustiner-Chorherrenstift Baumburg. Seine Kirche St. Margaretha, der prächtigste barocke Sakralbau des Chiemgaus, wurde über romanischen Resten 1745 – 1756 erstellt; die Westtürme aus romanischer Zeit tragen barocke Helme. Das Innere der Wandpfeilerhalle glänzt mit festlichem Wessobrunner Rokokostuck. Das Deckenfresko im Langhaus, das der Hofmaler und Asam-Schüler F. A. Scheffler 1756 schuf, zeigt Szenen aus dem Leben des hl. Augustinus.

✶ Baumburg ►

Stein an der Traun In Stein an der Traun, 3 km südlich von Altenmarkt, klebt eine mittelalterliche Höhlenburg an der steilen Nagelfluhwand. Sie ist mit dem Hochschloss und dem Unteren Schloss verbunden. Dieser Festungskomplex der Herren von Stein bzw. Toerring, entstanden im 12.–15. Jh., gilt als besterhaltener seiner Art in Deutschland.

✶ Trostberg Trostberg (11 600 Einw.), einige Kilometer nördlich von Altenmarkt, präsentiert sich mit den Süddeutschen Kalkstickstoffwerken als Industriestadt; das »Bayerische Chemiedreieck« zwischen Töging und ►Burghausen kündigt sich hier an. Für den Besucher ist

SEEON ERLEBEN

AUSKUNFT

Tourist-Information
Am Anger 1, 83358 Seebruck
Tel. (07 00) 73 32 78 25
www.seeon-seebruck.de

Kultur- und Bildungszentrum
Klosterweg 1, 83370 Seeon
Tel. (0 86 24) 897-0
www.kloster-seeon.de

ESSEN

► Günstig / Erschwinglich

Alter Wirt
Altenmarkter Str. 10, 83370 Seeon
Tel. (0 86 24) 15 67
Eine echte Trutzburg bayerischer Gastlichkeit! Altes Gewölbe, solide regionale Küche mit mediterranen Ausflügen. Mi. geschlossen.

Bräustübl Baumburg
Baumburg 12, 83352 Altenmarkt
Tel. (0 86 21) 51 55
Gemütliche Beiz im Klosterbezirk – ein Baedeker-Stern extra für die schlichte, würdige Einrichtung ohne Pseudofolklore. Schöne Terrasse zum Fluss hin. Kein Ruhetag.

ÜBERNACHTEN

► Günstig / Komfortabel

Gasthof Pfaubräu
Hauptstr. 2, 83308 Trostberg
Tel. (0 86 21) 98 29-0
www.pfaubraeu.de
Eine der schönsten Stadtwirtschaften weit und breit, mit großzügigen Zimmern (z. T. mit Balkon) und lauschigem Biergarten. Gute bayerische Küche, kein Ruhetag.

Kloster Seeon, heute ein wegen seiner Kulturveranstaltungen beliebtes Ausflugsziel

jedoch die **Altstadt** entscheidend, die den Inn-Salzach-Stil großartig repräsentiert. Am steilen Hang zwischen Alz und Burgberg entwickelt sich entlang der Hauptachse der Ort, der ab dem 13. Jh. ein wichtiger Grenzübergang zwischen Bayern und Salzburg war. Am Flussufer hat man die maerlische **Trostberger Orgel** vor sich, die Rückseiten der schmalen Häuser mit weit vorspringenden Dächern und Holzlauben. Die Pfarrkirche St. Andreas mit schönem Doppelzwiebelturm stammt aus dem 15./16. Jh. (spätgotischer Taufstein). Der stattliche Pfaubräu (► S. 337) aus dem 15./16. Jh. besitzt eine prächtige Gaststube mit Kreuzrippengewölbe. Das **Heimatmuseum** (Schedling 9 – 11) illustriert bürgerliche Wohnkultur von der Renaissance bis in die 1950er-Jahre; außerdem sind sakrale Kunst, Gemälde und Zeichnungen, Schützenscheiben und Handwerksgeräte zu sehen (geöffnet Mai bis Okt. Di. und Do., Juli/Aug. auch Sa. und So., 16.00 – 19.00 Uhr).

Sonthofen

E 8

Landkreis: Oberallgäu
Höhe: 743 m ü. d. M.
Einwohnerzahl: 21 200

Zusammen mit ►Immenstadt ist Sonthofen, Luftkurort am Ausgang des Illertals und südlichste Stadt Deutschlands, Mittelzentrum des Oberallgäus mit Verwaltung, Schulen und Gewerbe. Seine Umgebung ist reich an landschaftlichen und kulturellen Schätzen.

Sonthofen gestern und heute

Ein bedrohliches Bauwerk überragt die hübsch ins Illertal gebettete Stadt: die **Ordensburg**, in der ab 1936 NS-Kader ausgebildet wurden. Sie ist heute Kaserne; die Bundeswehr ein wichtiger Arbeitgeber der Stadt. Im 15. Jh. baute man am Grünten Eisenerz ab, bedeutend waren auch der Anbau von Flachs und die Verarbeitung zu Leinen; im 19. Jh. wurden sie durch Milchwirtschaft und Käserei ersetzt.

Sehenswertes in Sonthofen

Die Bombenangriffe 1945 ließen von der alten Bausubstanz wenig übrig, dennoch ist Sonthofen ein hübsches Allgäuer Städtchen. Die in gotische Zeit zurückgehende, um 1740 barockisierte Pfarrkirche St. Michael birgt hervorragende **Kirchenväter-Figuren** von Anton Sturm (1749), die Frauenkapelle nebenan Reliefs von D. Mauch (Hl. Familie, 1520) und aus dem Lederer-Umkreis (Muttergottes, um 1515). Das reich ausgestattete **Heimathaus** wenige Schritte südlich (Sonnenstr. 1) illustriert Geschichte und Kultur des oberen Allgäus (u. a. große Altmummener Krippe; geöffnet Di. – Do., Sa./So. 15.00 – 18.00 Uhr, Nov. geschl.). Die Geschichte der deutschen Gebirgstruppe ist im Gebirgsjägermuseum in der Grüntenkaserne nachzuvollziehen (geöffnet So. 10.00 – 12.00, Personalausweis nötig). Führungen durch die **Ordensburg** organisiert das Gästeamt.

Ein großes Ereignis ist der Gunzesrieder Viehscheid am 3. September-Samstag.

Umgebung von Sonthofen

Altstädten

In Altstädten 3 km südlich prunkt die 1733–1754 umgestaltete Pfarrkirche St. Peter und Paul mit Altären und Kanzel von Anton Sturm, die zu seinen Hauptwerken zählen; bemerkenswert auch die Fresken von J. B. Riepp und das Vierzehn-Nothelfer-Relief aus dem Lederer-Umkreis (1510) im Pfarrhof.

★ **Berghofen**

Östlich von Sonthofen liegt das idyllische Berghofen mit der weithin sichtbaren Kapelle St. Leonhard; ihr herrlicher Altar (1438) wird Hans Strigel d. Ä. zugeschrieben. In Winkel weiter nördlich hat man Mai–Okt. Zugang zur wilden, geologisch interessanten **Starzlachklamm**; am Ende der Klamm kann man zur Alpe Topfen und zum Gasthof Alpenblick hinaufgehen (ca. 30 Min.).

★ **Grünten**

Wie ein Bollwerk wacht der 1738 m hohe Grünten (mit 92 m hohem Sendemast) am Eingang zum Illertal. Von allen Seiten führen Wege hinauf, von Kranzegg auch ein Sessellift, dazu Schlepplifte im Winter. Familientauglich ist der Weg von Burgberg (3 Std. Aufstieg; auch mit Starzkachklamm kombinierbar); die **Aussicht** ist schlicht grandios. 1852 erbaute Carl Hirnbein das 1535 m hoch gelegene **Grüntenhaus**, das erste »Berghotel« des Allgäus.

★ **Gunzesrieder Tal**

Das abseits gelegene Tal zwischen der Nagelfluhkette im Norden und den Flysch-Hörnern im Süden gehört zu den schönsten Hochtälern des Allgäus. hervorragenden Rohmilchkäse macht die Sennerei Gun-

SONTHOFEN ERLEBEN

AUSKUNFT

Gästeamt
Rathausplatz 1, 87527 Sonthofen
Tel. (0 83 21) 61 52 91
www.sonthofen.de

Ferienland Bad Hindelang
87541 Bad Hindelang
Tel. (0 83 24) 8920
www.bad-hindelang.info

FESTE UND EVENTS

Fastnachtssonntag: Egga-Spiel (alle drei Jahre, wieder 2009). Sept.: Viehscheid Hindelang und Gunzesried. 5./6. Dez.: Klausentreiben.

ESSEN

► Fein & teuer

Marend
Richard-Wagner-Str. 18, Sonthofen
Tel. (0 83 21) 78 89 99, Mi. geschl.
»Marend« heißt »Brotzeit«, hier pflegt man jedoch eine hochklassige, interessante Crossover-Küche. Schöne internationale Weinauswahl.

► Preiswert / Erschwinglich

Brauereigasthof Hirsch
Grüntenstr. 7, Sonthofen
Tel. (0 83 21) 67 28-0, Di. geschl.
Alteingesessener Gasthof, rustikal aufgebrezelt, mit guter Allgäu-Bayern-Küche und Biergarten. Preisgünstige moderne Zimmer.

Goldenes Kreuz
Talstr. 71, 87544 Gunzesried
Tel. (0 83 21) 25 60
Altes stattliches Gasthaus, das soziale Zentrum des Gunzesrieder Tals. Hier ist die höchstgelegene Kleinbühne Deutschlands ansässig (von Jazz bis Kabarett). Mit Zimmern.

ÜBERNACHTEN

► Günstig / Komfortabel

Landhaus Waibelhof
Talstr. 74, 87544 Gunzesried
Tel. (0 83 21) 45 80
Liebevoll gepflegter, 300 Jahre alter Hof am Südhang. Mit moderner Dependance und Wellness-Angebot.

zesried. Sie wurde 1892 gegründet – 1827 wurde auf der Au-Alpe der erste Allgäuer Emmentaler hergestellt, womit das Gunzesrieder Tal die Wiege der Hartkäseproduktion in Deutschland ist.

Imberg In Imberg südöstlich von Sonthofen lohnt ein Blick in die Kapelle St. Katharina: Ihr neogotischer Altar enthält feine Figuren eines unbekannten Meisters aus dem Umkreis von Hans Multscher (um 1470). Am Sonntag um den 20. Aug. wird auf dem Strausbergsattel eine große Älplermesse gefeiert. Vom Imberger Horn (1656 m) hat man einen herrlichen Blick auf den Daumen und ins Kleinwalsertal.

Bad Hindelang Ein beliebtes Ferienziel ist Bad Hindelang (4800 Einw., 820 m) im schönen Ostrachtal östlich von Sonthofen. Das heilkräftige Klima und die Schwefel-Moor-Bäder werden besonders bei Herz-Kreislauf-Krankheiten, Allergien und rheumatischen Beschwerden geschätzt. In früheren Zeiten brachten der Erzbergbau im Hintersteiner Tal

und der Salzhandel auf der Jochstraße Wohlstand. Wert legt man heute auf die Verbindung von sanftem Tourismus und ökologischer Landwirtschaft (mit Grenzen: Für das Alpine Trainingszentrum in Oberjoch wurden Hänge planiert und Schneekanonen montiert). Als Rathaus dient das **Schloss** der Augsburger Fürstbischöfe (1660). In Bad Oberdorf sind einige große Kunstschätze zu finden, und zwar in der »gotischen« Kapelle von 1938: ein **Schnitzaltar von Jörg Lederer** (Marienkrönung, 1519), eine Madonna von Hans Holbein d. Ä. (1493) und ein Palmesel mit Christus (1470). Sehenswert ist das Heimatmuseum in einer 500 Jahre alten Mühle. Wintersportler finden Reviere in **Oberjoch** mit Pisten am **Iseler**, im Ostrachtal mit 45 km Loipen und mehreren 3,5 km langen Rodelbahnen am Imberger Horn (Gondelbahn).

! *Baedeker* TIPP

Prinze-Gumpe

Das alemannische Wort »gumpe« bedeutet sowohl »Wasserloch« wie »springen«: Die Prinze-Gumpe in Hinterstein ist also eine schöne altmodische Badeanstalt, in der schon Prinzregent Luitpold ins Wasser hüpfte.

Jungholz

Von der B 310 zum Grüntensee hat man Zugang zum 1054 m hoch gelegenen österreichischen Luftkurort Jungholz, der nur 350 Einwohner hat, aber drei Banken: Als deutsches Zollanschlussgebiet mit deutscher Banken- und Börseninfrastruktur profitiert er von den österreichischen Banken- und Steuergesetzen.

★ Starnberger See

L / M 6 / 7

Landkreise: Starnberg, Weilheim **Mittl. Wasserspiegel:** 584 m ü. d. M.

Starnberg und sein See, etwa 25 km südwestlich der Landeshauptstadt gelegen, sind Inbegriff für den Münchner »Speckgürtel«: Hier registriert man die höchste Millionärsdichte in Bayern.

Mit bewaldeten, von Landhäusern, Villen und kleinen Orten unterbrochenen Ufern, mit Segelbooten und weißen Ausflugsschiffen vor der Kulisse der Alpen bietet der zweitgrößte See Oberbayerns ein malerisches Bild. Er füllt eine von sanften Moränenhügeln umgebene, 21 km lange, 2 – 5 km breite und 127 m tiefe eiszeitliche Gletscherrinne und hieß bis 1965 offiziell Würmsee (Würm heißt immer noch der Fluss, der ihn bei Percha im Norden verlässt).

Starnberg

Hauptort am See

Starnberg (618 m, 24 800 Einw.), das am Nordwestende des Sees terrassenförmig ansteigt, entwickelte sich früh zum Villenvorort Münchens. Ein sehenswerter Stadtkern existiert jedoch nicht, der Stau auf

Wozu in die Karibik fahren? Am Starnberger See hat man alles …

der Durchgangsstraße ist eine Dauereinrichtung. Man ergeht sich an der Uferpromenade, im legendären **Seerestaurant Undosa** (bzw. auf der Terrasse) schwingt man das Tanzbein.

Schloss Das stattliche Gebäude westlich über der Stadt ist das Schloss, das sich die Wittelsbacher Herzöge im 16. Jh. als Sommersitz erbauten (heute Finanzamt, Schlossbergstr. 12). Hier stand das 1244 erwähnte »Castrum Starnberch« der Grafen von Andechs-Meranien.

✶ Josephskirche Die Josephskirche (1766) am Rand des Schlossgrabens besitzt einen schlanke, mit einer Doppelzwiebel gekrönten Turm und eine vorzügliche **Rokoko-Ausstattung**: Stuck von F. X. Feichtmayr, Deckenfresken von Christian Wink, Hochaltar von Ignaz Günther; auch die Kanzel wird Günther zugeschrieben.

Heimatmuseum Im Lochmann-Bauernhof aus dem 16. Jh. (vom S-Bahnhof auf der Seepromenade zu erreichen) wird mit Gerät, Mobiliar, Gemälden etc. die Geschichte der Gegend erfahrbar gemacht. Höhepunkt ist die **Heilige Magdalena von Ignaz Günther** (1755). Geöffnet Di. – So. 10.00 – 12.00, 14.00 – 17.00 Uhr, Febr. geschl.

Maisinger Schlucht Schattiges Grün umfängt auf der Wanderung durch die idyllische Maisinger Schlucht westlich von Starnberg nach **Maising** (ca. 1 Std.). Der gleichnamige See ist eine beliebte »Badewanne« mit dem Gasthof »Seehof« (im Winter geschl.). Dann geht es vom See hinunter nach Pöcking und Possenhofen (ca. 45 Min; S-Bahn).

Das Ostufer des Starnberger Sees

Percha

Östlich von Starnberg, im Bereich seiner Nordspitze, ist der See teilweise verschilft; hier liegen der **Wasserpark** (Frei- und Hallenbad) und ein großer Bootshafen. Sehr schön ist der öffentliche **Badestrand** im Park zwischen Percha und Kempfenhausen. Von Kempfenhausen führt eine kleine Straße nach Berg (623 m, 8200 Einw.), das für das **Schloss** der bayerischen Herrscher bekannt ist: Hierher wurde Ludwig II. gebracht, nachdem er auf Schloss Neuschwanstein für geisteskrank erklärt worden war; am nächsten Tag, dem 13. Juni 1886, fand er im flachen See mit dem Arzt Dr. Gudden den Tod – die Umstände sind wohl nie mehr zu klären. Die Stelle im Wasser, wo die Leichen gefunden wurden, ist durch ein Kreuz bezeichnet, am Ufer steht die neogotische Votivkapelle (1900). Das Schloss mit seinem Park ist in Wittelsbacher Besitz und nicht zugänglich. Von Berg sollte man nach **Aufkirchen** hinaufgehen (ca. 45 Min.), wegen des schönen Ausblicks und der spätgotischen, im 17. Jh. barockisierten Wallfahrtskirche Mariä Himmelfahrt, auf deren Friedhof **Heinz Rühmann** seine letzte Ruhestätte gefunden hat.

◄ Berg

Leoni

Wo heute das Seehotel Leoni steht, hatte der Hofopernsänger Giuseppe Leoni seine Pension (1824); der Ort, der damals Assenbuch hieß, bekam allmählich seinen heutigen Namen. Das Ostufer des Sees südlich von Leoni ist besonders reizvoll. Vom Landesteg in Leoni steigt man über die **Rottmannshöhe** in 40 Min. zum dräuenden **Bismarckturm** (1899) auf, um die Aussicht zu genießen.

Ammerland

In der Mitte des Ostufers liegt der Villenort Ammerland mit einem Schloss, das 1685 für den Freisinger Fürstbischof erbaut wurde. 1842 kam der von Zwiebeltürmen flankierte Bau in den Besitz König Ludwigs I., der ihn seinem aus Viterbo stammenden General **Franz Graf Pocci** schenkte – dem Vater des gleichnamigen und ebenfalls in königlichen Diensten stehenden »Erfinders« des Kasperltheaters.

Buchscharn

Hier gibt's ein großes Erholungsgelände mit langem Badestrand; idyllisch liegt dort ein Tiroler Kleinhäuslerhof, der neorustikal aufgedonnerte »Seewirt« mit ehrgeiziger Karte und gesalzenen Preisen.

Seeshaupt

In Seeshaupt (600 m, 2800 Einw.) am flachen, lieblichen Südende des Sees sollte man im **Seerestaurant Lido** Pause machen, das 1923 als stilvolles Strandbad entstand. Die Kirche St. Michael, auf romanischen Resten errichtet, wurde von Kaspar Feichtmayr stuckiert.

Das Westufer der Starnberger Sees

Pöcking

Am See in Niederpöcking wurde ein großes Gelände mit alten Bäumen zum herrlichen **Erholungspark mit Badestrand** (wenig Parkmöglichkeiten). Im **Schloss Possenhofen** verbrachte Elisabeth (»Si-

STARNBERGER SEE ERLEBEN

AUSKUNFT

Tourismusverband
Starnberger Fünf-Seen-Land
Wittelsbacher Str. 2 c, 82319 Starnberg
Tel. (0 81 51) 90 60-0, www.sta5.de

SCHIFFSVERKEHR

Schifffahrt Starnberger See
Dampfschiffstr. 5, 82319 Starnberg
Tel. (0 81 51) 80 61)
www.seenschifffahrt.de

FESTE UND EVENTS

Anfang April: Starnberger Musiktage. Mai–Aug.: Serenaden auf der Roseninsel. Juni: Volvo Champions Race (Segelregatta). 13. Juni: Gedenkfeier zum Tod Ludwigs II. in Berg. Anfang Juli: Fischerhochzeit, Tutzing (alle 5 Jahre, wieder 2011).

ESSEN

► Erschwinglich

Zum Fischmeister
Seeuferstr. 31, 82541 Ambach
Tel. 081 77 533, Mo./Di. geschl.
Sehr »in« ist das Haus am Landesteg mit seiner feineren bayerisch-italienischen Küche. Tipp: Einkehr nach einem Uferspaziergang im Winter.

Fischerrosl
Beuerberger Str. 18
2541 Münsing-St. Heinrich
Tel. (0 88 01) 7 46
Dem alten Fischeranwesen entspricht die vielseitige feine Fischküche, von bayerisch bis ungewöhnlich und international. Schöne Gaststuben.

► Preiswert

Tutzinger Biergarten
Midgardstr. 3–5, 82327 Tutzing
Tel. (0 81 58) 12 16
Das schöne Midgardhaus von 1853 hat heute einen »echten« Biergarten unter großen alten Bäumen – unmittelbar am See.

Gasthof zur Post
82335 Berg-Aufkirchen
Tel. (0 81 51) 5 19 80, Di. geschl.
Idyllisch bei der Wallfahrtskirche gelegen: fantastisches Bergpanorama zu bayerischer Kost. Mit Biergarten.

ÜBERNACHTEN

► Luxus

Schlossgut Oberambach
82541 Münsing, Tel. (0 81 77) 93 23
www.schlossgut.de
Hier setzt man ganz auf Ökologie, sowohl in der Einrichtung wie in der Küche. Der dezente Luxus entspricht der atemberaubenden Lage der alten Villa im eigenen Park über dem See.

Hotel Kaiserin Elisabeth
82340 Feldafing, Tel. (0 81 57) 93 09-0
www.kaiserin-elisabeth.de
Viele Jahre war Elisabeth in diesem Hotel Gast, das ins Jahr 1856 zurückgeht. Wer nicht in einem der 65 fürstlichen Zimmer nächtigt, sollte wenigstens einmal auf der wunderbaren Terrasse Kaffee trinken oder speisen.

► Günstig / Komfortabel

Hoisl-Bräu
Promberg 1 , 82377 Penzberg
Tel. (0 88 56) 9 01 73 30
Abgeschiedene Idylle nordöstlich von Iffeldorf: Ein uralter Hof wurde zum »Landhotel« umgemodelt. Sehr schön isst man auf der Terrasse.

► Günstig

Hotel Kefer
Hindenburgstr. 12, 82343 Pöcking
Tel. (0 81 57) 9 31 70, 23 Z.
Ruhig im Grünen gelegenes, sehr nett eingerichtetes Hotel garni.

si«), Tochter des Herzogs Max in Bayern und später Kaiserin von Österreich, ihre Kindheit. Ab 1669 war es Sommersitz der Kurfürsten, ab 1860 bekam es seine neogotischen Ecktürme und Zinnen, in den 1980er-Jahren wurde es zum luxuriösen Domizil mit Eigentumswohnungen umgebaut. Im Königssalon des 1865 erbauten **Bahnhofs Possenhofen** ist im Sommer eine kleine Sisi-Ausstellung zu sehen,

Feldafing

Feldafing (4300 Einw.) entwickelte sich ab Mitte des 19. Jh.s im Umfeld der Schlösser Possenhofen und Garatshausen zum Villenort. Schon historischen Charme hat das **Strandbad** aus den 1950er-Jahren. Im alten Dorf steht die Pfarrkirche St. Peter und Paul (1401, Ende 19. Jh. neu gestaltet), früher Grablege der Herren von Garatshausen. Der herrliche 18-Loch-**Golfplatz** unterhalb der Tutzinger Straße – ein öffentlicher Weg führt hindurch – geht auf den englischen Park zurück, der 1855–1863 vom preußischen Gartenbaudirektor P. J. von Lenné geplant wurde. Zur romantischen **Roseninsel** kann man sich hinüberschippern lassen (Führungen: Mai – Mitte Okt. 12.00 bis 18.00 Uhr). Maximilian II. erwarb die Insel und ließ 1851/1852 ein Casino im pompejanischen Stil bauen, der Garten wurde nach Plänen von Lenné gestaltet.

Tutzing

Tutzing (612 m, 9500 Einw.) ist der zweitgrößte Ort am See. Im 19. Jh., v. a. nach dem Anschluss an die Starnberger Bahn 1865, bauten hier begüterte Menschen schöne Landhäuser, das Geistesleben folgten. Der reiche Stuttgarter Verleger Eduard Hallberger kaufte 1869 das klassizistische Schloss, das der renommierten **Evangelischen Akademie** heute als Arbeitsstätte dient. Johannes Brahms komponierte 1873 in der Villa Amtmann (heute Brahms-Haus) u. a. seine Haydn-Variationen, im November finden die Konzerte der **Brahms-Tage** statt. Südlich des Orts liegt am Ufer der schöne, um 1870 angelegte Kustermann-Park; vom Johannishügel oberhalb schöner Ausblick.

In Tutzing trifft man sich gern im »Midgardhaus« mit dem schönen Biergarten.

Die berühmte Aussicht von der Ilkahöhe

★★ **Ilkahöhe** Ein herrliches Ausflugsziel ist die 728 m hohe Ilkahöhe bei Tutzing. Die Wiese auf dem Bergrücken ist ideal zum Picknicken und zum Drachensteigenlassen. Beim St.-Nikolaus-Kircherl (16. Jh.) lockt das **Forsthaus Ilkahöhe** mit Biergarten und gehobener Küche (reservieren, Tel. 0 81 58 / 82 42).

★ **Bernried** Die Häuser von Bernried (633 m, 2100 Einw.) liegen in idyllischen Gärten und Parks verstreut. Beherrscht wird der Ort vom barocken Gebäude (1653) des 1120 gegründeten Augustiner-Chorherrenstifts. In der von Kaspar Feichtmayr umgebauten Stiftskirche (Weihe 1663) sind die Altarblätter von F. Kirzinger (Ende 18. Jh.) und ein **gotischer Flügelaltar** (um 1510) zu beachten. Sehr hübsch ist die benachbarte, ab 1689 barockisierte **Hofmarkskirche**; im Hochaltar das Gnadenbild, eine geschnitzte Pietà, zu deren Ehren an Mariä Himmelfahrt (15. Aug.) eine Lichterprozession veranstaltet wird. Nördlich und südlich des Orts dehnt sich der **Bernrieder Park** aus, von 1911 bis 1950 im Besitz von Wilhelmina Busch-Woods aus der amerikanischen Bierdynastie Anheuser-Busch. Im Nordteil des Geländes steht die große Kunstattraktion des Sees, das Museum Buchheim mit weltbekannten Grafiken und Gemälden **deutscher Expressionisten** aus der Sammlung Lothar-Günther Buchheim (geöffnet April – Okt. Di. – So. 10.00 – 18.00, sonst bis 17.00 Uhr).

! *Baedeker* TIPP

Ferien im Schloss

Distinguierter kann man am Starnberger See kaum wohnen als im Tutzinger Schloss, während der tagungsfreien Zeit Mitte Juli bis Anfang September. Informationen Tel. (0 81 58) 2 51-0, www.ev-akademie-tutzing.de.

★★ Museum Buchheim ▶

★ **Osterseen**

Südlich des Starnberger Sees liegen die Osterseen, eine Gruppe von 21 malerischen kleinen **Moorseen** (Naturschutzgebiet). Ein beliebter Rundweg (ca. 2.30 Std.) beginnt in **Iffeldorf**. Von der Kirche St. Vitus nordwestlich zum Großen Ostersee, den man, sich am Ufer haltend, im Uhrzeigersinn umrundet, durch Ried, Wiesen und Mischwald. Am Nordwestufer liegt ein schöner Badeplatz. Iffeldorf selbst wurde im neuen Heimatstil aufgebrezelt; immerhin bezaubert die Pfarrkirche **St. Vitus** mit schönstem Rokoko: Wessobrunner Stuck und Deckenfresken von J. J. Zeiller (um 1750). Die Iffeldorfer Meisterkonzerte (Tel. 0 88 56 / 37 46, www.iffeldorfer-konzerte.de) finden teilweise hier statt. Zur Wallfahrtskapelle **Maria Heuwinkl** östlich des Orts führt eine Kastanienallee hinauf; den Zentralbau mit herrlichem Wessobrunner Stuck errichtete Johann Schmuzer 1698 – 1701.

Steingaden · Wieskirche

J 7

Landkreis: Weilheim-Schongau **Höhe:** 763 m ü. d. M.
Einwohnerzahl: 2800

Nach Steingaden, im oberbayerischen Alpenvorland südlich von Schongau gelegen, kommen Gäste aus aller Welt. Mit dem Welfenmünster besitzt es eine der bedeutendsten Kirchen des Pfaffenwinkels, vor allem aber gehört auch die wunderbarste Schöpfung des deutschen Rokokos zur Gemeinde, die berühmte Wieskirche.

Prämonstratenserstift

Das Stift wurde 1147 von Markgraf Welf VI., dem Onkel Heinrichs des Löwen, – bevor er auf den 2. Kreuzzug ging – als »eingädiges Haus von Stein« gegründet und 1803 in der Säkularisation aufgelöst. Erhalten blieben das 1176 geweihte Münster (Pfarrkirche St. Johann Baptist), der romanische Kreuzgang und die Johanneskapelle am Torwärterhaus, ein Zentralbau mit Bogenfeld und Löwenrelief.

★ **Welfenmünster**

Das Westwerk des Münsters, das den Marktplatz mit dem Gasthof zur Post überragt, ist Zeuge aus romanischer Zeit. Die Netzgewölbe in der Vorhalle verweisen auf die Umgestaltung der Kirche in der Spätgotik. Im Chor (1663 – 1673) herrschen die frühen, symmetrisch strengen Wessobrunner Stuckformen vor; im Langhaus der Pfeilerbasilika, das um 1740 von Franz Xaver Schmuzer umgestaltet wurde, ist dagegen der ganze Überschwang des Rokokos zu bewundern. Die virtuosen Deckenfresken von J. G. Beorg Bergmüller (1750) stellen Szenen aus der Legende des hl. Norbert das, dessen Wirken eng mit der Geschichte des Klosters verbunden ist. Bei einer Übernachtung in Steingaden hatte er eine Vision vom künftigen Kloster. Unter der Orgelempore ist eine »Enthauptung Johannes des Täufers« zu sehen. In der Renaissance entstanden das Chorgestühl (1534) und die Epitaphe für Welf VI. und seinen Sohn an den Pfeilern des Hauptschiffs.

Münster Steingaden mit dem Marktplatz

Weitere Kirchen In der Umgebung Steingadens ist außer St. Maria Magdalena in Urspring und Heiligkreuz auf dem Kreuzberg v. a. die Wallfahrtskirche Mariä Heimsuchung (1676) in Ilgen interessant, erbaut und stuckiert im frühen Wessobrunner Stil von Johann Schmuzer.

★★ Wieskirche

Von Steingaden führen mehrere Wege, u. a. ein Teil des Prälaten-Wegs, zur »Wies« 5 km südöstlich von Steingaden (1.15 Std.). Das 1746 – 1754 erbaute Gotteshaus (Bild ►S. 54) ist das Hauptwerk des genialen Baumeisters Dominikus Zimmermann; 1685 in Wessobrunn geboren, wohnte er bis zu seinem Tod 1766 in dem Haus neben der Wieskirche, das er sich 1746 gebaut hatte (heute Gasthof Schweiger, Tel. 0 88 62 / 5 00). Fürs leibliche Wohl sorgt auch der benachbarte Gasthof Moser (Tel. 0 88 62 / 5 03). Den Rückweg nimmt man am schönsten durchs Moor: südlich bis zum Gehöft Resle, dann westlich nach Fronreiten und nördlich nach Steingaden (ca. 2 Std.).

Ein wenig Geschichte Im Jahr 1738 hatte die Bäuerin Maria Lory vom Kloster Steingaden die schlichte Statue des Gegeißelten Heilands erworben, die dort verstaubte. Nachdem ein Wunder geschehen war – das Ehepaar Lory sah Tränen in den Augen des Gegeißelten –, wurde sie in einer winzigen Kapelle nördlich der heutigen Kirche aufgestellt. Die Kunde von den Gebetserhörungen ließ rasch eine große Wallfahrt entstehen, so dass schon fünf Jahre später erste Entwürfe für eine neue Kirche vorlagen. Bis heute ist die Wies ein bedeutendes Wallfahrtsziel, insgesamt kommen im Jahr etwa 1 Mio. Menschen hierher.

Außenbau

Die Kirche mit ihren rhythmisch gruppierten Fenstern ist durch einen Haubenturm von den Priesterwohnungen und der Sommerresidenz der Äbte von Steingaden abgesetzt. Das steile Dach ist mansardenartig aufgestockt; der westliche Abschluß hat die Form eines Halbkreises mit Säulen und Portalen.

Innenraum

In der Wies entfaltet sich eine wahre Symphonie an schwingender Architektur und festlichem Rocaille-Stuck. Stuck und Deckenfresken schuf Johann Baptist Zimmermann, der Bruder des Architekten.
Das **Deckenfresko** im Langhaus hat den auferstandenen Christus zum Zentrum, auf einem Regenbogen thronend, dem Symbol der Versöhnung; über dem Hauptaltar der zum Weltgericht bereitstehende Thron (in den Farben Rot und Blau, Symbol für Opfer und Gnade), gegenüber das noch verschlossene Tor zur Ewigkeit (mit Symbolen für das Ende der Zeit: über dem Tor der Schlangenring, rechts unten ist Chronos zusammengebrochen, links unten kommt der Engel mit dem Buch, in dem alles verzeichnet ist). In den Grisaille-Medaillons über den Pfeilerpaaren verkörpern Putti die acht Seligpreisungen der Bergpredigt. Im **Chordeckenfresko** tragen Engel die Leidenswerkzeuge vor Gottvater.
Wie viele Wallfahrtskirchen besitzt die Wies einen **Chorumgang**, damit die Gläubigen das Gnadenbild umschreiten können; die Deckenfresken dort zeigen Jesus als den Messias, den der Prophet Jesajas verkündet hat. Auf den Fresken im Umgang des Hauptraums sind Szenen aus dem Alten und dem Neuen Testament dargestellt. Auch die **weitere Ausstattung** – Altäre, Kanzel, Skulpturen und Orgel – ist meisterhaft. Unter den Skulpturen sind die vier Evangelisten am Hochaltar (Ägidius Verhelst, 1748) und die vier Kirchenväter (Anton Sturm, 1754) vor den Doppelpfeilern des Hauptraums hervorzuheben, alles weiß und golden gefasste Schnitzfiguren.

STEINGADEN UND WIES ERLEBEN

AUSKUNFT

Verkehrsamt
Krankenhausstr. 1
86989 Steingaden
Tel. (0 88 62) 200
www.steingaden.de

FESTE UND EVENTS

So. nach dem 4. Juli: St.-Ulrichs-Ritt zum Kreuzberg. Mitte Sept.: Fischerfest. Konzerte im Welfenmünster und in der Wieskirche ►S. 93.
Festtage in der Wieskirche:
19. März: Patrozinium St. Joseph. Sa./So. nach dem 14. Juni: Tränen Christi. 1. Sept.-Sonntag: Kirchweih. 2. Okt.-Sonntag: Bruderschaftsfest.

ESSEN / ÜBERNACHTEN

► Günstig

Gasthof Graf
Schongauer Str. 15
86989 Steingaden
Tel. (0 88 62) 2 46
Gediegener Gasthof mit 14 schlichten Zimmern. Man isst hier gut und sehr preiswert, der Biergarten gilt als einer der schönsten im Pfaffenwinkel.

DIE KIRCHE IN DER WIES

★★ **Der ganze Zauber des bayerischen Alpenvorlands scheint sich in der Wieskirche zu vereinen. Auf einer abgelegenen Wiese – vor den Hängen des Hohen Trauchbergs, umgeben von Wald und Mooren – steht der wunderbare Bau aus dem Rokoko, der zum Weltkulturerbe der UNESCO gehört.**

Außerhalb der Gottesdienste tgl. 8.00 – 19.00, im Winter nur bis 17.00 Uhr
Info / Führungen: Pfarramt, Tel. (0 88 62) 5 01
www.wieskirche.de

① Chor

Höchst eindrucksvoll ist der schmale Chor mit dem Gnadenbild: Über dem Erdgeschoss durch blaue Stuckmarmorsäulen von den Außenmauern abgesetzt, bildet er ein eigenes »Haus«, wobei sog. Oculi (Fenster) zum Chorgewölbe überleiten. Durch sie sieht man wie durch kartuschenartige Rahmen auf die Fresken im Chorumgang.

② Langhausdecke

Das 28 × 18 m große Gewölbe wäre – als gemauertes Gewölbe – nicht mit solch filigranen Pfeilern und großen Außenfenstern zu realisieren gewesen. Zimmermann hängte daher eine bis auf die Hohlkehlen flache Holzdecke am Dachstuhl auf. Der Eindruck einer Wölbung ist der Kunst des Freskanten zu verdanken.

③ Hauptaltar

Die roten Säulen des Altars korrespondieren mit den blauen des Chorraums: die Farben von Opfer und Gnade wie im Richterthron des Deckenfreskos. Das Altarbild mit der Heiligen Familie schuf 1753 / 1754 der Münchner Hofmaler Balthasar Albrecht (1685 –1765). Das Jesuskind hat, auf seinen Tod vorausdeutend, die Arme kreuzartig ausgebreitet; der Engel über der Szene trägt den roten Königsmantel, wie ihn Jesus mit der Dornenkrone tragen wird. Das Untergeschoss des Hauptaltars bildet den kostbaren Rahmen für die ländlich-schlichte Figur des Gegeißelten.

Wieskirche Orientierung

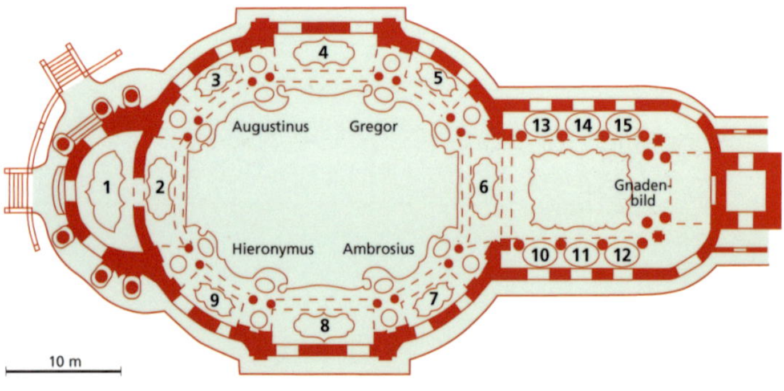

Fresken im Langhausumgang

1 Der Prophet Nathan vor König David
2 Jesus und die Ehebrecherin
3 Berufung des Zöllners Matthäus
4 Petrus verleugnet Jesus
5 Jesus und die Samariterin
6 Jesus und die Sünderin
7 Jesus und Zachäus
8 Jesus und der Schächer
9 Gleichnis vom Feigenbaum

Fresken im Chorumgang

10 Heilung eines Gelähmten
11 Auferweckung des Lazarus
12 Heilung zweier Blinder
13 Heilung eines Kranken
14 Dämonenaustreibung
15 Jesus verkündet Armen die Frohe Botschaft

★★ Tegernsee

07

Landkreis: Miesbach

Mittl. Wasserspiegel: 726 m ü. d. M.

Unter den vielen reizvollen Seen Oberbayerns nimmt der Tegernsee eine bevorzugte Stellung ein. Mit renommierten Ferienorten – Gmund, Tegernsee, Rottach-Egern und Bad Wiessee – ist er seit langem einer der Hauptanziehungspunkte des Landes.

Der anmutige See – 6,5 km lang, 2,5 km breit und 72 m tief – ist in das Mangfallgebirge eingesenkt, dessen sanft geformte Alm- und Waldberge etwa 1100 bis 1300 m hoch aufsteigen. Im Süden bilden Wallberg (1722 m) und Risserkogel (1826 m) den Hintergrund der prächtigen Szenerie, die schon Anfang des 19. Jh. als königliche Sommerfrische entdeckt wurde und später Touristen, Künstler und betuchte oder sonst bedeutende Leute anzog (etwa den Wirtschaftswunder-Minister und Bundeskanzler Ludwig Erhard); außerhalb der Ferienzentren hat sich dennoch ein gewisses Maß Ursprünglichkeit bewahrt. Da das Ufer zu großen Teilen in Privatbesitz ist, kann man fast nur in den Strandbädern schwimmen gehen; die Wasserqualität ist dafür ausgezeichnet.

Gmund am Tegernsee

»Tor zum Tegernsee«

In der ländlichen Gemeinde Gmund (735 m, 5900 Einw.) am Nordende des Sees stand die »Wiege« des oberbayerischen **Fleckviehs**: Der Gmunder Viehhändler Max Obermayr ließ eigene Kühe von einem Stier aus dem Schweizer Simmental decken. Die hübsche Pfarrkirche **St. Ägidius** (geweiht 1693), errichtet von dem Graubündner Lorenzo Sciasca (► München, Theatinerkirche), besitzt im Hochaltar ein Gemälde von H. G. Asam (1692), außerdem ein Holzrelief von Ignaz Günther (»Barmherziger Samariter«) und drei Holzereliefs von 1520. Auf dem Bergfriedhof ruht der zweite deutsche Bundeskanzler **Ludwig Erhard** (1897 – 1977). Den schönsten Blick über den See hat man im Biergarten des Guts Kaltenbrunn, zu Fuß auf dem Uferweg in 20 Min. zu erreichen. Gut 2 km südlich von Gmund steht nahe dem Ufer die **St.-Quirin-Kapelle**, erbaut 1450 nach der Entdeckung einer petroleumhaltigen Quelle, der Heilwirkung zugeschrieben wurde.

★ Gut Kaltenbrunn ►

★ Tegernsee (Ort)

Als »Sonnenterrasse des Tegernseer Tals« gilt der ansprechende heilklimatische Kurort Tegernsee (730 m, 3900 Einw.). In der Ortsmitte liegt das Kurzentrum Aqua-Vital mit Hallenbad, das Moorkuren und die ganze Wellness-Palette bietet.

Fröhliche Fahrt mit der Ruderfähre zwischen Tegernsee-Point und Egern.

Den Ort prägt das mächtige Kloster Tegernsee am Seeufer. Er ging aus einer 746 gegründeten **Benediktinerabtei** hervor, das als kulturelles und wirtschaftliches Zentrum des Umlands wirkte; seit 804 beherbergt es die Reliquien des hl. Quirin. Zu den bemerkenswertesten Leistungen der Mönche gehört die erste deutsche Übersetzung eines angelsächsischen Gedichts, auch das Epos »Ruodlieb« wurde hier verfasst (11. Jh.). In der Säkularisation 1803 an einen Spekulanten verscherbelt, wurde das »Schloss« später teuer von König Max I. Joseph zurückgekauft und bis 1824 durch Leo von Klenze zur Sommerresidenz umgebaut. Die einstige **Klosterkirche St. Quirin** hat eine stattliche Doppelturmfassade; Türme und Krypta stammen noch aus dem 11. Jh., Chor und Langhaus aus dem 15. Jahrhundert. Ab 1678 wurde sie von Enrico Zuccalli (► München, Theatinerkirche) barockisiert, 1820 gestaltete Leo von Klenze das Äußere klassizistisch um. Die meisterhaften Fresken schuf Hans Georg Asam um 1690. Erlebenswert ist auch das berühmte **Bräustüberl** des Herzoglich Bayerischen Brauhauses Tegernsee neben der Kirche.

✶ **Kloster**

Kultur und Geschichte des Tegernseer Tals und des Klosters illustriert das Museum nahe dem Schloss mit vielen schönen Exponaten (Seestr. 17, geöffnet Juni – Anf. Okt. Di.–So. 14.00 – 17.00 Uhr).

Museum Tegernseer Tal

Tegernsee war ab 1929 Wahlheimat des des norwegischen Zeichners und Malers Olaf Gulbransson (1873 – 1958), der v. a. durch seine Karikaturen im »Simplicissimus« und die Illustrationen für die

✶ **Gulbransson-Museum**

TEGERNSEE ERLEBEN

AUSKUNFT

Tegernseer Tal Tourismus
Hauptstr. 2, 83684 Tegernsee
Tel. (0 80 22) 9 27 38-0
www.tegernsee.com

SCHIFFSVERKEHR

Schifffahrt Tegernsee
Seestr. 70, 83684 Tegernsee
Tel. (0 80 22) 9 33 11
www.seenschifffahrt.de
Die Schiffe fahren ganzjährig, im Winter eingeschränkter Fahrplan.

FESTE UND EVENTS

Ende Jan.: Montgolfiade in Bad Wiessee. Ende Mai: Kunst- und Kulturtage, Rottach-Egern. Anf. Juni: Blues-Festival (Openair), Bad Wiessee. Anf. Juli: Oleg-Kagan-Musikfest, Kreuth. Juli/Aug.: Seefeste mit Feuerwerk in Tegernsee, Rottach-Egern, Bad Wiessee. Ende Aug.: Ross-Tag, Rottach-Egern. Ende Sept.: Brauchtums- und Kulturwoche Tegernsee. Um den 20. Okt.: Bergfilm-Festival in Tegernsee. 6. Nov.: Leonhardi-Fahrt in Kreuth. Um den 12. Nov.: Leonhardi-Ritt in Gmund.

ESSEN

► Fein & teuer

Freihaus Brenner
Freihaus 4, 83707 Bad Wiessee
Tel. (0 80 22) 8 20 04
www.freihaus-brenner.de
Die Aussicht von der Terrasse gehört zu den schönsten am See, die feine bayerisch-mediterrane Küche steht ihr nicht nach. Di., im Winter auch Mi. geschlossen.

► Preiswert

Hagrainer Stuben (»Beim Zotzn«)
Wolfsgrubstraße 6, Rottach-Egern
Tel. (0 80 22) 29 99
Handfeste bayerische Küche gibt's im liebevoll restaurierten, rauchfreien Bauernhaus aus dem 15. Jh. nahe dem Thoma-Haus. Mit Ferienwohnung. Mo./Di. geschlossen.

ÜBERNACHTEN

► Luxus

Seehotel Überfahrt
83700 Rottach-Egern
Tel. (0 80 22) 669-0
www.seehotel-ueberfahrt.com
Haus der Spitzenklasse (134 Z., 54 Suiten) mit großem Beauty & Spa Areal. Im Gourmet-Restaurant wrkt Sternekoch Christian Jürgens.

Bischoff am See
Schwaighofstr. 53, 83684 Tegernsee
Tel. (0 80 22) 39 66
www.bischoff-am-see.de
An der Egerner Bucht gelegenes kleines Haus (8 Z., 4 App.) mit schlicht-eleganten Zimmern (Feng Shui). Hervorragendes Restaurant, schöne Terrasse, eigener Badesteg.

► Komfortabel

Villa Svendsen
Fürstenstr. 30, 83700 Rottach-Egern
Tel. (0 80 22) 2 69 41
Sehr angenehm und zentral wohnt man in der alpenländischen Villa aus der Zeit um 1900, 8 Zimmer mit Balkon und schönem Ausblick. Frühstück im Erker oder im Garten.

► Günstig

Gästehaus Fischerhof am See
Fischergasse 8, 83707 Bad Wiessee
Tel. (0 80 22) 8 15 33
Sehr preiswert wohnen und doch nicht auf angenehmes Ambiente und schönen Blick auf den See verzichten, das ist hier möglich (dafür hat man kein eigenes Bad).

»Lausbubengeschichten« von Ludwig Thoma berühmt wurde. Das Museum im Kurgarten zeigt eine Auswahl seinem Werk und interessante Sonderausstellungen (geöffnet Di. – So. 10.00 – 17.00 Uhr).

Ludwig-Thoma-Haus

Außer dem Heimatdichter Karl Stieler, dem Erzähler Ludwig Ganghofer, der Romanschriftstellerin Hedwig Courths-Mahler u. a. hatte sich in Tegernsee Ludwig Thoma niedergelassen (► Berühmte Persönlichkeiten). Bis zu seinem Tod 1921 lebte er in dem Haus Auf der Tuften, das als einziges Haus auf dem »Literatenberg« zugänglich ist (südöstlich der Egerner Bucht; Anmeldung Tel. 0 80 22 / 53 82).

*** Saliter-Hof**

Nahe dem Thoma-Haus (Ludwig-Thoma-Weg 8) steht der Saliter Hof von 1775, eines der schönsten Bauernhäuser des Oberlands. Der Name ist vom Salpeter abgeleitet, der für Schießpulver und die Glasherstellung im Kloster Tegernsee verwendet wurde.

Umgebung von Tegernsee

Spazierwege

Vom Rathaus führt ein Spaziergang in 30 Min. am Ufer entlang südlich zum **Kleinen Paraplui** (Point, von hier Ruderfähre nach Rottach-Egern), ein anderer in 45 Min. durch Lärchenwald auf den **Großen Paraplui** (800 m), beide lohnen mit schöner Aussicht. Fast schon mit Tegernsee zusammengewachsen ist Rottach-Egern, das über den **Leeberg-Höhenweg** zu erreichen ist (1.30 Std.); in Schwaighof kann man den Abstecher zum Saliterhof machen.

Wanderungen

Die Berge östlich von Tegernsee bieten eine Reihe leichter Wanderungen, die wegen der prächtigen Aussicht geschätzt werden. Mehrere Wege führen in ca. 1.30 Std. nordöstlich auf die **Neureuth** (Ostiner Berg, 1264 m), den besten Aussichtsbalkon über dem See. Von hier kann man zur **Gindelalmschneid** weitergehen (45 Min.), wo man wählt: entweder über den Auer Berg und den Huberspitz nach ► Schliersee oder über die Kreuzbergalm und den Prinzenweg zurück nach Tegernsee (jeweils ca. 2.30 Std). Zur pittoresk auf dem Felsen thronenden Kapelle auf dem **Riederstein** (1207 m) gelangt man von Tegernsee in 2.00 Std., am Pfliegeleck entlang oder in steilem Anstieg über diesen, und vorbei am Gasthaus Galaun. 1.30 Std. braucht man dann noch zur **Baumgartenschneid** (1444 m), wo man einen herrlichen Rundblick auf Tegernsee und Schliersee hat. Abstieg nach Norden ins Alpbachtal und zurück nach Tegernsee.

! Baedeker TIPP

Aus der Vogelschau

Man sollte es sich nicht entgehen lassen, die Pracht der Seen und Berge mal von oben anzuschauen, geruhsam von Heißluftballon aus oder etwas adrenalinintensiver am Drachen. Ballooning Tegernsee, Tel. 0 80 29 / 12 21, www.ballooning-tegernsee.de; Ballooning Reichart, www.ballooning-reichart.de, Tel. 0 80 41 / 7 71 55; Drachen-Tandemflüge: Passagierflug Wallberg, Tel. 0 80 21 / 90 97 86, www.doppelsitzerflug.de.

Rottach-Egern

Zwischen See und Wallberg

Der heilklimatische Kurort Rottach-Egern (740 m, 5200 Einw.) liegt malerisch am Südende des Sees zwischen den Mündungen von Rottach und Weißach. Der alte Kern von **Egern**, das sich um die Egerner Bucht gruppiert (Rottach liegt südöstlich, in Richtung Enterrottach), wird von der Pfarrkirche **St. Laurentius** dominiert (1466, 1672 barockisiert). 1690 schuf Hans Georg Asam das Altarblatt; zu beachten sind auch die Votivtafeln, u. a. mit der Sendlinger Bauernschlacht 1705. Auf dem Friedhof mit einer Pestkapelle von 1508 liest man bekannte Namen wie Ludwig Thoma, Ludwig Ganghofer, Leo Slezak und Olaf Gulbransson. Im Kursaal führt die Ludwig-Thoma-Bühne Stücke von – eben – Ludwig Thoma auf. Im **Gsotthaberhof** (Feldstraße, Mo. geschl.) sind alte Pferdekutschen und -schlitten zu bewundern. Schöne Wanderwege führen entlang der Rottach nach Enterrottach sowie an der Weißach entlang nach Kreuth. Im Westen liegt malerisch auf einem Ausläufer des Ringbergs das **Schloss Ringberg** (1913 begonnen, Tagungsstätte der Max-Planck-Gesellschaft).

★ Wallberg

Haus- und Skiberg des Tegernsees ist der Wallberg (1722 m) südöstlich von Rottach-Egern. Von Oberach bringt eine Seilschwebebahn zum Panoramarestaurant und zum Wallbergkircherl in 1620 m Höhe: herrlicher Blick auf den Tegernsee und die Alpen (der markante Zacken vor der Zugspitze ist der Buchstein). Zum Gipfel sind es

Der Wallberg mit seinem Kircherl, ein überaus beliebtes Ausflugsziel

noch 30 Minuten. Die ca. 4 km lange **Wallberg-Autostraße** (mautpflichtig) zählt zu den schönsten Bergstrecken, im Winter ist sie Teil der 6,5 km langen **Rodelbahn**. Die Straße beginnt bei der Wallbergbahn-Talstation und führt zur **Moosalm** in 1100 m Höhe (Blick über das Tegernseer Tal). Zu Fuß erreicht man in 50 Min. das Wallberghaus (1512 m, weitere 45 Min. zum Gipfel). Gute Kondition, Trittsicherheit und Schwindelfreiheit verlangt die klassische Bergwanderung von der Bergstation auf dem Alpenlehrpfad über den Setzberg (1706 m) zum **Risserkogel** (1826 m, 3 Std.); Abstieg nordöstlich zur Sutten und nach Enterrottach in 2 Stunden.

✶ **Hirschberg**

Auch der Hirschberg (1670 m) südwestlich von Rottach-Egern eröffnet dank seiner isolierten Lage ein weites Panorama. Von Scharling ist das Hirschberghaus (1545 m) in gut 2 Std. zu erreichen, zum Gipfel sind es weitere 30 Minuten.

Valepp

Eine für Radfahrer interessante Mautstraße (bis 12 %, Scheitelpunkt 1031 m) führt von Enterrottach zum **Forsthaus Valepp** (Gasthof, geöffnet Weihnachten – Okt., Tel. 0 8 26 / 7 12 81), das in einer malerischen Talweitung liegt. Von der Moni-Alm (984 m) bringt eine Seilbahn auf den **Stümpfling** (1506 m). Von der Valepp ist in 3 Std. der **Schinder** (1808 m) zu erklimmen, eine lohnende mittelschwere Tour. Die Straße zum Spitzingsee (►Schliersee) ist für Kfz gesperrt.

✶ Bad Wiessee

Kurbad am Tegernsee

Bad Wiessee (735 m, 4300 Einw.), das sich am Westufer ohne ein eigentliches Ortszentrum ausbreitet, ist das einzige **Heilbad** am Tegernsee. Seit 1441 kommen Menschen auf der Suche nach die Heilung hierher: Tegernseer Mönche hatten das St.-Quirinus-Öl entdeckt – wie sich viel später herausstellte, war es Petroleum. 1909 stieß der holländische Bergingenieur Adrian Stoop bei der Suche nach Erdöl auf eine **Jod-Schwefel-Kochsalz-Therme**, die bei Erkrankungen von Herz und Kreislauf, rheumatischen Beschwerden, Erkrankungen der Atmungsorgane und der Haut angewendet wird. Das **Kurzentrum** mit Bad, Wandelhalle und Inhalatorium liegt in Wiessee-Nord; in Wiessee-Süd mit Alt-Wiessee (Kirche Maria Himmelfahrt, 1926) stehen noch hübsche alte Häuser. Etwas nördlich trifft man auf die moderne **Spielbank**. Dahinter erstreckt sich der sehr schön gelegene 18-Loch-Platz des Tegernseer Golf-Clubs. Auf der beliebten **Seepromenade** geht man vom Strandbad südlich bis nach Abwinkl.

Wanderungen

Vom Rathaus führt ein kleiner Spaziergang durch das Zeiselbachtal zur **Prinzenruhe** mit herrlicher Aussicht. In einem wunderbaren, abgeschiedenen kleinen Hochtal liegt der **Bauer in der Au** (904 m) mit einer kleinen Jausenstation. Hier stand der schönste und mit 61 m Länge größte Bauernhof des Oberlands, ab 1825 im Besitz des Königshauses und 1971 abgebrannt. Man erreicht den Platz zu Fuß in

knapp 1 Std. über den Gasthof Söllbachklause, zurück geht man über Buch (unterwegs schöner Ausblick über den See). Vom Bauer in der Au kann man den **Hirschberg** besteigen (2.30 Std., ►Rottach-Egern). Die andere klassische Bergtour von Wiessee führt auf den **Fockenstein** (1564 m, 3 Std.); auch die Wanderung nur bis zur bewirtschafteten Auer-Alm (1269 m, 1.30 Std.) ist sehr beliebt.

Kreuth

Ort des hl. Leonhard

Am Südende des Tegernseer Tals, vor den Blaubergen und am Fuß des markanten Leonhardsteins, liegt der Kurort Kreuth (812 m, 3800 Einw.) mit vielfältigen Freizeiteinrichtungen; im Winter locken 50 km Loipen und lange Rodelbahnen. Die Kirche **St. Leonhard** ist das älteste Leonhard-Heiligtum in Bayern; schon im 12. Jh. erbaute das Kloster Tegernsee eine Kirche zu Ehren des Heiligen, 1529 ist das Weißachtal als »Leonhardswinkel« genannt. Die Kirche wurde 1491 geweiht, 1776 vergrößert und barockisiert; über dem Altar u. a. eine gotische Holzfigur »Thronender hl. Leonhard« (16. Jh.). Am 6. Nov. begeht man die überaus prächtige **Leonhardifahrt**.

? WUSSTEN SIE SCHON ...?

- In Wildbad Kreuth war der Kiem Pauli (1882 – 1960) ansässig, der sich um den Fortbestand der oberbayerischen Volksmusik verdient gemacht hat. Jahrzehntelang sammelte er alles, was die Menschen an Musik und Liedern im Kopf hatten, und sorgte für deren Weiterleben. Am letzten Adventssonntag findet in der Kreuther Kirche das Kiem-Pauli-Singen statt.

Umgebung von Kreuth

Wildbad Kreuth

Der Name des Fleckens ist bundesweit bekannt, findet hier doch im Jan. die traditionelle **Klausurtagung der CSU** statt. Seit dem 16. Jh. sind eisenhaltige Schwefelquellen bekannt, Anfang des 19. Jh.s ließ König Maximilian I. die »Molken- und Badeanstalt« errichten, in der sich der Hochadel zur Kur traf. Das Haus gehört heute der Hanns-Seidel-Stiftung der CSU und dient als Seminarort. Ein zauberhaftes Bild bietet das Alte Badehaus (Gaststätte) mit der angebauten Hl.-Kreuz-Kirche, beide von 1696 (vom Parkplatz 10 Min. zu Fuß).

Wanderungen und Bergtouren

In 15 Minuten geht man westlich zum **Kreuther Wasserfall**. Nach Gusto kann man sich einen Ausflug ins **Sagenbachtal** südöstlich von Kreuth einrichten, entweder bis zur Langenau (Schwarzes Kreuz, 1.30 Std.) oder bis zur **Bayr-Alm** (knapp 3 Std., jeweils eine Strecke). In gut 1 Std. erklimmt man den **Leonhardstein** (1450 m). Etwa 1.30 Std. braucht man von Wildbad Kreuth (Schießstätte) durch wildromantisches Gelände zur **Königsalm** (1115 m), der mächtigen Almhütte von König Max I. Joseph; zurück über die Straße, deren unterer Teil im Winter als Rodelbahn dient, und durch die »Klamm«. Von der Königsalm kann man in 1 Std. den **Schildenstein** (1613 m) besteigen. Gut 1000 m Höhe überwindet man hinauf zum aussichts-

reichen Grubereck und zum **Risserkogel** (1826 m, gesamt 5 Std.). Für die Tour vom Risserkogel zum Wallberg ►S. 357.
Eine der schönsten Touren führt südwestlich zum **Rossstein** (1698 m) und **Buchstein** (1701 m). Am besten steigt man vom Gasthaus Bayerwald an der B 307 (Bushaltestelle) auf, über die Sonnbergalm (Niederleger und Hochleger), später über eine drahtseilgesicherte Felsstelle zur **Tegernseer Hütte**. Abstieg nördlich in das Schwarzenbachtal und über den Sattel am Leonhardstein nach Kreuth. Gesamtgehzeit ca. 6 Stunden.

Absolut bilderbuchmäßig liegt die Tegernseer Hütte am Buchstein.

Traunstein

T 6

Landkreis: Traunstein
Einwohnerzahl: 18 300
Höhe: 600 m ü. d. M.

Auf einer Terrasse über der Traun, zwischen Chiemsee, Rupertiwinkel und den Chiemgauer Bergen, liegt die alte Salzstadt Traunstein. Ihre Altstadt gibt vor dem Hochfelln ein hübsches Bild ab.

Ein wenig Geschichte

Der strategisch günstige Platz über dem Fluss war schon früh besiedelt, die Römerstraße Augsburg – Salzburg überwand hier die Traun. Bis ins 20. Jh. waren Salzproduktion und -handel bestimmend: 1611 – 1619 wurde die Soleleitung von Reichenhall nach Traunstein gebaut, und bis 1912 war die Saline in der Au in Betrieb. Verheerende Stadtbrände 1704 und 1851 zerstörten einen Großteil der alten Bausubstanz. Gebäude aus Historismus und Jugendstil, die nach dem Brand von 1852 entstanden, prägen das Stadtbild.

Sehenswertes in Traunstein

Stadtplatz

Kern der schönen altbayerischen Anlage ist der 250 × 85 m messende Stadtplatz. Im Westen beherrscht ihn die Stadtpfarrkirche **St. Oswald**, erbaut 1675 – 1690 durch Lorenzo Sciascia (► Weyarn) nach Plänen von Kaspar Zuccalli, der auch die Stiftskirche in Gars im Inn konzipierte. Ihre Stuckierung ging in den Stadtbränden verloren und wurde neobarock ersetzt. Zur Stadtbefestigung gehörte der **Brothausturm** (westlich gegenüber St. Oswald) mit dem Heimatmuseum (geöffnet April – Okt. Mo. – Sa. 10.00 – 15.00 Uhr, So. bis 16.00 Uhr).

Hübscher Platz am Traunsteiner Brothausturm.

Vor der Apsis von St. Oswald der »Liendlbrunnen« mit einer Ritterfigur von 1526. Der nach des Stadtbränden abgerissene **Jacklturm** im Osten des Platzes wurde bis 1999 wieder rekonstruiert.

Au Steile Treppen führen südlich hinunter in die Au. Wo bis 1922 das Salzsiedehaus stand, parken heute auf dem Karl-Theodor-Platz Autos; einige Bauten der Saline sind noch erhalten, darunter die beeindruckende **Salinenkapelle St. Rupertus und Maximilian**, erbaut 1630 nach Plänen von Isaak Bader, ein hervorragendes Werk des Frühbarocks in Bayern. Beachtlich das Gemälde mit Rupert und Maximilian im Choraltar (Ulrich Loth, 1631).

Ettendorf Ziel des Traunsteiner Georgiritts ist die Kirche St. Vitus und Anna in Ettendorf jenseits der Traun, ein spätgotischer Bau mit schönen Gewölben, prunkvollen Barockaltären, Fresken des 16. /18. Jh.s und volkstümlich bemalter Empore (1514).

Hochberg Wanderwege (und eine Straße) führen südlich auf den Hochberg (774 m), den Hausberg der Stadt, der eine schöne Aussicht und einen guten Gasthof bietet.

Siegsdorf In der Voralpenlandschaft südlich von Traunstein liegt der Luftkurort Siegsdorf (8200 Einw., 615 m) im Tal der Weißen Traun. Bekannt ist er für seine Mineralquellen, einmal die Petrusquelle, zum andern die Primusquelle von **Bad Adelholzen**. Letztere ist seit 1907 im Besitz der Barmherzigen Schwestern von München. Ihr Mineralwasserabfüllbetrieb ist einer der größten Deutschlands. Alles über das köstli-

che Nass erfährt man in der neuen **Adelholzener Wasserwelt** (geöffnet Mo. – Do. 8.00 – 16.00, Fr. 8.00 bis 12.00 Uhr). In den 1980er-Jahren wurden in der Umgebung von Siegsdorf die 40 000 Jahre alten Knochen eines Mammuts und anderer Tiere der Eiszeit gefunden, zu sehen im **Mammut-Museum** (geöffnet Ostern – Okt. Di. – So., Nov. – 26. Dez. nur So., sonst Mi., Sa., So., 10.00 – 17.00 Uhr).

! *Baedeker* TIPP

Papststadt

In Traunstein verbrachten Joseph Ratzinger und sein Bruder Georg, später Leiter der Regensburger Domspatzen, ihre Jugend, in St. Oswald feierten beide ihre Primiz. Auch heute sind Stadt und Papst herzlich miteinander verbunden. Das Tourismusbüro hält eine Broschüre zum »Traunsteiner Benediktweg« bereit.

Umgebung von Traunstein

Wastlbauernhof

Der Wastlbauernhof bei Siegsdorf-Hammer (Mauer 5) ist ein typisches Traunsteiner Berghaus aus dem Jahr 1762. Seine Besonderheit sind die Fresken außen und innen; sie zeigen u. a. die Heiligen Florian, Sebastian, Leonhard und Michael (nicht zugänglich).

✶ Wallfahrtskirche Maria Eck

Der ganze Chiemgau liegt einem bei der überaus beliebten Wallfahrtskirche Maria Eck zu Füßen (5 km südwestlich von Siegsdorf), die von Franziskaner-Minoriten betreut wird. Die Kirche aus dem 17. Jh. mit (nach Art des Salzburger Doms) **kleeblattförmigem Chor** besitzt einen prächtigen Hochaltar (1691) mit dem Gnadenbild, einer Kopie der berühmten Madonna von S. Maria Maggiore in Rom.

Bergener Moos

Westlich von Bergen (4800 Einw.) dehnt sich das reizvolle Bergener Moos aus, ein Naturschutzgebiet mit seltenen Pflanzen und Tieren. Nach einem Gang durchs Moor kann man sich auf dem **Schellenberg** im gleichnamigen Gasthof bzw. seinem Biergarten rekreieren.

Maxhütte

Größere wirtschaftliche Bedeutung hatte Bergen ab dem 16. Jh., als am Zusammenfluss von Weißer und Schwarzer Achen die Maximilianshütte (»Maxhütte«) das **Eisenerz** vom Kressenberg verarbeitete; als sich das nicht mehr lohnte, stellte man auf Guss und Maschinenbau um. 1932 wurde das Werk geschlossen. Seine Gebäude – u. a. ein 25 m hoher Kamin und das Gasthaus »Hüttenschenke« – bieten noch ein eindrucksvolles Bild. Eine Ausstellung informiert über die Geschichte der Maxhütte (Mai – Okt. Di. – So. 10.00 – 16.00 Uhr).

✶ Hochfelln

Der Hochfelln (1671 m) ist berühmt für seinen Rundumblick und daher ein beliebtes Ausflugsziel. Von der Bergstation der Kabinenbahn erreicht man in wenigen Minuten die **Tabor-Kapelle** und den Gipfel. Skifahrer finden schöne Hänge oberhalb der Mittelstation. Von der Maxhütte steigt man in 4 Std. über das Bründlinghaus (1160 m) und die Hochfellnscharte zum Gipfel auf, umgekehrt braucht man vom Gipfel zur Talstation knapp 3 Stunden.

TRAUNSTEIN ERLEBEN

AUSKUNFT

Touristeninformation
Haywards-Heath-Weg 1
83278 Traunstein
Tel. (08 61) 9 86 95-23
www.traunstein.de

FESTE UND EVENTS

Ostermontag: Prächtiger Georgiritt von Traunstein nach Ettendorf. 3. Mai-So.: Große Trachtenwallfahrt von Siegsdorf nach Maria Eck. Ende Juli: Altstadtfest in Traunstein.

ESSEN

► **Preiswert**

Mesnerwirt
83313 Siegsdorf - St. Johann
Tel. (0 86 62) 74 30, Mi. geschl.
Bratkartoffeln sind in dem urigen, 400 Jahre alten Wirtshaus – außer So. Mittag – die Säule der schlichten, handfesten Küche.

ÜBERNACHTEN

► **Komfortabel**

Parkhotel Traunsteiner Hof
Bahnhofstr. 11, 83278 Traunstein
Tel. (08 61) 98 88 20
Großzügige Gastzimmer und Restaurant in gemäßigt antikem Landhaus-Stil. Ein Wellnessbereich gehört dazu.

► **Günstig**

Klostergasthof Maria Eck
Maria-Eck-Str. 3, 83313 Siegsdorf
Tel. (0 86 62) 93 96, Mo. geschl.
Eine gediegene Insel der Ruhe in 882 m Höhe. Sehr schöne, mit viel Holz gestaltete Zimmer.

★ Wangen im Allgäu

B 7

Landkreis: Ravensburg
Einwohnerzahl: 26 800
Höhe: 525 – 709 m ü. d. M.

Einst Freie Reichsstadt, heute Hauptort des württembergischen Allgäus und Luftkurort: Mit seiner schönen, unter Denkmalschutz stehenden Altstadt und der sanfthügeligen Umgebung des Westallgäus ist Wangen ein lohnendes Ausflugsziel.

Wangen gestern und heute

Erstmals wird Wangen in einer Urkunde des Klosters St. Gallen, damals der größte Grundbesitzer der Gegend, im Jahr 815 als Stiftgut erwähnt; gemäß einer Urkunde Kaiser Friedrichs II. von 1217 muß es Stadt gewesen sein, und 1268 bestätigte Rudolf I. von Habsburg den Status als Freie Reichsstadt. Bis ins 15. Jh. dauerte die eine Blüte durch die Leinenweberei und das Schmiedehandwerk (Sensen), die ihre Produkte bis nach Italien verkauften. 1539 fiel fast die ganze Oberstadt einem Feuer zum Opfer, 1793 und 1858 traf es die Unterstadt. Nach kurzer bayerischer Episode (ab 1802) wurde die Stadt 1810 württembergisch. Heute ist Wangen Zentrum der Milchwirtschaft und Käseindustrie im württembergischen Allgäu.

Sehenswertes in Wangen

★ **Marktplatz**

Am malerischen Platz (Mi. vormittags schöner großer Markt) steht das 1719 – 1721 größtenteils neu erbaute **Rathaus** mit seiner prächtigen Fassade; zur Unterstadt hin ist noch Bausubstanz aus dem 15. Jh. erhalten. Der getäfelte Ratssaal enthält eine historische Kostbarkeit, eine Stadtansicht von 1611 (bei Stadtführungen zu sehen).
Das markante **Hinderofenhaus** aus der Renaissance (1542, hübscher Innenhof) beherbergt Stadtverwaltung und Volkshochschule.
Die romanisch-spätgotische Kirche **St. Martin** wurde 1684 barockisiert; Altar- und Deckengemälde wurden erst im 19. Jh. angefertigt.
Vom Marktplatz geht die **Herrenstraße** ab, sicher eine der schönsten Straßen in Deutschland. Teilweise ist noch das spätgotische Bild mit Treppengiebeln erhalten, die meisten Häuser entstanden nach dem Stadtbrand 1539. Bemerkenswert sind auch die **Wirtshausschilder** des 19. Jh.s. Den Abschluss der Straße bildet das herrliche **Frauentor** (Ravensburger Tor), das seine Renaissance-Form 1608 erhielt. Von der Südwestseite des Markts führt die reizvolle **Paradiesstraße** zum St.-Martins-Tor, das ebenfalls im Jahr 1608 neu gestaltet wurde. Es hat seinen gotischen Charakter allerdings noch stärker bewahrt; im Tordurchgang sind Reste der gotischen Bemalung zu sehen.

Die Herrenstraße mit dem Frauentor

Rochuskapelle

Nordwestlich jenseits des St.-Martins-Tors dehnt sich der nach italienischem Vorbild angelegte Alte Friedhof aus, heute Stadtpark. Die Rochuskapelle (1593) besitzt eine originelle bemalte Holzdecke (»Bilderbibel«) von 1598. Beachtenswert sind auch die aus dem Hochaltar von St. Martin stammenden **Rosenkranzmedaillons** (1622), bedeutende Werke aus der Waldseer Bildhauerwerkstatt Zürn. Zugänglich Juli – Okt. Sa. 10.00 – 12.00 Uhr und bei Stadtführungen.

Postplatz

Durch den Pfaffenturm am Marktplatz gelangt man zum malerischen Postplatz, dem Hauptplatz der Unterstadt, mit dem **Kornhaus** (1600 – 1602, Stadtbücherei).

Museen In der ehemaligen Eselmühle (1568) sind einige Museen ansässig. Das **Heimatmuseum** gibt einen Überblick über die Stadtgeschichte inkl. Leinwandherstellung; in einem Obergeschoß sind Drehorgeln, Spieldosen und andere mechanische Musikinstrumente aus dem 19./20. Jh. sehen. Das **Käsereimuseum** widmet sich der Geschichte der Milchwirtschaft und der Käseherstellung. Über den Wehrgang erreicht man das **Deutsche Eichendorff-Museum** mit Briefen und Manuskripten des romantischen Dichters Joseph Freiherr von Eichendorff (1788 – 1857) und zum **Gustav-Freytag-Museum** mit Erinnerungen an den Schriftsteller Gustav Freytag (1816 – 1895). Im übernächsten Gebäude ist eine **Museumsdruckerei** mit alten Druckmaschinen eingerichtet.

Am Ende des Komplexes liegt die **Badstube** von 1589, eine besondere Kostbarkeit, die an mittelalterliche Badefreuden erinnert. Geöffnet sind die Museen Apr. – Okt. Di. – Fr. 14.00 – 17.00, Sa. 11.00 – 17.00, So. 14.00 – 17.00 Uhr; Führungen in der Eselmühle und in der Badstube Nov. bis März Di. 15.30 Uhr.

! *Baedeker* TIPP

Allgäuer Seele

Zu den besten Allgäuer Genüssen gehören die »Seelen«. Was das ist, können Sie in jeder Bäckerei herausfinden – z. B. beim Fidelisbäck, der auch für seinen ofenfrischen Leberkäse berühmt ist (gemütliche Vesperwirtschaft in der Paradiesstr. 3).

Wangen Orientierung

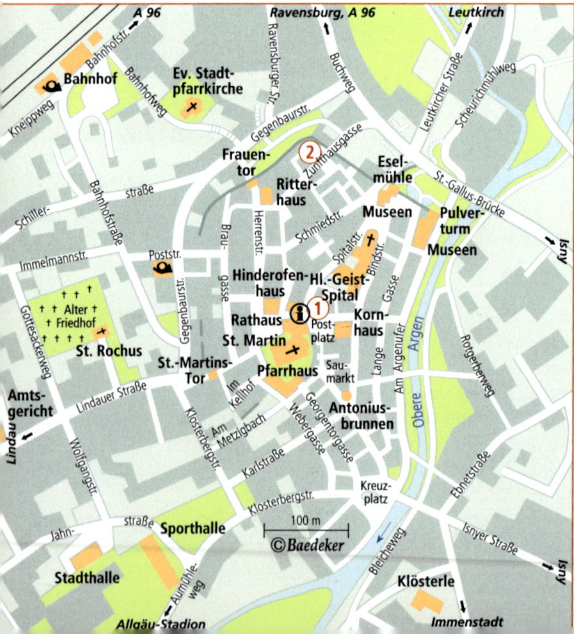

Übernachten
1. Alte Post
2. Blaue Traube

WANGEN ERLEBEN

AUSKUNFT

Gästeamt
Marktplatz 1, 88239 Wangen
Tel. (0 75 22) 74-2 11

FESTE UND EVENTS

Ende Juli: Kinder- und Altstadtfest.

ESSEN

► **Erschwinglich / Fein**

Gasthof Adler
Obere Dorfstr. 4, 88239 Wangen
Tel. (0 75 22) 70 74 77, Di. geschl.
Modernisierter alter Gasthof in Deuchelried, ländlich-edle Küche.

► **Preiswert / Erschwinglich**

Gasthof Sattel
Sattel 2, 88239 Wangen
Tel. (0 75 22) 70 70 70
Im einstigen Siechenhaus – mit seiner Kapelle ein hübsches Ensemble etwas abseits der B 18 nach Lindau – isst man gut, von handfest allgäuerisch bis leicht gehoben.

ÜBERNACHTEN

► **Komfortabel**

① *Alte Post*
Postplatz 2, 88239 Wangen
Tel. (0 75 22) 97 56-0
Familiäres Romantikhotel, zentral und doch ruhig gelegen. Liebevoll eingerichtete Zimmer mit modernem Komfort.

► **Günstig**

② *Blaue Traube*
Zunfthausgasse 10, 88239 Wangen
Tel. (0 75 22) 66 27
Gepflegtes Gasthaus mit ruhigen Zimmern und Fahrradgarage. Im Restaurant Schwäbisches auf der Basis regionaler Produkte (Mo./Di. geschl.).

★★ Wasserburg am Inn

R 5

Landkreis: Rosenheim
Einwohnerzahl: 12 300
Höhe: 427 m ü. d. M.

Die einzigartige Topografie macht Wasserburg zu einer der interessantesten Städte Bayerns: Hier bildet der Inn eine dramatisch enge Schleife, in der der alte Ort fast wie auf einer Insel liegt.

Aus der Geschichte

Im Jahr 1137 verlegte Hallgraf Engelbert seinen Sitz von der »Lintburc« bei Attel (s. u.) in die nahezu uneinnehmbare »Wasserburg«. Im Mittelalter war der Inn Teil des Transportwegs zwischen Adria und Donau, den hier die Salzstraße von Reichenhall nach München überquerte. Ihre Blütezeit hatte die Stadt nach Verleihung des Salzstapelrechts durch Kaiser Ludwig den Bayern 1332, der sie auch nach dem Stadtbrand 1339 förderte; 1504 entzog Herzog Albrecht IV. Wasserburg dieses Recht, womit der wirtschaftliche Niedergang einsetzte. Mit dem Bau der Saline Rosenheim 1810 kam der Salzhandel zum Erliegen, und 1865 fuhr das letzte Dampfschiff auf dem Inn.

Wasserburg Orientierung

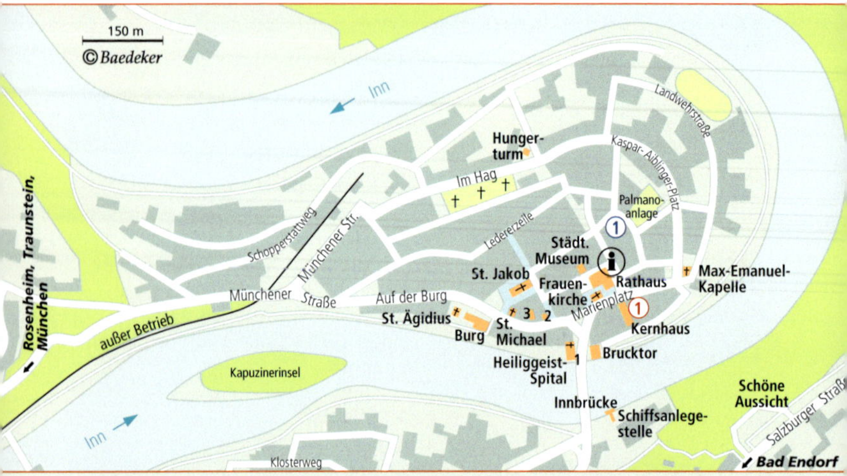

Essen
① Hotel Fletzinger

Übernachten
① Hotel Paulanerstuben

1 Erstes Imaginäres Museum
2 Altes Mauthaus Neues Mauthaus
3 Ganserhaus

Sehenswertes in Wasserburg

Stadtanlage Als **Innstadt** besitzt Wasserburg langgestreckte Plätze mit überwölbten Laubengängen. Vorschussmauern schließen die bunten Fassaden oben waagerecht ab. Besonders hübsch mit ihren Wirtshaus- und Gewerbeschildern sind die Schmidzeile, die Ledererzeile und die Nagelschmidgasse. An der Straße »An der Stadtmauer« sind Reste der Befestigung erhalten, auch der **Rote Turm** (15. Jh.) gehörte dazu.

Hl.-Geist-Spital Das Hl.-Geist-Spital und seine Kirche existieren seit dem 14. Jahrhundert. Heute ist hier das **Imaginäre Museum** ansässig, das 500 Repliken berühmter Kunstwerke zeigt; die Palette reicht vom romanischen Fresko bis zu Malern des 20. Jh.s. Der Maler Günter Dietz entwickelte das aufwendige Reproduktionsverfahren im Siebdruck. Geöffnet Mai – Sept. Di. – So. 13.00 – 17.00, sonst bis 16.00 Uhr.

Marienplatz Am Westende des großen Marienplatzes liegen **Altes und Neues Mauthaus** (ersteres 16. Jh. mit Renaissance-Erker, letzteres mit einer Engelsfigur von Wolfgang Leb, 1497). Im Osten sind die weiteren Funktionsträger der Stadt versammelt: Frauenkirche und Rathaus. Die **Frauenkirche**, geweiht 1386, ist eine dreischiffige Staffelhalle (1753 barock umgestaltet). Zu beachten die »Schöne Madonna« (um 1425) im Hochaltar; in dessen Altarblatt ist die Stadt abgebildet. Im »zweifachen« **Rathaus** (1459) ist die Ratsstube mit geschnitzter Bal-

kendecke von 1564 sehenswert (Führungen Di. – So.). Im »Tanzhaus«, dem Großen Rathaussaal, finden heute Konzerte statt (Kartenbestellung Tel. 0 80 71 / 1 05-12).

Kernhaus

Gegenüber dem Rathaus eine fantastische Rokokofassade: Das Kernhaus, ein altes Patrizierhaus mit spätmittelalterlichen Lauben, wurde 1738 – 1740 von Johann Baptist Zimmermann umgestaltet. Hinter der Fassade ist alles neu: Im linken Teil sind Justizbehörden, im rechten das Hotel Paulanerstuben ansässig.

✶ Museum Wasserburg

In einem spätgotischen Bürgerhaus präsentieren die reichhaltigen, interessanten kulturhistorischen Sammlungen der Stadt Volkskunst, altes Handwerk, Mobiliar und sakrale Plastik von der Spätgotik bis zum 19. Jh. (geöffnet Mai – Sept. Di. – So. 13.00 – 17.00, Okt. – Mitte Dez. u. Feb. – April 13.00 – 16.00 Uhr).

St. Jakob

Die stadtbildbeherrschende Pfarrkirche St. Jakob, eine spätgotische Hallenkirche, wurde 1410 – 1478 von Hans von Burghausen, Hans Stethaimer (beide die Baumeister von St. Martin in Landshut) sowie Stephan Krumenauer erbaut. Das bedeutendste Ausstattungsstück ist die prachtvolle **Renaissance-Kanzel** (1638) der Brüder Martin und Michael Zürn aus dem schwäbischen Waldsee. Außen am Chor eine große volkstümliche Darstellung von Erbschuld und Erlösung als Lebensbaum (um 1460).

WASSERBURG ERLEBEN

AUSKUNFT

Städtisches Verkehrsbüro
Marienplatz 1, 83512 Wasserburg
Tel. (0 80 71) 1 05-0
www.wasserburg.de

FESTE UND EVENTS

1. Febr.-So.: Großer Taubenmarkt. Jahrmärkte: Mittfasten-, Benno-, Georgi-, Michaeli- und Kathreinmarkt. Rathauskonzerte.

ESSEN

► Erschwinglich

Fischerstüberl
Attel-Elend 1, 83512 Wasserburg
Tel. (0 80 71) 25 98, Di. geschl.
»Bayerische Villa« unterhalb des Klosters mit ziemlich ambitionierter Küche, v. a. Fisch; »orientalisches« Bistro.

► Preiswert / Erschwinglich

① ***Hotel Fletzinger***
Fletzingergasse 1, 83512 Wasserburg
Tel. (0 80 71) 90 89-0
In gediegen-gutbürgerlichem Ambiente isst man sehr ordentlich. Schön die große Auswahl an kleinen Gerichten und Brotzeiten. Moderne, geschmackvoll eingerichtete Zimmer.

ÜBERNACHTEN

► Günstig

① ***Hotel Paulanerstuben***
Marienplatz 9, 83512 Wasserburg
Tel. (0 80 71) 39 03
Hinter der herrlichen Rokokofassade wohnt man in angenehm schlichten, aber modern eingericheteten Zimmern. Nette Gaststube und Terrasse zum Inn; die Speisekarte bietet jedoch keine Höhenflüge.

Wasserburg, die »Geliebte des Inns« – fast ganz vom Fluss umschlungen

Burg Auf einer Erhebung an der Südseite der Landzunge erbauten die Hallgrafen im 12. Jh. ihr Bollwerk, von dem Reste erhalten sind. 1531 – 1537 gestaltete Herzog Wilhelm IV. die Burg zum Schloss mit schmucken Treppengiebeln (heute Kloster und Altenheim).

»Schöne Aussicht« Der beste Blick über die Altstadt bietet sich von diesem Platz an der Salzburger Straße. Von der Innbrücke 15 Min. zu Fuß.

Brucktor Das massige Brucktor (14. Jh., mehrfach umgebaut) gewährt Zugang zur Altstadt. Eine Wandmalerei an der Innfront von 1568 zeigt Geharnischte mit dem bayerischen und dem Wasserburger Banner.

Wegmacher-Museum An der Rosenheimer Straße (rechts des Inns, Richtung Griesstätt) kommen Technikfans auf ihre Kosten: Das Wegmacher-Museum dokumentiert mit ca. 1500 Exponaten die Geschichte des Straßenbaus und des Verkehrs (geöffnet Mo. – Fr. 8.00 – 11.00, 13.00 – 15.00 Uhr).

! *Baedeker* TIPP

Kunst in Wasserburg

Die lebhafte Kunstszene Wasserburgs hat ein Zentrum im Ganserhaus aus dem 16. Jh., in dem der Arbeitskreis 68 ansässig ist (Ausstellungen). Am Skulpturenweg in der Inn-Schleife sind Werke Wasserburger Künstler aufgestellt.

Von Wasserburg innaufwärts

Südlich von Wasserburg erstreckt sich über 8 km bis Attel der **Innstausee** (Naturschutzgebiet), ein Paradies für Natur- und Vogelfreunde; nachgewiesen wurden hier 180 Vogelarten.

Attel

Am linken Hochufer des Inns liegt das ehemalige Kloster Attel (17./18. Jh.) mit der äußerlich schlichten Klosterkirche St. Michael. Im glanzvollen Inneren verbinden sich Bauernbarock und kunstvolles Rokoko; den weißen Stuck schuf der Miesbacher N. Liechtenfurtner (1715). Im Kreuzaltar von C. Pader (1665), der vom Vorgängerbau erhalten blieb, ein hochverehrter **Kruzifixus** aus dem 13. Jh.; interessant ist auch das Stifterhochgrab für Graf Engelbrecht von Limburg von dem Wasserburger Bildhauer Wolfgang Leb (1509).

Altenhohenau

Das Kloster Altenhohenau am rechten Inn-Ufer, eines der ersten deutschen Frauenklöster, wurde um 1230 gestiftet. Die romanische Kirche St. Peter und Paul, bis 1670 barock umgebaut und um 1765 in prachtvollem Rokoko gestaltet, besitzt einen **seltenen Astkreuz-Kruzifixus** (um 1340). Hochaltar – mit Muttergottes (17. Jh.) – und Seitenaltäre sind mit den Schnitzfiguren das Werk von Ignaz Günther (1761), die Fresken im Altarraum schuf Matthäus Günther (1771). Die Wallfahrt zum »Altenhohenauer Jesuskind«, einer in Stoff gekleideten Schnitzfigur, hatte das Kloster im 18. Jh. bedeutend gemacht.

✶✶ Rott am Inn

Aus Rott am Inn (3600 Einw.), zwischen Wasserburg und Rosenheim gelegen, stammte die Mutter von **Franz Josef Strauß** (► Berühmte Persönlichkeiten), der hier auch zeitweise bestattet war; sein Grabmal ist so etwas wie eine Pilgerziel. Berühmt ist die Kirche der einstigen Benediktinerabtei, ein **Hauptwerk des bayerischen Rokokos** (Foto S. 369). Pfalzgraf Kuno von Rott stiftete das Kloster zum Gedenken an seinen Sohn, der 1081 in der Schlacht bei Höchstädt gefallen war. Johann Michael Fischer erbaute die Kirche St. Marinus und Anianus auf der Terrasse über dem Inn 1758 – 1763 unter Einbeziehung der romanischen Osttürme. Innen vereinen sich kühne Raumgestaltung – als Kombination von Längs- und Zentralbau, eine Lieblingsidee Fischers – und kunstvolle Ausstattung zu einem Meisterwerk. Dazu trugen die besten Künstler bei: der Freskant Matthäus Günther, der Stuckateur Franz Xaver Feichtmayr sowie die Bildhauer Ignaz Günther und Josef Götsch. Das fantastische runde Fresko über dem achteckigen Zentralraum stellt die Verherrlichung der Heiligen des Benediktinerordens dar; in den anschließenden Kuppeln die Verbrennung und Verklärung des hl. Marinus bzw. der Tod des hl. Anianus in seiner Wilpartinger Klause (► Miesbach). Ignaz Günther gestaltete den Hochaltar und weitere Altäre, außerdem die meisten Statuen. In der Vorhalle das prunkvolle **Grabmal des Klosterstifters** aus Adneter Marmor (F. Sickinger, 1485): Die Deckplatte zeigt den Pfalzgrafen und seinen Sohn, das Modell der romanischen Basilika in Händen.

Von Wasserburg innabwärts

Gars am Inn

Etwa 17 km nordöstlich von Wasserburg steht in Gars die ehemalige Augustinerstiftskirche Mariä Himmelfahrt, die auf eine Gründung des 8. Jh.s zurückgeht und 1661/1662 in der Art der Münchner Mi-

chaelskirche barock umgestaltet wurde. Das Hochaltarblatt stellt die Himmelfahrt Mariens dar. Sehenswert sind eine große Kreuzigungsgruppe von C. Jorhan (1762), die Kanzel von 1691 sowie Grabmäler mehrerer Pröpste, insbesondere das für Jakob Hinterkircher († 1420) mit einer ausdrucksstarken Darstellung des Totengesichts.

★ **Au**

Am windungsreichen Inn entlang kann man die schöne (Rad-)Wanderung nach Au machen. Idyllisch in einer Flussschleife liegt das ehemalige Augustiner-Chorherrenstift, eine eindrucksvolle Anlage mit doppeltürmiger Kirche. Im 8. Jh. entstand hier eine Mönchszelle der Benediktiner, Anfang des 12. Jh.s gründeten Chorherren ein Kloster. Nach einem Brand 1686 entstand die Anlage bis etwa 1737 neu. Die Klosterkirche St. Maria weist eine ungewöhnliche Architektur auf: An das Langhaus als Wandpfeilerraum mit Emporen schließt ein fast vollrunder Chor an. Innen überwältigt goldener und farbiger Überschwang; in der Kuppel ein »Engelskonzert« von F. Mareis (um 1720). Schön sind auch die Kanzel und Grabdenkmäler für die Auer Pröpste des 15.–18. Jh.s. Im Biergarten oder im urigen Bräustüberl kann man sich die Produkte des Klosterbräus schmecken lassen.

Die Stiftskirche in Rott am Inn ist ein Meisterwerk von Johann Michael Fischer

Weilheim

K 6

Landkreis: Weilheim-Schongau
Einwohnerzahl: 21 300
Höhe: 565 m ü. d. M.

Weilheim, im oberbayerischen Alpenvorland westlich des Starnberger Sees gelegen, ist Zentrum des berühmten Pfaffenwinkels. In der zauberhaften Umgebung gibt es eine ganze Reihe großartiger Sehenswürdigkeiten, insbesondere Kirchen und Klöster.

Weilheim gestern und heute

Seit 1176 ist hier ein Markt nachweisbar, der von Herzog Otto II. 1236 zur Stadt erhoben wurde. Berühmt war am Übergang vom 16. zum 17. Jh. die »Weilheimer Bildhauerschule« (v. a. Hans Krumper, Hans Degler, Bartholomäus Steinle). Heute dient die Oberlandausstellung (in ungeraden Jahren, Anf. Okt.) als Schaufenster für die Wirtschaftskraft der Region.

Sehenswertes in Weilheim

Marienplatz

Weilheim war mit dem benachbarten Wessobrunn im 16.–18. Jh. ein bedeutendes Zentrum des Kunsthandwerks. Noch heute ist das am »Herz« Weilheims ablesbar, dem Marienplatz mit seiner Mariensäule (17. Jh.). Beherrscht wird der Platz von der Stadtpfarrkirche **Mariä**

WEILHEIM ERLEBEN

AUSKUNFT

Touristinfo
Admiral-Hipper-Str. 20
82362 Weilheim
Tel. (08 81) 68 25 32
www.weilheim.de

Kloster Wessobrunn
Tel. (0 88 09) 92 11-0
www.kloster-wessobrunn.de

FESTE UND EVENTS

Fronleichnam: Große Prozession in Weilheim mit der Wurzel-Jesse-Monstranz, der größten Barockmonstranz Deutschlands. 6. Nov.: Leonhardiritt in St. Leonhard im Forst. Konzerte in der Klosterbibliothek Polling (Konzertdirektion Hörtnagel, Tel. 0 89 / 98 29 28-0, www.hoertnagel.de).

ESSEN

► Preiswert / Fein & teuer

Oberbräu
Obere Stadt 31, 82362 Weilheim
Tel. (08 81) 23 16, Di. geschl.
Im Oberbräu gibt's eine gemütliche Wirtschaft und ein feines Restaurant mit bayerisch-mediterraner Küche.

ÜBERNACHTEN

► Günstig

Zur Post
Zöpfstr. 2, 82405 Wessobrunn
Tel. (0 88 09) 2 08
www.gasthof-wessobrunn.de
Gediegener Dorfgasthof mit großen, gut ausgestatteten Zimmern. Bayerische Küche mit Südtiroler Einschlag. Die Decke im Festsaal stammt aus dem Theatersaal des Klosters.

Himmelfahrt. Das Untergeschoss ihres Turms ist gotisch (um 1300), Langhaus und Chor wurden 1624–1631 nach Plänen von Hans Krumper errichtet und von Jörg Schmuzer mit frühem Wessobrunner Stuck versehen. Die Deckenbilder (Medaillons) des Weilheimers J. Greither gelten als **früheste barocke Kirchenfresken in Oberbayern**. Von der qualitätvollen Ausstattung sind das gotische Astkreuz (1350), der Christi-Rast-Altar (F. X. Schmädl, 1760) und das Altarbild »Beweinung Christi« (M. Knoller, 1790) hervorzuheben.

Pfaffenwinkelmuseum

Das alte Rathaus (1790) neben der Kirche beherbergt dieses bedeutende Heimatmuseum (geöffnet Di.–So. 10.00–12.00, 14.00–17.00 Uhr). Im Mittelpunkt stehen Weilheimer Künstler von der Spätgotik bis zum Rokoko. Neben dem Engelsrelief von Hans Krumper (um 1620) ist die Skulptur eines Schmerzensmanns des Landshuters Hans Leinberger hervorzuheben (1527). Hier wird auch der einzige bekannte Entwurf für den Stuck im Chor der Wieskirche aufbewahrt.

Polling

✶ Klosterkirche

In Polling (3200 Einw.) 3 km südlich von Weilheim wurde um das Jahr 750 ein Kloster gegründet, der Überlieferung nach vom letzten Agilolfinger, Herzog Tassilo III.; um 1100 nahm es die Regel der Augustiner-Chorherren an. Die Stiftskirche Hl. Kreuz entstand 1414 bis 1420, das Portal und der massige Turm gehören der Renaissance an (1607). In den 1620er-Jahren bekamen der Chor einen Umgang und

Die Stiftskirche in Polling vereint gotische Architektur und frühbarocke Gestaltung.

die Kirche ihr heutiges Bild, wobei gotische Raumhülle und frühbarocke Ausstattung eine »besonders geglückte Synthese« (Dehio) eingehen. Der in zarten Farben gehaltene Stuck von Jörg Schmuzer ist ein gutes Beispiel für die frühe Wessobrunner Schule. Unter der Ausstattung ragen der mächtige Hochaltar des Weilheimers Bartholomäus Steinle (1623) und das **Pollinger Kreuz** heraus, ein Holzkreuz aus der Zeit um 900, Anfang 13. Jh. mit Pferdepergament überzogen und bemalt. Die Thronende Madonna rechts gegenüber der Kanzel ist ein Hauptwerk von Hans Leinberger (1526). Im Prälatenflügel des Klosters ist die **Bibliothek** untergebracht, mit über 100 000 Bänden einst die größte deutsche Klosterbibliothek. Bei der Säkularisierung 1803 wurden die Bücher in alle Winde zerstreut, heute finden im Bibliothekssaal Konzerte statt. Die Kirche ist So. um 10.45 Uhr zugänglich, sonst nur durch das Vorraumgitter zu bewundern. Schön sitzt man im Biergarten der Alten Klosterwirtschaft.

Peißenberg

Der Ort Peißenberg (12 600 Einw., 585 m) 8 km südwestlich von Weilheim war vom 17. Jh. bis 1971 Zentrum eines Kohleabbaugebiets. Das **Bergbaumuseum** gibt Einblick in die harte Arbeit (geöffnet 15. Mai – 15. Sept. Mi. 14.00 – 16.00 Uhr, sonst 1. und 3. So. im Monat 14.00 – 16.00 Uhr). Im Ort ist die Pfarrkirche **St. Johannes** (16. Jh.) beachtenswert; vom frühmittelalterlichen Vorgängerbau ist der Taufstein von 1377 erhalten, die Deckenfresken in Chor und Vierung stammen von dem Münchner A. Ranzinger (1904 – 1910). Die **St.-Georgs-Kapelle** am Südosthang des Peißenbergs (12. Jh., 1497 vergrößert) besitzt Reste eines hervorragenden Freskenzyklus (um 1410) mit der Georgslegende; da auf dem Codex Gallicanus fußend, zeigen sie den Drachenkampf nicht, der erst im 12. Jh. »erfunden« wurde. Die Wallfahrtskirche **Maria Aich**, nahe der Straße Richtung Weilheim gelegen, gilt als Werk des Wessobrunners Joseph Schmuzer (1734), die Deckengemälde schuf Matthias Günther. Im Hauptaltar das spätgotische Gnadenbild einer Mondsichelmadonna.

★★ **Peißenberg**

Der Peißenberg (998 m, auch Hohenpeißenberg), der 400 m über die Moränenlandschaft ragt, bietet die allerschönste Aussicht in Oberbayern. Sie reicht bei gutem Wetter vom Hochstaufen bei Bad Reichenhall bis zum Grünten bei Sonthofen; im Süden das 40 km entfernte Zugspitzmassiv, halblinks erkennt man die Pyramide des 120 km entfernten Großvenedigers. Reizvoll ist auch die Sicht nach Norden auf das Vorland mit seinen Seen. 1772 wurde auf dem Berg eine Sternwarte und 1781 das erste meteorologische Observatorium Bayerns errichtet; heute unterhält der Deutsche Wetterdienst hier moderne Anlagen (Info-Pavillon). Die **Wallfahrtskirche Mariä Himmelfahrt** (1619) mit geometrischem Stuck besitzt einen monumentalen Hochaltar aus der Bauzeit (Altarbild 1717). Im Chor stellen Holzreliefs von B. Steinle Moses und David dar. Die angebaute **Gna-**

Start am Peißenberg, mit der Zugspitze im Blickfeld

denkapelle (1514) wurde durch eine wundertätige Madonna ein Wallfahrtsziel; 1747 wurde sie erweitert und 1748 von Matthäus Günther freskiert und von Joseph Schmuzer stuckiert. Den Hochaltar mit dem Gnadenbild gestaltete F. X. Schmädl.

Wessobrunn

Wessobrunn (2000 Einw., 701 m) gut 10 km nordwestlich von Weilheim ist einer der großen Orte der deutschen Kulturgeschichte. Sein 753 gegründetes Kloster war im Besitz des vor 814 aufgezeichneten **Wessobrunner Gebets**, eines der ältesten deutschen Sprachdenkmäler, das in Stabreimen die Schöpfungsgeschichte beschreibt (heute in der Bayerischen Staatsbibliothek in München). Die **Wessobrunner Schule** von Baumeistern, Stuckatoren und Malern – etwa 600 Künstler rechnet man dazu – prägte ab 1680 die oberschwäbisch-bayerisch-tirolische Landschaft des Sakralbaus. Ihr Begründer war Johann Schmuzer (1642 – 1701), berühmte Vertreter kamen auch aus den Familien Feichtmayr und Zimmermann.

Geschichte

Der Legende nach geht die Gründung des Klosters auf einen Traum zurück, den Herzog Tassilo III. auf der Jagd hatte. Ihm erschien eine Himmelseiter, an deren Fuß ein Brunnen aus drei kreuzförmig zusammenfließenden Quellen lag. Tassilos Jäger Wezzo entdeckte am folgenden Tag die Quellen, wo dann das Kloster errichtet wurde. Die Quellen sind im Brunnenhaus (1735) nordöstlich der Klostermauer gefasst. Das Kloster wurde im 11. Jh. zerstört und ab 1285 neu errichtet. Zwischen 1678 und 1759 kamen weitere Bauten hinzu. Nach Abbruch einiger Gebäude 1810 – ein barbarischer Akt erster Güte –

ist nur noch ein Viertel der Anlage erhalten; von der romanischen Klosterkirche existiert noch der freistehende Wehr- und Glockenturm von 1260 (»Grauer Herzog«). Heute führen hier die Tutzinger Missionsbenediktinerinnen ein Jugend- und Bildungshaus.

★★ Klostergebäude

Von der von Johann Schmuzer entworfenen barocken Klosteranlage wurden nur der Konvent und der Gäste- oder Fürstentrakt ausgeführt. Vor allem das Treppenhaus des Gästetrakts, der 88 m lange Gang des Gästetrakts und der daranstoßende Gang des Prälaturflügels wurden von Schmuzer in wunderbarem Variantenreichtum stuckiert – eine **unvergleichliche Symphonie** von Muscheln, Engelsköpfen, Akanthusranken und anderen Ornamentformen. Ebenso schön und technisch meisterhaft ist die Gestaltung des Tassilosaals in verspielten, farbenfrohen Stuckformen mit Blumen und Jagdszenen, die auf die Gründungslegende des Klosters Bezug nehmen.Führungen März – Okt. Di. – Sa. 10.00, 15.00, 16.00, So. 15.00, 16.00 Uhr, sonst Di. – Sa. 15.00, So. 15.00, 16.00 Uhr.

Gang im Fürstentrakt des Klosters Wessobrunn

Die Pfarrkirche **St. Johannes**, die den Klosterhof im Norden abschließt, wurde um 1758 von der Familie Schmuzer errichtet; Johann Bader schuf die Deckenfresken mit Szenen aus dem Leben Johannes des Täufers. Beachtenswert sind der Taufstein (12. Jh.) und der lebensgroße romanische **Holzkruzifixus** (1250). Südöstlich außerhalb der Klostermauern steht die 800 Jahre alte **Tassilolinde** mit 13 m Stammumfang, ein beeindruckendes Naturdenkmal.

Paterzell

Einst waren Eiben im ganzen Alpenraum verbreitet; ihr elastisches Holz war für die Herstellung von Bögen begehrt, so dass sie selten geworden sind. Ca. 4 km südlich von Wessobrunn, nahe dem Zellsee, liegt der **Eibenwald** von Paterzell, ein kleines Naturschutzgebiet, in dem Hunderte bis zu 500 Jahre alter Eiben stehen. Besonders schön im Oktober mit den rot leuchtenden Früchten.

St. Leonhard im Forst Südlich von Wessobrunn lohnt ein Abstecher nach St. Leonhard im Forst mit der hübschen Wallfahrtskirche, die 1724 – 1735 vom Kloster Wessobrunn errichtet wurde. Das eindrucksvolle Fresko der Leonhardslegende im Langhaus schuf Matthäus Günther 1761. Am Hochaltar das Gnadenbild des hl. Leonhard.

Wolfratshausen

M 6

Landkreis: Bad Tölz-Wolfratshausen **Höhe:** 577 m ü. d. M.
Einwohnerzahl: 17 400

Das Städtchen an der Loisach – südlich vor den Toren Münchens – ist bekannt als Ausgangsort der feucht-fröhlichen Floßfahrten nach München. In der Umgebung sind die Isarauen und das barocke Kloster Schäftlarn schöne Ausflugsziele.

Der bereits für 1003 bezeugte Flößerort, der im Jahr 1312 das Marktrecht erhielt, zwängt sich auf einem schmalen Streifen Lands zwischen Loisach und Wolfratshauser Höhe. Östlich, zwischen Loisach und Isar, dehnen sich die großen neuen Wohngebiete aus – mit seinem S-Bahn Anschluss ist Wolfratshausen bevorzugter Wohnvorort für das knapp 30 km entfernte München. 2002 fand hier das denkwürdige Frühstück des bayerischen Ministerpräsidenten Edmund Stoiber, der hier zu Hause ist, mit Angela Merkel statt.

Floßfahrten Die Flößerei auf der Isar diente v. a. der Versorgung Münchens mit Holz und anderen Wirtschaftsgütern. Heute sind Floßfahrten beliebte feucht-fröhliche Vergnügungen mit Blasmusik oder Jazz, mit Brotzeit und Bier. Die Flöße, die aus 15 – 20 Fichtenstämmen zusammengebaut sind, fahren von Wolfratshausen-Weilach nach München-

WOLFRATSHAUSEN ERLEBEN

AUSKUNFT

Tourist-Info
Marienplatz 1, 82515 Wolfratshausen
Tel. (0 81 71) 214-0
www.wolfratshausen.de

ESSEN / ÜBERNACHTEN

► Preiswert / Erschwinglich

Humplbräu
Obermarkt 2, 82515 Wolfratshausen
Tel. (0 81 71) 4 83 29-0
Das älteste Gasthaus Wolfratshausens, zentral gelegen, mit schönen Gewölbestuben. Deftige bis feine bayerische Spezialitäten.

Landgasthof Berg
Schmiedberg 2, 82547 Berg
Tel. (0 81 79) 16 61
Einstiges Bauernhaus auf dem »Berg« westlich von Eurasburg, gemütliche Wohnzimmeratmosphäre. Das Panorama ist wunderbar, die Karte eher schlicht. Mo./Di. geschl.

Ein unschlagbarer Sommerspaß ist die Floßfahrt auf der Isar.

Thalkirchen. Auf ein Floß passen etwa 60 Leute. Die Fahrten dauern – je nach Wasserführung – fünf bis sieben Stunden. Den größten Spaß machen die drei Rutschen. Die erste, beim Mühltaler Wehr, ist 360 m lang und überwindet einen Höhenunterschied von 18 m – das Floß wird dabei etwa 40 km/h schnell, und wenn es ins Unterwasser schießt, gibt's eine mächtige Dusche. Buchung ►S. 103

Sehenswertes in Wolfratshausen

Marktstraße

Die Achse des alten Orts, Oberer und Unterer Markt mit dem Marienplatz dazwischen, dient dem Durchgangsverkehr. Etliche der typischen oberbayerischen Giebelhäuser, teils bemalt, stammen aus dem 17./18. Jahrhundert. Die Stadtpfarrkirche **St. Andreas** entstand 1621–1626 auf den Resten gotischen Kirche. Der Hochaltar ist ein Werk des einheimischen Schreiners Lukas Herle (1661); die Gemälde an der unteren Brüstung der Empore stammten von Kaspar Albrecht, ebenfalls aus Wolfratshausen (um 1680). Das sehenswerte **Heimatmuseum** illustriert mit Gemälden, Interieurs, Geräten und Trachten Geschichte und Kultur der Gegend (Untermarkt 10, geöffnet Do. 14.00–19.00, So. 14.00–18.00 Uhr).

Kalvarienberg

Von der Frauenkapelle (1643) im Norden der Altstadt führt ein Kreuzweg (gusseiserne Kreuzigungsgruppe von 1858) hinauf zur Dreifaltigkeitskapelle (1716).

Nantwein

Der östliche Ortsteil Nantwein ist nach Conrad Nantovinus benannt, einem Rompilger, der hier 1286 unschuldig verbrannt und 1297 als Märtyrer heiliggesprochen wurde. Die Wallfahrtskirche St. Nantwein, geweiht 1610, ist ein Kleinod frühbarocker Architektur und Kunst.

Umgebung von Wolfratshausen

Eurasburg

Auf der Höhe über Eurasburg 7 km südlich von Wolfratshausen bietet die **Sprengenöder Alm** außer guter bayerisch-schwäbischer Küche einen Biergarten mit herrlichem Blick auf Wettersteinmassiv, Heimgarten und Herzogstand. In Beuerberg (614 m, 3000 Einw.) 3 km weiter südlich lohnt die kunsthistorisch bedeutende Kirche des einstigen, 1121 gegründeten Augustiner-Chorherrenstifts einen Besuch. Die **frühbarocke Kirche** wurde 1630 – 1635 von einem nicht sicher dokumentierten Baumeister als Wandpfeilerkirche errichtet, die früheste ihrer Art nach St. Michael in München.

Beuerberg ►

Münsing

Im zauberhaft gelegenen Ort Münsing (3 km vom ►Starnberger See) ist das Gasthaus Limm (Tel. 0 81 77 / 411) mit Wirtsgarten eine bewährte Adresse. Ca. 2 km nördlich von Münsing lockt der **Buchsee**, ein kleiner Moor- und Badesee in ländlicher Idylle; ein riesengroßer Wiesenhang dient hier als Liegewiese.

✶ Pupplinger Au

Östlich von Wolfratshausen mäandert die Isar durch ihr breites Schotterbett. Schon 1912 wurde die Pupplinger Au unter Naturschutz gestellt, in deren Kiefernwäldern Orchideen und andere interessante Flora zu finden ist, auf den Kiesinseln brüten Flussseeschwalben und Regenpfeifer. Von der Isarbrücke bei Puppling kann man auf verschiedenen Wegen am Fluss entlang ca. 7 km nach Norden zum Gasthaus **Bruckenfischer** (Tel. 0 81 78 / 36 35) beim Kloster Schäftlarn gehen, mit seinem Biergarten Etappe an der traumhaften Radelstrecke entlang der Isar. Es sei erwähnt, dass die Kiesbänke auch bei FKKlern und Schwulen beliebt sind.

Schäftlarn

Schäftlarn (5400 Einw.) ca. 9 km nördlich von Wolfratshausen, ist zweigeteilt: auf der Höhe (690 m) das Dorf Hohenschäftlarn, im Isartal 140 m tiefer das berühmte Kloster, Mussziel bzw. Zwischenstopp auf Wanderungen und Radtouren, nicht zuletzt aufgrund des Klosterbräustüberls mit seinem Biergarten. Bereits um 760 ließen sich Benediktiner am hochwassersicheren Westrand des Tals nieder. Das Klosterrichterhaus gegenüber der Kirche entstand Mitte des 17.Jh.s. Der heute existierende Klosterkomplex entstand 1702 – 1706 nach Plänen des Münchner Hofbaumeisters G. A. Viscardi, der auch die Klosterkirche in Fürstenfeld entwarf. Nach der Aufhebung des Klosters 1803 übergab König Ludwig I. 1866 das Anwesen den Benediktinern, die hier ein Gymnasium mit Internat führen; seit 1910 ist Schäftlarn wieder Abtei. Die den Heiligen Dionysius und Juliana geweihte Kirche gilt als ein **Hauptwerk des bayerischen Rokokos**, an dem die besten Künstler der Zeit – alle mit bedeutenden Bauten in München vertreten – mitwirkten. François Cuvilliés begann den Bau 1733, vollendet wurde er 1751 – 1754 von Johann Michael Fischer nach Plänen von Johann Baptist Gunezrhainer. Der langgestreckte, durch Wandpfeiler und Gurtbögen gegliederte Saalbau erhielt seine

✶✶ Klosterkirche ►

lichte, sehr vornehme Gestaltung mit Stuck und Deckenfresken um 1755 durch **Johann Baptist Zimmermann**, wesentlich beteiligt war auch Martin Heigl (Chorfresko). Themen der Fresken sind die Klostergründung, Heilige des Prämonstratenserordens und die Auferstehung Christi. Ein großer Teil der beweglichen Ausstattung stammt aus der Werkstatt von **J. B. Straub**, so der Haupt- und die Seitenaltäre, die Kanzel und die Statuen von Dionysius und Juliana. Im Hauptaltar hat **Balthasar Albrecht** die Himmelfahrt Marias dargestellt.

Entlang der Isar

Vom Gasthaus »Bruckenfischer« an der Isar (Nähe Kloster Schäftlarn) gelangt man flussabwärts in einer halben Stunde zum Wirtshaus »Zur Mühle« (Tel. 0 81 78 / 36 30, Mo. geschl., keine Autozufahrt) beim Flusskraftwerk Mühltal mit der **längsten Floßrutsche der Welt** (350 m). Um zuzuschauen, wie die »Flößer« nass werden, sollte man so etwa ab 11.30 Uhr hier sein. Der Weg entlang der Isar nach Grünwald (►München), vorbei an der Felsenge mit dem Georgenstein, gehört zu den schönsten weit und breit (ca. 7 km).

Deininger Weiher

Südlich von Großdingharting (7 km östlich des Klosters Schäftlarn) versteckt sich im Wald ein idyllischer Moor-und Badesee, seine südliche Hälfte steht unter Naturschutz. Gleich beim Eingang das gute Restaurant Waldhaus Deininger Weiher (Tel. 0 81 70 / 9 24 50).

★★ Zugspitze

J 9

Talort: Garmisch-Partenkirchen **Gipfel:** 2962 m ü. d. M.

Der höchste Berg Deutschlands, an der Grenze zu Tirol gelegen, ist das beliebteste Ausflugsziel im Werdenfelser Land und ein ideales Wintersportgebiet. Bei gutem Wetter reicht der Blick bis zu den Dolomiten, den Schweizer Alpen (Säntis) und dem Böhmerwald.

Die Zugspitze, erstmals 1590 als »der Zugspiz« erwähnt, liegt südwestlich von ► Garmisch-Partenkirchen im Wettersteingebirge. Der bayerische Leutnant Karl Naus erreichte 1820 bei Vermessungsarbeiten den Gipfel zum ersten Mal. 1897 entstand neben dem Westgipfel

ZUGSPITZE ERLEBEN

BAYERISCHE ZUGSPITZBAHNEN

Olympiastr. 27
82467 Garmisch-Partenkirchen
Tel. (0 88 21) 797-0
www.zugspitze.de

ÜBERNACHTEN

► Preiswert

Münchner Haus (DAV)
35 Schlafplätze, bewirtschaftet von Ende Mai bis Ende September
Tel. (0 88 21) 29 01

Das Münchner Haus mit Wetterstation, Restaurant und Aussichtsterrasse

(2962 m) das Münchner Haus mit einer Wetterstation, 1930 wurde die bayerische Zugspitzbahn eingeweiht. Außerdem gibt es hier ein Tagungszentrum, Deutschlands höchstgelegene Postfiliale und die höchstgelegene Kunstgalerie Europas. Auf dem 1 m niedrigeren Ostgipfel steht ein vergoldetes Eisenkreuz (Bild ►S. 78. Nach den jüngsten Messungen ist die Zugspitze 2962,06 m hoch – nach deutscher Messung jedenfalls: In Österreich, das anstatt nach dem Amsterdamer Pegel nach dem Triester Pegel misst, ist sie 27 cm niedriger.

Bergbahnen

Von Garmisch-Partenkirchen (westlich des DB-Bahnhofs) fährt die **Bayerische Zugspitzbahn**, eine elektrische Zahnradbahn, in 75 Min. zum Zugspitzplatt hinauf. Sie passiert dabei die Talstationen von Hausberg-, Kreuzeck- und Alpspitzbahn. Die Verbindung zum Gipfel besorgt die **Gletscherbahn** (Kabinenbahn, 360 m Höhenunterschied). Vom Eibsee überwindet die **Eibsee-Seilbahn** in 9 Min. atemberaubende 2000 m Höhenunterschied direkt zum Gipfel . In der Bergstation ist eine interessante Ausstellung zur Geschichte der Zugspitzbahn zu sehen. Ein Erlebnis ist die **Rundreise** mit allen drei Bahnen: mit der Zahnradbahn zum Zugspitzplatt und mit der Gletscherbahn zum Gipfel; Talfahrt mit der Seilbahn zum Eibsee und mit der Zahnradbahn zurück nach Garmisch-Partenkirchen.

Vom österreichischen Ehrwald-Obermoos (von Garmisch 23 km) fährt die **Tiroler Zugspitzbahn** in knapp 10 Min. zum Zugspitzgipfel. Die Bergstation der Gletscherbahn liegt neben dem Ostgipfel, die Dachterrasse wenige Meter unter der höchsten Erhebung von 2964

Metern. Eine **großartige Rundsicht** bietet sich von der Gipfelstation der Eibseebahn auf dem nahen Ostgipfel.

Zugspitzplatt

Das Zugspitzplatt ist eine 7,5 km² große, mäßig geneigte Felswanne mit dem Schneeferner im oberen Teil. Deutschlands höchstgelegenes und schneesicherstes Skigebiet hat von November bis Mai Saison; mehrere Lifte erschließen Abfahrten von leicht bis mittelschwer, am längsten sind »Super G« und »Aspen Run«. Am Schneefernerkopf liegt ein Steilhang.

Tour auf die Zugspitze

Sehr lang (8 – 9 Std.), aber auch sehr schön ist die Tour von Partenkirchen durch das Reintal. Erste Station hinter der Partnachklamm ist die Bockhütte (1052 m); weiter zur Reintalangerhütte (1369 m), dann über den Oberen Anger auf steilem Zickzackweg zur Knorrhütte (2051 m) und zum Schneefernerhaus; mit der Seilbahn zum Münchner Haus und zum Gipfel. In Anbetracht der Länge übernachtet man am besten im Münchner Haus.

REGISTER

a

b

c

d

s

t

u

v

BILDNACHWEIS

Abend S. 9 unten, 17, 87 unten, 90, 184, 193, 254, 268, 276, 283, 339, 359
Schloss Amerang S. 123 links, 131
akg-images S. 37, 44, 73, 76, 77
akg-images / AP S. 74
akg-images / Heine S. 300
akg-images / Lessing S. 209, 329
www.alpenwelt-karwendel.de/Rudolf Pohlmann S. 252
Bäck S. 4, 25, 102, 117 rechts, 246 oben, 291, 303
Bayrische Landesamt für Denkmalpflege/ Karl Gröber S. 50
Bayerisches Nationalmuseum S. 34
Bayerische Schlösserverwaltung S. 16, 61, 70, 335 li. u., 335 re. o., 335 re. u.
Bezirk Oberbayern S. 28 oben
Bezirk Schwaben S. 28 unten
Frei S. 1, 10, 13, 30 oben, 31, 79, 87 oben, 101, 113, 210, 227, 249, 257, 272, 275, 278, 282, 286, 342, 353, 374
Haus der Bayerischen Geschichte (G. Voithenberg) S. 30, 40
HB Verlag / Heimbach S. 16, 20, 213, 214, 218, 310, 363
HB Verlag / Kiedrowski S. 114, 238, 7, 265 links, 267, 271, 288
HB Verlag / Krewitt S. 14, 15, 55, 59, 115 links, 135, 302, 324, 375
HB Verlag / Neidhardt S. 335 links oben
HB Verlag / Spitta S. 65, 119 links, 119 rechts, 137, 139, 145, 179, 181 links unten, 181 rechts oben, 207, 313
HB Verlag / Widmann S. 192
Heine S. 127
Huber S. 42, 115 rechts, 157, 202, 203
Huber / Alfeld S. 11, 266, 368
Huber / Gräfenhain 161, 171, 235, 305
Huber / Hennies S. 80
Huber / M. Mayer S. 9 oben, 110
Huber / Radelt S. 18
Huber / E. Reiter S. 116 rechts, 309
Huber / Römmelt S. 293
Huber / R. Schmid S. 3, 8 unten, 15, 16, 23, 33, 84, 85, 112 / 113, 117 links, 118 rechts, 124 / 125, 147, 153, 164, 166, 181 links oben, 181 rechts unten, 182, 195, 199, 206, 215, 217, 226, 231, 239, 246 unten, 297, 301, 319, 331, 336, 348, 360, Umschlagklappe hinten
Huber / Schmidt S. 265 2. von rechts
Huber / Stadler S. 204
Interfoto / Weidner S. 71
Kienberger S. 121 unten, 351 links, 351 rechts oben, 351 rechts unten und Klappe
Kleinwalsertal Tourismus S. 225
laif / Celentano S. 176
laif / Moschetti S. 30 unten
laif / Zahn S. 175
look / Fleisher S. 116 links, 236
look / Werner S. 229, Umschlag hinten außen
Mauritius / age fotostock S. 187
Mauritius / Beck S. 12 / 13, 63
Mauritius / Hahn Littlefair S. 125
Mauritius / Kolley S. 118 links, 155, 159, 372, Umschlag vorn innen
Mauritius / Römmelt S. 8 oben, 121 oben, 132
Mauritius / Schröter S. 307
Mauritius / Schubert S. 133
Mauritius / Siepmann S. 32, 69, 150
Mauritius / v. d. Ropp S. 142
Mauritius / Vidler S. 54
Mauritius / Waldkirch S. 345
Mauritius / Weinhäupl S. 320, 322
Mauritius / Ypps S. 377
Mielke S. 22, 89, 328
Kurverwaltung Scheidegg S. 242
Staatliche Gemäldesammlungen / Artothek S. 53
Staatliche Museen und Sammlungen S. 265 2. von links
Stadtmuseum München S. 58
Wagner S. 5, 6, 46, 49, 56, 66, 78/79, 106, 109, 123 rechts, 162, 174, 316, 337, 346, 356, 370, 380
Wendelsteinbahn S. 168
Widmann S. 265 oben 2. von rechts, 265 rechts unten
Titelbild: Superbild / Incolor

Printed in Poland
by Amazon Fulfillment
Poland Sp. z o.o., Wrocław

25781321R00072

DER STILLE KAMPF

W0209749

Der vollständige Leitfaden zur Bewältigung von **ADHS bei Erwachsenen**, neue, leistungsstarke Strategien zur Beherrschung Ihrer Stimmungen, zur Annahme von Neurodiversität, zur Selbstakzeptanz und zum Erfolg, für Männer und Frauen von heute

L. William Ross-Child M.L.C

NM Publishing Ltd

Nova Mundo Press, eine Tochtergesellschaft der Nova Mundo Publishing Ltd

137b Westlink House 981 Great West Road

Brentford TW8 9DN United Kingdom

"Überwinde die Vorstellung, dass du gewöhnlich sein musst. Es raubt dir die Chance, außergewöhnlich zu sein." –

Uta Hagen

Urheberrecht

Für Informationen:

novamundopublishing@gmail.com

ISBN: 978-1-80361-471-7

Cover design by NM Design

Interiordesign von Nova Mundo

Haftungsausschluss für medizinische Beratung

HAFTUNGSAUSSCHLUSS: DIESES BUCH ERSETZT KEINE MEDIZINISCHE BERATUNG

Die in diesem Buch enthaltenen Informationen, einschließlich, aber nicht beschränkt auf, Texte, Grafiken, Bilder und anderes Material, dienen nur zu Informationszwecken. Kein Material in diesem Buch ist als Ersatz für professionelle medizinische Beratung, Diagnose oder Behandlung gedacht. Holen Sie immer den Rat Ihres Arztes oder eines anderen qualifizierten Gesundheitsexperten ein, wenn Sie Fragen zu Ihrem Gesundheitszustand oder einer Behandlung haben, und bevor Sie eine neue Behandlungsmethode beginnen. Ignorieren Sie niemals einen professionellen medizinischen Rat, zögern Sie auch nicht, ihn einzuholen, nur weil Sie etwas in diesem Buch gelesen haben.

Inhaltsübersicht

KLEINES GESCHENK

Vielen Dank, dass Sie sich für mein Buch entschieden haben. Ich habe 2 ergänzende Bücher, von denen ich glaube, dass sie Ihnen gefallen werden. Sie können Ihr Geschenk herunterladen, indem Sie den QR-Code auf Seite 111 scannen.

Einführung

Der stille Kampf ist das, was die meisten Erwachsenen mit ADHS durchmachen. Dies gilt umso mehr für die vielen, die keine Diagnose erhalten haben und keinen Namen für ihre täglichen Gefühle der Unzulänglichkeit haben. Ein Patient von mir drückte aus, wie er sich viele Jahre lang fühlte, bevor er eine Diagnose erhielt. Als er endlich beschreiben konnte, wie er sich fühlte und warum er sich schon immer so gefühlt hatte, sagte er: "Ich hatte das Gefühl, dass ich die meiste Zeit meines Lebens versuchte, einen eckigen Klotz in ein rundes Loch zu stecken."

Ich kann mir vorstellen, dass Sie eine solche Definition nachvollziehen können. Ich kenne den Kampf, den Sie durchgemacht haben, aus erster Hand, denn ADHS war immer mein Begleiter. Wenn Sie Ihrem Unbehagen einen Namen geben, kann dies zu einer Art Erleichterung führen.

Vielleicht dachten Sie: "Bin ich faul, dumm oder einfach nur verrückt? Haben Sie sich anders gefühlt als andere? Haben Sie sich manchmal gefragt, warum Sie auf eine bestimmte Weise reagieren oder nicht so sein können wie alle anderen? Ich bin sicher, dass Ihnen das Kapitel über das "anders verdrahtete Gehirn" gefallen wird. Als ich die Informationen in diesem Kapitel entdeckte, waren sie, gelinde gesagt, aufschlussreich. Stellen Sie sich vor, Sie sind die einzige rothaarige Person in Ihrem Land. Sie würden vielleicht Folgendes denken: "Warum bin ich anders als die anderen? Wahrscheinlich würden alle anderen den Gedanken unterstützen, dass mit Ihnen etwas nicht stimmt. Stellen Sie sich nun vor, Sie würden eines Tages herausfinden, dass es sich nur um eine ***"genetische Variante handelt, die bewirkt, dass die Haut- und Haarzellen des Körpers mehr von einer bestimmten Art von Melanin und weniger von einer anderen produzieren"*** (Healthline.com). Es ist also nur eine Frage von mehr oder weniger Melanin. Das hat nichts damit zu tun, dass Sie seltsam, minderwertig oder falsch sind. Es handelt sich um eine einfache genetische Variation, wie blaue oder grüne Augen.

Sie verstehen sicher, was ich meine. Auch ADHS hat eine genetische Ursache. Dopamin spielt eine große Rolle. Wir alle führen einen stillen Kampf, weil es zu wenig Studien und Forschung zu diesem Thema gibt. ADHS ist wahrscheinlich das am meisten missverstandene, misshandelte und unterbewertete Syndrom unserer Zeit. Bei der Diagnose für Erwachsene wird noch immer dieselbe Methode angewandt, die vor 30-40 Jahren zur Beurteilung der Häufigkeit des Syndroms bei Kindern verwendet wurde. So wird beispielsweise die Sexualität nicht einmal erwähnt. Trotz vieler wichtiger Erkenntnisse gibt es immer noch kontroverse Meinungen über ADHS. Ich denke, es ist an der Zeit, dass Menschen mit ADHS das Wissen erlangen, das ihnen eine völlig neue und positive Perspektive für eine hellere und glücklichere Zukunft eröffnet.

Schließlich haben Leonardo da Vinci, Albert Einstein, Stanley Jordan, Eleanor Roosevelt und Steve Jobs Geschichte geschrieben, und ADHS hat sie nicht davon abgehalten, große Leistungen zu erbringen. Viele berühmte Persönlichkeiten aus verschiedenen Bereichen haben trotz oder dank ADHS hervorragende Ergebnisse erzielt. Dieses Buch wurde mit dem Ziel geschrieben, Ihnen den Schlüssel zu geben, um das große Potenzial, das in jedem von uns steckt, zu erschließen und zum Strahlen zu bringen. Verwandeln Sie, was ein Fluch zu sein schien, in ein Geschenk.

"Wenn ich keine großen Dinge tun kann, kann ich kleine Dinge auf eine großartige Art und Weise tun". - Martin Luther King

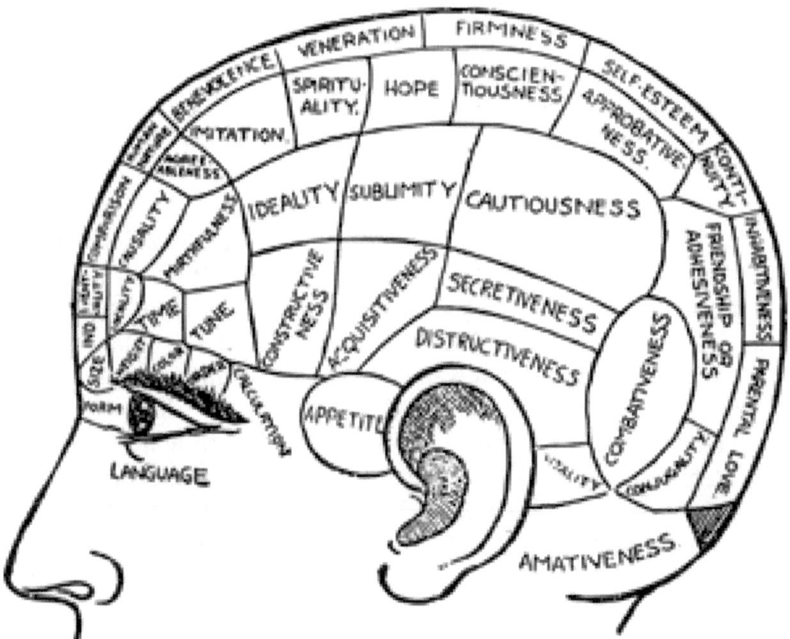

ADHS-Fakten

Was ist die Aufmerksamkeitsdefizit-Hyperaktivitätsstörung (ADHS) bei Erwachsenen?

ADHS ist vielen Menschen ein Begriff. Einige erhalten eine Diagnose und beginnen, sich damit zu befassen. Andere haben nur darüber gelesen oder kennen jemanden, der von ADHS betroffen ist. Die meisten haben jedoch keine korrekten Informationen über die wahre Natur und die Komplexität dieses Syndroms. Sie erinnern sich vielleicht an Kinder, die Schwierigkeiten haben, aufmerksam zu sein, und an Kinder, die energisch oder impulsiv sind. Nun, nicht nur Kinder können an ADHS leiden. Man schätzt, dass vier bis fünf Prozent der Erwachsenen in den Vereinigten Staaten davon betroffen sind; sie werden jedoch nur selten diagnostiziert oder behandelt.

Wer hat ein Risiko für ADHS bei Erwachsenen?

Jede Person, die an ADHS leidet, wird in der Regel mit denselben Diagnoseparametern diagnostiziert, die auch für Kinder verwendet werden. Dies ist ein schwerwiegendes Versäumnis der wissenschaftlichen Gemeinschaft. Angesichts der ständig steigenden Zahl erwachsener Männer und Frauen, die an ADHS leiden, sollte dies so schnell wie möglich behoben werden. Bei einigen Menschen kann die Diagnose früh gestellt werden, und sie sind sich ihrer Erkrankung bewusst.

Andererseits gibt es auch Menschen, bei denen die Diagnose nicht früh gestellt wird und die erst später davon erfahren. Während viele Kinder mit ADHS Unterstützung erhalten, kämpfen etwa 60 Prozent der Erwachsenen mit der Krankheit. Die Aufmerksamkeitsdefizit-Hyperaktivitätsstörung (ADHS) bei Erwachsenen scheint bei beiden Geschlechtern gleich häufig aufzutreten. Derzeit gibt es keine Einheitslösung für die Behandlung von ADHS. Wenn der Arzt einer Person feststellt, dass sie unter ADHS leidet, werden die Person und der Arzt zusammenarbeiten, um einen Behandlungsplan zu entwickeln, der auf die Bedürfnisse der Person zugeschnitten ist.

ADHS zeichnet sich durch eine Kombination von anhaltenden Schwierigkeiten wie Aufmerksamkeitsstörungen, impulsives Verhalten und Hyperaktivität aus. ADHS bei Erwachsenen kann zu instabilen Beziehungen, schlechter Leistung im Beruf, sehr geringem Selbstwertgefühl und vielen anderen Problemen führen.

Auch wenn es als ADHS im Erwachsenenalter bezeichnet wird, beginnen die Anzeichen bereits im frühen Kindesalter und halten bis ins Erwachsenenalter an. ADHS wird oft erst im Erwachsenenalter bemerkt oder diagnostiziert. Die Symptome dieser Störung sind bei Erwachsenen vielleicht weniger deutlich als bei Kindern, aber sie sind immer noch vorhanden. Bei Erwachsenen kann die Impulsivität abnehmen, aber sie können auch weiterhin mit Hyperaktivität, Unruhe und Aufmerksamkeitsstörungen zu kämpfen haben. Die Behandlung von ADHS bei Erwachsenen ist ähnlich wie die Behandlung von ADHS bei Kindern. Die Behandlung von ADHS bei Erwachsenen umfasst Medikamente, psychologische Beratung, Psychotherapie und die Behandlung vieler anderer psychischer Störungen wie bipolarer Störungen. Wenn eine erwachsene Person unter ADHS leidet, kann es für sie eine Herausforderung sein, die folgenden Dinge zu tun:

- Anweisungen befolgen.
- Informationen im Kopf behalten.
- Sich konzentrieren.
- Aufgaben planen.
- Aufträge pünktlich abschließen.

Diese Symptome können in ihrer Schwere von leicht bis schwer reichen und sich im Laufe der Zeit verändern. Sie können in einer Vielzahl von Situationen Probleme verursachen, darunter in der Familie und am Arbeitsplatz. Eine ADHS-Therapie und das Erlernen des Umgangs mit der Erkrankung sind von großem Nutzen. Die meisten Erwachsenen mit ADHS lernen, sich an ihre Umgebung anzupassen. Sie können auch ihre einzigartigen Talente entdecken und erfolgreich sein.

Ist ADHS eine Behinderung?

Lernen kann für jeden eine Prüfung sein. Wenn Sie einige Probleme haben, die Ihr Verhalten, Ihre Überlegungen und Ihre Konzentration beeinträchtigen, könnte dies als

Herausforderung angesehen werden. Es ist zu beachten, dass ADHS nicht als Lernbehinderung eingestuft wird. Untersuchungen deuten jedoch darauf hin, dass 30 bis 50 Prozent der Menschen mit ADHS auch spezifische Lernbehinderungen haben, die in Kombination ein schwierigeres Lernumfeld schaffen.

Aufgrund der Funktionsweise des Gehirns von ADHS-Betroffenen benötigen sie eine visuelle Lernerfahrung, um Leistung zu erbringen. Leider basiert diese Welt des Lehrens und Lernens auf einem linearen, datengesteuerten System. In Kapitel 4 werden wir uns eingehend mit diesem Thema befassen. Nach Angaben des National Institute of Mental Health ist ADHS bei bestimmten Kindern in der frühen Grundschulzeit stärker ausgeprägt als in der Vorschule. Allein in den Vereinigten Staaten leiden mehr als zwei Millionen Kinder an einer Aufmerksamkeitsdefizit-/Hyperaktivitätsstörung (ADHS), was bedeutet, dass mindestens ein Kind in einer typischen Lerngruppe von 24 bis 30 Kindern ADHS haben könnte. ADHS ist keine Lernbehinderung, kann aber im Rahmen des Individuals with Disabilities Education Act (IDEA) als solche eingestuft werden, so dass ein Schüler Anspruch auf sonderpädagogische Leistungen hat.

Mythen über ADHS ausräumen

Es gibt viele Missverständnisse über ADHS. Als Erwachsener mit ADHS hören Sie vielleicht eine Vielzahl von Fehlinterpretationen, die es schwierig machen, zu wissen, was man glauben soll und was die beste Hilfe ist.

Doch wie bereits erwähnt, kommt mit der Information auch die Fähigkeit zu verstehen, und wenn Sie die Fakten verstehen, können Sie selbstbewusster fundierte Entscheidungen treffen. Hier sind einige verbreitete Mythen über ADHS:

ADHS ist kein echter medizinischer Zustand

Laut dem National Institute of Health, den Centers for Disease Control and Prevention und der American Psychiatric Association ist ADHS ein medizinischer Zustand. Sie sollten niemandem glauben, der Ihnen etwas anderes erzählt, vor allem nicht jemandem, der kein Experte ist. ADHS ist eine genetische Störung, und jeder vierte Betroffene hat einen Elternteil, der ebenfalls betroffen ist. Bildgebenden Studien zufolge gibt es Unterschiede in der geistigen Gesundheit zwischen Kindern mit und ohne ADHS. Außerdem haben Neuroimaging-Studien gezeigt, dass ADHS-Kinder im Vergleich zu neurotypischen Kindern neurodivergente Gehirne haben.

Schlechte Elternschaft verursacht ADHS

Auch dieser Mythos sollte aus den Köpfen der Menschen verbannt werden. Menschen mit ADHS haben mit bestimmten Verhaltensweisen zu kämpfen. Wenn Sie Eltern eines Kindes mit ADHS sind, könnten manche Menschen, die Sie oder Ihr Kind nicht kennen, dessen Verhalten auf mangelnde Disziplin zurückführen. Sie erkennen nicht, dass unangemessene Bemerkungen oder ständiges Zappeln Symptome einer Störung sind, nicht aber schlechte Erziehung.

Menschen mit ADHS müssen zumindest versuchen, aufmerksam zu sein

Menschen mit ADHS brauchen die gleichen Dinge wie Menschen ohne ADHS - Liebe, Verwandtschaft, Verständnis, Zuwendung und Wertschätzung von ihren Angehörigen. Sie bemühen sich sehr, aber wir müssen anerkennen, dass es ihnen schwer fällt, sich zu konzentrieren. Das liegt nicht an einem Mangel an Motivation. Einfach zu sagen, man solle sich konzentrieren, ist so, als würde man einer weitsichtigen Person sagen, sie solle keine Brille tragen. Wissenschaftlichen Erkenntnissen zufolge gibt es Unterschiede in den Nervenbahnen oder neuronalen Organisationen im Gehirn von Menschen mit ADHS. Diese Organisationen brauchen länger, um sich zu entwickeln, oder arbeiten weniger produktiv als bei Menschen, die nicht an ADHS leiden.

Menschen mit ADHS können sich nicht konzentrieren

Menschen, die leicht erregbar sind, fällt es schwer, ihre Aufmerksamkeit von Aktivitäten abzuwenden, die ihnen Spaß machen. Ein Kind, das zum Beispiel sein Lieblingsbuch über das Weltall liest, ist möglicherweise hyperfokussiert auf das, was es tut. Denken Sie daran, dass Menschen mit ADHS zwar sehr konzentriert sein können, sich aber möglicherweise nicht auf dieselbe Weise konzentrieren wie jemand, der nicht an ADHS leidet.

Alle Menschen mit ADHS sind hyperaktiv

Hyperaktivität oder Impulsivität ist kein Symptom, das bei allen Menschen mit ADHS auftritt. Es gibt drei Arten von ADHS. Die häufigste ist ADHS in Kombination, die am wenigsten verbreitete Form ist die impulsive/hyperaktive, und die unaufmerksame und ablenkbare Form ist durch Unaufmerksamkeit und Ablenkbarkeit ohne Hyperaktivität gekennzeichnet. Dieser Typus, der auch als Aufmerksamkeitsdefizitstörung (ADS) bezeichnet wird, hat keine Auswirkungen auf das Aktivitätsniveau.

Nur Jungen haben ADHS

Es stimmt zwar, dass junge Männer häufiger an ADHS leiden als junge Frauen, aber das bedeutet nicht, dass nur Jungen von ADHS betroffen sind. Junge Männer haben ausgeprägtere Symptome und Nebenwirkungen. Junge Frauen hingegen haben klarer ausgeprägte Anzeichen und Manifestationen. Die Symptome bei jungen Frauen können unbemerkt bleiben. Untersuchungen haben ergeben, dass junge Männer und junge Frauen ein unterschiedliches Maß an Achtsamkeit aufweisen. Junge Frauen mit ADHS haben häufig weniger Schwierigkeiten, sich zu konzentrieren und sind weniger impulsiv als junge Männer mit ADHS. Sie scheinen jedoch tagträumerischer zu sein und sich ablenken zu lassen.

Mädchen mit ADHS erleben keine Hyperaktivität

Junge Frauen mit ADHS sind zwar weniger hyperaktiv als junge Männer mit ADHS, aber das bedeutet nicht, dass sie überhaupt nicht hyperaktiv sind. Hyperaktivität sieht bei Mädchen einfach anders aus als bei Jungen. Bei jungen Frauen kann sich die

Hyperaktivität in Form von extremer Empfindlichkeit oder übermäßiger Leidenschaft äußern.

Sie können Diskussionen unterbrechen oder sogar gesprächiger sein als andere Mädchen. Dies scheint zwar kein Anzeichen für ADHS zu sein, könnte aber sehr wohl eine Nebenwirkung sein. Infolgedessen werden viele junge Frauen fehldiagnostiziert, weil ihre Symptome nicht so offensichtlich sind wie die von Jungen.

Medikamente sind die einzige verfügbare ADHS-Behandlung

Auf die Behandlung von ADHS wird in den folgenden Abschnitten näher eingegangen; aufgrund der vielen Nebenwirkungen sind Medikamente jedoch nicht die primäre Methode zur Behandlung von ADHS. Therapien und Änderungen der Lebensweise können einen großen Beitrag zur Behandlung von ADHS leisten. Die beste Option ist eine Kombination aus Therapie, Lebensstiländerungen und den vom Arzt empfohlenen Medikamenten. Jeder Fall ist anders, und die Behandlung kann von der Schwere des Falls abhängen.

ADHS ist eine Lernschwäche

Vereinfacht ausgedrückt ist ADHS keine Lernbehinderung, aber es hat Auswirkungen auf die allgemeine Lernfähigkeit einer Person. Für Kinder wäre es aufgrund ihrer Konzentrationsschwierigkeiten schwierig, zu lernen. Eine Lernschwäche macht es schwierig, eindeutige Konzepte wie Mathematik oder Lesen zu beherrschen. ADHS kann zu Lernschwierigkeiten führen, weshalb es zu dieser Fehlinterpretation kommt. Die Tatsache, dass ADHS keine Lernbehinderung ist, bedeutet jedoch nicht, dass Kinder keine schulische Förderung erhalten sollten. In den folgenden Abschnitten werden wir uns die Möglichkeiten ansehen und Ratschläge für Kinder mit ADHS geben.

Bei Menschen mit ADHS kann die Fokussierung (Hyperfokussierung) durch das Interesse an der Aufgabe oder dem Thema des Studiums ausgelöst werden. Fehlt das Interesse, ist die Konzentration nicht vorhanden, und es ist schwierig, zu lernen und die Konzentration aufrechtzuerhalten.

Kinder werden als Erwachsene über ADHS hinauswachsen

Zwar können die ADHS-Symptome mit zunehmendem Alter des Kindes abnehmen oder sogar verschwinden, doch ist dies nicht garantiert. Die Symptome können sich ändern, wenn das Kind älter wird und komplexere Probleme auftauchen. Menschen mit ADHS werden für den Rest ihres Lebens weiterhin Symptome haben. Deshalb ist eine frühzeitige Behandlung wichtig, damit sie herausfinden können, wie sie mit ihren Symptomen umgehen können.

Mit welchen Schwierigkeiten haben ADHS-Patienten zu kämpfen?

Für Menschen mit Aufmerksamkeitsdefizit-Hyperaktivitätsstörung (ADHS) können einfache alltägliche Tätigkeiten wie das Abholen der Kinder vom Spieltraining oder das

rechtzeitige Fertigstellen eines Projekts sehr schwierig sein. Chronische Hyperaktivität, Konzentrationsschwierigkeiten, mangelndes Zeitgefühl, Aufschieberitis und Unterbrechungen anderer sind nur einige der Möglichkeiten, wie diese Störung zu Entgleisungen im Alltag beitragen kann. Die einzige gute Nachricht ist, dass Sie mit einem Minimum an Voraussicht und ein paar einfachen Veränderungen die Schwierigkeiten, die diese Störung mit sich bringt, schon jetzt überwinden können.

Ausreichend Schlaf zu bekommen ist eine schwierige Aufgabe

Nach Angaben der National Sleep Foundation haben viele Menschen mit Aufmerksamkeitsdefizitsyndrom Schlafprobleme. Es fällt ihnen schwer, auf die inneren Signale zu reagieren, die anzeigen, dass es Zeit ist, sich zu beruhigen und sich auf das Schlafengehen vorzubereiten. Laut Dr. Wetzel sind Erwachsene mit ADHS eher Nachtschwärmer. Eine geplante Abendroutine ist für einen angemessenen Schlaf unerlässlich.

Papierkram zu erledigen ist eine Herausforderung

Steht auf Ihrem Schreibtisch ein Berg von Papierkram, und wichtige Dokumente gehen zwischen den Stapeln verloren? Die Verwaltung von Papierkram scheint mühsam zu sein, aber die Entscheidung, ob etwas aufbewahrt oder weggeworfen werden soll, erfordert ein Maß an Aufmerksamkeit, das ein Erwachsener mit ADHS möglicherweise nicht aufbringen kann.

Pünktlichkeit bei Terminen ist eine Herausforderung

Regelmäßige Pünktlichkeit ist für Menschen mit Aufmerksamkeitsdefizitsyndrom eine Herausforderung, egal ob es darum geht, die Kinder nach einer Spielverabredung abzuholen, einen Arzttermin wahrzunehmen oder pünktlich zur Arbeit zu kommen. Vielleicht haben Sie Schwierigkeiten, sich die Zeit einzuteilen - fünf Minuten erscheinen Ihnen wie zehn und umgekehrt - oder Sie verschwenden Zeit mit banalen Tätigkeiten wie dem Durchsuchen Ihres Kleiderschranks nach Kleidung.

Objekte werden oft verlegt, was eine Herausforderung ist

Haben Sie Schwierigkeiten, Ihre Schlüssel, Ihr Mobiltelefon oder andere Gegenstände zu finden, wenn Sie sie brauchen? Erwachsene mit dieser Störung neigen dazu, solche Dinge zu verlegen oder ganz zu verlieren.

Lärm ist eine ständige Quelle der Ablenkung.

Für Menschen, die nicht an ADHS leiden, können Hintergrundgeräusche unbemerkt bleiben. Allerdings können Geräusche wie Radio- oder Fernsehsendungen zu Hause oder an anderen Orten, auch am Arbeitsplatz, oder sogar Gespräche in einem Restaurant, für Menschen mit ADHS sehr störend sein, da sie sie nicht ausblenden können.

Sich im Straßenverkehr zu schützen ist eine Herausforderung

Untersuchungen haben ergeben, dass Menschen mit einer Aufmerksamkeitsdefizit-Hyperaktivitätsstörung (ADHS) ein wesentlich höheres Risiko für Verkehrsunfälle und Verkehrsverstöße haben als jeder andere typische Erwachsene.

Gespräche aufrechtzuerhalten ist schwierig

Sie neigen dazu, die Sätze anderer Leute zu vervollständigen, als wüssten Sie bereits genau, was die andere Person als Nächstes sagen wird, nicht wahr? Sinnvolle Gespräche mit Menschen zu führen, die ADHS haben und deshalb immer ungeduldig sind, kann eine Herausforderung sein.

Den Überblick über die Aufgaben während der Arbeit zu behalten, ist eine Herausforderung

Sie haben einen Zettel verlegt, auf dem steht, wann Sie sich mit Ihrem Chef treffen, und Sie wissen nicht mehr, ob die Besprechung um 9 Uhr oder um 10 Uhr morgens beginnt. Kommt Ihnen das bekannt vor?

Die Priorisierung Ihres Tages ist eine schwierige Aufgabe

Zu wissen, was man zuerst tun muss, kann schwierig sein, wenn der Terminkalender überquillt und man mit einem Aufmerksamkeitsdefizitsyndrom bei Erwachsenen zu kämpfen hat. Das kann zu einem sehr stressigen Start in den Tag führen.

Die Erledigung von Aufgaben ist eine schwierige Aufgabe

ADHS bei Erwachsenen erschwert die Erledigung von Aufgaben, vor allem wenn man sich auf eine kleine Anzahl von Aufgaben gleichzeitig konzentrieren muss. "Menschen mit ADHS beginnen Aktivitäten und andere Projekte mit viel Energie und Enthusiasmus, aber sobald das Projekt voranschreitet, können diese Energie und dieser Enthusiasmus nachlassen", sagt Wetzel.

Arten von ADHS

ADHS ist durch Hyperaktivität, Impulsivität und Unaufmerksamkeit gekennzeichnet. Die meisten Menschen, die nicht an ADHS leiden, zeigen ebenfalls ein gewisses Maß an impulsivem oder unaufmerksamen Verhalten, aber Menschen mit ADHS sind in hohem Maße hyperaktiv, impulsiv und unaufmerksam. Es gibt drei Arten von ADHS, von denen jede mit einem oder mehreren Merkmalen verbunden ist. Sie sind wie folgt:

- Überwiegend unaufmerksamer Subtyp des ADHS: Menschen, die an dieser Form von ADHS leiden, zeigen meist Symptome von Unaufmerksamkeit. Ihr impulsiver Charakter oder ihre Hyperaktivität sind nicht so ausgeprägt wie ihre Unaufmerksamkeit. Auch wenn sie gelegentlich mit Hyperaktivität oder Impulskontrolle zu kämpfen haben, sind dies nicht die Hauptmerkmale der vorwiegend unaufmerksamen Typs von ADHS. Diese Art von ADHS ist bei Mädchen häufiger anzutreffen als bei Jungen.

- Überwiegend hyperaktiv-impulsiveser Typ von ADHS: Menschen mit überwiegend hyperaktiv-impulsivem ADHS-Typs zeigen mehr Symptome von Impulsivität und Hyperaktivität als von Unaufmerksamkeit. Patienten mit überwiegend hyperaktiv-impulsivem ADHS-Typ können auch manchmal unaufmerksam sein, aber das ist sicherlich nicht das Hauptmerkmal dieser Störung. Kinder, die unter dieser Störung leiden, können in der Klasse für viel Unruhe sorgen. Sie erschweren nicht nur sich selbst, sondern auch anderen Schülern das Lernen erheblich.

- Kombinierter ADHS-Typ: Wenn eine Person an kombiniertem ADHS-Typ leidet, lassen sich ihre Symptome nicht eindeutig unter hyperaktiv-impulsivem Verhalten oder Unaufmerksamkeit einordnen. Stattdessen erleben sie eine Kombination von Symptomen aus beiden Kategorien.

Diagnose bei Erwachsenen

Symptome bei Erwachsenen

Wenn ADHS in der Kindheit diagnostiziert und behandelt wird, ist es im späteren Leben leichter zu bewältigen. Manchmal bleiben die Symptome jedoch unbemerkt, und ADHS wird nicht diagnostiziert. Wird die Krankheit nicht frühzeitig angemessen behandelt, hat sie in späteren Jahren größere Auswirkungen. Um einen angemessenen Umgang mit der Krankheit zu gewährleisten, müssen die Symptome erkannt und die Hilfe eines Spezialisten in Anspruch genommen werden. In diesem Abschnitt werde ich Ihnen einige der häufigsten Symptome von ADHS bei Erwachsenen vorstellen.

Schwierigkeiten sich zu konzentrieren

Die Unfähigkeit, sich zu konzentrieren, ist ein Anzeichen für ADHS. Diese Schwierigkeit kann so eskalieren, dass eine Person eine wichtige Gelegenheit verpasst, weil sie sich aufgrund ihrer Erkrankung nicht konzentrieren kann. In diesem Buch lernen Sie einige Techniken kennen, die Ihnen helfen, Ihre Konzentration zu steigern.

Hyperfokus

Im letzten Abschnitt haben wir die Herausforderungen erörtert, denen sich Einzelpersonen im Hinblick auf die Konzentration gegenübersehen. Der gegenteilige Effekt ist jedoch auch bei Erwachsenen mit ADHS häufig anzutreffen. Er ist als Hyperfokus bekannt. Wie der Name schon vermuten lässt, ist Hyperfokus ein Zustand, in dem der Betroffene so sehr in eine Aufgabe vertieft ist, dass er nicht mehr wegschauen kann. Sie konzentrieren sich mit großer Intensität auf diese eine Aufgabe, und ihr Verhalten unterscheidet sich deutlich von dem der Ablenkbarkeit. Oft haben die Betroffenen keine Ahnung, wie viele Stunden sie sich auf eine einzige Aufgabe konzentriert haben.

Probleme mit dem Zeitmanagement

Dies ist ein weiteres Merkmal von Erwachsenen mit ADHS. Oft können Erwachsene mit ADHS nicht herausfinden, wie sie ihre Energie effektiv einsetzen und alle Aufgaben auf ihrer täglichen Agenda erledigen können. Menschen mit ADHS gelten häufig als träge oder lassen Gelegenheiten verstreichen. Manche vergessen sogar Einladungen zu Versammlungen und Hochzeiten. Menschen mit ADHS haben ein ganz anderes Zeitempfinden und eine andere Auffassung von der Zeit, die für die Erledigung einer bestimmten Aufgabe erforderlich ist. Einige Analytiker und Fachleute haben den Begriff "Zeitsehstörung" geprägt, der sich auf das Problem des Zeitmanagements bezieht. Die Tatsache, dass ADHS die Betroffenen leicht ablenkt, verschlimmert die Situation beim Zeitmanagement noch.

Desorganisation

Erwachsene mit ADHS sind oft mit ihren monatlichen Zahlungen im Rückstand, oder ihr Arbeitsplatz ist ständig in Unordnung. In den schlimmsten Fällen verlieren die Betroffenen aufgrund ihres gestörten Verhaltens ihren Arbeitsplatz oder ihre Karriere. Sie sind ständig erschöpft und überfordert von der wachsenden Last der unerledigten Arbeit. Mit der richtigen Vorgehensweise lassen sich diese Nebenwirkungen jedoch vermeiden. Aufgrund von ADHS sind die Bedürfnisse jeder Person einzigartig. Daher muss man sorgfältig abwägen, welche Techniken man anwendet.

Impulsivität

Impulsivität ist auch ein häufiges Symptom von ADHS bei Erwachsenen. Dies bedeutet, dass Erwachsene mit ADHS Entscheidungen treffen, ohne sie vollständig zu überdenken. Diese spezifische Nebenwirkung kann sich auf unterschiedliche Weise äußern. Außerdem ist sie nicht bei allen Menschen mit ADHS zu beobachten. Einige häufige Erscheinungsformen dieser Eigenschaft sind die überstürzte Erledigung von Aufgaben, die Äußerung von Dingen, die in einer freundschaftlichen Umgebung als unangemessen gelten, das plötzliche Eindringen in eine Diskussion und das Erledigen von Dingen, ohne die Schwere der sich daraus ergebenden Folgen zu bedenken. Eine genaue Untersuchung der Einkaufsgewohnheiten einer Person kann am besten feststellen, ob sie impulsiv ist.

Leichtes Vergessen

Die Menschen sind über diese Nebenwirkung verblüfft, weil wir alle von Zeit zu Zeit Dinge vergessen. Bedeutet dies, dass wir alle ADHS haben? Nein. Menschen mit ADHS zeigen jedoch häufig Symptome der Vergesslichkeit. Sie suchen ständig nach Alltagsgegenständen wie Schlüsseln oder Brillen, weil sie diese ständig verlieren. Es kann sogar vorkommen, dass sie Kliniktermine verpassen oder auf Nachrichten nicht reagieren. Die wichtigste Frage dabei ist, ob ADHS die Ursache für die Vergesslichkeit ist. Sie wirkt sich negativ auf das Leben der Betroffenen aus und beeinträchtigt ihre Beziehungen. Wenn Erwachsene mit ADHS große Verantwortung tragen, z. B. bei der Betreuung eines Kindes, wird die Vernachlässigung beunruhigend. Es hat Fälle gegeben, in denen ein Elternteil sein Kind aufgrund seiner Erkrankung nicht von der Schule oder vom Tanzunterricht abgeholt hat.

Überkritisch

Erwachsene mit ADHS haben ein ausgeprägtes Selbstbewusstsein und sind sehr streng mit sich selbst. Der Hauptgrund dafür ist, dass sie so besorgt sind, ihre Arbeit nicht rechtzeitig zu beenden oder mit schlecht mit persönlichen Rückschlägen umzugehen, dass ihr Selbstvertrauen darunter leidet. Sie fangen an, sich selbst bei den kleinsten Fehlern streng zu beurteilen. Sie sehen die Dinge nicht mehr klar, und alles wird negativ dargestellt. Infolgedessen trägt alles, von Indiskretionen bis hin zu Konzentrationsschwierigkeiten, dazu bei, überkritisch zu sein.

Stimmungsschwankungen

Wir alle erleben Eifer, Nervosität und ein breites Spektrum an Emotionen, die sich in Stimmungsschwankungen äußern können. Bei Menschen mit ADHS werden diese Emotionen jedoch noch verstärkt. Diese Gefühlsausbrüche wirken sich auch auf ihre Arbeit und ihr Privatleben aus. Menschen mit ADHS können das Gefühl haben, keine Kontrolle über die Situation zu haben. Die Bewältigung der ADHS-Symptome im Alltag kann als schwierige Aufgabe angesehen werden, und wenn diese Probleme nicht angegangen werden, können sie sich anhäufen und in der Zukunft ein größeres Problem verursachen. Es ist wichtig, dass Sie erkennen, dass Sie einen großen Teil der Kontrolle über den Umgang mit Ihrer ADHS haben. Lassen Sie sich nicht von der Außenwelt sagen, wer Sie sind oder was Sie zu bieten haben. Wenn Sie lernen, für sich selbst einzutreten, werden Sie feststellen, dass sich Ihr Selbstvertrauen und Ihre Laune verbessern.

Fehlende Motivation

Erwachsene mit ADHS fühlen sich häufig nicht so angespornt, Dinge zu tun, wie andere es tun. Der Grund für dieses Problem liegt darin, dass sich diese Menschen nicht konzentrieren können und sich daher nicht motiviert fühlen, die Aufgaben mit Verantwortung zu erledigen. Wie Sie wissen, ist das Gefühl, überfordert zu sein, bei Erwachsenen mit ADHS sehr verbreitet, was das Gefühl der Unmotiviertheit noch verstärkt. Viele Menschen versuchen nicht, eine Aufgabe zu erledigen und geben stattdessen viel zu früh auf. Sie sind nicht in der Lage, den richtigen Weg zwischen verschiedenen Punkten zu finden. Sie können sich nicht auf eine Sache konzentrieren und springen von einer Besorgung zur nächsten. Infolgedessen wird nie etwas zu Ende gebracht.

Ermüdung

Häufig wird übersehen, dass eines der Hauptsymptome von ADHS Müdigkeit ist. Ich verstehe, dass diese Erkenntnis Sie vielleicht verblüfft. Dafür gibt es jedoch eine einfache Erklärung. Menschen, die an ADHS leiden, sind häufig hyperaktiv, was dazu führt, dass sie sich müde fühlen. Menschen mit ADHS sind auch den negativen Auswirkungen eines ungünstigen Schlafverhaltens ausgesetzt.

Bei manchen Menschen wird die Müdigkeit außerdem durch den ständigen Kampf verursacht, den sie führen müssen, um sich auf ihre täglichen Aufgaben zu konzentrieren. Eine andere Erklärung ist, dass die für ADHS verschriebenen Medikamente dazu führen, dass sich die Betroffenen ständig erschöpft fühlen. Was auch immer die Ursache sein mag, das Hauptproblem ist, dass Müdigkeit schwer zu ertragen ist und das Leben schwierig machen kann.

Ängste

Viele Menschen glauben, dass sie sich ständig bewegen müssen und dass es im Leben keinen Moment der Harmonie gibt. Das ist der Grund, warum Menschen mit ADHS so

ängstlich sind. Ein weiterer Grund, warum Menschen mit ADHS ängstlich werden, ist, dass sie sich nicht an wichtige Details erinnern können. Darüber hinaus können Menschen, die versuchen, mit Schlafproblemen umzugehen, auch schwierigere Situationen erleben, die zu Angstzuständen führen.

Alle in diesem Abschnitt genannten Nebenwirkungen von ADHS bei Erwachsenen können zu verschiedenen persönlichen und beruflichen Problemen führen. Diese Schwierigkeiten sind jedoch überschaubar. In den folgenden Abschnitten dieses Buches erfahren Sie, wie Sie diese bewältigen können. Wenn Sie wissen wollen, warum ADHS auftritt, finden Sie im folgenden Abschnitt zahlreiche Informationen.

ADHS-Diagnose

ADHS ist eines der häufigsten neurologischen Entwicklungssyndrome bei Erwachsenen. Bei Kindern wird es häufig aufgrund von Störungen im Klassenzimmer entdeckt. Unaufmerksamkeit (Unfähigkeit, sich zu konzentrieren), Hyperaktivität (übermäßiges oder der Umgebung unangemessenes Verhalten) und Impulsivität (Handeln ohne nachzudenken) sind leicht zu erkennen. Andererseits können die Symptome als Verhaltens- oder Charakterfehler bei Erwachsenen angesehen werden.

Viele Patienten mit ADHS haben während des COVID-19 eine Zunahme der störenden Symptome festgestellt. Obwohl Online-Tools zur Selbsteinschätzung Ihnen dabei helfen können, festzustellen, ob Sie ADHS-ähnliche Symptome haben, müssen Sie einen persönlichen Termin vereinbaren, um die Diagnose und Behandlung abzuschließen. Lesen Sie in der Zwischenzeit, was Sie beim Screening erwartet und wie Sie vorgehen können, wenn bei Ihnen ADHS diagnostiziert wird.

Prüfungen durch Fachleute

Am Ende Ihrer Sitzung wird Ihr Arzt Sie darüber informieren, ob Sie an ADHS oder an anderen gesundheitlichen Problemen leiden. Danach wird er mit Ihnen die Behandlungsmöglichkeiten besprechen und Ihnen bei Bedarf Spezialisten für weitere Untersuchungen und Behandlungen empfehlen.

Ein ausführliches Gespräch und eine körperliche Untersuchung durch einen Facharzt können eine ADHS-Diagnose bestätigen. Die Diagnosekriterien unterscheiden sich jedoch leicht, je nachdem, ob es sich bei dem Patienten um einen Erwachsenen oder einen Jugendlichen handelt.

Angenommen, Sie wollen ein Test auf ADHS machen lassen und sind ein Erwachsener. In diesem Fall müssen Sie sich an einen zugelassenen Psychologen, Neurologen, Psychiater, Allgemeinmediziner oder Sozialarbeiter wenden.

Um festzustellen, ob Sie ADHS haben, wird eine gründliche Untersuchung auf der Grundlage der Diagnosekriterien durchgeführt, die im Diagnostic and Statistical Manual of Mental Disorders (DSM-5) der American Psychological Association aufgeführt sind.

Dies ist der nationale Standard für die angemessene Diagnose und Behandlung von psychischen Erkrankungen in den Vereinigten Staaten.

Nach den DSM-5-Kriterien für ADHS müssen Kinder bis zum Alter von 16 Jahren mindestens sechs Symptome von Unaufmerksamkeit und Hyperaktivität/Impulsivität aufweisen. Zur Diagnose von ADHS bei Erwachsenen und Jugendlichen ab 17 Jahren sind jedoch nur fünf Anzeichen erforderlich. In höherem Alter können sich die Symptome anders darstellen; so kann sich Hyperaktivität bei Erwachsenen beispielsweise als extreme Unruhe äußern.

Laboratorien und Untersuchungen

Eine Befragung und eine körperliche Untersuchung sind die Standard-Diagnoseverfahren, um ADHS-Symptome und potenzielle psychische und körperliche Gesundheitsprobleme aufzudecken.

Obwohl Sie vielleicht schon von vielen ADHS-Tests gehört haben, kann das Syndrom derzeit nicht ausschließlich durch bildgebende Untersuchungen des Gehirns wie MRT, PET oder CT-Scan diagnostiziert werden. Ihr Arzt kann Ihnen jedoch raten, sich Blutuntersuchungen, bildgebenden Untersuchungen des Gehirns oder einem Elektroenzephalogramm (EEG) zu unterziehen, um andere gesundheitliche Probleme auszuschließen.

Selbsteinschätzung/Selbsttest zu Hause

Es gibt zwar viele Online-Selbsteinschätzungen und Fragebögen zu ADHS-Symptomen, aber die meisten sind nicht wissenschaftlich getestet oder standardisiert. Daher sollten Sie sie nicht zur Selbstdiagnose oder zur Diagnose anderer verwenden. Auch hier gilt, dass Sie einen qualifizierten und zugelassenen Gesundheitsdienstleister aufsuchen müssen, um eine korrekte Diagnose zu erhalten.

Wenn Sie sich jedoch nicht sicher sind, ob Ihre Symptome wirklich auf ADHS zurückzuführen sind, können Sie den Adult Self-Report Scale (ASRS) Screener der Weltgesundheitsorganisation (WHO) verwenden, um die Anzeichen und Symptome von ADHS bei Erwachsenen zu ermitteln.

Wenn Sie befürchten, dass Ihr Kind an ADHS leidet, sollten Sie zunächst einen Facharzt konsultieren, um festzustellen, ob die Symptome auf die Diagnose zutreffen. Ein Experte für psychische Gesundheit, wie ein Psychologe, Psychiater oder Hausarzt (z. B. ein Kinderarzt) kann die Diagnose stellen.

Wie wird ADHS identifiziert?

Um ADHS zu diagnostizieren, folgen Gesundheitsdienstleister den Empfehlungen des Diagnostic and Statistical Manual, Fifth Edition (DSM-5) der American Psychiatric Association. Diese Standarddiagnose hilft sicherzustellen, dass Patienten mit ADHS richtig diagnostiziert und behandelt werden. Die Verwendung der gleichen Kriterien in

allen Bereichen hilft auch dabei, zu ermitteln, wie viele Erwachsene an ADHS leiden und wie sich diese Krankheit auf die öffentliche Gesundheit auswirkt.

Im Folgenden finden Sie die Kriterien in Kurzform. Bitte bedenken Sie, dass sie zu Ihrer Orientierung angegeben sind. ADHS kann nur von erfahrenen medizinischen Fachkräften diagnostiziert und behandelt werden.

ADHS bei Männern vs. Frauen

ADHS bei Männern

Die Ablenkung, die Desorganisation und die impulsiven Persönlichkeitsmerkmale von ADHS wirken sich auf alle Bereiche des Lebens eines Patienten aus. Für Männer bringt die Aufmerksamkeitsdefizit-Hyperaktivitätsstörung jedoch doppelte Herausforderungen mit sich, vor allem im Beruf und in Beziehungen. Eine Studie aus dem Jahr 2015 ergab, dass sich die ADHS-Diagnosen zwischen 1999 und 2010 mehr als verdoppelt haben. Eine andere Studie besagt, dass die Verwendung von ADHS-Medikamenten zugenommen hat, obwohl die Verwendung von Medikamenten bei Kindern dagegen zurückgegangen ist.

Die wissenschaftlichen Erkenntnisse über ADHS beziehen sich häufig auf Männer, da die Hyperaktivität bei Männern viel stärker ausgeprägt ist. Die allgemeinen Symptome von ADHS sind Schwierigkeiten, sich zu konzentrieren und aufmerksam zu sein, unkontrollierbares Verhalten und hyperaktives Verhalten. Da es sich um eine Entwicklungsstörung handelt, bleibt ADHS in mehr als 80 Prozent der Fälle im Kindesalter bis ins Erwachsenenalter bestehen.

Symptome von ADHS bei erwachsenen Männern

ADHS bei Männern ist viel sichtbarer, aber es kann trotzdem schwer sein, es zu erkennen und zuzugeben, sogar für die Person selbst. Der Grund dafür ist, dass die meisten Männer heute nicht mehr auf ihren Körper achten, wenn sie Schmerzen und Beschwerden haben. Wenn man alle ADHS-Herausforderungen im Zusammenhang mit den exekutiven Funktionen hinzunimmt, bekommen die meisten dieser Männer auch körperliche

Beschwerden.Daher ist es wichtig, ADHS zu erkennen und zu behandeln, bevor sich eines dieser körperlichen Probleme zeigt. Achten Sie dabei auf die folgenden Symptome.

Impulsives Verhalten

Männer brauchen mehr Zeit, um sich von Konflikten zu erholen, als die meisten Frauen. Bei ADHS fühlen sich Männer durch ständige Kritik und Bemerkungen über ihre Leistung, ihre Ansichten oder ihre Präsentation von Ideen möglicherweise stärker aufgewühlt. Dies veranlasst sie dazu, zu lügen, sich zu isolieren und sich von anderen zu distanzieren. Sie könnten auch zu freiwilligen Aktivitäten wie Alkoholkonsum, übermäßigem Essen oder übermäßigen Ausgaben neigen.

Emotionale Instabilität

Für Männer mit ADHS ist es schwer, sich vor anderen zu zeigen. Die Gesellschaft erzieht Jungen von klein auf dazu, hart und zäh zu sein, und wenn sie erwachsen sind, fühlen sie sich emotional gestrandet. Sich vor anderen auszudrücken, erfordert viel Kraft und Mut, ob es sich nun um eine berufliche Zusammenarbeit oder eine emotionale Bindung handelt.

Unmöglich, aufmerksam zu sein

Sie schalten bei Sitzungen, Gesprächen und Auseinandersetzungen oft ab. Es könnte so aussehen, als ob es ihnen egal wäre oder sie nicht daran teilnehmen wollen. Tatsache ist jedoch, dass sie sich nicht lange auf etwas konzentrieren können.

Sich ständig demotiviert fühlen

ADHS bei einem Mann verringert die Motivation und macht es ihm schwer, etwas zu Ende zu bringen, was er begonnen hat. Das ist keine Faulheit, sondern ein Zeichen dafür, dass er keine Lust hat, etwas zu beenden.

Unnötige Auseinandersetzungen mit anderen

Die schwankenden Stimmungen und die emotionale Belastung lassen ihn oft in unnötige Streitigkeiten oder verbale Auseinandersetzungen mit anderen verwickeln.

Erhöhte Wahrscheinlichkeit, wichtige Termine oder Ereignisse zu verpassen

Männer mit ADHS vergessen auch häufiger wichtige Ereignisse, verpassen Fristen oder kommen zu spät zu notwendigen Terminen. Sie tun dies nicht absichtlich; es ist einfach etwas, das sie nicht kontrollieren können.

Empfindlich gegenüber Kritik

Viele Personen berichteten, dass sie empfindlicher auf Kritik an ihren Handlungen reagieren. Die Angst vor Ablehnung, Spott, Hohn und Missbilligung deutet auf eine ablehnungsempfindliche Dysphorie (RSD) hin, die bei ADHS-Betroffenen vorhanden sein kann.

Missbilligung durch andere

Eine intensive emotionale Reaktion ist für Menschen mit ADHS erschütternd. Es fällt ihnen schwer, einen Rückzug oder Kritik zu akzeptieren. Sie sind emotional nicht zerbrechlich, aber die Missbilligung durch andere ist für sie viel intensiver als für neurotypische Menschen.

Stress oder Schmerz ausdrücken

Wenn der emotionale Schmerz anhält, erlebt ein Mensch mit ADHS auch Traurigkeit, Unbehagen und Stress, was sein Selbstwertgefühl beeinträchtigt.

ADHS bei Männern kann sich stärker bemerkbar machen

ADHS betrifft Männer und Frauen in ähnlicher Weise. Bei Männern ist sie jedoch viel stärker ausgeprägt. Die Symptome von ADHS können das berufliche und private Leben eines Mannes auf folgende Weise verändern.

Bei der Arbeit

Männern mit ADHS fällt es oft schwer, mit anderen Menschen zurechtzukommen. Sie sehen aufgewühlt aus, geben aber oft schnell wieder auf. Sie finden die meisten Dinge nicht aufregend und scheitern eher an den ihnen zugewiesenen Aufgaben. Im Vergleich zu Frauen drücken sich Männer eher durch ihre Arbeit und ihren Beruf aus. Dieses unterschiedliche Verhalten ist jedoch die größte Hürde, die sie in ihrer Karriere zu überwinden haben.

Sie fühlen sich oft gestresst und unter Druck gesetzt, und selbst eine regelmäßige Arbeit erscheint ihnen wie eine Last. All diese Erscheinungsformen von ADHS schränken ihre Fähigkeiten und ihr berufliches Vorankommen ein. Letztlich beeinträchtigt der Druck die Qualität ihrer Arbeit. Entweder kündigen sie ihren Job oder sie werden entlassen.

Zu Hause

Menschen mit Aufmerksamkeitsdefizit-Hyperaktivitätsstörung (ADHS) erleben häufiger emotionale Zusammenbrüche als Menschen ohne ADHS. Solche Menschen werden oft als "zu sensibel" bezeichnet, aber es geht um mehr als nur um Stimmungsschwankungen. ADHS hat neurologische Zusammenhänge, die unkontrollierbare emotionale Episoden verursachen.

Ein Mann mit ADHS sieht sich in der Regel schwereren Episoden jeglicher Emotion gegenüber, aber es könnte seine Beziehungen beeinträchtigen, wenn er mehr Aggression oder Wut zeigt. Die Menschen in seinem Umfeld ziehen sich möglicherweise zurück, um nicht mit seiner emotionalen Instabilität konfrontiert zu werden. Die Unfähigkeit, sich auszudrücken, macht einen ADHS-Patienten zu einem Einzelgänger. Außerdem erhöht sich dadurch das Risiko, an stressbedingten Störungen wie Angstzuständen und Depressionen zu leiden. Die gesellschaftliche Erwartung an einen Mann, stark, dominant

und emotional stabil zu sein, unterstützt manchmal solche Wutausbrüche und Emotionen. Viele Menschen erkennen nicht einmal, dass sie ein medizinisches Problem haben, das behandelt werden muss. Stattdessen rechtfertigen sie ihre Wut, indem sie andere Menschen herabsetzen oder ihnen die Schuld an der Situation geben.

Erholung von Konflikten

Für Männer ist es schwieriger, einen Konflikt zu lösen als für Frauen. Wenn ein Problem auftaucht, werden Männer aufgeregter und unruhiger, was zu mehr Aggression führt. Sie reagieren auch empfindlicher auf Kritik als Frauen, was ihre Leistung zu Hause und am Arbeitsplatz beeinträchtigt. Dies bedeutet, dass Männer eher als Frauen nach Ablenkungen suchen, um Konflikte zu vermeiden. Meistens sind Männer emotional distanziert, unehrlich oder durchsetzungsfähig. Frauen hingegen sind besser in der Lage, Konflikte zu lösen.

Aufgestaute Emotionen

Für mehr als 80 Prozent der Männer ist es extrem schwierig, ihre Gefühle auszudrücken, wenn sie unter ADHS-Symptomen leiden. Gesellschaft und Kultur erziehen Männer so, dass jeder von ihnen erwartet, dass sie "männlicher" sind, indem sie emotional stabiler und robuster sind. Dies ist jedoch nicht immer möglich. Wenn sich ein Mann mit ADHS also in einer solchen Situation befindet, versteckt er seine wahren Gefühle, anstatt sie auszudrücken. Dieser Mangel an Emotionen führt zu mehr Problemen im Privat- und Berufsleben, so dass Männer sofort professionelle Hilfe benötigen.

Verweigerung

Männer sind im Allgemeinen weniger empfänglich für die Vorstellung, ADHS zu haben, als Frauen. Es fällt ihnen zu schwer, diese Information zu verarbeiten, und diese Verleugnung führt zu Selbstkritik, die ihren Zustand verschlimmert. Manchmal lehnen sie das Etikett ab, weil sie befürchten, dass ihnen die Schuld für Misserfolge im Beruf oder in Beziehungen gegeben werden könnte. Außerdem schieben sie ihre unkontrollierbaren Handlungen manchmal auf ihre Partner und Freunde, da dies einfacher erscheint, als die Diagnose ADHS zu riskieren.

ADHS bei Frauen

Die Aufmerksamkeitsdefizitstörung (ADHS oder ADS) ist keine geschlechtsspezifische Krankheit. Entgegen der landläufigen Meinung, dass ADHS nur Männer betrifft, können die Symptome auch bei Frauen auftreten, werden aber oft nicht diagnostiziert. Die Diagnoseinstrumente und -ansätze für ADHS sind für Männer und Frauen gleich, aber die Anzeichen sind unterschiedlich.

Der Unterschied in den Symptomen ist der Hauptgrund dafür, dass es schwierig ist, festzustellen, ob eine Frau ADHS hat. Im Körper einer Frau passiert bereits so viel, z. B. hormonelle Umstellungen, dass sie ADHS-Symptome manchmal als "nur einen weiteren schlechten Tag" beschreiben. Nur ein Arzt kann eine korrekte Diagnose stellen, aber es

gibt auffällige Veränderungen, die schon vor dem Arztbesuch auf eine Erkrankung hindeuten können.

Frühe Anzeichen von ADHS bei jungen Mädchen

Die Anzeichen von ADHS bei Frauen treten bereits in jungen Jahren auf. Je nach Schwere und Häufigkeit dieser Symptome werden sie möglicherweise erst in der Pubertät deutlich. Dies ist jedoch keine allgemeingültige Tatsache, und viele Frauen bleiben ihr ganzes Leben lang unerkannt.

Die häufigsten ADHS-Symptome bei einem jungen Mädchen sind folgende:

- Konzentrationsschwierigkeiten
- Ungehorsam
- Vergesslichkeit
- Aggressive Haltung
- Laute und unbeholfene Persönlichkeit
- Häufiges Zappeln

Aufmerksamkeitsdefizitsyndrome treten bei erwachsenen Frauen häufiger auf, sind aber weniger offensichtlich als bei Männern. Einer Studie zufolge denken die meisten Frauen nicht daran, sich auf ADHS untersuchen zu lassen, es sei denn, eines ihrer Kinder wird diagnostiziert. In Anbetracht der Tatsache, dass ADHS genetisch bedingt ist, erhalten Mütter und ihre Kinder oft gemeinsam eine Diagnose.

Im Gegensatz zu ADHS bei Männern sind ADHS-positive Frauen ruhiger und zeigen unaufmerksames Verhalten. Außerdem fällt es ihnen schwer, gleichzeitig berufliche und private Aufgaben zu bewältigen, ungeachtet ihrer Natur. Sie werden dadurch unglücklich und unzufrieden mit sich selbst, und meistens kommen zu den typischen ADHS-Symptomen noch Stress und Angst hinzu. Dieser zusätzliche Stress ist der Grund dafür, dass sich die ADHS-Symptome bei Frauen von denen der Männer unterscheiden. Einige dieser Symptome sind die folgenden.

Ablenkung

Die meisten Frauen mit ADHS lassen sich leicht ablenken und sind daher nicht in der Lage, gute Leistungen zu erbringen. Außerdem fallen sie nicht auf und werden oft ignoriert oder vergessen. Aufgrund dieses Verhaltens werden sie oft zur Zielscheibe von Vernachlässigung und Nachlässigkeit durch ihre Angehörigen und Familie. Eine beträchtliche Anzahl von Frauen wird nie diagnostiziert, weil sie keine Hyperaktivität oder andere auffällige Anzeichen zeigen, selbst wenn sie dieses Symptom haben.

Versagen beim Multitasking

Organisatorische Fähigkeiten und exekutive Funktionen stellen für Frauen mit ADHS eine große Herausforderung dar. Das Zeitmanagement ist für sie oft eine Herausforderung, und eine mehrstufige Aufgabe ist für sie fast unmöglich. Es ist wahrscheinlicher, dass sie beim Multitasking eine Frist verpassen oder wichtige Unterlagen verlieren. Laut einer Übersichtsstudie aus dem Jahr 2014 weisen Frauen mit ADHS eher subjektive Symptome auf, die nicht beobachtbar sind. Doch auch wenn es ihnen an Managementfähigkeiten mangelt, können Frauen bessere Arbeitspläne entwickeln als Männer. Infolgedessen übersehen Lehrer, Eltern und manchmal auch Kinderärzte diese ADHS-Symptome bei jungen Mädchen.

Underachiever

Im Falle von ADHS zeigen die meisten Frauen erst zu Beginn des Studiums deutliche ADHS-Symptome. Derzeit zeigen diese Frauen oft schlechte Managementfähigkeiten oder keine Selbstregulierung, was die ersten Anzeichen von ADHS sind. Allerdings sind die Verhaltensänderungen bei diesen Frauen nicht so offensichtlich wie die Hyperaktivität bei Männern. Deshalb sucht nur ein Drittel der Frauen, die Unaufmerksamkeit zeigen, in dieser Zeit medizinische Hilfe auf. Später, wenn sie ins praktische Leben eintreten, werden die Symptome noch deutlicher sichtbar. Diese Verzögerung der Symptome ist der Grund dafür, dass die Diagnose bei Frauen im Allgemeinen im mittleren Alter und nicht in der Kindheit gestellt wird.

Stimmungsschwankungen

Kurzschlusshandlungen und Stimmungsschwankungen sind bei Frauen mit ADHS viel häufiger anzutreffen. Deshalb können diese Frauen nicht klar denken, was sich auf ihre Beziehungen und ihr soziales Leben auswirkt.

Stimmungsschwankungen sind kein signifikantes Zeichen für ADHS, so dass Stimmungsstörungen und andere Symptome zu einer besseren Diagnose führen können.

Geringes Selbstwertgefühl

Frauen mit ADHS haben auch ein geringes Selbstwertgefühl; sie leiden häufiger unter Gewichtsproblemen, Stress, Ängsten und Essstörungen als ansonsten gesunde Frauen. Diese Situationen können in jeder Lebensphase auftreten und sind nicht auf das Erwachsenenalter beschränkt.

Unzuverlässig

Wie die Männer werden auch die Frauen von der Gesellschaft auf bestimmte geschlechtsspezifische Normen getrimmt. Jeder erwartet von einem Mädchen, dass es besser planen, organisieren und Konflikte bewältigen kann und dass es generell zuverlässiger ist. Für Frauen mit ADHS ist es schwierig, all diese Rollen auszufüllen, da sie nicht wie Menschen ohne ADHS-Symptome denken und handeln können.

Ignorieren der Symptome

Wechselnde Sichtweisen und schwankende Gedanken sind nicht nur bei ADHS-Patienten anzutreffen, sondern auch bei vielen anderen Krankheiten. Für ADHS-Patienten ist dieses inkonsistente Denken jedoch sehr belastend, da es sie in drastische Gegensätze stürzt. Sie können entweder motiviert oder faul sein, sehr organisiert oder sehr unordentlich, kreativ oder stumpfsinnig. Vor allem aber ignorieren sie all diese Symptome und halten sie für "normal". "Ihr Gehirn entscheidet sich für eine Seite, und das ist nicht immer die gleiche. Diese wechselnde Tendenz verhindert ihr Wachstum und Lernen, da sie alles für sich behalten.

Unaufmerksamer

Auch wenn dies nicht allen bekannt ist, sind viele medizinische Experten der Meinung, dass Frauen im Allgemeinen unaufmerksames Verhalten zeigen. Nach Ansicht von Psychiatern sind neun allgemeine Symptome mit einer unaufmerksamen Darstellung von ADHS bei Frauen verbunden.

- Schwierigkeiten, sich auf die Arbeit, häusliche Aufgaben oder Spiele zu konzentrieren
- Unfähigkeit, auf Details zu achten und Flüchtigkeitsfehler zu machen
- Schwierigkeiten bei allen organisationsbezogenen Aufgaben und Tätigkeiten zu haben
- In allem eine Ablenkung finden
- Nichteinhaltung von Anweisungen
- Vergessen von alltäglichen Dingen wie dem Bezahlen von Rechnungen
- Vermeidung von allem, was mit Konzentration zu tun hat, wie z. B. das Ausfüllen von Formularen
- Dinge nach dem Gebraucht verlieren
- Abwesend sein bei direkten Gesprächen oder Sitzungen

Zusätzliche Herausforderungen für Frauen mit ADHS

Wenn ein Mädchen mit ADHS erst im Erwachsenenalter eine Diagnose erhält, leidet es oft auch unter vielen anderen Problemen. Stress, Depressionen und Angstzustände sind zum Beispiel die drei größten Herausforderungen für alle, die unter ADHS leiden. Bei geringem Selbstwertgefühl und Selbstvertrauen ist die Stressbewältigung noch komplizierter. All diese Faktoren zusammengenommen führen bei jungen Frauen zu Problemen bei der Arbeit und in Beziehungen. Sie können auch dazu führen, dass sie in verschiedenen Aspekten ihres Lebens zu wenig erreichen.

Die Gesundheitsrisiken von nicht diagnostiziertem ADHS bei Frauen

Wird ADHS nicht behandelt, kann es sich negativ auf die Gesundheit von Frauen auswirken. Erstens gelingt es einer Frau mit ADHS nur selten, ihre Probleme in den Griff zu bekommen. Zweitens, selbst wenn sie es schafft, steht sie unter ständigem Stress, was zu vielen Krankheiten wie Bluthochdruck, Verdauungsproblemen, chronischen Schmerzen und Herzproblemen führen kann, die alle langfristige Auswirkungen auf ihre Gesundheit haben.

Andererseits würde eine rechtzeitige Diagnose es ihnen erleichtern, mit den Symptomen umzugehen. Statt ADHS als normales emotionales Verhalten zu betrachten, ist es notwendig, es als Anomalie zu erkennen.

Warum Mädchen und Frauen unterdiagnostiziert werden

Die Wahrscheinlichkeit, dass bei Jungen und Männern ADHS diagnostiziert wird, ist aus verschiedenen Gründen größer als bei Mädchen und Frauen. Im Folgenden sind einige wichtige Faktoren aufgeführt:

- Frauen und Mädchen mit ADHS neigen dazu, ihre Gefühle zu verinnerlichen, anstatt sie nach außen zu tragen.
- Frauen und Mädchen mit ADHS sind weniger hyperaktiv und unaufmerksamer.
- Bei Frauen und Mädchen mit ADHS können komorbide psychiatrische Störungen wie Depressionen und Angstzustände auftreten.
- Bei Frauen und Mädchen mit ADHS kann eine komorbide Zwangsstörung vorliegen, die häufig mit perfektionistischen Verhaltensweisen einhergeht, die die Symptome verschleiern und die Diagnose verzögern können.
- Frauen und Mädchen mit ADHS werden in der Regel kaum von anderen überwiesen, aber eine Behandlung erfordert eine Überweisung.
- Versteckte Aggression kommt bei Frauen und Mädchen mit ADHS häufiger vor als offene Aggression.
- Frauen und Mädchen mit ADHS haben eine geringere Neigung zu körperlicher Aggression als Jungen.

ADHS äußert sich bei jedem Menschen auf unterschiedliche Weise. Die Hauptsymptome können durch das Geschlecht, die Geschlechtszugehörigkeit und die Hormone beeinflusst werden.

Geschlechtsspezifische Stereotypen können Lehrkräfte daran hindern, Anzeichen von ADHS bei weiblichen Schülern zu erkennen. Da die Symptome bei Frauen milder

ausfallen können, zögern Ärzte möglicherweise, sie als ADHS zu identifizieren, wenn die Patienten auch Anzeichen für emotionale Probleme aufweisen.

Da sich die meisten Forschungsarbeiten bis vor kurzem auf Männer konzentrierten, weiß man heute mehr darüber, wie ADHS bei Männern auftritt und welche Auswirkungen es auf ihr Leben hat.

Geschlechtsspezifische Normen können Frauen dazu veranlassen, ADHS-Symptome zu verbergen und zu verschleiern. Stereotype über Ordentlichkeit, Organisation, Zusammenarbeit, Befolgung von Regeln und soziales Verhalten können Mädchen und Frauen in Schulen und Familiensystemen dazu bringen, ihre ADHS-Symptome zu ignorieren oder zu verbergen.

Hormonelle Schwankungen

Die hormonellen Veränderungen, die in der Pubertät beginnen, haben weiterhin einen erheblichen Einfluss auf das Leben von Frauen mit ADHS. Ihre monatlichen hormonellen Veränderungen verschlimmern die Schwierigkeiten, mit denen sie aufgrund ihrer ADHS konfrontiert sind. Mehrere Frauen berichten, dass die Angst, die sie haben, wenn sie die Hauptbezugsperson für Kinder mit ADHS sind und gleichzeitig mit ihrer ADHS zu kämpfen haben, jeden Monat während ihrer Menstruation, die bis zu einer Woche dauern kann, einen Ausnahmezustand erreicht. Obwohl der Anteil älterer Frauen mit ADHS noch nicht ermittelt wurde, kann man davon ausgehen, dass die hormonellen Veränderungen im Zusammenhang mit der Menopause die Anzeichen für eine emotionale Reaktivität bei ADHS verstärken würden.

Niedrige Östrogenspiegel werden mit verminderten kognitiven Leistungen, insbesondere mit schlechter auditiver Erinnerung und Wortfindung, sowie mit PMS in Verbindung gebracht. Diese intellektuellen Defizite und die bei ADHS beobachteten Beeinträchtigungen der Exekutivleistung können als Auslöser für die Überweisung älterer Frauen dienen, die früher in der Lage waren, auf hohem Niveau zu arbeiten, und die nun mit einem niedrigen Östrogenspiegel konfrontiert sind, der mit den frühen Wechseljahren zusammenhängt.

Anstatt ein Unterstützungssystem zu haben, werden sie zu einem Unterstützungssystem

Frauen werden häufig in die Rolle der Betreuerinnen gedrängt, sowohl am Arbeitsplatz als auch zu Hause. Während Männer mit ADHS in der Regel ermutigt werden, sich mit einem Unterstützungssystem zu umgeben, haben nur wenige Frauen einen solchen Zugang. Tatsächlich hat die Gesellschaft in der Vergangenheit von Frauen erwartet, dass sie das Unterstützungssystem bereitstellen.

Die Zunahme von Paaren, die beide ein Beruf ausüben, hat die Schwierigkeiten von Frauen mit ADHS noch verschärft. Während der meisten der letzten zwei Jahrzehnte wurde von immer mehr Frauen erwartet, dass sie die konventionellen Aufgaben von

Mutter und Ehefrau erfüllen, effektiv und unermüdlich arbeiten und gleichzeitig die Verantwortung einer Vollzeitbeschäftigung bewältigen.

Brüste, Perioden und ADHS

Mädchen mit ADHS haben von Anfang an einen schweren Stand. Da die Symptome von ADHS bei Mädchen anders sind als bei Männern, wird ADHS bei Mädchen eher nicht oder falsch diagnostiziert.

Offensichtlich reichen Brüste, Menstruation und Eyeliner nicht aus, um eine Mittelschülerin zu beschimpfen; bei Frauen treten die Symptome im Allgemeinen zu Beginn der Pubertät auf.

Bei Frauen äußert sich ADHS häufig durch Unaufmerksamkeit und nicht durch Hyperaktivität. Infolgedessen wird Unaufmerksamkeit häufig als Charakterschwäche und nicht als Erkrankung abgetan.

Schultag

Wenn Frauen mit ADHS eine Hochschule besuchen und nicht mehr von der Strenge ihrer Eltern, der Ausgangssperre und der Schulpflicht umgeben sind, werden die Dinge interessant. Frauen mit ADHS sind beispielsweise dafür bekannt, dass sie auf der Überholspur leben, während sie innerlich einen Nervenzusammenbruch erleiden, weil der Berg an Schularbeiten, den sie noch nicht einmal angefangen haben zu erledigen, immer größer wird.

Sie kümmern sich um ihre Kinder und vernachlässigen sich dabei selbst

Eine Frau mit ADHS sollte sich auf die Therapie für sich selbst konzentrieren, wenn sie die perfekte Mutter für ihr Kind sein will, so wie normale Fluganweisungen Eltern dazu auffordern, ihre persönliche Sauerstoffmaske aufzusetzen, bevor sie ihren Kindern helfen. Um Kindern mit ADHS zu helfen, besser zu funktionieren, müssen sich die Eltern voll engagieren, indem sie ausgezeichnete Erziehungsmethoden verstehen und regelmäßig anwenden, einen Zeitplan für zu Hause aufstellen und dem Kind beibringen, sein ADHS als positives, produktives Problemlösungsinstrument zu sehen. Wenn es darum geht, ihr Kind zu unterstützen, ist es daher für eine Mutter mit ADHS am besten, sich selbst behandeln zu lassen und sich über ADHS zu informieren.

Manischer Pixie-Albtraum

Untersuchungen haben ergeben, dass Frauen mit ADHS eine unangenehme Neigung haben, ihre Probleme (und ihre Gerüchte) für sich zu behalten und niemanden über die Unruhe und die Sorgen zu informieren, die ihr Leben immer mehr beherrschen. Das kann daran liegen, dass sie nie eine richtige Diagnose erhalten haben und daher nicht auf nützliche Medikamente und Bewältigungstechniken zurückgreifen konnten. Wenn man sich der Tatsache bewusst ist, dass man an ADHS leidet, ist es sehr leicht, sich von

Schuldgefühlen leiten zu lassen, wenn man seinen Verpflichtungen nicht nachgekommen ist.

Bedauerlicherweise stellt die Gesellschaft, in der wir leben, in bestimmten Bereichen immer noch höhere Erwartungen an Frauen. Haben Sie dieses Jahr vergessen, Ihrer Freundin eine Geburtstagskarte zu schicken? Haben Sie sich ablenken lassen, als ein Bekannter wollte, dass Sie sich um etwas kümmern? Wenn ja, könnten Sie sich selbst als Versagerin betrachten.

Diagnose von ADHS bei Frauen

Die meisten Menschen glauben, dass ADHS eine Krankheit ist, die hyperaktive Schuljungen betrifft. Bei Frauen wird die Diagnose häufig erst im Erwachsenenalter gestellt, da das Erscheinungsbild von ADHS bei Frauen nicht diesem Stereotyp entspricht. Wenn Sie den Verdacht haben, an ADHS zu leiden, aber noch keine offizielle Diagnose erhalten haben, sollten Sie dies zu Ihrer obersten Priorität machen. Wenn Sie eine Diagnose erhalten haben, werden Sie sich selbst besser fühlen. Die Ursache und den Grund für Ihr inneres Gefühl zu kennen, ist der erste Schritt zum Erfolg.

Einer Studie zufolge schienen die Frauen nach der ADHS-Diagnose in der Lage zu sein, ihre früheren Fehler zu akzeptieren und ihre gegenwärtigen Umstände besser zu meistern. Sie waren erleichtert zu wissen, dass sie nicht verrückt waren und dass es eine Bezeichnung für das, was sie durchgemacht hatten, gab.

Hyperaktivität bei Frauen

Frauen können als ADHS-Patientinnen des hyperaktiven und impulsiven Typs eingestuft werden, aber sie sind seltener betroffen als ADHS-Patientinnen des unaufmerksamen Typs. Hyperaktivität bringt eine Reihe von Schwierigkeiten mit sich. Vielleicht stellen Sie fest, dass Sie vitaler sind als Ihre Klassenkameraden und dass Sie ständig plaudern. Vielleicht erinnern Sie sich daran, dass Sie von Ihren Klassenkameraden abgelehnt, kritisiert und ausgegrenzt wurden, weil Sie anders zu sein schienen. Dies kann sich bis ins Erwachsenenalter fortsetzen.

Symptom Präsentation

Frauen neigen eher als Männer dazu, ihre Symptome zu internalisieren. Die Symptome von Mädchen sind eher auf Unaufmerksamkeit und Unordnung ausgerichtet. Familienangehörige und Gleichaltrige sind weniger geneigt, diese Symptome für eine Diagnose zu erkennen, da sie häufig übersehen werden.

Komorbide psychiatrische Störungen

Da die ADHS-Symptome bei Frauen weniger störend sind, werden Stimmungsstörungen oft erkannt, bevor die Möglichkeit einer ADHS untersucht wird. ADHS tritt selten allein auf. Daher kann es sein, dass Sie an einer oder mehreren zusätzlichen Komorbiditäten leiden. Lassen Sie sich nicht einschüchtern. Wenn Sie wissen, ob und welche zusätzlichen

Erkrankungen Sie haben, können Sie diese individuell behandeln und so ein möglichst gesundes Leben führen. Die Anzeichen einer Krankheit können manchmal mit den Symptomen von ADHS verwechselt werden und andersherum. Die meisten Menschen mit ADHS haben mindestens ein komorbides Syndrom, zu dem auch Persönlichkeitsstörungen gehören können.

Persönlichkeitsstörungen

Es ist wichtig, dass Sie Ihrem Arzt von all Ihren Symptomen und Sorgen berichten. Wenn Sie offen über Ihre Gefühle sprechen, bedeutet das nicht, dass Sie jammern. Ihr Arzt möchte verstehen, wie Sie sich fühlen und was Sie durchmachen, damit er Ihnen die bestmögliche Behandlung zukommen lassen kann.

Bewältigungsstrategien

Frauen sind möglicherweise in der Lage, die negativen Folgen ihrer ADHS-Symptome zu verbergen, wenn sie stärkere Bewältigungsmechanismen entwickeln als ihre männlichen Kollegen. Viele Menschen überkompensieren beispielsweise, indem sie Listen erstellen, um sich zu organisieren. Diese Methode ist zwar wirksam, macht es den Ärzten aber sehr leicht, die Diagnose zu übersehen.Die ADHS-Symptome von Frauen können sich mit zunehmendem Alter verschlimmern. Wenn zum Beispiel der Bildungsrahmen nicht mehr produktiv ist und die Anforderungen höher sind, können ADHS-Symptome mehr Probleme verursachen.

Tipps für Frauen mit ADHS

Wenn Frauen erfahren, dass sie ADHS haben, fühlen sie sich oft erleichtert. Vielleicht haben sie sich jahrelang für ihre Misserfolge gehasst, und ihr Bewusstsein hat darunter gelitten. Emotionale, geistige und körperliche Erschöpfung können die Folge davon sein, dass sie sich ständig mit jedem Aspekt ihres Lebens beschäftigt haben. Sie haben jetzt eine Antwort. Bei ihnen wurde ADHS diagnostiziert, und sie erkennen, dass ihre Krankheit nicht ihre Schuld ist. Das Gefühl der Unzulänglichkeit kann verschwinden, wenn die Betroffenen verstehen, dass sie ADHS haben, was sie in die Lage versetzt, ihre Symptome wirksam zu bewältigen.

Das ADHS-Gehirn ist anders verdrahtet

Zu verstehen, wie das Gehirn einer Person mit ADHS funktioniert, ist die Grundlage für den Umgang mit ADHS. Das Gehirn steuert unsere Aktionen, wie Sprechen, Reagieren, Lernen und die Wahrnehmung der Realität um uns herum. Sicherlich ist Ihnen der große Kreis auf der Titelseite aufgefallen; was bedeutet er?

Es stellt die Funktionsweise eines ADHS-Gehirns dar. Ein ADHS-Gehirn - oder besser gesagt, ein ADHS-Verstand - arbeitet kreisförmig und nicht linear. Was bedeutet das? Es bedeutet eine Menge! Doch bevor wir uns damit befassen, müssen wir verstehen, dass es zwei Arten von Gehirnen gibt: das neurotypische Gehirn und das neurodivergente oder neurodifferente Gehirn.

Menschen mit ADHS haben ein neurodivergentes Gehirn und folglich auch einen neurodivergenten Verstand. Der neurodivergente Geist hat eine andere Art zu sehen, zu lernen und zu fühlen als der neurotypische Geist. Kehren wir noch einmal kurz zu dem großen Kreis auf dem Titelbild zurück; er stellt die Funktionsweise eines neurodivergenten Geistes dar. Er funktioniert auf kreisförmige Weise, lebt aber in einer linearen Welt.

Lassen Sie uns ein Beispiel betrachten. In der Schule lernen wir nach der linearen Methode. Wir lernen durch Lesen und Auswendiglernen von Daten. Im Allgemeinen studieren wir Begriffe in einer bestimmten Reihenfolge. Ich will damit nicht sagen, dass diese Methode falsch ist oder nicht zu Ergebnissen führt. Was ich damit sagen will, ist, dass es für Menschen mit ADHS schwierig ist, auf diese Weise zu lernen. Wir sind eher visuelle, intuitive Lerner, und das datengesteuerte System ist für uns langweilig und unattraktiv.

ADHS-Patienten fällt es schwer, etwas auszuführen oder zu lernen, das nicht ihr Interesse weckt. Neurotypische Menschen können leicht Dinge lernen, die langweilig oder uninteressant für sie sind, wenn dies erforderlich ist, um ein Ziel zu erreichen. Neurodivergenten Gehirnen fällt dies schwer. Wissenschaftliche Erkenntnisse zeigen, warum das so ist; wir werden den wissenschaftlichen Teil später in diesem Kapitel durchgehen. Ein Beispiel kann Ihnen helfen, besser zu verstehen, wie das Ganze funktioniert. Stellen Sie sich vor, Sie haben zwei Computer: einen Mac und einen PC. Äußerlich sehen sie gleich aus. Im Inneren sind sie unterschiedlich verdrahtet, d. h. wenn Sie die gleichen Befehle auf der Tastatur drücken, haben Sie aufgrund der unterschiedlichen Verdrahtung unterschiedliche Funktionen.

Darin unterscheiden sich neurodivergente und neurotypische Menschen voneinander. In derselben Situation gibt es zwei verschiedene Reaktionen, weil die Gehirne unterschiedlich verdrahtet sind.

In diesem Fall gibt es weder eine richtige noch eine falsche Art zu sein. Jede hat ihren Zweck und Nutzen. Viele Jahre lang, oder schon immer, galt das zirkuläre Denken von ADHS-Betroffenen als minderwertiges Wesen, als minderwertiges Denken und allgemein als Hinweis auf eine geringere intellektuelle Leistungsfähigkeit. Als "faul, chaotisch, unkontrollierbar, dumm, die Arbeit anderer störend und wahrscheinlich nie erfolgreich" zu gelten, war für ADHS-Betroffene ein gewohntes Bild. In unserer Gesellschaft abweichend zu sein, war nie ein Geschenk, sondern vor allem ein Fluch.

Inzwischen zeichnet sich langsam etwas anderes ab. Auch wenn die Mehrheit der Menschen es nicht versteht, bahnt sich ein neues Gefühl seinen Weg an die Spitze. Die Neurodivergenten könnten genau die Ressource sein, die wir alle brauchen. Es wurden Studien durchgeführt, um die Fähigkeit zur Problemlösung zu messen, indem neurotypische und neurodivergente junge Schüler verglichen wurden. Es wurden vier Gruppen gebildet, die jeweils aus fünf Personen bestanden.

Zwei Gruppen waren ausschließlich neurotypisch, während zwei Gruppen drei neurotypische und zwei neurodivergente ADHS-Schüler enthielten. Es ist zu beachten, dass die ADHS-Schüler zwar eine Diagnose hatten, aber noch nie Medikamente gegen die Krankheit eingenommen hatten, d. h. keine Pillen.

Das zu lösende Problem war dasselbe, und die Studenten waren in derselben Hochschulklasse und auf demselben Niveau.

Die ersten beiden Gruppen begannen, das Problem auf klassische, lineare Weise zu lösen: datengesteuert, durch Recherche und Analyse. Die beiden anderen Gruppen, darunter auch die ADHS-Schüler, machten eine andere Erfahrung. Die ADHS-Schüler machten Witze und stellten Überlegungen an, die nicht mit dem zu lösenden Problem übereinstimmten. In diesen beiden Gruppen war die Diskussion informell, und von außen hatte man den Eindruck, dass sie den Fokus auf das Problem verloren.

Doch plötzlich gelang es den Gruppen mit ADHSlern, unerwartete, kreative und ungewöhnliche Lösungen zu finden. Durch den visuellen, phantasievollen Ansatz waren sie schneller und besser als die Gruppen mit ausschließlich neurotypischen Schülern.

Heißt das, dass neurodivergent besser ist? Nein! Aber es zeigt, dass die zirkuläre, visuelle Art des Verstandes in dieser Welt von großem Nutzen sein kann. In der Tat waren einige der herausragendsten Genies, die unser Leben verbessert haben, von ADHS betroffen. Menschen wie Leonardo da Vinci, Albert Einstein und Thomas Edison hatten ADHS.

Sie haben es verdient, und die Anerkennung ihrer Leistungen wird uns helfen, uns an das große Potenzial zu erinnern, das wir als Geschenk erhalten haben. Dennoch müssen wir dieses Potenzial verstehen und entwickeln, um es zum Leuchten zu bringen. Dazu dient dieses Buch: Es hilft Ihnen zu verstehen, Lösungen zu finden und ein erfüllendes Leben zu führen.

Große Unternehmen haben das Potenzial des ADHS-Gedankens bereits erkannt. Sie haben erkannt, dass die Integration von zirkulären und linearen Köpfen in ihren Teams zu

besseren Ergebnissen führt. Neurodivergente Menschen sind in der Regel intuitiv und kreativ, aber es fehlt ihnen an Organisationstalent, das neurotypischen, linearen Köpfen eigen ist.

Die Kombination von beidem ist das Beste, was man haben kann.

Wissenschaftliche Beweise

Es wird Sie vielleicht überraschen zu erfahren, dass ADHS tatsächlich eines der grundlegenden Probleme ist, die mit einem verminderten Dopaminspiegel (einer wichtigen Synapse) einhergehen. ADHS war auch eines der primären emotionalen Wohlbefindensprobleme, das stark auf die zur Behandlung von Dopaminmangel verwendeten Medikamente ansprach. Bei der Untersuchung von Erwachsenen oder Kindern mit ADHS wird festgestellt, dass ihr Dopaminspiegel mangelhaft ist.

Die Synapsenbewegung ist bei ADHS-Patienten in vier zentralen Bereichen des Großhirns stark beeinträchtigt. Diese nützlichen Regionen sind wie folgt:

- Frontaler Kortex - Die Region des frontalen Kortex ist für alles zuständig, von der Ausführung über die Organisation bis zur Aufrechterhaltung der Konzentration. Unaufmerksamkeit wird häufig durch einen Rückgang des Dopaminspiegels in diesem Teil des Gehirns verursacht. Auch die exekutiven Funktionen sind betroffen, ebenso wie die Fähigkeit, zu organisieren.

- Basalganglien - Als Nächstes kommen wir zu der Hirnregion, die hauptsächlich für die Aufrechterhaltung der Kommunikation zwischen verschiedenen Teilen verantwortlich ist. Die Basalganglien können vereinfacht als neuronaler Schaltkreis bezeichnet werden. Wann immer ein Teil des Gehirns Informationen an einen anderen Teil weitergeben muss, gelangen diese zunächst zu den Basalganglien.

  Von dort aus wird sie an den Teil des Gehirns weitergeleitet, der sie benötigt. Wenn die Basalganglien nicht über einen ausreichenden Dopaminspiegel verfügen, durchläuft sie eine Phase, die als "Kurzschluss" bezeichnet wird, was Impulsivität und Aufmerksamkeitsverlust verursacht.

- Limbisches System - Im Gegensatz zu den anderen Teilen befindet sich das limbische System in den Tiefen des menschlichen Gehirns, und seine Hauptfunktion ist die Manifestation von Emotionen. Bei einem Dopaminmangel in dieser Region sind die Emotionen nicht mehr stabil, und die Person leidet unter Unruhe und Aufmerksamkeitsverlust.

- Retikuläres Aktivierungssystem - Ihr Gehirn hat mehr als nur einen Weg. Eines der wichtigsten Relaissysteme ist das retikuläre aktivierende System. Wenn dieses System mit einem Mangel an Dopamin konfrontiert ist, führt dies sofort zu Hyperaktivität, Impulsivität und Unaufmerksamkeit.

Ebenso müssen Sie bedenken, dass eine legitime geistige Arbeit nur dann möglich ist, wenn diese Bereiche des Großhirns miteinander in Verbindung stehen und synchronisiert arbeiten. Ein Dopaminmangel verhindert dies. Wenn also auch nur eine dieser vier Regionen oder alle vier Regionen ein Problem mit Dopamin haben, kann ADHS auftreten. Es gibt keine eindeutige Bestätigung dafür, welcher Teil des Großhirns für die Nebenwirkungen von ADHS verantwortlich ist.

Es sind mehr klinische Voruntersuchungen und Erfahrungen erforderlich, um etwas Genaues sagen zu können. Die Art der ADHS-Behandlung wird besser funktionieren, wenn das Verständnis für diese Neurochemikalien zunimmt.

Neuroimaging

Die bildgebende Diagnostik hat in letzter Zeit große Hoffnungen geweckt, da sie die Verbindungen des Gehirns genauer denn je nachzeichnen kann. Ob die Ergebnisse glaubwürdig sind, ist unter Wissenschaftlern noch umstritten. Dennoch hat die bildgebende Diagnostik zu einem großen Fortschritt bei der Erfassung von Gehirnaktivitäten geführt. Ich bin sicher, dass in naher Zukunft entscheidende Entdeckungen gemacht werden.

ADHS und Sexualität

Die Auswirkungen von ADHS auf die Sexualität sind unter Umständen schwer zu quantifizieren. Das liegt daran, dass die sexuellen Symptome bei jeder Person unterschiedlich sein können. Bestimmte sexuelle Symptome können zu sexueller Dysfunktion führen. Dies kann eine Beziehung stark belasten. Zu verstehen, wie sich ADHS auf die Sexualität auswirkt, kann einem Paar helfen, mit Stress in seiner Beziehung umzugehen.

Traurigkeit, emotionale Unreife und Angstzustände sind typische Symptome von ADHS. All diese Faktoren können sich negativ auf das sexuelle Verlangen auswirken. Ordnung und Struktur aufrechtzuerhalten, kann für jemanden mit ADHS zum Beispiel sehr anstrengend sein. Sie haben möglicherweise nicht den Enthusiasmus oder die Energie, sich an sexuellen Aktivitäten zu beteiligen.

Bestimmte sexuelle Symptome können zu sexueller Dysfunktion führen. Das kann eine Beziehung stark belasten. Zu verstehen, wie sich ADHS auf die Sexualität auswirkt, kann einem Paar helfen, mit Stress in seiner Beziehung umzugehen. Frauen mit ADHS können nur schwer zum Orgasmus kommen. Einige Frauen berichten, dass sie in der Lage sind, mehrere Orgasmen in kurzer Zeit zu haben, während andere behaupten, dass sie trotz längerer Stimulation keinen Orgasmus erreichen können.

Bei Menschen mit ADHS ist eine Überempfindlichkeit möglich. Das bedeutet, dass eine sexuelle Aktivität, die für einen Partner ohne ADHS angenehm ist, für eine Person mit ADHS lästig oder unangenehm sein kann. Für Menschen mit ADHS können die Gerüche,

die oft dem Geschlechtsverkehr vorausgehen, unangenehm oder irritierend sein. Auch Hyperaktivität ist für jemanden mit ADHS ein Hindernis für Intimität.

Einem Partner mit ADHS kann es schwerfallen, sich ausreichend zu entspannen, um in bester Stimmung zu sein. Die meisten ADHS-Fälle scheinen das Ergebnis einer abweichenden Gehirnentwicklung zu sein, die bereits vor der Geburt beginnt. Dies kann zu einer atypischen Gehirnstruktur, einer fehlerhaften Nachrichtenübermittlung und einer geringen chemischen Aktivität im Gehirn führen.

Hypersexualität und Hyposexualität sind zwei sexuelle Symptome im Zusammenhang mit ADHS. Wenn eine Person mit ADHS sexuelle Probleme hat, könnte sie in eine dieser Gruppen passen. Es ist auch erwähnenswert, dass sexuelle Symptome nicht in den von der American Psychiatric Association anerkannten Diagnosekriterien für ADHS enthalten sind.

Hyposexualität und ADHS

Der Sexualtrieb der Betroffenen sinkt, und sie verlieren häufig das Interesse an sexuellen Aktivitäten, was das Gegenteil von Hypersexualität ist. Dies kann eine Folge der ADHS selbst sein. Es kann auch eine sekundäre Wirkung von Medikamenten sein, insbesondere von Antidepressiva, die häufig an Personen mit ADHS und anderen Aufmerksamkeitsdefizit-Hyperaktivitätsstörungen verabreicht werden.

Für Menschen mit ADHS unterscheidet sich die sexuelle Aktivität nicht von anderen Aktivitäten, die Schwierigkeiten bereiten. Sie haben vielleicht Schwierigkeiten, sich beim Sex zu konzentrieren, verlieren das Interesse an dem, was sie tun, oder lassen sich ablenken.

Hypersexualität und ADHS

Wenn Sie hypersexuell sind, haben Sie ein abnorm starkes Verlangen nach Sex. Sexuelle Erregung produziert Endorphine und aktiviert Neurotransmitter im Gehirn. Das kann ein Gefühl der Gelassenheit hervorrufen, das die Unruhe, die häufig mit ADHS in Verbindung gebracht wird, mildert. Promiskuität und Pornokonsum hingegen können zu Beziehungsproblemen führen. Es ist wichtig, daran zu denken, dass Promiskuität oder die Nutzung von Pornografie nicht zu den Diagnosekriterien für ADHS gehören. Aufgrund von Impulsen können manche Menschen mit ADHS ein gefährliches Sexualverhalten an den Tag legen. Außerdem neigen Menschen mit ADHS eher zu Drogenmissbrauch und haben eine eingeschränkte Entscheidungsfähigkeit, was zu sexueller Risikobereitschaft führt.

Akzeptanz ist der Schlüssel

Sobald Sie wissen, dass Sie ADHS haben, können Sie bestimmte Dinge tun, um Ihr Leben zu erleichtern.

Erkennen Sie Ihren Zustand an

Die Erkenntnis, dass Sie ADHS haben, motiviert Sie, nach Wegen zu suchen, damit umzugehen. Sie können Ihre Vielfalt besser akzeptieren und annehmen, wenn Sie mehr über Ihre Erkrankung erfahren und Lösungen dafür finden. Leider verheimlichen viele Menschen ihre Diagnose zunächst. Das ist ein Fehler, denn Verleugnung macht die Sache nur noch schlimmer.

Eine Diagnose bringt zwar gewisse Schwierigkeiten in Ihrem Leben mit sich, aber sie muss es nicht zerstören. Sie können ein wunderbares, glückliches und produktives Leben führen, aber nur, wenn Sie bereit sind, Ihre Erkrankung anzuerkennen und Hilfe zu suchen. Akzeptieren Sie Ihre Situation und finden Sie Ihre Stärken in den vielen positiven Eigenschaften von ADHS. Viele der Eigenschaften, die mit dieser Krankheit einhergehen, können als Superkräfte angesehen werden. Wenn Sie Ihre Erkrankung und alles, was sie zu bieten hat, akzeptieren und annehmen, können Sie ein erfüllteres Leben führen.

Ablenkungen bewältigen

Beobachten Sie, was Sie ablenkt, und entfernen Sie es aus Ihrer Umgebung. Bringen Sie an Ihrem Arbeitsplatz ein Schild mit der Aufschrift "Bitte nicht stören" oder "Ruhe bitte" an. Sie können sich weißes Rauschen über Kopfhörer anhören, um sich besser konzentrieren zu können. Manchen Menschen fällt es schwer, sich zu konzentrieren, wenn der Fernseher läuft oder andere Ablenkungen vorhanden sind. Wenn dies nicht der Fall ist, sollten Sie herausfinden, was Ihre Produktivität beeinträchtigt, und daran arbeiten, es zu beseitigen.

Achten Sie auf sich selbst

Eine ADHS-Erkrankung kann dazu führen, dass Sie Routinetätigkeiten vergessen, um Ihre Gesundheit zu erhalten. Legen Sie einen Zeitplan fest, nach dem Sie Ihre Kleidung waschen, Ihre Nägel schneiden lassen, zum Zahnarzt gehen und andere Dinge tun, die notwendig sind, um sich gesund und gepflegt zu halten. Dies wird nicht nur Ihre Gesundheit schützen, sondern Ihnen auch helfen, ein ausgeglichenes Leben zu führen.

Übung

Bewegung kann das Gehirn stimulieren und Ihre Konzentration verbessern. Außerdem werden beim Sport Chemikalien und Endorphine freigesetzt, die das allgemeine Wohlbefinden steigern. Es geht nicht nur darum, Gewicht zu verlieren und attraktiv zu sein. Beim Training geht es darum, ein geistig und körperlich gesünderer Mensch zu werden. Für den Anfang sollten Sie Ihren Körper jeden zweiten Tag mindestens 15 bis 30 Minuten lang bewegen.

Genug Schlaf bekommen

Schlafmangel zehrt an den Kräften des Gehirns und hat schlimme Auswirkungen auf die körperliche Gesundheit. Eine erholsame Nachtruhe gibt Ihnen jedoch neue Energie und lässt Sie klar denken. Seien Sie also gnädig mit sich selbst und schlafen Sie so lange, wie Sie es brauchen.

Stresslevel reduzieren

Stress behindert Ihre Fähigkeit, Ihre ADHS-Merkmale zu überwinden. Finden Sie Zeit, sich zu entspannen und sich zu entlasten. Vermeiden Sie Stressfaktoren so weit wie möglich. Teilen Sie überwältigende Aufgaben in einfachere Aufgaben auf. Halten Sie sich nicht mit negativen Gefühlen auf. Sie machen es nur noch schlimmer.

Verbessern Sie Ihre Selbstbeherrschung

Die Selbstbeherrschung hängt von Ihrem Stressniveau ab, daher müssen Sie Wege finden, es zu verringern. Sie wird auch von Ihrer Fähigkeit beeinflusst, Ruhe zu bewahren. Mit den folgenden Methoden können Sie einen Zustand der Gelassenheit erlangen:

- Atmen Sie mindestens 10 Mal tief durch: Emotionen schwächen die Selbstbeherrschung und werden durch die Atmung beeinflusst. Je langsamer Sie atmen, desto ruhiger werden Sie.

- Machen Sie Ihren Geist frei: Gedanken schüren Versuchungen und wilde Gefühle. Beeinflussen Sie Ihre Gefühle, indem Sie Ihre Gedanken zum Schweigen bringen. Erzwingen Sie es aber nicht, denn das könnte Sie noch mehr frustrieren. Beobachten Sie einfach, was in Ihrem Kopf vor sich geht, ohne es zu unterstützen. Die Gedanken verlieren nach einer Weile ihre Energie und verschwinden allmählich.

- Stellen Sie sich eine entspannende Szene vor: Erinnern Sie sich an die Momente, in denen Sie gelassen sind, oder stellen Sie sich ein Szenario vor, in dem Sie völlig ruhig und unbeeinflusst sind. Um die Kontrolle zu behalten, müssen Sie auch wissen, was wirklich wichtig für Sie ist, und die Konsequenzen Ihres Verhaltens erkennen.

- Denken Sie über Ihre Prioritäten nach: Wofür leben Sie? Was ist das Wesentliche in Ihrem Leben? Was werden Sie schützen, und was werden Sie

zugunsten Ihrer Prioritäten verwerfen? Nehmen Sie dies ernst. Das kann die Art und Weise, wie Sie Ihr Leben leben, verändern.

- Denken Sie über die Vor- und Nachteile einer Handlung nach: Halten Sie inne, wenn Sie wissen, dass die Ausführung eines Impulses nicht zu 100 Prozent vorteilhaft für Sie ist. Halten Sie an dieser Stelle inne und nehmen Sie ein Blatt Papier und einen Stift zur Hand. Listen Sie die Vor- und Nachteile auf, wenn Sie Ihrem Impuls nachgehen. Erfinden Sie keine Ausreden, damit Sie sich diesem Verhalten hingeben können. Stellen Sie sich die negativen Folgen vor und überlegen Sie ehrlich, ob sie es wert sind, für ein bisschen Spaß zu leiden.

- Bewahren Sie Ihre Prioritätenliste und Ihre Pro- und Kontra-Liste dort auf, wo Sie sie leicht erreichen können. Sie lassen sich leicht von dem ablenken, was gerade vor Ihnen liegt, oder? Lassen Sie sich nicht ablenken. Bewahren Sie Ihre Listen an einem Ort auf, an dem Sie sie sehen können, bevor Sie etwas tun, was Sie später bereuen könnten.

Sie können Ihre Selbstbeherrschung verstärken, indem Sie Ihre Willenskraft regelmäßig trainieren. Üben Sie einfache Dinge, wie z. B. jeden Tag eine leichte Aufgabe zu erledigen oder besser leserlich zu schreiben. Belohnen Sie sich selbst, wenn Sie etwas aus Selbstdisziplin erreicht haben. So trainieren Sie Ihren Verstand darauf, jedes Mal eine Belohnung zu erwarten, wenn Sie sich einer Herausforderung stellen, die Willenskraft erfordert.

Selbstbeherrschung kann bedeuten, dass Sie Ihre Aufmerksamkeit auf Dinge lenken, die wichtig sind. Lernen Sie Ihre Schwächen kennen und planen Sie, wie Sie sie vermeiden können, bevor Sie ihnen begegnen. Auf diese Weise wird die Entscheidung, einer Versuchung zu widerstehen, automatisch getroffen. Stimulieren Sie stattdessen Ihren Geist mit sinnvolleren und lohnenderen Aktivitäten.

Listen verwenden

Listen helfen dabei, Struktur in einen Kopf zu bringen, der in alle Richtungen zerstreut ist. Schreiben Sie Listen. Sie sind wertvoll, denn:

- Beim Schreiben wird man aufmerksam.

- Das Führen eines Protokolls stellt sicher, dass Sie etwas zum Nachschlagen haben, wenn Sie vergessen haben, was Sie geschrieben haben.

- Sie können das Ergebnis einer Aufgabe mit dem vergleichen, was Sie vorhatten zu tun.

- Es hilft Ihnen, Ihre Gedanken und Aktivitäten zu organisieren.

Planer verwenden

Planer helfen Ihnen dabei, Zeitpläne zu erstellen und Ihre Zeit entsprechend Ihren Prioritäten zu verwalten. Es ist schön, wenn man ab und zu etwas von der Liste abhaken kann. Wenn es bei Ihnen funktioniert, kann diese Methode nützlich sein. Machen Sie in Ihrem Planer eine Liste mit Ihren Arztterminen, und beruflichen und sozialen Verpflichtungen, damit Sie diese bei wichtigen Anlässen abhaken können.

Ein Tagebuch führen

ADHS bedeutet, dass viele Dinge in deinem Kopf vor sich gehen. Führen Sie ein Tagebuch, damit Sie alles aufschreiben können, was Sie stört. Das befreit Ihren Geist von lästigen Gedanken und schafft Möglichkeiten zur Problemlösung. Das Schreiben eines Tagebuchs ist auch ein sicherer Weg, um Gefühle zu verarbeiten.

Timer und Alarme einstellen

Ihr Zeitgefühl ist nicht so ausgeprägt wie das von Menschen ohne ADHS. Verwenden Sie Timer und Alarme, um sich an Fristen zu erinnern. Countdown-Timer sind besonders hilfreich, wenn es darum geht, ein Gefühl der Dringlichkeit zu erzeugen, das Sie motiviert, an einer Aufgabe zu arbeiten. Außerdem halten Timer und selbst gesetzte Fristen Sie davon ab, zu viel Zeit mit etwas zu verbringen, das Sie fesselt. Schließlich können Zeitmesser Ihnen helfen, eine Aufgabe zu beginnen und durchzuhalten. Stellen Sie den Timer auf 15 Minuten und arbeiten Sie während dieser Zeit nur an dieser einen Aufgabe. Machen Sie eine Pause von fünf Minuten. Vielleicht merken Sie dann, dass Sie bereit sind, weitere 15 Minuten weiterzumachen.

Aufräumen

Auch wenn es Ihnen schwer fallen mag, Ihre Unordnung zu beseitigen, so wird dies doch Ihre allgemeine Produktivität erheblich steigern. Ein Chaos kann Sie ablenken, auch wenn Sie sagen, dass es Ihnen nichts ausmacht, in einer unordentlichen Umgebung zu arbeiten. Wenn Ihr Raum aufgeräumt ist, finden Sie schnell die Dinge, die Sie brauchen.

Lernen Sie, Nein zu sagen

Ihr Überfluss an Energie und Ihre eingeschränkte Sichtweise könnten Sie dazu veranlassen, mehr Verantwortung zu übernehmen, als Sie bewältigen können. Helfen Sie sich selbst, indem Sie Ihre Verpflichtungen einschränken. Es ist hilfreich, wenn Sie auflisten, was Sie tun müssen, um festzustellen, ob Sie alles rechtzeitig erledigen können. Wenn dann jemand versucht, die Liste zu ergänzen, sagen Sie Nein. Delegieren Sie Aufgaben an andere, wenn Sie können.

Streben Sie nach Konsistenz

Bewältigen Sie die Verwirrung, die ADHS verursacht, indem Sie die Dinge so vorhersehbar wie möglich halten. Legen Sie Routinen fest und bestimmen Sie Orte, an denen Sie Ihre Sachen aufbewahren.

Hilfreiche Fertigkeiten entwickeln

Erwerben Sie wertvolle Fähigkeiten wie die Entwicklung von Willenskraft, Konfliktmanagement usw. Sie können sich selbst mit Hilfe von Selbsthilfebüchern und Online-Materialien weiterbilden, oder Sie können an Kursen teilnehmen. Einige Kurse sind auf Menschen mit ADHS ausgerichtet.

Unterstützung erhalten

Das Leben mit ADHS ist eine schwierige Erfahrung, die Sie nicht allein durchstehen müssen. Suchen Sie sich Menschen, die Ihnen helfen, mit Ihrer Krankheit umzugehen. Familie und Freunde werden Sie wahrscheinlich verstehen, weil sie Sie schon lange kennen. Darüber hinaus verfügen Berater, Psychologen, Coaches und andere Fachleute über das nötige Fachwissen, um Ihnen bei der Bewältigung der Krankheit zu helfen. Wenn Sie es vorziehen, von Gleichgesinnten umgeben zu sein, suchen Sie nach ADHS-Selbsthilfegruppen. Diese Gruppen bestehen aus Menschen, die sich gegenseitig helfen, ein gemeinsames Hindernis zu überwinden.

ADHS-Behandlungen

Sie können professionelle Behandlungen für ADHS erhalten, wie z. B. die folgenden:

Psychotherapie

Bei dieser Art von Therapie geht es darum, Denkmuster zu entdecken und zu ändern, um gewünschte Verhaltensweisen zu erreichen.

Aufbau von Fertigkeiten

Sie können Schulungen zur Entwicklung praktischer Fähigkeiten erhalten, die Ihre Schwächen ausgleichen. Die Fähigkeiten, die Sie aufbauen müssen, hängen von Ihren eigenen Zielen ab. Das heißt, Sie müssen wissen, was Sie mit Ihrem Leben anfangen wollen. Sobald Sie wissen, was Sie tun möchten, können Sie damit beginnen, Hilfe beim Aufbau Ihrer Fähigkeiten zu suchen. Es ist immer gut, das Endziel zu kennen, bevor man anfängt. So sparen Sie Zeit und Energie.

Beratung

Ein Berater kann Ihnen helfen, mit ADHS zurechtzukommen und Wege zu finden, damit zu leben. Viele örtliche Hochschulen und Universitäten bieten im Rahmen ihrer Beratungsprogramme kostenlose Beratungen an. Wenn Sie mit finanziellen Schwierigkeiten zu kämpfen haben, können Sie diesen Dienst sicherlich in Anspruch nehmen. Beratung ist nicht die einzige Option, aber viele finden sie hilfreich und produktiv. Wie Meditation oder Yoga kann eine Beratung Ihre Fähigkeit verbessern, Ihre Gedankenmuster zu kontrollieren. Dies kann Ihre Fähigkeit, Ihre ADHS-Symptome zu bewältigen, erheblich verbessern.

Wutmanagement für Männer und Frauen

Es gibt viele schwerwiegende Gründe, warum Menschen mit ADHS damit kämpfen, ihren Groll im Zaum zu halten. Einer der Hauptgründe, warum Empörung bei ADHS-Betroffenen ein großes Problem darstellt, ist die Stetigkeit der emotionalen Episoden. In der einen Sekunde ist die Person glücklich und fröhlich, in der nächsten Sekunde fühlt sie sich gestört und wütend. Das bringt sie dazu, unvorsichtig zu handeln. Ein weiterer Grund für solche Ausbrüche ist der Druck, den Menschen mit ADHS empfinden können.

Denken Sie daran, dass Sie nicht der Einzige sind, der versucht, seine Empörung zu kontrollieren. Es gibt viele andere wie Sie, die ebenfalls versuchen, ihre Verärgerung in angemessenen Grenzen zu halten. Hier sind also einige nützliche Möglichkeiten, wie Sie mit Ihrer Wut umgehen können.

Wissen, was Sie wütend macht

Der erste Schritt zur Bekämpfung der Empörung besteht darin, zu verstehen, was Sie in den Wahnsinn treibt. Einfach ausgedrückt: Sie müssen Ihre Auslöser erkennen. Empörung kann durch verschiedene Umstände ausgelöst werden, und diese Umstände sind im Allgemeinen nicht für jeden gleich. Wenn Sie wissen, dass etwas passiert, das Sie zum Ausrasten bringen könnte, versuchen Sie, sich eine Auszeit zu nehmen und zur Ruhe zu kommen. Notieren Sie sich alles, was Sie aufregt. Auslöser können unterschiedliche

Formen annehmen und stellen bei ADHS-Patienten aufgrund ihrer außergewöhnlich geringen Antriebskontrolle weitaus größere Schwierigkeiten dar. Manche Auslöser sind intensiver als andere.

Wenn nichts anderes hilft, wenden Sie sich an jemanden, auf den Sie sich verlassen können. Informieren Sie sie im Voraus, dass Sie anrufen werden. Fragen Sie einen vertrauenswürdigen Freund oder ein Familienmitglied, ob sie Ihre Aufmerksamkeit von der Quelle Ihres Ärgers ablenken können. Wenn Sie in diesem Moment niemanden erreichen können, versuchen Sie, langsam von eins bis zehn zu zählen und tief durchzuatmen.

Achten Sie auf sich selbst

Wenn Sie sich um sich selbst kümmern, geben Sie Ihrem Körper alles, was er braucht, um gesund zu bleiben. Ihr Körper kann nur dann richtig funktionieren, wenn er das erhält, was er braucht. Geringfügige Verbesserungen Ihrer Gesundheit können Ihre Nebenwirkungen verringern und dazu beitragen, Ihre Emotionen unter Kontrolle zu halten.

Denken Sie darüber nach, wie dies mit dem Umgang mit Wut zusammenhängt. Wut entsteht nicht sofort. Sie tritt häufig auf, weil Sie Dinge über einen längeren Zeitraum zurückgehalten haben. Sie beschäftigen sich nicht mit sich selbst und sehen nicht, was Sie regelmäßig sehen sollten. Wenn Sie sich von der Wut überwältigt fühlen, empfehle ich Ihnen, sich auszuschlafen. Ein regelmäßiger Schlafrhythmus kann Ihre Stimmung heben und Ihre Toleranz gegenüber Ärger erhöhen. Sie müssen auch die richtigen Lebensmittel zu sich nehmen, denn eine konsequente Essensroutine ist entscheidend.

Pausen machen

Egal, wie viel Sie sich für den Tag vorgenommen haben, Sie müssen zwischendurch Pausen machen. Sie werden schnell erschöpft sein, wenn Sie sich nicht entspannen und ausruhen. Arbeit ist wichtig, aber Ruhe ist auch wichtig. Wenn Sie längere Zeit unterwegs sind, verbrauchen Sie vielleicht Ihre ganze Energie und erschöpfen sich. Sie müssen zwar kontinuierlich arbeiten, aber zwischendurch auch Pausen einlegen. Das gibt Ihrem Gehirn Zeit, sich zu regenerieren und sich besser zu fühlen. Sie sollten Ihrem Geist die Möglichkeit geben, aufzutanken, damit Ihre Groll-Explosionen nicht zu den unentschuldbarsten Zeitpunkten auftreten. Was als unbedeutende Beschwerde erscheinen mag, kann sich weiter anhäufen und später zu einem echten Ausbruch des Unmuts werden.

Pausen sollten keine einmalige Angelegenheit sein. Sie müssen sie auf normale Weise in Ihre tägliche Praxis einbauen, mit dem Ziel, sich an sie zu erinnern. Nehmen Sie sich nach jeder Stunde Arbeit eine Auszeit. Planen Sie vielleicht einmal im Monat etwas besonders

Schönes für sich selbst und einmal im Jahr einen tollen Ausflug. Das wird Ihnen helfen, Ihr Gehirn zu reinigen und mit mehr Energie an die Arbeit zurückzukehren.

Denken Sie an die Konsequenzen

Diese Strategie hat sich bei vielen Menschen als erfolgreich erwiesen. Eines der häufigsten Dinge, die Sie bei Menschen mit ADHS feststellen werden, ist, dass sie ihre Wutausbrüche nicht kontrollieren können. Einfacher ausgedrückt: Sie können sich nicht zurückhalten. Deshalb müssen Sie innehalten und darüber nachdenken, was Ihnen Ihre Wut bringen wird. Ist das gut? Die Antwort lautet höchstwahrscheinlich nein. Nehmen Sie sich also einen Moment Zeit, um nachzudenken: Was wäre, wenn Sie sich besser verhalten würden? Was wäre, wenn Sie Ihre Reaktion so ändern würden, dass sie positiv ist? Sprechen Sie auch mit Ihrem Coach oder Ihren Freunden über den Vorfall, der Ihren Ärger ausgelöst hat. Das könnte zu einer Selbstoffenbarung führen. Man weiß nie, was einem hilft, zu wachsen und beim nächsten Mal besser zu reagieren.

Wenn Sie sich tatsächlich in einer unerträglichen Situation befinden, müssen Sie einen Schritt zurücktreten und über das schlimmste Ergebnis nachdenken. Alles in allem wird das schlimmste Ergebnis wahrscheinlich nicht eintreten, aber für den Fall, dass es doch eintritt, sollten Sie einen Plan parat haben.

Bleiben Sie immer positiv

Positiv zu bleiben ist wichtig, um alle Probleme in Ihrem täglichen Leben zu bewältigen. Zweifellos werden Sie in Ihrem Alltag auf Situationen stoßen, in denen Menschen Sie unter Druck setzen. Wie Sie sich in solchen Situationen verhalten, ist wichtig. Wenn sie mit Enttäuschungen konfrontiert werden, schießen ADHS-Patienten in der Regel über das Ziel hinaus. Aus diesem Grund ist es wichtig, für jede Situation einen Plan zu haben. Außerdem sollten Sie einen Plan B für den Fall haben, dass Plan A nicht funktioniert. Dadurch wird sichergestellt, dass Sie sich nicht mit Ihren Enttäuschungen aufhalten und dass Sie immer einen Weg finden, um weiterzumachen.

Einer der wichtigsten Aspekte der positiven Einstellung ist es, sich selbst zu loben und zu beglückwünschen. Loben Sie sich jedes Mal, wenn Sie Ihren Ärger unterdrücken und die Verantwortung für die Situation übernehmen. Sie haben es sich verdient. Diese Tätigkeit wird Ihr Selbstvertrauen erheblich stärken, und Sie werden feststellen, dass sich Ihre Beziehungen zu anderen verbessern.

Lernen Sie, sich auf andere Art und Weise auszudrücken

Es gibt viele andere Möglichkeiten, seiner Empörung Luft zu machen, als zu schreien, zu brüllen oder eine Szene zu machen. Erkennen Sie, dass Empörung nur ein Gefühl ist; es

ist die Botschaft, dass Sie etwas wirklich ärgert. Wenn Sie das tun, werden Sie sich besser erklären können und sich somit äußern können, ohne jemanden zu verletzen. Sie wollen bereit sein, eine angemessene Diskussion zu führen.

Dazu müssen Sie herausfinden, welche Worte Sie verwenden sollten. Die Neigung, vor Verärgerung zu explodieren, wird uns schon früh anerzogen, denn wenn wir jung sind, ist Wut die Art, wie wir unsere Gefühle ausdrücken. Wenn wir jedoch erwachsen sind, haben wir Worte, um uns auszudrücken, und dennoch wenden wir uns der Wut zu. Schalten Sie die Empörung als Ihre Methode zur Stressbewältigung aus und ersetzen Sie sie durch etwas, das andere nicht verletzt. Wenn Sie wegen Ihrer Wut nicht mit jemandem sprechen können, ist es besser, in diesem Moment überhaupt nicht mit ihm zu sprechen. Verschieben Sie Ihr Treffen und sprechen Sie später mit der Person, wenn Sie nicht wütend sind. Auf diese Weise können Sie die Perspektive der anderen Person erkunden, ohne voreilige Schlüsse zu ziehen. Um Ihre Emotionen in den Griff zu bekommen, sollten Sie die Art und Weise, wie Sie versuchen, Ihren Unmut zu kontrollieren, erkennen und annehmen. Sprechen Sie mit Ihrem Hausarzt, wenn nichts helfen sollte.

Emotionale Regulierung

Umgang mit Emotionen

Der Mensch ist ständig anregenden Situationen ausgesetzt, die eine emotionale Reaktion hervorrufen können. Dabei kann es sich um äußere Situationen handeln (z. B. wenn man Kritik oder ein Kompliment erhält, ein neugeborenes Baby sieht oder miterlebt, wie eine andere Person leidet) oder um innere Situationen (z. B. wenn man negativ oder positiv über sich oder über seine Zukunft denkt).

Der Grad der Aufmerksamkeit, den eine Person einem Problem widmet, und die kognitive (mentale) Bewertung der Umstände haben einen großen Einfluss auf die Emotionalität. Hinzu kommen die Bedeutung und Wichtigkeit, die sie dem Problem beimessen, und ihr Vertrauen in ihre Fähigkeit, die Situation zu bewältigen, was ihre emotionale Reaktion bestimmt. Die Stärke, Intensität und Dauer der emotionalen Reaktion einer Person wird hingegen durch ihre emotionale Sensibilität und ihre Fähigkeit zur Selbstregulierung bestimmt.

Die Kampf- oder Fluchtreaktion

Eine emotionale Reaktion ist definiert als das Verhalten und der körperliche Ausdruck persönlicher Gefühle einer Person als Reaktion auf einen Umstand, den sie als relevant erachtet. Die internen physiologischen Veränderungen, die im Körper einer Person aufgrund der ausgelösten Kampf-oder-Flucht-Reaktion auftreten, beeinflussen das Verhalten, das die Person an den Tag legt, wenn sie emotional ausgelöst wird (Gesichtsausdruck, Körperbewegung, Augenkontakt und verbaler Ausdruck wie Tonfall, Lautstärke, Sprache usw.). Der Instinkt von Kampf oder Flucht ist ein natürlicher Schutzmechanismus. Die physiologischen Reaktionen sind vielfältig:

- Die Herzfrequenz und der Blutdruck steigen.
- Die peripheren Blutgefäße ziehen sich zusammen, um den Blutfluss zu Herz, Lunge und Gehirn zu steuern.
- Um mehr Licht aufnehmen zu können, erweitern sich die Pupillen.

- Der Blutzuckerspiegel steigt, weil Herz, Lunge und Gehirn mehr Energie benötigen.
- Adrenalin und Glukose regen die Muskeln an, so dass sie sich anspannen.
- Die glatte Muskulatur entspannt sich und lässt mehr Sauerstoff in die Lunge.
- Alle nicht lebensnotwendigen Funktionen (z. B. Verdauung und Immunsystem) werden heruntergefahren.

Wenn diese Reaktion ausgelöst wird, hat die Person auch Schwierigkeiten, sich auf Aktivitäten zu konzentrieren und verliert die Fähigkeit, ihre exekutiven Funktionen zu nutzen (was ihre Fähigkeit, ihre Gedanken, Worte, Handlungen und Gefühle zu regulieren, weiter einschränkt). Auch dies ist darauf zurückzuführen, dass das Gehirn in den "Kampf-oder-Flucht"-Modus übergeht.

Sowohl reale als auch eingebildete Bedrohungen können eine Kampf- oder Fluchtreaktion auslösen. Probleme können jedoch auftreten, wenn die Flucht- oder Kampfreaktion einer Person zu leicht oder zu häufig als Reaktion auf eine wahrgenommene, aber eingebildete Gefahr aktiviert wird.

Emotionale Kontrolle

Die emotionale Reaktion einer Person kann entweder gesund oder ungesund sein, da sie sich positiv oder negativ auf die Zielerreichung, soziale Beziehungen, Gesundheit und das Wohlbefinden auswirken kann. Emotionen wie Glück, Liebe, Freude und Einfühlungsvermögen können zum Beispiel zwischenmenschliche Beziehungen zu anderen aufbauen, aufrechterhalten und stärken. Umgekehrt kann das Erleben und Ausdrücken sozial inakzeptabler Emotionen wie Zorn und Aggression zwischenmenschliche Beziehungen stören oder zerstören und zu sozialer Isolation führen.

ADHS und emotionale Dysregulation

Emotionale Dysregulation wird definiert als die Unfähigkeit, das eigene emotionale Erleben und den eigenen Ausdruck zu mäßigen, was zu einer übermäßigen emotionalen Reaktion führt. Diese Überreaktion wird angesichts des Entwicklungsalters der Person und der sozialen Situation, in der sie auftritt, als unangemessen betrachtet.

Es wird angenommen, dass die ADHS-bedingte emotionale Dysregulation durch eine schlechte Kontrolle der Exekutivfunktionen verursacht wird. Aufgrund mangelnder Selbstkontrolle kann die betroffene Person eine sehr explosive emotionale Auslösesensitivität und emotionale Impulsivität aufweisen. Ein hohes Maß an Ungeduld

und eine geringe emotionale Impulsivität sind also durch ein geringes Maß an Toleranz, Wut/reaktiver Gewalt und Wutausbrüche gekennzeichnet.

Solche Menschen haben Schwierigkeiten, ihre vorherrschende emotionale Reaktion selbst zu regulieren. Personen mit ADHS können so intensive, überwältigende primäre emotionale Reaktionen haben, dass es ihnen schwerfällt, die Emotion zu unterdrücken und durch eine sekundäre emotionale Reaktion zu ersetzen.

Sie haben Schwierigkeiten, ihre Aufmerksamkeit von intensiven Gefühlen abzulenken. Es kann schwierig sein, eine primäre emotionale Reaktion abzuschwächen oder zu verändern, wenn man sich nicht auf etwas anderes konzentrieren kann als auf die intensiven Gefühle. Probleme bei der Neuorientierung können auch das Grübeln verstärken.

Aufgrund eines schwachen Arbeitsgedächtnisses haben sie Schwierigkeiten, sich selbst zu beruhigen, um ihre vorherrschende emotionale Reaktion abzumildern (d. h. Selbstausdruck und visuelle Bilder sind beeinträchtigt).

Sie zeigen Schwierigkeiten bei der Organisation und Durchführung einer effektiven sekundären Antwort aufgrund von Beurteilungen, offener Manipulation, Verwaltung von Informationen, Erstellung und Bewertung verschiedener Antworten und ihrer wahrscheinlichen Ergebnisse, während sie auch eine angemessene Antwort planen.

Kurz gesagt, Menschen mit ADHS sind anfälliger für Folgendes:

- Stärkeres Fühlen und Zeigen von Emotionen, insbesondere bei zwischenmenschlichen Begegnungen, was darauf zurückzuführen sein kann, dass man von den Gefühlen überwältigt wird.
- Extrem enthusiastisch sein.
- Die Konzentration auf die negativen Aspekte einer Aufgabe oder eines Ereignisses.
- Verärgerung oder Wut durch verbale oder körperliche Angriffe zeigen.
- Probleme mit sozialen Beziehungen wie soziale Ablehnung, Mobbing und Isolation.
- Ehe- und Beziehungsprobleme, Beziehungsabbrüche und Scheidungen.

- Schwierigkeiten, berufliche oder akademische Ziele/Anforderungen zu erfüllen, von der Schule suspendiert oder verwiesen zu werden, ihren Arbeitsplatz zu verlieren oder nicht befördert zu werden.

- Opfer von Verkehrsrowdys und Verkehrsunfällen zu werden.

- Erhöhte psychische Belastung aufgrund ihrer emotionalen Erfahrungen.

- Sie werden ängstlich und/oder depressiv.

- Verhaltensprobleme haben, in Verbrechen verwickelt werden und in Einrichtungen untergebracht werden.

Warum sind Sie so leicht reizbar?

Es gibt viele Auslöser für Ärger: Sie werden auf der Autobahn geschnitten, Ihre Schwiegermutter kritisiert Ihre Erziehung, Ihr Chef besteht darauf, dass Sie am Wochenende arbeiten, oder Ihr Computer fällt mitten in einem 40-seitigen Bericht aus, den Sie nicht gespeichert haben. Was haben all diese Dinge gemeinsam? Es ist die Fähigkeit, Zorn hervorzurufen - pure, unverfälschte Wut, die Art, bei der man sich die Seele aus dem Leib schreit und das Telefon gegen die Wand wirft. ADHS-Gehirne sind nicht nur empfänglicher für diese mächtige Erfahrung, sondern sie werden auch eher davon abgeschreckt, wenn sie ihnen in die Quere kommt.

Was genau ist Wut?

Wir alle wissen, wie es ist, wütend zu sein, aber wissen Sie auch, was in Ihrem Körper vor sich geht, wenn Sie wütend sind? Wut ist die natürliche Reaktion des Körpers auf eine Bedrohung. Als wir uns in der Antike vor Löwen, Tigern und Bären in Acht nehmen mussten, erwarb unser Körper die Fähigkeit, die Gefahr zu spüren. So entstand ein leistungsfähiger Mechanismus, um die Bedrohung abzuwehren, nämlich unsere Kampf-oder-Flucht-Reaktion.

Diese Kampf-oder-Flucht-Reaktion wird tief im Gehirn aktiviert, um unseren Körper (und unser Gehirn) auf ein schädliches Szenario vorzubereiten, indem wir entweder so hart wie möglich kämpfen oder so schnell wie möglich fliehen. Wir versuchen alles, was wir können, um uns so stark und so schnell wie möglich zu wehren (oder zu fliehen). Dies veranlasst uns, schnell und flach zu atmen (um die Sauerstoffmenge in unseren Muskeln zu erhöhen). Es erhöht unsere Herzfrequenz (um den Sauerstoff dorthin zu bringen, wo er hin muss) und blockiert sogar den Zugang zu unseren Frontallappen (damit wir uns keine Gedanken über unsere To-Do-Listen machen, wenn wir vor einem angreifenden Tiger

fliehen müssen). Was kommt bei all dieser Vorbereitung heraus? Sie kann sich langsam und stetig aufbauen oder mit dem Umlegen eines Schalters sofort aktiviert werden.

Was ist die Quelle Ihrer Wut?

Wut ist nur eine Erscheinungsform des "Bereitschaftszustands" unseres Körpers. Warum also bekommen wir dieses Gefühl in unserem Körper und fühlen uns manchmal beunruhigt, verängstigt oder sogar aufgeregt, während wir zu anderen Zeiten das Gefühl haben, die Person vor uns mit bloßen Händen erwürgen zu wollen?

Schuld

Psychologen bezeichnen Wut als eine sekundäre Emotion. Das heißt, wir empfinden sie, nachdem wir etwas anderes empfunden haben. Ich weiß, dass es sich nicht immer so anfühlt - manchmal hat man das Gefühl, dass nichts zwischen einem und der Wut steht. Wenn Sie jedoch diese eine Sekunde Ihres Lebens in Zeitlupe abspielen würden, würden Sie ein Aufblitzen einer anderen Emotion unmittelbar vor der Wut bemerken. Vielleicht ist es Angst, Frustration oder vielleicht Furcht.

Wir haben dieses unangenehme Gefühl, und wir verachten es. Infolgedessen sucht unser Gehirn nach jemandem oder etwas, dem wir die Schuld geben können. Wenn wir die Quelle des Problems ausfindig gemacht haben, können wir von dem unangenehmen, quälenden und letztlich hilflosen Gefühl der Angst, Irritation oder Sorge zu dem energischeren und handlungsorientierten Gefühl der Wut übergehen. Was ist die Quelle dieser Empfindlichkeit?

Erkennen von Überempfindlichkeit und ADHS

Es wird behauptet, dass eine Sammlung von Anhängern in der Kindheit ein sicherer Weg ist, um festzustellen, ob man ADHS hat. Es gibt nur wenige Dinge, die ein ADHS-Gehirn mehr irritieren als ein nagendes Jucken im Nacken, das Ziehen eines zu engen Hosenbundes, das Stechen eines verirrten Bügels oder das Kläffen eines nervösen Hundes. Alle Reize der Welt wirken wie Sand im Mund einer Auster, nur dass sie bei ADHS-Gehirnen eher zu Wut, Frustration, Ablenkung und emotionaler Überforderung führen als zu einer schönen Perle.

Hypersensibilität ist auch als Hyperempathie-Syndrom, HSP und sensorische Sensibilität bekannt und kommt bei ADHS-Patienten häufig vor. Hypersensible Menschen werden leicht von körperlichen und emotionalen Reizen überwältigt. Dies kann zu starken Emotionen wie Wut und Ärger und zu körperlichen Symptomen wie Kopfschmerzen und Hautausschlägen führen.

Symptome der ADHS-Überempfindlichkeit

Wenn eine Überempfindlichkeit auftritt, sind ADHS-Gehirne anfälliger für eine Überflutung und Irritation durch:

- Ein lautes und plötzliches Geräusch
- Helle oder blinkende Lichter
- Sich schnell bewegende Objekte
- Starke Gerüche
- Überschüssige Informationen
- Grobes Material oder Anhänger
- Zu enge Kleidung
- Reiben der Haare auf der Haut
- Die Anwesenheit von zu vielen Menschen (kann Klaustrophobie verursachen)
- Starke Emotionen (eigene oder fremde)
- Kleinere Streitigkeiten oder Frustrationen
- Empfindlichkeit gegenüber Berührungen

Warum ist das ADHS-Gehirn besonders empfindlich? Wenn Sie etwas Kontroverses in Erwägung ziehen, wissen Sie, dass Sie sich sagen sollten: "Das darfst du auf keinen Fall sagen", aber dann sind die Worte schon aus Ihrem Mund, bevor Sie diese Ermahnung überhaupt beendet haben? Wir führen dies häufig auf einen "Mangel an Filter" zurück. Es ist leicht, einen Mangel an Filter in den Unterbrechungen, abrupten Ausbrüchen und seltsamen Scherzen des ADHS-Gehirns zu erkennen.

ADHS und emotionale Empfindlichkeiten

ADHS-Emotionen sind häufig intensiver, abrupter und überwältigender. Diese gesteigerten Emotionen überschwemmen und überwältigen dann das ADHS-Gehirn, so dass die Menschen unüberlegt und irrational handeln. Aber wenn man sich anschaut, was vor sich geht, ergibt das alles einen Sinn.

Es wird zu einem System, das angegriffen wird. Da dem ADHS-Gehirn ein Informationsfilter fehlt, wird es ständig mit Informationen, Empfindungen und Umweltreizen bombardiert. Dieser Angriff versetzt das sympathische Nervensystem des Körpers, das so genannte Kampf-oder-Flucht-Alarmsystem, in höchste Alarmbereitschaft, bereit, uns bei der Abwehr eines Angriffs zu unterstützen, so schnell wie möglich zu fliehen oder in der Hoffnung zu erstarren, dass ein Angreifer an uns vorbeigeht.

Andererseits führt diese Form der Vorbereitung dazu, dass wir die Welt so sehen, als ob sie bereit wäre, uns zu schaden. Infolgedessen wird jeder Kommentar, jeder flüchtige Blick oder jede unbedachte Bemerkung mit großer Wahrscheinlichkeit als etwas interpretiert, das uns verletzen soll, und nicht als etwas, das unbeabsichtigt ist oder nichts damit zu tun hat.

Ein Schwamm voller Emotionen

Da das ADHS-Gehirn keine Informationen filtert, ist es außerdem wahrscheinlicher, dass es jeden Ausdruck und jedes winzige Merkmal des Gesichts einer Person aufnimmt. Infolgedessen sind emotional sensible ADHS-Gehirne extrem aufnahmefähig und Schwämme für Emotionen. Menschen mit ADHS sind oft hervorragende Leser des emotionalen Zustands anderer Menschen.

Sie können die Emotionen anderer Menschen spüren, ohne dass man es ihnen sagt. Das kann zwar ein wertvolles Hilfsmittel sein, ist aber auch sehr belastend. Es bedeutet, dass man seine eigenen Gefühle fühlen muss und gleichzeitig den Gefühlen aller anderen, mit denen man in Kontakt kommt, ausgeliefert ist.

In einem Augenblick kann man von Null auf 100 gehen. Das Fehlen eines Filters, der das ADHS-Gehirn mit Empfindungen und den Emotionen anderer Menschen überschüttet, erschwert auch die Filterung interner Emotionen. Wenn ein ADHS-Gehirn ein Gefühl wahrnimmt, erlebt es es mit voller Wucht. ADHS-Gehirne können Emotionen nicht regulieren (so wie sie auch Aufmerksamkeit und Handlung nicht steuern können).

Sie empfinden Dinge entweder vollständig oder gar nicht. Es handelt sich nicht um einen Dimmschalter, sondern eher um einen An/Aus-Schalter. Es gibt also nicht so etwas wie "nur ein bisschen gereizt"; das System schaltet innerhalb einer Sekunde von "ich bin in Ordnung" auf vollen Zorn um. Wenn man dies mit einem bedrohten System kombiniert, ergeben die mit ADHS verbundenen emotionalen Störungen einen Sinn.

Körperliche Empfindlichkeiten bei ADHS

Da dem ADHS-Gehirn ein Filter fehlt, ist es nicht in der Lage, sich an Empfindungen anzupassen. Anstatt ein juckendes Etikett an einem Kleidungsstück für den Bruchteil einer Sekunde wahrzunehmen und es dann zu ignorieren, hört das ADHS-Gehirn nie auf, das Etikett wahrzunehmen. Stattdessen verbringt es den ganzen Tag damit, sich auf die wichtigen Dinge zu konzentrieren, z. B. auf die Vorlesung Ihres Professors, die Einkaufsliste Ihrer Frau und die letzte Anfrage Ihres Chefs, aber das Etikett taucht immer wieder auf. So muss Ihre Aufmerksamkeit zwischen der aktuellen Tätigkeit und dem Jucken im Nacken hin- und herpendeln.

Wie behandelt man Überempfindlichkeit bei ADHS?

Für Überempfindlichkeit gibt es keine spezifische Behandlung. Da sie jedoch zum Teil durch das Regulationsproblem des ADHS-Gehirns verursacht wird, sind alle Behandlungen, die die Kontrolle des ADHS-Gehirns unterstützen, für die Verringerung der Überempfindlichkeit von Vorteil.

Einige Beispiele:

- ADHS-Medikamente (sowohl Stimulanzien als auch Nicht-Stimulanzien) sind keine Hypersensibilisierungsmittel. ADHS-Medikamente tragen jedoch dazu bei, die Regulationsfähigkeit des Gehirns zu erhöhen und damit zu begrenzen, wie stark es etwas physisch und emotional erlebt. Das Medikament hilft dem Gehirn auch, sich auf das zu konzentrieren, was es braucht, und blendet aus, was es am meisten ignorieren muss.

- Sport treiben: Beim Sport geht es nicht nur darum, Gewicht zu verlieren und das Herz gesund zu halten. Viele Neurologen betrachten die positiven Nebeneffekte von Bewegung als ihren Hauptzweck - die Unterstützung unseres Gehirns in seiner bestmöglichen Form, was insbesondere für ADHS-Gehirne gilt. Körperliche Betätigung hat auf neurobiologischer Ebene die gleiche Wirkung (und mehr!) auf das Gehirn wie ADHS-Medikamente.

- Meditation: Es hat sich gezeigt, dass Meditation beruhigende und konzentrierende Auswirkungen auf das ADHS-Gehirn hat. Dadurch kann Ihr System schneller wieder zur Ruhe kommen, wenn es überwältigt ist. Außerdem können Sie sich selbst etwas Raum geben, bevor Sie aus einem benommenen Zustand heraus handeln.

- Ernährung: Eine gute Ernährung des Körpers (und damit auch des Gehirns) ist für die Regulierung von Emotionen und Gefühlen entscheidend. Unser Gehirn verbraucht 50 Prozent unseres Blutzuckers, und ohne eine regelmäßige

Versorgung kann es die harte Arbeit nicht leisten, nur ein winziges Gefühl zu empfinden oder den Autoalarm auf der Straße zu ignorieren.

- Schlafen: Ein sieben- bis achtstündiger Qualitätsschlaf versorgt das Gehirn mit der maximalen natürlichen Kapazität. Alles, was unter einer vollständigen Nachtruhe liegt, beginnt die Regulationsfähigkeit des Körpers zu beeinträchtigen.

Ratschläge für ein effektives Leben mit ADHS-Überempfindlichkeit

Die Verbesserung der Regulationsfähigkeit Ihres Gehirns wird Ihre Überempfindlichkeit nicht heilen, aber sie wird es Ihnen erleichtern, mit der Überempfindlichkeit umzugehen. Wenn Sie also Ihr Gehirn nicht verändern können, ist die Anpassung Ihrer Umgebung entscheidend für ein erfülltes Leben.

- Respektieren Sie Ihr Gehirn: Erkennen Sie, was für Ihr Gehirn funktioniert und was nicht. Zwingen Sie es nicht, Dinge zu tun, die es nicht gut kann.

- Lassen Sie sich Zeit: Wenn Sie sich überfordert fühlen, machen Sie eine Pause. Gönnen Sie sich etwas Abstand von den Dingen, die Sie belasten, und konzentrieren Sie Ihre Gedanken. Wenn sich Ihr System wieder beruhigt hat, überlegen Sie, ob und wie Sie sich wieder engagieren wollen.

- Blenden Sie sie aus: Verwenden Sie Kopfhörer mit Geräuschunterdrückung, Brillen mit Blaulichtschutz oder andere Methoden, um all diese zusätzlichen Reize auszublenden.

- Setzen Sie Grenzen und Erwartungen: Sobald Sie herausgefunden haben, was Ihr Gehirn überfordert, können Sie Grenzen setzen, um es zu schützen. Haben Sie einen Freund, der drei ungestüme Kinder und zwei bellende Hunde hat? Ich empfehle, sich in einem Park zu treffen. Sind Sie bei einem Freund zum Mittagessen eingeladen, fühlen sich aber an überfüllten Orten überfordert? Vereinbaren Sie, dass Sie nicht in einem großen Speisesaal zu Mittag essen, sondern auf einer weniger überfüllten Außenterrasse.

- Teilen Sie es mit: Wenn Sie anderen von Ihrer Empfindlichkeit erzählen, können sie Ihre Grenzen besser verstehen und respektieren. Lassen Sie sie wissen, wie Sie sich fühlen (vielleicht teilen Sie sogar dieses Buch) und beobachten Sie, wie sich die Ansichten ändern und Kompromisse gefunden werden.

- Bringen Sie Abwechslung ins Spiel: Fühlen Sie sich von den riesigen Supermärkten überwältigt? Gehen Sie stattdessen in den Supermarkt in Ihrer Nähe. Sie können die Etiketten an der Kleidung nicht ausstehen? Verpflichten Sie

sich, nur noch Kleidung ohne Etiketten zu kaufen. Setzen Sie Ihr Gehirn nicht immer wieder der gleichen Anzahl von Reizen aus. Suchen Sie stattdessen nach Möglichkeiten, sie zu variieren.

Warum regen Sie sich über Kleinigkeiten auf?

Siebzig Prozent der Menschen mit ADHS berichten, dass sie häufiger oder stärker wütend sind als die Allgemeinbevölkerung. Dies macht im Grunde Sinn, da das ADHS-Gehirn mit der Regulierung kämpft. Es macht keinen Unterschied zwischen den Aspekten seiner selbst, die es nur schwer kontrollieren kann. Einer dieser Aspekte ist die Wut. Anstatt einen Dimmschalter zu haben, der nur eine geringe Menge an Wut zulässt, schaltet das ADHS-Gehirn seine Wut an/aus, geht in die Vollen, und ist völlig überschwemmt mit Reizen.

Überstimulation

Da das ADHS-Gehirn keinen Filter für irrelevante oder fremde Informationen hat, wird es den ganzen Tag über angegriffen und nimmt ständig eine Flut von zusätzlichen Reizen auf. Und obwohl dies die Norm für das ADHS-Gehirn ist, fühlt es sich dennoch als das an, was es ist: ein pausenloses Sperrfeuer. Dadurch wird unser primärer Kampf-oder-Flucht-Mechanismus aktiviert, der das Gehirn veranlasst, nach potenziellen Bedrohungen zu suchen.

Dieser Hinweis bringt uns nicht nur (zumindest theoretisch) in Sicherheit, sondern hat auch den zusätzlichen Vorteil, dass er uns aus dem unangenehmen Zustand der Angst/des Schmerzes in den aktiveren (und damit weniger machtlosen, wenn nicht gar angenehmeren) Zustand der Wut versetzt.

Reizbar

Menschen mit ADHS, die in diese Kategorie fallen, sind anfällig für Wutanfälle. Sie sind sich ihrer Wut regelmäßig und intensiv bewusst. Es fällt ihnen schwer, über ihre Wut hinwegzukommen, und sie denken häufig über die Dinge nach, die sie wütend machen. Im Allgemeinen erleben sie mehr "negative" Gefühle (wie Wut, Ungeduld, Frustration, Verzweiflung und Hoffnungslosigkeit) als angenehme Gefühle (Glück, Aufregung, Freude usw.). Infolgedessen neigen sie dazu, sich in negativen Kreisläufen von Ärger, Wut und Frustration zu verfangen.

Der Einfluss des Benehmens

Die Änderung Ihrer Gedanken ist jedoch nicht Ihre einzige Option. Auch das Ändern Ihrer Verhaltensweisen ist wirksam. Haben Sie ein negatives Selbstbild? Sicher wollen Sie sich instinktiv so weit wie möglich von solchen Gefühlen entfernen. Fernsehen, Internet, soziale Medien, Shopping, Sex und Alkohol sind allesamt grelle und schillernde Betäubungsmittel. Sie ermöglichen es uns, uns lange genug in etwas zu vertiefen, so dass wir eine kurze Atempause bekommen. Das Problem dabei ist, dass sie uns in der Regel nicht viel Treibstoff liefern, so dass wir mit weniger Zeit und noch weniger Ressourcen zur Bewältigung in die ursprüngliche Situation zurückkehren.

Andererseits bieten uns Tankstopps den Raum, um Klarheit zu gewinnen, und geben uns gleichzeitig die notwendigen Ressourcen, um das Problem zu bewältigen. Was können Sie also für sich selbst (oder jemand anderen) tun, das Sie auf Trab hält? Vielleicht können Sie einen kurzen Spaziergang um den Block machen, einen Freund anrufen, eine Mahlzeit für ein Obdachlosenheim zubereiten, Ihre Oma besuchen, an einem kreativen Projekt arbeiten oder mit Ihren Kindern spielen. All diese Dinge bieten sowohl Perspektiven als auch Treibstoff.

Wenn Sie sich das nächste Mal schlecht fühlen, denken Sie daran. Prüfen Sie, was Ihre Ideen und Handlungen bewirkt haben. Befanden Sie sich in einer Abwärtsspirale? Umarmen Sie sich mental. Sprechen Sie sanft und liebevoll mit sich selbst, und gehen Sie dann Ihre Liste durch, um zu sehen, was Sie TUN können, um sich selbst und Ihren Standpunkt zu nähren. Sie können diese Spirale jederzeit umkehren. Ist das schwierig? Ja. Aber Sie sind in der Lage, Widrigkeiten zu überwinden.

Ablehnungsempfindliche Dysphorie (RSD)

Kennen Sie das Gefühl, als hätte man Sie ohne Ihr Einverständnis auf eine emotionale Achterbahn geschnallt? Die Vorstellung, dass Sie alles für einen fantastischen Tag vorbereitet haben - Schlaf, Bewegung, einen soliden Plan - aber ein einziges Ereignis kann Ihre Gefühle ins Schleudern bringen und alles aus dem Fenster werfen? Haben Sie sich jemals gefragt, warum Sie so deprimiert sind?

Wenn dies der Fall ist, sind Sie nicht allein. Möglicherweise leiden Sie unter abweisungsempfindlicher Dysphorie (RSD), einer Krankheit, die von Psychologen noch erforscht wird. Es gibt jedoch einen wachsenden Konsens darüber, was es ist, wer am ehesten Probleme damit hat und was dagegen getan werden kann. Also, lassen Sie uns anfangen:

Ablehnungsempfindliche Dysphorie (RSD) ist ein Zustand, der Gefühle der Ablehnung hervorruft. Sie ist gekennzeichnet durch übermäßige emotionale Empfindlichkeit und Leiden als Reaktion auf wahrgenommenes Versagen, Ablehnung, Projektion von potenziellem Verlust oder Kritik. Wenn Menschen mit RSD mit Ablehnung konfrontiert werden, erleben sie intensive Agonie, Wut oder Depression.

Der Clou dabei ist, dass es sich nicht unbedingt um eine tatsächliche Ablehnung handeln muss. Es kann die Angst vor Ablehnung sein oder sogar die bloße Möglichkeit, dass sie abgelehnt werden. Das Gleiche gilt für Versagen: Gefühle des Versagens können auch dann auftreten, wenn jemand nicht glaubt, dass ein Versagen möglich ist.

Wodurch wird RSD verursacht?

RSD ist häufig leichter zu verstehen, wenn es durch echtes Versagen oder Ablehnung ausgelöst wird. Wenn zum Beispiel jemand mit RSD bei einem großen Projekt schlecht abschneidet, aber nicht befördert wird. Dies löst eine starke emotionale Reaktion aus. Es ist unerträglich unangenehm, macht aber durchaus Sinn. Die Situation ist jedoch nicht immer eindeutig, da RSD durch potenzielles, wahrgenommenes oder sogar eingebildetes Versagen oder Ablehnung ausgelöst werden kann.

Der Blick auf eine Aufgabenliste mit anspruchsvollen Projekten sowie Gedanken wie "Das schaffe ich nie" oder "Ich weiß, dass ich das nicht schaffen werde, warum versuche ich es überhaupt?" können eine RSD-Reaktion auslösen. Auch eine versehentliche Kränkung durch einen Freund kann eine solche Reaktion auslösen. Sie kann durch Versagensängste oder sogar durch unbeabsichtigte Kritik wie "Warum stellst du dir nicht einfach den Wecker, damit du nicht ständig zu spät kommst?" ausgelöst werden.

Wie äußert sich die ablehnungsempfindliche Dysphorie?

Es gibt ein ganzes Spektrum von RSD-Reaktionen. Sie können von leichter Melancholie, Frustration oder Unzufriedenheit bis hin zu ausgewachsenen depressiven Episoden reichen, die mit Selbstmordgedanken, übermäßiger Wut, Hoffnungslosigkeit oder extremer sozialer Isolation einhergehen. Diese Gefühle können entweder gegen sich selbst oder gegen andere gerichtet sein.

- RSD, das verinnerlicht ist: Wenn eine Person ihre RSD-Reaktion internalisiert, ähnelt sie einer Depression. Internalisiertes RSD ist typischerweise durch Melancholie, Hoffnungslosigkeit, Selbstvorwürfe und Selbsthass gekennzeichnet. "Ich bin so ein Versager", "Ich mache nie etwas richtig" oder "Ich bin so dumm" sind häufige Sätze. Es scheint, als säßen sie auf der Couch, versteckten sich unter der Bettdecke, prokrastinierten oder suchten Ablenkung.

- RSD, das externalisiert worden ist: Externalisierte RSD-Reaktionen richten sich gegen andere Menschen oder Dinge als die eigene Person. Sie sind typischerweise durch Gefühle von Wut, starker Verärgerung und Groll gekennzeichnet. Externalisierte RSD-Reaktionen können sich in Form von Wutausbrüchen, Wutanfällen, Gewalttätigkeit oder stillem Grübeln, passiver Aggressivität oder sogar entschlossenem Konkurrenzdenken äußern. Externalisierte RSD-Reaktionen fühlen sich häufig explosiv an; es ist, als kämen sie aus dem Nichts.

Wenn eine Person mit RSD auch an ADHS leidet, beeinflussen diese Gefühle die Produktivität erheblich. Wenn Sie zum Beispiel auf Ihre Aufgabenliste schauen, fühlen Sie sich vielleicht überwältigt und abgelenkt; Sie stellen sich vor, dass Sie nicht alles schaffen können. Dies führt zu den Schmerzen und der Aufregung von RSD, was zu zusätzlicher Vermeidung und Aufschieberei führt, was Ihre Vorstellung, dass Sie es nicht schaffen können, noch verstärkt und Ihre Gefühle verschlimmert. (Weitere Einzelheiten zu dieser Negativspirale und wie man sie durchbrechen kann, finden Sie auf der Seite Die Schamspirale).

Woran erkenne ich, ob ich unter abweisungsempfindlicher Dysphorie leide?

Da RSD so intensive Gefühle auslösen kann, wird es gelegentlich als bipolare Erkrankung, Borderline-Persönlichkeitsstörung oder soziale Angststörung fehldiagnostiziert. Der wesentliche Unterschied besteht jedoch darin, was die Gefühle auslöst. Wenn das Auftauchen der Gefühle ausschließlich durch Misserfolg, Ablehnung oder Kritik ausgelöst wird und durch Erfolg, Akzeptanz oder Erfolg schnell wieder verschwindet, ist höchstwahrscheinlich RSD daran schuld.

Wir sind noch dabei, etwas über RSD zu lernen; derzeit ist es noch nicht im Diagnostischen und Statistischen Handbuch (DSM-5) enthalten.

Welcher Zusammenhang besteht zwischen RSD und ADHS? Wir vermuten, dass Menschen mit ADHS (und Autismus) mit größerer Wahrscheinlichkeit an RSD erkranken. Wir wissen nicht warum, aber es scheint mit dem überempfindlichen Nervensystem von ADHS-Patienten zusammenzuhängen. Natürlich leidet nicht jeder mit ADHS an RSD, aber wenn man ADHS hat, ist die Wahrscheinlichkeit größer, dass man mit einer Überempfindlichkeit gegen Abstoßungsreaktionen zu kämpfen hat.

Es gibt Hinweise darauf, dass Medikamente wie Guanfacin (ursprünglich zur Behandlung von Bluthochdruck eingesetzt) bei RSD-Symptomen helfen können. Wenn Sie eine starke Ablehnungsempfindlichkeit haben, sollten Sie einen Behandlungsversuch mit Ihrem Psychiater besprechen. Die medikamentöse Behandlung von RSD ist hervorragend, da die Symptome unerwartet auftreten können. Andererseits helfen Medikamente nicht bei jeder

Ablehnung, und sie sind auch nicht für jeden eine praktische Option. Daher ist die Beschäftigung mit den Gedanken, die mit den Gefühlen verbunden sind, wenn sie auftreten, ein wichtiger nächster Schritt, den ich nachdrücklich befürworte. Hier sind einige Ansätze für den Umgang mit diesen Gedanken, wenn sie auftauchen:

- Erkennen Sie Ihre Muster: Fühlen Sie sich auf Partys manchmal unwillkommen? Fühlen Sie sich manchmal in einer Dreiergruppe ausgeschlossen? Fühlen Sie sich angesichts einer übermäßig umfangreichen Aufgabenliste überfordert und deprimiert, wenn Sie sicher sind, dass Sie scheitern?

- Werden Sie durch konstruktive Kritik wachgerüttelt? Machen Sie eine Liste der letzten fünf Fälle, in denen Sie abgelehnt wurden oder Ihr RSD ausgelöst wurde. Fällt Ihnen etwas besonders auf? Wenn Sie wissen, wann Sie dazu neigen, diese Gefühle zu erleben, können Sie sie schneller überwinden.

- Gedankenaufzeichnung: Wenn Sie aufschreiben, was passiert ist, wie Sie sich dabei gefühlt haben, was es in Ihnen ausgelöst hat, und dann die Beweise für und gegen Ihre Interpretation aufschreiben, kann Ihnen das helfen, Ihr logisches Gehirn wieder ins Spiel zu bringen und das Gefühl der Ablehnung zu dämpfen.

- Die STOP-Methode: Nehmen Sie sich etwas Zeit, atmen Sie tief durch, beobachten Sie, relativieren Sie die Dinge und machen Sie dann weiter. Das ist eine bewährte KVT-Strategie, um mit überwältigenden Gefühlen umzugehen und nicht mit den Gefühlen statt mit dem logischen Verstand zu reagieren.

- Sport treiben: Ein schneller Spaziergang, ein schnelles Joggen mit lauter Musik, ein Kickbox-Kurs oder eine andere Form von Ausdauersport mit hoher Intensität kann helfen, die überschüssige Energie und Aggressivität abzubauen, die durch Kritik oder Ablehnung entsteht. Wenn Sie die Energie abgebaut haben, fällt es Ihnen vielleicht leichter, mit sich selbst über die Erfahrung zu sprechen.

- Verbessern Sie Ihre Selbstgespräche: Wenn Sie mit sich selbst sprechen, als wären Sie ein freundlicher, mitfühlender Coach oder eine liebevolle, weise Großmutter, kann Ihnen das helfen, mit Ablehnung umzugehen. Jede erfolgreiche Selbstgesprächssitzung umfasst drei Themen:

Validierung Ihrer Emotionen

- Meditation: Eine Meditationspraxis kann Ihnen helfen, sich Ihrer Gedankenprozesse bewusster zu werden, Ihre Fähigkeit zu verbessern, Gedanken

loszulassen, die für Sie nicht mehr nützlich sind, und Ihre allgemeine Verbindung zu Gedanken zu stärken.

- Perspektivenübernahme: Da RSD häufig auf eingebildete oder wahrgenommene Kritik oder Ablehnung reagiert, kann es für die Bewältigung des Ärgers entscheidend sein, eine andere Sichtweise zu haben.

- Sie können einen Freund oder Ehepartner nach seiner Meinung fragen oder andere Perspektiven in Betracht ziehen, die Ihnen ein fürsorglicher und liebevoller Freund bieten kann. Versuchen Sie in jedem Fall, mindestens drei Erklärungen für die Situation zu finden, und wählen Sie dann diejenige aus, die am meisten Sinn ergibt.

Impulsivität

In der Psychologie bezeichnet Impulsivität (oder Impulsivität) die Neigung, aus einem Impuls heraus zu handeln, ohne viel oder gar keine Vorüberlegungen, Analysen oder Überlegungen zu den Folgen anzustellen. Impulsive Verhaltensweisen sind oft schlecht geplant, voreilig geäußert, übermäßig gefährlich oder der Situation nicht angemessen, was häufig zu unangenehmen Ergebnissen führt und langfristige Ziele und Erfolgstaktiken gefährdet. Impulsivität kann also als ein multifaktorielles Konstrukt betrachtet werden.

Es wurde jedoch auch eine funktionale Form der Impulsivität vorgeschlagen, bei der impulsive Handlungen unter unangemessenen Bedingungen zu positiven Ergebnissen führen. "Wenn solche Aktivitäten positive Auswirkungen haben, werden sie als Zeichen von Kühnheit, Agilität, Spontaneität, Wagemut oder Unkonventionalität und nicht als Impulsivität angesehen.

Das Konzept der Impulsivität umfasst also mindestens zwei unabhängige Komponenten: erstens das Verhalten ohne ausreichende Vorüberlegung, das effektiv sein kann oder nicht, und zweitens die Bevorzugung kurzfristiger Belohnungen gegenüber langfristigen.

In diesem Kapitel werden wir darüber sprechen, wie Sie Ihre Impulse zügeln und Ihren Beziehungen helfen können, wenn Sie ADHS haben. Wir werden erörtern, warum Menschen mit ADHS dazu neigen, mehr Geld auszugeben als andere. Sie neigen daher dazu, nicht so viel zu sparen.

Impulsive Ausgaben eindämmen

Wie können Sie Ihr impulsives Ausgabeverhalten verringern? Diese Frage kann auf jedes impulsive Verhalten zutreffen, das Sie mit ADHS haben. Ebenso wichtig ist die Frage, wie man mit diesen Problemen in einer Beziehung umgehen kann, denn die wichtigsten Streitpunkte in einer Beziehung sind Sex, Kinder und Geld. Dazu ist eine offene Kommunikation erforderlich, die nicht auf Bestrafung oder Verurteilung abzielt. Sie können sich in Bezug auf die Finanzen sicherer fühlen. Angenommen, Sie haben Eltern mit ADHS, die nicht gut mit Geld umgehen konnten.

Es könnte eine Herausforderung sein, herauszufinden, wie man mit seinen Finanzen umgeht, wenn die Menschen, bei denen man aufgewachsen ist, eine frustrierende Beziehung zu ihnen hatten. Beide Partner in einer Beziehung haben eine unterschiedliche Familiengeschichte in Bezug auf Geld, was sich auf die Art und Weise, wie Sie miteinander umgehen, auswirkt. Der erste Schritt besteht darin, die Ursache für Ihre Ausgabengewohnheiten herauszufinden.

Zweitens sollten Sie die Auslöser ändern und Ihre Gewohnheiten umstellen. Drittens: Machen Sie eine Liste Ihrer Ausgaben über einen bestimmten Zeitraum, lesen Sie sie dann noch einmal durch und meditieren Sie. Wie kann Ihnen das in finanzieller Hinsicht helfen?

Vielleicht können Sie sich mit einigen der allgemeinen finanziellen Probleme von ADHS identifizieren. In einer Studie von Russell Barkley wurde eine höhere Verschuldungsrate in der Allgemeinbevölkerung festgestellt. Er fand heraus, dass Menschen mit ADHS eine höhere Verschuldungsrate haben, insbesondere Kreditkartenschulden, eine höhere Rate an Konkursen und Zwangsvollstreckungen sowie vermehrte Beziehungsprobleme aufgrund von Geld. Wer ADHS hat, lässt sich eher scheiden und heiratet auch eher wieder, um sich dann erneut scheiden zu lassen.

Manchmal kann impulsives Geldausgeben zu Beziehungsproblemen beitragen, wie z. B. bei der Unordnung von Finanzpapieren. Angenommen, Sie liegen im Krankenhaus und Ihre Familie braucht Zugang zu Ihren Finanzunterlagen; sie weiß nicht, wo Sie sie auf Ihrem Computer gespeichert haben oder wo die Ausdrucke aufbewahrt werden. Das kann für die Familienmitglieder eine Menge Stress bedeuten.

Menschen mit ADHS fehlt es an Investitionen und/oder Möglichkeiten, für die Zukunft zu sparen. Die meisten Menschen möchten in einem bestimmten Alter in Rente gehen und von ihrem Einkommen leben, aber Menschen mit ADHS haben Schwierigkeiten, so weit in die Zukunft zu blicken. Außerdem neigen Menschen mit ADHS dazu, unterbeschäftigt zu sein, d. h. sie sind unter ihren Möglichkeiten beschäftigt. Wenn man einen Job hat, bei dem man die Erwartungen nicht erfüllt, verlässt man diesen Job oder wird entlassen, und man fängt in der gleichen Position oder Besoldungsgruppe wieder an.

Im Grunde genommen steigt man in der Regel nicht auf. Für Menschen mit ADHS ist es viel schwieriger, befördert zu werden. Daher kann es vorkommen, dass man unterbeschäftigt ist und immer wieder Probleme hat, über die Runden zu kommen. Es

kann außerordentlich schwierig sein, für die Zukunft zu sparen, und natürlich ist es noch schwieriger, den Arbeitsplatz zu verlieren und mit der Pandemie zurechtzukommen. Deshalb ist es für eine Person mit ADHS von größter Bedeutung, eine Arbeit zu finden, die ihre Interessen fördert und in der sie ihre vielen positiven Fähigkeiten einsetzen kann.

Jedes Mal, wenn die ADHS-Person "normal" sein will, kommt es zu einem Drama, und die Person gerät in einen Arbeitszyklus, der nicht für sie gemacht ist. Es könnte sein, dass die Person ihre Schwächen verschlimmert hat und ihre Stärken nicht genutzt hat. Diese Situation trifft auf viele Menschen zu. Wir müssen einen großen Schritt machen, um Jobs zu finden, die zu unserer Persönlichkeit passen. Das ist keine Option, es ist eine Notwendigkeit! Unser Glück und das Glück der Menschen um uns herum hängt von dieser Entscheidung ab. Ein falscher Job oder ein schlechter Arbeitsplatz bzw. ein schlechtes Unternehmen verschlechtern nur unser Leben und das unserer Lieben.

Eine aktuelle Studie zeigt, dass Menschen mit ADHS aufgrund von Stress und damit verbundenen gesundheitlichen Problemen eine kürzere Lebenserwartung haben als andere Menschen. Dies kann sich noch verschlimmern, wenn Ihre finanziellen Bedürfnisse nicht befriedigt werden. Bei chronischer Arbeitslosigkeit oder Unterbeschäftigung zu einem niedrigeren Lohn als dem, den Sie verdienen und benötigen, kann es zu Zwangsversteigerungen kommen.

Auch dies sind Folgen von Fehlentscheidungen. Wir müssen herausfinden, ob wir anders oder abweichend sind, und wir müssen unseren Platz in dieser Welt finden. Es mag einfach klingen, aber ich muss dieses Konzept betonen, weil ich gesehen habe, wie viele Menschen mit ADHS in diese Falle getappt sind. Sie sind einzigartig; Sie brauchen etwas Besonderes. Die Geisteshaltung wird unterschätzt, aber sie macht den Unterschied aus. Geisteshaltung bedeutet, dass wir uns entscheiden, die Kontrolle über unser Leben zu übernehmen und nicht andere für uns entscheiden zu lassen.

Geisteshaltung (die Einstellung, die wir in unserem Leben einnehmen müssen, um erfolgreich zu sein) bedeutet, dass wir uns ein Ziel setzen und es anstreben. Ich würde lieber scheitern, wenn ich meinen Traum verfolge und mein Glück suche, als mich unglücklich zu fühlen, wenn ich den Ansichten anderer folge. Menschen mit ADHS neigen dazu, es anderen recht zu machen, um zu verbergen, wer sie sind, und sich anzupassen. Es fällt ihnen schwer, Kritik anzunehmen und Verträge oder Gehaltserhöhungen auszuhandeln. Sie haben kein Verhandlungsgeschick und wissen nicht einmal, dass sie um Geld bitten können, ohne sich zu blamieren.

Viele Probleme mit dem Selbstwertgefühl sowie Schuld- und Schamgefühle werden mit ADHS in Verbindung gebracht. Aber warum haben Menschen Schwierigkeiten, ihre Rechnungen zu bezahlen? Solche exekutiven Funktionen wie Budgetierung und Begleichung von Rechnungen sind hauptsächlich im Frontallappen des Gehirns angesiedelt. Sie umfassen die Aufnahme von Informationen und die Entscheidung, was wichtig ist.

Diese Funktionen des Gehirns können durch ADHS beeinträchtigt werden. Sie können in verschiedenen Bereichen der exekutiven Funktionen beeinträchtigt sein. Vielleicht haben Sie einen Freund mit ADHS, und dessen ADHS sieht ein wenig anders aus als Ihres. Es treten verschiedene Symptome auf, so dass Sie sich bei der Planung dessen, woran Sie arbeiten müssen, an die jeweiligen Umstände anpassen müssen. Was bei Ihnen funktioniert, funktioniert nicht immer auch bei anderen.

Lassen Sie uns klarstellen, dass nicht jeder mit ADHS die gleichen Defizite hat. Ich kenne Menschen mit ADHS, die eine glänzende Karriere in der Wirtschaft gemacht haben, die zu Spitzenpositionen geführt haben. Denken Sie an all die berühmten Menschen mit ADHS, die ein außergewöhnliches Leben geführt haben.

Ich schreibe ein wenig über die negative Seite, weil ich hoffe, dass Sie mehr über Ihre Schwachstellen erfahren, sich ihnen stellen und die Barriere durchbrechen können.. Wissen ist Macht. Sich selbst zu kennen, ist das Beste, was einem Menschen passieren kann. Allerdings sollten wir uns nicht zu sehr auf unsere Schwächen konzentrieren, denn wir wollen ja nicht all unsere schönen Stärken vergessen!

Nehmen wir an, Sie haben Probleme mit der Aufmerksamkeit oder umgekehrt, Ihre Aufmerksamkeit ist so stark, dass jemand Ihren Namen ruft und Sie nicht antworten, weil Sie so vertieft in das sind, was Sie gerade tun. Das ist ein Problem der Regulierung und Motivation, nicht der Aufmerksamkeit.

Man kann aus den Folgen seiner Handlungen lernen, aber man vergisst das Ergebnis und wiederholt das Verhalten, weil es befriedigend war und Spaß gemacht hat. Wenn man zum Beispiel das nächste Mal einen schlechten Tag hat, geht man einkaufen und fühlt sich besser, weil man einen Schub an Dopamin und Serotonin erhält, die im ADHS-Gehirn niedrig sind. So wird das Einkaufen zu einer Form der Selbstmedikation. Man geht also wieder einkaufen, und die Kreditkartenrechnung steigt noch weiter an, was dem ADHS-Gehirn zu schaffen macht.

Wenn Sie in einer Beziehung sind, haben Sie vielleicht ein gemeinsames Girokonto. Das kann zu Problemen führen, wenn Sie Geld ausgeben und es Ihrem Partner nicht sagen. Möglicherweise machen Sie das, was ich "heimliche Ausgaben" nenne: Sie geben Geld aus, verheimlichen es aber. Ich nenne das auch "finanzielle Untreue", weil Sie wissen, dass Sie Probleme bekommen werden, wenn Sie Ihrem Partner sagen: "Hey, ich habe gerade tausend Dollar für dieses Kleid ausgegeben." Stattdessen lässt man es schleifen, aber die Beträge können sich summieren, und Schuldgefühle und Scham sind die Folge. Man vermeidet die Kommunikation und die möglichen Streitereien, die nur darauf warten, auszubrechen.

Dies ist eine sanfte Art, Sie daran zu erinnern, innezuhalten und nachzudenken. Gehen Sie außerhalb der Geschäftszeiten einkaufen. Wenn Sie sich z.B. vor den Weihnachtstagen in einem überfüllten Einkaufszentrum befinden und alle verrückt spielen, könnten Sie dem Herdentrieb folgen, bei dem unser Gehirn uns sagt, dass wir das tun müssen, was alle anderen auch tun. Denken Sie also daran: Kaufen Sie außerhalb der Geschäftszeiten ein.

Wenn Sie glauben, dass übermäßige Impulsivität biologisch programmiert ist, sollten Sie einkaufen gehen, wenn möglichst wenige Menschen anwesend sind und es weniger sensorische Reize gibt. Lebensmittelläden sind für Menschen mit ADHS schwierig, denn statt drei Sorten Müsli gibt es 500. Sie können im Müsligang bleiben oder anfangen, laut mit sich selbst zu reden. Wenn man dabei auffällt, wird es mehr als nur ein bisschen peinlich. Man steht vor all diesen Müslis und man weiß nicht, welches man nehmen sollte. Sie würden lieber aus drei als aus 500 wählen. Bevor Sie in den Supermarkt gehen, können Sie online bestellen oder eine gute alte Liste erstellen!

Viele Lebensmittelläden bieten Online-Dienste an. Sie legen die Lebensmittel direkt in Ihren Einkaufswagen; das ist gerade jetzt während der Pandemie sicherer. Wenn Sie in den Supermarkt gehen, sollten Sie eine bestimmte Zeit festlegen und außerhalb der Geschäftszeiten einkaufen. Sie werden weniger gestresst sein, wenn es viel weniger sensorische Reize gibt. Halten Sie an und betrachten Sie Ihren Einkaufswagen, bevor Sie zur Kasse gehen. Fragen Sie sich: "Brauche ich diese Dinge wirklich? Ist das ein Bedürfnis oder ein Wunsch? Stand das auf meiner Einkaufsliste, oder ist das nur etwas, das ich gesehen habe?

Kennen Sie den Grund, warum Süßigkeiten und andere ungesunde Dinge an der Kasse erhältlich sind? Es handelt sich um Impulskäufe. Informieren Sie sich über Verbraucherpsychologie. Es ist faszinierend, wie Einzelhändler mit Tricks versuchen, Sie dazu zu bringen, Geld auszugeben. Sehen Sie sich also Ihren Einkaufswagen an, bevor Sie zur Kasse gehen. "Brauche ich diese Dinge? Ist das ein leichtfertiger Kauf? Ist das etwas, ohne das ich nicht leben kann?"

Zum Beispiel brauchen Sie vielleicht Milch, aber kein Küchengerät, das Sie nur einmal im Jahr benutzen werden. Nehmen Sie diesen Artikel also aus dem Einkaufswagen, geben Sie ihn der Kassiererin und sagen Sie: "Hallo, legen Sie das bitte zurück". Auch ein Spa-Besuch, ein Unterhaltungsprogramm oder ein Restaurantbesuch ist ein Wunsch und kein Bedürfnis. Sie können das Essen auch woanders bekommen, z. B. in Ihrem Lebensmittelladen, und müssen dafür nicht extra bezahlen.

Deshalb müssen Sie einen Blick darauf werfen, was Sie kaufen, und zwischen Bedarf und Bedürfnis unterscheiden. Ich will damit nicht sagen, dass wir die Bedürfnisse abschaffen sollen, denn wir müssen uns manchmal etwas gönnen. Aber wir müssen es in Maßen tun. Mäßigung ist bei ADHS ein schwieriges Thema. Wir denken, dass, weil ein bisschen von etwas Spaß macht, viel mehr davon noch mehr Spaß machen wird. Die Folge ist, dass man am Ende eine höhere Kreditkartenabrechnung hat oder Probleme mit dem Partner bekommt.

Wenn Sie Ihre Kreditkarten nicht verantwortungsvoll nutzen oder Ihre Schulden nicht jeden Monat abbezahlen, ist das wie ein hoch verzinster Kredit. Möglicherweise haben Sie eine Kreditkarte mit einem hohen Zinssatz, wenn Sie eine niedrige Kreditwürdigkeit haben. Sie können Ihren Zinssatz aushandeln, indem Sie den Kreditkartenaussteller anrufen.

Einige der Kreditkartenunternehmen sind in dieser Hinsicht sehr entgegenkommend und arbeiten problemlos mit ihnen zusammen. Wegen der Pandemie haben viele Menschen ihre Arbeit verloren. Sie können also den Kartenaussteller anrufen und ihm sagen, dass Sie Schulden haben. Wahrscheinlich wird man mit Ihnen einen Zahlungsplan ausarbeiten. Vergewissern Sie sich jedoch, dass sich dies nicht auf Ihre Kreditwürdigkeit auswirken wird.

Verwenden Sie für Online-Einkäufe auch keine Debitkarte. Sie können nicht garantieren, dass sich nicht jemand einhackt und Geld von Ihrem Bankkonto abhebt. Wenn Sie eine Kreditkarte verwenden, haben Sie einen gewissen Schutz gegen betrügerische Einkäufe. Wenn Sie eine Debitkarte verwenden, ist das Geld weg, und es ist schwieriger, es zurückzubekommen. Für Online-Einkäufe können Sie sich eine separate Kreditkarte zulegen, die nicht mit Ihrem Bankkonto verbunden ist. Setzen Sie außerdem Ihr Kreditlimit herab; wenn Sie das Gefühl haben, dass Sie Ihr Kreditlimit überschreiten werden, lassen Sie den Kauf ausfallen.

Sie brauchen keine mathematischen Kenntnisse, um einen Haushaltsplan zu erstellen. Im Internet gibt es eine Vielzahl von Haushaltsplänen. Wenn Sie eine Mathe-Lernschwäche haben, können Zahlen entmutigend sein, aber jetzt, wo es gute Budget-Apps gibt, brauchen Sie nicht mehr zu rechnen. Diese Apps übernehmen die Arbeit für Sie, so dass es sich um ein dynamisches Budget handelt und nicht um ein statisches, was bedeutet, dass sich die Dinge von Monat zu Monat ändern können.

Hier sind zwei Apps für die Haushaltsplanung, die Sie ausprobieren können: eine kostenpflichtige (https://www.youneedabudget.com/) und eine kostenlose (https://www.askzeta.com/) (kein Partnerlink).

Es kann sein, dass Sie in einem Monat mehr für Zahnarztbesuche ausgeben müssen, wenn Sie Röntgenbilder benötigen und keine Zahnversicherung haben. Es ist nicht notwendig, im nächsten Monat zum Zahnarzt zu gehen, aber Sie sollten sicherstellen, dass Sie genug Geld in Ihrem "Topf" haben, damit Sie beim Zahnarztbesuch keine Zahlungsprobleme bekommen.

Teilen Sie Ihre Ausgaben durch 12 und legen Sie dann jeden Monat einen kleinen Betrag in jeden Topf. Auf diese Weise werden Sie viel weniger Stress haben, da das Geld dann zur Verfügung steht, wenn Sie es für Dinge wie Autoreparaturen brauchen. Sobald Sie anfangen, Ihr Vermögen aufzubauen und Ihre Schulden abzubauen, wird Ihr Geld länger reichen. Es gibt eine Möglichkeit, Ihren Nettowert zu ermitteln: Wie viel Geld haben Sie nach Abzug der Ausgaben? Es kann beängstigend sein, herauszufinden, was man hat, wenn man sich nicht unter Kontrolle hat und das Budget nicht einhält.

Geld ist in der Regel eines der größten Streitthemen in der Ehe, ob ADS oder nicht. Es ist in der Regel eines der Themen, die sie besprechen müssen, und sie neigen dazu, mehr Emotionen dabei zu zeigen. Nun hat Geld keinen vorgegebenen emotionalen Wert. Stattdessen messen wir dem Geld einen Wert bei. Das hat zum Teil mit unserer Beziehung zu Geld zu tun. Hier ist ein weiteres häufiges Szenario: Sie geben Geld für religiöse

Aktivitäten aus, ohne dass dies angemessen kontrolliert wird. Wenn Sie sehr unterschiedliche Ansichten darüber haben, wie viel Geld Sie Ihrer religiösen Einrichtung geben oder wie oft, könnten Sie und Ihr Partner eine Meinungsverschiedenheit haben.

Darüber können Sie vielleicht am Küchentisch oder mit Ihrem Seelsorger oder dem geistlichen Vertreter sprechen. Aber auch hier wissen Sie, dass Geld letztlich weder gut noch schlecht ist. Es geht um den Wert, den wir dem Geld zuschreiben. Wenn also das Haushaltsgeld für etwas verwendet wird, mit dem Sie beide moralisch nicht einverstanden sind, ist das eine der wichtigsten Fragen, die Sie als Paar klären müssen.

Derjenige, der besser organisiert ist oder sich mit Finanzen auskennt, möchte vielleicht dic Vcrantwortung für das Geld übertragen bekommen. Die andere Person hat jedoch die gleichen finanziellen Rechte. Manchmal kommt es in Beziehungen zu finanziellem Missbrauch, wenn eine Person sagt: "Na ja, du hast ADHS und kannst nicht mit dem Geld umgehen."

Dann übernimmt sie die Verwaltung des Geldes, und die andere Person kann nicht darauf zugreifen oder gar fragen, was auf den Konten ist. Stattdessen erhält sie ein Taschengeld. Das stellt finanziellen Missbrauch dar. Als ADHS-Person haben Sie das Recht zu wissen, was mit Ihrem Geld geschieht. Wenn Geld als Anreiz in der Beziehung verwendet und als Belohnung oder Bestrafung eingesetzt wird, ist es an der Zeit, eine Paartherapie zu machen.

Es gibt eine Art von Therapie, bei der sowohl ein Therapeut als auch ein Finanzfachmann oder -berater im Raum sind. Der Therapeut kümmert sich um den therapeutischen Teil, während der Finanzfachmann den finanziellen Teil übernimmt. In einer Studie wurde dies von Paaren mit ADHS als sehr hilfreich empfunden. Sie konnten über ihre Geldprobleme mit Personen sprechen, die jeden Teil des Problems repräsentierten. Dies ist ein sehr guter Ansatz für die Therapie.

ADHS erfordert eine medikamentöse Behandlung mit Stimulanzien. Nach 30 bis 40 Jahren Studien sind stimulierende Medikamente immer noch als die wirksamste Behandlung von ADHS gegenüber nicht-stimulierenden Medikamenten allein anerkannt. Das gibt Ihnen etwas Zeit zum Nachdenken, bevor Sie einen Spontankauf tätigen. Manchmal helfen schon ein paar Sekundenbruchteile, um eine bessere Entscheidung zu treffen, die in Ihrem eigenen Interesse liegt. Es dient auch als Filter bei Gelddiskussionen, insbesondere wenn Ihr Frustrationsniveau steigt, und hilft, die sofortige Befriedigung zu verzögern, die der Grund für übermäßige Ausgaben oder jede Art von Exzess ist. Wenn Sie Ihr ADHS nicht behandeln, ist es wahrscheinlicher, dass Sie eine KVT oder kognitive Verhaltenstherapie machen, vor allem wenn Sie Schuldgefühle und Scham in Bezug auf Geld haben. Ein Therapeut kann Ihnen dabei helfen, diese Probleme zu lösen, und KVT ist bei der Behandlung von ADHS sehr wirksam.

Gibt es also Hoffnung für eine Gesundung, wenn es um finanzielle Fragen geht? Viele Menschen befinden sich derzeit aufgrund der Pandemie in einer Krise, aber bitte lassen Sie Ihr ADHS untersuchen und suchen Sie eine gute Behandlung. Wenn Sie das Gefühl

haben, dass Ihre Behandlung nicht anschlägt, sprechen Sie mit Ihrem Arzt oder Therapeuten, um zu sehen, ob Sie Ihre Medikamente besser einnehmen können.

Wenn Sie es sich leisten können, einen Assistenten einzustellen, sollten Sie jemanden beauftragen, Ihnen bei den täglichen Aufgaben zu helfen. Vielleicht hilft Ihnen jemand bei der Buchhaltung, beim Einkauf oder bei anderen Dingen, die Sie brauchen, um den Überblick zu behalten. Holen Sie sich Unterstützung von Fachleuten für psychische Gesundheit und Finanzen. Einige Finanzfachleute sind auf die Arbeit mit ADHS-Personen und deren Impulsivität spezialisiert. Seien Sie jedoch äußerst vorsichtig, denn einige korrupte Unternehmen oder Personen behaupten, dass sie Ihre Schulden übernehmen können, stellen Ihnen dafür aber auch Gebühren in Rechnung.

Schaffen Sie ein Unterstützungssystem mit Hilfe der richtigen Fachleute. Ich habe erlebt, dass einige Menschen mit ADHS sehr gut mit ihrem Geld umgehen können. Letztendlich hängt es meiner Meinung nach davon ab, ob Sie bereit sind, um Hilfe zu bitten. Es hängt auch davon ab, wie viel Zeit Sie sich nehmen, um sich über die Mittel und Wege des Geldes zu informieren. Denken Sie daran, dass Sparen den Aufwand, den Sie betreiben, um etwas zu verdienen, relativiert. Das ist eine wertvolle Lektion für jeden.

Der Fluch des Aufschiebens und Überdenkens

Die Aufmerksamkeitsdefizit-Hyperaktivitätsstörung (ADHS) kann in verschiedenen Lebensphasen und auf unterschiedliche Weise auftreten. Es tritt aufgrund von Abweichungen im Großhirn auf, die wichtige Arbeitsfähigkeiten wie Gedächtnis, Aufmerksamkeit, Schnelligkeit, Fixierung usw. beeinflussen.

Für viele Kinder und Erwachsene, die unter ADHS leiden, sind das Einhalten der Selbstkontrolle und die Fokussierung zwei der größten Herausforderungen, denen sie sich Tag für Tag stellen müssen. So könnte man sagen, dass eine charakteristische Lösung für ADHS eine Art Überlegung oder Vorbereitung wäre, die dazu beiträgt, ihr Urteilsvermögen zu schärfen.

Die Anzeichen von ADHS können zwar durch Behandlung und Nachdenken gemildert werden, aber das sind keineswegs die einzigen Möglichkeiten. Studien deuten darauf hin, dass eine weitere gute Methode, um an der Konzentration zu arbeiten und das Gehirn zur Ruhe zu bringen, die sorgfältige Reflexion ist. Achtsamkeit oder sorgfältige Kontemplation beinhaltet strenge Praktiken wie im Buddhismus.

Sie umfasst die Förderung eines stärkeren Bewusstseins für all das, was in jeder Sekunde um Sie herum geschieht, indem Sie Ihre tatsächlichen Empfindungen, Gefühle und Überlegungen berücksichtigen. Sie kann ebenfalls als Instrument zur Förderung des geistigen Wohlstands eingesetzt werden. Wie eine Studie des Magazins ADDitude aus dem Jahr 2017 zeigt, nutzt ein Drittel der Erwachsenen mit ADHS die achtsame Kontemplation, und etwas weniger als die Hälfte von ihnen gibt ihr eine hohe Bewertung.

Ist Achtsamkeit bei ADHS wirksam?

Genauso wie einige Aktivitäten dazu beitragen können, einen bestimmten schwachen Muskel in Ihrem Körper zu stärken, können bestimmte Aktivitäten Ihrem Großhirn helfen. Achtsamkeit trägt dazu bei, Ihre Fähigkeit zu verbessern, Ihre Gedanken zu kontrollieren. Sie ermöglicht es Ihnen, sich auf sich selbst zu konzentrieren und trainiert Sie, Ihr umherschweifendes Gehirn in den gegenwärtigen Moment zu bringen, wenn Sie anderweitig beschäftigt sind.

Im Gegensatz zu anderen Medikamenten gegen ADHS hilft die Pflege bei der Förderung Ihrer inneren Fähigkeiten. Sie trägt dazu bei, Ihre Fähigkeit zu erhöhen, verschiedene Arten von Verbindungen zu fördern, Ihre Überlegungen vorzubereiten und Ihre Fähigkeit zur Selbstwahrnehmung zu stärken. Anschließend lehrt es Sie, sich auf die Konzentration zu konzentrieren, mit dem Ziel, dass Sie nicht indiskret reagieren und dass Sie auf Ihren leidenschaftlichen Zustand aufmerksam werden.

Kontemplation stärkt den präfrontalen Kortex, den Bereich Ihres Geistes, der an der Kontrolle Ihrer treibenden Kräfte, am Ordnen und am Zentrieren beteiligt ist. Außerdem wird der Dopaminspiegel im Gehirn erhöht; bei Menschen mit ADHS ist der Dopaminspiegel vermindert. Daher hilft die Reflexion Menschen, die an ADHS leiden.

Wenn Sie langes Sitzen in Kontemplation als extrem überwältigend empfinden, gibt es einige Möglichkeiten, damit zu beginnen.

- Besuchen Sie einen Kurs - Sie können sich für einen Meditationskurs anmelden, um die Kraft des positiven Gruppendrucks zu nutzen. Menschen, die unter ADHS leiden, fällt es oft schwer, Routinen einzuhalten und sich für längere Zeit hinzusetzen. Es gibt einige Gemeinschaften, die achtsame Kontemplation praktizieren. Einige bieten achtwöchige Programme mit wöchentlichen Kursen von jeweils 2,5 Stunden Dauer an, die durch Übungen zu Hause ergänzt werden. Meistens beginnen sie mit fünfminütigen Selbstreflexionen zu Hause und steigern sich dann auf 15 bis 20 Minuten. Außerdem können Sie wählen, ob Sie länger üben oder die situierte Reflexion durch ein vorsichtiges Spazierengehen ersetzen wollen.

  Da manche Menschen mit ADHS dazu neigen, besser visuell zu lernen, verwenden einige Einrichtungen auch visuelle Hilfsmittel wie das Foto eines bewölkten Himmels, um die wichtigsten Konzepte zu beschreiben. Die Wolken sprechen alle Empfindungen, Gefühle und Gedanken an, die an ihnen vorbeiziehen, und der blaue Himmel steht für ein Gefühl der Aufmerksamkeit.

  Wenn Sie zum Beispiel auf dem Fahrersitz sitzen, denken Sie regelmäßig an die Besorgungen, die Sie erledigen wollen. Wenn Sie damit vertraut sind, in Ihre Psyche und Ihren Körper hineinzuschauen, können Sie die Methoden der Achtsamkeit immer dann anwenden, wenn Sie sich überfordert fühlen.

- Machen Sie es sich zu eigen - Menschen mit ADHS werden ermutigt, bei ihren täglichen Aktivitäten Achtsamkeit walten zu lassen. Sie können Achtsamkeit

sogar allein praktizieren. Suchen Sie sich einfach einen bequemen Platz, an dem Sie niemand stört, setzen Sie sich hin und konzentrieren Sie sich fünf Minuten lang auf das Gefühl des Ein- und Ausatmens.

Konzentrieren Sie sich darauf, wie Sie sich fühlen, wenn sich Ihr Magen hebt und senkt. Irgendwann werden Sie merken, dass Ihre Gedanken zu etwas anderem abschweifen - zu Ihren Plänen für den Tag oder zu einem Geräusch, das Sie gerade gehört haben. Bezeichnen Sie diese Gedanken als "Denken" und richten Sie Ihre Aufmerksamkeit dann wieder auf Ihren Atem.

- Üben Sie sich in Selbstmitgefühl - Menschen, die mehrere Jahre lang unter den Herausforderungen von ADHS gelitten haben, können ein verkrüppeltes Selbstwertgefühl entwickelt haben. Sie können lernen, ihre Schwächen und Stärken durch Selbstmitgefühl zu akzeptieren.

  Eine Haltung der Akzeptanz kann auch dazu beitragen, Ihre Schwachstellen zu verbessern und zu bewältigen. Wenn Sie zum Beispiel mehr Einsicht in Ihre Probleme mit dem Zeitmanagement zeigen, müssen Sie nicht mehr so tun, als hätten Sie kein Problem. Sie können sich proaktiv die Instrumente aneignen, mit denen Sie Ihre Zeit angemessen einteilen können, und so Schuldgefühle wegen Verspätungen vermeiden.

Die Zahl der Studien, die sich mit nicht-pharmakologischen Behandlungsmethoden für Menschen mit ADHS befassen, ist in letzter Zeit gestiegen und hat einige neue Behandlungsmöglichkeiten für Patienten hervorgebracht. Aktuelle Beobachtungsstudien stützen die Gründe für den Einsatz von Behandlungsmethoden zur Linderung von ADHS.

In einer Untersuchung wurde ein Betreuungsprogramm, das in einer Gruppe durchgeführt wurde, über einen längeren Zeitraum mit einer Gruppe von Jugendlichen und Erwachsenen mit ADHS durchgeführt. Die Auswertungen vor und nach der Behandlung zeigten eine Verbesserung der unruhigen, belastenden, hyperaktiv-unauffälligen und besorgten Symptome.

Ein weiterer Bericht, der 2011 im Journal of Child and Family Studies veröffentlicht wurde, konzentrierte sich auf die Ergebnisse eines betreuungsbasierten Vorbereitungsprogramms, das etwa zwei Monate lang durchgeführt wurde (Saskia van der Oord, 2011).

Zu den Teilnehmern gehörten Kinder im Alter von acht bis 12 Jahren. Sie wurden ebenfalls sorgfältig auf ihre Eltern vorbereitet. Die Untersuchung ergab, dass die von den Erziehungsberechtigten nach dem achtwöchigen Vorbereitungsprogramm gemeldeten ADHS-Erscheinungen deutlich zurückgingen. Auch die Überreaktivität und der Stress der Eltern gingen zurück.

Kontrolle/Abbau von Ängsten und Stress

Aktivitäten wie Schlittschuhlaufen, Wildwasser-Rafting, Bergwandern, Klettern, Akrobatik, Schlittschuhlaufen, Ausdruckstanz und Nahkampf sind für Erwachsene mit ADHS großartig.

Die besonderen Reize, die für diese Art von Aktivität verwendet werden, regen eine enorme Anzahl von Hirnarealen an, die zur Kontrolle von außergewöhnlicher Konzentration und Aufmerksamkeit, Zurückhaltung, Fehlerassoziation, Umschalten, Ergebnisbewertung, Sequenzierung, Timing und Gleichgewichtskontrolle beitragen.

Die Teilnahme an diesen Übungen wird auch zu einer Frage der Ausdauer - um zu verhindern, dass Sie sich selbst verletzen, indem Sie das Gleichgewicht verlieren oder einen Karateschlag einstecken müssen. Solche Aktivitäten helfen Ihnen auch, die Konzentrationskraft der instinktiven Reaktion Ihres Gehirns zu nutzen.

Die Bewegungen lenkt ebenfalls die Amygdala und wirkt sich positiv auf das limbische System aus. Die Amygdala kann Menschen mit ADHS helfen, indem sie ihre Auslösereaktionen dämpft, die dann positiver umgelenkt werden können. So wird verhindert, dass man sich hinreißen lässt und Ihrem Ärger Ausdruck verleihen.

ANGST UND STRESS SIND DIE SCHLIMMSTEN FEINDE EINER BEZIEHUNG!

Das Perfektionismus-Schamgefühl

Scham ist etwas, das viele erwachsene ADHS-Patienten empfinden, und das kann überwältigend sein. Die Ursache für Scham ist in erster Linie die Tatsache, dass ADHS-Patienten das Gefühl haben, den Erwartungen anderer nicht gerecht werden zu können und ihr Leben lang völlig versagt zu haben. Wenn dieses Gefühl des Versagens nicht angegangen wird, kann es das Selbstwertgefühl beeinträchtigen und zu einer großen emotionalen Belastung werden.

Deshalb sollten Sie sich nie scheuen, jemanden um Hilfe zu bitten, insbesondere um professionelle Hilfe. Wenn Sie sich leid tun und sich ständig unwürdig fühlen, sind Sie ein Opfer von ADHS-Scham. Es kann ein quälender Zustand sein, die man ein Leben lang ertragen muss. Deshalb ist es wichtig, die Ursache für Ihren Scham zu finden, zu verstehen, warum Sie etwas dagegen tun müssen, und dann die notwendigen Schritte zu unternehmen.

Was ist Scham?

Auch wenn es unrealistisch erscheinen mag, wird das Konzept von Scham oft missverstanden und mit anderen Gefühlen verwechselt. Um dies zu verhindern, müssen Sie eine umfassende Vorstellung davon haben, was Scham ist. Wenn Sie mit ADHS zu kämpfen haben, wissen Sie bereits, dass Sie sich jeden Tag bei anderen für irgendetwas entschuldigen müssen. Vielleicht haben Sie die Wäsche nicht gewaschen, Ihren Schreibtisch nicht aufgeräumt, sind zu spät ins Büro gekommen oder haben Ihre

Autoschlüssel verloren. Ganz gleich, wie sehr sich ADHS-Patienten bemühen, diese Dinge passieren immer und immer wieder.

Dies führt zu einem Kreislauf der Selbstbeschuldigung, in dem das Entschuldigen selbst für unbedeutende Dinge zur Gewohnheit wird. Dies gilt umso mehr für Patienten, bei denen ADHS erst später im Leben diagnostiziert wurde. Letztlich werden diese Patienten durch ein Gefühl der Scham betäubt, das sehr lähmend sein kann. Es kann so schlimm werden, dass die Betroffenen nicht mehr in ihren Kleiderschrank schauen, weil sie wissen, dass er unordentlich ist, und sich dafür schämen. Sie fühlen sich wegen jedes unordentlichen Teils ihres Lebens gequält.

Wenn Menschen Scham empfinden, schämen sie sich also für einen bestimmten Teil ihrer selbst. Sie haben in ihrem täglichen Leben viel zu kämpfen, aber sie wollen nicht, dass andere davon wissen. Sie setzen eine Fassade auf, in der sie ein glückliches Leben führen. Doch mit der Zeit erzeugt dieses ständige Bedürfnis, jemand anderes zu sein, ein Gefühl der Einsamkeit, das anstrengend ist. Die Patienten beginnen, sich von ihren Nächsten zurückzuziehen. Schließlich können sie ihre Familienmitglieder nicht mehr um Hilfe bitten, weil sie von Schamgefühlen gelähmt sind.

Es gibt verschiedene Arten von Scham bei ADHS. Wir werden sie im Folgenden erörtern:

- Die erste Art von Scham ist, wenn die Person sich einfach für die Tatsache schämt, dass sie ADHS hat. Sie können sich mit dieser Krankheit nicht anfreunden. Obwohl es sich um einen lebenslangen Zustand handelt, den man akzeptieren muss, so wie man die Tatsache akzeptieren würde, dass Menschen unterschiedliche Haarfarben haben, ist es nicht leicht, dies zu tun.

- Die nächste Art von Scham, die ADHS-Patienten empfinden, rührt von der Tatsache her, dass sie sich von anderen unterscheiden. Wenn sie andere und dann sich selbst betrachten, stellen sie erhebliche Unterschiede fest. Diese Scham, nicht so zu sein wie die anderen, ist bei Kindern stärker ausgeprägt als bei Erwachsenen. Jeder hat den Wunsch, dazuzugehören, aber mit ADHS wird man immer Unterschiede haben, die einen auffallen lassen (und das nicht auf eine gute Art).

  Die ständige Aufmerksamkeit, die ADHS-Patienten erhalten, wenn sie einen Raum betreten, verursacht soziale Ängste. Aber es sind nicht nur die Verhaltensunterschiede, die sie auszeichnen; ADHS-Patienten brauchen oft zusätzliche Hilfe. Sie müssen auch den ganzen Tag über Medikamente einnehmen und ihre Arzttermine wahrnehmen.

- Die nächste Art der Scham, die ADHS-Patienten empfinden, betrifft ihr Verhalten. Sie verhalten sich nicht so wie andere. Sie tun fast immer etwas, wofür sie sich schämen. Sie schämen sich zum Beispiel, weil ihr Arbeitsplatz oder ihre Wohnung nicht so aufgeräumt und sauber ist wie die der anderen.

Jeder Mensch ist auf andere Weise betroffen, wenn es um Verhaltensscham geht. Aber eines haben sie alle gemeinsam: Sie schämen sich.

- Eine weitere häufige Form der Scham bei ADHS-Erwachsenen ist die Tatsache, dass sie mit ihrer Position im Leben nicht zufrieden sind und das Gefühl haben, sich nicht genug angestrengt zu haben. Sie hatten sich Ziele gesetzt, von denen sie das Gefühl haben, sie nicht erreicht zu haben. Die Scham, die sich aus diesem Gefühl ergibt, wird noch verstärkt, wenn sie sehen, dass andere Großes leisten, während sie es nicht können. Dies führt auch zu Ressentiments, denn ADHS-Erwachsene sind genauso klug wie andere.

  ADHS-Patienten grübeln immer wieder über ihre Vergangenheit nach und denken über jeden Fall nach, bei dem sie etwas nicht geschafft haben. Das kann das Versäumnis sein, eine Kreditkartenrechnung zu bezahlen, oder die Zeit, in der sie sich von einem besonderen Menschen trennen mussten. Es könnte auch der peinlichste Moment in ihrem Leben sein. Sie wiederholen das Ereignis immer wieder und durchleben diese Schande erneut.

Beachten Sie, dass Scham und Schuld zwei sehr unterschiedliche Dinge sind. Sie fühlen sich schuldig für das, was Sie getan haben, aber Sie schämen sich dafür, wer Sie als Person sind.

Die Folgen der Scham

Nachdem Sie nun eine klare Vorstellung davon haben, was Scham ist, lassen Sie uns zu den Folgen von ADHS-Scham übergehen. Wie Sie bereits wissen, sind Menschen mit ADHS intensiven Emotionen ausgesetzt. Was auch immer sie an normalen Emotionen haben, wird in hohem Maße verstärkt. Scham kann zu einigen ziemlich unangenehmen Gefühlen führen. Im Folgenden finden Sie einige der häufigsten Beispiele dafür, wie Scham das Leben von ADHS-Patienten beeinflussen kann:

- Menschen versuchen, ihre Persönlichkeit zu verbergen, weil sie sich schämen. Sie vermeiden jede Situation, in der sie emotional verletzlich sein müssen. Dies wirkt sich stark auf ihre Beziehungen aus. Im nächsten Kapitel werden wir genauer darauf eingehen, wie sich ADHS auf Beziehungen auswirkt. Für den Moment sollten Sie aber wissen, dass ADHS-Patienten Freundschaften oder sogar Intimität scheuen, weil sie sich verletzlich fühlen, wenn sie ihre Persönlichkeit und ihr Wesen offenbaren.

- ADHS-Patienten können aus Scham ihre Gefühle nicht ausdrücken. Sie stauen viele Gefühle in sich hinein. Dies führt zu Depressionen. Die Tendenz, die eigenen Gefühle zu unterdrücken, ist bei Frauen häufiger anzutreffen als bei Männern. Vielleicht schämen sie sich für ein Ereignis, das ihnen widerfahren ist, oder sie schämen sich für die Person, die sie sind. Was auch immer der Grund ist, die Person unterdrückt alle ihre Gefühle und

Gedanken in ihrem Herzen. Dies führt schließlich zu schweren psychischen Erkrankungen.

- Die unmittelbare Folge der beiden oben erwähnten Konsequenzen ist, dass der ADHS-Patient in einen Zustand ständiger Angst, Depression und Wertlosigkeit gedrängt wird. Ihr Selbstwertgefühl wird angegriffen und beeinträchtigt. Jeder Tag in ihrem Leben fühlt sich wie ein Kampf an, den sie ertragen müssen.

- Rückfälle in schwerere Phasen treten häufiger bei ADHS-Patienten auf, die intensiver mit Scham konfrontiert sind. Jemand, der den Drogenmissbrauch überwunden hat, wird möglicherweise rückfällig, weil er ein lähmendes Gefühl der Scham im Hinterkopf hat.

  Es hat sogar Fälle gegeben, in denen Menschen absichtlich ein problematisches Verhalten an den Tag legten, nur weil sie dachten, dass eine Heilung für sie nicht möglich sei. Aus diesem Grund sagen Fachleute, dass ADHS-Patienten aus Scham oft keine Therapie oder irgendeine Form der Behandlung in Betracht ziehen. Sie halten sich für wertlos und glauben daher, dass es keinen Sinn hat, sich in Behandlung zu begeben.

Wie man die Hasser zum Schweigen bringt

Eine der Hauptursachen für ADHS-Scham sind die Hasser in der Gesellschaft, die nichts über die Störung wissen und sie dennoch als etwas Unberührbares behandeln. Der Grund dafür sind die zahlreichen Missverständnisse, die in der Gesellschaft herrschen. Wenn Sie mit ADHS-Scham umgehen und sich nicht von ihr beherrschen lassen wollen, müssen Sie die Skeptiker zum Schweigen bringen. Darüber werden wir in diesem Abschnitt sprechen.

Sehr oft werden Sie feststellen, dass Skeptiker ganz klar sagen, dass Erwachsene kein ADHS haben können und dass sie es nur als Ausrede benutzen, um ihre Fehler zu vertuschen. Skeptiker sagen immer wieder, dass die Symptome, die sie haben oder zu haben behaupten, darauf zurückzuführen sind, dass ihre Eltern die Zügel nicht in der Hand hatten, als sie jung waren. Sie werden Ihnen sagen, dass Sie mit Ihren Unzulänglichkeiten fertig werden und erwachsen werden müssen. Aber ich habe Ihnen in diesem Buch bereits zahlreiche Beweise dafür geliefert, dass ADHS real ist. Es ist sehr real, und es kommt sowohl bei Erwachsenen als auch bei Kindern vor.

Wenn Sie also den Skeptikern antworten, dann tun Sie dies mit Fakten. Eine der besten Formen von Munition, die Sie gegenüber den Skeptikern der Gesellschaft vorbringen können, sind harte Fakten. Sie können einen Skeptiker sogar zu einem Treffen Ihrer Selbsthilfegruppe mitnehmen oder ihm Artikel schicken, die ihn aufklären.

Wenn Sie sarkastisch sein wollen, können Sie ihnen immer sagen, wie schön es ist, dass sie klüger sind als einige der renommiertesten Psychologen und Wissenschaftler der Welt.

Der nächste Typ sind die Menschen, die uns am nächsten stehen, die aber nicht verstehen, dass ADHS ein echtes Problem ist. Egal, wie viele Beweise Sie vorlegen, sie werden Ihnen nicht glauben. Sie sagen Ihnen vielleicht immer wieder, dass mit Ihnen alles in Ordnung ist und dass Sie einfach nur faul sind.

Experten sind der Meinung, dass Familienmitglieder sich oft so verhalten, weil sie nicht akzeptieren können, dass es so etwas wie ADHS gibt. Außerdem können sie nicht akzeptieren, dass es in ihrer Familie vorkommt, und leugnen es deshalb. Wenn Sie so jemanden in Ihrer Familie haben, müssen Sie ihnen die Stirn bieten und sie wissen lassen, dass ADHS eine Krankheit ist, unter der Sie leiden, und dass es nicht um sie geht. Das mag anfangs schwierig sein, aber mit der Zeit werden diese Menschen es einsehen.

Wie man Scham heilt

Egal, wie man den Hassern in der Gesellschaft antwortet, die Scham bleibt bestehen, und man muss einen Weg finden, sich selbst zu heilen. Unabhängig davon, wie qualifiziert eine Person im Leben ist, wenn sie sich wegen ADHS schämt, kann kein Abschluss oder Bildungsabschluss dies verringern. Nicht jeder kann die Scham beseitigen. Jeder von uns trägt ein gewisses Maß an Scham in sich, aber wir können zumindest das toxische Ausmaß der Scham reduzieren. Hier sind einige Tipps, wie das gelingen kann:

- Informieren Sie sich - Der erste Schritt besteht darin, sich über ADHS zu informieren, damit Sie keine falschen Vorstellungen haben. Verstehen Sie, dass alle Ihre Verhaltensweisen und Eigenschaften auf genetische und neurobiologische Faktoren zurückzuführen sind. Es hat nichts mit Ihrem Charakter zu tun, also ist auch nichts falsch an Ihnen. Es ist nicht Ihre Schuld, und das müssen Sie verstehen. Verschiedene Lebensbereiche werden durch ADHS beeinträchtigt, und Sie sind nicht der Einzige, der damit zu kämpfen hat.

  Lesen Sie noch einmal die ersten beiden Kapitel dieses Buches und erinnern Sie sich daran, dass ADHS eine biologische Erkrankung ist. Je mehr Sie sich weiterbilden, desto leichter wird es Ihnen fallen, anzuerkennen, dass ADHS tatsächlich eine neurologische Erkrankung ist. Sie werden erkennen, dass viele der Ursachen für Ihre Scham einfach die Folgen Ihrer ADHS sind. Mit der Zeit werden Sie erkennen, dass die meisten Schamgefühle selbstverschuldet sind.

- Haben Sie Ihr eigenes Unterstützungssystem - Wenn Sie keine Menschen haben, die Sie bei Ihrem Kampf gegen ADHS unterstützen, müssen Sie sich jetzt welche suchen. Vielleicht können Sie eine lokale Selbsthilfegruppe besuchen, in der Sie ähnliche Menschen treffen und Ihre Erfahrungen austauschen können. Oder Sie könnten mit einem Therapeuten oder einem Familienmitglied sprechen, das Sie wirklich versteht und unterstützt.

Wenn Sie mit Menschen zu tun haben, die das Problem verstehen, werden Sie sich gehört fühlen. Wenn Sie viel zu tun haben und glauben, dass Sie keine Zeit für Selbsthilfegruppen in Ihrer Nähe finden, können Sie nach Online-Selbsthilfegruppen suchen. Einige von ihnen bieten sogar von Zeit zu Zeit Webinare an.

- Ändern Sie Ihre Denkweise - Achten Sie darauf, wie Sie über sich selbst denken und sprechen. Sprechen Sie zu oft negativ? Sagen Sie Dinge wie "Ich werde nie gut im Zeitmanagement werden"? Wenn ja, dann ist es an der Zeit, dass Sie diese Dinge ändern. Sagen Sie stattdessen: "Ich weiß, dass es schwierig ist, aber ich kann langsam lernen, meine Zeit zu managen." Ein solcher Satz fördert Hoffnung und Motivation. Viele Menschen denken, dass eine Änderung der Denkweise bedeutet, das Problem zu vernachlässigen. Das ist aber nicht der Fall - Sie müssen sich selbst in einen positiven Menschen verwandeln, der für alle Möglichkeiten offen ist. Sie müssen Ihre einschränkenden Überzeugungen loslassen, aufhören, sich selbst zu verurteilen, und anfangen zu glauben, dass es in Ordnung ist, Fehler zu machen, solange Sie bereit sind, sie zu beheben.

Selbstliebe praktizieren

Sich selbst zu lieben, kann bei der Überwindung der ADHS-Scham sehr hilfreich sein. Vielleicht finden Sie das anfangs seltsam und schwierig, weil Sie es gewohnt sind, sich für jede Kleinigkeit die Schuld zu geben und sich dafür zu schämen, wer Sie sind. Stellen Sie sich selbst an die erste Stelle und kümmern Sie sich um Ihr Glück und Ihr Wohlbefinden.

Das wird Ihnen helfen, sich von der Scham zu heilen. Lassen Sie uns einige Praktiken der Selbstliebe besprechen, die Sie anwenden können, um ein voll funktionsfähiges und unabhängiges Individuum zu werden, das für sich selbst sorgt und ein glückliches Leben führt.

Hilfe von anderen annehmen

Wenn Sie sich selbst lieben, zögern Sie nie, um Hilfe zu bitten und sie anzunehmen. Der Mensch ist ein soziales Wesen; wir brauchen einander zum Überleben. Wenn Sie überfordert, ängstlich, verwirrt oder einsam sind, sollten Sie sich an andere wenden, anstatt in Ihrem eigenen Kummer und Ihrer Scham zu versinken.

Manchmal kann eine gute Gesellschaft Ihnen Rat und Trost spenden. Wenn Sie sich von Ihrem Kummer und Ihren Gefühlen überwältigen lassen, können Sie sich nicht selbst beruhigen. Die meisten Menschen denken, dass schwache Menschen um Hilfe bitten, aber das ist nicht der Fall. Wenn Sie anderen in schwierigen Zeiten helfen, dann haben Sie es verdient, dass man Ihnen auch in Ihrer Krise hilft. Wenn Ihre Probleme ernsthaft und

hartnäckig sind, wenden Sie sich an Ihre Freunde, an Ihre Familie oder an eine Fachperson wie einen Therapeuten.

Erfüllen Sie Ihre eigenen Bedürfnisse

Achten Sie auf sich selbst und gehen Sie auf Ihre Bedürfnisse ein. Wenn Sie sich ständig um die Bedürfnisse anderer sorgen und Ihre eigenen Bedürfnisse und Anliegen vernachlässigen, werden Sie nirgendwo landen. Es ist höchste Zeit, dass Sie mit all diesen Dingen aufhören und anfangen, sich selbst an die erste Stelle zu setzen. Wenn Sie daran gewöhnt sind, dass sich jemand anderes um all Ihre Bedürfnisse kümmert, dann müssen Sie auch damit aufhören.

Bei ADHS kann das schwierig sein, aber wenn Sie einige Dinge selbst erledigen, werden Sie sich besser fühlen. Achten Sie darauf, dass Sie Ihre grundlegenden körperlichen Bedürfnisse erfüllen, wie z. B. zahnärztliche Untersuchungen, ärztliche Untersuchungen, Bewegung, Ruhe, Essen usw. Schenken Sie den Bedürfnissen und Anforderungen, die Sie am ehesten übersehen, ein wenig mehr Aufmerksamkeit. Wenn Sie sich müde, verwirrt, überfordert, ängstlich, wütend, traurig, einsam oder als Opfer fühlen, fragen Sie sich, was Sie trösten wird. Der Grund für Ihre Depression kann auch darin liegen, dass Sie sich selbst lange Zeit vernachlässigt haben.

Beginnt Spaß zu haben

Beginnen Sie mit der Planung von Hobbys, Freizeitaktivitäten usw. Wenn Sie sich weiterhin auf die düsteren Seiten des Lebens konzentrieren und ständig von Ihren Problemen überwältigt werden, wird Ihr Leben zu einem Wettbewerb oder einem Kampf um Leistung und Ausdauer. Das Leben sollte keine Last sein, also seien Sie nicht zu hart zu sich selbst. Manchmal ist ein bisschen Freude und Lachen alles, was man braucht, um wieder auf die Beine zu kommen.

Schützen Sie sich selbst

Sich vor geistigem, emotionalem und körperlichem Missbrauch zu schützen, ist ein wesentlicher Bestandteil der Selbstliebe. Wenn Sie jemanden lieben, bedeutet das nicht, dass Sie das gemeine und beleidigende Verhalten dieser Person akzeptieren müssen. Wenn Sie glauben, dass Sie missbraucht oder verletzt werden, verschwenden Sie nicht länger Ihre Energie und Zeit mit der Erwartung, diese Person zu ändern.

Setzen Sie sich für sich selbst ein und entfernen Sie die Person aus Ihrem Leben. Im Abschnitt "Wie Sie die Hasser zum Schweigen bringen" habe ich einige Möglichkeiten erläutert, wie Sie für sich selbst eintreten können. Wenn sich jedoch Situationen ergeben, die nicht erwähnt wurden, seien Sie kreativ und gehen Sie mit den Hassern mit strenger Hand um. Geben Sie sich niemals selbst die Schuld für den Hass, den andere über Sie ausschütten.

Seien Sie sanft zu sich selbst

Behandeln Sie sich selbst mit Mitgefühl und Sanftmut. Machen Sie Ihre innere Stimme freundlich und ruhig. Wenn Sie Schmerzen haben oder sich in einer Krise befinden, nützt es nichts, wenn Sie sich selbst die Schuld geben. Das macht alles nur noch schlimmer. Wenn Sie ADHS haben, treten diese Gefühle noch intensiver zutage. Sie könnten versucht sein, sich in solchen Situationen abzulenken und Ihre Gefühle zu ignorieren, aber das sollten Sie nicht tun.

Versuchen Sie stattdessen, bei sich selbst zu sein. Sie sind derjenige, der am meisten mit sich selbst zusammen sein sollte, wenn Sie Angst, Wut, Hoffnungslosigkeit, Kummer oder Unruhe empfinden. Das unschuldige Kind in Ihnen braucht Sie am meisten. Versuchen Sie, sich selbst mit Mitgefühl, Freundlichkeit und Zärtlichkeit zu trösten, so wie Sie es auch für andere tun. Hören Sie auf sich selbst und fangen Sie an, sich zu verzeihen. Umarmen Sie sich selbst und bauen Sie Vertrauen in sich selbst auf. Geben Sie sich niemals selbst auf.

Akzeptieren Sie sich selbst

Sich selbst zu lieben und zu akzeptieren bedeutet auch, die eigenen Unzulänglichkeiten, Gedanken, Gefühle und das Aussehen zu akzeptieren. Sie müssen versuchen, nicht das Gefühl zu haben, sich irgendjemandem beweisen zu müssen. Sie verdienen Respekt und Liebe, unabhängig von Ihren Fehlern. Andere werden nach Möglichkeiten suchen, Ihre Fehler und Schwächen auszunutzen. Hören Sie auf, sich von anderen bestätigen zu lassen; akzeptieren Sie stattdessen Ihre Fehler und Schwächen. So können Sie verhindern, dass Sie von anderen verletzt werden, und werden zu einem spontanen und authentischen Menschen.

Ermutigen Sie sich selbst

Behandeln Sie sich selbst mit Begeisterung und Ermutigung. Halten Sie sich einen Positivitäts-Coach in Ihrem Inneren, der Sie immer ermutigt, Dinge zu tun, die Sie lieben. Warten Sie nicht darauf, dass andere Ihnen Komplimente machen oder Ihnen Anerkennung entgegenbringen. Geben Sie sich selbst Anerkennung für das, was Sie gut können, anstatt diese Dinge als selbstverständlich anzusehen. Ermutigen Sie sich selbst, auch nur die kleinsten Fortschritte in Richtung Ihrer Träume und Ziele zu machen.

Drücken Sie sich selbst aus

Verstecken Sie Ihr inneres Selbst nicht zu lange. Fangen Sie an, sich selbst zu achten und Ihre Bedürfnisse, Gedanken, Meinungen und Gefühle mitzuteilen. Denken Sie daran, dass Sie ein Recht darauf haben, eine andere Meinung zu haben als andere. Sie sind einzigartig, und Sie können fühlen und sagen, was Sie wollen, ohne jemandem eine Rechtfertigung schuldig zu sein. Wenn Sie anfangen, Ihre Meinung furchtlos zu vertreten, werden Sie sich den Respekt der anderen verdienen. Machen Sie sich keine Sorgen über die Tatsache,

dass Sie ADHS haben. Bedeutet eine Diabeteserkrankung, dass man seine Gedanken nicht äußern sollte? Nein, oder? Das Gleiche gilt für ADHS.

Beginnen Sie mit einer spirituellen Praxis

Verbringen Sie mehr Zeit mit sich selbst. Unabhängig von Ihrem Glauben an Gott wird Ihnen die spirituelle Praxis helfen, eine tiefe Beziehung zu sich selbst aufzubauen. Eine ruhige Zeit für sich selbst zu reservieren ist eine gute Möglichkeit, sich selbst zu ehren. Religiöse Überzeugungen sind für spirituelle Praktiken nicht unbedingt erforderlich. Wenn Sie sich auf eine solche Praxis einlassen, können Sie einen ruhigen, zentrierten Ort finden, von dem aus Sie Zugang zu innerer Führung haben, um Harmonie mit anderen und sich selbst zu erfahren. Wenn Sie mehr Zeit darauf verwenden, auf sich selbst zu hören und die Wahrheit für sich selbst zu finden, gewinnen Sie Frieden, Klarheit und Vertrauen.

Finden Sie Ihre Stärken und Schwächen

Wenn Sie ADHS haben, haben Sie wahrscheinlich schon mehr als genug über Ihre Schwächen, Schwierigkeiten und Probleme gehört. Die gute Nachricht? ADHS kann ein enormer Gewinn für Ihr Leben sein. Sie müssen nur lernen, es richtig zu nutzen!

Stärken

Viele Menschen würden ADHS-Stärken als "Superkräfte" bezeichnen, weil es sich um zusätzliche Fähigkeiten handelt, die ihren neurotypischen Altersgenossen fehlen. Menschen mit ADHS haben eine einzigartige Sicht auf die Welt, die diejenigen, die nicht an ADHS leiden, nicht verstehen können.

- Menschen mit ADHS haben oft "große Gefühle", die in vielerlei Hinsicht aufschlussreich sein können. Sie sind intuitiv und haben eine einzigartige Verbindung zu ihren Gefühlen.
- Das ADHS-Gehirn ist auf der Suche nach neuen und aufregenden Aktivitäten. Es nimmt innovative Gedanken, Bewegungen, Visualisierungen und Ideen wahr und schätzt sie.
- Für eine Person mit ADHS ist es viel schlimmer, lange Zeit zu sitzen und sich zu fügen, als das Risiko, zu versagen. Menschen mit ADHS hingegen nehmen das Risiko des Scheiterns gerne in Kauf.
- Viele Menschen mit ADHS bevorzugen praktische, aktive Aufgaben. Dies ermöglicht es ihnen, praktische Lösungen für Probleme zu finden.

- Menschen mit ADHS sind sehr kreativ. Sie schaffen neues, spannendes Material, z. B. Gemälde oder schriftliche Arbeiten. Menschen mit ADHS leisten oft einen wertvollen Beitrag zur Problemlösung. Die Art und Weise, wie Neurodivergente ihre emotionale Intelligenz einsetzen, ermöglicht es ihnen, Lösungen zu finden, die Neurotypen nicht finden können. Albert Einstein zum Beispiel hatte ADHS.

- Führungsqualitäten sind bei vielen Menschen mit ADHS eine bekannte Eigenschaft. Das liegt daran, dass sie bereit sind, Dinge zu sagen, die andere vielleicht nicht sagen, und dass sie dazu neigen, direkt zu sein und auf den Punkt zu kommen. Sie sind auch ausgezeichnete Problemlöser (eine gute Eigenschaft für jede Führungskraft) und arbeiten gut in Gruppen.

- Menschen mit ADHS haben häufig einen großen sozialen Einfluss und eine große Ausstrahlung. Dies ist auf ihre hervorragenden Gesprächsfähigkeiten zurückzuführen. Einer Studie zufolge verfügen Menschen mit ADHS über eine höhere soziale Intelligenz, Humor und Empathie.

- Innovation ist bei Menschen mit ADHS weit verbreitet. Menschen mit ADHS sind in der Regel Nonkonformisten, die phantasievolle Ideen entwickeln können, weil sie außerhalb der Zwänge denken, die andere ihnen auferlegen. In vielen Berufen ist Innovation eine gefragte Eigenschaft.

- Forschungsergebnissen zufolge werden viele Menschen mit ADHS hyperfokussiert. Dies ist der Fall, wenn eine Person so sehr auf eine Aufgabe konzentriert ist, dass sie nicht bemerkt, was um sie herum geschieht. Dies ist ein großer Vorteil, denn eine Person mit ADHS kann so lange arbeiten, bis eine Aufgabe abgeschlossen ist, ohne die Konzentration zu verlieren.

- Menschen mit ADHS haben in der Regel sehr viel Energie. Sie sind immer bereit zu handeln, und ihre Persönlichkeiten sind oft energisch, spontan und leidenschaftlich. Wenn Sie ADHS haben, können Sie Ihre grenzenlose Energie für den Erfolg im Sport, in der Schule, in der Kunst, in der Musik, im Geschäft, beim Sprechen und bei der Arbeit einsetzen!

- Aufgrund ihrer Fähigkeit zur Hyperfokussierung sind viele Menschen mit ADHS produktiv und beenden eine Aufgabe, sobald sie sie begonnen haben. Im Gegensatz zu dem, was die Leute sehen und was passiert, kann die Hyperfokussierung helfen, jede Art von Aufgabe zu bewältigen. Für Menschen mit ADHS ist Interesse der Schlüssel zur Arbeit und zum Erfolg bei allem, was sie beginnen.

Wir konzentrieren uns viel zu oft auf die Probleme, was dazu führt, dass wir die enormen positiven Eigenschaften, die wir besitzen, aus den Augen verlieren. Dies gilt insbesondere für Menschen mit ADHS, da wir aufgrund eines geringen Selbstwertgefühls dazu neigen, unsere Stärken zu unterschätzen und unsere Schwächen zu überschätzen. Wir müssen

verstehen, wie sich ADHS auf uns auswirkt und welchen Herausforderungen wir uns stellen müssen.

Nur wenn wir die Mechanismen dieses Syndroms und die Besonderheiten, die uns betreffen, kennen, werden wir in der Lage sein, für uns selbst zu sorgen und erfolgreich zu sein. Um Lösungen anwenden zu können, müssen wir zunächst Wissen erwerben. Im vorangegangenen Kapitel habe ich versucht, Ihnen dabei zu helfen, herauszufinden, wie ADHS Ihr Leben beeinflusst oder auch nicht beeinflusst haben könnte.

Da jeder Mensch einzigartig ist, treffen nicht alle Fehler oder möglichen Szenarien auf jeden zu. Daher müssen Sie versuchen, Ihre einzigartige Kombination von Merkmalen zu entdecken und so Ihren Weg zu einem erfüllten Leben zu finden. Erinnern Sie sich daran, dass ADHS Sie auszeichnet. Akzeptieren Sie Ihren abweichenden Geisteszustand, hören Sie auf zu überleben und beginnen Sie zu gedeihen. Sie sind großartig, so wie Sie sind.

Schwachstellen

Menschen mit ADHS stehen vor zahlreichen Herausforderungen, die über die Unfähigkeit, still zu sitzen oder aufmerksam zu sein, hinausgehen. Bleibt ADHS unbehandelt, kann es zu sozialer Isolation und anderen psychischen Problemen führen.

- Die Umgebung hat einen starken Einfluss auf Menschen mit ADHS. Infolgedessen konzentrieren sie sich mehr auf die Gegenwart und nicht auf die Zukunft. Das macht es ihnen schwer, ihre Zeit zu verwalten und ihre Termine einzuhalten.

- Menschen mit ADHS haben häufig Probleme mit dem Zeitmanagement, was zu Aufschieberitis führt. Menschen mit ADHS können auch Schwierigkeiten haben, Prioritäten zu setzen und sich an alle Schritte zu erinnern, die zur Erledigung einer Aufgabe notwendig sind.

- Menschen mit ADHS sind häufig unruhig, was sich darin äußert, dass sie Schwierigkeiten haben, still zu sitzen, oder dass sie ständig zappeln. Sie können auch Unruhe, rasende Gedanken und Langeweile aufgrund von Unruhe erleben.

- Menschen mit ADHS können sich auf anspruchsvolle Aufgaben konzentrieren, aber es fällt ihnen schwer, sich auf grundlegende Aufgaben zu konzentrieren und diese zu erledigen.

- Menschen mit ADHS nehmen ihr Leben häufig als chaotisch und unkontrolliert wahr. Infolgedessen kann es schwierig sein, die Dinge zu organisieren und den Überblick zu behalten.

- Menschen mit ADHS haben Schwierigkeiten, Fristen einzuhalten, wenn sie die Aufgabe aufgrund ihrer Unfähigkeit, sich zu konzentrieren, nicht als anregend empfinden.

- Menschen mit ADHS bemerken, dass ihre Gedanken nicht stillstehen. Sie bewegen sich nicht in einem gemächlichen Tempo und folgen selten demselben Gedankengang. Gespräche können für Menschen mit ADHS aufgrund der Art und Weise, wie ihr Verstand arbeitet, eine Herausforderung darstellen. Wenn sie mit jemandem sprechen, kann es sein, dass sie Gedanken haben, die nichts mit dem aktuellen Kontext oder der Situation zu tun haben.

- Menschen mit ADHS haben Schwierigkeiten, sich über einen längeren Zeitraum auf eine einzige Aufgabe zu konzentrieren. Das bedeutet, dass sie aufgrund ihrer mangelnden Konzentration Probleme haben, ein bestimmtes Talent oder eine bestimmte Fähigkeit zu verfeinern.

- Bei manchen Menschen mit ADHS ist das Gehör stark beeinträchtigt, so dass sie sich im Unterricht oder im täglichen Miteinander nicht konzentrieren können. Manchmal fällt es ihnen schwer, sich an ein Gespräch zu erinnern, das nur wenige Augenblicke zuvor stattgefunden hat.

- Da sie nicht in der Lage sind, Informationen zu filtern, teilen Menschen mit ADHS häufig zu viel mit. Oversharing kann bedeuten, jemandem etwas zu erzählen, was er nicht hören will, oder bedeutungslose Teile einer Geschichte zu erzählen.

- Menschen mit ADHS langweilen sich häufig aufgrund der Geschwindigkeit, mit der ihr Gehirn arbeitet.

- Das Interesse kann nicht lange aufrechterhalten werden, so dass es für Menschen mit ADHS schwierig ist, einen Arbeitsplatz zu behalten. Sich zu konzentrieren, sich an Informationen zu erinnern und den Überblick über kleine Details zu behalten, ist eine Herausforderung bei der Arbeit und in der Schule.

- Viele Erwachsene mit ADHS haben Probleme mit der Bewältigung von Emotionen, insbesondere wenn es um Wut oder Frustration geht.

Andere Probleme, mit denen Erwachsene mit ADHS konfrontiert sind

Kritik

Wenn Sie ADHS haben und bemerken, dass Sie empfindlicher auf Kritik reagieren, leiden Sie möglicherweise an abweisungsempfindlicher Dysphorie (RSD). Eine Person mit RSD kann ein negatives Gefühl, wie z. B. Ablehnung, als Folge einer unschuldigen Bemerkung erleben oder eine geringfügige Meinungsverschiedenheit als sehr ernst empfinden. Diese überwältigende emotionale Empfindung kann manchmal verinnerlicht werden, was zu einem Stimmungstief und Rückzug aus der Situation führt. RSD ist derzeit nicht als offizielles Symptom in der aktuellen Version des Diagnostic and Statistical Manual of Mental Disorders, 5th Edition (DSM-5) aufgeführt. Es existiert jedoch und ist bei Menschen mit ADHS weit verbreitet.

Stimming

ADHS-Stimming, auch bekannt als selbststimulierendes Verhalten, tritt auf, wenn eine Person, die unter ADHS leidet, bestimmte Bewegungen oder Geräusche wiederholt. Der Zweck des Stimings kann sich von Person zu Person und von Umfeld zu Umfeld unterscheiden. Im Allgemeinen dient es dazu, überschüssige Energie (Hyperaktivität) abzubauen, um die Konzentration aufrechtzuerhalten.

Das Klopfen mit den Fingern oder dem Fuß ist ein klassischer Schritt. Auch das Erzeugen subtiler Geräusche durch das Bewegen kleiner Gegenstände oder der Einsatz der Stimmbänder, um ein kontinuierliches Geräusch zu erzeugen, sind einige der "Techniken", die ADHS-Betroffene beim Stimming anwenden.

Stimming wird dann problematisch, wenn es extrem ist und das tägliche Leben beeinträchtigt oder zu Selbstverletzungen führt. Extremes Stimming tritt selten auf; häufiger ist es nur ein störendes Geräusch für Menschen in der Nähe. Die Stimming-Behandlung kann das Erlernen von Selbstkontrolltechniken und die Veränderung der Umgebung umfassen, wenn das Stimming zu einer Beeinträchtigung des normalen Alltagslebens wird.

Für mich ist es schwierig...

Sie sind nicht die einzige Person, die mit den Schwierigkeiten zu kämpfen hat, die mit ADHS einhergehen. Viele Erwachsene mit ADHS kämpfen mit alltäglichen Aufgaben wie dem Wiederverschließen von Gegenständen, dem Auffinden von Schlüsseln, dem Einlegen von Kleidung in die Waschmaschine oder der Motivation, sich selbst zu pflegen.

Menschen mit ADHS vermeiden es häufig, einfache Aufgaben zu erledigen, wie z. B. sich in 30 Minuten fertig zu machen und eine To-Do-Liste abzuarbeiten. Es kann auch vorkommen, dass sie nicht einmal die grundlegendsten Aufgaben in Angriff nehmen, weil es ihnen schwer fällt, dies zu tun. Außerdem fällt es vielen Menschen mit ADHS schwer, sich im Gespräch abzuwechseln und beim Thema zu bleiben.

Kenne deine Feinde

Du kannst entweder dein bester Freund oder dein schlimmster Feind sein. Du kannst dich entweder selbst aufbauen oder niederreißen. Sie können alle Schwierigkeiten, mit denen Sie konfrontiert werden, entweder überwinden oder sie zu Ihrem Stresspegel und Ihrer Überforderung hinzufügen. Es liegt an Ihnen, ob Sie Ihre Schwächen als etwas betrachten, das Sie davon abhält, Ihre Träume zu verwirklichen, oder ob Sie sie zu Ihrem Vorteil nutzen. Als Erwachsener mit ADHS sollten Sie sich fragen: Sind Sie Ihr Feind? Oder sind Sie Ihr eigener bester Freund?

Finden Sie Ihren Weg im Leben

Als Erwachsener mit ADHS können Sie Ihre Fähigkeiten nutzen, um sich selbst einzuschränken oder Ihren Weg im Leben zu finden. Bei der Suche nach dem richtigen Job sollten Sie sich nach einer Tätigkeit umsehen, an der Sie ein starkes Interesse haben.

Bei einer praktischen, kreativen und arbeitsintensiven Tätigkeit können Sie Ihre Fähigkeiten voll ausschöpfen. Es ist auch ratsam, nach Jobs zu suchen, bei denen Sie Risiken eingehen können und die sehr strukturiert sind. Und schließlich sollten Sie auf Ihr Bauchgefühl hören. Sie wissen, was das Beste für Sie ist, und Sie können Entscheidungen für Ihr Leben treffen. Versuchen Sie nicht, so zu sein wie alle anderen. Nehmen Sie Ihre Einzigartigkeit an und nutzen Sie sie zum Vorteil für sich und Ihr Leben.

ADHS und Beziehungen

In diesem Kapitel werden wir uns darauf konzentrieren, wie ADHS die verschiedenen Beziehungen in unserem Leben beeinflusst. Sicherlich kann ADHS zu Unmut, Frustration und Missverständnissen führen. Sie werden sogar die Menschen, die Ihnen am nächsten stehen, von sich wegstoßen. Aber es gibt verschiedene Strategien, die Sie anwenden können, um diese Beziehungen zu verbessern und ein glückliches Leben zu führen.

Welche Auswirkungen hat ADHS auf Beziehungen?

Die üblichen Symptome wie Impulsivität und Überempfindlichkeit können in verschiedenen Lebensbereichen, insbesondere in den persönlichen Beziehungen, verheerende Folgen haben. Für diejenigen, bei denen ADHS noch nicht diagnostiziert wurde oder die keine angemessene Behandlung erhalten, kann die Situation noch schlimmer sein.

Betrachten wir zunächst die Auswirkungen, die ADHS auf Ihr Leben hat, wenn Sie selbst an ADHS leiden.

Wie Sie vielleicht wissen, ist die ständige Ablenkung eines der häufigsten Symptome von ADHS. Wenn es um Beziehungen geht, kann die Ablenkung eine Menge Probleme verursachen.

Ihr Partner könnte denken, dass Sie ihn vernachlässigen. Ständige Ablenkung kann auch dazu führen, dass Sie wichtige Versprechen nicht einhalten, die Sie gegeben haben. Nach und nach wird sich Ihr Partner unerwünscht und ungehört fühlen. Vielleicht lieben Sie Ihren Partner sehr, aber wenn Sie diese Liebe aufgrund der ADHS-Symptome nicht zeigen, wird Ihr Partner das Gefühl haben, allein gelassen worden zu sein.

Der nächste Punkt, den ich erwähnen möchte, ist die Hyperfokussierung. Das ist eine Tendenz, die bei ADHS-Patienten zu beobachten ist. Manchmal konzentrieren sie sich so sehr auf eine Sache, dass sie alles in ihrer Umgebung vergessen. Das ist in gewisser Weise das genaue Gegenteil von Ablenkbarkeit. Ihr Angehöriger könnte sich ausgeschlossen oder unwichtig fühlen, weil Sie sich nicht von der Sache ablenken können, auf die Sie hyperfokussiert sind.

Lassen Sie uns als Nächstes über Vergesslichkeit sprechen und darüber, wie sie sich auf Beziehungen auswirkt. Ich brauche wohl nicht zu betonen, wie sich Partner fühlen können, wenn Sie wichtige Termine oder ein Abendessen, zu dem Sie nach der Arbeit verabredet waren, vergessen.

Ihr Ehepartner könnte das Gefühl haben, dass Sie ihn im Stich gelassen haben. Sie vergessen vielleicht von Zeit zu Zeit Ihren Teil der Verantwortung, wie z. B. das Haus zu putzen, die Rechnungen zu bezahlen usw. Schließlich wird Ihr Partner das Gefühl haben, dass er sich nicht einmal bei grundlegenden Aufgaben auf Sie verlassen kann, geschweige denn bei wichtigen Dingen. Auf diese Weise wächst der Unmut auf beiden Seiten.

Wir alle wissen, dass es ADHS-Patienten schwerfällt, für Ordnung zu sorgen. Sie lassen ihre Aufgaben vielleicht liegen, ohne sie zu beenden, oder sie lassen Stapel von Dingen hier und da liegen. Wenn Sie in einer Beziehung mit einer Person leben, die es vorzieht, dass die Dinge ordentlich und sauber sind, kann das ein Problem sein. Wenn Sie unordentlich sind, ist das nicht nur für Sie selbst, sondern auch für die andere Person stressig. Das ist der Grund für das ständige Nörgeln in Beziehungen mit einer ADHS-Person.

Wenn Sie in einer Beziehung mit jemandem leben, der an ADHS leidet, haben Sie vielleicht ständig das Gefühl, dass Sie nicht gewürdigt werden, ignoriert werden und einsam sind. Sie werden feststellen, dass Ihr Partner keines seiner Versprechen einhält oder sich nicht an Dinge erinnert, an die Sie ihn erinnern wollten. Vielleicht haben Sie sogar das Gefühl, dass die Person, die Sie so sehr lieben, sich nicht um Ihre Beziehung kümmert.

Jetzt, da Sie gesehen haben, wie beide Parteien in einer Beziehung betroffen sind, können Sie verstehen, wie destruktiv sie ist. Sie können jedoch etwas dagegen tun und aus diesem toxischen Kreislauf aussteigen. Lesen Sie weiter, um herauszufinden, wie.

Tipps für eine gesündere Beziehung

Wenn Sie sich eine gesündere Beziehung wünschen, sollten Sie einige Tipps befolgen:

Versetzen Sie sich in die Lage Ihres Partners

Der erste Schritt zur Heilung einer zerbrochenen Beziehung ist es, den Partner zu verstehen. Sie müssen sich in seine Lage versetzen und versuchen, seine Perspektive zu verstehen. Denken Sie auch daran, dass es sehr leicht ist, Dinge misszuverstehen und falsch zu interpretieren. Wenn Sie ADHS haben und Ihr Partner nicht, müssen Sie sich

darüber im Klaren sein, dass es viele Unterschiede zwischen Ihnen und Ihrer Denkweise gibt. Wenn Sie also Ihren Partner wirklich verstehen wollen, müssen Sie ihm eine direkte Frage stellen.

Erfahren Sie mehr über ADHS

Um Ihre Beziehung zu verbessern, müssen Sie alles wissen, was es über ADHS zu wissen gibt. Sie werden verstehen, welchen Einfluss es auf Sie und Ihren Partner hat, wenn Sie die Symptome kennen und wissen, warum sie auftreten. Wenn Ihr Partner nicht an ADHS leidet, Sie aber derjenige sind, der es hat, ist es umso wichtiger, dass Ihr Partner etwas über diese Störung erfährt. Auf diese Weise wird es ihm leichter fallen, Ihr Handeln zu verstehen.

Erkennen Sie an, dass Sie an Ihrer Beziehung arbeiten müssen

Oftmals scheitern Beziehungen, weil die Partner nicht merken - oder besser gesagt, nicht wahrhaben wollen -, dass ihre Beziehung Arbeit braucht. Ständige Kritik und Nörgelei bringen Sie nicht weiter. Wenn Sie keine Lösung finden, suchen Sie professionelle Hilfe bei einem Paarberater, der Erfahrung im Umgang mit ADHS-Patienten hat.

Verantwortung übernehmen

Es ist wichtig, für sein Handeln verantwortlich zu sein. Davon profitiert nicht nur ein Partner, der ADHS hat, sondern auch einer, der es nicht hat. Sie können in Ihrer Beziehung nur dann Fortschritte machen, wenn Sie zu Ihren Handlungen stehen.

Die Symptome von ADHS können eine Menge Probleme verursachen, aber es ist nicht richtig, die Schuld allein auf die Störung zu schieben. Auch der Partner ist schuld. Unabhängig davon, welche Symptome Sie haben, liegt es in Ihrer Hand, wie Sie auf eine bestimmte Situation reagieren. Ihre Reaktion wird darüber entscheiden, ob sich Ihr Partner geliebt oder ignoriert fühlt.

Es gibt einige Dinge, die ich dem Partner, der nicht an ADHS leidet, sagen möchte, denn auch Sie haben eine gewisse Verantwortung. Sie müssen verstehen, was Ihr Partner gerade durchmacht. ADHS kann dazu führen, dass sich eine Person ständig schuldig fühlt, sich schämt und gestresst ist. Sie sind von den einfachsten Dingen im Leben überwältigt. Wenn Sie also sehen, dass Ihr Partner starke Emotionen durchlebt, bitten Sie ihn, eine Auszeit zu nehmen.

Dann können Sie die Situation besprechen. Erkennen Sie an, dass es nicht immer die Schuld Ihres Partners ist. Er ist nicht immer unvernünftig. Manchmal sind es die Symptome, die sich bemerkbar machen. Kümmern Sie sich um Ihren Partner so, wie Sie möchten, dass er sich um Sie kümmert. Und schließlich sollten Sie nach Möglichkeiten suchen, wie Sie die Symptome Ihres Partners in den Griff bekommen können. Wenn das geschieht, wird sich Ihre Beziehung verbessern.

ADHS am Arbeitsplatz

In diesem Kapitel werden wir uns mit den Schwierigkeiten befassen, die ADHS-Betroffene am Arbeitsplatz haben. Wir müssen jedoch klarstellen, dass viele Menschen mit ADHS trotzdem Erfolg hatten und hohe berufliche Positionen in ihren Bereichen erreicht haben. Einige meiner Patienten haben eine Karriere als Top-Manager gemacht und sie haben Wege gefunden, in ihren Jobs brillante Leistungen zu erbringen.

Dennoch sind die meisten von uns in ihrem Berufsleben auf eines oder mehrere der unten beschriebenen Hindernisse gestoßen. Vergessen Sie nie die hervorragende Qualität, die wir haben. Um die richtige Stelle zu finden, müssen wir die Stärken, die wir besitzen, zum Ausdruck bringen. Die falsche Berufswahl kann uns in echte Schwierigkeiten bringen, da wir uns dann unzulänglich fühlen und uns bemühen, die ständigen Probleme zu kompensieren, die durch unseren mangelhaften Zustand verursacht werden.

Dies führt bei vielen Menschen zu einem mangelnden Selbstwertgefühl und in der Folge zu einem Zustand der Angst, des Stresses oder der Depression. Dieser Zustand verschlimmert mit Sicherheit die damit verbundenen ADHS-Symptome. Wir wissen, dass die Arbeit eine Konstante ist, die uns über Jahre hinweg begleiten wird. Deshalb ist es wichtig, den richtigen Beruf für unsere Fähigkeiten zu wählen.

Die Symptome von ADHS verursachen bei Erwachsenen berufliche Probleme, ähnlich wie bei Schulkindern. Einige Erwachsene mit ADHS sind im Beruf sehr erfolgreich. Andere sehen sich mit vielen Herausforderungen konfrontiert, darunter schlechte Kommunikationsfähigkeiten, Ablenkbarkeit, Aufschieberitis und komplexe Schwierigkeiten beim Projektmanagement.

Die Zusammenarbeit mit einem Berufsberater, Psychologen, Sozialarbeiter oder einer anderen medizinischen Fachkraft, die auf die Vorbereitung auf eine Berufstherapie spezialisiert ist, kann Ihnen am Arbeitsplatz helfen.

Ablenkbarkeit

Das größte Hindernis für Erwachsene mit ADHS können äußere Reize (Lärm und Bewegung in der unmittelbaren Umgebung) und innere Unruhe (Tagträume) sein. Die folgenden Strategien können bei diesen Problemen helfen:

- Schlagen Sie ein privates Büro oder einen ruhigen Raum vor oder nehmen Sie die Arbeit mit nach Hause.
- Verwenden Sie Kopfhörer, klassische Musik oder andere Beispiele für "weißes Rauschen", um Bürogeräusche auszublenden.
- Arbeiten Sie in einem Raum, z. B. einem Konferenzraum, der wenig Ablenkung bietet.
- Leiten Sie Anrufe direkt an die Voicemail weiter und beantworten Sie sie regelmäßig zu einer festgelegten Zeit.
- Nehmen Sie Vorschläge in ein Notizbuch auf, um zu verhindern, dass Ihre derzeitige Arbeit unterbrochen wird.
- Führen Sie eine Liste der Gedanken, die Ihnen während der Sitzungen kommen, damit Sie besser interagieren können.
- Führen Sie einen Auftrag nach dem anderen aus. Beginnen Sie keine neue Aufgabe, bevor Sie die aktuelle abgeschlossen haben.

Schlechtes Gedächtnis

Wenn Sie sich nicht an Fristen und andere Aufgaben erinnern, können Ihre Kollegen feindselig werden, vor allem, wenn Sie in einem Team arbeiten. Probieren Sie die folgenden Ideen aus, um Ihr Gedächtnis zu verbessern:

- Benutzen Sie ein Mobiltelefon, um während der Besprechungen wichtige Notizen zu machen und aufzunehmen.
- Für komplexe Aufgaben sollten Sie Checklisten erstellen.
- Verwenden Sie ein Newsletter-Board oder eine Geräteabrufliste für Benachrichtigungen und andere Speicherauslöser.
- Lernen Sie, einen Tagesplaner zu benutzen, in den Sie Aktivitäten und Ereignisse eintragen.

- Schreiben Sie Notizen und ordnen Sie sie auf Klebeblöcken.

Langweilige Blackouts

Sie langweilen sich schnell bei der Arbeit, besonders bei detailliertem Papierkram und sich wiederholenden Aufgaben, weil Sie ein starkes Bedürfnis nach Stimulation haben. Nutzen Sie die folgenden Tipps, um Langeweile zu vermeiden:

- Stellen Sie einen Timer für die Arbeit ein.
- Unterteilen Sie längere Aufgaben in kürzere.
- Ruhen Sie sich aus, trinken Sie Tee, stehen Sie auf und bewegen Sie sich.
- Erwägen Sie eine Karriere mit Extraaufgaben und minimalen Routinetätigkeiten.

Schwierigkeiten im Umgang mit der Zeit

Für Erwachsene mit ADHS kann das Zeitmanagement ein großes Problem darstellen. Im Folgenden finden Sie einige Tipps zur Verbesserung der Zeitmanagementfähigkeiten:

- Verwenden Sie Zeitplan-Diagramme, um große Aufgaben in kleinere aufzuteilen, mit schrittweisen Fälligkeitsdaten.
- Belohnen Sie sich für die Einhaltung eines Termins.
- Verwenden Sie Wecker, Buzzer, Planer oder Apps für Zeitmanagement.
- Stellen Sie Ihren Computer so ein, dass er fünf Minuten vor jeder Kalenderbesprechung piept.
- Vermeiden Sie eine Überplanung des Tages, indem Sie die Dauer der einzelnen Aufgaben oder Besprechungen überbewerten.

ADHS in der Familie

Bei der Betreuung eines Kindes mit ADHS müssen Familien mit verhaltensbedingten, belehrenden und beunruhigenden prägenden Einflüssen kämpfen. Dies erfordert regelmäßig zusätzliche Zeit, mehr Planung und mehr Mittel. Häufig ist mit diesen Anforderungen auch eine höhere Belastung im Alltag verbunden. Solche Schwierigkeiten können mit den finanziellen Kosten für den Umgang mit ADHS und den damit verbundenen psychischen Störungen verbunden sein.

Wenn eine Familie unter ständigem Druck steht, besteht für die Kinder, genau wie für die Erwachsenen, eine größere Gefahr, psychische und physische Krankheiten zu bekommen. In Familien mit einem ADHS-Jugendlichen oder -Erwachsenen kommt es häufig zu Konflikten zwischen den Ehepartnern. Daher sollten Familien versuchen, ihre geistige und körperliche Gesundheit zu fördern, um ein Gleichgewicht zwischen den Familienmitgliedern zu erhalten.

Geschwister

Einer Studie zufolge gaben 10 von 13 Familien an, dass sich ein Familienmitglied mit ADHS negativ auf sie auswirkt. Diese Untersuchung ergab auch, dass das häufigste Problem, das von Menschen mit einem ADHS-Geschwisterkind angesprochen wurde, Unterbrechungen im täglichen Leben waren. Zu diesen problematischen Verhaltensweisen gehörten verbale und körperliche Feindseligkeit, schlechte schulische Leistungen, Hyperaktivität und Lernprobleme.

Menschen mit einem ADHS-Geschwisterkind haben Situationen als lähmend, turbulent und "um diese eine Person zentriert" beschrieben. Sie haben auch angegeben, dass sie nicht wussten, was auf sie zukommen würde und welche Auswirkungen ADHS auf ihr Leben haben würde.

Sie haben auch erklärt, dass sie sich durch die verbale Feindseligkeit, die tatsächliche Bösartigkeit und andere manipulative, kontrollierende Praktiken, die ihnen zugefügt wurden, getäuscht fühlten . Auch die Annahme, dass sie sich um ihre Geschwister mit ADHS kümmern sollten, hat sie gestört. Dazu gehörte die Verabreichung von Medikamenten, die Unterstützung bei den Schularbeiten und überraschenderweise auch das Intervenieren bei den Lehrern ihrer Geschwister. All das ist anstrengend für die Eltern und noch anstrengender für die Kinder.

Es ist aber nicht alles schlecht. Einige Familienmitglieder in dieser Studie waren froh, dass sie sich um ihre Geschwister kümmern konnten. Die meisten drückten aus, dass sie sich überfordert fühlten, wenn sie das Gefühl hatten, von ihrem ADHS-Geschwisterkind getäuscht zu werden, oder wenn sie mit dem Stress konfrontiert waren, dass ihr Geschwisterkind sich verletzt oder Probleme verursacht. Dies wiederum verstärkte die Befürchtungen und Probleme der Geschwister, vor allem, wenn es um den Lernraum und das schulische Umfeld ging.

Diese Familienmitglieder gaben an, dass sie sich von ihren Eltern nicht beachtet und vernachlässigt fühlten, da ihre Bedürfnisse nicht als so wichtig angesehen wurden wie die ihrer ADHS-Geschwister. Darüber hinaus gaben sie an, dass sie versuchten, ihre Familien nicht zusätzlich unter Druck zu setzen. Einige von ihnen sagten, dass sie sich enttäuscht fühlten, weil ihr ADHS-Geschwister die Familie mit seiner Krankheit "kontrollierte". Haushalte mit einem ADHS-Jugendlichen schätzen ihre Familien als weniger leistungsfähig und assoziiert und als problematischer ein als Nicht-ADHS-Haushalte.

Aufgrund ihrer Aktivitäten äußerten die Geschwister ihr Unbehagen darüber, dass das ADHS-Kind Familienaktivitäten und soziale Angelegenheiten "zerstört", was ihre Erwartungen an Familientreffen und -reisen schmälerte. Auch andere Familienmitglieder fühlten sich schwach und hatten das Gefühl, dass ihnen die Liebe und das Engagement ihrer Eltern vorenthalten wurden. Die Forschung zeigt, dass es möglich ist, die elterlichen Spannungen zu verringern und die familiären Beziehungen zu stärken, wenn die Erziehung als Teil der ADHS-Behandlung beibehalten wird.

Wissenschaftlern zufolge sind sowohl Schwestern als auch Brüder der Meinung, dass sie durch das Zusammenleben mit einem Geschwisterkind mit ADHS negativ und stark beeinträchtigt werden. Eines der häufigsten Probleme, auf die Geschwister hinweisen, ist die Störung, die durch das Verhalten einer ADHS-Person verursacht wird. Einige Beispiele für diese Störung sind:

- Verbale Aggression
- Körperliche Aggression
- Emotionale Unreife

- Schlechte akademische Leistungen
- Soziale Unreife
- Konflikte in der Familie
- Problematische Beziehungen zu Familienmitgliedern
- Schlechte Beziehungen zu Gleichaltrigen.

Viele Geschwister von Kindern mit dieser Störung beschreiben ihr Familienleben als anstrengend und chaotisch. Einige von ihnen sagen, dass sich ihre Familien scheinbar immer auf ihren betroffenen Bruder oder ihre Schwester konzentrieren. Die meisten von ihnen sind sich nie sicher, was sie erwartet, und fast alle geben zu, dass sie kein Ende für diese Auswirkungen von ADHS auf ihr Leben sehen.

Forschungen haben ergeben, dass Geschwister von Patienten mit dieser Störung die störenden Auswirkungen auf drei Arten wahrnehmen können: Betreuung, Viktimisierung oder das Gefühl von Verlust oder Trauer. Geschwister können sich aufgrund von verbaler Aggression, körperlicher Gewalt, kontrollierendem Verhalten und ständiger Manipulation durch ihr ADHS-Geschwisterkind als Opfer fühlen. Viele haben auch das Gefühl, dass sie von ihren Eltern nicht genug beschützt werden, die als übermäßig ausgelaugt oder zu beschäftigt angesehen werden, um sich zu beteiligen. Geschwister von Menschen mit ADHS fühlen sich vernachlässigt, wenn sich die ganze Aufmerksamkeit auf die durch ADHS verursachten Probleme richtet.

Andererseits kann die Situation anders aussehen, wenn die Eltern ihre Kinder mit dem entsprechenden Wissen erziehen können, wie es in meiner Familie der Fall ist. Die meisten ADHS-Kinder sind sehr sozial und kreativ; wenn sie sich für etwas interessieren, z. B. für ein Spiel oder eine Aktivität, können sie tolle Spielgefährten sein. Sie sind in der Regel lebhafte Menschen.

Abschließend sei gesagt, dass die Auswirkungen dieser Störung nicht auf eine einzelne Person beschränkt sind, sondern sich auf den gesamten Haushalt ausweiten und das gesamte Familienleben beeinträchtigen können. Das Wissen über ADHS wird diese Situation verändern, denn wenn die Menschen die Ursachen und Lösungen verstehen, wird sich ihr Leben ändern! Im Umgang mit ADHS verfügen wir heute über viel mehr Wissen als noch vor 10 Jahren.

Jeder, der mit ADHS zu tun hat, einschließlich Eltern, Lehrer und Betreuer, sollte sich das Wissen zunutze machen, das wir jetzt haben. Die Anwendung aller Lösungen wird das Leben der ADHS-Patienten sowie ihrer Familien, Freunde und aller anderen Personen, die mit ihnen in Beziehung stehen, erheblich beeinflussen.

Wie sich ADHS auf Familienmitglieder auswirkt

ADHS kann den Alltag beeinträchtigen, wenn es nicht erkannt und angemessen behandelt wird. Daher sind eine frühzeitige Diagnose und Behandlung für eine Person mit ADHS sehr wichtig. Wenn man sich anschaut, wie Familien mit einem von ADHS betroffenen Mitglied gebildet werden und funktionieren, wird man feststellen, dass diese Personen in

der Regel schneller Beziehungen eingehen. In den meisten Fällen sind diese Beziehungen jedoch instabil.

Diese Instabilität kann sich in Form von ungeplanten Schwangerschaften, früherem Geschlechtsverkehr, mehreren Ehen und häufigeren Behandlungen wegen Geschlechtskrankheiten äußern. Außerdem kommt es in solchen Beziehungen in der Regel zu einer frühen Elternschaft, was vor allem auf unzuverlässige Verhütungsmittel zurückzuführen ist.

Die meisten Jugendlichen und Erwachsenen mit ADHS gründen wahrscheinlich eine Familie, ohne sich viele Gedanken über die Voraussetzungen für den Aufbau eines günstigen Familienumfelds zu machen. Untersuchungen haben auch gezeigt, dass Familien mit ADHS-Eltern im Vergleich zu normalen Familien unter einer Beeinträchtigung der ehelichen und familiären Funktionen leiden. In solchen Familien ist die Konfliktrate in der Regel höher, und der Zusammenhalt ist gering.

Andere Berichte deuten darauf hin, dass Ehepartner, die an dieser Störung leiden, in der Regel eine entgegengesetzte Sichtweise auf ihre Ehe und Familie haben als ihre Partner ohne diese Störung. Interessant ist, dass die Partner ohne ADHS nicht das Bedürfnis haben, die von ihren instabilen Partnern verursachte Desorganisation zu kompensieren.

Elterliche Fertigkeiten

Vielen ADHS-Eltern geht es gut, und ihre Erkrankung führt nicht zu schlechten Erziehungsfähigkeiten. Qualitäten wie Kreativität, Intuition und Einfühlungsvermögen können den Umgang mit ihren Kindern verbessern. Als Elternteil von drei Kindern weiß ich um die Herausforderungen, denen Familien gegenüberstehen. Ich habe immer Kreativität und Einfühlungsvermögen eingesetzt, um mit meinen Kindern in Kontakt zu treten, und wir haben auch heute noch eine fantastische Beziehung. Bei der Kindererziehung kommen viele Faktoren ins Spiel.

ADHS ist keine Behinderung, wenn man weiß, wie man damit umzugehen hat. Mein Sohn hat ebenfalls ADHS, seine Schwestern dagegen nicht. Meine Kinder haben sich gut verstanden, und mein Sohn war immer sehr beschützend gegenüber seinen Schwestern; im Gegenzug haben sie ihn vergöttert. Wir hatten einige Schwierigkeiten, bis er seinen Weg im Leben gefunden hatte. Die elterliche Unterstützung ist für den Erfolg unerlässlich. Auch wenn es anfangs schwierig sein mag, mit ADHS umzugehen, werden Sie feststellen, dass die Krankheit einzigartige Merkmale hat, die Ihr Leben sinnvoller machen.

Aus meiner Erfahrung in der Betreuung von ADHS-Betroffenen weiß ich, dass dies in Familien, die mehrere Mitglieder mit ADHS haben, nicht immer der Fall ist. Schauen wir uns andere Szenarien an und wie viel Verantwortung eine Person mit ADHS gegenüber verschiedenen Familienmitgliedern übernehmen kann. Wir dürfen die Tatsache nicht aus den Augen verlieren, dass ein gründliches Verständnis der Feinheiten von ADHS bei der Erziehung sehr hilfreich sein kann. Wissen ist der Schlüssel zur Veränderung der Auswirkungen von ADHS auf Sie, auf mich und auf unsere Beziehungen zu Familienmitgliedern und Freunden. Wissen ist Macht!

Eine weitere Möglichkeit, wie sich diese Störung auf Erwachsene auswirken kann, ist die Beeinträchtigung ihrer elterlichen Fähigkeiten. Studien, die an Eltern mit ADHS durchgeführt wurden, ergaben, dass zu den Symptomen eine unzureichende Überwachung ihrer Kinder, ein laxes Erziehungsverhalten, häufige Streitereien und Überreaktion gehören. Die Wissenschaftler fanden auch heraus, dass diese Eltern sich nicht um die Einhaltung der Disziplin bemühen und bei Erziehungsproblemen ein weniger effektives Problemlösungsverhalten an den Tag legen.

Die Beziehungen zwischen elterlichen Praktiken und ADHS sind auch eine Überlegung wert, wenn es darum geht, komorbide psychiatrische Probleme bei den Eltern oder Verhaltensstörungen bei den Nachkommen zu kontrollieren. So haben Wissenschaftler erklärt, dass eine dysfunktionale elterliche Erziehung bei Eltern mit dieser Störung die elterliche Belastung bei der Erziehung von Kindern mit problematischem Verhalten verursachen könnte. Darüber hinaus weisen andere Studien auf einen Zusammenhang zwischen ADHS-Symptomen bei Müttern und dysfunktionalen Erziehungsstilen hin.

Elterliche Symptome sind häufig auf ein geringes Selbstwertgefühl der Eltern und externe Faktoren zurückzuführen, die sich ihrer Kontrolle entziehen. ADHS-Symptome wurden zum Beispiel mit negativen elterlichen Selbstwirksamkeitserwartungen bei primigravida Frauen oder Frauen, die zum ersten Mal schwanger wurden, in Verbindung gebracht.

Die väterliche ADHS kann dagegen auch bei Kindern ohne diese Störung zu schlechteren schulischen Leistungen führen. Dieser Rückgang beweist, dass die Beeinträchtigung des Selbstwertgefühls und der erzieherischen Fähigkeiten der Eltern nicht nur eine Reaktion auf die steigenden Anforderungen durch ihr Kind ohne ADHS ist. In den meisten Fällen sind sich Eltern mit dieser Störung bewusst, dass ihre Erziehungsfähigkeiten unzureichend sind. Infolgedessen bringen sie manchmal ihre Gefühle und Emotionen in Bezug auf diese Unzulänglichkeiten zum Ausdruck. Dieser Ausdruck kann jedoch zu einer weiteren Verschlechterung ihrer Erziehungsstrategien führen.

Vererbbarkeit

Wenn es um die Vererbbarkeit geht, haben Eltern ein höheres Risiko, Kinder mit diesem Problem zu bekommen. Studien zufolge hat etwa ein Viertel der Kinder mit dieser Störung mindestens einen Elternteil mit ADHS. Ebenso hat fast die Hälfte der Eltern mit einem Kind, das ADHS hat, selbst diese Störung. Während ADHS bei den Eltern mit ADHS bei den Kindern in Verbindung gebracht wird, gibt es keine Unterschiede zwischen Kindern mit persistierenden und remittierenden Eltern. Ebenso spielt die ADHS der Eltern eine wichtige Rolle bei der Entwicklung dieser Erkrankung bei ihren Nachkommen. Jüngste Studien deuten vielmehr darauf hin, dass sowohl psychosoziale als auch genetische Risikofaktoren für das Auftreten von ADHS verantwortlich sind.

Psychiatrische Störungen

Kinder und Jugendliche mit dieser Störung können sich direkt auf die psychische Gesundheit ihrer Eltern und Betreuer auswirken. Dies geschieht, wenn ADHS nicht erkannt wird und die Eltern unsicher sind, wie sie mit ADHS-Kindern umgehen sollen.

Wie ich bereits gesagt habe, ist Wissen der Schlüssel zur Erziehung von ADHS-Kindern. Ich habe ein Buch mit dem Titel "ADHS Parenting an Explosive Child" geschrieben, in dem ausführlich erklärt wird, wie man mit ADHS-Kindern umgeht.

Wenn Sie sich in dieser Situation befinden, rate ich Ihnen dringend, sich das Wissen und die Lösungen anzueignen, die in diesem Buch beschrieben werden. Es wird Ihnen eine Menge Frustration, Ärger und Schuldzuweisungen ersparen und Lösungen für die meisten Probleme bieten, die Sie mit Ihrem geliebten Kind haben. Dieser Trend bei den Betreuungspersonen deckt sich mit der Vererbbarkeit und den Komorbiditätsmustern bei Erwachsenen mit ADHS. Kinder mit komorbiden störenden Verhaltensstörungen erhöhen das Risiko elterlicher psychiatrischer Morbidität noch weiter, was beweist, dass diese eng mit geringen elterlichen Ressourcen zusammenhängt.

Elterliche Ressourcen

Die Forschung hat gezeigt, dass ADHS im Kindesalter eine Herausforderung für die elterlichen Ressourcen darstellt und häufig zu Unstimmigkeiten in der Ehe und Stress bei den Eltern führt. Die Eltern von Kindern mit dieser Störung müssen täglich mit vielen schwierigen Verhaltensweisen fertig werden. Beispiele sind geringe Frustrationstoleranz, risikofreudiges Verhalten, Wutanfälle, Vergesslichkeit, schlechte schulische Leistungen, Unruhe, Desorganisation und geringe Frustrationstoleranz.

Auch die Eltern von Kindern mit dieser Störung leiden häufig unter hohem Stress und psychischer Belastung aufgrund der externalisierenden Symptome ihrer betroffenen Kinder. Darüber hinaus zeigen experimentelle Studien, dass die externalisierenden Verhaltensprobleme bei Kindern mit dieser Störung zu einem höheren Leidensdruck der Eltern, einem höheren Risiko für Alkoholmissbrauch, einer geringeren Selbstkompetenz und Problemen wie Angst und Depression führen. Die meisten Studien, in denen Eltern mit ADHS-Kindern untersucht wurden, haben erhöhte Ehekonflikte und Stresswerte festgestellt. Störendes Verhalten und ADHS-Symptome führen in der Regel zu einer Beeinträchtigung der Familienfunktionen. Weitere Studien haben gezeigt, dass die Auswirkungen von Hyperaktivität auf die Familie bei Männern stärker ausgeprägt sind als bei Frauen.

Zusammenfassend lässt sich sagen, dass die Symptome, die Eltern erleben, und die zunehmenden Familienkonflikte das Ergebnis des Stresses sein könnten, der mit der Erziehung eines Familienmitglieds verbunden ist, das mit externalisierendem Problemverhalten zu kämpfen hat. Auch hier ist das Wissen über ADHS von großem Nutzen. Wenn man sich ohne dieses Wissen nur auf Emotionen und Alltagsprobleme konzentriert, kann das extrem belastend sein und zu noch größeren Problemen führen. Wenn Sie jemanden kennen, der sich in dieser Situation befindet, ermutigen Sie ihn, mehr darüber zu erfahren; das ist das Beste, was Eltern eines ADHS-Kindes tun können.

Fitness und Outdoor-Sport

Den meisten Menschen wird Bewegung als Strategie zur Bewältigung der Symptome von ADHS empfohlen. Einige Studien haben herausgefunden, dass gewöhnliche Bewegung vielleicht die beste Behandlung für Erwachsene mit ADHS ist. Bewegung stimuliert Serotonin und Dopamin, zwei Hormone, die ADHS-Betroffene dringend brauchen. Außerdem steigert es das Selbstwertgefühl, das Selbstvertrauen und ein allgemeines Gefühl des Wohlbefindens und der Leistung.

Sportarten, bei denen es um Teamarbeit geht, fördern die sozialen Fähigkeiten und den Umgang mit anderen Menschen. Ein Mangel an Motivation kann jedoch dazu führen, dass jemand nach Beginn einer Aktivität nicht konsequent weitermacht. Menschen mit ADHS haben ein Problem mit Motivation, Beständigkeit und langfristiger Übung. Der Beginn einer Aktivität kann die Motivation steigern, vor allem, wenn Ergebnisse sichtbar sind. Die Motivation kann durch das Setzen neuer Ziele kontinuierlich gesteigert werden. Wir sollten nicht zu streng mit uns sein und uns keine unerreichbaren Ziele setzen. Im Gegenteil: Kurzfristige, erreichbare Ziele sind der richtige Weg.

Dies ist von entscheidender Bedeutung, denn ständige Aktivität hilft uns, die überschüssige Energie in unserem Körper positiv loszuwerden. Hier sind einige Aktivitäten, die helfen können, die Anzeichen von ADHS zu verringern:

Walking

Dies ist eine der einfachsten Aerobic-Übungen, die Sie machen können. Das Tolle am Walken ist, dass es von fast allen Menschen jeder Altersgruppe ausgeführt werden kann. Alles, was Sie brauchen, ist ein gutes Paar Schuhe. Die Vorteile des Walkings verdoppeln sich, wenn Sie im Freien walken. Das Walking stärkt die Beinmuskeln und erhöht die Herzfrequenz. Kinder und Erwachsene, die unter ADHS leiden, können davon profitieren, wenn sie sich im Freien und im Grünen aufhalten. Untersuchungen an Menschen mit ADHS haben ergeben, dass schon 20-minütiges walken im Park die Konzentration verbessern kann.

Tanzen

Für viele Menschen mit ADHS sind Tanzkurse eine sehr attraktive Form der sozialen Bewegung. Die besten Tänze beinhalten rasante Bewegungen, bei denen man seine überschüssige Energie loswerden kann. Eine in Schweden durchgeführte Studie mit Jungen im Alter von fünf bis sieben Jahren ergab, dass die Teilnahme an Tanzkursen die Konzentration bei den Schularbeiten steigerte und auch zur Beruhigung beitrug. Tanzen ist eine hervorragende Möglichkeit für Erwachsene, Kontakte zu knüpfen und sich zur Musik zu bewegen. Außerdem hat es viele gesundheitliche Vorteile.

Schwimmen

Schwimmen ist eine weitere aerobe Übung, die zur Stärkung der Muskeln und zur Verbesserung der Herzfrequenz beitragen kann. Für Menschen mit ADHS kann es schwierig sein, in einer Sportmannschaft mitzumachen, weil sie viel Zeit damit verbringen müssen, darauf zu warten, dass sie an die Reihe kommen. Für Menschen mit ADHS kann die Teilnahme an einem Schwimmteam jedoch ein großer Vorteil sein: Sie können ihre individuellen Leistungen erbringen und trotzdem Teil eines Teams sein. Eine Einzelsportart wie Schwimmen kann aus diesem Grund eine hervorragende Übung sein.

Yoga

Yoga ist sehr bedächtig und langsam, während Menschen, die an ADHS leiden, sehr hyperaktiv sind. Die Forschung hat jedoch gezeigt, dass Yoga eine gute Form der Übung sein kann, auch wenn man an ADHS leidet, weil es einem hilft, sich auf sich selbst zu konzentrieren. Man lernt, sich auf den eigenen Körper zu konzentrieren und sich zu entspannen. Es zwingt Sie dazu, sich auf den gegenwärtigen Moment zu konzentrieren, und ermöglicht Ihnen, sich zu erden.

Yoga kann Ihnen also dabei helfen, besser zu denken und sich zu konzentrieren. Die Beruhigung des Geistes und der Gedanken steht beim Yoga im Vordergrund und kann für neurodivergente ADHS-Gehirne von großem Nutzen sein. Es hilft einem, sich zu konzentrieren und seinen Geist zu zentrieren.

Kampfsportarten

Verschiedene Kampfsportarten wie Tai Chi, Aikido, Taekwondo, Karate usw. erfordern Ihre volle Aufmerksamkeit, sowohl geistig als auch körperlich. Außerdem gibt es bei den Kampfsportarten feste Regeln, die befolgt werden müssen. Dies trägt dazu bei, mehr Struktur in Ihren Alltag zu bringen. Kampfsportarten können dazu beitragen, dass Sie sich entspannt und konzentriert fühlen, was wiederum die Symptome von ADHS lindern kann.

Eine der hilfreichsten Kampfsportarten ist Tai Chi, da es sich um eine meditative Übung handelt. Es kann dazu beitragen, die Konzentrationsfähigkeit zu steigern und den Stress abzubauen. Die Forschung hat herausgefunden, dass das Üben von Judo einem Menschen helfen kann, indem es ein höheres Maß an Furchtlosigkeit schafft und verschiedene Übungen in den Vordergrund stellt. Außerdem werden Fähigkeiten wie Feinmotorik, Gedächtnis, Timing, Gleichgewicht, Konzentration und Fokus verbessert. Die für den Kampfsport erforderliche Disziplin ist für ADHS-Betroffene jeden Alters sehr vorteilhaft.

Krafttraining

Wenn Sie gerade erst anfangen, Sport zu treiben, können Sie Aerobic-Übungen wie Joggen, Schwimmen und Walken machen und später Kraftübungen hinzufügen, um für Abwechslung zu sorgen. Versuchen Sie es mit Aktivitäten wie Gewichtheben, Klimmzügen, Liegestützen, Kniebeugen, Ausfallschritten usw. Wie bei der Verschreibung von Medikamenten kann das Training dazu beitragen, die Nebenwirkungen von ADHS zu lindern. Hier sind ein paar Tipps, die Sie auf dem richtigen Weg halten, wenn Sie Probleme mit Ihrer Aufmerksamkeitsspanne haben:

Der morgendliche Umzug

Fangen Sie Ihren Tag gleich morgens mit dem Training an, wenn es in Ihren Zeitplan passt. Wenn Sie morgens trainieren, profitieren Sie am meisten davon, wenn es darum geht, Ihre Stimmung zu verbessern. Es kann Ihnen auch helfen, die richtige Stimmung für den Rest des Tages zu schaffen.

Finden Sie einen Trainingspartner

Das Training mit einem Trainingspartner kann Ihnen helfen, eine Pause einzulegen und sich zu konzentrieren, während Sie schwitzen.

Sorgen Sie dafür, dass es nicht langweilig wird

Wie ich bereits schrieb, können Motivation und Durchhaltevermögen ein Hindernis sein. Ein regelmäßiger Wechsel der Routine oder der Art der Übung ist eine Möglichkeit, das Interesse aufrechtzuerhalten.

Mischen Sie verschiedene Arten von Übungen in Ihre Routine. Ein wöchentlicher oder täglicher Wechsel der Aktivitäten kann Ihnen helfen, aus dem Trott herauszukommen. Wie bei jedem Medikament können die Wirkungen der Aktivität Sie in Schwung halten. Betrachten Sie Ihr Training als eine Form der Behandlung. Versuchen Sie, einmal täglich 30 bis 40 Minuten lang zu trainieren, und zwar an vier bis fünf Tagen pro Woche.

Für welche Aktivität Sie sich entscheiden, bleibt Ihnen überlassen. Achten Sie nur darauf, dass sie in Maßen aktiv ist, so dass Ihre Muskeln sich müde anfühlen, Sie schwitzen, Sie fleißiger und schneller einatmen und Ihr Puls steigt. Wenn Sie nicht wissen, wie extrem Ihre Routine sein sollte, müssen Sie sich an Ihren Hausarzt (PCP) wenden. Ihr Hausarzt kann Ihnen vorschlagen, ein Gerät wie einen Herzmonitor zu tragen, um sicherzustellen, dass Sie Ihr Training optimal nutzen. Eine bewährte wöchentliche Routine ist die folgende:

- Montag: Gewichtheben oder anderes Widerstandstraining.
- Dienstag: Aerobic, Walken oder Joggen.
- Mittwoch: Widerstandstraining.
- Donnerstag: Aerobic.
- Freitag: Gewichtheben.
- Samstag und Sonntag: FREI!

Diese Routine ist nur eine von vielen, denen Sie folgen können. Wenn Sie Kampfsport- oder Yogakurse besuchen, müssen Sie die geplanten Tage einhalten.

Alternative Therapien

Verhaltenstherapie bei ADHS

Medikamente können einem ADHS-Patienten auf neurologischer Ebene helfen, aber wir sollten die möglichen Nebenwirkungen nicht vergessen. Außerdem können Medikamente ADHS nicht heilen, sondern nur die Symptome überdecken. Stattdessen ist eine Therapie unerlässlich, um den Alltag besser bewältigen zu können. Die Verhaltenstherapie ist ein kritischer oder vorläufiger therapeutischer Ansatz, der in der Kindheit des Patienten beginnt. Im Erwachsenenalter geht die Therapie in die KVT oder kognitive Verhaltenstherapie über. Bevor ich auf die Einzelheiten der KVT eingehe, möchte ich kurz auf die Verhaltenstherapie bei Kindern eingehen.

Wie funktioniert die Verhaltenstherapie?

Wenn wir über eine Therapie sprechen, stellen wir uns einen Therapeuten vor, der mit seinem Patienten spricht. Aber nicht jede Art von Therapie sieht so aus. Die Verhaltenstherapie ist in der Tat ganz anders. Hier stehen nicht die Emotionen der Person im Mittelpunkt, sondern die Handlungen und wie sie korrigiert werden können.

Wenn ein Kind oder ein Erwachsener zu einem Therapeuten geht, wird dieser zunächst versuchen, den Problemzustand zu verstehen und dann einen Plan zur Lösung des Problems erstellen. Dabei geht es vor allem darum, alle toxischen und negativen Gewohnheiten zu beseitigen und sie gleichzeitig durch positive zu ersetzen.

Bei Kindern bezieht die Verhaltenstherapie nicht nur sie, sondern auch die Eltern mit ein. Denn die Eltern sind für die Erziehung des Kindes verantwortlich - sie haben einen großen Einfluss auf die Psyche des Kindes. Viele Eltern von ADHS-Kindern sind frustriert und fangen an zu schreien, auch wenn das Kind keinen Einfluss darauf hat. Ein wichtiger Teil der Verhaltenstherapie besteht also darin, den Eltern zu helfen, ihre Kinder zu verstehen und ihr eigenes Verhalten ihnen gegenüber zu ändern.

Wenn Sie feststellen, dass Belohnungen nicht hilfreich sind, müssen Sie einen anderen Ansatz wählen. Dann kommt das Konzept der Konsequenzen, insbesondere der negativen Konsequenzen, ins Spiel. Wenn der Patient etwas nicht tut, was man von ihm verlangt, wird er Punkte verlieren. So sehen negative Konsequenzen aus.

KVT für Erwachsene

Zahlreiche Untersuchungen und klinische Ergebnisse belegen, dass Erwachsene mit ADHS von der kognitiven Verhaltenstherapie (KVT) sehr profitieren können. Die Patienten sind zufriedener, produktiver und haben ein höheres Selbstwertgefühl. Ich werde Ihnen nun mehr über KVT erzählen und wie sie ADHS-Patienten hilft.

Was genau ist KVT?

Ist es ein Wunder, dass Sie nach einem Leben voller Fehler, Missgeschicke und verpasster Termine ein extrem niedriges Selbstwertgefühl und chronisch pessimistische Gefühle haben? Die kognitive Verhaltenstherapie (KVT) ist eine kurzfristige, zielgerichtete Form der Psychotherapie, die darauf abzielt, bestimmte negative Denkgewohnheiten zu verbessern und die Art und Weise zu ändern, wie Sie sich selbst, Ihre Fähigkeiten und Ihre Zukunft einschätzen. Man nennt dies "ADHS Brain Learning".

Es handelt sich in erster Linie um eine Gesprächstherapie, die kurzfristig durchgeführt wird, um die Denkweise zu ändern und gesunde Denkmuster zu vermitteln. Erwachsene mit ADHS haben bereits ein Leben lang ein geringes Selbstwertgefühl, ständige Terminüberschreitungen und Vergesslichkeit erlebt. Diese zielgerichtete Therapie, die hauptsächlich psychotherapeutische Konzepte beinhaltet, kann den Patienten helfen, ihre Gedanken über die Welt, sich selbst und ihre Zukunft zu ändern. Alle negativen Gedanken werden durch positive Gedanken ersetzt. Kurz gesagt, die KVT kann als spezielles Training für das Gehirn betrachtet werden.

Ursprünglich eine Therapie für Stimmungsstörungen, basiert die KVT auf dem Verständnis, dass Kognitionen, also unbewusstes Denken, zu emotionalen Problemen beitragen. Spontane Beschreibungen von Ereignissen sind unbewusste Gedanken. Solche Erfahrungen, einschließlich falscher Annahmen über sich selbst (oder andere), einen Umstand oder die Zukunft, sind anfällig für Verzerrungen. Negative innere Dialoge hindern Sie daran, auf ein Ziel hinzuarbeiten, erfolgreiche neue Verhaltensweisen zu entwickeln oder kalkulierte Risiken einzugehen.

KVT zielt darauf ab, unvernünftige Denkgewohnheiten zu ändern, die Sie davon abhalten, auf dem richtigen Weg zu bleiben. Sie stellt die Gültigkeit dieser Erkenntnisse in Frage, z. B. wenn Sie denken: "Das muss toll sein, sonst wird es nichts" oder "Ich mache nie etwas richtig". Die Veränderung von verzerrten Wahrnehmungen und die anschließende Veränderung von Handlungsmustern kann helfen, Ängste und andere emotionale Probleme zu bewältigen.

Die wichtigsten Prinzipien hinter KVT

Man geht davon aus, dass jedes psychologische Problem zum Teil auf nicht hilfreiche oder fehlerhafte Denkmuster zurückzuführen ist.

Patienten mit psychischen Problemen können bessere Bewältigungsmethoden erlernen, die ihnen helfen, ihre Symptome zu bewältigen und ein besseres Leben zu führen.

Simple ausgedrückt: KVT ist eine zielgerichtete Behandlungsmethode, die sehr spezifisch auf das jeweilige Problem ausgerichtet ist. Sie befasst sich mit den Verhaltensweisen und Gedanken des Patienten und allen Herausforderungen, denen er sich in der Gegenwart gegenübersieht. Die KVT kann sowohl in Gruppen- als auch in Einzeltherapiesitzungen durchgeführt werden. Es handelt sich um ein umfassendes Konzept, und die Behandlung kann so gestaltet werden, dass sie sich auf bestimmte Aspekte des eigenen Lebens konzentriert. Allerdings müssen sowohl der Berater als auch der Patient zusammenarbeiten, damit die KVT funktionieren kann. Es wird eine Reihe von Sitzungen in Anspruch nehmen.

Ursprünglich wurde die KVT hauptsächlich für Menschen eingesetzt, die unter Stimmungsstörungen litten. Später wurde sie auch auf andere Probleme ausgedehnt. Jeder von uns hat automatische Gedanken als Reaktion auf bestimmte Situationen. Diese Gedanken sind der Grund, warum wir so viele Probleme mit unseren Gefühlszuständen haben. Die KVT befasst sich mit diesen Gedanken und hilft uns, unsere spontane Interpretation der Dinge zu korrigieren.

Unsere spontanen Interpretationen sind nicht immer richtig. Der Hauptgrund dafür ist, dass sie voreingenommen sind und von verschiedenen Arten von Verzerrungen beeinflusst werden. Diese inneren Dialoge sind so tief in unseren Köpfen verankert, dass sie uns daran hindern, die richtige Entscheidung zu treffen. Wann immer Sie also versuchen, ein Risiko zu kalkulieren oder etwas Produktives zu tun, werden Sie durch Ihre mentalen Verzerrungen daran gehindert.

Sobald Sie mit der KVT beginnen, werden Sie merken, wie sehr sie Ihr Leben beeinflusst. Das Erledigen von Aufgaben und das Konzentrieren auf eine bestimmte Aufgabe über einen längeren Zeitraum hinweg wird mit der KVT leichter, weil sich die problematischen Denkmuster geändert haben. Die KVT wird all Ihre verzerrten Kognitionen in Frage stellen, was zu einer Veränderung Ihrer Verhaltensmuster führt.

Wie hilft KVT bei ADHS-Erwachsenen?

Schauen wir uns nun an, wie die KVT funktioniert, um Ihnen ein besseres Leben zu ermöglichen. Wie Sie bereits wissen, beeinträchtigt ADHS die Selbstregulierungsfähigkeiten der Betroffenen erheblich. Dies wiederum wirkt sich auf die exekutiven Fähigkeiten von Erwachsenen aus. Dies ist auch der Grund, warum Erwachsene mit ADHS unter emotionaler Dysregulation, schlechtem Zeitmanagement, inkonsistenter Motivation, Desorganisation, Aufschieberitis und Impulsivität leiden. All diese Probleme sind jedoch noch nicht in den Kriterien für die Diagnose von ADHS enthalten. Die Kriterien beziehen sich nach wie vor auf Kinder. Daher müssen wir die Art und Weise, wie die Diagnose bei Erwachsenen gestellt wird, ändern.

Erwachsene, bei denen ADHS diagnostiziert wird, haben oft eine pessimistische Einstellung zum Leben. Sie sind sehr selbstkritisch. Das liegt vor allem daran, dass sie im Alltag und im sozialen Umfeld viele Rückschläge hinnehmen müssen. Wenn Situationen nicht wie geplant verlaufen (was häufig der Fall ist), geraten ADHS-Patienten in einen Teufelskreis der Selbstbeschuldigung. Noch schlimmer ist, dass diese Patienten beginnen, ihre pessimistischen Gedanken auf ihre Zukunft zu projizieren. Sie denken, dass jeder kommende Tag gleich schlecht sein wird.

ADHS-Patienten können die Logik in den Dingen nicht erkennen, weil ihre Denkprozesse durch ihre demoralisierenden Überzeugungen und Gedanken getrübt sind. Dies hindert sie daran, zu wachsen und produktiv zu sein.

Im Folgenden sind die verzerrten Denkmuster aufgeführt, die Erwachsene mit ADHS erleben. KVT hilft dabei, all diese Muster zu korrigieren:

- Gedankenlesen - Diese kognitive Verzerrung tritt auf, wenn eine Person automatisch annimmt, dass sie weiß, was die Person vor ihr denkt. Eine solche Verzerrung ist sehr gefährlich. Die Menschen bemerken nicht, was sich direkt vor ihnen befindet, weil sie zu sehr in ihre Vorstellung von den Dingen vertieft sind.

  Sie verlassen sich so sehr auf ihre selbsternannte Fähigkeit, Gedanken zu lesen, dass sie manchmal die Absichten anderer falsch deuten. Dies führt zu plötzlichen Anfällen von Frustration und Angst. Die unmittelbare Folge des Gedankenlesens ist Sozialphobie. Bei ADHS-Patienten wird dies noch verstärkt, da ADHS-Erwachsene bereits in gewissem Maße unter sozialen Ängsten leiden.

- Übergeneralisierung - Von Übergeneralisierung spricht man, wenn Menschen weitreichende Annahmen über Dinge treffen, auch wenn ihre Erfahrung in diesem Bereich begrenzt ist. Die Übergeneralisierung kann sich auf unterschiedliche Weise äußern. Meistens kommt es vor, dass eine Person, sobald sie etwas Negatives bemerkt, zu denken beginnt, dass alles negativ sein wird. Kurz gesagt, sie lassen zu, dass ein Ereignis alle folgenden Ergebnisse vorhersagt. Wenn man z. B. nach einem Vorstellungsgespräch keinen Job bekommt, denkt man, dass man keinen Job bekommen wird, weil man nicht gut genug ist. Dieser Gedankenprozess erzeugt ein Gefühl der Hoffnungslosigkeit.

- Wahrsagerei - Dies ist eine weitere Art von kognitiver Verzerrung, die bei ADHS-Patienten auftritt; sie behaupten, die Zukunft zu kennen und dass sie schlecht sein wird. Die Wurzeln dieser Art von Denkmustern liegen in der Angst. Es gibt jedoch einen Unterschied zwischen einer fundierten Vermutung und Wahrsagerei. Wenn Sie Vorhersagen treffen, die lediglich auf Annahmen beruhen, ist das Wahrsagerei als Teil Ihrer kognitiven Verzerrung.

  Die tatsächlichen Chancen werden dabei nicht berücksichtigt, so dass man Wahrsagerei nicht als eine echte Form der Beurteilung bezeichnen kann. Wenn z. B. Ihr Vorstellungsgespräch schlecht gelaufen ist, können Sie es wahrscheinlich einschätzen, aber es gibt keine Möglichkeit zu wissen, ob Sie die Stelle bekommen werden. Es kann viele Gründe geben, warum Sie nicht eingestellt wurden. Sie wissen nicht, wie Ihre Konkurrenten abgeschnitten haben oder ob deren Persönlichkeiten besser für die Stelle geeignet waren. Wenn Sie also davon ausgehen, dass Sie die Stelle nicht bekommen, obwohl Sie nicht alle Faktoren kennen, betreiben Sie Wahrsagerei.

- Personalisierung ist eine weitere Art von kognitiver Verzerrung, die bei Erwachsenen mit ADHS auftritt. Bei dieser Art von negativem Denkmuster gibt die Person sich selbst die Schuld für jede schlechte Sache, die passiert ist. Oder die Person gibt jemand anderem die Schuld. Ganz gleich, wen die Person beschuldigt, die Situation war völlig außerhalb der Kontrolle einer einzelnen Person; in Wirklichkeit ist niemand schuld. Wenn ADHS-Patienten zum Beispiel im Beruf keine guten Leistungen erbringen, geben sie sich selbst die Schuld. Sie glauben, dass die Ergebnisse anders ausgefallen wären, wenn sie sich mehr Mühe gegeben hätten.

  Aber das ist nicht der Fall. ADHS ist ein Problem mit Symptomen, die Ihr tägliches Leben beeinträchtigen werden. Sie müssen einen Weg finden, diese Symptome in den Griff zu bekommen, um ein besseres Leben zu führen.

- Vergleichsdenken - Diese Art des Denkens erzeugt Minderwertigkeitskomplexe und gibt uns das Gefühl, dass wir etwas nicht erreichen können. Manchmal sind die Vergleiche nicht realistisch, aber die Menschen glauben sie trotzdem. Es hat sich gezeigt, dass ADHS-Patienten häufig dem vergleichenden Denken nachgeben. Jeder Mensch auf der Welt hat Schwächen und Stärken, deshalb sollte man keine Vergleiche anstellen.

- Mentale Filterung - Dies ist eine bestimmte Art von fehlerhaftem Denkmuster, das nicht nur bei Menschen mit ADHS, sondern auch bei anderen Menschen auftritt. Wenn eine Person die Angewohnheit des mentalen Filterns hat, filtert sie alle guten und positiven Dinge heraus und konzentriert sich nur auf negative Dinge. Einfacher ausgedrückt: Menschen, die geistige Filterung betreiben, sehen ihr Glas immer als halb leer an. Sie sind so sehr auf ihre Unzufriedenheit und Unzulänglichkeiten konzentriert, dass sie den ganzen Spaß verpassen. Ihre

Gefühle wurzeln oft in Einsamkeit. Die einzige Möglichkeit, diesen Zustand zu überwinden, besteht darin, sich darauf zu konzentrieren, seine negativen Gedanken neu zu ordnen.

- Emotionales Denken - Dies ist eine weitere kognitive Verzerrung, die häufig bei ADHS-Patienten auftritt, die glauben, dass ihre negativen Gefühle ihre Realität widerspiegeln. Nehmen wir an, Sie sind angespannt und glauben folglich, dass Sie in Gefahr sind; so sieht emotionales Denken aus. Oft führt dies zu Übertreibungen bei unbedeutenden Problemen.

In der KVT hilft Ihnen Ihr Therapeut, Ihre Gedanken zu verstehen. Außerdem werden Sie lernen, die verschiedenen Arten von kognitiven Verzerrungen selbst zu erkennen. Wenn Sie Ihre Wahrnehmung einer Situation erweitern, können Sie Ihre Reaktion auf eine weniger defensive Art und Weise ausweiten. Mit KVT werden Sie langsam, aber stetig Ihre Ängste und Unsicherheiten angehen. Es gibt viele Aktivitäten, die der Therapeut nutzen kann, um Ihnen den Einstieg in den Prozess zu erleichtern. Sie werden Hausaufgaben in Form von Rollenspielen und anderen Aufgaben erhalten.

Mit der Zeit werden Sie feststellen, dass Sie nicht mehr so voreilige Schlüsse ziehen wie früher oder dass Sie sich nicht mehr von einer negativen Grundeinstellung leiten lassen. Ein weit verbreitetes Problem bei ADHS-Patienten ist das Aufschieben von Aufgaben. Das Behalten der Zeit scheint ein großes Problem zu sein, aber nicht jeder leidet darunter in gleicher Weise.

Der Therapeut bittet jeden Patienten, eine aktuelle Situation zu beschreiben, in der das Zögern die Oberhand gewonnen hat. Der Therapeut setzt dann ein Ziel für den Patienten. Das Ziel kann etwas so Alltägliches sein wie der Einkauf von Lebensmitteln.

Die Beziehung des Patienten zur Aufgabe wird analysiert, da dies dem Therapeuten hilft, einen Plan zu erstellen. Danach wird die Aufgabe in einfache, umsetzbare Schritte zerlegt. Jeder Schritt wird analysiert, um festzustellen, ob Hindernisse auftreten könnten, und wenn ja, welche Schritte unternommen werden können, um diese Hindernisse zu überwinden. Während all dieser Schritte fragt der Therapeut den Patienten, was er bei jedem Schritt denkt. Er fragt auch nach den Gefühlen, die dem Patienten durch den Kopf gehen und wie er sich fühlt, wenn er sich endlich der Aufgabe stellt, die er so lange vor sich hergeschoben hat.

Ein weiterer Punkt, bei dem KVT helfen kann, sind Komorbiditäten. Überempfindlichkeit führt oft zu Ängsten, und KVT hilft, alle Probleme und Begleiterkrankungen von ADHS anzugehen. Bei der KVT wird jede Situation mit einem anderen Ansatz behandelt.

Wie unterstützt KVT Menschen, die an ADHS leiden?

ADHS ist eine chronische, immer wiederkehrende Störung der Fähigkeit zur Selbstregulierung, einschließlich der exekutiven Funktionen. Verzögerungen in den

exekutiven Funktionen führen zu Aufschieberitis, Desorganisation, schlechtem Zeitmanagement, emotionaler Dysregulation, Impulsivität und inkonsistenter Motivation.

Obwohl diese Probleme nicht in den offiziellen medizinischen Kriterien für ADHS enthalten sind, werden sie bei Erwachsenen mit der Störung in Verbindung gebracht und machen es Ihnen schwer, Ihre Emotionen und Ihr Verhalten zu kontrollieren.

Als Mensch mit ADHS neigen Sie dazu, häufiger mit stressigen Rückschlägen im Leben konfrontiert zu werden - bei der Arbeit, im sozialen Umgang und im Alltag. Sie sind zunehmend selbstkritisch und pessimistisch, weil Sie so viele Rückschläge hinnehmen müssen. Dies kann dazu führen, dass Sie negative Gefühle, kognitive Störungen und ein geringes Selbstvertrauen erleben. Häufig glauben Sie, dass Sie selbst schuld sind, wenn etwas nicht klappt. Es ist jedoch nicht Ihre Schuld. Sie können den gleichen Pessimismus auf die Zukunft übertragen und denken, dass es morgen genauso schlecht laufen wird wie heute.

KVT und ADHS bei Erwachsenen in Aktion

Sie können Medikamente einnehmen, um die Symptome von ADHS zu lindern. Allerdings wirken Medikamente nicht immer von allein. Hier kommt die kognitive Verhaltenstherapie (KVT) ins Spiel. Dabei handelt es sich um eine Form der Gesprächstherapie, die bei Problemen in der Ausbildung, im Beruf und in der Beziehung helfen kann. KVT kann Ihnen helfen, sich mit oder ohne Medikamente besser zu fühlen und den Alltag einfacher zu gestalten.

KVT hilft Ihnen zu verstehen, wie negative Emotionen Hindernisse in Ihrem Leben schaffen. Sie arbeiten daran, falsche Überzeugungen durch wahre zu ersetzen. Eine gute Einstellung macht das, was Sie tun wollen und müssen, einfacher. Dies setzt eine Schleife in Gang, in der Sie sich glücklich fühlen, mehr von sich halten und mehr schaffen.

Wie es funktioniert

In den ersten Sitzungen werden Sie und Ihr Therapeut herausfinden, worauf Sie sich konzentrieren möchten. Das sind in der Regel Dinge, mit denen Sie in Ihrem täglichen Leben zu tun haben. Zum Beispiel könnten Sie lernen wollen, wie Sie Pläne machen, Ihre Zeit einteilen oder Projekte abschließen.

Sie werden sich zu einem Aktionsplan verpflichten, der Ihnen hilft, Ihre Ziele zu erreichen. Zwischen den Sitzungen wird Zeit für Hausaufgaben eingeplant, damit Sie Ihre neuen Fähigkeiten im wirklichen Leben anwenden können.

Wenn Sie zum Beispiel immer zu spät kommen, kann Ihr Therapeut Sie bitten, eine Uhr zu tragen und in jedem Zimmer Ihrer Wohnung eine Uhr anzubringen. Das wird Ihnen die Zeit mit Sicherheit bewusster machen, aber es ist auch wichtig herauszufinden, ob Ihre Gedanken dabei eine Rolle spielen. Sie denken vielleicht: "Ich komme immer zu spät;

niemand erwartet, dass ich pünktlich bin", aber das stimmt nicht; das ist ein Gedankenmuster, das Sie ändern sollten.

Forscher behaupten, dass Menschen mit ADHS viel Zeit damit verbringen, "Brände zu löschen". Die KVT zielt darauf ab, ihre Gedanken und Verhaltensweisen so zu verändern, dass diese "Feuer" nicht mehr entstehen. Es ist wichtig, daran zu denken, dass die KVT eine der besten Therapien für Angst und Depression ist - Zustände, die bei Erwachsenen mit ADHS weit verbreitet sind.

Wie lange es dauert

Nach 12 bis 15 Sitzungen (oder etwa drei bis vier Monaten) können Sie mit einer Verbesserung rechnen. Möglicherweise werden Sie feststellen, dass Sie die KVT-Sitzungen länger besuchen möchten. Wenn Sie mehr Zeit in der Therapie verbringen, ist es leichter, neue Gewohnheiten beizubehalten.

Wie man einen Therapeuten findet

Die meisten Therapeuten arbeiten mit KVT, Sie behandeln also nicht unbedingt ADHS. Besorgen Sie sich zunächst die aktuelle Liste der verfügbaren Therapeuten bei Ihrer Krankenkasse. Fragen Sie dann Ihre Ärzte, ob sie einen bestimmten Therapeuten aus dieser Liste empfehlen.

Das könnte Sie auch interessieren:

- Rufen Sie ein örtliches medizinisches Zentrum oder die psychologische Abteilung einer Hochschule an und bitten Sie um eine Überweisung.
- Besuchen Sie die Website Psychology Today. Diese Website listet Therapeuten nach Bundesland auf.
- Scheuen Sie sich nicht, Freunde und Verwandte um Rat zu fragen.
- Stellen Sie Fragen, nachdem Sie einen Therapeuten gefunden haben.

KVT vs. Medikamente

Viele Menschen sind der Meinung, dass eine Kombination aus Medikamenten und KVT die ADHS-Symptome am besten in den Griff bekommt. Vielleicht möchten Sie keine Medikamente einnehmen oder mögen die Nebenwirkungen nicht. In diesem Fall kann die KVT auch allein wirken. Sprechen Sie mit Ihrem Arzt, um den besten Behandlungsplan für Ihre individuellen Bedürfnisse zu finden.

Ressourcen und wo man einen guten ADHS-Therapeuten findet

Wenn Sie sich für eine Behandlung entschieden haben oder Ihr Arzt sie vorgeschlagen hat, müssen Sie als Nächstes einen geeigneten Therapeuten finden.

Die meisten Menschen haben keine Ahnung, wie sie einen Facharzt auswählen oder einen guten Facharzt beurteilen sollen. Das ist in Ordnung! In diesem Kapitel werden wir uns Informationen ansehen, die bei der Auswahl eines ADHS-Therapeuten für Ihr Kind oder für Sie selbst nützlich sein werden. Für die Auswahl eines Therapeuten gibt es keinen strengen Standard, da verschiedene Therapeuten je nach Patient unterschiedliche Techniken anwenden. Sie können jedoch Fragen stellen, die Ihnen Aufschluss darüber geben, welche Art von Spezialist Sie in Betracht ziehen sollten.

Welche Fragen sollten Sie stellen, wenn Sie sich für einen Therapeuten entscheiden?

Die ersten Sitzungen mit einem ADHS-Therapeuten dienen dazu, das Ausmaß und die Ursachen der Probleme sowie die beobachteten Nebenwirkungen zu beurteilen. Da Medikamente und Behandlungen im Allgemeinen austauschbar sind, können Berater, die praktische Erfahrungen in der Behandlung von ADHS gesammelt haben, in der Regel auch mit Erwachsenen umgehen.

Man wird Ihnen detaillierte Fragen zu Ihren Interessen und Problemen stellen, auch dazu, wann und wie häufig sie auftreten. Seien Sie bei Ihren Antworten ehrlich. Im Laufe der Therapie werden Sie und der Therapeut ein für beide Seiten akzeptables Ziel in Bezug auf Ihre Person, Ihren Zustand und die bestmögliche Veränderung erreichen. Wenn Sie mit der Beratung unzufrieden sind, sollten Sie sich an einen anderen Spezialisten wenden.

Welche Ausbildung und Qualifikationen haben sie?

Sie sollten sich vergewissern, dass der Therapeut in Ihrem Land zugelassen ist. Spezialisten mit soliden Qualifikationen in den Bereichen ADHS, DBT (Dialektisch-Behaviorale Therapie) und KVT werden nicht beleidigt sein, wenn Sie Fragen zu ihren Qualifikationen stellen, da sie wissen, dass dies ein wichtiger Bestandteil einer guten Beziehung ist. Wenn die Antworten der Therapeuten nicht zufriedenstellend sind oder wenn sie sich weigern, Ihre Fragen zu beantworten, sollten Sie einen anderen Therapeuten aufsuchen.

Schlussfolgerung

Ich hoffe, Sie haben jetzt Gründe gefunden, Ihr Leben zu verbessern. Wir sind alle unterschiedlich und ADHS wirkt sich auf unterschiedliche Weise auf uns aus. Deshalb müssen wir uns auf diese Bereiche konzentrieren und auf ein befriedigendes Gefühl hinarbeiten. Wir sind großartig, so wie wir sind, aber wir können noch besser werden. Wenn wir unsere Schwachstellen finden und einen winzigen Schritt nach dem anderen tun, können wir die gewünschten Veränderungen erreichen.

An unseren mentalen Gewohnheiten zu arbeiten, unsere selbst gesetzten Grenzen zu erweitern, Zeit in unser persönliches Wachstum zu investieren, unser Selbstwertgefühl zu stärken und an uns selbst zu glauben, ist der richtige Weg. Ich schlage vor, die Kapitel, die Ihre Aufmerksamkeit erregt haben, noch einmal zu lesen, um intensiver zu reflektieren.

Kehren Sie in Ihre Kindheit und Jugend zurück und gehen Sie dann in die Gegenwart, um Ihr vergangenes Leben neu zu interpretieren. Machen Sie es sich leicht und genießen Sie es. Versuchen Sie zu verstehen, warum die Dinge so passiert sind, wie sie passiert sind. Jetzt haben Sie das nötige Wissen, um Ihre Vergangenheit neu zu bewerten.

Diese Selbstbeobachtung wird Sie zu einem tieferen Verständnis Ihrer selbst führen. Überlegen Sie, was Sie in Ihrem Leben gerne ändern würden, wenn Sie einen Zauberstab hätten, der es Ihnen erlaubt, dies zu tun. Sobald Sie diese Frage beantwortet haben, wissen Sie, was Sie tun müssen und was Ihr Ziel ist.

So können Sie anfangen, sich in die richtige Richtung zu bewegen. Einen Zweck oder ein Ziel zu finden, ist nicht so einfach, wie es scheint. Sie brauchen ein tiefes Verlangen und einen wertorientierten Antrieb, um dies zu erreichen. Menschen mit ADHS können ihr Leben ändern; sie brauchen eine Vision, ein Ziel und einen starken Wunsch. Eine unserer Stärken ist, dass wir, wenn wir ein starkes Interesse und eine Leidenschaft für etwas haben, uns super konzentrieren können, um es zu erreichen. Lassen Sie uns diese Eigenschaft zu unserem Vorteil nutzen.

In diesem Buch habe ich über Probleme, Schwächen und Schwierigkeiten geschrieben, denen Sie begegnen könnten. Ich habe das bewusst so gemacht, damit Sie sich selbst analysieren können. Aber ich muss betonen, dass Sie nicht zu sehr auf Ihre Schwächen schauen sollten; konzentrieren Sie sich mehr auf Ihre Stärken. Manchmal neigen wir dazu, die guten Dinge aus den Augen zu verlieren und uns hauptsächlich auf die schlechten zu konzentrieren.

Das sollten wir nicht tun. Dankbarkeit und positive Einstellung tragen viel dazu bei, uns glücklich und zufrieden zu machen. Wir wollen ADHS von einem Fluch in ein Geschenk verwandeln. Nutzen Sie dieses Geschenk zu Ihrem Vorteil und finden Sie einen Weg, entsprechend zu leben. In meiner Erfahrung als ADHS-Therapeut habe ich gesehen, wie viele Menschen durch die Befolgung der oben genannten Vorschläge bedeutende Veränderungen erreicht haben. Ich wünsche Ihnen, dass Sie Ihre Träume so verwirklichen können, wie Sie es sich wünschen. Sie haben es verdient!

Ich empfehle die Lektüre eines Buches von Tony J. Adams mit dem Titel "Stop Overthinking", denn ich habe festgestellt, dass Überdenken ein ADHS-bedingtes Hindernis ist, das die Verwirklichung verhindert.

Der Autor beschreibt die Ursache und die Denkmuster, die unsere Lebensweise beeinflussen, und wie man sie überwinden kann. Das Buch spricht nicht direkt über ADHS, aber es berührt sehr wichtige Themen im Zusammenhang mit ADHS. Es ist kenntnisreich, aber einfach geschrieben und wird jedem helfen, der die von Tony vorgeschlagenen Lösungen anwendet.

STOP OVERTHINKING von Tony J. Adams

ASIN:1803614609 auf Amazon.de

LADEN SIE IHRE GESCHENKE HERUNTER

Scannen Sie den QR-CODE UNTEN, um Ihre kostenlosen Geschenke herunterzuladen. Danke, dass Sie sich für mein Buch entschieden haben. Diese kostenlosen Bücher werden Ihr Leben verbessern. Viel Spaß!

Nova Mundo Publishing Ltd

Ihre Meinung ist mir wichtig! Ich würde es sehr begrüßen, wenn Sie sich eine Minute Zeit nehmen würden, um Ihre Erfahrungen mit mir zu teilen, indem Sie eine Rezension auf Amazon hinterlassen. Wenn Sie Probleme beim Erhalt des Buches hatten oder ein beschädigtes Exemplar erhalten haben, schreiben Sie mir bitte an novamundopublishing@gmail.com und ich werde Ihnen gerne helfen.

Oder schreiben Sie an: novamundopublishing@gmail.com "ADULT DE"

NOVA MUNDO PUBLISHING Veröffentlichte Bücher

Books by Nova Mundo Publishing Ltd
Available on Amazon

THE SILENT STRUGGLE
ADHD IN ADULTS
By
L. William Ross-Child

ADHD Parenting
an Explosive Child
By
L. William Ross-Child

A COMPLICATED
ROMANCE
ADHD in Marriage
By
L. William Ross-Child

STOP OVER
THINKING
By
Tony J. Adams

Bambini con ADHD
(Italian Version)
By
L. William Ross-Child

The HIDDEN FLOWER
Women with ADHD
By
L. William Ross-Child
Karen Hopkins

NM
Publishing Ltd

Referenzen

Huaiqiang Sun*, Ying Chen*, Qiang Huang, Su Lui, Xiaoqi Huang, Yan Shi, Xin Xu, John A. Sweeney1, Qiyong Gong **Psychoradiologischer Nutzen der MR-Bildgebung für die Diagnose der Aufmerksamkeitsdefizit-Hyperaktivitätsstörung: Eine radiometrische Analyse**

Kim, C-H., Waldman, I. D., Blakely, R. D., & Kim, K-S. (2008). **Funktionelle Genvariation im menschlichen Noradrenalin-Transporter: Zusammenhang mit Aufmerksamkeitsdefizit-/Hyperaktivitätsstörung**. Annual New York Academy of Science, 1129, 256-260.

Kooij SJJ, Bejerot S, Blackwell A, Caci H, Casas-Brugué M, Carpentier PJ, Edvinsson D, Fayyad J, Foeken K, Fitzgerald M, Gaillac V, Ginsberg Y, Henry C, Krause J, Lensing MB, Manor I, Niederhofer H, Nunes-Filipe C, Ohlmeier MD, Oswald P, Pallanti S, Pehlivanidid A, Ramos-Quiroga JA, Rastam M, Ryffel-Rawak D, Stes S, Asherson P (2010) **European consensus statement on diagnosis and treatment of adult ADHD: Das Europäische Netzwerk ADHS bei Erwachsenen**, BMC Psychiatry 2010,

Patrice Voss*†, Maryse E. Thomas†, J. Miguel Cisneros-Franco und Étienne de Villers-Sidani* **Dynamic Brains and the Changing Rules of Neuroplasticity: Implikationen für Lernen und Erholung.** Front. Psychol., 04. Oktober 2017. | https://doi.org/10.3389/fpsyg.2017.01657

https://www.imedpub.com/articles/managing-adult-adhd-comparing-nonpharmacological-treatments-and-pharmacological-treatments-for-symptom-management--amanda-lancelev.pdf

https://www.researchgate.net/publication/266682228_Biomarkers_in_the_Diagnosis_of_ADHD_-_Promising_Directions

Die Organisation regionaler Gehirnnetzwerke unterscheidet die kombinierten und unaufmerksamen Subtypen der Aufmerksamkeitsdefizit-Hyperaktivitätsstörung. Saad JF, Griffiths KR, Kohn MR, Clarke S, Williams LM, Korgaonkar MS.Neuroimage Clin. 2017 May 22;15: 383-390. doi: 10.1016/j.nicl.2017.05.016. eCollection 2017

Ridler, C. **Erste genetische Risikoloci für ADHS identifiziert**. Nat. Rev. Neurology 15, 4 (2019). https://doi.org/10.1038/s41582-018-0117-5

Zuss M (2012) Die Praxis der theoretischen Neugierde. Springer, Brooklyn, Peterson C, Seligman MEP (2004) **Character strengths and virtues: a handbook and classification**. American Psychological Association und Oxford University Press, Washington, DC

Sedgwick, J.A., Merwood, A. & Asherson, P. **The positive aspects of attention deficit hyperactivity disorder: a qualitative investigation of successful adults with ADHD**. ADHD Attention Deficit Hyperactivity Disorder 11, 241-253 (2019)https://www.ncbi.nlm.nih.gov/pmc/articles/PMC1525089/

Die weltweite Prävalenz von ADHS: ist es eine amerikanische Krankheit? STEPHEN V FARAONE,1,2,3 JOSEPH SERGEANT,4 CHRISTOPHER GILLBERG,5,6 und JOSEPH BIEDERMAN1,2,3

2 Slobodin, O., & Davidovitch, M. (2019). Gender Differences in Objective and Subjective Measures of ADHD Among Clinic-Refered Children. Frontiers in Human Neuroscience, 13, 441. https://doi.org/10.3389/fnhum.2019.00441

Medizinisches Zentrum der Radboud Universität Nijmegen. "Gehirnunterschiede bei ADHS". ScienceDaily. ScienceDaily, 16. Februar 2017. < www.sciencedaily.com/releases/2017/02/170216105919.htm>.

White, H., & Shah, P. (2011). Kreativer Stil und Leistung bei Erwachsenen mit Aufmerksamkeitsdefizit-/Hyperaktivitätsstörung. Persönlichkeit und individuelle Unterschiede, 50, 673-677

Forster, S., & Lavie, N. (2016) Etablierung des Aufmerksamkeits-Ablenkungs-Merkmals. Psychologische Wissenschaft, 27, 203-212

Swartwood, M., Swartwood, J., & Farrell, J. (2003). Stimulanzienbehandlung von ADHS: Auswirkungen auf die Kreativität und die Flexibilität des Problemlösens. Creativity Research Journal, 15, 417-419

Radboud University Nijmegen Medical Centre. "Brain differences in ADHD." ScienceDaily. ScienceDaily, 16 February 2017. <www.sciencedaily.com/releases/2017/02/170216105919.htm>.

Miller, M., Ho, J., & Hinshaw, S. P. (2012). Executive functions in girls with ADHD followed prospectively into young adulthood. Neuropsychology, 26(3), 278.

White, H., & Shah, P. (2011). Creative style and achievement in adults with attention-deficit/hyperactivity disorder. Personality and Individual Differences, 50, 673-677.

Gray, P. (2009). Play as a foundation for hunter-gatherer social existence. American Journal of Play, 1, 476-522.

"Data & Statistics." Centers for Disease Control and Prevention. Ed. Center for Disease Control. Centers for Disease Control and Prevention, 14 Feb. 2017. Web. 14 Mar. 2017.

Kessler, R. C., Adler, L., Barkley, R., Biederman, J., Conners, C. K., Demler, O., Zaslavsky, A. M. (2006). The Prevalence and Correlates of Adult ADHD in the United States: Results from the National Comorbidity Survey Replication. American Journal of Psychiatry. 163, 716-723.

sang, Tracey W., et al. "Anxiety in Young People With ADHD." Journal of Attention Disorders, vol. 19, no. 1, 2015, pp. 18–26., doi:10.1177/1087054712446830.

Fuller-Thomson, E., et al. "Attention-Deficit/Hyperactivity Disorder Casts a Long Shadow: Findings from a Population-Based Studyof Adult Women with Self-Reported ADHD." Child: Care, Health and Development, vol. 42, no. 6, 20 July 2016, pp. 918–927., doi:10.1111/cch.12380.

Centers for Disease Control and Prevention (CDC). Mental health in the United States. Prevalence of diagnosis and medication treatment for attention-deficit/hyperactivity disorder--UnitedStates, 2003. MMWR Morb Mortal Wkly Rep. 2005;54(34):842–7.

Kessler RC, Adler L, Barkley R, et al. The prevalence and correlates of adult ADHD in the United States: results from the National Comorbidity Survey Replication. Am J Psychiatry. 2006;163(4):716–23

Simon V, Czobor P, Balint S, et al. Prevalence and correlates of adult attention-deficit hyperactivity disorder: meta-analysis. Br J Psychiatry. 2009;194(3):204–11

Cohen J. Statistical Power Analysis for the Behavioral Sciences. Hillsdale, NJ: Lawrence Erlbaum Associates; 1998.

Grade Working Group. Grading the Quality of Evidence and the Strength of Recommendations. www.gradeworkinggroup.org. Barbaresi WJ, Katusic SK, Colligan RC, et al. Long-term stimulant medication treatment of attention-deficit/hyperactivity disorder: results from a population-based study. J Dev Behav Pediatr. 2006;27(1):1–10

Eyestone LL, Howell RJ. An epidemiological study of attentiodeficit hyperactivity disorder and major depression in a maleprison population. J Am Acad Psychiatry Law. 1994;22(2):181–93

Sund AM, Zeiner P. Does extended medication with amphetamineor methylphenidate reduce growth in hyperactive children? Nord J Psychiatry. 2002;56(1):53–7

Swanson JM, Kraemer HC, Hinshaw SP, et al. Clinical relevance of the primary findings of the MTA: success rates based on severity of ADHD and ODD symptoms at the end of treatment. J Am Acad Child Adolesc Psychiatry. 2001;40(2):168–79.

Hechtman L, Etcovitch J, Platt R, et al. Does multimodal treatment of ADHD decrease other diagnoses? Clinical Neuroscience Research. 2005;5(5–6):273–82.

Biederman J, Monuteaux MC, Mick E, et al. Psychopathology in females with attention-deficit/hyperactivity disorder: a controlled,five-year prospective study. Biol Psychiatry. 2006;60(10):1098–105.

Kessler RC, Adler LA, Barkley R, et al. Patterns and predictors of attention-deficit/hyperactivity disorder persistence into adulthood: results from the national comorbidity survey replication. Biol Psychiatry. 2005;57(11):1442–51.

Pieroth EM. Diagnosing attention-deficit/hyperactivity disorder inadults. Prof Case Manag. 2008;13(3):179–81.

Foreman DM, Ford T. Assessing the diagnostic accuracy of the identification of hyperkinetic disorders following the introduction of government guidelines in England. Child Adolesc Psychiatry Ment Health. 200